매튜 풀
청교도 성경주석

MATTHEW POOLE'S COMMENTARY

요한복음

박문재 옮김

역자 박문재

역자는 서울대학교 법과대학, 장로회신학대학교 신대원 및 대학원
(Th.M.)을 졸업하였다. 역서로 비슬리 머리의 『예수와 하나님 나라』,
존 브라이트의 『이스라엘 역사』, F.F. 브루스의 『바울』, B.S. 차일즈
의 『구약신학』, 아이히로트의 『구약성서신학 I, II』, 제임스 D.G. 던
의 『바울 신학』, 『매튜 헨리 주석』(『요한복음』, 시가서·선지서 전부)
외에 다수 있다.

청 교 도
성경주석

16

매튜 풀

청교도 성경주석

MATTHEW POOLE'S COMMENTARY

요한복음

박문재 옮김

SINCE 1984
크리스천
다이제스트

서론

이 복음서의 저자는 일반적으로 세례 요한이나 "마가라 하는 요한"(행 15:37)이 아니라 세베대의 아들 요한(마 10:2)인 것으로 받아들여져 왔다. 요한은 그리스도 로부터 총애를 받는 큰 영광을 입은 인물이었기 때문에, 흔히 "사랑하시는 제자"(요 13:23; 19:26; 21:7, 20)로 불렸다. 우리는 주님께서 이 제자를 총애하셨다는 사실을 마태복음 17:1; 누가복음 9:28; 22:8; 요한복음 13:23; 19:26-27; 20:2; 사도행전 3:3; 4:13; 갈라디아서 2:9에서 확인할 수 있다. 성경이 우리에게 확실하게 말해 주는 것 은 여기까지이다. 요한은 아시아로 가서, 로마에 의한 열 번의 기독교 박해에서 트 라야누스(Trajan) 황제에 의해 자행된 세 번째 박해 때까지 거기에 계속해서 머물러 있다가, 도미티아누스(Domitian) 황제에 의해 밧모 섬으로 유배되었고, 거기에서 요한계시록을 쓴 것으로 여겨진다. 어떤 이들은 요한의 후반기 생애와 관련해서 이 렇게 생각한다: 그는 모든 사도들 중에서 가장 마지막에 죽었는데, 그가 죽은 때는 그리스도께서 탄생하신 지 대략 100년 후였다. 그리스도의 신성을 부인하였던 이 단들이었던 에비온파(Ebion)와 케린투스파(Cerinthus), 그리스도의 위격 또는 인격 과 관련해서 수많은 어처구니없는 주장들을 폈던 "니골라당"(Nicolaitanes)이 그가 이 복음서를 쓰게 된 계기였다고 말해지는데, 그는 니골라당의 교설에 대해서는 요 한계시록 2:6에서 직접 언급하고 있고, 그가 자신의 서신들에서 말한 적그리스도들 은 에비온파와 케린투스파를 가리키는 것으로 생각된다.

우리는 요한과 관련해서 주목해야 할 것은 두 가지이다: (1) 그는 다른 어떤 복음 서 기자들보다도 그리스도의 신성을 증명하는 데 힘을 쏟고, 그렇게 하기 위해서 그 리스도께서 행하신 이적들을 아주 분명하게 부각시킨다. (2) 그는 다른 복음서 기 자들이 보도하고 있는 것들에 대해서는 거의 언급하지 않는다. 이 두 가지에 한 가 지를 더 덧붙인다면, 그는 그리스도의 부활 이후의 복음 이야기를 다른 어느 복음 서 기자들보다 더 자세하게 전해 주고 있다는 것이다. 또한, 그는 그리스도의 수세 후의 네 번의 유월절, 그리스도를 믿는 믿음과 중생의 필요성, 우리와 그리스도 간 의 신비의 연합에 관한 가르침, 성령을 보내 주신다는 것과 성령을 보내시는 목적,

사도들과 신자들이 성령을 받음으로써 얻게 될 유익에 대해서 다른 복음서 기자들보다 더 분명하게 우리에게 설명해 준다. 그의 복음서는 내용이 숭고하고 신비하며, 표현이 아름답고 감미로운 것으로 특히 유명하다.

제1장

개요

1. 그리스도의 신성(1-5).

2. 세례 요한의 사명과 그리스도께서 오신 목적(6-13).

3. 말씀의 성육신(14).

4. 그리스도의 탁월한 위엄이 세례 요한의 증언과 그리스도 자신에 의해 베풀어질 은
   혜로우신 강론을 통해 증거됨(15-18).

5. 세례 요한이 유대인들의 사자들에게 자기가 누구인지를 밝힘(19-28).

6. 세례 요한이 예수께서 그리스도라고 공개적으로 증언함(29-34).

7. 세례 요한의 말을 듣고 그의 두 제자가 예수를 따라가고, 안드레에게 이끌려 온 시
   몬에게 게바라는 별명을 붙여 주심(35-42).

8. 그리스도께서 빌립을 부르시고, 빌립은 나다나엘을 예수께로 인도함(43-51).

**1. 태초에 말씀이 계시니라 이 말씀이 하나님과 함께 계셨으니 이 말씀은 곧 하나
님이시니라.**

　　태초에. "태초"는 모세가 창세기 1:1에서 말했던 바로 그 "태초," 즉 만물이 시작
되고 세계의 토대들이 놓여지던 때(잠 8:27-28)였고, 시간이 시작되던 때였다. 그 이
전에는 시간이라는 것이 존재하지 않았고, 영원만이 존재하였다.

　　말씀이 계시니라. 즉, 복음서 기자가 앞으로 이야기해 나가게 될 하나님의 영원하
신 아들이신 주 예수 그리스도께서는 태초부터 계셨다는 것이다. 그리스도를 "말
씀"이라고 부르는 것은 단지 이 본문만이 아니고, 요한일서 1:1에서는 "생명의 말
씀," 요한계시록 19:13에서는 "하나님의 말씀"이라 부른다. 그리고 어떤 이들은 베
드로후서 1:16("우리 주 예수 그리스도의 능력과 강림하심을 너희에게 알게 한 것
이 교묘히 만든 이야기를 따른 것이 아니요 우리는 그의 크신 위엄을 친히 본 자라")
에 비추어 볼 때, 누가복음 1:2에서 "말씀의 일꾼 된 자들"이라는 어구 중에 나오는
"말씀"도 그리스도를 가리키는 것이고, "여호와의 말씀으로 하늘이 지음이 되었으
며 그 만상을 그의 입 기운으로 이루었도다"고 말하는 시편 33:6에서 "여호와의 말
씀"도 그리스도를 가리키는 것이라고 생각한다. 또한, 하나님의 아들을 "말씀"이라
는 용어로 표현하는 것은 결코 부적절하지 않다. 왜냐하면, 말씀은 한편으로는 우

리의 생각들에서 생겨나고 우리의 생각들이 밖으로 나타난 형상이라는 점에서 그
리스도의 신비하고 말로 표현할 수 없는 출생을 어느 정도 표현해 주고, 아버지의
뜻을 사람들에게 계시하시고 아버지를 우리에게 계시하시는 그리스도의 직임을 표
현해 주기 때문이다: "내 아버지께서 모든 것을 내게 주셨으니 아버지 외에는 아들
을 아는 자가 없고 아들과 또 아들의 소원대로 계시를 받는 자 외에는 아버지를 아
는 자가 없느니라"(마 11:27). 그리고 어떤 이들은 다윗이 역대상 17:19에서 "여호와
여 주께서 주의 종을 위하여 주의 뜻대로 이 모든 큰 일을 행하사 이 모든 큰 일을
알게 하셨나이다"라고 말한 것은 사무엘하 7:21에서 "주의 말씀으로 말미암아 주의
뜻대로 이 모든 큰 일을 행하사 주의 종에게 알게 하셨나이다"라고 말한 것을 풀어
서 말한 것이고, 이사야 42:1에 비추어 볼 때에 거기에서 말하는 "주의 종"은 그리스
도에 대한 호칭이라는 점에서, 사무엘하 7:21의 "주의 말씀"도 그리스도를 가리키
는 것이라고 말한다(그들의 사고방식을 생각하면, 그들이 이렇게 생각하는 것이 별
로 이상할 것은 없지만).

게다가, "말씀"이라는 용어는 "그리스도"나 "하나님의 아들"이라는 용어보다 유
대인들에게나 이방인들에게 좀 더 받아들이기 쉬운 표현이었으리라는 점도 지적된
다. 왜냐하면, 유대인들은 예수를 "그리스도" 또는 "하나님의 아들"이라고 표현하
는 것에 대하여 극도의 혐오감을 지니고 있었고, 이교 저술가들은 하나님의 이름과
권능을 표현하기 위하여 "말씀"이라는 용어를 즐겨 사용하였다는 것은 여러 사람
들에 의해서 증언되고 있기 때문이다. 또한, 구약성경을 의역한 갈대아 역본에서는
"말씀"이라는 표현을 아주 흔하게 사용하고 있다. 예를 들면, 이사야서 45:12의 히
브리어 본문의 "내가 땅을 만들고"는 갈대아 역본에는 "내가 나의 말씀으로 땅을 만
들고"로 되어 있고, 이사야서 48:13의 "과연 내 손이 땅의 기초를 정하였고"는 "과
연 나의 말씀으로 땅의 기초를 정하였고"로 되어 있다. 갈대아 역본의 이러한 의역
들은, 모세가 "하나님이 이르시되 빛이 있으라 하시니 빛이 있었고"라고 말하는 등,
하나님께서 말씀으로 천지를 창조하셨다고 한 것으로부터 영향을 받은 것이었다.
이렇게 하나님이 말씀으로 창조하셨다는 사상은 만물이 하나님의 영원하신 말씀으
로 말미암아 창조되었다는 것을 보여 주는 것으로 여겨졌다. 하나님께서 자신의 말
씀으로 세계를 창조하셨다는 것을 부정한 유대인은 없었기 때문에, 복음서 기자는
만물이 그리스도로 말미암아 창조되었음을 말하기 전에, 먼저 그리스도를 "말씀"
이라고 부른 것이었다. 성경은 하나님의 말씀으로 불리기 때문에, 하나님께서 자신

의 뜻을 선지자들에게 계시하신 것들을 지칭하는 하나님의 말씀과의 구별을 위해서, 하나님의 아들이신 그리스도는 "하나님의"라는 수식어를 빼고 단지 "말씀"이라 불린다.

또한, 창세기 1:1에서는 "태초에 하나님이 천지를 창조하시니라"고 말하는 반면에, 복음서 기자는 "태초에 말씀이 창조되시니라"고 말하는 것이 아니라, "태초에 말씀이 계시니라"고 말하는데, 이것은 삼위일체 하나님의 제2위에 해당하는 성자 하나님이 영원 전부터 존재하셨음을 증명해 준다. 왜냐하면, 태초에 말씀이 이미 "계셨다"는 것은 태초에 말씀이 창조되거나 존재하기 시작하신 것이 아님을 말해 주고, "하나님의"라는 수식어 없이 "말씀"이라고 되어 있는 것은 성자 하나님이 독립된 실체라는 것을 말해 주기 때문이다. 해석자들은 태초에 그가 "계셨다"는 것은 그의 영원하신 존재를 말해 주는 것이라고 말한다. 왜냐하면, 시간이 시작되던 때에는 영원한 것 외에는 아무것도 존재하지 않았던 까닭에, 시간이 시작되던 때에 그가 이미 존재하고 계셨다는 것은 그가 영원하신 분이실 수밖에 없다는 것을 보여 주기 때문이다. 이것과 동일한 취지의 내용을 말해 주는 시편 90:2; 잠언 8:22-31; 요한복음 17:5; 에베소서 1:4; 데살로니가후서 2:13 같은 본문들은 여기에서 사용된 "태초에"가 "창세 전에"와 동일한 의미라는 것을 말해 주는데, "하나님이 우리를 구원하사 거룩하신 소명으로 부르심은 우리의 행위대로 하심이 아니요 오직 자기의 뜻과 영원 전부터 그리스도 예수 안에서 우리에게 주신 은혜대로 하심이라"고 말하는 디모데후서 1:9도 마찬가지이다.

이 말씀이 하나님과 함께 계셨으니. 복음서 기자는 사람들이 "땅의 기초가 놓이기 전에는 이 말씀이 어디에 계셨는가"라는 의문을 갖지 않도록 하기 위해서, 여기에서 "이 말씀이 하나님과 함께 계셨다"고 분명하게 못 박아 말하는데, 여기에서 "하나님과 함께"는 "그가 하늘을 지으시며 궁창을 해면에 두르실 때에 내가 거기 있었고 … 내가 그 곁에 있어서 창조자가 되어 날마다 그의 기뻐하신 바가 되었으며 항상 그 앞에서 즐거워하였으며"라고 말한 잠언 8:27, 30과 동일한 의미이다. 이것은 피조물들은 그 어떤 것도 태초에 하나님과 함께 있지 않았다는 점에서 그리스도를 모든 피조물로부터 구별시켜 줌과 동시에, 그리스도가 성부 하나님과 구별되는 독립적인 실체 또는 인격이라는 것을 인정하고자 하지 않는 사벨리우스(Sabellius)와 퀘이커교도들의 주장이 얼마나 허무맹랑한 것인지도 잘 보여 준다. 또한, 이것은 성자가 성부와 함께 있고 성부와 동등하면서도 아들로서의 관계로 존재한다는 것도 보여 준다. 왜냐하면, 본문은 하나님이 말씀과 함께 계셨다고 말하는 것이 아니라, 말씀이 하나님과 함께 계셨다고 말함으로써, 성부와 성자가 완벽하게 하나가 되어 존재한다는 것과 아버지와 아들로서 존재한다는 것을 동시에 말해 주고 있기 때문이다.

이 말씀은 곧 하나님이시니라. 복음서 기자는 사람들이 하나님 외에 그 어떤 존재가 영원하거나, 창세 때에 이미 존재해 있었을 수 있느냐고 반문하지 못하도록 하기 위하여, "이 말씀은 하나님이셨다"는 것을 덧붙인다. 즉, 여기에서 복음서 기자는 자기가 이제부터 이야기하고자 하는 존재는 오직 한 분이신 하나님, 곧 독립적인 세 인격으로 존재하시지만, 세 인격이 오직 하나의 동일한 신적인 존재를 이루고 계시는 삼위일체 하나님이심을 분명히 하고 있는 것이다. 여기에서 복음서 기자가 첫 번째로 말하고 있는 것은 그리스도의 영원성에 대한 것이고, 두 번째로 말하고 있는 것은 성부 하나님에 대한 아들로서의 그리스도의 관계에 대한 것이다. 이것은 그리스도의 본성이 성부 하나님의 본성과 하나이고 동일하다는 것을 말해 준다. 복음서 기자가 앞에서 "이 말씀이 하나님과 함께 계셨으니"라고 말했을 때의 "하나님"은 인격으로서의 성부 하나님을 가리키지만, 여기에 언급된 "하나님"은 본성으로서의 하나님을 의미한다.

2. 그가 태초에 하나님과 함께 계셨고.

이 본문은 복음서 기자가 앞에서 한 말을 추가적으로 확증하고 설명하기 위한 것으로서, 성자의 영원성, 성부 하나님에 대한 관계, 성부 하나님과의 동일 본질을 단언한다. 복음서 기자가 하나님의 성령으로부터 미리 경고를 받아서 그리스도인들을 올바른 가르침으로 미리 무장시킴으로써, 나중에 교회를 괴롭히게 될 저 오류들로부터 그리스도인들을 보호하기 위하여, 이렇게 이 본문을 다시 반복해서 덧붙인 것인지는 우리가 확실하게 알 수 없지만, 이 본문은 태초에 하나님과 함께 계셨던 말씀과 만물을 창조한 저 말씀을 구별하고자 하였던 유노미우스파(Eunomians)와 성부 하나님이 성자 하나님 이전에 존재하였다고 주장한 아리우스파(Arians), 성부 하나님과 성자 하나님이 본성과 의지에 있어서 서로 다르다고 주장한 상이본질파(Anomians)를 정면으로 반박하고 있다는 것은 확실하다. 어떤 이들은 이 절은 4절로 넘어가기 위한 도입부이고, 이 절에서 말하고자 하는 것은, "말씀"은 창세로부터 세상에 분명하게 알려져 있지는 않았지만, 육신이 되어 나타나실 때까지 하나님과 함께 계셨다는 것이라고 생각한다. 따라서 요한일서 1:2은 "이 생명이 나타내신 바

된지라 이 영원한 생명을 우리가 보았고 증언하여 너희에게 전하노니 이는 아버지와 함께 계시다가 우리에게 나타내신 바 된 이시니라"고 말하고, 디모데전서 3:16도 "그는 육신으로 나타난 바 되시고"라고 말한다.

3. 만물이 그로 말미암아 지은 바 되었으니 지은 것이 하나도 그가 없이는 된 것이 없느니라.

만물이 그로 말미암아 지은 바 되었으니. 주 그리스도께서 하나님으로서의 본성을 지니고 계시고 영원 전부터 존재하셨다는 것은 그가 세계를 창조하실 때에 보여 주신 권능을 통해서 분명하게 드러난다. 복음서 기자가 여기에서 "만물"이라고 부른 것은, 히브리서 1:2에서는 "세계들"(한글개역개정에는 "모든 세계")이라고 부르고, 사도 바울은 "하늘과 땅에서 보이는 것들과 보이지 않는 것들"(골 1:16)이라고 부르며, 모세는 "천지"(창 1:1)라고 부른다. 이것들은 모두 "말씀"에 의해서 창조되었는데, "말씀"은 창조의 도구로 사용되신 것이 아니라, 창조의 주체이셨다. 왜냐하면, 전치사 '디아'(διά)는 종종 어떤 일을 위한 도구나 수단을 나타내는 데 사용된다는 것은 사실이기는 하지만, 어떤 일을 이루어내는 주체를 나타내는 데 더 자주 사용되기 때문이다. '디아'의 이러한 용례를 보여 주는 본문들로는 요한복음 6:57; 사도행전 3:16; 로마서 5:5; 11:36; 에베소서 4:6은 물론이고, 그 외에도 많이 있다. 따라서 여기에서 '디아'는 성부 하나님이 창조의 주체이고 성자는 단지 도구나 수단이었다는 것을 보여 주는 것이 아니라, 단지 삼위일체 하나님이 주체가 되어 어떤 식으로 창조 역사를 진행해 나가셨는지 그 질서를 보여 주는 것일 뿐이다.

지은 것이 하나도 그가 없이는 된 것이 없느니라. 하늘이나 땅, 눈에 보이는 것들이나 눈에 보이지 않는 것들 같은 창조된 모든 것들 중에서 "말씀" 없이 창조된 것은 단 하나도 없었다. 성경에서는 어떤 보편 명제가 일부에 대한 표현으로 전체를 나타내는 제유법으로 사용된 것이 아닌 경우에는, 보편 명제를 제시한 후에, 그 보편 명제를 확증하기 위하여 보편 부정문을 덧붙이는 일은 비일비재한데, 사도 바울이 로마서 3:12에서 "다 치우쳐 함께 무익하게 되고 선을 행하는 자는 없나니"라는 보편 명제를 제시한 후에, 그 바로 뒤에 "하나도 없도다"라는 보편 부정문을 덧붙인 것이 그 전형적인 예이다. 그 밖에도 그러한 예로는 예레미야애가 2:2을 비롯해서 많은 본문들이 있다. 본문에서 "그가 없이는"이라는 표현은 삼위일체 하나님의 제1위와 제3위가 만물을 창조하는 데 주체적으로 참여하지 않았다는 것을 의미하는 것은 결코 아니다. 성부 하나님께서는 자신의 "말씀"이신 성자를 통해서 세계를 창조하셨고, 성경에서는 세계의 창조를 성령에게로 돌린다(창 1:1; 욥 33:4; 시 33:6).

4. 그 안에 생명이 있었으니 이 생명은 사람들의 빛이라.

그 안에 생명이 있었으니. 이 "말씀" 안에는 육신의 생명, 영적인 생명, 영원한 생명이 있었다. 생명이 말씀 안에 있었기 때문에, 말씀은 생명의 원천이었다. 어떤 이들은 이것이 육신의 생명, 즉 육신을 최초로 존재하게 하고 그 후에 유지되게 해 주는 생명에 대한 것으로 이해한다. 그러한 생명이 그리스도 안에 있다는 것은 분명하다. 왜냐하면, 그리스도께서는 "그의 능력의 말씀으로 만물을 붙드시기" 때문이다(히 1:3; 행 17:28). 따라서 이것은 그리스도의 신성을 보여 주는 또 하나의 것이다. 어떤 이들은 이 본문은 창조로부터 구속으로의 이행에 대하여 말하고 있는 것이라고 생각한다: "그는 허물과 죄로 죽었던 너희를 살리셨도다"(엡 2:1). 어떤 이들은 우리의 복음서 기자는 3:16("하나님이 세상을 이처럼 사랑하사 독생자를 주셨으니 이는 그를 믿는 자마다 멸망하지 않고 영생을 얻게 하려 하심이라")과 4:14("내가 주는 물을 마시는 자는 영원히 목마르지 아니하리니 내가 주는 물은 그 속에서 영생하도록 솟아나는 샘물이 되리라")을 비롯한 많은 본문들에서와 마찬가지로 여기에서도 "생명"을 그리스도로부터 흘러나오는 은택으로 보고 있다고 이해해서, 이 본문이 영원한 생명에 대하여 말하고 있는 것이라고 생각한다. 하지만 나는 우리가 이 본문을 모든 생명에 대하여 말하고 있는 것으로 보면 안 되는 이유를 알지 못한다. 모든 생명은 성부 하나님과 동등하신 하나님이신 그리스도 안에 있고, 영적이고 영원한 생명도 중보자로서의 그리스도의 신분으로부터 흘러나온다.

이 생명은 사람들의 빛이라. 하나님이신 그리스도께서는 모든 피조물들에게 합당한 생명을 나누어 주시지만, 특별히 "사람들의 빛"으로서, 식물이나 동물 같은 피조물들은 받아 누릴 수 없는 빛을 사람들의 마음에 비추어 주신다. 우리는 여기에서 말하는 "빛"을 해나 별들 같은 발광체들로부터 방사되어 나오는 그런 빛으로 이해해서는 안 된다. 왜냐하면, 그런 빛은 사람들만이 아니라 그 밖의 다른 피조물들도 얼마든지 받아 누릴 수 있기 때문이다. 또한, 이성은 사람들의 심령 속에 있는 하나님의 등불이기는 하지만, 우리는 이 "빛"을 이성의 빛으로 이해해서도 안 된다. 사도가 에베소서 5:8에서 "너희가 전에는 어둠이더니 이제는 주 안에서 빛이라"고 말하였듯이, 여기에 언급된 "빛"은 우리로 하여금 하나님의 일들을 분별할 수 있게 해 주는 그러한 빛을 의미한다. 그래서 복음서 기자는 이 생명이 "사람들의" 빛이라고 말함으로써, 천사들조차도 배제해 버린다. 왜냐하면, 천사들은 빛을 발하는 고귀한 피조물들이기는 하지만, 그리스도께서 입으신 것은 사람들의 본성이지 천사들의 본성이 아니기 때문이다: "이는 확실히 천사들을 붙들어 주려 하심이 아니요 오직 아브라함의 자손을 붙들어 주려 하심이라"(히 2:16). 게다가, 다음 절에서는 이 빛이 "어둠에," 즉 여전히 이성적으로 생각할 수 있는 심령을 지닌 수많은 사람들 가운데 "비치되 어둠이 깨닫지 못하였다"고 말하는데, 그것은 사람들이 이성적으로 생각할 수 없었다는 의미가 아니라, 이성을 지닌 사람일지라도 이 초자연적인 계시의 빛을 깨달을 수 없었다는 의미이다. 이것은 그 다음 절에 의해서 확증되는데, 거기에서 복음서 기자는 세례 요한이 이 빛에 대하여 증언하기 위하여 온 것이라고 말한다. 즉, 세례 요한은 이성의 원천으로서의 그리스도를 증언하기 위해 온 것이 아니었다는 것이다. 또한, 성경에는 이성을 "빛"이라는 단어로 표현한 본문은 단 한 번도 나오지 않는다.

5. 빛이 어둠에 비치되 어둠이 깨닫지 못하더라.

"빛이 어둠에 비치되." 복음서 기자는 앞에서 생명이 그리스도 안에 있다는 것, 즉 그리스도가 생명의 원천이고, 그 생명이 사람들의 빛이어서 사람들에게 빛을 주었다고 말하였었는데, 이제 여기에서는 그리스도 안에 있는 이 빛이 마치 햇빛처럼 "어둠," 곧 어두운 마음과 생각을 지닌 사람들(여기서 추상 명사는 구상 명사를 나타낸다)에 비추었지만, "어둠이 깨닫지 못하였다," 즉 받아들이지 않았다고 말한다. 참 빛이신 그리스도께서는 이전 시대에는 자신을 가리키는 수많은 모형들과 예언들을 통해서 빛을 비추셨고, 이 때에는 인류를 속량하시기 위하여 친히 이 땅에 오셔서 빛을 비추심으로써, 그러한 은혜의 방편들을 끊임없이 제공해 주셨는데도, 유대인들은 예나 지금이나 그 빛을 받아들이지 않았다는 점에서, 이 말씀은 이전 시대나 이 때의 유대인들 모두에게 해당되는 말씀이었다. 그들은 자신들의 눈먼 사고와 완악한 마음으로 인해서, 하나님이 그들에게 여러 수단들과 통로들을 통해서 허락하신 저 빛을 의도적으로 배척하였다.

6. 하나님께로부터 보내심을 받은 사람이 있으니 그의 이름은 요한이라.

하나님께로부터 보내심을 받은 사람이 있으니. 하나님께서 보내신 이 사람은 그리스도도 아니었고 천사도 아니었으며 "사람"이었다. 하지만 우리 구주께서 말씀하셨듯이, 이 사람은 여자에게서 난 자들 가운데서 가장 큰 자였다. 그는 자신이 생각하고 계획해서 스스로 온 것이 아니라, "보내심을 받았다." 하나님께서는 "내가 내 사자를 보내리니 그가 내 앞에서 길을 준비할 것이요"(말 3:1; 눅 7:27)라고 말씀하

셨다. 하나님께서 천사를 통해서 이 사람의 신분과 이름과 사명 등에 대하여 사가
랴에게 미리 말씀해 주신 것처럼, 이 사람은 사람들로부터가 아니라 "하나님께로부
터" 보내심을 받았다. 그의 이름은 요한이라. 이 사람이 태어나기 전에 천사가 미리
알려 주었고(눅 1:13), 그가 태어났을 때에는 그의 부모가 분명하게 밝혔듯이, 이 사
람의 이름은 요한이었다. 요한은 "은혜"를 의미한다. 하나님께서 세례 요한에게 그
러한 이름을 주신 것은 그가 예수 그리스도로 말미암아 세상에 임한 복음의 은혜를
최초로 전하는 유명한 전도자가 될 것이었기 때문이었음이 분명하다.

**7. 그가 증언하러 왔으니 곧 빛에 대하여 증언하고 모든 사람이 자기로 말미암아
믿게 하려 함이라.**

그가 증언하러 왔으니. 요한이 "사자"였다는 것은 그의 권위를 나타내는 것이었다
면, 그가 "증인"이었다는 것은 그의 사역을 나타내는 것인데, 복음의 모든 참된 사
역자들이 해야 할 일은 바로 그러한 "증인"으로서의 사역, 즉 "증언하는" 것이다. 세
례 요한은 자기 이전에는 세상의 거의 모든 사람들에게 전혀 알려지지 않았던 일을
증언한 최초의 증인이었다. 그리스도께서 태어나셨을 때나 성전에 가서 하나님께
드려지셨을 때, 베들레헴의 목자들과 시므온과 안나가 그리스도를 일정 정도 증언
하였다고 할 수 있기는 하지만, 그것은 30년 전에 일어난 일이었고, 그 이후로 대체
로 잊혀졌고, 그들은 실제로 복음의 사역자로서 그리스도를 증언한 것은 아니었다.
사도들은 그리스도의 "증인"이자(행 1:8) "주 예수의 부활"의 증인들이 될 것이었다
(행 1:22; 4:33; 5:32; 10:41; 13:31). 모든 선지자들은 그리스도의 이름을 믿는 자들은
누구든지 구원을 얻게 될 것이라고 증언하였다(행 10:43). 세례 요한도 마찬가지였
다. 나아가, 요한은 그리스도께서 지나가시는 것을 보고, 그를 가리키며, 그가 선지
자들이 말한 바로 그분이라고 증언하였다. 사도들과 그 이후의 사역자들은 세례 요
한보다 더 큰 증인들이었다. 선지자들은 그리스도께서 장차 오실 것이라고 증언하
였고, 세례 요한은 그리스도께서 이미 오셨다고 증언하였으며, 사도들은 그리스도
께서 이미 오셨을 뿐만 아니라, 죽으셨다가 죽은 자 가운데서 다시 살아나셨다고 증
언하였다.

빛에 대하여 증언하고. 앞에서 이미 말했듯이, 세례 요한의 사명은 참 빛이신 그리
스도를 증언하는 것이었다. 그리스도께서 "빛"이라 불리시는 것은 모든 것을 빛으
로 드러내시기 때문이다(엡 5:13). 그리스도는 아버지 하나님을 드러내신다(마
11:27). 그리스도는 "하나님의 영광의 광채"이시고(히 1:3), "빛"이시며(요일 1:5),

세상은 그로 말미암아 밝아진다. 이사야 선지자는 그리스도의 때에 관하여, "물이 바다를 덮음 같이 여호와를 아는 지식이 세상에 충만할" 것이라고 예언하였다(사 11:9). 모든 사람이 자기로 말미암아 믿게 하려 함이라. 세례 요한의 증언의 목적은 온갖 부류의 허다한 사람들이 자기로 말미암아, 또는 자신의 증언으로 말미암아 그리스도를 믿게 하기 위한 것이었다. 즉, 세례 요한은 사람들로 하여금 그리스도를 믿게 하기 위한 도구로 쓰임 받았다. 여기에서 "자기로 말미암아"에서 "자기"라는 대명사는 세례 요한을 가리키는 것으로 보는 것이 가장 합당하다. 왜냐하면, 우리는 그리스도로 말미암아 믿는다는 표현은 사용하지 않고, 그리스도를 믿는다거나 그리스도의 이름을 믿는다는 표현을 사용하기 때문이다.

8. 그는 이 빛이 아니요 이 빛에 대하여 증언하러 온 자라.

그는 이 빛이 아니요. 모든 성도들이 "주 안에서 빛"(엡 5:8)인 것과 마찬가지로, 세례 요한은 빛이었다. 아니, 거기에서 한 걸음 더 나아가, 우리 구주께서는 세례 요한이 "켜서 비추이는 등불"(요 5:35)이었다고 증언하신다. 그러나 세례 요한은 "어둠에 비친" 그 "빛"(5절)은 아니었고, "세상에 와서 각 사람에게 비추는 빛"(9절)도 아니었으며, 단지 자신의 빛을 저 원래의 빛으로부터 빌려온 것일 뿐이었다. 저 원래의 빛은 하나님이셨고, 세례 요한은 단지 하나님으로부터 보내심을 받은 "사람"이었을 뿐이었다. 세상 사람들은 통상적으로 두 가지 극단을 따라 행동한다. 즉, 사람들은 하나님의 사역자들과 증인들을 철저하게 배척하거나, 아니면 경배한다. 세상 사람들은 전자처럼 행동하지 않도록 조심하여야 하고, 그리스도의 사역자들은 후자를 용납하는 일이 일어나지 않도록 극히 조심하여야 한다. 누가복음 7:33; 사도행전 14:13-14을 보라. 누가복음 7:33에서는 세례 요한, 그리고 사도행전 14:13-14에서는 사도 바울, 이 두 사람은 오직 자신들의 주님께만 합당한 영광과 존귀를 그들 자신이 탈취하지 않기 위해서 극히 조심하였다. 이 빛에 대하여 증언하러 온 자라. 앞에서 이미 말했듯이, 세례 요한은 단지 그리스도께서 오셨고 빛을 비추고 계신다고, "이 빛에 대하여 증언하러" 온 자일 뿐이었다. "참 빛"에 대한 내용은 다음 절부터 나온다.

9. 참 빛 곧 세상에 와서 각 사람에게 비추는 빛이 있었나니.

참 빛. "참"이라는 단어는 거짓된 것과 반대되는 의미로 사용되기도 하고(엡 4:25), 모형이나 예표와 대비되는 의미로 사용되기도 하며(요 1:17), 원래의 것이 아닌 것과 반대되는 의미로 사용되기도 하는데, 이 모든 것들과 반대되고 대비되는 의미에서 그리스도는 "참 빛"이셨다. 그리스도께서는 본성적으로 자신 안에 빛을 지니고 계시고, 그 빛을 밖으로 비추시며(요일 2:8), 선지자들이나 사도들보다 더 밝은 빛을 발하시기 때문에, 오직 그리스도만이 "참 빛"이라는 이름으로 불리실 자격이 있으셨다.

세상에 와서 각 사람에게 비추는 빛이 있었나니. 그리스도께서는 옛적의 선지자들과는 달리 오직 유대인만이 아니라, 유대인과 이방인, 곧 온 인류에게 빛을 비추신다. 어떤 이들은 이 빛을 이성의 빛으로 이해하지만, 이성은 성경의 그 어디에서도 빛이라 불리지 않을 뿐만 아니라, 단지 이성의 빛이라고 했을 때, 그것은 중보자로서의 그리스도와 전혀 부합하지 않는다. 따라서 우리는 여기에서 언급된 빛이 그리스도께서 온 세상에 비추시고자 하신 복음 계시의 빛을 의미하는 것으로 이해하여야 한다(마 28:19; 막 16:15). 어떤 이들은 이 "빛"이 그리스도를 단지 "우리에게"가 아니라 "우리 안에" 계시해 주시는 하나님의 성령의 내적 조명을 의미하는 것으로 해석하고서, 그리스도께서 복음의 사역자로서 행하신 것은 세상에 태어난 모든 사람에게 빛을 비추시기 위한 것이었고, 본문이 그리스도께서 각 사람에게 빛을 비추고 계셨다고 하는 것은 그리스도로 말미암지 않고는 아무도 빛을 받을 수 없는데, 온갖 부류의 사람들 중에서 몇몇이 그리스도로 말미암아 빛을 받았기 때문이라고 말한다. 우리는 복음서들의 많은 본문에 나오는 "모든 사람" 또는 "각 사람"이라는 용어들을 이 후자의 두 가지 의미로 해석하여야 한다. 이 구절의 헬라어 본문은 "세상에 온 각 사람에게 비추는 빛"으로 해석될 수도 있고, "세상에 와서 각 사람에게 비추는 빛," 즉 그리스도께서 오신 후에는 하나님을 아는 지식에 이르게 해 주는 영적인 빛 또는 방편이 이전보다 더 보편적으로 세상에 두루 퍼졌다는 의미로 해석될 수도 있다. 요한복음 12:46은 "나는 빛으로 세상에 왔나니 무릇 나를 믿는 자로 어둠에 거하지 않게 하려 함이로라"고 말한다. 어떤 이들은 "세상에 왔다"는 것은 단지 이 세상에 태어났다는 것만을 의미하는 것이 아니라, 요한복음 10:36; 17:18이 말하고 있는 것처럼, "아버지께서 거룩하게 하사 세상에 보내신" 것을 의미한다고 지적한다.

10. 그가 세상에 계셨으며 세상은 그로 말미암아 지은 바 되었으되 세상이 그를 알지 못하였고.

그가 세상에 계셨으며. 그리스도께서는 "세상"이라 불리는 곳에, 그리고 세상 사람들 가운데 계셨다. "세상"이라는 용어는 흔히 그런 의미로 사용된다(요 16:28; 벧후 3:6). 그리스도께서는 육신으로 이 세상에 오시기 전에 이미 세상에 계셔서, 천지를 충만하게 하시고, 자신의 능력의 말씀으로 세상을 붙들어 주시며, 모세와 선지자들에게 좀 더 직접적으로 자신의 뜻을 나타내시고, 모세와 선지자들을 통해서 좀 더 간접적으로 세상 사람들에게 자신의 뜻을 알게 하셨다. 세상은 그로 말미암아 지은 바 되었으되. 앞에서 말했듯이, 천지에 있는 눈에 보이는 것들과 눈에 보이지 않는 모든 것들은 그리스도로 말미암아 창조되었다.

세상이 그를 알지 못하였고. 세상 사람들은 그리스도를 알아보지 못하였다. 그들은 그리스도를 인정하지도 않았고, 믿지도 않았으며, 그리스도께 복종하지도 않았다. 히브리어 관용어법에 따르면, "알다"라는 단어는 흔히 그런 의미로 사용된다(요 10:14-15, 27). "안다"는 것은 단지 어떤 대상을 인식하거나 이해한다는 것이 아니라, 그 대상에 걸맞은 감정을 지닌다는 것을 의미한다(마 7:23; 요일 3:1). 우리는 "세상이 그를 알지 못하였다"는 것을 세상의 모든 사람이 한 사람도 빠짐없이 다 그리스도를 몰랐다는 의미로 이해해서는 안 된다. 왜냐하면, 아브라함과 이삭과 야곱과 다윗을 비롯해서 많은 사람들이 이런 의미에서 그리스도를 "알았기" 때문이다. 그러나 세상의 절대 다수는 그리스도를 알지 못하였다. 성경에서는 종종 이방인들을 유대인들로부터 구별해서 "세상"이라고 부르는데(요일 2:2; 고전 1:21), 그리스도를 알지 못한 것은 이방인들만이 아니었고, 유대인들도 일부를 제외하고는 그리스도를 알지 못하였다.

11. 자기 땅에 오매 자기 백성이 영접하지 아니하였으나.

자기 땅에 오매. 세상은 그리스도께서 창조하신 것이었기 때문에, 그리스도의 것이라고 하는 것이 지극히 합당한데, 그런 의미에서 본문이 그리스도께서 "자기 땅"에 오셨다고 말하고 있는 것이라고 할 수도 있고, 여기에서 "자기 땅"은 그리스도의 집과 땅과 소유였던 이스라엘 백성을 가리키는 것으로 볼 수도 있다(시 85:1; 요 16:32). 여기에서 "자기 땅"으로 번역된 헬라어는 복수형으로 사용되어서 직역하면 "자신의 것들"이 되는데, 우리가 앞에서 언급한 사도행전 21:6 등과 같은 본문들에서도 동일한 용법으로 사용되고 있다: "서로 작별한 후 우리는 배에 오르고 그들은 집으로 돌아가니라"("집으로"로 번역된 것은 직역하면 "자신의 것들"이다 — 역주). 이렇게 이 헬라어 표현은 종종 해당되는 사람들의 고국이나 그들의 원래의 집을 가리키는 데 사용된다. 또 한 가지 의문은 여기에서 "왔다"는 것이 무엇을 의미하는 것이냐 하는 것이다. 대부분의 해석자들, 또는 적어도 다수의 해석자들은 이것이 그리스도

께서 성육신을 통해서 이 세상에 오신 것을 의미하는 것으로 해석하지만, 그러한 의
미로 해석하는 것은 여기에서 적절하지 않은 것으로 보인다. 왜냐하면, 한편으로는
14절이 그 오심에 대하여 말하고 있고, 다른 한편으로는 그런 의미에서라면, 유대
인들은 그리스도를 받지 않은 것도 아니고, 그리스도께서 육체로 오시는 것을 막을
힘이 그들에게 없었다는 점에서, 후반절에 나오는 "자기 백성이 영접하지 아니하였
다"는 말씀과 전반절의 말씀이 서로 통하지 않기 때문이다. 따라서 여기에서 그리
스도께서 "자기 땅에 오셨다"는 것은 그가 자신의 선지자들과 세례 요한의 선포, 그
리고 그 자신의 복음 전도를 통해서 자기를 드러내신 것을 의미하는 것으로 보인
다. 자기 백성이 영접하지 아니하였으나. 그리스도께서 이렇게 말씀을 통해서 사람
들에게 오셨지만, 그들은 선지자들이나 세례 요한의 증언, 그리고 심지어 그리스도
자신의 증언조차도 믿지 않았고, 따라서 그리스도를 받아들이지 않았다(요 5:43).

**12. 영접하는 자 곧 그 이름을 믿는 자들에게는 하나님의 자녀가 되는 권세를 주
셨으니.**

영접하는 자. 그리스도께서는 자기 백성에게로 오셨는데도, 그들의 대다수는 우
리가 앞에서 말한 여러 가지 모양으로 그리스도를 영접하지 않았지만, 몇몇 사람들
은 그리스도를 인정하고 믿고 복종하였고, 이렇게 자신들의 집으로만이 아니라 자
신들의 마음으로 그리스도를 받아들여 영접한 자들에게는 하나님의 자녀가 되는 권
세를 주셨다. 그리스도께서는 그들에게 입양에 의해서 하나님의 자녀가 될 수도 있
는 권세나 권리, 또는 특권을 주신 것이 아니라, 실제로 확정적으로 하나님의 자녀
가 되는 권세를 주셨다. 왜냐하면, 믿는 자들은 여전히 "양자 될 것," 즉 장차 부활
을 해 이루어질 "우리 몸의 속량"을 기다리고 있는(롬 8:23) 까닭에, "부활의 자
녀"(눅 20:36)라 불리기는 하지만, 그들은 이미 엄연한 "하나님의 아들들"(갈 3:26)
의 신분이기 때문이다.

그 이름을 믿는 자들에게는. 이것은 그리스도의 이름을 믿는 모든 자들에게 주어
지는 특권이다. 복음서 기자는 바로 앞에 나온 "영접하는 자"가 어떤 자들인지를 이
제 "그 이름을 믿는 자들"이라는 구절로 보충설명한다. 즉, 그리스도를 영접하는 자
들과 그리스도의 이름을 믿는 자들은 서로 동일한 자들이라는 것이다. 그리스도의
이름을 믿는다는 것은 그리스도를 믿거나(행 3:16), 복음의 약속들 속에서 그리스
도에 관하여 계시된 것들을 믿는 것이다. 하나님의 말씀 속에 나타난 진리들은 우
리가 동의하고 믿어야 하는 대상이지만, 중보자의 인격은 그리스도를 영접하는 저

믿음의 대상이다. 오직 하나님의 말씀의 약속들을 통해서 사람들에게 계시된 그리스도를 믿는 자들에게만 하나님의 아들들이 되는 권세가 주어지고, 이것은 아들들에게만 주어지는 고유한 특권들이다.

13. 이는 혈통으로나 육정으로나 사람의 뜻으로 나지 아니하고 오직 하나님께로부터 난 자들이니라.

이는 혈통으로나 육정으로나 사람의 뜻으로 나지 아니하고. 하나님의 아들들이 되는 것은 사람들의 "혈통"으로 되는 것도 아니고, 유대인들은 "우리 아버지는 아브라함이라"(요 8:39)고 말함으로써, 자신들이 아브라함의 혈통이라고 자랑하였지만, 아브라함의 혈통이라는 사실이 그들에게 하나님의 아들들이라는 신분을 보장해 주는 것도 아니다. 또한, 그것은 "육정," 즉 육신의 욕심이나 욕망으로 되는 것도 아니고, 인간 사회에서 사람들이 자신의 뜻을 따라 양자를 삼는 것과는 달리, "사람의 뜻으로," 즉 사람들이 원한다고 해서 되는 것도 아니다. 여기에서 "나지 아니하고"의 "나다"는 우리의 생명의 원리를 받아들이는 것을 의미한다. 하나님의 자녀인 자들은 자연의 활동들이나 사람들의 뜻으로부터 오지 않는 생명의 원리를 갖고 있다.

오직 하나님께로부터 난 자들이니라. 이 절의 전반부에 나오는 여러 단어들이 무엇을 의미하든, 이 후반절은 사람들이 하나님의 아들들이 되는 것은 하나님의 주도적인 역사에 의한 것으로서 하나님에 의해 낳아진다는 것을 분명하게 단언한다. 왜냐하면, 우리는 믿음으로 말미암아 하나님의 자녀들이 되는데(갈 3:26), 믿음은 하나님의 역사이고(요 6:29) 하나님의 선물이며(빌 1:29), 사람들이 "거듭난 것은 썩어질 씨로 된 것이 아니요 썩지 아니할 씨로 된 것이고"(벧전 1:23), 하나님의 자녀들은 하나님께서 "말씀으로 깨끗하게 하사 거룩하게 하신"(엡 5:26) 자들로서, "중생의 씻음과 성령의 새롭게 하심"(딛 3:5)을 받은 자들이기 때문이다.

14. 말씀이 육신이 되어 우리 가운데 거하시매 우리가 그의 영광을 보니 아버지의 독생자의 영광이요 은혜와 진리가 충만하더라.

말씀이 육신이 되어 우리 가운데 거하시매. "말씀"이라 불리신 하나님의 아들은, 우리가 앞에서 구체적으로 열거한 여러 이유들로 인해서, 진정으로 사람이 되셨다. 이렇게 성경에서 "육신"은 사악하고 멸시 받을 만하며 죽을 수밖에 없는 인간이라는 의미가 아니라, 단순히 인간이라는 의미로 자주 사용된다(창 6:12; 시 65:2; 사 40:5-6). 복음서 기자가 그리스도께서 사람이 되셨다고 말하지 않고, "육신"이 되셨다고 말한 것은, 그리스도 안에 있는 두 본성을 좀 더 분명하게 구분해서, 그리스도께서 진정으로 인성을 입으셨다는 것을 단언하고, 그리스도께서는 어떤 특수한 성격의 인성이 아니라 우리와 똑같은 인성을 입으셨다는 것을 보여 줌으로써, 그리스도로 하여금 우리의 모든 곤경을 치유하시기 위하여 모든 면에서 우리와 같이 되게 하신 하나님의 사랑을 우리에게 알게 하기 위한 것이었다. 복음서 기자는 그리스도께서 육신으로 변화되셨다고 말하지 않고, 육신을 입으시고 육신이 되셔서 "우리 가운데 거하셨다"고 말한다. 즉, 그리스도께서는 우리 인간들 가운데, 또는 자신의 제자들인 자들 가운데 장막을 치셨다. 그가 우리 가운데 장막을 치셨다는 것은 그가 오래 머물지 않으실 것이라는 의미를 내포하고 있다.

우리가 그의 영광을 보니 아버지의 독생자의 영광이요 은혜와 진리가 충만하더라. 그리스도의 영광은 그가 변화산 상에서 변모되실 때 및 그의 죽음과 부활과 승천의 때에 많이 나타났고, 그의 은혜와 거룩하심과 진리와 이적들을 통해서도 나타났기 때문에, 사람들은 그리스도의 영광을 드러낸 많은 표적들과 역사들을 볼 수 있었다. 여기에서 "아버지의 독생자의 영광"으로 번역된 헬라어 본문은 직역하면 "아버지로부터 온 독생자로서의 영광"이 되는데, 불변화사 '호스'(ὡς)는 여기에서 "독생자와 비슷한 영광" 또는 "독생자와 같은 영광"으로 해석될 수 있는 비교의 의미를 지니는 것이 아니라 "독생자로서의 영광"이라는 의미이다. 따라서 헬라어 '호스'에 해당하는 히브리어인 '크'(ך)가 사용되고 있는 느헤미야 7:2의 구절은 "하나냐는 충성스러운 사람 같은 자요"가 아니라 "하나냐는 충성스러운 사람이요"가 되고, 욥기 24:14의 구절은 "사람을 죽이는 자는 밝을 때에 일어나서 학대 받는 자나 가난한 자를 죽이고 밤에는 도둑 같이 되며"(한글개역개정의 번역)가 아니라 "도둑이 되며"가 된다. 그리스도께서는 육신으로 나타나신 하나님이셨기 때문에, "은혜와 진리가 충만하셨다." "은혜"는 사랑과 선의를 의미한다. 그리스도께서 우리를 율법의 저주와 엄격함(이것은 은혜와 반대되는 것들이다)으로부터 건져 주신 것은 순전히 사랑과 선의로 말미암은 것이었다. 또한, 그리스도께는 "진리"가 충만하셨는데, "진리"는 한편으로는 거짓과 반대되고, 다른 한편으로는 율법의 그림자들이나 예표들과 반대된다. 그리스도께서는 모든 종교의식들의 원형이셨고, 모든 약속들이 그의 안에서 실현되고 완성되었기 때문에, 우리는 그리스도께서 "진리가 충만하였다"고 말할 수 있다. 요한복음 14:17; 로마서 15:8; 고린도후서 1:20을 보라. 또한, "진리"는 간사함이 하나도 없이 진실하고 온전하신 그리스도의 삶을 나타낼 수 있다.

15. 요한이 그에 대하여 증언하여 외쳐 이르되 내가 전에 말하기를 내 뒤에 오시

는 이가 나보다 앞선 것은 나보다 먼저 계심이라 한 것이 이 사람을 가리킴이라 하나라.

요한이 그에 대하여 증언하여 외쳐 이르되. 세례 요한은 "그"가 아니라, 단지 "그"의 증인이었고, 그 증언을 계속해 나간다(여기서 동사는 현재 시제로 되어 있다). 또한, 그는 모호하거나 냉정하게 증언한 것이 아니라, 공개적으로 분명하고 열정적으로 증언하였다. 옛적의 예언들이 말한 것처럼, 그의 증언은 "광야에서 외치는 자의 소리"(요 1:23)였다. 내가 전에 말하기를 내 뒤에 오시는 이가 나보다 앞선 것은 나보다 먼저 계심이라 한 것이 이 사람을 가리킴이라. 세례 요한이 가장 먼저 증언한 것은 자기가 전에 말하였던 "그"가 바로 그리스도라는 것이었다. 아마도 세례 요한은 광야에서 말씀을 전하고 있을 때, 그리스도께서 세례를 받으시려고 그에게 오시자(마 3:11, 14), 이 증언을 한 것으로 보인다. "내 뒤에 오시는 이가 나보다 앞선 것"이라고 말한 것은, 그리스도께서는 태어난 때나 사역을 시작한 때에 있어서는 자기보다 뒤이시지만, 자기보다 앞서 존재하신 분인 까닭에, 자기는 마치 그를 따르는 제자(요 8:12)나 다름없었기 때문이다. "나보다 먼저 계심이라"고 말한 것은, 그리스도께서는 이미 영원 전부터 계셔서 이 땅에 오시기로 되어 계셨다는 것과 그의 신성만이 아니라, 아버지 하나님의 뜻을 계시하는 선지자로서의 위엄과 탁월성에 있어서도 세례 요한을 앞선다는 것이다. 세례 요한은 전에도 이것과 똑같은 표현을 사용하지는 않았지만 사실상 동일한 취지로, "내 뒤에 오시는 이는 나보다 능력이 많으시니 나는 그의 신을 들기도 감당하지 못하겠노라"(마 3:11)고 말한 바 있다. 마가복음 1:7과 누가복음 3:16을 보라. 여기에 언급된 것은 그리스도의 탁월성에 관하여 세례 요한이 증언한 최초의 것이다.

16. 우리가 다 그의 충만한 데서 받으니 은혜 위에 은혜러라.

우리가 다 그의 충만한 데서 받으니. 하나님께서는 다른 성도들과는 달리(행 2:4, 6, 8) 그리스도께는 성령을 "한량 없이" 부어 주셨기 때문에, 마치 아론의 머리에 차고 넘치게 부어진 기름이 그의 옷자락까지 흘러내리듯이, 본성적으로 하나님의 은총이나 은혜로 인한 감화가 결여되어 있는 우리도 그리스도께 주어진 충만한 은혜로부터 풍성한 은혜를 받는다. 은혜 위에 은혜러라. 우리는 몇 방울의 은혜가 아니라, "은혜 위에 은혜"를 받는다. 우리는 수용능력이 한정되어 있기는 하지만, 지식과 교훈만이 아니라, 하나님의 사랑과 은총, 영적인 감화도, 그리스도께서 지니고 계신 은총과 은혜에 비례해서 받는다. 우리는 모든 은혜를 그리스도로부터 그리스도로 말미암아 값없이 풍성하게 받는다. 이것은 은혜를 받은 심령은 더욱 그리스도를 인정하고 경배하여야 하고, 계속해서 더 은혜를 받고 영생에 대한 소망이 더 깊어지는 것을 통해서 견고해진다는 것을 우리에게 알게 해 준다. 우리는 사도 바울이 "하나님의 은혜를 헛되이 받지 말라"(고후 6:1)고 경고한 것을 명심하여야 한다.

17. 율법은 모세로 말미암아 주어진 것이요 은혜와 진리는 예수 그리스도로 말미암아 온 것이라.

율법은 모세로 말미암아 주어진 것이요. 도덕법이든 의식법이든 율법은 모세가 준 것이 아니라, 하나님이 자신의 일꾼이자 종인 모세를 통해서 주신 것인데, 이 율법으로는 아무도 의롭다 함을 얻을 수 없었다(롬 3:28). 이것이 너희가 자랑하는 모세의 영광이었다: "내가 너희를 아버지께 고발할까 생각하지 말라 너희를 고발하는 이가 있으니 곧 너희가 바라는 자 모세니라"(요 5:45). 하나님께서는 모세라는 자신의 탁월한 일꾼을 사용하셔서, 구약의 경륜을 따른 예배 문제 및 너희의 행실 전체를 규율하는 문제와 관련해서 자신의 뜻을 너희에게 계시하셨다. 하지만 모세와 예수 그리스도 간에는 엄청난 차이가 존재한다. 율법은 성경의 그 어디에서도 은혜라고 불리지 않고, 오로지 의무와 진노만을 보여 주고, 너희가 그 의무를 행하지 않은 경우에는 그 어떤 사하심도 보여 주지 않으며, 그 의무를 행할 수 있는 힘을 공급해 주지도 않는다.

은혜와 진리는 예수 그리스도로 말미암아 온 것이라. 은혜와 진리에 속한 모든 것은 그리스도로부터 온다. 죄 사하심이나 율법의 모든 의무를 행하도록 돕는 힘과 관련된 하나님의 모든 은총은, 하나님이 모세를 통해서 율법을 주신 것처럼 그리스도를 통해서 주시는 것이 아니라, 은혜의 원천이신 그리스도로부터 온다. 그리고 여기에 언급된 "진리"가 확실하고 진정한 긍휼을 의미하는 것이든(히브리어 '헤세드'를 염두에 둔 것으로 보인다 — 역주), 아니면 그림자인 율법의 실체를 의미하는 것이든, 그리스도로부터는 은혜만이 아니라 진리도 온다. 왜냐하면, 율법에 나타난 온갖 모형들과 예언들은 그리스도에 의해서 및 그리스도 안에서 성취되었기 때문이다

18. 본래 하나님을 본 사람이 없으되 아버지 품속에 있는 독생하신 하나님이 나타내셨느니라.

본래 하나님을 본 사람이 없으되. 하나님은 영이시기 때문에(요 4:24), 하나님의 본체를 눈으로 본 사람은 지금까지 아무도 없었고, 하나님의 계획과 뜻 전체를 마음 눈으로 깨달은 사람도 아무도 없었다(마 11:27; 롬 11:34). 모세는 하나님의 형상과

현신을 보았고, 다른 그 누구보다도 더 친밀하게 하나님과 대화하였다. 그래서 성경에서는 모세가 하나님과 대면하여 대화하였다고 말한다: "너희 중에 선지자가 있으면 나 여호와가 환상으로 나를 그에게 알리기도 하고 꿈으로 그와 말하기도 하거니와 내 종 모세와는 그렇지 아니하니 그는 내 온 집에 충성함이라 그와는 내가 대면하여 명백히 말하고 은밀한 말로 하지 아니하며 그는 또 여호와의 형상을 보거늘"(민 12:6-8). 즉, 모세는 하나님과 "대면하여 명백히 말하고" "여호와의 형상을 보았다"는 것이다. 하나님께서 이러한 취지로 하신 말씀은 출애굽기 33:11("사람이 자기의 친구와 이야기함 같이 여호와께서는 모세와 대면하여 말씀하시며")에도 나오고, 출애굽기 33:20에서는 하나님께서 "네가 내 얼굴을 보지 못하리니 나를 보고 살 자가 없음이니라"고 하시는 말씀이 나온다. 따라서 하나님께서는 자신의 얼굴을 모세에게 드러내지 않으셨고, 자신의 모든 은밀한 계획들도 드러내지 않으셨다는 것은 분명하다.

아버지 품속에 있는 독생하신 하나님이 나타내셨느니라. 오직 하나님의 독생자이시자 사랑하시는 아들이신 그리스도만이 자신의 본성 안에서 하나님과 지극히 친밀한 교제를 나누시고, 하나님의 모든 계획을 허심탄회하게 다 나누셨는데, 이것을 본문은 그리스도께서 "아버지 품속에" 계셨다는 말로 표현한다. 여기에서 그리스도께서 하나님을 "나타내셨다"는 것은 단지 선지자가 하나님의 마음과 뜻을 선포한 것과 같은 것을 의미하는 것이 아니라, 시편 기자가 "하늘이 하나님의 영광을 선포하고 궁창이 그의 손으로 하신 일을 나타내는도다"(시 19:1)라고 말한 것과 같이, "하나님의 영광의 광채시요 그 본체의 형상"으로서 하나님을 선포하고 나타내신 것을 의미한다. 따라서 우리는 오직 하나님의 아들 안에서만 아버지 하나님을 볼수 있고, 하나님의 아들로부터가 아니면 그 누구로부터도 아버지 하나님의 뜻에 대한 온전한 계시를 기대할 수 없다.

19. 유대인들이 예루살렘에서 제사장들과 레위인들을 요한에게 보내어 네가 누구냐 물을 때에 요한의 증언이 이러하니라.

세례 요한의 앞서의 증언은 백성들에게 한 좀 더 사사로운 것이었다고 한다면, 이번의 증언은 공적인 당국을 상대로 한 것이었다. 여기에서 "유대인들"이라고 언급된 사람들은 오늘날의 의회에 해당하는 산헤드린, 또는 유대인들의 최고법정을 구성하고 있던 고위 관리들을 가리킬 가능성이 큰데, 그들에게는 거짓 선지자들을 색출하여 처단하는 권한이 주어져 있었다. "제사장들과 레위인"은 율법의 예식들

을 아주 엄격하게 지켰던 유대인 분파였던 바리새파에 속한 자들이었다(24절). 그
들은 산헤드린과 대제사장들이 상주해 있던 예루살렘에서 와서, 세례 요한에게 "네
가 누구냐"고 물었다(이 질문은 아마도 산헤드린의 지시를 받은 것일 가능성이 크
다). 즉, 그들은 세례 요한에게 무슨 권위로 말씀을 전하고 세례를 주었으며, 그가
그리스도인지 선지자인지, 그리고 선지자이면 어떤 성격의 선지자인지를 물은 것이
다. 이하에 나오는 대화는 이것이 그러한 질문들에 대한 대답을 얻는 것이 그들
의 목적이었던 것으로 보인다. 왜냐하면, 그들은 현재로서는 단지 세례 요한의 이
름과 가문만을 알고 있었고, 그가 제사장 가문 출신이라는 것만을 알고 있었고, 다
른 것들에 대해서는 알 수 없었기 때문이었다.

**20. 요한이 드러내어 말하고 숨기지 아니하니 드러내어 하는 말이 나는 그리스도
가 아니라 한대.**

요한이 드러내어 말하고 숨기지 아니하니 드러내어 하는 말이. 세례 요한은 그러한
질문을 받자 공개적으로 분명하게 공언하였고, 속이거나 감추지 않고 있는 그대로
를 다 얘기하였다. "숨기지 아니하니"라는 부정문은 성경에서 흔히 앞에 나온 긍정
문을 강화하여 그 어떤 예외도 있을 수 없다는 뜻을 전하기 위하여 긍정문 바로 뒤
에 덧붙인 전형적인 예이다(욥 5:17; 시 40:10-12). 따라서 이 구절은 모든 것을 "드
러내어 말하고" 단 하나도 "숨기지 아니하였다"는 의미가 된다. 복음서 기자가 "드
러내어"를 두 번이나 반복해서 강조한 것은, 많은 사람들이 이 문제에 대하여 궁금
해하였기 때문에(눅 3:15-17), 세례 요한은 이 문제를 단지 한 번이 아니라 여러 차
례에 걸쳐 반복해서 말하였다는 것을 보여 준다.

나는 그리스도가 아니라. 하나님께서 너희에게 메시야를 약속하셨고, 너희는 지금
메시야를 대망하며 살아가고 있는 것을 내가 알지만(눅 2:26, 38; 19:11; 요 4:25), 나
는 그 메시야가 아니다. 성경 속에서 하나님의 종들이 오직 하나님과 그리스도께만
합당한 영광을 그들 자신이 가로채는 것을 피하기 위하여 얼마나 애쓰고 노력하는
지를 우리는 끊임없이 보게 된다. 여기에서 세례 요한이 자기는 그리스도가 아니라
며 단호하고 분명하게 선을 긋는 모습은 모든 신앙인들이 본받아야 할 자세이지만,
특히 복음 사역자들에게는 더더욱 그런 자세가 요구된다.

**21. 또 묻되 그러면 누구냐 네가 엘리야냐 이르되 나는 아니라 또 묻되 네가 그 선
지자냐 대답하되 아니라.**

네가 엘리야냐 … 나는 아니라. 예루살렘에서 이 사자들이 왔을 때, 세례 요한은 베

다니에 있었다(28절). 그들은 요한에게 "네가 엘리야냐"고 물었다. 유대인들은 메시야만을 기다리고 있었던 것이 아니라, 메시야의 전령관으로서 엘리야가 먼저 올 것이라고 한 말라기 4:5의 예언을 믿고서 엘리야도 기다리고 있었다(마 17:10; 막 9:11). 따라서 예루살렘에서 온 이 사자들도 엘리야가 직접 하늘로부터 오거나, 적어도 피타고라스 학파의 환생설에 따라 엘리야의 영혼이 다른 몸을 입고 올 것이라는 터무니없는 생각을 갖고 있었다. 하지만 말라기 선지자의 예언은 엘리야 같은 인물이 장차 오리라는 것이었고, 우리 구주께서 우리에게 말씀하셨듯이(마 17:12; 막 9:13), 이 예언은 세례 요한에게서 성취되었다: "그가 또 엘리야의 심령과 능력으로 주 앞에 먼저 와서 아버지의 마음을 자식에게, 거스르는 자를 의인의 슬기에 돌아오게 하고 주를 위하여 세운 백성을 준비하리라"(눅 1:17). 그런데도 그들은 엘리야에 대하여 자신들이 갖고 있던 생각을 따라 세례 요한에게 이런 질문을 하였고, 그 질문에 대하여 세례 요한은 "나는 아니라"고 대답한다. 즉, 세례 요한은 자기가 불병거를 타고 하늘로 올라간 바로 그 엘리야도 아니고, 엘리야의 영혼이 몸을 입고 환생한 것도 아니라고 분명히 말한 것이다. 따라서 세례 요한의 이러한 대답은 우리 구주께서 "엘리야가 이미 왔으되 사람들이 알지 못하고 임의로 대우하였도다"(마 17:12; 막 9:12)고 하신 말씀과 전혀 모순되지 않는다.

네가 그 선지자냐 … 아니라. 예루살렘에서 온 사자들은 계속해서 세례 요한에게 "그 선지자" 또는 선지자냐고 묻는다. 어떤 이들은 여기에서 "그 선지자"는 신명기 18:18에서 하나님이 약속하신 선지자를 의미하는 것이라고 생각한다: "내가 그들의 형제 중에서 너와 같은 선지자 하나를 그들을 위하여 일으키고 내 말을 그 입에 두리니 내가 그에게 명령하는 것을 그가 무리에게 다 말하리라." 그러나 거기에 약속된 "선지자"는 그리스도를 가리키는 것이고, 세례 요한은 앞에서 이미 자기가 그리스도가 아니라고 단호하게 말하였다. 또한, 성경에서 유대인들이 그리스도 외에 다른 어떤 특별한 선지자를 기다리고 있었다는 것을 보여 주는 본문은 단 하나도 없다. 따라서 누가복음 9:8이 그리스도에 대한 사람들의 여러 추측들을 보도하면서, "어떤 사람은 엘리야가 나타났다고도 하며 어떤 사람은 옛 선지자 한 사람이 다시 살아났다고도 함이라"고 말하고 있는 것에서 알 수 있듯이, 그들은 세례 요한에 대해서도 옛적의 선지자들 중 한 사람이 죽은 자 가운데서 다시 살아난 것일 수도 있다는 생각을 지니고 있었음이 분명하다. 그러나 어떤 이들은 이 구절의 헬라어 본문에 나오는 관사는 강조의 의미를 지니지 않기 때문에, 그들은 단지 세례 요한이 선지자인지 아닌지를 물은 것일 뿐이라고 생각한다. 즉, 당시의 유대인들 사이에서는, 스가랴와 말라기 선지자 때 이래로 예언의 영이 그들을 떠났다는 생각이 널리 퍼져 있었고, 세례 요한을 계기로 해서 예언의 영이 다시 돌아온 것이기를 바라고 있었던 까닭에, 그들은 이렇게 그가 선지자인지 아닌지를 물은 것이라고 본다. 이 질문에 대한 세례 요한의 대답은 "아니라"는 것이었다.

세례 요한은 신명기 18:18에 약속된 "그 선지자"도 아니었고, 옛 선지자들 중 한 사람이 다시 살아난 것도 아니었으며, 단지 그리스도께서 오실 것을 예언하였던 구약의 선지자들 같은 그런 선지자도 아니었다. 그리스도께서 마태복음 11:9에서 "선지자보다 더 나은 자"라고 말씀하셨듯이, 세례 요한은 그리스도께서 이미 오셨다는 것을 유대인들에게 보여 주고 선포한 인물이었다. 세례 요한 이전의 선지자들은 예언적인 설교를 통해서, 그리고 율법은 예언과 모형과 그림자들을 통해서, 메시야가 오실 것을 예언하고 미리 보여 주었던 반면에, 세례 요한은 그 이상의 것을 행하였다. 세례 요한의 아버지였던 사가랴는 성령의 감동을 따라 자기 아들을 "지극히 높으신 이의 선지자"(눅 1:76)라고 불렀다. 그러나 사도 바울이 로마서 12:6("우리에게 주신 은혜대로 받은 은사가 각각 다르니 혹 예언이면 믿음의 분수대로")에서 "예언"이라는 단어를 폭넓은 의미로 사용한 것과 마찬가지로, 우리는 사가랴의 찬송에서 언급된 "선지자"라는 용어를 엄격한 의미가 아니라 폭넓은 의미로 이해하여야 한다. 그런 폭넓은 의미에서 "선지자"는 흔히 하나님의 뜻을 사람들에게 계시하는 자를 가리킨다. 그런 의미에서라면 세례 요한은 선지자라고 할 수 있었지만, 엄격한 의미에서의 선지자를 뛰어넘는 그 이상의 인물이었다. 따라서 세례 요한은 엄격한 의미에서의 선지자는 아니었다. 우리는 그러한 표현법을 민수기 11:19에서 볼 수 있다. 거기에서 모세는 고기를 먹게 해 달라고 떼를 쓰는 이스라엘 백성에게, 그들이 한 달 내내 고기를 먹게 될 것이라고 말할 때, 그들은 한 달 내내 고기를 먹게 될 것이기 때문에, "하루나 이틀이나 닷새나 열흘이나 스무 날" 동안 고기를 먹지 못하게 될 것이라고 말한다. 즉, 세례 요한은 자기가 선지자 이상의 인물이었기 때문에, 자기가 선지자라는 것을 부인한 것이라는 말이다.

22. 또 말하되 누구냐 우리를 보낸 이들에게 대답하게 하라 너는 네게 대하여 무엇이라 하느냐.

세례 요한은 지금까지 자기는 "아니라"는 식으로 오직 부정의 대답만을 그들에게 주었다: 나는 그리스도도 아니고, 엘리야도 아니며, 그들이 기다리던 그 선지자도 아니고, 옛 선지자들 중의 한 사람이 다시 살아난 것도 아니며, 구약의 선지자들 같이 엄밀한 의미에서의 선지자도 아니다. 그러자 그들은 세례 요한에게 그가 누구 인지를 직설적이고 분명한 대답을 주어서, 자신들을 보낸 높은 사람들에게 보고할 수 있게 해 달라고 압박한다. 왜냐하면, 그들을 보낸 자들은 세례 요한으로부터 부정의 대답들을 듣고자 하는 것이 아니라, 세례 요한이 누구인지에 대한 명확한 답변을 들으려고 그들을 보낸 것이었기 때문이다. 따라서 그들은 세례 요한이 누구냐에 관하여 백성들 사이에서 떠도는 여러 가지 풍문만을 가지고 예루살렘으로 돌아가서 보고하고자 하지 않고, 세례 요한에게서 직접 대답을 듣고자 하였다.

23. 이르되 나는 선지자 이사야의 말과 같이 주의 길을 곧게 하라고 광야에서 외치는 자의 소리로라 하니라.

이 동일한 말씀은 마태복음 3:3과 마가복음 1:3에도 나온다. 거기에 나오는 설명을 보라. 켐니티우스(Chemnitius)는 말라기 선지자가 "보라 내가 내 사자를 보내리니 그가 내 앞에서 길을 준비할 것이요 또 너희가 구하는 바 주가 갑자기 그의 성전에 임하시리니 곧 너희가 사모하는 바 언약의 사자가 임하실 것이라"(말 3:1)고 예언하였고, 학개도 그런 이유로 하나님께서 "이 성전의 나중 영광이 이전 영광보다 크리라"(학 2:9)고 하면서, 솔로몬이 지은 성전보다 에스라, 스룹바벨, 느헤미야가 지은 성전이 더 큰 영광을 받게 될 것이라고 예언하였기 때문에, 세례 요한은 그리스도의 사자로서 주의 길을 준비하는 사명을 띠고 이 땅에 보내심을 받은 자기와 그리스도의 차이를 확연하게 드러내기 위하여, 성전이 아니라 광야를 자신의 사역지로 정하고 거기에서 말씀을 전하고 세례를 베푼 것이라고 생각한다.

24. 그들은 바리새인들이 보낸 자라.

바리새인들이 어떤 자들이었는지에 대해서는 우리가 이미 마태복음 3:7을 다룰 때에 자세하게 설명한 바 있는데, 그들은 유대교에서 가장 엄격한 분파에 속한 자들이었다(행 26:5). 이 분파의 사람들이 유대인들의 공회들을 장악하고 있었다는 것을 우리는 사도행전 23:1-10을 통해서 알 수 있다. 그들은 유대교의 종교의식들을 그대로 순수하게 유지하는 데 대단한 열심을 지닌 자들이었기 때문에, 유대교 예배와 관련해서 자신들이 하나님의 율법이나 장로들의 전통들로부터 전해 받은 것들 외에는 그 어떤 것도 용납하고자 하지 않았다.

25. 또 물어 이르되 네가 만일 그리스도도 아니요 엘리야도 아니요 그 선지자도 아닐진대 어찌하여 세례를 베푸느냐.

바리새인들은 메시야나 엘리야나 선지자가 하나님의 예배를 변경하거나 거기에 무엇을 첨가하는 것은 용납할 수 있지만, 그 외의 다른 사람들이 그렇게 하는 것은 절대로 용납할 수 없었기 때문에, 여기에서 세례 요한에게 그가 그런 인물도 아닌데 무슨 권위로 세례를 주는 것이냐고 반문한 것이다. 이것으로부터 우리가 알 수 있는 것은, 복음 아래에서 사람들에게 세례를 베풀기 이전에, 바리새인들은 이방인 개종자들의 입교 의식에서나 유대인 남자아이들에게 할례를 베풀 때에 일종의 결례로 세례를 행하기는 하였지만, 성인 유대인들에게 세례를 베푼 요한의 행동은 그들에게 새로운 것으로 여겨졌다는 것이다. 그리고 산헤드린의 관심은 하나님의 예배를 타락하거나 부패하지 않은 순수한 형태로 보존하는 것이었고, 산헤드린 가운데서도 바리새인들은 그러한 문제, 특히 장로들의 전통들을 고수하는 문제와 관련해서는 특별한 열심을 지닌 자들이었다.

26. 요한이 대답하되 나는 물로 세례를 베풀거니와 너희 가운데 너희가 알지 못하는 한 사람이 섰으니.

바리새인들은 무슨 권위로 세례를 베푸는 것이냐고 물었는데, 요한은 자기가 어떤 식으로 세례를 베푸는지를 설명하고 있는 것이기 때문에, 정확히 말해서, 그의 대답은 그들의 질문과 관련해서 좀 엉뚱한 것이었다고 할 수 있다. 하지만 성경에서는 흔히 특정한 질문에 대한 적절한 대답이 아니라고 할지라도, 그 질문에 대응하여 한 말들은 다 "대답"이라고 표현한다. 세례 요한은 "나는" 그저 "물로 세례를 베풀지만," "너희 가운데 너희가 알지 못하는 한 사람"이 서 있다고 말한다. 여기에서 "섰으니"로 번역된 헬라어 '헤스테켄'(ἕστηκεν)은 미완료과거 시제로 되어 있기 때문에 이전부터 지금까지 쭉 서 있다는 의미로 해석될 수도 있고, 한 시제를 다른 시제로 대체해서 사용하는 경우가 많다는 점을 감안해서 지금 서 있다는 현재적인 의미로 해석될 수도 있다. 그리스도께서는 거기에 무리들과 함께 계셨고(눅 3:15, 21), 세례 요한이 바리새인들에게 이 말을 할 때에도 그들 가운데 여전히 계셨을 수 있다. "너희가 알지 못하는"은 그들이 얼굴을 직접 보고 알고 있지는 못하다는 뜻이다.

27. 곧 내 뒤에 오시는 그이라 나는 그의 신발끈을 풀기도 감당하지 못하겠노라 하더라.

내 뒤에 오시는 그이라. 세례 요한은 앞서 "내 뒤에 오시는 이가 나보다 앞선 것은 나보다 먼저 계심이라"(요 1:15)고 말하였었는데, 이제 여기에서도 그 말을 다시 되풀이한다. 주목할 만한 것은 다른 세 복음서 기자가 모두 그리스도께서 세례를 받으시러 요한에게 오신 것에 관하여 말하는 기사 이전에 이 구절을 배치하고 있다는 것이다. 따라서 예루살렘으로부터 온 이 사자들은 그리스도께서 세례를 받으시던 때에 요한에게 왔을 가능성이 크다. 따라서 그리스도께서 세례를 받으시기 직전이든 직후이든 아직 무리 가운데 계실 때, 요한은 자기가 그리스도에 대하여 이전에 했던 말, 즉 그리스도는 자기와는 비할 바 없을 정도로 존귀하신 분이라는 말을 청중들에게 다시 되풀이해서 했을 수 있다.

나는 그의 신발 끈을 풀기도 감당하지 못하겠노라. 세례 요한은 "내 뒤에 오시는 이가 나보다 앞선" 분이시라는 것을 여기에서 속담이나 격언적인 표현을 통해서 좀 더 자세하게 설명하는데, 그가 한 이 말은 다른 복음서들에도 여기에서와 별 차이 없는 형태로 보도되고 있다. 마태는 "나는 그의 신을 들기도 감당하지 못하겠노라"(마 3:11)고 말한다. 즉, 세례 요한은 자기가 그리스도를 섬기기 위하여 지극히 미천한 일을 감당하기에도 부족한 자라고 말하였다는 것이다. 이런 식의 표현법은 오늘날에도 우리 가운데서 통용되고 있어서, 우리는 이 사람이 저 사람보다 월등히 뛰어나다는 것을 표현하고자 할 때에는, 저 사람은 이 사람의 신발 끈을 묶어 주거나 이 사람의 신발을 들고서 그의 뒤를 따르는 것도 감당할 수 없다고 말한다. 그리스도의 사역자들 중에서 가장 뛰어나고 훌륭한 자일지라도, 그 사람과 그 사람의 주이신 그리스도를 비교한다는 것은 어불성설이다. 그리스도의 사역자들은 단지 물로 세례를 베풀 뿐인 반면에, 그리스도께서는 "성령과 불로"(마 3:11), 또는 "성령으로"(막 1:8) 세례를 베푸신다.

28. 이 일은 요한이 세례 베풀던 곳 요단 강 건너편 베다니에서 일어난 일이니라.

복음서 기자는 앞에서 먼저 어떤 일이 있었는지를 말한 후에, 이제 여기에서는 그 일이 어디에서 일어난 것인지를 우리에게 말해 준다. 일부 옛 저술가들은 그 곳이 베다니였을 것이라고 말하지만, 그런 말은 깊이 숙고해서 나온 말인 것 같지는 않다. 왜냐하면, 베다니는 예루살렘으로부터 "오 리쯤" 되는 곳에 있었고(요 11:18), 따라서 요단 강 이편에 있었던 반면에, 복음서 기자는 그 곳이 "요단 강 건너편," 즉 르우벤 지파의 땅이었던 베뢰아 지역에 있었다고 말하고, 요한은 이 때만이 아니라 한동안 거기에서 세례를 베풀었을 가능성이 크기 때문이다.

29. 이튿날 요한이 예수께서 자기에게 나아오심을 보고 이르되 보라 세상 죄를 지고 가는 하나님의 어린 양이로다.

이튿날. 대부분의 해석자들은 "이튿날"이 예루살렘에서 온 사자들이 세례 요한을 감찰한 날을 기준으로 그 다음날을 뜻하는 것으로 이해한다. 헤인시우스(Heinsius)는 헬라어를 사용한 유대인들은 여기에서 "이튿날"로 번역된 '엔 에파우리온' (ἐν ἐπαύριον)이 '메타 타우타' (μετὰ ταῦτα), 즉 "이 일들 후에"를 뜻하는 것으로 해석한다고 말하면서, 이 두 가지 일은 동일한 날에 일어난 일들이라고 생각한다. 그러나 전자의 견해가 좀 더 일반적으로 받아들여지고 있다.

요한이 예수께서 자기에게 나아오심을 보고. 어떤 이들은 이 때에 그리스도께서는 마귀로부터 시험을 다 받으신 후에 광야에서 나오신 것이라고 생각한다. 그러한 해석에 따르면, 예루살렘에서 온 사자들이 세례 요한과 대화를 하고 있던 동안에, 그리스도께서는 그들 가운데, 즉 무리 가운데 계시지 않았다는 말이 된다(26절). 하지만 32-33절은 여기에 기록된 일이 그리스도께서 요한에게서 세례를 받으신 후에 일어났다는 것을 보여 주는 것으로 보인다(복음서 기자는 그리스도의 수세에 대해서는 전혀 언급하고 있지 않지만). 따라서 우리는 그리스도께서는 세례를 받으신 후에 다시 한 번 요한에게로 나아오셨고, 그 때에 요한은 그리스도를 보고서, 자신의 손가락으로 그를 가리키면서("보라"는 여기에서 지시적으로 사용된 것으로 보인다), 무리들에게 그들이 진정으로 눈을 돌려야 할 분은 바로 저 분임을 보여 준 것으로 이해하여야 할 것 같다.

세상 죄를 지고 가는 하나님의 어린 양이로다. 세례 요한은 그리스도를 지칭하여 "하나님의 어린 양"이라고 말하는데, 이것은 "이 밤은 그들을 애굽 땅에서 인도하여 내심으로 말미암아 여호와 앞에 지킬 것이니 이는 여호와의 밤이라"(출 12:42)는 말씀과 "하나님의 음식"(레 21:22)이라는 말씀, "흠 없고 점 없는 어린 양"(벧전 1:19)이라는 말씀이 보여 주듯이, 그리스도의 탁월성을 나타내는 것일 뿐만 아니라, 유대인들의 제사들에 사용되던 어린 양과 연관되어 있다. 유대인들은 유월절(출 12:5)만이 아니라, 매일의 제사(출 29:38; 레 1:10), 번제, 화목제(레 3:7), 속죄제(레 4:32)를 드릴 때에도 어린 양을 사용하였다. 세례 요한이 그리스도를 "하나님의 어린 양"이라 부른 것은, 거기에 여러 제사장들이 와서 듣고 있었고, 그 때는 매일의 제사가 드려질 때여서(39절), 그리스도가 그들의 모든 제사의 참된 실체라는 것을 그들에게 상기시켜 주기 위한 것이었을 가능성이 크다.

"세상 죄를 지고 가는"에서 "지고 가는"으로 번역된 '호 아이론' (ὁ αἴρων)은 "짊어지다"를 의미하기도 하고 "가져가 없애다"를 의미하기도 한다. 죄를 사하시는 권세는 하나님께 속해 있기 때문에, 하나님께서는 "세상 죄"를 없이하실 수 있으신데, 그리스도께서는 세상 죄를 스스로 짊어지시고(마태복음 16:24["누구든지 나를 따라오려거든 자기를 부인하고 자기 십자가를 지고 나를 따를 것이니라"]은 그렇게 번역되어 있다) 세상 죄를 속하심으로써(속죄에는 반드시 절대적인 죄 사함이 뒤따른다), 죄의 벌과 뿌리와 몸통과 권세를 다 없이하셨다. 따라서 인간은 자신의 죄로 인하여 마땅히 음부와 지옥에 가야 하였지만, 거기로부터 대속함을 받게 되고, "헛된 행실에서 대속함"을 받게 되었는데(벧전 1:18), 그리스도께서는 유대인들만이 아니라 이방인들을 위해서도 이러한 대속을 행하셨고(요일 2:2), 세상의 많은 사람들을 위하여 그렇게 하셨다. 왜냐하면, 그리스도 없이는 죄 사함도 없기 때문이다: "다른 이로써는 구원을 받을 수 없나니 천하 사람 중에 구원을 받을 만한 다른 이름을 우리에게 주신 일이 없음이라"(행 4:12). 또한, 그리스도께서 우리에게 은혜를 베푸시는 역사는 한시도 중단되지 않는다. 그리스도께서는 그 역사를 언제나 행하고 계시고, 오직 그리스도만이 그 일을 행하실 수 있으시다. 사역자들은 사람들을 말씀으로 설득할 수 있고, 옛적의 제사장들은 어린 양과 짐승들을 희생제물로 드릴 수 있었지만, 오직 그리스도만이 죄를 없이 하실 수 있으시다. 따라서 세례 요한은 앞에서 산헤드린의 사자들에게 세례의 유익한 효과로 인한 모든 영광을 그리스도께 돌리는 말을 한 것과 마찬가지로, 이제 여기에서는 전도를 비롯한 우리의 사역의 온갖 선한 효과로 인한 모든 영광을 그리스도께 돌리는 말을 한 것이다. 우리가 할 수 있는 것들을 말하거나 행하였을 때, 우리의 그러한 사역을 사용하셔서 세상 죄를 없이하시는 분은 오직 그리스도 한 분뿐이시다.

30. 내가 전에 말하기를 내 뒤에 오는 사람이 있는데 나보다 앞선 것은 그가 나보다 먼저 계심이라 한 것이 이 사람을 가리킴이라.

세례 요한은 15절에서도 이 말을 하였는데, 여기에서도 그리스도는 시간이라는 측면이나 사역에 있어서는 자기보다 뒤이지만, 탁월하심에 있어서는 자기보다 앞선다고 다시 한 번 말한다. 요한복음 1:15에 대한 설명을 보라.

31. 나도 그를 알지 못하였으나 내가 와서 물로 세례를 베푸는 것은 그를 이스라엘에 나타내려 함이라 하니라.

이 절에 대한 최고의 해설은 33-34절이다. 거기에서 세례 요한은 "나도 그를 알지 못하였으나 나를 보내어 물로 세례를 베풀라 하신 그이가 나에게 말씀하시되 성령이 내려서 누구 위에든지 머무는 것을 보거든 그가 곧 성령으로 세례를 베푸는 이

인 줄 알라 하셨기에 내가 보고 그가 하나님의 아들이심을 증언하였노라"고 길게
풀어서 설명한다. 나도 그를 알지 못하였으나. 세례 요한은 그리스도와 자기가 오랫
동안 아주 긴밀하게 결속되어 있어서 서로를 신뢰하는 관계에 있거나, 그리스도와
자기가 가까운 친척관계여서 이런 말을 하는 것이라고 생각하는 사람이 없도록 하
기 위하여, "나도 그를 알지 못하였다"고 분명하고 단호하게 선언한다. 왜냐하면,
그리스도께서는 내내 집에서 살아 오셨던 반면에(눅 2:51), 세례 요한은 광야에서
살았기 때문이었다. 이렇게 그리스도께서 이스라엘에 나타나실 때가 이를 때까지
는, 세례 요한조차도 그리스도를 얼굴로 알지 못하도록 하신 것은 하나님의 섭리로
말미암은 일이었다. 그러나 하나님께서는 자기 "아들을 이스라엘에 나타내시기"
위하여, 세례 요한에게 놀랍고 특별한 사명을 주어 이 땅에 보내서서 물로 세례를
베풀게 하셨을 때, 누구에게든지 성령이 내려서 머무는 것을 보면 바로 그 사람이
메시야, 곧 세상 죄를 지고 갈 하나님의 어린 양이자 성령으로 세례를 베풀게 되실
분이라는 것을 알라고 세례 요한에게 징표를 주셨다(33절).

내가 와서 물로 세례를 베푸는 것은. 나는 하나님의 보내심도 없이 이 사역을 행한
것도 아니고, 하나님의 위임도 없이 새로운 종교의식이나 성례전을 도입한 것도 아
니다. 내가 이렇게 하나님의 보내심을 받은 것은, 그리스도께 내게 나아오실 기회
를 드리고, 나로 하여금 성령이 그분에게 내려서 머물러 있는 것을 보게 하시기 위
한 것이다. 이것으로부터 우리가 아는 것은 그리스도 외에는 그 누구도 성례전을
제정할 수 없다는 것이다. 세례 요한이 사람들에게 물로 세례를 베풀게 된 것은 하
나님으로부터 물로 세례를 베풀라는 명령을 받고 보내심을 받았기 때문이었다.

**32. 요한이 또 증언하여 이르되 내가 보매 성령이 비둘기 같이 하늘로부터 내려
와서 그의 위에 머물렀더라.**

내가 하나님으로부터 물로 세례를 베풀라는 아주 특별한 사명을 받을 때에 하나
님께서 내게 주신 계시대로, 그리스도께서 세례를 받으셨을 때, 하늘이 열리고, 하
나님의 성령의 현신(하나님을 보고도 살아 남을 수 있는 자는 아무도 없기 때문에)
이 하늘로부터 내려와서 그리스도 위에 머무는 것을 보았다. 그 현신의 형태는 "비
둘기" 같은 형상이었다. 그리고 성령께서는 이렇게 비둘기 모양으로 그리스도 위에
임하셨다가 금방 사라져 버린 것이 아니라, "그의 위에" 계속해서 한동안 머물러 있
었다.

33. 나도 그를 알지 못하였으나 나를 보내어 물로 세례를 베풀라 하신 그이가 나

에게 말씀하시되 성령이 내려서 누구 위에든지 머무는 것을 보거든 그가 곧 성령으로 세례를 베푸는 이인 줄 알라 하셨기에.

"나도 그를 알지 못하였으나." 그리스도는 내게 낯선 분이었다. 물론, 나는 내 어머니의 복중에서 뛰놀고 있을 무렵, 그리스도의 어머니께서 나의 어머니를 뵈러 오셨기 때문에(눅 1:41), 어떤 의미에서는 그를 안다고 말할 수도 있을 것이지만, 유아들이 받은 인상들이 보통 그러하듯이, 그 인상은 세월이 흘러 지워져 버렸다. 그리스도께서 세례를 받으시러 내게 나아오셨을 때, 나는 어떤 감화를 받고서, "내가 당신에게서 세례를 받아야 할 터인데 당신이 내게로 오시나이까"(마 3:14)라고 그분에게 말하였다. 그러나 나는 그리스도께서 사람들의 무리 가운데 계신다는 것은 알았지만, 하나님께서 전에 내게 말씀해 주신 증표가 나타날 때까지는, 그분이 바로 내가 기다렸던 분, 즉 성령으로 세례를 베푸시는 분이시라는 것을 확신할 수 없었다.

34. 내가 보고 그가 하나님의 아들이심을 증언하였노라 하니라.

"내가 보고." 하지만 내가 그 증표를 보았을 때, 나는 이 분이 단순한 사람이 아니라, 나를 보내서서 물로 세례를 베풀게 하신 저 하나님의 영원하신 아들이시라는 것, 그리고 그 아들은 여전히 저 거룩한 성례전을 복 주실 권세를 지니고 계셔서, 사람들에게 성령을 주셔서 중생하게 하시고, 불과 같이 역사하셔서 심령들의 찌꺼기들을 제거하여 깨끗하게 하시며, 물과 같이 역사하셔서 더러운 죄를 씻어내시는 분이시라는 것(마 3:11; 요 3:5)을 믿지 않을 수 없었고, 세상에 대하여 공개적으로 증언하지 않을 수 없었다.

35-36. ³⁵또 이튿날 요한이 자기 제자 중 두 사람과 함께 섰다가 ³⁶예수께서 거니심을 보고 말하되 보라 하나님의 어린 양이로다.

예루살렘으로부터 온 사자들과 함께 얘기를 나누었던 날의 "이튿날," 세례 요한은 "자기 제자 중 두 사람과 함께" 서 있었다. 이 때에 요한이 말씀을 전하고 있었던 것인지의 여부에 대해서는 본문은 말하지 않지만, 어쨌든 그는 제자들과 함께 서 있다가, 그리스도께서 "거니심"을 보았다. 여기에서도 그리스도께서 어디로 가고 계셨던 것인지, 아니면 오고 계셨던 것인지에 대해서는 본문은 말하지 않는다. 신앙이 좋은 사람들은 언제 어디서나 기회가 있을 때마다 다른 사람들에게 그리스도를 소개하려고 하는 것과 마찬가지로, 세례 요한은 이 기회를 활용해서, 자신의 두 제자에게 그리스도를 좀 더 알게 해주려고(이 두 제자가 누구였는지는 다음 절에 나온다), 자기가 이전에 했던 말, 즉 "보라 하나님의 어린 양이로다"라는 말을 다시 한 번 되풀이해서 그들에게 들려준다(요한복음 1:27에 대한 설명을 보라). 이렇게 선하고 충성된 사역자들은 자신의 제자들로 하여금 그들을 바라보게 하지 않고 오직 그리스도를 바라보도록 끊임없이 권하고, 그리스도의 사역자들로서 그리스도께로 가는 길을 자신의 제자들에게 보여 주는 법이다.

37. 두 제자가 그의 말을 듣고 예수를 따르거늘.

하나님께서는 세례 요한이 지금까지 말로 한 증언에 복을 주셨기 때문에, 그 증언을 확증하기 위한 이적들이 필요 없었다. 즉, 요한의 "말을 들은" 제자들은 "예수를 따랐다." 물론, 그렇다고 해서, 그들이 당장에 그리스도의 제자들로서 예수를 따른 것은 아니었다. 우리가 나중에 듣게 되겠지만, 그들은 나중에 그리스도에 의해서 제자들로 부르심을 받았다. 또한, 그들은 세례 요한을 떠나 그리스도에게 아주 간 것이 아니었고, 단지 그리스도를 좀 더 깊게 알고자 하는 마음이 그들 속에서 생겨난 것일 뿐이었다.

38. 예수께서 돌이켜 그 따르는 것을 보시고 물어 이르시되 무엇을 구하느냐 이르되 랍비여 어디 계시오니이까 하니(랍비는 번역하면 선생이라).

그리스도께서는 걸어가시다가 두 사람이 자기를 따르는 것을 보시고서, 그들의 목적이 무엇이고 무엇을 구하는지를 물으신다. 이것은 우리의 모든 신앙적인 움직임들과 행위들에 있어서 우리도 그렇게 하여야 한다는 것을 가르쳐 준다. 왜냐하면, 사람들이 어떤 행위를 하였을 때, 그 목적을 알게 되면, 그 행위가 선한 것인지 악한 것인지를 비롯해서 그 행위의 성격을 구체적으로 밝히는 데 큰 도움이 되기 때문이다. 요한의 두 제자는 당시에 통용되던 존귀한 호칭을 사용해서 그리스도를 부르는데, 이 호칭은 사람들을 가르치는 자들을 부를 때에 사용되던 것이었다는 점에서, 그 호칭 속에는, 자기들이 그리스도로부터 가르침을 받고 대화를 나누며 배우기를 원한다는 뜻이 내포되어 있었다. 그들은 그리스도께서 어디에 기거하시는지를 물었다.

39. 예수께서 이르시되 와서 보라 그러므로 그들이 가서 계신 데를 보고 그 날 함께 거하니 때가 열 시쯤 되었더라.

우리 주님께서는 그들이 자기를 따라온 목적이 진실하고 선하다는 것을 아시고서는, 자기의 거처가 어디에 있는지를 "와서 보라"고 그들을 초청하신다. 왜냐하면, 주님은 다른 곳에서는 자기에게는 머리 둘 곳도 없으시다고 말씀하시기 때문이다.

그들이 가서 계신 데를 보고. 주님의 거처가 어디에 있었고 어떠하였는지에 대해서는 본문은 말해 주지 않지만, 우리는 주님께서 우리 가운데서 순례 길을 행하시는 전체 기간 동안에 어떤 웅장하거나 화려한 거처에 머무셨다는 말을 복음서에서 듣지 못한다. 본문은 이 두 제자가 "그 날" 그리스도와 "함께 거하였다"고 말한다. 그들이 주님을 만난 것이 유대인들의 시간 계산법으로는 제10시였고 우리 시간으로는 오후 4시경이었기 때문에, 그 날의 나머지 시간인 두세 시간을 주님과 함께 보낸 것인지, 아니면 어떤 이들이 생각한 대로, 다음날이 안식일이었기 때문에 그 다음날까지 함께 보낸 것인지는 본문이 말해 주지도 않고, 우리가 어떤 결론을 얻으려고 애쓸 필요도 없다. 분명한 것은 그들은 적어도 그 날의 남은 시간, 즉 오후 4시경부터 밤까지 주님과 함께 머물러 있었다는 것이다.

40. 요한의 말을 듣고 예수를 따르는 두 사람 중의 하나는 시몬 베드로의 형제 안드레라.

주님께서 이 안드레를 사도로 부르신 것에 대해서는 마태복음 4:18-19과 마가복음 1:16-17에 대한 설명을 보라. 그리스도께서는 여기에서는 그들을 초대하셔서, 그들로 하여금 와서 자신의 거처를 보게 하신 것일 뿐이었고, 이 두 제자를 사도로 부르신 것은 그 후의 일이었다.

41. 그가 먼저 자기의 형제 시몬을 찾아 말하되 우리가 메시야를 만났다 하고(메시야는 번역하면 그리스도라).

세례 요한의 이 두 제자는 그리스도의 거처에서 함께 얘기를 나눈 후에 안드레의 형제인 베드로를 찾았던 것으로 보이는데, 베드로를 먼저 찾아낸 안드레는 크게 기뻐하면서, 자신들과 유대인들이 기다려 왔고 다니엘이 예언한 "메시야를" 자기와 또 다른 한 명의 제자가 함께 "만났다"고 말해 준다. 히브리어로 "메시야"는 헬라어로는 "그리스도"이고, 둘 다 "기름 부음 받은 자"라는 의미이다. "그리스도" 앞에 붙은 관사는 다른 본문들에서 별 의미 없이 사용되는 것과는 달리 특정한 존재를 가리키는 의미를 지니는 강조적 용법으로 사용된 것이기 때문에, 여기에서 이 어구는 "그 기름 부음 받은 자"를 가리킨다. 왜냐하면, 왕들과 제사장들과 선지자들도 기름 부음을 받았고, 하나님의 백성들도 기름 부음 받은 자들이라고 불리기 때문이다. 그러나 이 그리스도는 자신의 동류들과는 비교할 수 없을 정도로 기쁨의 기름으로 차고 넘치게 기름 부음을 받으신 분이었고, 성령이 한량없이 주어진 분이었다.

42. 데리고 예수께로 오니 예수께서 보시고 이르시되 네가 요한의 아들 시몬이니

장차 게바라 하리라 하시니라(게바는 번역하면 베드로라).

안드레는 자기 형제 시몬을 만나서 예수께로 데리고 온다. 안드레와 시몬과 빌립은 갈릴리의 한 동네였던 벳새다 사람들이었다(44절). 벳새다가 요한이 세례를 베풀던 곳이나 그리스도께서 거처하신 곳으로부터 어느 정도나 떨어져 있었는지는 우리가 알 수 없다. 아마도 시몬은 세례 요한의 제자들 중 한 사람이었기 때문에, 요한의 사역을 돕기 위하여 왔던 것 같다. 그래서 안드레와 또 다른 제자는 무리 중에서 시몬을 발견하고서 그를 데리고 그리스도께로 갔을 것이다. 그리스도께서는 시몬을 보시고서, "네가 요한의 아들 시몬이니 장차 게바라 하리라"고 말씀하시며 그를 알아보시고 그의 아버지의 이름을 덧붙여서 그의 이름을 부르시니 후에, "게바"라는 새 이름을 주신다. 교황주의자들은 베른(Berne)에서 베드로가 교회의 수장이라는 것을 증명하기 위하여, "게바"가 마치 머리를 뜻하는 헬라어 '케팔레'(κεφαλὴ) 또는 고대 헬라어 '케파스'(κεφὰς)에서 유래한 것처럼 주장하였지만, 본문이 분명하게 말해 주듯이, "게바"는 "돌"을 의미하는 것이었다. 우리는 시몬이 고린도전서 1:12; 3:22; 9:5; 15:5; 갈라디아서 2:9에서는 "게바"라 불리고, 다른 본문들에서는 돌 또는 반석을 뜻하는 "베드로"로 불리는 것을 발견하는데, "게바"는 아람어였고, "베드로"는 헬라어였지만, 둘 다 "돌"이나 "반석"을 의미하였다. 그리스도께서는 시몬에게 그런 이름을 붙여 주신다. 베자(Beza)는 우리 구주께서는 여기에서 시몬에게 그런 이름을 붙여 주신 것이 아니라, 나중에 그렇게 불리게 될 것임을 미리 말씀해 주신 것이라고 생각한다. 카조봉(Casaubon)은 우리가 시몬의 아버지의 이름인 "요나"가 비둘기를 의미했던 것에서 알 수 있는 것 같이, 시몬은 이제까지는 겁이 많고 소심한 사람이었기 때문에, 주님께서는 앞으로는 "반석"처럼 견고하고 변함이 없으며 담대한 사람이 될 것이라는 의미에서, "게바"라는 이름을 붙여 주신 것이라고 생각한다.

좀 더 큰 문제는 이 본문과 시몬의 부르심에 관하여 보도하는 다른 본문들이 서로 조화될 수 있느냐 하는 것이다. 왜냐하면, 마태복음 4:18-20에서는 그리스도께서 "갈릴리 해변에 다니시다가 두 형제 곧 베드로라 하는 시몬과 그의 형제 안드레가 바다에 그물 던지는 것을 보시고" 그들을 부르셨다고 보도하고, 누가복음 5:10에서는 시몬이 그리스도의 말씀을 따라 그물을 던져서 엄청난 양의 물고기를 잡은 후에 부르심을 받은 것으로 보도하며, 마가복음 3:13과 누가복음 6:13에서는 그리스도께서 모든 사도들을 동일한 때에 부르신 것으로 보도하기 때문이다. 이러한 보도들 속에 나오는 시몬의 부르심들은 그 성격이 서로 달랐을 것임에 틀림없는데, 요한복음의 이 본문에 나오는 시몬에 관한 보도는 부르심이라기보다는 예언인 것으로 보이고, 마태복음 4:18-20과 누가복음 5:10은 그들이 제자로 부르심을 받은 것에 관한 보도들인 것으로 보이며, 마가복음 3:13과 누가복음 6:13은 주님께서 그들을 사도로 세우시고 파송하신 것에 관한 보도들이다.

43. 이튿날 예수께서 갈릴리로 나가려 하시다가 빌립을 만나 이르시되 나를 따르라 하시니.

그리스도께서는 그동안에 팔레스타인에서 가장 유명한 속주였던 유대에 계셨던 것으로 보이는데, 자신의 거처에서 베드로와 함께 교제하신 다음날에는 "갈릴리로 나가려" 하셨고, 그것은 거기에서 자신의 제자들을 택하시기 위한 것이었다. 갈릴리는 그리스도께서 자라시고 교육을 받으신 곳이었기 때문에, 주님께서는 거기에서 자신의 공생애의 첫 열매를 거두시는 좀 더 특별한 방식으로 그 곳을 존귀하게 하고자 하셨다. 거기에서 주님은 "빌립을 만나셔서"("빌립"은 말[馬]들을 사랑하는 자라는 뜻이다) 자신의 제자로 부르신다.

44. 빌립은 안드레와 베드로와 한 동네 벳새다 사람이라.

이 빌립은 "벳새다 사람"이었는데, "벳새다"는 히브리어로 열매들의 집, 또는 사냥꾼들의 집이라는 뜻이다. 앞에서 말했듯이, 안드레와 베드로도 벳새다 사람들이었다. 벳새다는 그리스도께서 "권능을 가장 많이 행하신 고을들" 중의 한 곳이었다(마 11:20).

45. 빌립이 나다나엘을 찾아 이르되 모세가 율법에 기록하였고 여러 선지자가 기록한 그이를 우리가 만났으니 요셉의 아들 나사렛 예수니라.

빌립은 그리스도를 만난 후에, 그 사실을 자기 혼자만 간직하고자 한 것이 아니라, 다른 사람들에게도 알려서 함께 하고자 하였다. 그가 나다나엘을 일부러 찾았던 것인지, 아니면 어쩌다가 우연히 만나게 된 것인지는 본문이 말해 주고 있지는 않지만, 어쨌든 그는 나다나엘을 만났는데, 나다나엘은 갈릴리 가나 사람이었다(요 21:2). 나다나엘은 하나님의 선물이라는 뜻을 지닌 히브리식 이름이었는데, 어떤 이들은 나다나엘과 역대상 15:24에 나오는 "느다넬"은 동일한 이름이라고 생각한다. 빌립은 나다나엘을 만나서 크게 기뻐하며, "모세가 율법에 기록하였고 여러 선지자가 기록한 그이," 즉 창세기 49:10에서 말한 "실로," 신명기 18:15에서 말한 "그 선지자," 이사야서 4:2에서 말한 "여호와의 싹," 다니엘서 9:25-26에서 말한 "메시야"를 자신들이 만났는데, 통상적으로 "나사렛 예수"라 불리고(예수께서는 유다 베들레헴에서 태어나시기는 하였지만[눅 2:4], 나사렛에서 잉태되시고 자라나셨기 때문에) "요셉의 아들"로 알려진 그이가 바로 메시야시라고 말한다. 여기에서 빌립이 자신은 다르게 알고 있고 믿고 있었지만, 사람들의 통념을 따라 말한 것이었다면, 그에게는 잘못이 없을 것이다. 그러나 대부분의 해석자들은 여기에서 빌립이 실제로 그리스도를 요셉의 아들이시고 나사렛에서 태어나신 것으로 생각함으로써, 자신의 약점을 드러내었다고 본다. 분명한 것은 비록 사도들일지라도 그리스도께서 죽은 자 가운데서 부활하실 때까지는 처음에는 참된 메시야로서의 그리스도에 대하여 매우 불완전한 인식과 생각을 지니고 있었다는 것이다. 은혜를 받았다고 해도, 지식에 있어서는 큰 연약함을 드러낼 수 있다.

46. 나다나엘이 이르되 나사렛에서 무슨 선한 것이 날 수 있느냐 빌립이 이르되 와서 보라 하니라.

나다나엘은 빌립이 한 말 속에서 걸림돌이 될 수 있는 것을 발견하였다. 미가서 5:2은 메시야가 베들레헴에서 나올 것이라고 예언하였기 때문에, 요한복음 7:41-42을 보면, "어떤 이들은 그리스도가 어찌 갈릴리에서 나오겠느냐 성경에 이르기를 그리스도는 다윗의 씨로 또 다윗이 살던 마을 베들레헴에서 나오리라 하지 아니하였느냐"고 말하였다. 나사렛이나 베들레헴이나 보잘것없는 작은 동네이기는 마찬가지였지만, 성경에는 나사렛에서 메시야가 나실 것이라고 하는 말이 전혀 나오지 않고, 하나님께서는 거기에서 선지자가 나오게 하심으로써 나사렛을 존귀하게 하신 적도 없으셨다.

"무슨 선한 것"은 메시야나 그 어떤 선지자, 또는 좀 더 일반적으로는 고귀하고 훌륭하며 주목할 만한 어떤 것을 의미하는 것으로 보인다. 우리는 하나님의 나라는 사람들의 눈에 확 띄게 거창하게 임할 것이라고 생각하는 경향이 있기 때문에, 보잘것없는 미미한 수단을 통해서 큰 일들이 행해지거나, 작고 초라한 곳에서 큰 인물이 나올 것이라고는 생각하지 않는다. 반면에, 하나님께서는 "세상의 미련한 것들을 택하사 지혜 있는 자들을 부끄럽게 하려 하시고 세상의 약한 것들을 택하사 강한 것들을 부끄럽게 하려 하시며 … 세상의 천한 것들과 멸시 받는 것들과 없는 것들을 택하사 있는 것들을 폐하려 하신다"(고전 1:25-28).

빌립이 이르되 와서 보라 하니라. 빌립은 나다나엘의 잘못된 편견과 선입견을 제거해 주고 싶었지만, 그의 반론에 어떻게 대답해야 할지를 알지 못하였기 때문에,

나다나엘이 직접 가서 스스로 보고 판단하기를 바랐다. 사람들 사이에서 떠도는 풍문이나 유행을 좇아 편견이나 선입견을 고집하지 말고, 이렇게 직접 보고 판단하는 사람들이야말로 지혜로운 자들이다.

47. 예수께서 나다나엘이 자기에게 오는 것을 보시고 그를 가리켜 이르시되 보라 이는 참으로 이스라엘 사람이라 그 속에 간사한 것이 없도다.

사도 바울은 "이스라엘에게서 난 그들이 다 이스라엘이 아니요"(롬 9:6)라고 말하면서, "무릇 표면적 유대인이 유대인이 아니요 표면적 육신의 할례가 할례가 아니니 오직 이면적 유대인이 유대인이며 할례는 마음에 할지니 영에 있고 율법 조문에 있지 아니한 것이라"(롬 2:28-29)고 말한다. 나다나엘은 빌립, 아니 유대인들이 일반적으로 잘못 알고 말한 것들로 인해서 편견과 선입견을 지니게 되기는 하였지만, 그리스도께서는 그가 자기에게 오는 것을 보셨을 때, 단지 그의 육신이나 신체적인 움직임들만을 보신 것이 아니라, 그의 마음과 그 마음의 움직임들도 보시고서, 그는 단지 태생적인 이스라엘 사람일 뿐만 아니라, 참 이스라엘 사람, 즉 그의 조상 야곱처럼 "정직한 사람"(창 25:27, 한글개역개정에는 "조용한 사람")이라고 말씀하신다. "그 속에 간사한 것이 없다"는 것은 그에게는 속이는 것이나 두 마음이 없다는 뜻이다. 무릇 그리스도인들은 나다나엘과 같이 마음이 진실하고 정직해서, 속이는 것이나 두 마음이나 영악하고 교묘한 것이 없어야 하고, "어린 아이들"(마 18:3)처럼 "모든 악독과 모든 기만과 외식"(벧전 2:1)을 버려야 한다.

48. 나다나엘이 이르되 어떻게 나를 아시나이까 예수께서 대답하여 이르시되 빌립이 너를 부르기 전에 네가 무화과나무 아래에 있을 때에 보았노라.

나다나엘은 그리스도께서 자기를 아시는 것도 아닌데 자기를 알아보시는 것을 보고 기이하게 생각한다. 그리스도께서는 빌립이 나다나엘을 부르기 전에 그가 무화과나무 아래에 있는 것을 보셨다고 말씀하신다. 그 곳은 아주 더운 곳이었기 때문에, 거기 사람들은 그늘진 곳들을 찾았다. 그래서 우리는 성경에서 "각 사람이 자기 포도나무 아래와 자기 무화과나무 아래에 앉을 것이라"(미 4:4; 슥 3:10)는 말씀을 읽을 수 있다. 포도나무와 무화과나무는 나뭇잎이 무성하고 긴 가지들이 뻗어 있는 그런 나무들이었기 때문에, 사람들은 더운 날씨를 피하여 이 나무들이 만들어 낸 그늘 아래에서 담소도 나누고, 종교적인 의무들도 행하였던 것 같다. 그리스도께서 보신 것이 나다나엘이 무화과나무 아래에서 무엇을 먹고 마시고 있는 모습이었는지, 친구들과 대화를 나누고 있는 모습이었는지, 또는 성경을 읽거나 기도하는

모습이었는지는 본문이 말하고 있지 않을 뿐만 아니라, 그런 것을 추측해서 말하는
것은 쓸데없는 짓일 뿐이고, 우리는 단지 그리스도께서 그렇게 말씀하심으로써, 자
기는 어디에나 계시고 무엇이든지 다 아시기 때문에, 나다나엘이 자신의 시야 속에
있지 않았을지라도, 그를 볼 수 있었다는 것을 그로 하여금 알게 하고자 하신 것이
라고 말하는 것으로 충분하다. 우리는 그리스도를 보지 못할 때에도, 그리스도께서
는 우리를 보시고, 우리가 어디에서 무엇을 하는지를 아신다. 또한, 그리스도께서
는 우리의 마음도 보시고서, 우리의 마음이 순전한지 이중적인지, 또는 정직한지 기
만적이고 거짓된지를 아신다. 이것은 한편으로는 많은 경우에 우리에게 큰 위로가
되지만, 다른 한편으로는 늘 하나님을 경외하는 마음으로 살아가라고 우리에게 경
고하는 것이기도 하다.

**49. 나다나엘이 대답하되 랍비여 당신은 하나님의 아들이시요 당신은 이스라엘
의 임금이로소이다.**

나다나엘이 여기에서 그리스도를 부를 때에 사용한 호칭인 "랍비"라는 용어는 랍
반이나 "랍오니"(요 20:16)와 동일한 의미를 지니는데, 랍비, 랍반, 랍오니, 랍히는
모두 "선생님," 또는 "나의 선생님"이라는 뜻이다. 이것들은 당시에 통상적으로 사
람들이 선생들을 부를 때에 존칭으로 사용하던 호칭들이었고(마 23:7-8), 사람들이
이러한 호칭들을 사용하기 시작한 것은 우리 구주의 시대 무렵이었다. 북스토르프
(Buxtorf)는 옛 사람들은 하나님으로부터 보내심을 받은 사람들에게 그들을 높이는
존칭이나 호칭을 사용할 수는 없다고 생각해서, 자신들의 선생이나 선지자들에게
그러한 호칭으로 부르지 않았다고 말한다. 그들은 우리 구주의 시대 무렵에 활동하
였던 힐렐(Hillel)이 그러한 호칭으로 불렸던 최초의 인물이었다고 말한다. 랍반이
가장 큰 선생이었고, 그 다음이 랍비였으며, 가장 급이 낮은 선생은 랍히라 불렸는
데, 힐렐 이후에 대략 200여년에 걸쳐서 랍반이라는 호칭으로 불린 사람은 일곱 명
이었다고 한다. 베드로와 다른 제자들이 그랬던 것과 마찬가지로(마 14:33; 16:16),
나다나엘도 그리스도를 "하나님의 아들"이라 부른다. 하지만 복음서의 많은 본문
들은, 그들이 비록 그리스도를 그렇게 부르기는 했지만, 그리스도께서 "죽은 자들
가운데서 부활하사 능력으로 하나님의 아들로 선포되실"(롬 1:4) 때까지는, 그 의미
를 제대로 알고 있지 못했다는 것을 보여 준다. 또한, 나다나엘은 그리스도가 "이스
라엘의 임금," 즉 참 메시야이심을 인정한다. 이것은 메시야에 대한 칭호였다(마
21:5; 27:11).

50. 예수께서 대답하여 이르시되 내가 너를 무화과나무 아래에서 보았다 하므로 믿느냐 이보다 더 큰 일을 보리라.

그리스도께서는 자기 백성의 심령 속에서 생겨난 믿음의 단초를 격려해 주시는 분이시기 때문에, 나다나엘이 자신의 말을 듣고 믿음을 갖게 되자, 그 믿음이 비록 불완전한 것이었다고 할지라도, 그 믿음을 칭찬해 주신다. 왜냐하면, 그리스도께서는 단지 빌립이 그를 부르기 전에 그가 무화과나무 아래에 있는 것을 보았다는 말만을 하신 것일 뿐인데도, 그는 믿었기 때문이다. 그리스도께서는 나다나엘에게 "이보다 더 큰 일을 보리라"고 말씀하신다. 가진 자는 더 많이 받게 되는 법이다. 우리 구주께서는 여기에서 말씀하신 "더 큰 일들"이 어떤 것들인지를 51절에서 부분적으로 나다나엘에게 말씀해 주신다.

51. 또 이르시되 진실로 진실로 너희에게 이르노니 하늘이 열리고 하나님의 사자들이 인자 위에 오르락내리락 하는 것을 보리라 하시니라.

그리스도께서 여기에서 "진실로 진실로"라는 도입부를 시작으로 말씀하신 것들은 단지 나다나엘에게만 해당되는 것이 아니고, "너희에게," 즉 나다나엘처럼 그 속에 간사함이 없는 참 이스라엘 사람들인 그리스도의 제자들인 "너희에게" 하신 말씀이다. 몇몇 교부들은 "진실로 진실로"로 번역된 "아멘 아멘"으로 시작되는 말은 맹세를 나타낸다고 생각하였지만, 가장 박식한 현대의 저술가들은 그렇게 생각할 만한 근거를 전혀 발견하지 못해 왔다. 우리의 박식한 풀러(Fuller)는 자신의 저서에 이 불변화사에 대하여 아주 자세하게 설명해 놓았기 때문에, 우리는 거기에 다른 내용을 추가할 필요가 없다. "아멘"은 구약성경에서는 오직 기도나 기원의 용어로만 사용되었다고 할지라도, 신약성경에서는 어떤 것을 단언하거나, 기도하고 기원하는 것을 나타내는 불변화사로 사용되고 있다는 것은 확실하다. 히브리어로 이 단어는 원래 참 또는 "진리"(사 65:16)를 뜻한다. 따라서 그리스도는 진리라는 의미에서 "아멘"(계 3:14)으로 불린다. 선지자들은 자신들이 이제부터 말하고자 하는 것들이 참이라는 것을 강조하기 위해서, "여호와의 말씀이니라" 또는 "여호와께서 이르시되"라는 도입부로 시작하곤 하였던 것과 마찬가지로, 그리스도께서는 하나님이신 자기가 친히 말씀하시는 것임을 보여 주시기 위하여, "아멘"으로 말씀을 시작하시고, 종종 "아멘 아멘"을 사용하기도 하신다. 주목할 만한 것은 요한은 늘 이 불변화사를 두 번 사용해서, "아멘 아멘," 즉 "진실로 진실로"라고 말하는데, 해석자들은 이것은 그 후에 이어지는 말씀을 더욱 강조하거나, 청중들로 하여금 더 집중해서 들기를 요구하거나, 말해지는 내용만이 아니라 그 말을 하는 화자도 참되다는 것을 강조하기 위한 것이라고 말한다.

그리스도께서 "진실로 진실로"라는 도입부 다음에, "하늘이 열리고 하나님의 사자들이 인자 위에 오르락내리락 하는 것을 보리라"고 말씀하신 것은 단지 나다나엘만이 아니라 모든 믿는 자들에게 약속하신 것이다. 어떤 이들은 여기에서 그리스도께서는 자기로 말미암아 믿는 자들에게 하늘이 영적으로, 그리고 비유적으로 열리게 될 것이라고 말씀하신 것이라고 생각한다. 하지만 이 말씀은 예수께서 세례를 받으시고 물에서 올라오실 때에 하늘이 열린 것(마 3:16)과 같은 것을 의미하는 것으로 보는 것이 더 적절할 것으로 보인다. 어떤 이들은 이것은 그리스도의 죽음과 부활과 승천 때에 천사들이 나타난 일들을 가리키는 것으로 이해한다. 그러나 이것은 심판의 날에 수많은 천사들이 산 자와 죽은 자의 재판장이신 그리스도를 수종들게 될 것임을 가리키는 것으로 보인다. 해석자들은 우리 구주께서는 야곱의 환상(창 28:12)을 염두에 두시고서, 천사들이 이렇게 자기를 수종드는 것을 "오르락내리락 하는 것"으로 표현하신 것으로 본다: 야곱은 꿈에서 그것을 보았지만, 나다나엘을 비롯한 믿는 자들은 그것을 생시에 현실에서 보게 될 것이다. 어떤 이들은 이것을 좀 더 일반적으로 해석한다: 너희는 내가 베푸는 많은 이적들을 보면서, 마치 하늘이 열리고 천사들이 오르락내리락 하는 것을 보는 것 같게 될 것이다. 어떤 이들은 천사들이 나타나서 그리스도를 수종든 일들 중에서 성경에 기록된 것 이외의 다른 예들을 가리키는 것이라고 생각한다.

그리스도께서는 "너희가 천사들이" 내 위가 아니라 "인자 위에 오르락내리락 하는 것을 보게 될 것"이라고 말씀하신다. 우리의 박식한 라이트푸트(Lightfoot)는 우리 구주께서는 이 말씀을 통해서 자기가 참된 인간일 뿐만 아니라, 첫 번째 아담이 상실한 것을 회복시킬 두 번째 아담이라고 선언하신 것이라고 말한다. 우리가 주목할 것은 구약성경에서는 오직 에스겔, 신약성경에서는 오직 그리스도만이 이렇게 "인자"로 불리고, 그리스도께서는 스스로 자신을 그렇게 부르실 뿐이고, 다른 사람들은 그리스도를 결코 그렇게 부르지 않는다는 것이다. 에스겔이 그렇게 불린 것은 그가 자주 대화하였던 영적인 존재들로부터 자기를 구별하기 위한 것이었던 반면에, 그리스도께서 자기 자신을 그렇게 부르신 것은 자신 속에 하나의 인격으로 결합되어 있었던 인성과 신성을 구별하시기 위한 것이었다. 또한, 그리스도께서 자신을 "인자"라고 부르신 것은 종의 형체를 지니시고 이 땅에 사시는 동안에 무명한 자로 머물러 계시고자 하셨음을 보여 주는 또 하나의 증표였다. 어떤 이들은 히브리식 어법에서는 사람들이 자기 자신을 제3인칭으로 말하는 것이 흔하였다는 점에서, 복음서에서 그리스도께서 사용하신 "인자"라는 단어는 단지 "나"를 뜻하는 것일 뿐이라고 생각한다. 따라서 이 견해에 의하면, "인자 위에"는 진정으로 사람인 "내 위에"를 의미하게 된다. 켐니티우스(Chemnitius)는 사람들이 그리스도를 부를 때에 흔히 사용하던 "메시야"라는 용어가 다니엘서에서 나왔듯이, 주님께서 그리스도를 가리키는 데 사용하신 "인자"라는 용어도 다니엘서에서 나온 것이라고 생각한다: "내가 또 밤 환상 중에 보니 인자 같은 이가 하늘 구름을 타고 와서 옛적부터 항상 계신 이에게 나아가 그 앞으로 인도되매"(단 7:13). 따라서 그는 그리스도께서 자신을 인자라고 부르신 것은, 한편으로는 다니엘서 7:13의 예언을 따라 자기가 진정으로 사람이라는 것을 단언하신 것이고, 다른 한편으로는 이사야서 42:1의 예언("내가 붙드는 나의 종, 내 마음에 기뻐하는 자 곧 내가 택한 사람을 보라 내가 나의 영을 그에게 주었은즉 그가 이방에 정의를 베풀리라")을 따라 자기가 아버지 하나님의 종이라는 것을 선언하신 것이라고 본다.

제2장

개요

> 1. 갈릴리 가나의 혼인잔치에서 물을 포도주로 변화시키심(1-11).
> 2. 가버나움으로 가심(12).
> 3. 예루살렘으로 가셔서, 매매하는 자들을 성전에서 내쫓으심(13-17).
> 4. 그리스도께서 자신의 죽음과 부활을 표적으로 주시겠다고 하심(18-22).
> 5. 많은 사람들이 이적들로 인하여 그리스도를 믿었지만, 그리스도께서는 자신을 그
>   들에게 의탁하고자 하지 않으심(23-25).

1. 사흘째 되던 날 갈릴리 가나에 혼례가 있어 예수의 어머니도 거기 계시고.

"사흘째 되던 날"이 우리 구주께서 유대 땅을 떠나신 후에 사흘째 되던 날을 가리키는 것인지, 아니면 빌립이 주님을 찾아온 후에 사흘째 되던 날을 가리키는 것인지, 아니면 베드로나 나다나엘이 주님을 찾아온 후에 사흘째 되던 날인지를 놓고 논쟁을 벌이는 것은 거의 유익이 없는 일이기는 하지만, 43절에서 "이튿날 예수께서 갈릴리로 나가려 하시다가 빌립을 만나 이르시되 나를 따르라 하시니"라고 말한 것과 연관시켜 해석해 본다면, 시몬이 그리스도를 찾아온 후에 사흘째 되던 날이라는 것이 맞는 것으로 보이는데, 마침 이 날에 "갈릴리 가나에 혼례"가 있었다. 어떤 이들은 "가나"라는 이름의 동네가 세 군데에 있었는데, 그 중 하나는 므낫세 지파의 땅에 있었고, 다른 하나는 에브라임 지파의 땅에 있었으며, 마지막으로는 아셀 지파의 땅에 있었다고 말한다. 대부분의 해석자들은 여기에 언급된 "갈릴리 가나"는 여호수아서 19:28에서 말하고 있는 갈릴리에 있던 아셀 지파의 땅에 속한 "가나"였을 것이라고 생각하지만, 어떤 이들은 가버나움 근방에 또 하나의 "가나"라는 동네가 있었다고 말한다. 이 혼인잔치에는 우리 주님의 어머니이신 동정녀 마리아도 참석하였다. 이것으로 보아서, 마리아의 친척 중 한 사람이 이 날 혼례의 주인공이었을 가능성이 크다. 어떤 이들은 마리아가 주님께 포도주가 다 떨어졌음을 알렸다는 사실을 고려할 때, 마리아는 이 혼례와 관련된 가족을 계속해서 돌보고 있었거나, 이 날의 혼례를 준비하는 책임을 맡았던 것이라고 생각한다.

2. 예수와 그 제자들도 혼례에 청함을 받았더니.

"그 제자들"은 앞 장에 언급된 다섯 명의 제자들만을 가리키는 것인지, 아니면 그 외에도 더 있었던 것인지에 대해서는 성경은 아무런 말도 하지 않는다. 그리스도께서 자신의 제자들과 함께 혼인잔치에 참석하셨다는 것은, 그러한 때에 잔치를 하는 것도 합당한 것이고, 신앙이 지극히 독실한 사람들일지라도 그러한 잔치에 참석하는 것도 합당하다는 것을 우리에게 알게 해 준다. 다만, 그러한 잔치 자리에서는 믿는 자들로 하여금 검소함과 절제와 술 취하지 않는 것 같은 규범들을 어기도록 유혹하는 시험들이 많은 것이 보통이기 때문에, 믿는 자들은 그러한 규범들을 지키는 데 더욱더 신경을 쓰고 조심할 필요가 있다.

3. 포도주가 떨어진지라 예수의 어머니가 예수에게 이르되 저들에게 포도주가 없다 하니.

여기에서 "떨어졌다"로 번역된 '휘스테레산토스'($\upsilon\sigma\tau\epsilon\rho\acute{\eta}\sigma\alpha\nu\tau o\varsigma$)는 부족하다로 번역될 수 있고, 실제로 어떤 이들은 이 단어가 여기에서 그런 의미로 사용된 것으로 이해하여야 한다고 생각한다. 그러나 마리아는 예수께 "저들에게 포도주가 없다"고 말한다. 즉, 그녀는 그들에게 포도주가 하나도 없거나 부족하다는 것을 알아차렸다. 어쨌든 그들에게는 포도주가 충분하지 않았다. 이것은 이 혼인잔치를 준비한 사람의 검소함을 우리에게 알게 해 준다. 그러나 마리아가 이렇게 예수께 포도주가 없다고 말한 이유가 주님으로 하여금 이적을 통해서 포도주를 만들어 공급하시기를 바란 것인지, 아니면 포도주가 떨어졌어도 다시 공급될 때까지 혼인잔치 자리에 머물러서 사람들과 경건한 대화를 계속 나누시기를 바란 것인지는 확실하지 않기 때문에, 그 의도를 결정하는 것은 그리 쉽지 않다. 일반적으로 받아들여지고 있는 첫 번째 견해에 반대하는 사람들이 제시하는 논거는, 복음서에 기록된 이적들 중에서 이번이 주님께서 최초로 행하신 이적이었고, 우리 구주께서는 자기가 이적을 행할 것이라는 그 어떤 암시도 마리아에게 주지 않으셨다는 것이다. 어떤 이들은 앞 장의 마지막 절을 근거로 해서, 주님께서 자기가 이적을 베푸실 것이라는 암시를 주신 것이라고 말하지만, 거기에 나오는 주님의 말씀을 그런 의미로 해석하는 것은 억지일 뿐만 아니라, 유대 땅에서 주님께서 그런 말씀을 하신 것을 마리아가 들었을 것 같지도 않다. 그러나 우리 구주께서 4절에서 하신 대답과 마리아가 5절에서 하인들에게 "너희에게 무슨 말씀을 하시든지 그대로 하라"고 말해 두었다는 사실은 그녀가 주님께서 이적을 베푸실 것을 기대하였을 가능성이 높다는 것을 보여 준다. 그리스도께서는 아직 공적으로 이적을 베푸시지는 않으셨다는 것은 사실이지만, 주님께서 나사렛에서 마리아와 함께 삼십 년을 사시는 동안에, 그녀가 주님과 관련하여 무엇을 보았는지는 우리가 알 수 없기 때문에, 그녀가 주님의 이적을 기대할 수 있는 상황이 아니었다고 단정적으로 말할 수는 없다.

4. 예수께서 이르시되 여자여 나와 무슨 상관이 있나이까 내 때가 아직 이르지 아니하였나이다.

유대인들은 여자들에게 말을 건넬 때에는 그들의 성별을 나타내는 말을 사용해서 "여자여"라고 부르는 것이 관례였다는 것은 마태복음 15:28; 누가복음 13:12; 22:57; 요한복음 4:21이 잘 보여 준다. 그러나 열왕기상 2:20에서 솔로몬이 밧세바에게 "내 어머니여 구하소서"라고 말한 것에서 볼 수 있듯이, 자신의 혈육이나 친척관계에 있는 여자를 부를 때에는 자신과의 관계를 나타내는 말을 호칭으로 종종 사용하였다는 것도 분명하다. 따라서 대부분의 해석자들은 우리 구주께서 여기에서 저 복된 동정녀 마리아를 "내 어머니여"가 아니라 "여자여"로 부르신 것은, 이 일에 있어서는 주님이 그녀를 자신의 어머니로 인정하지도 않고, 따라서 자기에게 명령할 권위가 있는 것으로 여기지도 않는다는 것을 그녀에게 분명히 전달한 것이라고 본다. 따라서 이 호칭 다음에 주님께서 "나와 무슨 상관이 있나이까"라고 하신 말씀은 그녀가 주제넘게 끼어든 것에 대한 약간의 불쾌감을 나타내는 언사임과 동시에, 이 일에 있어서 그녀가 자기에게 무엇이라고 명령할 권한이나 권위가 없다는 것을 확인해 주는 언사였다. 사사기 11:12; 사무엘하 16:10; 에스라서 4:3; 마태복음 8:29; 27:19에 나오는 이 동일한 어구의 용례를 보라. 우리 구주께서는 자신의 부모를 공경하고 순종하는 것이 하나님의 뜻인 경우에는 그 누구보다도 더 그렇게 하셨지만(눅 2:51; 렘 35:13-14), 자신의 부르심과 관련한 일에 있어서는 그런 관계를 배제하셨다: "누가 내 어머니이며 내 동생들이냐"(마 12:48); "어찌하여 나를 찾으셨나이까 내가 내 아버지 집에 있어야 될 줄을 알지 못하셨나이까"(눅 2:49). 주님께서는 이렇게 하심으로써, 하늘에 계신 우리 아버지께 순종하는 것을 우리 육신의 부모께 순종하는 것보다 더 우선하는 것이 우리의 도리라는 것을 가르쳐 주셨고(마 5:37; 눅 14:26), 또한 교황주의자들처럼 저 복된 마리아를 그녀의 아들이신 그리스도보다 더 공경해서는 안 된다는 것도 우리에게 가르쳐 주셨다.

게다가, 우리 주님께서는 지금 자기가 자신의 어머니의 말을 들어서는 안 되는 또 하나의 이유를 제시하시는데, 그것은 "내 때가 아직 이르지 아니하였다"는 것이었다. 주님께서 이런 말씀을 하신 것은 주님께서 공적이고 공개적으로 이적들을 행하실 때가 아직 오지 않았기 때문이거나, 자기가 이적을 베풀 때를 그녀가 정해서는 안 된다는 것을 보여 주기 위한 것이다. 이것은 현세의 일들과 관련해서 우리는 우리의 뜻이나 욕구를 하나님의 뜻에 복종시키고서 하나님이 정하신 때를 기다려야 한다는 것을 가르쳐 준다. 하지만 다른 한편으로는 주님의 이 말씀은 자신의 때가 되면 자기가 포도주를 보충하실 것이라는 소망을 그녀에게 주시는 것이기도 하다.

5. 그의 어머니가 하인들에게 이르되 너희에게 무슨 말씀을 하시든지 그대로 하라 하니라.

이 말을 통해서 마리아는 그리스도께서 비록 자신의 말에 퇴짜를 놓았지만 결국에는 포도주를 공급해 주실 것이라는 자신의 확신을 분명하게 표명한다. 이런 확신을 지니고 있었기 때문에, 그녀는 그리스도의 핀잔을 듣고서도, 주님께서 어떤 명령을 하시든지 거기에 이의를 제기하지 말고 절대적으로 순종해서 행하라고 하인들에게 지시한다. 그리고 이것은 우리 모두가 하나님과 예수 그리스도께 마땅히 드려야 할 바로 그러한 순종이다.

6. 거기에 유대인의 정결 예식을 따라 두세 통 드는 돌 항아리 여섯이 놓였는지라.

유대인들은 자신들이 식사하는 방에는 물 항아리들을 세워 놓는 것이 관례였는데, 손님 수에 따라 물 항아리들을 준비해 놓은 것인지 그렇지 않은지는 확실하지 않지만, 어떤 이들은 여기에 "돌 항아리 여섯"이 있었던 것은 그런 이유 때문이라고 생각한다. 이 돌 항아리들의 용량이 어느 정도였는지는 불확실하다. 왜냐하면, 고체와 액체의 용량을 재는 유대인들의 단위의 많은 부분이 우리에게 알려져 있지 않고, 그 단위는 대체로 나라들마다 다르기 때문이다. 우리의 척도 단위를 따르면, 이 돌 항아리들에는 240리터 가량의 액체가 들어가는 것으로 되어 있지만, 그렇게 큰 돌 항아리들이 식사를 위한 방에 세워져 있었을 가능성은 희박해 보인다. 유대인들이 이 돌 항아리들을 거기에 세워 놓은 목적은 사람들이 식사하기 전에 손을 씻거나(마 15:2; 막 7:3) 대접이나 그릇들을 씻기(막 7:4) 위한 것이었다. 따라서 우리는 거기에 있던 돌 항아리들의 수에 대해서는 확실히 알 수 있지만, 그 용량에 대해서는 확실히 알 수가 없다. 어떤 이들은 혼인잔치에 참석한 150명이 먹기에 충분할 만큼의 포도주를 만들어 내기 위해서는 아주 많은 물이 필요하였을 것이기 때문에, 이 돌 항아리들은 아주 컸을 것이라고 말하지만, 우리는 그러한 것에 대하여 확실하게 판단할 수 없다.

7. 예수께서 그들에게 이르시되 항아리에 물을 채우라 하신즉 아귀까지 채우니.

우리 구주께서 하인들에게 돌 항아리들에 "물," 즉 깨끗한 물을 가득 채우라고 명령하신 것은, 거기에 이미 들어 있던 물에 사람들이 손을 씻어서 그 물이 더러워졌기 때문이거나, 돌 항아리들에 물이 가득 채워져 있지 않았기 때문이었을 것이다. 또한, 주님께서 하인들에게 거기에 물을 가득 채우라고 명령하신 것은, 그 돌 항아리들에는 오직 깨끗한 물밖에는 아무것도 없었다는 것을 확인시켜 줌으로써, 물을 포도주로 변화시키는 이 이적이 실제로 일어났다는 것을 확실하게 보여 주시기 위한 것이기도 하였다. 따라서 주님께서 여기에서 행하신 이적은 아무것도 없는 것에서 포도주를 만들어 내신 것이 아니라, 이미 존재하는 피조물을 다른 종류의 피조물로 변화시키시는 것이었다. 하인들은 주님의 명령에 이의를 제기하거나 그 이유를 묻지 않았고, 그 명령에 즉시 절대적으로 순종하였는데, 우리 모두는 하나님의 명령들에 대하여 그런 식으로 순종하는 것이 마땅하다. 하인들은 돌 항아리들에 물을 가득 채웠고, 물이 "아귀까지" 꽉 차서, 이제는 더 이상 채울 수 없게 되었다.

8. 이제는 떠서 연회장에게 갖다 주라 하시매 갖다 주었더니.

유대인들은 연회나 잔치를 할 때에는 모든 일을 관리하는 사람을 두었는데, 그런 이유로 그 사람은 "연회장"이라 불렀다. 우리 구주께서는 하인들에게 이 새롭게 만들어진 포도주를 연회장에게 갖다 주라고 지시하시는데, 이것은 하인들로 하여금 이 일이 연회장의 어떤 술수에 의해서 이루어진 일이라고 의심할 수 없게 하기 위한 것이거나, 연회장이 이 일에 대하여 가장 잘 판단할 수 있는 사람이었기 때문일 것이다. 하인들은 앞서와 마찬가지로 주님의 이 명령에도 즉시 순종한다.

9. 연회장은 물로 된 포도주를 맛보고도 어디서 났는지 알지 못하되 물 떠온 하인들은 알더라 연회장이 신랑을 불러.

우리 구주께서는 사람들의 감각으로 분명하게 보거나 느낄 수 있는 어떤 행위를 통해서 물을 포도주로 변화시키신 것이 아니라, 단지 자신의 뜻의 은밀한 움직임에 의해서, 즉 자신이 원하신다는 것만으로 이 이적이 일어난 것이었기 때문에, 복음서 기자는 주님께서 어떤 식으로 물을 포도주로 변화시키셨는지에 대해서는 기록하지 않고, 오직 그 결과만을 기록하고 있다. 본문이 이미 물이 포도주가 되었는데도 계속해서 그것을 "물"이라고 부르고 있다는 것을 근거로 해서, 교황주의자들은 여기에서 물이 포도주로 변화되었어도 물로 불리는 것과 마찬가지로, 성례전의 떡도 주님의 몸으로 변화되었어도 떡으로 불릴 수 있다고 주장하고자 할 것이다. 그러나 우리가 주목해야 할 것은 여기에서 포도주가 된 물은 그냥 물로 불리는 것이 아니라, "포도주가 된 물"(한글개역개정에는 "물로 된 포도주")로 불리는 반면에, 복음서에서 성례전의 떡은 그러한 수식어를 붙여서 "그리스도의 살로 변한 떡"이라고 불리지 않고 그냥 "떡"으로 불리고, 성경의 그 어디에서도 그러한 화체설을 뒷받침해 주지 않는다는 것이다. 연회장은 하인들이 가져온 포도주를 맛보았지만, 그 포도주가 어디서 났는지를 알지 못하였고, 오직 그리스도의 명령으로 돌 항아리들에 물을 가득 채웠다가 거기에서 한 잔을 떠서 연회장에게 갖다 준 하인들만이 그 포도주가 어디서 났는지를 알았다.

10. 말하되 사람마다 먼저 좋은 포도주를 내고 취한 후에 낮은 것을 내거늘 그대는 지금까지 좋은 포도주를 두었도다 하니라.

연회장은 이 혼인잔치에 필요한 모든 것과 경비를 다 댄 신랑을 불러서, 이런 연회나 잔치에서 통상적으로 행해지는 관례와는 정반대로 그가 행한 것으로 보인다는 말을 해 준다. 왜냐하면, 사람들은 일반적으로 손님들의 입맛이 가장 예민하고 생생할 때인 처음에 가장 좋은 포도주를 먼저 내오고, 손님들이 취해서 입맛이 둔해졌을 때에 질이 낮은 포도주를 내오는 것이 보통이기 때문이다. 여기에서 "취한"으로 번역된 '메튀스토시'($\mu\epsilon\theta\upsilon\sigma\theta\tilde{\omega}\sigma\iota$)가 종종 사람들이 포도주를 마시고 맛이 간 것을 나타내기도 하지만, 대체로 어느 정도 술을 마셨다는 것을 의미한다는 것은 창세기 43:34과 학개서 1:6에 나오는 히브리어 본문에 대한 칠십인역의 번역이 잘 보여 준다. 따라서 이 단어는 반드시 또는 언제나 술에 취했다는 것을 의미하는 것이 아닌데도, 고린도전서 11:21의 본문을 "이는 먹을 때에 각각 자기의 만찬을 먼저 갖다 먹으므로 어떤 사람은 시장하고 어떤 사람은 취함이라"고 번역한 것은 문제가 있다. 왜냐하면, 그러한 번역은 마치 초대교회 중의 한 곳이었던 고린도 교회가 술에 취한 사람들도 성찬에 참여하도록 허용한 것처럼 말함으로써, 고린도 교회에 대하여 아주 무자비하고 몹쓸 짓을 한 것이 되기 때문이다. 따라서 여기에서 연회장이 한 말은, 잔치에서 좋은 포도주와 질이 약간 떨어지는 포도주가 준비되어 있는 경우에는, 손님들에게 먼저 좋은 포도주를 내와서 마시게 하여, 그들의 혀가 약간 무디어질 때쯤 해서, 질이 좀 떨어지는 포도주를 내오는 것이 관례라는 의미인 것으로 보인다. 즉, 주님이 행하신 이적을 전혀 모르고 있던 연회장은 잔치의 마지막에 가장 좋은 포도주가 나오는 것을 보고서, 신랑이 그렇게 준비한 것으로 생각하여, 신랑을 불러서 이런 말을 한 것이었다. 연회장의 이 말은 주님께서 물로 만드신 포도주가 진짜 포도주일 뿐만 아니라, 지금까지 잔치에 나왔던 것보다 훨씬 더 좋은 포도주라는 것을 확인시켜 줌으로써, 이 이적이 사실이고 대단한 것이었음을 입증해 주는 것이다.

11. 예수께서 이 첫 표적을 갈릴리 가나에서 행하여 그의 영광을 나타내시매 제자들이 그를 믿으니라.

이 본문의 의미는 이것이 그리스도께서 갈릴리 가나에서 행하신 첫 번째 이적이었다는 것이 아니라, 그리스도께서 공생애 사역을 시작하신 후에 첫 번째로 행하신 이적이었는데, 스불론 지파 또는 아셀 지파의 땅에 있던 갈릴리 영내의 가나에서 이 이적을 행하셨다는 것이다. 물론, 이것은 그리스도께서 공생애 사역을 시작하시면서 첫 번째로 행하신 이적이 아니라, 갈릴리 가나에서 첫 번째로 행하신 이적이었다고 주장하는 이들도 없지 않지만, 그러한 해석은 그 어떤 근거도 없다. 왜냐하면, 만일 그러한 주장이 옳다면, 그리스도께서는 다른 곳들에서 이미 이적들을 행하셔서 자신의 영광을 드러내신 것이라는 말이 되는 까닭에, 복음서 기자는 이 절의 후반부에서 "그의 영광을 나타내시매"라는 말을 굳이 할 필요가 없었을 것이기 때문이다. 어떤 이들은 우리 구주께서 태어나실 때에 이미 이적과 기사들이 일어났었다는 것을 들어서(마 2:9; 눅 2:9), 이것이 첫 번째 이적이었다는 것에 반론을 제기한다. 이러한 반론에 대하여, 어떤 이들은 "기사"(mira)와 "이적들"(miracula)의 구별에 근거한 논증을 펼치기도 하지만, 그것보다 더 분명하고 만족스러운 대답은 그 때에 일어났던 이적들은 하나님이자 인간이신 그리스도께서 행하신 것들이 아니라, 그리스도의 신성을 증거해 주시기 위하여 아버지 하나님과 성령께서 행하신 것들이었다는 것이다. 따라서 갈릴리 가나에서 행하신 이적은 예수 그리스도께서 하나님이자 인간으로서 행하신 첫 번째 이적이었고, 그리스도께서는 이 이적을 통해서 요한복음 1:14에서 말한 영광, 즉 "아버지의 독생자의 영광"을 나타내셨고, 자신의 위엄과 권능을 나타내셨다. 그리고 "제자들"은 이미 그를 믿고 있었지만(요 1:41, 45), 이제는 더 확고하게 중보자로서의 "그를 믿게" 되었다(요 14:1). 즉, 성경에서 흔히 그렇게 말하듯이, 여기에서 제자들의 믿음은 이 일을 계기로 시작된 것이 아니라 좀 더 성장하고 커진 것이다.

12. 그 후에 예수께서 그 어머니와 형제들과 제자들과 함께 가버나움으로 내려가셨으나 거기에 여러 날 계시지는 아니하시니라.

가버나움은 무수한 은혜를 받고서도 그리스도의 가르침과 이적들을 멸시한 성읍이었기 때문에, 그리스도께서는 "가버나움아 네가 하늘에까지 높아지겠느냐 음부에까지 낮아지리라 네게 행한 모든 권능을 소돔에서 행하였더라면 그 성이 오늘까지 있었으리라"(마 11:23)고 말씀하셨다. 이 곳은 스불론 지파의 영지와 붙어 있던 납달리 지파의 영지에서 북동쪽에 위치해 있었던 성읍으로서, 그리스도께서 나중에 가르침과 이적들을 많이 베푸신 곳이었는데(마 8:13-14; 9:18; 막 2:1; 5:22), 히에로니무스의 시대에는 완전히 몰락하고 낮아져서, 거기에는 어부들의 가난한 초가집 일곱 채만이 남아 있었다. 이 때에 그리스도께서는 "그 어머니와 형제들과 제자들과 함께" 거기로 내려가셨다. 성경에서는 흔히 가까운 친척들을 "형제들"로 표현한다. 그리고 이 때에 그리스도와 함께 한 "제자들"이 앞 장에 언급된 다섯 명뿐이었는지, 아니면 그 외에도 더 있었는지는 확실하지 않다. 그러나 그리스도와 그 일행은 거기에 오랫동안 머무시지는 않으셨다. 그것은 아마도 그들은 유월절을 지키기 위하여 예루살렘으로 가기로 되어 있었는데, 유월절이 가까이 다가와서, 여정을 시작하여야 했던 까닭에, 가버나움에서 오래 머물 수 없었기 때문일 것이다. 그리고 이 사람들이 그리스도와 함께 가버나움으로 내려간 이유는, 우리가 다음 절에서 볼 수 있듯이, 유월절을 지키기 위하여 다함께 예루살렘으로 가기로 되어 있었기 때문일 것이다.

13. 유대인의 유월절이 가까운지라 예수께서 예루살렘으로 올라가셨더니.

"유대인의 유월절"에 대해서는 우리가 다른 복음서들을 다룰 때에 여러 번 설명한 바 있는데, 이 절기가 제정된 과정은 출애굽기 12장에 나와 있다. 율법에 의하면, 유대인들은 해마다 하나님께서 택하신 곳에서 이 절기를 지켜야 하였다(신 16:6). 그리스도께서는 반드시 율법을 지키셔야 하셨던 것은 아니지만 모든 의를 이루시고 자기 백성을 율법의 저주로부터 속량하시기 위하여(갈 4:5), 해마다 유월절을 지키셨고, 이 때에 수많은 사람들이 예루살렘으로 몰려드는 기회를 선용하셔서, 자기 자신과 자신의 가르침을 더 널리 알리셨다. 다른 복음서 기자들은 그리스도께서 수세와 죽음 사이에 오직 한 번만 유월절에 예루살렘에 올라가신 것으로 보도하지만, 요한은 분명하게 보도하는 경우만 해도 여기에서와 6:4과 18:39, 이렇게 세 차례이고, 어떤 이들은 5:1에서도 조금 모호하기는 하지만 또 한 차례 보도하는 것으로 생각한다. 따라서 우리 주님께서는 공생애 기간 동안에 해마다 유월절을 맞아 예루살렘에 올라가신 것이 된다.

14. 성전 안에서 소와 양과 비둘기 파는 사람들과 돈 바꾸는 사람들이 앉아 있는

것을 보시고.

마태복음 21:12-13과 누가복음 19:45-46에도 이것과 비슷한 기사가 나오기 때문에, 어떤 이들은 이 세 기사가 모두 동일한 사건을 보도한 것이라고 생각하지만, 다음과 같은 사실들은 그렇지 않다는 것을 보여 준다: (1) 요한은 이 일이 그리스도께서 공생애를 시작하시고 나서 맞으신 첫 번째 유월절 때에 일어난 것으로 보도하는 반면에, 다른 모든 복음서 기자들은 이 일이 네 번째 유월절에 일어난 것으로 보도한다. (2) 이야기의 정황이 서로 다르다. (a) 요한은 오직 파는 사람들을 내쫓으셨다고 말하지만, 다른 모든 복음서 기자들은 사는 사람들과 파는 사람들을 모두 내쫓으셨다고 말한다. (b) 요한의 기사에서는 주님께서 그들이 자신의 아버지의 집을 "장사하는 집"을 만들었다고 말씀하시지만, 다른 모든 복음서 기자들의 기사에서는 주님께서 "기록된 바 내 집은 기도하는 집이라 일컬음을 받으리라 하였거늘 너희는 강도의 소굴을 만드는도다"라고 말씀하신다. (c) 요한의 기사에서는 주님께서 비둘기 파는 사람들에게 자신들의 물건을 가지고 나가라고 명령하실 뿐이지만, 다른 복음서 기자들의 기사에서는 비둘기 파는 자들의 의자를 둘러엎으신다. 따라서 우리 구주께서는 이 일을 두 차례에 걸쳐, 즉 첫 번째 유월절과 마지막 네 번째 유월절에 행하신 것이 분명해 보인다. 이 기사에 대한 좀 더 자세한 것은 마태복음 21:12과 마가복음 11:15과 누가복음 19:45에 대한 설명을 보라.

사람들이 소와 양과 비둘기들을 성전 안으로 들여와서 팔게 된 이유는, 멀리서 온 사람들이 희생제물을 가지고 올 수 없었기 때문에, 율법이 여러 가지 경우에 요구하였던 그런 제물들을 현장에서 살 수 있게 하기 위한 것이었다. 또한, 성전 안에 환전상이 자리 잡고 있었던 이유도, 모든 유대인들은 출애굽기 30:13에 따라 "반 세겔"을 내게 되어 있었고, 반 세겔은 당시에 통용되던 주화와는 달라서, 환전이 필요하였기 때문이었다. 우리 구주께서는 사람들이 이런 식으로 편의상 필요하였던 일들을 하는 것을 정죄하신 것이 아니라, 희생제물을 사고파는 것이나 환전하는 것을 다른 곳에서도 얼마든지 할 수 있었음에도 불구하고, 제사장들의 탐욕, 즉 그들이 자신들의 사리사욕을 채우기 위하여 그런 일을 성전으로 끌어들여서 성전을 장사하는 곳으로 만들어 버린 것을 질책하신 것이었다.

15. 노끈으로 채찍을 만드사 양이나 소를 다 성전에서 내쫓으시고 돈 바꾸는 사람들의 돈을 쏟으시며 상을 엎으시고.

우리는 여기에서 우리 구주께서 "노끈으로 채찍을 만드셨다"고 하는데, 그 노끈은 어디에서 나신 것이냐고 쓸데없이 묻지 않아야 한다. 주님은 교황주의자들이 낭만적으로 꿈꾸는 프란체스코 탁발수도회의 수사처럼 아무것도 가지고 다니지 않고 모든 것을 구걸하고 얻어서 즉석에서 해결하는 방식으로 살아가신 것은 아니었지만, 거기에는 희생제물로 사용되는 짐승들을 묶기 위한 노끈들이 많았을 것임은 의심의 여지가 없다. 그리스도께서는 무명의 한 개인으로서 많은 상인들을 내쫓으시고 그들의 좌판을 엎으셨는데도, 그들로부터 그 어떠한 소동이나 저항을 받지 않으셨다는 사실 속에서, 우리는 하나님의 강력한 권능을 엿보게 된다. 또한, 나는 이 상황을 곰곰이 생각해 보면서, 그리스도께서는 무슨 권한으로 이런 일을 하신 것인가 하는 질문을 할 필요가 있다고 생각하지 않는다. 왜냐하면, 말라기 선지자는 "너희가 구하는 바 주가 갑자기 그의 성전에 임하시리니 … 그가 은을 연단하여 깨끗하게 하는 자 같이 앉아서 레위 자손을 깨끗하게 하되 금, 은 같이 그들을 연단하리니"(말 3:1, 3)라고 예언하였고, 그리스도께서는 여기에서 그 예언을 따라 자신의 성전에 오셔서 성전을 깨끗하게 하시는 일을 시작하신 것이기 때문이다.

16. 비둘기 파는 사람들에게 이르시되 이것을 여기서 가져가라 내 아버지의 집으로 장사하는 집을 만들지 말라 하시니.

그리스도께서는 여기에서 첫 번째로 성전 정화를 하실 때에는 비둘기 파는 사람들에게 자신들의 물건을 가지고 나가라고 말씀하시는 것으로 그치시지만, 나중에 두 번째로 성전 정화를 하실 때에는 그들의 의자를 둘러 엎으셨다(마 21:12). 그리스도께서 이렇게 하신 것은 사인들이 사사롭게 성상들을 무너뜨리는 소동을 벌이는 것을 충분히 정당화해 준다고 생각하는 자들은, 그리스도께서는 결코 사인이 아니셨고(사람들은 그를 사인으로 생각하였을지라도), 자신의 집의 주인으로서 그렇게 하신 것임을 고려하지 않는 것으로 보인다. 그리스도께서 이렇게 하신 것을 근거로 삼아서 방백들과 관리들에게 이러한 문제에 개입해 줄 것을 요청하는 것은 얼마든지 그렇게 할 수 있다. 왜냐하면, 이 일로부터 우리는 공공 예배를 위하여 구별된 장소들이 사악한 강도들의 소굴이 되거나 상스럽게 장사하는 곳이 되어서는 안 된다는 것이 그리스도의 뜻이라는 결론을 얻을 수 있기 때문이다. 우리는 그러한 공공 예배 장소들에 성전과 같은 그런 거룩성을 돌릴 수는 없다. 성전은 하나님의 지시에 의해서 지어져서 특별하게 봉헌되었고, 하나님께서 그 성전을 받으신다고 선언하셨으며, 성전에는 특별한 약속들이 결부되어 있었을 뿐만 아니라, 우리가 나중에 좀 더 자세하게 설명하겠지만, 성전은 그리스도의 예표이기도 하였다. 하지만 공공 예배를 위한 장소들은 세속성에서 벗어나 거룩성이 확보되고 경건성이 유지되어야 한다는 것은 우리의 본성이 우리에게 가르쳐 준다.

또한, 그리스도께서 복음의 가르침을 널리 베푸시기 전에 이렇게 성전을 정화하시는 일을 하셨다는 것은, 성전의 정화에 책임이 있고 권한이 있는 자들은, 반드시 먼저 사람들에게 참된 가르침을 전하여, 사람들이 기꺼이 잘못된 것들을 버리기로 결심하게 된 후에야, 미신과 우상 숭배의 도구들이나 사악하고 더러우며 부패한 것들을 제거하는 일에 나서야 하는 것은 아니라는 것을 우리에게 가르쳐 준다. 사람들이 하나님의 집에서 소와 양과 비둘기를 팔고 환전을 위해 자리를 잡고 있는 것이 하나님의 집을 장사하는 집으로 만드는 것이라면, 교황주의자들이 성인들과 관련된 유물들과 성상들을 성당에 배치해 놓고 신자들에게 보여 주면서, 신자들로 하여금 사제들을 위하여 돈을 내게 하고, 면죄부나 죄 사함을 얻기 위하여 돈을 내게 하는 것은 하나님의 집들을 무엇으로 만들고 있는 것인가? 만일 자신의 이득을 위하여 그런 식으로 속이는 자들이 강도들이 아니었다면, 하나님의 집들은 결코 이렇게까지 장사하는 집들이 되지는 않았을 것이다.

17. 제자들이 성경 말씀에 주의 전을 사모하는 열심이 나를 삼키리라 한 것을 기억하더라.

사람들의 눈에 보기에 무명의 한 개인에 불과한 그리스도께서 이렇게 홀로 채찍을 휘두르시며 권세 있게 매매하는 자들을 성전에서 내쫓으시는데도, 아무도 거기에 저항하지 않는 이 기이한 광경을 본 제자들과 그 현장에 있던 사람들은 깜짝 놀랄 수밖에 없었지만, 시편 69:9에서 다윗이 한 말을 기억하였다. 어떤 이들은 요한이 그리스도의 부활 후에 있었던 것, 즉 제자들이 그때에야 비로소 이 일을 회상하며 시편의 말씀을 기억하였다고 여기에서 보도하고 있는 것이라고 생각한다. 그리고 실제로 복음서에서 이후에 전개되는 이야기를 살펴보면, 우리는 그렇게 보는 것이 일리가 있다고 생각하게 된다. 왜냐하면, 제자들은 예수께서 신성을 지니고 계신다거나 메시야이시라는 것을 이렇게 초기에 확신하였던 것으로 보이지 않고, 또한 만일 그들이 이 때에 이 말씀을 기억하였고, 그리스도가 다윗의 자손이라는 것을 알고 확신하였다고 한다면, 초기에 그들이 가졌던 그러한 확신이 점점 엷어져 간 것이라고 우리는 말할 수밖에 없게 되기 때문이다.

그것보다 더 큰 문제는, 우리는 여기에 언급된 인용문의 출처인 시편 69편을 원래 문자 그대로 그리스도에 관한 것으로 보아야 하느냐, 아니면 단지 그리스도의 모형인 다윗에 관한 것으로 보아야 하느냐 하는 것이다. 일부 루터파 신학자들은 이 시편은 일차적으로 그리스도에 관한 것이라고 생각하고, 칼빈 목사님을 비롯한 여러 사람들은 이 시편이 그리스도의 모형인 다윗에 관한 것이라고 생각한다. 전자의 견해를 따르는 사람들은 이 시편이 신약성경에서 자주 인용되고 있는 것(마 27:48; 요 19:28; 행 1:20; 롬 15:3)을 그 근거로 제시하고, 후자의 견해를 따르는 사람들은 이 시편에는 그리스도께 적용될 수 없는 내용들이 나온다고 강력하게 주장한다. 하지만 이 문제는 그렇게 중요하지 않다.

"열심"은 사랑과 분노의 뜨거움 이외의 다른 것이 아니다. 선한 일에 열심이 있는 것, 본문의 표현을 빌리면, 열심에 삼켜지는 것은 좋은 일이다. 그러나 우리는 참된 지식을 따르지 않은 바리새적인 열심을 조심하여야 한다. 그리스도께는 열심이 있으셨을 뿐만 아니라, 선한 일에 열심이 있으셨다.

18. 이에 유대인들이 대답하여 예수께 말하기를 네가 이런 일을 행하니 무슨 표적을 우리에게 보이겠느냐.

이 말을 한 "유대인들"이 어떤 부류의 유대인들이었는지, 즉 그들이 자신들의 이익에 좀 더 민감하였던 관리들이나 제사장들이었는지, 아니면 일반 백성들이었는지, 아니면 둘 다였는지는 본문이 말해 주지 않는다. 그들은 성전에 장사하는 자들을 들인 것을 정당화하는 말을 하려고 하지 않고, 단지 그리스도께 그의 신적인 권위를 입증해 주는 "무슨 표적"을 자신들에게 보여 줄 수 있느냐고 묻는다. 아마도 그들은 교회의 부패와 악폐가 결코 그리 크지도 않거니와, 설령 그런 것들을 개혁한다고 해도, 관리들에게 주어진 권위나 하나님으로부터 특별한 권위에 의해서만 개혁될 수 있다는 원칙을 지니고 있었던 것으로 보인다. 또한, 그들은 하나님의 선지자들에게는 기꺼이 그러한 특별한 권위를 인정할 준비가 되어 있었지만, 하나님으로부터 그런 특별한 권위를 받았다고 주장하는 자들은, 옛적에 모세가 여호와의 모든 말씀을 전한 후에 백성들 앞에서 이적을 행하였듯이(출 4:30), 어떤 이적을 통해서 자신들이 하나님으로부터 보내심을 받았다는 것을 확증할 수 있어야 한다고 생각하였다. 유대 백성들에게는 사백 년 동안이나 선지자가 나타나지 않았기 때문에, 이 유대인들은 선지자임을 증명해 줄 수 있는 "표적"을 요구한 것이었다(고전 1:22). 마찬가지로, 교황주의자들도 최초의 종교개혁자들에게 그러한 것을 요구하였다. 그러나 종교개혁자들은 어떤 새로운 가르침을 제시한 것이 아니었기 때문에, 교황주의자들은 엉뚱한 요구를 한 것이었지만, 그런데도 여전히 "법과 증언대로"

라고 소리쳤다. 참된 가르침과 성례전이 유지되는 곳에 참된 교회가 있고, 바로 그런 교회만이 전도자들을 부르고 파송할 권한이 있다.

19. 예수께서 대답하여 이르시되 너희가 이 성전을 헐라 내가 사흘 동안에 일으키리라.

우리 구주께서는 자기가 죽은 후 제삼일에 죽은 자 가운데서 부활하는 것 이외의 다른 표적을 그들에게 보여 주시기를 거부하신다. 주님은 나중에 바리새인들에게도 오직 이 표적만을 보여 주시겠다고 말씀하신다(마 12:39; 눅 11:29). 우리 구주께서 여기에서 "너희가 이 성전을 헐라"고 하신 말씀은 그들에게 자기를 죽이라고 명령하시거나 자기를 죽이는 것을 허락하시는 것이 아니라, 단지 그들이 장차 무슨 짓을 하게 될 것인지를 미리 예고하신 것으로 이해되어야 한다. 성경에서는 직설법 미래 대신에 명령법을 사용하는 경우가 비일비재하다(창 42:18; 신 32:50; 사 8:9-10; 54:1; 요 13:27). 따라서 "너희가 이 성전을 헐라 내가 사흘 동안에 일으키리라"는 말씀은 이런 의미이다: 나는 너희가 나를 죽일 것임을 안다. 그런데 너희가 성전인 나를 허물어뜨린다면, 나는 사흘 내로 성전인 내 자신을 다시 일으켜 세울 것이다.

성경에서는 그리스도를 죽은 자 가운데서 다시 살리신 것은 아버지 하나님이라고 말하는 것이 보통이지만, 여기에서 그리스도께서는 자기가 그 일을 하실 것이라고 말씀하신다. 실제적으로 그리스도를 죽은 자 가운데서 다시 살리신 것은 성부 하나님과 성자 하나님으로부터 동등하게 나온 성령이시다. 부활의 역사를 그리스도께로 돌리고 있는 것은 오직 이 본문만이 아니다. 요한복음 20:17-18을 보라. 그것은 삼위일체 하나님의 역사, 즉 성부와 성자와 성령이 함께 행하신 역사였다. 유대인들은 이 일로부터 삼 년 후에 그리스도께서 하신 이 말씀을 빌미로 삼아서 그리스도를 고발하였다(마 26:61). 여기에서 그리스도께서는 자신의 육신을 가리켜 비유적으로 "이 성전"이라고 하신 것인 뿐인데도, 그 때에 그들은 "이 사람의 말이 내가 하나님의 성전을 헐고 사흘 동안에 지을 수 있다 하더라"고 왜곡해서 증언하였다.

20. 유대인들이 이르되 이 성전은 사십육 년 동안에 지었거늘 네가 삼 일 동안에 일으키겠느냐 하더라.

이 유대인들은 그리스도께서 말씀하신 "이 성전"을 당시에 있던 예루살렘 성전을 가리키는 것으로 이해하였다. 최고의 해석자들은 유대인들이 말한 이 성전이 에스라와 스룹바벨에 의해서 지어졌다고 생각하지만, 그들이 이 성전이 지어진 기간이라고 말한 사십육 년이 구체적으로 어떻게 나오게 된 것인지에 대해서는 서로 견해가 갈린다. 어떤 이들은 이 기간이 고레스 치하의 삼십 년, 캄비세스 치하의 팔년, 다리오 치하의 육 년을 합한 것이라고 말하지만, 그 기간을 모두 합하면 사십사년이 되는데, 어떤 이들은 마기(Magi)가 다스린 이 년을 거기에 더해야 한다고 말한다. 어떤 이들은 이것은 고레스 치하의 삼십일 년, 그의 아들 캄비세스 치하의 구년, 다리오 치하의 육 년을 더한 것이라고 생각한다. 어떤 이들은 아닥사스다 왕 치하에서 성전 재건이 중단되어 다리오 왕 제2년까지 이어지다가(스 4:21, 24), 다리오 제6년에 성전 재건이 완성된 사실도 고려되어야 한다고 말한다. 이 유대인들은 자신의 조상들이 그토록 오랜 세월에 걸쳐 지은 성전 건물을 우리 구주께서 삼일만에 다시 지을 수 있다고 말씀하신 것을 이상하게 생각하였다.

21. 그러나 예수는 성전 된 자기 육체를 가리켜 말씀하신 것이라.

우리 구주께서는 예루살렘 성전이 아니라 "성전 된 자기 육체"를 가리켜서 이렇게 말씀하신 것이었다. 그리고 주님께서 이렇게 말씀하신 것은 합당하였다. 사도 바울도 우리의 몸을 "하나님의 성전"이라고 부르는데(고전 3:16; 6:19; 고후 6:16), 하물며 그리스도의 몸을 성전이라고 하는 것은 지극히 마땅한 일이다. 또한, 하나님께서는 성전에 거하셨고, 거기에서 자신의 뜻을 계시하셨으며, 거기에서 예배를 받으셨다. 마찬가지로, 그리스도 안에는 신성의 모든 충만이 육체로 거하시고(골 2:9), 그리스도께서는 아버지 하나님의 본성과 사람들에 대한 뜻을 계시하시며(마 11:27), 모든 사람은 그리스도 안에서 하나님을 예배하여야 한다. 그러므로 그리스도의 육체를 "성전"이라고 하는 것은 지극히 합당하다. 당시에 예루살렘에 있던 성전은 모든 면에서 그리스도를 보여 주는 아주 특별한 모형이었기 때문에, 그리스도께서는 유대인들이 장차 자신의 육체를 죽이게 될 것을 가리켜서, "이 성전을 헐라"고 말씀하신 것이었다.

이렇게 그리스도께서는 유대인들이 자신들의 성전에 대하여 대단한 자부심과 긍지를 가지고 자랑하는 것(렘 7:4)을 알고 계셨기 때문에, 그들의 눈을 옛적의 성막과 마찬가지로 단지 모형에 불과한 것이었던 예루살렘 성전으로부터 돌려서(행 7:44; 히 9:23-24), 하나님이 성막과 성전이라는 예표들을 통해서 미리 보여 주신 실체였던 그리스도 자신에게로 향하도록 이끄셨지만, 그들은 눈이 먼 자들이었기 때문에 그것을 볼 수 없었다. 또한, 그리스도께서는 이 때에 부패하고 타락한 유대인들이 보아도 보지 못하고 그 어떤 참된 가르침도 받을 수 없다는 것을 알고 계셨을 뿐만 아니라, 그들보다 더 나은 자신의 제자들조차도 아직은 그 믿음이 연약해서, 새 포도주를 헌 부대에 넣을 수 없으셨기 때문에, 지금 여기에서는 그 이상으로 더 명확하게 말씀하시는 것이 적절하지 않다고 생각하셨다.

22. 죽은 자 가운데서 살아나신 후에야 제자들이 이 말씀하신 것을 기억하고 성경과 예수께서 하신 말씀을 믿었더라.

죽은 자 가운데서 살아나신 후에야 제자들이 이 말씀하신 것을 기억하고. 심지어 그리스도의 제자들조차도 처음에는 자신들의 주님을 온전히 이해했다기보다는 그저 놀라워하는 부분이 많았다. 누가복음 24:45에서는 그리스도께서 승천하시기 얼마 전에, "그들의 마음을 열어 성경을 깨닫게 하셨다"고 말한다. 이렇게 그리스도께서 죽은 자 가운데서 부활하셔서, 제자들이 주님께서 전에 하셨던 말씀들이 성취되는 것을 직접 눈으로 보고, 주님께서도 추가적으로 그들의 눈을 열어 주실 때에야, 비로소 그들은 많은 것들을 명확하게 깨달을 수 있었다. 그리고 성령께서 오순절에 그들에게 임하시자, 그들은 더욱더 많은 것들을 아주 분명하게 깨달을 수 있었다. 따라서 우리는 여기에서 나중에 이루어진 일에 대해서 듣는다. 오랜 시간 동안 흙 속에 묻혀 있던 씨앗은 하늘의 감화를 통해서 마침내 싹을 틔운다.

성경과 예수께서 하신 말씀을 믿었더라. 그리스도께서 부활하신 후에야, 제자들은 더욱 분명하고 확고하게 성경을 믿었고, 성경을 더욱 분명하게 적용하고 해석할 수 있게 되었다. 여기에 언급된 "성경"은 구약성경을 의미한다. 복음서 기자는 거기에 "예수께서 하신 말씀"을 덧붙인다. 그리스도의 말씀은 그들에게 구약성경을 더욱 분명하게 볼 수 있는 눈을 주었다. 그리고 구약성경의 글들과 신약성경에 나오는 그리스도의 말씀들의 조화는 이 둘에 대한 제자들의 믿음을 더욱 견고하게 해 주었다.

23. 유월절에 예수께서 예루살렘에 계시니 많은 사람이 그의 행하시는 표적을 보고 그의 이름을 믿었으나.

그리스도의 이름을 믿는 것과 그리스도를 믿는 것이 동일한 것은 하나님을 부르는 것과 하나님의 이름을 부르는 것이 동일한 것과 같다(행 3:16). 그 의미는 그들이 그리스도의 인격과 직임에 관한 것들을 믿었다는 것이다. 하지만 "그의 이름을 믿었다"는 의역은 헛된 것은 아니고, 하나님과 말씀 간의 상호관계를 분명하게 보여 준다. 왜냐하면, 하나님께서는 말씀을 통해서 자기 자신을 세상에 알게 하시기 때문이다. 참된 "믿음은 들음에서 나며 들음은 하나님의 말씀으로 말미암는다"(cf. 롬

10:17). 어떤 이들은 여기에 언급된 믿음이 참된 믿음이냐 아니냐를 가지고 논쟁을 벌이지만, 나는 그런 논쟁은 쓸데없는 것이라고 생각한다. 이후의 절들은 그것이 사람으로 하여금 의롭다 하심을 얻게 해 주는 참된 믿음이 아니었다는 것을 보여 준다. 하지만 사람들은 나름대로 진짜 믿은 것이었다. 사람으로 하여금 의롭다 하심을 얻고 구원을 얻게 해 주는 참된 믿음, 즉 사도 바울이 "하나님이 택하신 자들의 믿음"(딛 1:1)이라고 부른 믿음이기 위해서는 다음과 같은 세 가지가 요구된다: (1) 그리스도를 계시하는 진리의 말씀을 아는 지식. 이것은 성경을 읽고 들으며 묵상할 때에 얻어진다. (2) 하나님이 계시하신 말씀이 참되다는 것에 대한 우리의 지적인 동의. 하나님께서 우리에게 계시하신 진리의 말씀에 대하여 우리의 지각 속에서 동의가 이루어질 때, 그것은 나름대로 참된 믿음이 된다. (3) 우리의 의지로 그리스도를 우리의 구주로 받아들이는 것. 우리가 그리스도를 우리의 구주로 받아들여서 의지하고, 그를 사랑하며 원하고 소망하며 즐거워할 때, 이것은 이제 구원의 믿음이 되고, 이 때에 우리는 그리스도의 법에 순종하는 열매를 맺게 된다.

　사람들은 말씀을 들었을 때, 그리고 특히 그 말씀을 확증해 주는 이적들을 보았을 때, 그 말씀이 진리라는 것에 진정으로 동의하면서도, 그리스도를 자신의 구주로 받아들이지도 않고, 그와 뜻을 같이하여 그를 신뢰하고 원하며 사랑하고 순종하지도 않는 것은 얼마든지 가능하다. 바로 이것이 여기에 언급된 사람들, 적어도 그 중의 다수의 경우였다. 그들은 그리스도께서 행하신 이적들을 보고 믿었지만, 그들에게는 말씀에 토대를 둔 그리스도를 아는 제대로 된 지식이 결여되어 있었다. 또한, 그들은 그리스도께서 가르치신 말씀이 참되다는 것을 깨닫고서, 확실하고 견고하게 거기에 동의하였던 것도 아니었다. 그들의 동의는 단지 자신들이 본 이적들을 토대로 한 즉흥적인 것에 불과하였다. 따라서 그들은 그리스도께서 지혜와 능력에 있어서 대단한 인물임을 인정하게 되었고, 그리스도에게서 세상적으로 좋은 것들을 얻을 수 있을 것이라는 어느 정도의 확신을 가지게 되었기 때문에, 그리스도를 일정 정도 신뢰할 수 있었지만, 그것이 전부였다. 이것은 구원을 가져다주는 참된 믿음과는 거리가 먼 것이었다.

24. 예수는 그의 몸을 그들에게 의탁하지 아니하셨으니 이는 친히 모든 사람을 아심이요.

　그리스도께서는 겉보기에 믿는 자들처럼 보인 이 사람들을 자신의 품속으로 끌어안지 않으셨고, 그들에게 자기를 따르라고 부르지도 않으셨으며, 그들과 어떤 친밀한 교제나 나눔도 유지하지 않으셨다. 도리어, 주님께서는 그들이 자기를 믿는다고 하지만 실제로는 자신의 몸을 의탁할 수 없는 사람들임을 아시고, 그러한 사람들로 북적거리는 이 위험한 곳에서 서둘러 벗어나 다시 갈릴리로 가서서, 자신의 때가 올 때까지 거기에서 사역하셨다. 왜냐하면, 그리스도께서는 영원히 찬송 받으실 하나님이셨던 까닭에, 모든 사람들의 마음을 아셨기 때문이었다.

25. 또 사람에 대하여 누구의 증언도 받으실 필요가 없었으니 이는 그가 친히 사람의 속에 있는 것을 아셨음이니라.

그리스도께서는 모든 사람들의 삶의 원리들과 성향에 관하여 그 어떤 정보도 필요로 하지 않으셨다. 왜냐하면, 주님께서는 우리처럼 사람들의 좀 더 외적인 행위들과 행실들을 통해서 사람들을 아실 뿐만 아니라, 사람들의 마음속에 있는 것들도 아셨기 때문이다. 사람들의 심장과 폐부까지 살피시고 시험하시는 것은 오직 하나님만이 하실 수 있으신 일이다(왕상 8:39; 시 33:15). 여기에서 우리는 앞서 보았던 것을 또다시 볼 수 있다. 즉, 성경에서는 흔히 어떤 명제를 추가적으로 확증하고 강조하기 위한 방법으로, 보편적인 긍정 명제를 먼저 제시한 후에, 거기에 부정 명제를 덧붙이는 방법을 사용한다는 것이다.

여기에서 루터파와 칼빈파가 서로 충돌한 한 가지 문제가 발생하였는데, 그것은 그리스도께서 모든 것, 심지어 사람들의 마음속에 있는 것까지 아시는 것은 인간으로서의 그리스도께서 아시는 것인가 하는 것이었다. 이 문제에 대해서 루터파는 그리스도 안에는 신성과 인성이 인격적으로 연합되어 있기 때문에, 그렇다고 대답한다. 하지만 칼빈파는 그리스도 안에서 신성과 인성이 인격적으로 연합되어 있기는 하지만, 각 본성이 지닌 속성들은 여전히 서로 구별되어 존재한다고 본다. 바로 그러한 이유로 인해서, 그리스도께서는 자기가 인자로서 세상의 종말의 날과 시를 알지 못한다고 말씀하셨다. 게다가, 전지하심(모든 것을 아신다는 것)이 그리스도의 인성에 속한 것이라면, 전능하심과 무한하심과 편재하심(어디에나 계신다는 것)도 그리스도의 인성에 속한 것이라고 하여야 한다. 그리고 실제로 루터파는 그리스도의 편재하심을 인정한다. 왜냐하면, 그들은 성찬이 행해지는 곳마다 그리스도의 몸과 피가 임재해 계신다는 자신들의 공재설(consubstantiation)을 유지하기 위해서는, 그리스도께서 동시에 모든 곳에 계실 수 있으시다는 것을 받아들일 수밖에 없기 때문이다. 이것은 격렬한 논쟁을 불러일으키는 문제이기 때문에, 나는 여기에서 이 문제를 다루지 않을 것이다. 루터파와 칼빈파가 각각 어떤 주장을 펴고 있는지를 자세하게 알고 싶은 사람들은, 루터파의 입장에 대해서는 제라드(Gerard), 훈니우스(Hunnius), 파르노비우스(Farnovius)을 보고, 칼빈파의 입장에 대해서는 잔키우스(Zanchius), 특히 『하나님의 본성과 속성들에 대하여』(*De Natura and Attributis Dei*) 제3권 2장 제16문을 보면 충분할 것이다.

제3장

개요

1. 니고데모와의 만남에서 중생의 필요성을 가르치심(1-13).
2. 그리스도의 죽으심으로 믿는 자들이 받게 될 영생(14-15).
3. 인류를 구원하시기 위하여 자기 아들을 보내신 하나님의 크신 사랑(16-17).
4. 불신앙에 대한 정죄(18-21).
5. 예수께서 유대에서 세례를 베푸심(22).
6. 요한은 애논에서 사람들에게 세례를 줌(23-24).
7. 그리스도에 대한 세례 요한의 가르침(25-36).

1. 그런데 바리새인 중에 니고데모라 하는 사람이 있으니 유대인의 지도자라.

흠정역에 나오는 "거기에"(there)는 헬라어 본문에는 없고 단지 영어식 어법에 맞추기 위하여 집어넣은 것이기 때문에, 우리가 이 장에서 읽고 있는 일이 예루살렘에서 일어났음을 증명해 주는 증거로 사용해서는 안 된다. 왜냐하면, 일부 해석자들 사이에서는 이 일이 예루살렘에서 일어난 것인지 그렇지 않은지에 대하여 논쟁이 있기 때문이다. 요한복음 7:50을 보면, 니고데모의 주된 거주지는 예루살렘이었던 것으로 보인다. 그는 바리새파에 속한 인물이었다. 앞에서 이미 보았듯이, 바리새파라는 명칭은, 그들이 율법을 해석하는 자들이었기 때문에, "해석하다, 해설하다"를 뜻하는 히브리어에서 유래하였다고도 하고, 그들이 자신들을 다른 사람들로부터 구별하였기 때문에, "구별하다, 구분하다"를 뜻하는 히브리어에서 유래하였다고도 한다. 이 두 가지 견해는 각각 박식한 지지자들을 보유하고 있다. 헬라어로 "니고데모"는 "백성의 승리"를 의미한다. 그는 유대인들 중의 한 가문의 수장이었거나, 회당장이었거나, 공회의 의원이었을 것인데, 요한복음 7:50을 고려하면, 여기에서는 공회의 의원이라는 의미에서 "유대인의 지도자"로 지칭되고 있는 것일 가능성이 가장 크다.

2. 그가 밤에 예수께 와서 이르되 랍비여 우리가 당신은 하나님께로부터 오신 선생인 줄 아나이다 하나님이 함께 하시지 아니하시면 당신이 행하시는 이 표적을 아무도 할 수 없음이니이다.

니고데모가 "밤에" 그리스도를 찾아온 것에 대해서, 어떤 이들은 지나치게 후하게 생각해서, 그가 사람들의 방해를 좀 덜 받고 더 자유롭게 얘기와 교제를 나누기 위하여 밤 시간을 택한 것이라고 말하지만, 유대인의 지도자이자 선생으로서 다른 사람에게 가르침을 받으러 온다는 것을 부끄럽게 여겨서, 다른 사람들의 눈을 피하기 위한 것이었다고 할 수 있다. 그는 유대인들이 통상적으로 선생들을 부를 때에 사용하던 호칭(이것에 대해서는 요한복음 1:49을 다룰 때에 이미 살펴보았다)으로 그리스도께 인사를 건네면서, "우리가 … 아나이다"라고 말하는데, 이것은 니고데모만이 아니라 다른 바리새인들도 주님이 하나님으로부터 좀 더 특별한 방식으로 보내심을 받으신 "선생"이라는 것을 알고 있었음을 보여 준다. 그런 후에, 그는 주님께서 베푸신 저 이적들로 인해서 그들이 그렇게 아는 것이라고 그 이유를 설명한다. 하나님께서는 온갖 신분과 계층과 부류의 사람들 속에 자신의 사람들을 두고 계시기 때문에, 하나님의 백성인 자들은 그리스도께로 나아오게 되어 있다. 이 니고데모의 믿음과 사랑에는 연약함이 있었다 — 유대인들 가운데서의 그의 높은 지위가 그에게는 큰 시험거리였다. 하지만 그의 믿음과 사랑이 진실하였다는 것은 요한복음 7:50에서도 드러났고, 그리스도께서 죽으셨을 때에도 또다시 드러났다(요 19:39).

　그러나 여기에서 중요한 문제가 제기되는데, 그것은 니고데모는 어떻게 그리스도께서 행하신 이적들을 보고서, 그가 하나님으로부터 보내심을 받으신 선생이었다는 결론을 얻을 수 있었던 것인가 하는 것이다. 대답: 우리가 주목해야 할 것은, 니고데모는 하나님의 권능과 은총이 함께 하지 않는다면, 아무도 표적이나 기사를 행할 수 없다고 일반적인 관점에서 말하는 것이 아니라, 예수께서 행하신 바로 그 현저한 이적들을 구체적으로 지목해서, 그런 이적들을 행할 수 없다고 말하고 있다는 것이다. 즉, 그리스도께서 행하신 이적들은 그 성격에 있어서 너무나 대단한 것들이었고, 증거력에 있어서 너무나 확고하고 분명한 것들이었으며, 행하신 방식에 있어서 자신이 원하시는 대로 이루어졌다는 점에서 신적이었고, 목적에 있어서 너무나 거룩하였기 때문에, 하나님의 지혜를 비롯한 여러 영광스러운 속성들에 가장 합당한 가르침을 확증해 주기에 충분한 것이었고, 메시야가 오셨을 때에 치유의 이적들을 베푸실 것이라는 예언들의 성취로서 손색이 없는 것이었다. 그리고 바로 그것이 니고데모를 비롯한 많은 사람들에게 하나님의 전능하신 손길이 없이는 아무도 그러한 이적들을 행할 수 없다는 지극히 큰 확신을 가져다주었다는 것이다. 왜냐하면, 하나님께서 자신의 전능하신 권능으로 사탄의 일꾼들을 도우심으로써, 진실하게 진리를 찾는 자들을 거짓말을 믿도록 유인하지는 않으시리라는 것은, 이성과 성경의 빛에 비추어 볼 때에 너무나 분명하기 때문이다. 실제로 주술사들은 애굽에서 여러 가지 기적들을 행하였지만, 하나님께서 모세를 통해서 베푸신 이적들은 그러한 기적들을 훨씬 능가하는 것들이었기 때문에, 이것을 지켜본 사람들은 모세가 악한 영들보다 무한히 크고 강하신 분으로부터 보내심을 받았다는 것을 인정할 수밖에 없었다. 자연의 순리를 거스르고 자연의 힘을 능가하는 진정한 이적들은 오직 창조의 능력에 의해서만 이루어질 수 있고, 하나님으로부터 보내심을 받은 자들이라는 것을 확증하기 위한 목적으로 베풀어진다. 하나님께서 미혹하는 자들이 거짓 이적들을 행하는 것을 허용하셔서, 그들이 사람들 가운데서 권위와 신뢰를 얻는다고 할지라도, 그러한 사기극은 언젠가는 무너지게 되어 있다. 하나님께서는 "악한 자의 나타남은 사탄의 활동을 따라 모든 능력과 표적과 거짓 기적과 불의의 모든 속임으로 멸망하는 자들에게 있을"(살후 2:9) 것이라고 명시적으로 우리에게 경고하신다. 그리고 하늘에 속한 복음의 가르침은 거짓된 가르침들을 밑받침하기 위하여 행해지는 온갖 기적들보다 비교할 수 없을 정도로 큰 진정한 이적들에 의해서 확증되어 왔다.

3. 예수께서 대답하여 이르시되 진실로 진실로 네게 이르노니 사람이 거듭나지 아니하면 하나님의 나라를 볼 수 없느니라.

신약성경에서 "대답하다"라는 단어가 반드시 앞서 제기된 질문에 대한 대답이라는 의미를 지니는 것이 아니고, 종종 또 다른 말이 새롭게 시작된 것을 나타낸다는 것은 우리가 이미 앞에서 말한 바 있다. 하지만 여기에서 "대답하여"가 후자를 나타내는지의 여부에 대해서는 의견이 갈린다. 어떤 이들은 그리스도께서 여기에서 니고데모가 제기한 바로 그 질문에 대하여 대답을 해주고 계시는 것이라고 생각한다. 즉, 복음서 기자는 니고데모가 한 질문은 독자들로 하여금 주님의 대답을 통해 스스로 추론해 보도록 맡겨 두고서, 여기에서 생략하고 보도하고 있지 않지만, 실제로 니고데모는 어떻게 하면 하나님의 나라에 들어갈 수 있는지를 먼저 주님께 질문하였다는 것이다. 어떤 이들은 우리 구주께서 니고데모의 마음속에 있는 생각을 미리 읽으시고 그가 무슨 말을 할 것인지를 아시고서는 거기에 대답을 하신 것이라고 생각한다. 어떤 이들은 이것은 주님께서 이스라엘의 선생인 니고데모가 반드시 알고 깨달아야 할 필요가 있는 것들에 대하여 그에게 말씀하기 시작하신 것일 뿐이라고 생각한다.

　그리스도께서는 "진실로 진실로"라는 어구를 사용하셔서 자신의 말씀을 시작하시는데, 우리는 이것이 어떤 의미인지에 대해서는 요한복음 1:51을 다룰 때에 이미 살펴본 바 있다. 여기에서 "거듭"으로 번역된 '아노텐'(ἄνωθεν)은 흔히 "위로부터"를 의미하고(요 3:31; 약 1:17; 3:15-17), "거듭, 다시"를 의미하기도 한다: "이제는 너희가 하나님을 알 뿐 아니라 더욱이 하나님이 아신 바 되었거늘 어찌하여 다시 약하고 천박한 초등학문으로 돌아가서 다시 그들에게 종노릇 하려 하느냐"(갈 4:9). 여기에서와 7절에서 이 단어가 "거듭, 다시"로 번역되어야 한다는 것은 다음 절에 나오는 니고데모의 대답을 보면 분명해진다. 그러나 주님께서 사람들이 거듭나거나 새롭게 태어나는 것을 이렇게 "위로부터"를 뜻하는 이 단어로 표현하셨다는 것은, 새롭게 태어나는 것은 우리의 심령 속에서 하나님의 권능에 의하여 위로부터 이루어져야 한다는 것을 우리에게 가르쳐 주는 것일 수 있는데, 이것은 요한복음 1:12-13에서 말하고 있는 것이기도 하다.

　우리 구주께서는 거듭나지 않으면 "하나님의 나라"를 볼 수 없다고 말씀하심으로써 거듭나야 할 필요성을 역설하신다. 어떤 이들은 여기에서 주님께서 말씀하신 "하나님의 나라"는 그의 영광의 나라를 가리키는 것으로 이해하는데, 이 어구는 누가복음 18:24-25에서 그러한 의미로 사용되고 있다: "재물이 있는 자는 하나님의 나라에 들어가기가 얼마나 어려운지 낙타가 바늘귀로 들어가는 것이 부자가 하나님의 나라에 들어가는 것보다 쉬우니라." 어떤 이들은 복음 시대에 복음의 생명력과 권능과 효력과 은혜를 통해서 그리스도께서 나타나시는 것을 가리키는 것이라고 이해한다. 하나님의 나라를 "본다"는 것은 그 나라를 향유하고 거기에 참여한다는 것을 의미한다. "본다"라는 단어가 그러한 의미로 사용되는 예로는 시편 16:10; 요한복음 16:10; 계시록 18:7 등이 있다. 유대인들은 자신들이 아브라함에게서 태어났기 때문에, 그들의 민족 전체가 메시야의 나라에 참여하게 될 것이라고 기대하고 있었고(마 3:9), 바리새인들은 자신들이 율법을 철저히 지키며 살고 있기 때문에 그 나라에서 큰 상을 받게 될 것이라는 기대에 부풀어 있었지만, 그리스도께서는 그런 것들은 어느 것도 유효하지 않을 것이고, 오직 그들의 마음과 삶의 원리가 완전히 변화되지 않는다면("거듭난다"는 것은 어떤 부분들에 있어서의 부분적인 변화가 아니라 이렇게 온전한 변화를 의미하기 때문에), 그들은 현세에서의 은혜의 나라에서나, 내세에서의 영광의 나라에서나 진정한 분깃을 절대로 가질 수 없게 될 것임을 그들에게 알게 해 주신다. 세상 나라들의 법에서도 어떤 나라에서 태어나야만 그 나라의 시민권을 얻게 되는 것과 마찬가지로, 천국의 백성이 되기 위해서는 한 사람의 영과 혼과 몸이 전인적으로 위로부터 새롭게 태어나야 한다. 그랬을 때에야, 하나님께서는 복음이라는 지혜롭고 변할 수 없는 천국 헌법에 따라, 그런 자들에게 천국 백성의 신분을 수여하셔서, 그들로 하여금 천국을 향유하여 누리게 하신다.

4. 니고데모가 이르되 사람이 늙으면 어떻게 날 수 있사옵나이까 두 번째 모태에 들어갔다가 날 수 있사옵나이까.

니고데모의 대답을 보면, 그는 나이가 많은 사람이었던 것으로 보인다. 그는 유대인의 지도자들 또는 고위 관원 중 한 사람이었다는 점에서도, 나이가 많았을 가능성이 크다. 따라서 그는 거듭나는 문제를 자기 자신에게 적용해서, 자기가 나이가 많은 사람인데, 어떻게 다시 태어날 수 있겠느냐고 반문한다: "사람이 두 번째 모태에 들어갔다가 날 수 있사옵나이까." 이것은 사도 바울이 "육에 속한 사람은 하나님의 성령의 일들을 받지 아니하나니 이는 그것들이 그에게는 어리석게 보임이요, 또 그는 그것들을 알 수도 없나니 그러한 일은 영적으로 분별되기 때문이라"(고전 2:14)고 한 것이 얼마나 합당한 말인지를 잘 보여 준다. 니고데모는 유대인의 지도자이자 박식한 사람이었는데도, 주님께서 거듭남에 대하여 말씀하시자, 마치 주님이 사람이 모태로 다시 들어가서 두 번째로 태어나는 것에 대하여 말씀하신 것처럼, 거듭남에 대하여 엉뚱하고 어처구니없는 생각을 드러낸다! 니고데모의 반문은 대단한 무지와 연약함을 드러낸 것이기는 하지만, 대단한 순진함과 진솔함을 드러낸 것이기도 하다. 그는 대부분의 바리새인들과는 달리 그리스도께 올무에 걸리게 할 질문들을 던져서 고발할 빌미를 얻기 위해서 찾아온 것이 아니라, 그리스도에게서 무엇인가를 배우고자 하고 가르침을 받고자 하는 경건한 소원(discendi pietatem)을 가지고 찾아왔다. 바리새인들은 장로들의 전통을 연구하고, 율법을 쓸데없이 지나치게 세세하고 정밀하게 해석하는 일에는 온 힘을 쏟았지만, 정작 하나님의 나라와 관련된 중요한 가르침들에 대해서는 무지하기 짝이 없었다. 우리는 우리 시대에서도 그것과 비슷한 사례를 보아 왔다. 교황청의 신학자들은 가톨릭 전통과 관련된 쓸데없는 신학적인 문제들을 아주 세세하게 연구하는 데에는 힘을 기울이면서, 영적인 일들과 하나님 나라의 큰 신비들에 대해서는 대단한 무지를 드러낸다.

5. 예수께서 대답하시되 진실로 진실로 네게 이르노니 사람이 물과 성령으로 나지 아니하면 하나님의 나라에 들어갈 수 없느니라.

우리 구주께서는 니고데모로 하여금 더욱 정신을 바짝 차리고 경청하도록 하기 위하여, "내가 네게 이르노니"라고 하심으로써 자신의 권위를 다시 한 번 강조하시고, "진실로 진실로"라는 단언하는 표현을 두 번 반복하심으로써 이제부터 자기가 설명하는 것은 절대적으로 확실하고 중요하다는 것을 보여 주신다. 즉, 주님께서는 자신이 이제 말씀하시고자 하시는 것을 그가 의심 없는 확고한 믿음으로 아주 진지하게 듣고 받아들일 가치가 있는 진리라는 것을 "진실로 진실로 내가 네게 이르노니"라는 표현을 통하여 전달하고자 하신 것이다. 그리스도께서는 이러한 도입구 뒤에, 거듭남에 관한 니고데모의 육신적인 생각을 바로잡아 주시기 위하여, 거듭난다는 것은 "물과 성령으로 나는" 것임을 분명히 밝히신다. 3절에서 우리 구주께서는 영적으로 나는 것과 육신적으로 나는 것을 비교하셨는데, 그것에 의하면, 새롭게 된 사람은 두 번째로 태어난 사람이다. 그러나 이 절에서는 주님께서 육신적으로 나는 것과 구별되는 새롭게 나는 것의 원인과 특질을 말씀해 주심으로써, 거듭남에 대한 니고데모의 육신적인 헛된 반론을 해결해 주신다. 주님께서는 이 땅에서 육신적인 생명을 가지고 태어나는 것이 아니라, 하늘로부터 하나님의 생명을 가지고 태어나는 것에 대하여 말씀하신다. 따라서 그러한 태어남이 성령으로 말미암아 이루어지는 것은 합당하고 당연하다.

　여기에서 "물로 나는" 것이 무엇을 의미하는지에 대해서는 해석자들 사이에서 상당한 견해 차이가 있다. 교황주의자들과 엄격한 루터파는 여기에서 말하는 "물"을 문자 그대로 이해해서, 세례의 요소로서의 물을 가리키는 것으로 해석하고, 이것을 근거로 해서 구원을 위해서는 세례가 절대적으로 필요하다는 결론을 이끌어낸다. 그러나 그들의 해석과 결론은 둘 다 분명히 진리와 상반된다. 세례는 거듭남을 나타내고 표상하며 인치는 예식이기 때문에, 이 거룩한 예식의 핵심이자 알맹이는 거듭남이다. 만일 우리 구주께서 "물과 성령으로 난 자는 누구나 천국에 들어갈" 것이라고 말씀하셨다면, 우리는 "물"이 세례를 가리키는 것으로 이해하는 것이 합당할 수도 있었을 것이다. 왜냐하면, 세례를 통해서 진정으로 거듭난 모든 사람이 구원을 받게 되리라는 것은 의심할 여지없는 진리이기 때문이다. 그러나 실제로는 우리 구주께서는 "사람이 물과 성령으로 나지 아니하면 하나님의 나라에 들어갈 수 없느니라"고 말씀하셨는데, 이것은 모든 거룩함을 입지 않은 자들의 배제를 단호하게 천명하신 것이다. 그리고 우리 구주께서는 긍정 명제와 부정 명제 간의 분명한 차이를 보여 주신다. 즉, 마가복음 16:16에서 주님께서는 먼저 긍정 명제를 사용하셔서 "믿고 세례를 받는 사람은 구원을 얻을 것이요"라고 말씀하신 후에, 또다시 부정 명제를 사용하셔서 말씀하실 때에는 단지 "믿지 않는 사람은 정죄를 받으리라"고만 말씀하신다. 여기에서 주님께서 부정 명제로 말씀하실 때 "세례를 받지 않은 사람은 정죄를 받으리라"고 하지 않으신 이유는 분명한데, 그것은 믿음이 없이는 구원을 얻는 것이 불가능하기 때문이다.

그러나 교황주의자들조차 인정하듯이, 세례를 받지 않고도 구원을 얻은 사람은 지금까지 많았다. 우리 구주께서 이 말씀을 하신 때를 생각해 보면, 교황주의자들은 당시의 신자들은 구원을 위하여 그리스도의 세례를 받지 않았을 것임을 인정할 수밖에 없다. 왜냐하면, 우리 구주께서 니고데모와 만나서 이런 대화를 나누신 것은 그가 죽으시기 몇 년 전이었기 때문이다. 교황주의자들은 그리스도께서 죽으시기 이전에는 세례를 받는 것이 하나님의 명령도 아니었고 구원을 얻기 위한 수단도 아니어서 꼭 필요한 것이 아니었다고 주장한다. 그러므로 그 때에 살았던 신자들은 세례를 받지 않았어도 천국에 들어갈 수 있었다. 또한, 교황주의자들은 순교는 세례를 대신할 수 있다고 주장한다. 즉, 어떤 사람이 복음의 교훈으로 가르침을 받고서 진실하게 믿었지만 세례를 받지 못하고 죽었다면, 그의 그러한 믿음과 진지한 열망은 그가 천국에 들어갈 수 있는 충분한 자격이 된다는 것이다. 그러나 만일 여기에서 "물"이 세례의 요소인 물을 의미하는 것이라면, 교황주의자들의 그러한 주장은 우리 구주의 말씀과 정면으로 배치된다. 왜냐하면, 그들은 우리 구주께서 문자 그대로의 "물"을 말씀하신 것이라고 그토록 역설하는 것에 반해, 순교자들의 피, 또는 세례를 받고자 하는 열망과 서원은 결코 그들이 말하는 세례의 "물"이 아니기 때문이다. 사도 베드로가 "물은 예수 그리스도께서 부활하심으로 말미암아 이제 너희를 구원하는 표니 곧 세례라 이는 육체의 더러운 것을 제하여 버림이 아니요 하나님을 향한 선한 양심의 간구니라"(벧전 3:21)고 말한 것처럼, 세례의 물은 육체의 더러운 것을 제거하여 깨끗하게 해주지 못하기 때문에, 악의적으로 세례를 무시하고 멸시하여 세례를 받지 않은 경우를 제외한다면, 단지 세례를 받지 않았다는 이유만으로 정죄 받지 않는다는 것은 분명하다.

따라서 우리는 여기에서 주님께서 말씀하신 "물"은 영혼을 깨끗하게 하시는 성령의 은혜를 가리키는 것으로 이해하는 것이 합당하다. 왜냐하면, 물의 효능에 비추어 볼 때, 주님께서 우리의 영혼을 깨끗하게 씻어 주시는 성령의 역사를 "물"에 빗대어 말씀하셨다고 보는 것이 적절하기 때문이다. 이렇게 우리의 영혼을 깨끗하게 씻어 주시고 새롭게 하시는 성령의 역사는 메시야 시대에 관한 예언들 속에서

"물"이라는 신비적인 표현을 통해 약속되어 있다. 이사야 44:3에서 선지자 이사야는 먼저 "나는 목마른 자에게 물을 주며 마른 땅에 시내가 흐르게" 할 것이라고 말한 후에, 그것이 무슨 의미인지를 설명하기 위하여 "나의 영을 네 자손에게 … 부어 주리니"라고 말하고서는, 그 결과로 그들이 하나님으로 말미암아 태어나게 될 것임을 "그들이 풀 가운데에서 솟아나기를 시냇가의 버들 같이 할 것이라"고 말한다. 마찬가지로, 에스겔서 36:25-27에서도 성령의 역사의 결과들에 대하여 이렇게 예언한다. 즉, 에스겔은 먼저 "맑은 물을 너희에게 뿌려서 너희로 정결하게 하되 곧 너희 모든 더러운 것에서와 모든 우상 숭배에서 너희를 정결하게 할 것"이라고 말한 후에, 이것의 의미를 추가적으로 설명하기 위하여 "새 영을 너희 속에 두고 새 마음을 너희에게 주되 너희 육신에서 굳은 마음을 제거하고 부드러운 마음을 줄 것이며 또 내 영을 너희 속에 두어 너희로 내 율례를 행하게 하리니 너희가 내 규례를 지켜 행할지라"는 말을 덧붙인다.

우리 구주께서는 선지자들의 글을 잘 알고 있던 한 바리새인을 가르치심에 있어서, 이렇게 예언서들에 나오는 "물"과 "성령"이라는 두 단어를 가져와서 사용하시는데, 거기에 나오는 순서를 따라 먼저 "물"을 언급하신 후에 다음으로 "성령"을 언급하셔서, 후자로 전자를 해석하게 하시고 있음이 분명하다. 즉, 유대인들은 신령한 물, 즉 영혼을 새롭게 하시기 위하여 성령의 역사로 말미암아 주어지는 하나님의 은혜를 나타내기 위하여, 물과 성령이라는 두 단어를 함께 사용하였다. 이것은 사도 바울이 "성령과 능력의 나타남"(고전 2:4, 한글개역개정에는 "성령의 나타나심과 능력")이라고 말하였을 때, 그것이 "능력의 성령"을 의미하는 것과 같다. 따라서 세례 요한이 그리스도께서 "성령과 불로 세례를 베푸실" 것이라고 예고하였을 때, "성령과 불"은 우리에게서 온갖 찌꺼기들과 부패하고 타락한 것들을 다 제거해 줄 불의 힘과 효능을 지닌 성령을 의미한다. 이렇게 이 말씀을 통해서 우리 구주께서는 니고데모에게 그의 내면이 영적으로 변화되고 새로워지는 것이 절대적으로 필요하다는 것을 분명하게 가르치심과 동시에, 유대인들이 그토록 소중히 여기는 율법의 모든 씻음과 뿌림, 즉 결례들은 단 한 사람의 영혼도 깨끗하게 하거나 희게 할 수 없는 무력하고 무익한 것임을 보여 주신다.

"하나님의 나라에 들어갈 수 없다"는 것은 3절에 나오는 "하나님의 나라를 볼 수 없다"는 것과 동일한 의미이다. 즉, 거듭남이 없이는 아무도 현세와 내세에서 진정으로 하나님의 교회의 지체가 될 수도 없고, 그 지체에게 주어지는 천국의 특권들과 은택들에 참여할 수도 없다는 것이다.

6. 육으로 난 것은 육이요 영으로 난 것은 영이니.

육으로 난 것은. 이것은 자연적인 육체로부터 난 것을 의미한다. "육" 또는 육체는 종종 사람을 의미한다. 따라서 이사야 선지자는 "모든 육체는 풀이요"(사 40:6)라고 말하고, 창세기 6:12에서는 모든 사람이 타락했다는 것을 "모든 육체의 행위가 부패함이었더라"(한글개역개정에는 "모든 혈육 있는 자의 행위가 부패함이었더라")고 표현한다. 또는, 이것은 본성적으로 타락하고 부패한 것으로부터 난 것이라는 의미이다. "육" 또는 육체는 성경에서 흔히 그런 의미로 사용된다(롬 8:4-5, 8). **육이요.** 이것은 육이라는 원인은 거기에 걸맞은 육이라는 결과를 가져온다는 것이다. 순전히 본성적인 사람은 본성적인 일들을 낳는다. 사람은 사람으로서 움직이고 먹고 마시고 잠잔다. 부패하고 타락한 사람은 사악하고 부패한 열매를 낳는데, 그러한 열매는 흔히 "육체의 일들"(갈 5:19)이라 불린다. 여기에서 "육"은, 물려받은 것이 아니라 독자적으로 그 본성이 타락한 것이든, 아니면 아담 안에서 타락하여 정욕으로 인하여 부패하고 방탕해진 것이든, 타락한 본성을 지닌 한 인간 전체를 가리킨다.

영으로 난 것은 영이니. 은혜의 성령에 의해서 거듭난 사람은 영적인 사람이다. 그런 사람은 "성령을 따르는 자"(롬 8:5, 한글개역개정에는 "영을 따르는 자")이고, 하나님과 한 영이며(고전 6:17), "신성한 성품에 참여하는 자"(벧후 1:4)이다. 그는 "죄를 짓지 아니한다"(요일 3:9): "하나님께로부터 난 자마다 죄를 짓지 아니하나니 이는 하나님의 씨가 그의 속에 거함이요 그도 범죄하지 못하는 것은 하나님께로부터 났음이라." 어떤 것에서 생겨난 것은 자기를 생겨나게 한 그것의 한계를 결코 뛰어넘거나 벗어날 수 없기 때문에, 타락한 본성을 지닌 것으로부터 태어난 사람은 아무도 진정으로 영적인 일을 행할 수 없다. 이것으로부터 도출되는 결론은 사람이 천국에 들어갈 자격을 얻기 위해서는 성령으로 나는 것은 절대적으로 필수적이라는 것이다.

7. 내가 네게 거듭나야 하겠다 하는 말을 놀랍게 여기지 말라.

놀랍게 여기는 것도 두 가지가 있는데, 하나는 불신과 결합되어 있고, 다른 하나는 믿음의 결과이다. 우리 구주께서는 니고데모가 거듭난다는 것을 자기 식으로 생각해서 불가능하다고 미리 지레짐작해서, 거듭남에 관한 자신의 가르침을 이상하고 믿을 수 없는 것으로 여겨서는 안 된다고 경고하신다. 그러나 주님의 그러한 가르침을 믿는 사람은 죄악된 사람을 하나님의 본성에 참여하는 자가 되게 해 주는 성령의 초자연적인 역사를 지극히 경탄하며 놀라워하게 될 것이다. 우리 구주께서는 앞에서는 사람이 거듭나야 한다고 일반적으로 말씀하셨지만, 이제 여기에서는 구체적으로 니고데모와 그가 속한 부류의 사람들에게 적용하셔서, "너는 거듭나야 한다"고 말씀하신다. 주님께서 이방인들, 그리고 아마도 일반 유대인들을 거론하시며, 그런 자들이 하나님의 나라에 참여하기 위해서는 거듭날 필요가 있다고 말씀하셨다면, 니고데모는 별로 놀라지 않고 당연하다는 듯이 그 말씀에 동의하였을 것이다. 그러나 주님께서 율법의 박사들 중의 한 사람으로서 세상을 비추는 빛으로 여겨졌던 니고데모를 구체적으로 지적해서 거듭나야 한다고 말씀하시자, 니고데모는 깜짝 놀랄 수밖에 없었다. 우리 구주께서 이렇게 니고데모를 직접적으로 겨냥해서 "네가 거듭나야 한다"고 말씀해 주신 것은 모든 사람이 타락하고 부패하여 더럽혀져 있다는 사실을 일깨워 주셔서, 그로 하여금 낮아지게 하시기 위한 것이었다.

8. 바람이 임의로 불매 네가 그 소리는 들어도 어디서 와서 어디로 가는지 알지 못하나니 성령으로 난 사람도 다 그러하니라.

바람이 임의로 불매. "바람"으로 번역된 단어는 성경에서 흔히 "영"으로 번역되는 것과 동일해서, 해석자들은 많은 융통성을 가지고서 문맥에 따라 이 단어를 자유롭게 번역해 왔다. 어떤 이들은 여기에서도 이 단어가 "영," 즉 사람의 영을 가리키는 것이라고 생각해서, 이 구절은 사람의 영이 자기가 원하는 곳에서 숨 쉰다는 뜻으로 번역하여야 한다고 말한다. 즉, 우리 구주께서는 이렇게 말씀하신 것이라는 것이다: 니고데모여, 너는 영적으로 거듭나는 것을 너의 지각으로 인식할 수 없다는 것을 이상하게 생각할 필요가 없다. 왜냐하면, 그것은 네가 사람이 어떻게 해서 육신적으로 태어나는지를 이해할 수 없는 것과 마찬가지이기 때문이다. 어떤 이들은 이 단어를 "성령," 즉 "하나님의 영"을 가리키는 것으로 이해해서, 하나님의 영이 원하는 곳으로 분다는 뜻으로 해석하여야 한다고 생각한다. 그러나 주님께서 후반부에서 "성령으로 난 사람도 다 그러하니라"고 말씀하신 것으로 보아서, 그러한 견해가 옳을 가능성은 별로 없어 보인다. 왜냐하면, 만일 전반절이 성령에 관한 것이라고 한다면, 후반절에서 주님이 이렇게 말씀하신 것은 별 의미가 없게 될 것이기 때문이다. 그리고 우리 구주께서 12절에서 "내가 땅의 일을 말하여도 너희가 믿지 아니하거든 하물며 하늘의 일을 말하면 어떻게 믿겠느냐"고 말씀하시는 것으로 보아서, 여기 이 본문에서도 전반절은 "땅의 일"에 관한 것이고, 후반절은 "하늘의 일"에 관한 것으로 보는 것이 좋을 것이기 때문에, 우리는 여기에서 "바람"으로 번역된 단

어를 땅의 영, 즉 "바람"으로 해석해서, 주님께서는 하늘에 속한 성령을 땅에 속한
바람에 빗대어 말씀하신 것으로 이해하는 것이 최선인 것으로 보이고, 이것이 흠정
역 번역자들이 이 구절을 이해한 방식이었음이 분명하다. 따라서 우리 구주께서는
저 찬송 받으실 성령의 활동에 대하여 말씀하시면서, 이 땅에서 부는 바람의 활동
에 빗대어서, 성령도 바람처럼 "임의로 분다"는 것, 즉 성령은 자신이 원하는 곳에
서 분다는 것을 니고데모에게 가르쳐 주고자 하신다. 하지만 성령은 독자적으로 활
동하시는 것도 아니고, 제1원인자이신 하나님의 주관하심을 벗어나 활동하시는 것
도 아니다. 왜냐하면, 시편 기자는 "그의 말씀을 따르는 광풍"(시 148:8)이라고 말함
으로써, 광풍조차도 하나님의 말씀에 복종하여 움직인다는 것을 우리에게 말해 주
기 때문이다. 그 어떤 피조물도 창조주이신 하나님의 주관하심을 벗어나 독자적으
로 움직일 수 없다. 그러나 바람의 움직임의 원천은 우리가 알 수 없다.

네가 그 소리는 들어도 어디서 와서 어디로 가는지 알지 못하나니. 우리는 바람의 원
인에 대하여 철학적으로 어떤 것을 말할 수 있고, 우리가 현재 서 있는 자리에서 바
람이 동서남북 중에서 어디로부터 와서 어디로 부는지를 말할 수 있지만, 바람이 근
원적으로 어디에서 생겨나서 궁극적으로 어디로 가는지에 대해서는 말할 수 없다.
성령으로 난 사람도 다 그러하니라. 하나님의 성령의 역사를 통해서 거듭나서 변화
되고 새롭게 된 사람에 대해서, 우리는 성령의 역사의 결과물, 즉 그 사람이 변화되
었다는 사실에 대해서는 알 수 있지만, 그러한 변화의 자초지종에 대한 모든 것을
설명하거나 알 수는 없다.

9. 니고데모가 대답하여 이르되 어찌 그러한 일이 있을 수 있나이까.

니고데모는 앞에서 우리 구주께서 말씀하신 거듭남이 육신적으로 다시 태어나는
것을 의미하는 것으로 오해해서, 사람이 태어난 후에 또다시 모태로 들어가서 두 번
째로 태어나는 것은 있을 수 없는 일이라는 것을 알고 있었기 때문에, 그런 일은 불
가능하다고 생각했었는데, 이제 여기에서는 주님께서 영적인 태어남에 대하여 말
씀하신 것임을 깨닫고서는, 그런 신비한 일이 어떻게 일어날 수 있는 것이냐고 반
문한다. 왜냐하면, 영적으로 거듭난다는 것은 그가 태어나서 한 번도 들어본 적이
없는 가르침이었기 때문이다. 니고데모의 육신적인 우매함(stupidity)은 그가 "공의
로운 해"(말 4:2)이신 분으로부터 설명을 듣고도 기독교 신앙의 첫 번째 교훈을 이
해하는 것을 방해하였고, 그의 교만(pride)은 그가 자신의 무지를 고백하는 것을 방
해하였다. 따라서 그는 이 가르침이 터무니없고 불가능한 것이라고 판단한다. 모든

새롭게 되지 않은 마음속에는 이러한 어둠이 자리 잡고 있다. 왜냐하면, 그들에게 는 거듭남이라는 것은 그 이름을 지닌 자들 외에는 아무도 이해할 수 없는 새 이름 같기 때문이다.

10. 예수께서 그에게 대답하여 이르시되 너는 이스라엘의 선생으로서 이러한 것 들을 알지 못하느냐.

우리 구주께서는 여기에서 "선생"으로 있는 자들, 그것도 하나님의 백성이라고 하는 "이스라엘"에서 선생으로 통하는 자들인 니고데모를 비롯한 그의 분파에 속 한 모든 자들의 무지에 직면하셨을 때에 너무나 어이가 없으셔서 책망하실 생각조 차 하지 않으시고 그저 이상하게 여기실 뿐이다. 하나님께서는 이스라엘에게 율법 과 선지자들을 주시고, 그들 중에 선생들을 세우셔서, 구원받기 위해서는 누구나 꼭 알아야 할 것들을 백성들에게 가르치게 하셨는데, 정작 그들은 구원에 필요한 가르 침들에 대하여 한심할 정도로 무지하였다. 여기에서 어떤 사람들은 율법과 선지자 들의 글 속에 중생이나 거듭남에 관한 말씀이 어디에 나와 있느냐고 질문할지도 모 르겠다. 대답: 나는 그런 사람들에게 이렇게 반문하고 싶다. 모세가 신명기 10:16에 서 "너희는 마음에 할례를 행하고 다시는 목을 곧게 하지 말라"고 마음의 할례를 명 령하고, 신명기 30:6에서는 "네 하나님 여호와께서 네 마음과 네 자손의 마음에 할 례를 베푸사 너로 마음을 다하며 뜻을 다하여 네 하나님 여호와를 사랑하게 하사 너 로 생명을 얻게 하실 것"이라고 약속한 것, 에스겔서 36:26에서 하나님께서 "새 영 을 너희 속에 두고 새 마음을 너희에게 주되 너희 육신에서 굳은 마음을 제거하고 부드러운 마음을 줄 것이며 또 내 영을 너희 속에 두어 너희로 내 율례를 행하게" 할 것이라고 약속하신 것, 시편 51:10에서 다윗이 "하나님이여 내 속에 정한 마음을 창 조하시고 내 안에 정직한 영을 새롭게 하소서"라고 기도한 것이 거듭남에 관하여 말씀하신 것이 아니라면, 도대체 다른 어떤 것을 말씀하신 것이란 말인가? 적어도 이스라엘의 선생이라고 한다면, 마땅히 하나님의 이러한 말씀들을 들었을 때, "새 마음"과 "정한 마음"의 필요성을 절감할 수 있어야 하였다. 그러나 바리새파에 속 한 모든 사람들은 조상들의 전통들과 종교예식들에 관한 쓸데없는 세세한 규정들 과 율법의 행위들에만 몰두하고 거기에 단단히 얽매여 있었기 때문에, 사람들의 심 령에 훨씬 더 중요한 이러한 영적인 것들에 대해서는 거의 알지도 못하였고 말하지 도 않았다.

11. 진실로 진실로 네게 이르노니 우리는 아는 것을 말하고 본 것을 증언하노라

그러나 너희가 우리의 증언을 받지 아니하는도다.

우리는 아는 것을 말하고 본 것을 증언하노라. 그리스도께서는 비록 "우리"라는 복수형을 사용하시지만, 실제로는 오직 자기 자신에 대해서만 말씀하시는 것이기 때문에, 여기에서 "우리"는 실질적으로는 "나"를 의미한다. 왜냐하면, 다음 절에서 주님께서는 "우리"라는 복수형이 아니라 "나"라는 단수형을 사용하셔서, "내가 땅의 일을 말하여도"라고 말씀하시기 때문이다. 주님은 니고데모에게 자기는 오직 확실히 아는 것만을 말씀하시는 것이라고 분명히 밝히시기 위하여, "안다"와 "보았다"는 두 단어를 사용하시는데, 이 두 단어는 사람이 상상할 수 있는 가장 확실한 것을 나타내는 단어들이다. 왜냐하면, "안다"는 것은 이치를 따져서 추론해 보았을 때에 확실한 것을 나타내고, "보았다"는 것은 사람의 지각을 사용해서 확실하게 확인된 것을 나타내는 것인 까닭에, 이성적으로나 감각적으로나 확실하다는 것을 보여 주는 것이기 때문이다. 또한, 이것을 통해서 우리 구주께서는 자신의 사역자들이 사람들을 가르칠 때에는 그들이 알고 있고 본 것을 가르치는 것이 마땅하다는 것을 보여 주신다. 복음의 가르침은 교회의 권위에 의한 뒷받침 외에는 그 어떤 확실성도 갖고 있지 않다고 생각하는 사람들은 이 본문을 정말 깊이 숙고해 볼 필요가 있다.

너희가 우리의 증언을 받지 아니하는도다. 너희는 나의 계시의 권위에 의거해서 내가 너희에게 말하는 것들을 믿는 것이 마땅하다. 그러나 너희의 마음이 너무나 완악하고, 너희의 완고함과 불신앙이 너무나 깊어서, 너희는 나의 증언을 받지 않는다.

12. 내가 땅의 일을 말하여도 너희가 믿지 아니하거든 하물며 하늘의 일을 말하면 어떻게 믿겠느냐.

나는 내가 말하고자 하는 것들을 너희가 이해하기 쉽도록 하기 위하여, 너희로서는 이해하기 힘든 고귀한 영적인 신비들을 알기 쉽고 분명한 비유들을 사용해서 아주 평이하게 예시하고 설명하였는데도, 너희는 깨닫지도 못하고 믿지도 않는다. 하물며 만일 내가 고귀한 영적인 일들을 비유를 사용해서가 아니라 있는 그대로 직설적으로 말한다면, 너희가 어떻게 그 일들을 깨닫거나 믿을 수 있겠는가?

13. 하늘에서 내려온 자 곧 인자 외에는 하늘에 올라간 자가 없느니라.

"하늘에 올라갔다"는 것은 여기에서 하늘에 올라가서 하나님의 비밀한 뜻과 계획들을 알고 있다는 것을 의미한다. 만일 이 어구가 그런 의미가 아니라, 단지 하늘로 올라갔다는 사실만을 의미하는 것이라면, 우리 구주께서 하늘에 올라가시기 이

전에 이미 엘리야가 하늘에 올라간 일이 있었기 때문에, 본문에서 주님께서 "인자 외에는 하늘에 올라간 자가 없다"고 하신 것은 틀린 말씀이 되고 말 것이다. 따라서 여기에서 주님께서는 잠언 30:4에서 "하늘에 올라갔다가 내려온 자가 누구인지, 바람을 그 장중에 모은 자가 누구인지, 물을 옷에 싼 자가 누구인지, 땅의 모든 끝을 정한 자가 누구인지, 그의 이름이 무엇인지, 그의 아들의 이름이 무엇인지 너는 아느냐"라고 했을 때와 동일한 의미로 이 어구를 사용하신 것이다. 신성을 입으신 그리스도께서는 하늘에서 내려오신 분이시기 때문에 하늘에 올라가 계셨고, 이런 의미에서 하늘에 올라간 자는 그리스도 외에는 없다.

흠정역에서 "하늘에 계시는 인자"(한글개역개정에는 "인자"로만 되어 있다)로 번역한 어구에서 분사 '온'(ὤν)은 현재 시제만이 아니라 미완료 시제로도 번역될 수 있기 때문에, 이 어구는 이전에도 하늘에 계셨고 지금도 하늘에 계시는 인자라는 의미로 해석될 수도 있고, 구속주의 인격 안에서는 신성과 인성이 결합되어 있기 때문에, 현재적인 의미에서 하늘에 계시는 인자라는 의미로 해석될 수도 있다. 그리스도 안에는 두 본성이 인격적으로 결합되어 있고, 각각의 본성의 속성들은 여전히 서로 구별되어 존재하지만, 종종 그리스도의 인격 전체에 돌려진다. 이러한 이해와는 달리, 루터파는 그리스도의 신성과 인성은 완전히 서로 결합되어 있다고 보기 때문에, 모든 곳에 동시에 계실 수 있으시다는 편재성조차 그리스도의 인성으로 돌려서, 그리스도의 인성은 땅에 계신 동안에도 동시에 실체적으로 하늘에도 계셨다고 주장한다. 또한, 그들은 그러한 견해를 고집스럽게 밀어붙여서, 그리스도의 인성은 지금 하늘에 계시지만, 동시에 땅에서도 계셔서, 성찬이 거행되는 곳마다 거기에 실체적으로 임재해 계신다고 주장한다. 그러나 그러한 견해는 몸에 대하여 우리가 가지고 있는 그 어떤 개념에 의거해서도 몸이라고 할 수 없는 그런 몸을 그리스도께 돌리는 것이다.

14. 모세가 광야에서 뱀을 든 것 같이 인자도 들려야 하리니.

모세가 광야에서 뱀을 든 이야기는 민수기 21:8-9에 나온다. 이스라엘 백성이 하나님과 모세를 원망하는 죄를 범하였을 때, 하나님께서는 의로우신 심판으로 불뱀을 보내셔서 그들을 물게 하셨지만, 그들이 회개하자, 하나님은 모세에게 "불뱀을 만들어 장대 위에 매달아라 물린 자마다 그것을 보면 살리라"고 말씀하셨다. 그래서 모세는 놋으로 불뱀의 형상을 만들었는데, 광야에 들린 이 놋뱀은 예수 그리스도의 생생한 모형이었다. 우리 구주께서는 앞에서 구원받을 자들에게는 거듭남이 필수적이라고 말씀하신 후에, 이제 여기에서는 먼저 사람들의 거듭남을 원천적으로 가능하게 해 주는 근거를 말씀해 주시고, 다음 절에서는 사람들이 거듭나기 위해서는 무엇을 해야 하는지를 보여 주신다. 먼저, 거듭남의 원천은 그리스도의 죽음이다. 주님께서는 광야에서 뱀이 들렸던 것처럼, 인자인 자기도 들려야 한다, 즉 십자가 위에서 죽어야 한다고 말씀하신다. 이 표현은 이 복음서에서 두 번 이상 사용되고 있는데(요 8:28; 12:32, 34), 거기에 이 모형이 암시되어 있다는 것은 의심의 여지가 없다. 하지만 칼빈 목사님은 여기에서 "들린다"는 것은 복음의 가르침이 전파되는 것을 가리키는 것으로 해석하는 것이 더 적절하다고 생각하고, 어떤 이들은 그것이 그리스도의 승천을 가리키는 것으로 본다. 그리고 주님께서는 성경을 성취하고 아버지 하나님의 뜻이 이루어지기 위해서는 이 일이 반드시 있어야 한다고 니고데모에게 말한다.

15. 이는 그를 믿는 자마다 영생을 얻게 하려 하심이니라.

우리 주님께서는 앞 절에 이어 다음으로 여기에서는 사람들이 의롭다 하심을 얻고 구원을 받기 위해서는 어떻게 해야 하는지를 설명해 주시는데, 그것은 "그를(ϵἰς αὐτὸν – '에이스 아우톤') 믿는" 것이다. 예수를 선생으로 믿는 것과 구주로 믿는 것은 전혀 다르다. 예수를 선생으로 믿는다고 했을 때, 그 믿음의 대상은 명제이다. 우리가 어떤 사람이 말하는 것에 동의하고 신뢰할 때, 우리는 그 사람이 그렇게 말하였기 때문에 그 사람을 믿는 것이다. 하지만 예수를 구주로 믿는다는 것은 중보자로서의 인격과 공로를 믿는 것이다. 불뱀에 물린 사람들이 장대에 달린 놋뱀을 바라보았을 때에 고침을 받은 것은 놋뱀 자체에 어떤 치유의 힘이 있었기 때문이 아니라, 하나님께서 자신이 그들을 치유하실 목적으로 정하신 제도에 그들이 순종하는 것을 보시고서 그들에게 은혜를 베푸셨기 때문이다. 마찬가지로, 사람들이 중보자를 믿을 때에 의롭다 하심과 죄 사하심을 얻는 것은 믿음이라는 행위 속에 어떤 공로적인 가치가 있기 때문이 아니라, 하나님께서 그러한 규례를 정하셨고, 거기에 그들이 순종하는 것을 보시고서 그들에게 구원의 은혜를 베푸시기 때문이다. 하나님께서는 그리스도를 중보자와 구주로 믿는 자들은 누구든지 멸망하지 않고 영원히 살 것이라고 정하셨다. 사람이 구원을 받기 위해서는 믿음만이 아니라, 회개와 사랑, 새로운 순종 같은 것들이 필요하다. 그런데도 여기에서 주님께서 단지 믿음만을 언급하신 것은 믿음 속에 그 모든 다른 요소들이 다 들어 있기 때문이 아니라, 믿음이 이 모든 것들의 뿌리이고, 그것들은 반드시 믿음으로부터 흘러나와야 하는 것들이기 때문이었다. 어떤 사람이 어떤 조건 하에서 상을 주겠다고 약속하였다면, 그 조건을 이룰 생각도 하지 않는 자가 그 사람이 자기에게 상을 줄 것이라고 믿거나 기대할 수 없는 것과 마찬가지로, 그리스도께서는 자기에게 순종하는 자들에게만 영생을 주시겠다고 약속하셨기 때문에, 그리스도에게 순종하지 않는 자들이 그 약속이 자기에게 이루어질 것을 진정으로 믿거나 소망하는 것은 불가능하다. 그럼에도 불구하고, 여기를 비롯해서 다른 곳들에서도, 사람이 구원을 얻기 위해서 필요한 것으로 오직 그리스도를 믿는 믿음만이 언급되고 있다. 하지만 주님께서는 여기에서 중보자에 대한 이러한 믿음 없는 율법의 행위들에 대한 순종은 영생과 구원을 가져다주지 않을 것임을 니고데모에게 가르치신다.

16. 하나님이 세상을 이처럼 사랑하사 독생자를 주셨으니 이는 그를 믿는 자마다 멸망하지 않고 영생을 얻게 하려 하심이라.

세상을 이처럼 사랑하사 독생자를 주셨으니. 만유의 주이시고 아무에게도 빚지신 것이 없으시며 스스로 자족하신 아버지 "하나님이 세상," 곧 유대인들과 이방인들을 모두 포함한 온 인류를 "이처럼 사랑하셨다." 만인구원론을 옹호하는 자들과 거기에 반대하는 자들은 "세상"이 무엇을 의미하는지를 놓고서 치열한 공방전을 벌여 왔다. 하지만 성경에 나오는 "모든"이라는 단어는 엄격한 의미에서의 모두가 아니라 단지 다수를 가리키는 제한적인 의미로 사용되고 있기 때문에, "모든"이라는 단어를 근거로 모든 사람이 구원을 받게 되어 있다고 결론을 내리는 것이 불가능한 것과 마찬가지로, "세상"이라는 단어가 마치 만인구원론의 확고한 근거이자 증거인 것으로 여기는 것도 불가능하다. "세상"은 종종 모든 사람을 가리키지만, 유대인들과 반대되는 이방인들을 가리키기도 한다. 또한, 설령 여기에서 "세상"이 세상이라 불리는 곳에서 살아가는 모든 사람을 가리킨다고 할지라도, 우리는 그것으로부터 그 어떤 확실한 결론도 이끌어낼 수 없다. 어떤 사람이 어떤 가족을 지극히 사랑하여서 자신의 모든 재산을 그 가족에게 주었다고 할지라도, 그 사람이 그 가족에 속한 모든 구성원을 남김없이 다 사랑하였고, 자신의 재산을 그 모든 구성원 각각에게 주었다고 말할 수는 없는 것과 마찬가지로, 하나님께서 세상을 사랑하셨다고 해서, 세상의 모든 구성원을 남김없이 다 사랑하셨고, 그 모든 구성원 각각에게 영생을 주셨다고 말할 수는 없다. 따라서 우리는 여기에 나오는 말씀을 이후에 이어지는 맥락 속에서, 그리고 성경에 나오는 믿음에 관한 다른 가르침들과 부합하는지의 여부를 따져서 해석하는 것이 마땅하다.

하나님께서는 세상을 지극히 사랑하셨기 때문에, 자기 아들을 주셔서, 그들의 죄를 속하기 위한 희생제물이 되어 그들 대신에 죽게 하시고, 그 아들을 심판하심으로써 그들로 하여금 대속을 얻게 하셨다. 그리고 이 아들은 하나님이 입양을 통해 얻으신 양자들 중 한 명이 아니라, 하나님의 "독생자"이셨다. 그리스도께서 "독생자"라 불리시는 것은, 소키누스파(Socinians)의 주장처럼 남자의 도움 없이 동정녀로부터 태어나셨기 때문이 아니라, 하나님으로부터의 영원하신 출생으로 인하여 유일하게 하나님의 아들이 되셨고, 세상은 오직 이 독생자만을 믿어야 하기 때문이다(시 2:12; 신 6:13; 렘 17:5).

이는 그를 믿는 자마다 멸망하지 않고 영생을 얻게 하려 하심이라. "믿는 자마다"라는 어구는 전반절에 나오는 "세상"이라는 단어를 제한하는 역할을 한다. 즉, 그리스도께서는 오직 이 세상에서 자기를 믿는 자들을 위해서만 죽으셨다는 것이다. 어떤 이들은 그리스도께서 이 절에서 "세상"이라는 단어를 요한일서 2:2("그는 우리 죄를 위한 화목 제물이니 우리만 위할 뿐 아니요 온 세상의 죄를 위하심이라")에서와 동일한 의미로 사용하셨다고 보는데, 그러한 견해도 일리가 있다. 유대인들은 메시야가 오직 아브라함의 자손의 유익을 위해서 오셨고, 세상 민족들과 관련해서는 그 민족들을 멸하시기 위하여 오셨다는 망상에 빠져 있었는데, 복음서 기자는 유대인들의 그러한 교만을 무너뜨리기 위하여 "세상"이라는 단어를 사용한다. 복음서 기자의 이러한 의도는 그리스도께서는 세상 민족들을 멸하시기 위해서가 아니라 구원하시기 위하여 오셨다고 말하는 다음 절에서도 또다시 확인된다.

17. 하나님이 그 아들을 세상에 보내신 것은 세상을 심판하려 하심이 아니요 그로 말미암아 세상이 구원을 받게 하려 하심이라.

여기에서 "심판하다"로 번역된 '크리네'(κρίνη)는 "정죄하다"를 의미하기도 하는데, 실제로 흠정역에서는 "정죄하다"로 번역하고 있다. 유대인들은 그리스도께서 유대 민족을 제외한 다른 모든 민족을 심판하고 멸하시기 위하여 오셨다는 교만한 망상에 사로잡혀 있었다. 그래서 주님께서는 요한복음 12:47에서 친히 "내가 온 것은 세상을 심판하려 함이 아니요 세상을 구원하려 함이로라"고 말씀하신다. 또한, 이것은 주님께서 요한복음 9:39에서 "내가 심판하러 이 세상에 왔으니"라고 말씀하신 것과 모순되지 않는다. 왜냐하면, "심판"은 사람들이 부패하고 타락해서 빛에 대하여 눈을 감아 버리고 마음이 완악하여 복음 안에 제시된 하나님의 은혜를 받아들이려 하지 않는 데서 오는 부수적인 결과물이기 때문이다. 그리스도께서 믿지 않는 자들의 세상을 정죄하시고 심판하시는 것은 그가 두 번째 오실 때이다. 그러나 그리스도께서 첫 번째로 오셨을 때, 그의 목적은 세상을 정죄하고 심판하시는 것이 아니라, 세상 사람들을 복음의 은혜 및 영생과 구원으로 초대하시는 것이었다.

18. 그를 믿는 자는 심판을 받지 아니하는 것이요 믿지 아니하는 자는 하나님의 독생자의 이름을 믿지 아니하므로 벌써 심판을 받은 것이니라.

예수 그리스도를 사람이 구원을 얻는 데 필요한 유일하고 충분한 구주로 계시하는 복음의 명제들에 확고하고 변함없이 동의하는 사람들은 오직 그리스도만이 그들에게 영원한 구원을 주실 수 있으시다고 믿고 소망하며 자신들의 영혼에 대한 돌보심을 그리스도께 맡기게 된다. 이렇게 우리는 먼저 그리스도께서 사람들이 생명과 구원을 얻기 위한 조건으로 제시하신 것, 즉 하나님께서 명하신 것들을 지킬 때에만, 은혜의 법으로 말미암아 정죄에서 벗어날 수 있게 된다. 그러나 그리스도의 가르침을 믿지 않고 복음에 제시된 조건 위에서 그리스도를 자신의 구주로 받아들이지 않는 자들은 멸망의 확실한 원인인 완악한 불신앙으로 인하여 이미 정죄를 받은 것이다. 우리는 치명상을 입은 사람이 비록 잠시 동안은 숨을 쉬고 있다고 할지라도, 그 사람을 죽은 사람이라고 말하는 것과 마찬가지로, 어떤 범죄자가 유죄로 인정되어 사형 판결을 받았을 때, 아직 사형이 집행되지 않았다고 할지라도, 그 범죄자에 대하여 동일하게 말할 수 있다. 왜냐하면, 그 범죄자는 반드시 사형을 당하여 죽게 될 것이기 때문이다. 자기를 믿는 모든 자들을 끝까지 구원하실 수 있으신 하나님의 독생자를 믿지 않는 자들은 구원에 필요한 유일하고도 충분하며 값없이 은혜로 주어지는 수단을 멸시한 것이기 때문에, 그리스도로 말미암아 구원받기를 거부한 모든 자들은 반드시 멸망하게 될 것이고, 그것은 지극히 합당한 일이다.

이 본문으로부터 두 가지 질문이 생겨난다. 첫 번째는 그리스도에 대하여 전혀 듣지 못한 이방인들에 관한 것이고, 두 번째는 어떤 것들을 알 수 있는 나이가 되기 전에 죽은 유아들에 관한 것이다. 첫 번째 질문에 대해서는 사도 바울이 로마서 2:12에서 "무릇 율법 없이 범죄한 자는 또한 율법 없이 망하고"라고 분명하게 대답해 준다. 즉, 이 본문은 복음 없이 범죄한 자들에게도 동일하게 적용된다는 것이다. 그들은 "듣지도 못한 이를" 믿지 않았기 때문이 아니라(롬 10:14), 그들에게 주어진 한도 내에서의 하나님의 계시에 순종하지 않았기 때문에 멸망하게 될 것이다. 이 본문은 오직 성인들의 경우만을 다루고 있기 때문에, 유아들의 경우에는 그 적용이 배제된다. 은혜로 택하심을 받은 자들에 속한 절대 다수가 그리스도의 피로 말미암아 구원을 받게 되리라는 것은 분명하지만, 하나님께서 그들을 어떤 식으로 천국에 들어오게 하실 지는 우리에게 비밀로 부쳐져 있다. 어떤 이들은 이 본문을 근거로 해서, 사람들을 멸망으로 이끄는 유일한 죄는 불신앙이라는 결론을 이끌어내지만, 그것은 주 예수 그리스도를 진정으로 믿게 될 자는 그 어떠한 죄를 지어도 결코 멸망하지 않게 될 것이라고 말하는 것만큼이나 사실이 아니다.

19. 그 정죄는 이것이니 곧 빛이 세상에 왔으되 사람들이 자기 행위가 악하므로 빛보다 어둠을 더 사랑한 것이니라.

그 정죄는 이것이니 곧 빛이 세상에 왔으되. 사람들이 정죄를 당하게 된 것은 "빛이 세상에 왔기" 때문이다. 이사야 선지자가 이미 예언하였듯이, 그리스도는 "빛"이고 (사 9:2; 42:6; 49:6), 이 복음서의 서두에서도 그리스도는 "참 빛"(요 1:4)으로 표현된다. 즉, 그리스도는 빛의 온갖 탁월한 속성들을 완벽하게 지니고 계시는 분이다. 즉, 사람들의 마음에 빛을 비추셔서 구원의 진리를 알게 하시고, 진리에 대한 사랑으로 사람들의 감정을 따뜻하게 하시며, 위로받지 못한 자들을 살아나게 하시고, 하늘의 말씀의 씨앗이 사람들의 삶 속에서 잘 자라나서 열매를 맺게 하시는 능력이 그리스도께 있다. 이 빛이 세상에 오셨다. 이것은 그리스도의 성육신만을 가리키는 것이 아니라, 그리스도께서 천사들조차도 결코 알 수 없었던 우리의 구원을 위한 하나님의 은혜로우신 계획을 계시하신 것도 가리킨다. 그리스도께서는 영생으로 인도하는 길을 열어 놓으셨다.

사람들이 자기 행위가 악하므로 빛보다 어둠을 더 사랑한 것이니라. 그러나 사람들은 생명의 빛, 복음이 주는 구원의 지식보다 자신들의 무지와 오류들을 더 좋아하여, 그 쪽을 택하였고 고수하며 결코 버리려 하지 않았다. 그들은 자신들의 무지를 적극적이고 의도적으로 더 사랑한 것이기 때문에, 거기에는 그 어떤 변명도 있을 수 없었다. 아니, 그들이 정말 잘못한 것은 하나님의 아들로부터 가르침을 받기를 거부한 것이었는데, 그 이유는 자신들의 행위가 악하였기 때문이었다. 사람들의 악덕들과 욕망들은 어둠의 일들이고, 그들의 무지와 오류들의 열매들이다. 그런 것들은 타락하여 부패한 육신적인 본성에 즐거운 것들이기 때문에, 그들은 그런 것들을 은밀하게 즐기기 위하여 복음의 빛을 완고하게 거부한다. 이것은 그들의 죄와 벌을 더욱 가중시킨다.

20. 악을 행하는 자마다 빛을 미워하여 빛으로 오지 아니하나니 이는 그 행위가 드러날까 함이요.

죄를 일삼고 악을 대담하게 행하는 자들은 그 일을 사랑하고 기뻐하는 자들이기 때문에, 빛을 좋아하지 않고, 할 수만 있다면 빛을 가까이 하려고 하지 않는다. 왜냐하면, 빛은 그들의 진면목을 그대로 드러내기 때문이다. 자연의 빛은 모든 것들을 있는 그대로 사람들에게 드러내는 성질을 지니고 있어서, 도둑이나 간음하는 자나 술 취하는 자들은 빛을 좋아하지 않고 어둠을 택해서 자신들의 어둠의 일들을 행하고, 할 수 있는 한 빛을 멀리하려고 하는 것과 마찬가지로, 그리스도와 그의 복음은 의롭다 하심을 얻는 것과 영원한 구원을 얻는 것과 관련된 사람들의 오류들과 사람들의 삶에 관한 오류들을 그대로 드러내는 성질이 있기 때문에, 자신의 판단들에 오류들이 있거나, 더러운 행실을 기뻐하는 자들은 그리스도와 그의 복음을 미워한다. 왜냐하면, 그리스도와 그의 복음은 하나님의 올바른 길들을 드러냄으로써, 그들이 가고 있는 길이 굽은 길이고, 하나님의 진리의 길과 반대되는 길이라는 것을 드러내기 때문이다.

21. 진리를 따르는 자는 빛으로 오나니 이는 그 행위가 하나님 안에서 행한 것임을 나타내려 함이라 하시니라.

여기에서 "진리"는 참된 것들을 나타낸다. 오직 의롭고 거룩하며 선한 것이자 하나님의 뜻에 합치하는 것 외에는 그 어떤 것도 행하고자 하지 않는 사람들은 참 빛이신 그리스도에 의해서 드러난 하나님의 잣대와 시금석에 자신의 생각이나 행위들을 비추어 보는 것을 두려워하지 않는다. 왜냐하면, 그들은 자기가 행하는 것들이 하나님 안에서, 또는 하나님을 따라, 또는 하나님에 의해서, 또는 하나님으로 말미암아(여기에서 사용된 불변화사 ἐν – '엔'은 이 모든 의미로 사용된다, 고전 7:39; 계 14:13) 행해진 것임을 그들 자신 및 다른 사람들에게 드러나게 되기를 바라기 때문이다. 즉, 그런 사람들은 자기가 행하는 일들의 동기와 목적이 하나님께 존귀와 영광을 돌리는 것이 되기를 원하고, 자신의 행위들이 하나님이 주시는 힘과 도우심을 따라 이루어져서, 그 결과가 하나님의 존귀와 영광을 위한 것이 되기를 원한다는 것이다.

22. 그 후에 예수께서 제자들과 유대 땅으로 가서 거기 함께 유하시며 세례를 베푸시더라.

그 후에 예수께서 제자들과 유대 땅으로 가서. 우리 구주께서 니고데모와 대화를 나누신 곳은 어떤 이들의 생각과는 달리 갈릴리에서가 아니라 예루살렘이었을 것으로 여겨지는데, 만일 그 장소가 갈릴리였다면, 니고데모는 굳이 밤에 주님을 찾아

올 필요가 없었을 것이다. 이렇게 주님께서는 니고데모와의 대화를 마치신 후에, "유대 땅으로" 가셨다. 즉, 주님께서는 유대의 대도시였던 예루살렘에 계시면서 니고데모와 대화하신 후에, 이제는 예루살렘을 떠나서 유대 땅의 좀 더 한적한 시골 지역으로 가신 것이다. 성경에서는 흔히 유대 땅과 예루살렘을 구별해서 말한다. 왜냐하면, 한 지역의 수도는 그 지역의 일부로서 동일한 지파의 땅이자 동일한 지역에 있었다고 하여도, 그 지역의 다른 곳들과는 구별되게 지칭되었기 때문이다. 한 예로, 여호수아 8:1에서는 "아이 왕과 그의 백성과 그의 성읍과 그의 땅"이라고 말하는데, 여기에서 수도를 의미하는 "그의 성읍"은 수도 외의 다른 지역을 가리키는 "그의 땅"과 구별해서 지칭되고 있다. 구체적으로 예루살렘은 유다 지파의 땅에 속해 있었지만, 유다 지파의 다른 지역과 구별해서, "유다와 예루살렘"으로 따로 지칭되고 있는 예로는 역대하 11:14; 20:17; 36:23; 스 2:1; 눅 5:17; 6:17 등이 있다. 따라서 여기에서 그리스도와 그의 제자들은 예루살렘을 떠나 유대의 시골 지역으로 간 것이다.

거기 함께 유하시며 세례를 베푸시더라. 그리스도께서는 친히 그 누구에게도 세례를 베풀지 않으셨고, 그의 제자들이 사람들에게 세례를 베풀었다. 하지만 우리가 일상적으로 하는 말들 속에서나 성경의 언어 속에서, 어떤 사람의 주관 아래 그 사람의 아랫사람들이나 제자들이 행한 일들을 그 사람이 행한 것으로 말하는 경우는 비일비재하다(삼상 26:11-12; 왕하 22:16; 대하 34:24; 행 7:52).

23. 요한도 살렘 가까운 애논에서 세례를 베푸니 거기 물이 많음이라 그러므로 사람들이 와서 세례를 받더라.

여기에서는 "애논"이 "살렘 가까운" 곳에 있었다고 말하는데, 어떤 이들은 "애논"을 어떤 성읍의 이름이었다고 생각하고, 어떤 이들은 "살렘"이라는 성읍 가까이에 있던 강이나 시내였을 것이라고 말한다. 하지만 성경의 그 어디에도 그런 이름을 지닌 성읍이나 강은 언급되고 있지 않다. 그러나 지지(地誌)학자들은 그 곳이 므낫세 지파의 영지의 동쪽, 즉 벧산이나 스키토폴리스(Scythopolis)에서 멀지 않은 곳에 있었다고 말한다. 거기에서 요한은 사람들에게 세례를 베풀고 있었는데, 이것은 유대 땅과는 달리 이 애논이라는 강에는 물이 풍부하였기 때문이었을 것이다. 어느 지역의 물이 다른 지역에 있는 물보다 더 거룩한 것은 아니었기 때문에, 요한은 그 곳이 요단 강이든 베다니이든 애논이든 물이 많은 곳에서 사람들에게 세례를 베풀었다. 하나님께서 제정하신 세례라는 규례 자체가 물을 거룩하게 만드는 것이었고,

세례를 베풀기에 합당한 어떤 성별된 물이 따로 요구되거나 존재하는 것은 아니었다. 이것으로부터 분명한 것은 그리스도와 요한은 사람들의 몸을 물 속에 잠기게 하는 침례를 베풀었다는 것이다. 만일 그렇지 않았다면, 구태여 물이 많은 곳을 물색해서 거기에서 사람들에게 세례를 줄 필요가 없었을 것이다. 하지만 나중에 사도들은 가정에서 사람들에게 세례를 준 것으로 보아서(행 9:17-18; 10:47-48), 늘 침례를 고집하였던 것은 아닌 것 같다. 사람들은 요한을 찾아와서 세례를 받았는데, 그수가 많았다.

24. 요한이 아직 옥에 갇히지 아니하였더라.

세례 요한은 이 때에 자신의 공적 사역을 계속하고 있었지만, 이제 머지않아 감옥에 갇힐 것이었다.

25. 이에 요한의 제자 중에서 한 유대인과 더불어 정결예식에 대하여 변론이 되었더니.

유대인들에게는 아주 많은 "정결예식"이 있었는데, 그 중 어떤 것들은 하나님께서 제정하셔서 자신의 종 모세를 통해 주신 율법에 속한 것들이었고, 어떤 것들은 식사 전에 손을 씻는 것(마 15:1-20; 막 7:1-23) 같이 바리새파의 전통으로 전해져 온 것들이었다. 세례 요한의 제자들과 유대인들이 정결예식과 관련하여 서로 논쟁을 벌일 만한 어떤 문제가 있었는지를 알기는 어렵기 때문에, 이 문제에 대하여 아무리 자신있게 말하는 사람들의 견해도 결국에는 추측에 불과할 뿐이다. 어떤 이들은 여기에서 "정결예식"이라고 한 것은 세례를 가리키는 것이라고 생각한다. 세례 요한의 제자들과 논쟁을 벌인 이 유대인들이 어떤 부류의 사람들이었는지를 우리가 안다면, 이 문제를 해결하는 데 큰 도움이 될 것이다. 만약 그들이 바리새인들이었다면, 그들 가운데서는 이미 아주 많은 결례들이 행해지고 있었기 때문에, 요한의 세례가 논쟁의 대상이 되었을 가능성이 크다. 만약 그들이 바리새파 이외의 다른 유대인들이었다면, 하나님의 율법에서 명하고 있는 결례들의 효력, 즉 결례들은 단지 모형들에 지나지 않기 때문에 이제 그 효력이 다한 것이 아닌가 하는 문제나, 과연 결례들이 사람들의 심령을 깨끗하게 하는 데 어떤 기여를 하였는가 하는 문제가 논쟁거리가 되었을 것이다. 이 유대인들이 그리스도의 제자들이었다는 것은 증명할 수 없는 것이기는 하지만, 어떤 이들은 그렇게 생각하기 때문에, 그런 경우에는 요한의 세례와 그리스도의 세례라는 문제가 논쟁거리가 되었을 것이다.

이 마지막 견해는 바로 앞의 22절과 23절에서 그리스도의 세례와 요한의 세례에 대한 언급이 나왔다는 점에서 꽤 유리한 위치에 있는 것으로 보인다. 즉, 복음서 기자가 그리스도의 제자들이 베푼 세례와 요한이 베푼 세례를 이렇게 직전에 언급하고 있는 것으로 보아서, 요한의 제자들이 그리스도께로 와서, 왜 제자들을 시켜서 자신들의 선생인 요한보다 더 많은 사람들에게 세례를 베푸는 것이냐고 항의를 하였으리라는 것이다. 그러나 이 마지막 견해를 지지하는 저 박식한 분들은 무엇인가 크게 잘못 생각하고 있는 것으로 보인다. 왜냐하면, 본문은 "요한의 제자들과 유대인들" 사이에 논쟁이 벌어졌다고 말하는데, 우리는 복음서들 속에서 그리스도의 제자들이 "유대인들"이라는 이름으로 세례 요한의 제자들과 논쟁을 벌이는 장면을 그 어디에서도 찾아볼 수 없기 때문이다. "유대인들"이라는 용어는 일반적으로 유대 백성 중에서도 유대교와 그 종교의식들을 추종하는 사람들을 가리킨다. 그리고 특히 여기에서처럼 유대인들이라는 용어가 요한의 제자들이나 그리스도의 제자들과 반대되는 개념으로 사용되는 경우에는 더욱 그러하다. 따라서 여기에서 논쟁거리가 된 것은 모세의 율법에 정해진 결례들이나 바리새파의 전통에 따른 결례들에 관한 것이었을 가능성이 크다.

26. 그들이 요한에게 가서 이르되 랍비여 선생님과 함께 요단 강 저편에 있던 이 곧 선생님이 증언하시던 이가 세례를 베풀매 사람이 다 그에게로 가더이다.

당시에는 사람들이 자신들의 선생이라고 여기는 사람들을 "랍비"라고 부르는 것이 관례였기 때문에, 요한의 제자들은 요한에게 가서 "랍비"라고 부르며, 그리스도께서 자신의 제자들을 시켜서 사람들에게 베풀게 하신 것에 대하여 불평을 늘어놓는다. 그들은 그리스도를 랍비는커녕 그 어떤 호칭으로 부르는 것조차 합당하지 않다고 생각해서, 자신의 선생보다 훨씬 못한 자, 베다니에서 자신들의 선생으로부터 세례를 받고 증언을 받음으로써(요 1:7, 34) 유명해진 자로 지칭하며, 그리스도께서 지금 백성들 가운데서 얻은 명성과 평판은 모두 자신들의 선생으로부터 나왔다는 듯이 말한다. 그들의 선생이 그리스도께로 나아간 것이 아니라, 그리스도께서 그들의 선생에게로 나아오셨고, 그들의 선생이 그리스도에게서 세례를 받은 것이 아니라, 그리스도께서 그들의 선생에게서 세례를 받았으며, 그리스도께서 그들의 선생을 증언하신 것이 아니라, 그들의 선생이 그리스도를 증언하였다는 점에서, 사실 그들은 얼마든지 그런 식으로 생각할 수 있었다. 이제 그들은 "선생님이 증언하시던 이"가 자신의 제자들을 시켜서 사람들에게 세례를 베푸는데, 온갖 부류의 사람들이 많이 그에게로 간다고 말한다(여기서 "다"는 모든 사람이 아니라 다수를 가리킨다).

사랑은 질투를 부르는 법이기 때문에, 그들은 자신들의 선생의 명성이 이 일로 인해서 손상되고 쇠퇴하게 될 것을 염려한 것이었다. 우리는 그러한 질투를 여호수아에게서도 볼 수 있다: "한 소년이 달려와서 모세에게 전하여 이르되 엘닷과 메닷이 진중에서 예언하나이다 하매 택한 자 중 한 사람 곧 모세를 섬기는 눈의 아들 여호수아가 말하여 이르되 내 주 모세여 그들을 말리소서 모세가 그에게 이르되 네가 나를 두고 시기하느냐 여호와께서 그의 영을 그의 모든 백성에게 주사 다 선지자가 되게 하시기를 원하노라"(민 11:27-29). 또한, 우리 구주의 제자였던 요한도 자신의 선생이신 그리스도를 위하여 질투를 하였다: "요한이 여짜오되 주여 어떤 사람이 주의 이름으로 귀신을 내쫓는 것을 우리가 보고 우리와 함께 따르지 아니하므로 금하였나이다"(눅 11:28). 여호수아에게 모세가 한 대답(민 11:29), 요한에게 그리스도께서 하신 대답(눅 9:50), 요한이 이 제자들에게 한 대답(27-30절)이 보여 주듯이, 그들은 모두 질투하는 죄를 범한 것이었다.

27. 요한이 대답하여 이르되 만일 하늘에서 주신 바 아니면 사람이 아무 것도 받을 수 없느니라.

사람들의 사역과 그 사역의 성공은 하늘로부터 주어진다. 그가 세례를 베푼다고? 그것은 그가 하나님으로부터 보내심을 받았다는 증표이다. 모든 사람이 그에게로 간다고? 그것도 하나님이 주신 것이다. 이것은 야심이나 시기나 질투를 치유할 수 있는 아주 훌륭한 약이다. 하나님의 교회에서 하늘로부터 주어지지 않으면 그 누구도 권위를 지닐 수 없고, 하나님의 아들을 능가하는 권위도 있을 수 없다.

28. 내가 말한 바 나는 그리스도가 아니요 그의 앞에 보내심을 받은 자라고 한 것을 증언할 자는 너희니라.

나는 나의 제자들인 너희에게 당부한다. 나는 언제나 분명하게 나는 그리스도가 아니라고 말하지 않았느냐? 교회에서 수고할 자들을 파송하시고, 교회에서 수고하는 자들을 주관하시는 일은 교회의 머리이신 그리스도께만 속한 것이다. 그런데도 너희는 내가 그리스도를 침묵시키거나 그리스도께서 베푸시는 세례를 중단시키기를 원하는 것이냐? 나는 단지 그리스도의 길을 준비하기 위하여 "그의 앞에 보내심을 받은" 그의 일꾼들 중의 한 사람이라는 것을 이미 너희에게 말하였다(요 1:20, 23).

29. 신부를 취하는 자는 신랑이나 서서 신랑의 음성을 듣는 친구가 크게 기뻐하나니 나는 이러한 기쁨으로 충만하였노라.

아버지 하나님이 유대 교회의 남편이셨던 것처럼, 그리스도께서는 교회를 속량하셨고, 교회는 자기 자신을 신부로 그리스도께 드렸기 때문에(고후 8:5), 그리스도는 교회의 신랑이시다(마 22:2; 고후 11:2; 엡 5:23, 25, 29). 따라서 교회에 법을 수여하시고, 교회에서 일어나는 일들을 안배하시는 것은 그리스도의 소관이다. 나는 단지 "신랑의 친구," 즉 "혼인집 손님들"(마 9:15) 중의 한 사람으로서, 유대 백성들에게 그를 중언하여 그의 길을 준비하는 일을 헤 온 사람일 뿐이다. 따라서 니는 그가 오셨다는 것을 들을 때에 괴로워하는 것이 아니라, 도리어 그의 음성을 듣게 된 것이 너무나 기쁘고 즐겁다. 많은 무리가 그에게로 간다는 말을 들으니, 내 마음이 걱정되기는커녕, 나는 기쁨이 충만하다. 왜냐하면, 그런 말을 듣는 것보다 더 큰 기쁨은 내게 없기 때문이다.

30. 그는 흥하여야 하겠고 나는 쇠하여야 하리라 하니라.

그리스도께서는 그 존귀와 위엄과 세상에서의 명성이 점점 커져야 한다. 나는 새벽별일 뿐이지만, 그는 떠오르는 해이시기 때문에, 날마다 점점 더 밝은 빛을 발하시는 것이 마땅하다. 그러나 나는 점점 작아져야 한다. 하나님께서는 나를 선지자, 아니 선지자보다 더 나은 사람으로 사용하셔서, 나로 하여금 단지 그리스도에 대하여 전할 뿐만 아니라, 그리스도를 너희에게 직접 가리켜 보여 드리게 하셨다. 이제 나의 때는 다 되었고, 나는 달려갈 길을 다 달려 왔다. 하나님께서는 내게 행하라고 명하신 사역과 내가 일해야 할 기간에 걸맞은 명성을 이미 다 내게 허락하셨기 때문에, 이제 나는 날마다 점점 더 쇠하고 작아져야 하고, 그리스도께서는 점점 더 흥하시고 커지셔야 한다.

31. 위로부터 오시는 이는 만물 위에 계시고 땅에서 난 이는 땅에 속하여 땅에 속한 것을 말하느니라 하늘로부터 오시는 이는 만물 위에 계시나니.

그리스도께서는 하늘로부터 오셨기 때문에(후반절은 전반절의 "위로부터"가 "하늘로부터"를 의미한다는 것을 보여 준다), 자신의 신성과 관련해서만이 아니라, 전인적으로 위로부터 엄위와 권위를 덧입으셨다는 점에서도, 단순한 피조물에 불과한 그 누구보다도 무한히 뛰어나시다. 땅에 기원을 둔 자들은 "땅에 속한 것들을 말한다." 인간의 기원은 땅이기 때문에, 인간의 본성도 땅에 속한 것이고, 인간이 말하는 것들도 다 땅에 속한 것들이다. 나는 하나님으로부터 보내심을 받았고(요 16:27), 나의 세례도 하늘로부터 온 것이기는 하지만(우리 구주께서 이것에 대해 직접 중언해 주신다, 마 21:25), 나의 기원은 땅이기 때문에, 내가 말하는 것들은 단지 인간에게나 합당한 것들이다. 그러나 하늘로부터 오신 그리스도께서는 그 인격도 고귀하시고 그 지식도 비할 바 없이 고귀하시다.

32. 그가 친히 보고 들은 것을 증언하되 그의 증언을 받는 자가 없도다.

세례 요한이 그리스도와 자신의 또 하나의 큰 차이라고 자신의 제자들에게 가르친 것은, 자기를 비롯한 다른 모든 복음의 사역자들은 하나님으로부터 받은 계시에 의거해서 증언하는 반면에, 그리스도께서는 계시에 의거해서가 아니라 자신이 아버지 하나님으로부터 "친히 보고 들어서" 알고 계신 것들을 증언하신다는 것이다. 우리 구주께서는 11절에서도 니고데모에게 거의 동일한 취지의 말씀을 이미 하셨고, 요한복음 1:18; 8:26; 15:15에도 비슷한 말씀이 나온다. 세례 요한은 "보았다"와 "들었다"는 두 단어를 통해서, 그리스도께서 증언하신 것들은 도무지 틀릴 수 없고 너무나 확실한 것들이어서 누구나 안심하고 다 받아들일 수 있고 받아들여야 하는 것들이라는 것을 분명하게 보여 준다. 하지만 그리스도의 증언을 받아들여서 믿은 자는 거의 없었다. 요한복음 1:11; 3:11을 보라.

33. 그의 증언을 받는 자는 하나님이 참되시다는 것을 인쳤느니라.

그리스도의 증언을 받아들여서 믿고, 그리스도를 자신의 구주로 믿은 자들은 자신들이 그러한 믿는 행위를 통해서, 구약의 경륜 아래에서 메시야에 관하여 온갖 약속을 하셨던 하나님이 참되신 분이라는 것, 즉 하나님께서 구약성경을 통해 메시야에 관하여 말씀하신 것들 중에서 단 하나도 땅에 떨어지지 않았다는 것을 인치고 보증한 것이다. 그래서 요한일서 5:10에서는 "하나님의 아들을 믿는 자는 자기 안에 증거가 있고 하나님을 믿지 아니하는 자는 하나님을 거짓말하는 자로 만드나니 이는 하나님께서 그 아들에 대하여 증언하신 증거를 믿지 아니하였음이라"고 말한다. 이 본문은 믿음이 왜 지극히 칭찬받아 마땅한 일이고, 불신앙이 왜 지극히 비난받아 마땅한 일인지, 그 이유를 잘 보여 주는데, 그것은 그리스도를 유일하게 참되신 중보자이자 구주로 믿는 믿음은 하나님의 참되심을 증언하고 인치는 것인 반면에, 불신앙은 하나님을 중상모략하고 비방하면서, 사실상 하나님은 거짓말쟁이라고 말하는 것이기 때문이다.

34. 하나님이 보내신 이는 하나님의 말씀을 하나니 이는 하나님이 성령을 한량없이 주심이니라.

"하나님이" 세례 요한처럼 단지 자신의 사역자인 선지자로 세우셔서 보내신 것이 아니라, 하늘로부터 자신의 품속으로부터 "보내신 이는" 오직 "하나님의 말씀"

만을 "한다." 선지자들과 사도들은 어떤 의미에서 하나님으로부터 보내심을 받은
자들이었지만, 그리스도께서 하나님으로부터 보내심을 받으셨다고 했을 때와는 그
의미가 전혀 다르다. 선지자들은 성령이 자신들에게 임하였을 때에는 하나님의 말
씀을 하였지만, 나단이 여호와의 전을 세우고자 한 다윗의 생각을 지지했던 것에서
볼 수 있듯이, 성령이 임하지 않았을 때에는 자기 말을 하였다. 바울도 하나님의 말
씀들을 전한 후에, 나머지 다른 경우에 대해서는 "그 나머지 사람들에게 내가 말하
노니 이는 주의 명령이 아니라"(고전 7:12)고 분명히 밝힌다. 그러나 그리스도의 경
우에는 그가 말씀하신 모든 것이 다 하나님의 말씀이었다. 왜냐하면, 하나님께서는
자신의 사역자들이나 성도들에게는 각자가 부르심 받은 직분들에 필요한 계시들과
은혜의 분량, 또는 특별히 더욱 강력한 은혜가 필요한 시기인가 아닌가에 따라서 성
령을 제한적으로 부어주신 반면에, 그리스도께서는 성령을 "한량 없이" 부어 주셨기
때문이다. 그리스도 안에는 신성의 모든 충만이 육체로 거하셨고, 그리스도께서는
자신의 동류들보다 더 기쁨의 기름 부음을 받으셨다. 그리스도 안에 있었던 것은
단지 성령의 물줄기가 아니라 성령의 샘 또는 원천이었다.

35. 아버지께서 아들을 사랑하사 만물을 다 그의 손에 주셨으니.

영원하신 아버지 하나님께서는 세상을 사랑하셨지만(16절), 그것보다 더 특별하
고 각별한 사랑으로 아들을 사랑하셨기 때문에, 만물을 다 그 아들에게 주셨고(마
11:27), "하늘과 땅의 모든 권세"(마 28:18)를 주셨으며, "아버지께서 아들에게 주신
모든 사람에게 영생을 주게 하시려고 만민을 다스리는 권세를 아들에게 주셨고"(요
17:2), "사망과 음부의 열쇠"(계 1:18)를 주셨다. 따라서 모든 사람들은 마땅히 그리
스도와 그의 증언을 받아들여서 그를 믿어야 하였다.

**36. 아들을 믿는 자에게는 영생이 있고 아들에게 순종하지 아니하는 자는 영생을
보지 못하고 도리어 하나님의 진노가 그 위에 머물러 있느니라.**

복음의 진리를 듣고 거기에 동의하고, 마음으로 그리스도를 자신의 구주로 영접
하여, 그를 믿고 그에게 소망을 두는 자에게는 "영생이 있다." 즉, 그런 자에게는 장
차 영생을 받을 확실한 자격이 주어지고, 이 땅에서 그 첫 열매들을 맛보게 된다. 믿
음이 없이는 우리 모두는 정죄함을 받을 수밖에 없지만, 그 아들을 믿는 자는 실제
로 그 정죄에서 벗어나게 되고(롬 8:1), 이미 영적인 삶을 살게 된다(갈 2:20). 그리
스도를 자신 속에 영접하여 모시고 있는 자는 영광의 소망을 지니게 되고, 장차 반
드시 그 영광 속으로 들어가게 될 것이다. 그러나 하나님의 아들이 전하는 복음을

받아들이지도 않고 그리스도를 자신의 구주로 영접하지도 않으며 그리스도께 순종하지도 않는 자는 구원을 얻지 못하게 될 것이다. 여기에서 "순종하지 아니하는"으로 번역된 '아페이톤'(ἀπειθῶν)은 흠정역에는 "믿지 않는"으로 번역되어 있는데, 이 단어는 이 두 가지 의미를 다 가지고 있다. 그러나 하나님의 명령은 사람은 자기 아들을 믿어야 한다(요일 3:23)는 것이기 때문에, 어느 쪽으로 번역하든 의미는 마찬가지이다: "그의 계명은 이것이니 곧 그 아들 예수 그리스도의 이름을 믿고 그가 우리에게 주신 계명대로 서로 사랑할 것이니라." 이렇게 하나님의 명령은 단지 사랑하라는 것이 아니라, 먼저 믿음을 요구하신다. 왜냐하면, 믿음은 사랑을 통해서 역사하기 때문이다(갈 5:6). 따라서 '아페이테이아'(ἀπείθεια), 즉 불순종은 행실에 있어서와 마찬가지로 지각에 있어서도 존재한다. 믿지 않는 자, 즉 순종하지 않는 자는 여기에서 "영생을 보는" 것으로 표현된 천국에 결코 들어갈 수 없다. 죽음을 보지 않는다는 것이 죽지 않는다는 의미인 것과 마찬가지로, 영생을 보지 못한다는 것은 죽는다는 의미이다. 그런 자는 "본질상 진노의 자녀"(엡 2:3)로서 하나님의 진노에 종속되고 노출되어 있기 때문에, "하나님의 진노가 그 위에 머물러 있다." 반면에, 믿음으로 말미암아 의롭다 하심을 얻은 자는 하나님과 화평을 누린다(롬 5:1).

제4장

개요

1. 그리스도께서 사마리아 여자와 대화하시며, 자신을 그녀에게 계시하심(1-26).
2. 제자들이 이상히 여기고, 사마리아 여자는 그 동네 사람들에게 그리스도를 보라고 알림(27-30).
3. 그리스도께서 하나님의 일을 하고자 하는 자신의 열심을 보여 주시고, 자신의 수고의 열매를 거두는 일에 참여하게 될 자신의 제자들이 복되다고 하심(31-38).
4. 많은 사마리아인들이 그리스도를 믿음(39-42).
5. 그리스도께서 갈릴리로 가셔서, 가버나움에 병들어 누워 있던 왕의 신하의 아들을 고치심(43-54).

1. 예수께서 제자를 삼고 세례를 베푸시는 것이 요한보다 많다 하는 말을 바리새인들이 들은 줄을 주께서 아신지라.

산헤드린을 좌지우지하는 막강한 권력을 지니고 있던 바리새인들과 유대 교회의 종교 지도자들은 그리스도께서 가르치심을 베푸시고 이적들을 통해서 그 가르침을 확증하심으로써 자신의 제자들을 시켜 세례를 베풀어서 새로운 교회로 받아들여 제자를 삼으시는 사람들의 수가 세례 요한이 제자를 삼는 것보다 더 많다는 정보를 입수하였고, 우리 구주께서는 하나님으로서 자신의 신성과 붙어 있던 모든 것을 아시는 전지하심을 통해서, 또는 인간으로서 다른 사람들의 전언을 통해서, 바리새인들이 자신의 상황을 파악하였다는 사실을 아셨다.

2. (예수께서 친히 세례를 베푸신 것이 아니요 제자들이 베푼 것이라).

그리스도께서는 사람들에게 친히 세례를 베푸신 것이 아니라 그것을 자신의 제자들에게 맡겨 두시고, 자신은 복음을 전하는 좀 더 중요한 일에 전념하셨는데, 이런 식으로 전도를 통해서 사람들로 하여금 세례를 받을 수 있게 준비시키시는 일을 하셨다.

3. 유대를 떠나사 다시 갈릴리로 가실새.

그리스도께서는 이 때에 유대 지역에 계셨는데, 유대 지역은 바리새인들의 주된 근거지이자 그들의 막강한 권력이 미치고 있던 예루살렘에게 가까운 곳이었기 때문에, 이제 두 번째로 다시 갈릴리로 가셨다. 주님께서는 전에도 한 번 거기로 가셨다가(요 1:43), 거기에서 빌립과 나다나엘을 제자로 삼으신 적이 있으셨다. 갈릴리는 헤롯의 관할 아래 있던 지역이었다(눅 3:1). 우리 구주께서 이렇게 갈릴리로 이동하신 것은 마태복음 4:12과 마가복음 1:14, 그리고 누가복음 4:14에도 보도되고 있는데, 마태와 마가는 주님께서 갈릴리로 이동하시게 된 동기를 요한과는 다르게, 세례 요한이 옥에 갇혔다는 소식을 들으셨기 때문이라고 말한다. 세례 요한이 옥에 갇히게 된 이유에 대해서는 마태복음 14:3-6을 보라. 이렇게 세례 요한이 투옥됨으로써 공적인 사역을 할 수 없게 된 것도 아마도 그리스도의 제자들의 수가 늘어나게 된 이유일 수 있다. 그리고 세례 요한이 투옥되면서, 요한의 제자들도 그리스도를 따르게 되었을 것이다. 따라서 주님께서 갈릴리로 가시게 된 것은 이 두 가지 요인이 다 작용하였을 것으로 보인다. 요한은 갈릴리에서 전도와 세례를 통해서 복음 교회의 초석을 놓고 투옥되었다. 세례 요한이 투옥되면서 그리스도의 제자의 수가 늘어났는데, 이것이 바리새인들에게 알려졌고, 우리 구주께서는 그 사실을 아셨다. 주님께서는 자신의 때가 아직 오지 않은 것을 아셨기 때문에, 바리새인들로부터 자신을 안전하게 보호하심과 동시에, 요한의 투옥으로 공백이 생긴 갈릴리에서의 사역을 이어가고자 하셔서, 갈릴리로 이동하시게 된 것이다.

4. 사마리아를 통과하여야 하겠는지라.

요세푸스(Josephus)는 사마리아가 유대와 갈릴리 사이에 자리 잡고 있었고(눅 9:51-52; 17:11), 기네아(Ginea)라 불린 성읍에서 시작되었다고 우리에게 말해 준다. 유대에서 갈릴리로 가는 길은 두 가지가 있었는데, 하나는 사마리아의 중앙을 관통해서 가는 길이었고(눅 9:51), 또 하나는 동쪽 지역을 통해서 왕의 계곡과 요단 강 옆으로 세겜을 지나서 가는 길이 있었다. 우리는 여기에서 말하는 "사마리아"를 오므리가 건설한 사마리아 성을 가리키는 것으로 이해해서는 안 되고, 앗수르인들에 의해서 강제이주 당한 사람들과 일부 유대인들이 살고 있던 "사마리아"라 불리는 지역 전체를 가리키는 것으로 이해하여야 한다. 어떤 이들은 복음서 기자는 여기에서 우리 구주께서 의도적으로 이방인들이 사는 지역을 통과해 가신 것이 아니라는 것을 보여 주고 있는 것이라고 생각한다.

5. 사마리아에 있는 수가라 하는 동네에 이르시니 야곱이 그 아들 요셉에게 준 땅이 가깝고.

가장 권위 있는 해석자들은 한결같이 여기에 언급된 "수가"가 세겜이라 불리는 성읍이었을 것이라고 말한다. 이 곳은 원래 야곱이 세겜의 아버지인 하몰에게서 산

밭의 일부였다(창 33:19). 여로보암은 거기에 세겜이라 불리는 성읍을 건설하였다 (왕상 12:25). 세겜은 에브라임 산자락에 있었다. 요셉의 뼈도 거기에 묻혔다(수 24:32). 야곱은 자신의 아들인 요셉에게 특별히 이 땅을 주었는데, 창세기 48:22에서 "내가 네게 네 형제보다 세겜 땅을 더 주었나니 이는 내가 내 칼과 활로 아모리 족속의 손에서 빼앗은 것이니라"고 말한다. "수가"라 불린 이 성읍에서 가까운 곳이 옛적의 세겜이었다.

6. 거기 또 야곱의 우물이 있더라 예수께서 길 가시다가 피곤하여 우물 곁에 그대로 앉으시니 때가 여섯 시쯤 되었더라.

이 우물이 "야곱의 우물"이라 불리게 된 것은 야곱이 그 우물을 팠기 때문이거나, 12절에서 말하는 것처럼, 야곱과 그의 가족이 사용하였기 때문이었다. 실제로 창세기 21:30에서는 아브라함이 우물을 팠다고 기록하고 있고, 창세기 26:18에서는 이삭이 우물을 팠다고 기록하고 있다. 우리 주님께서는 통상적으로 여행을 하실 때에 말이나 병거를 타지 않으셨고, 걸어서 다니셨다. 우리는 복음서들에서 주님께서 마차나 병거를 타셨다는 말을 듣지 못하고, 오직 한 번 예루살렘에 입성하실 때에 나귀 새끼를 타셨다는 것만을 듣는다. 이렇게 주님께서는 통상적으로 걸어서 여행하셨다. 복음서 기자는 주님께서 "피곤하셨다"고 말함으로써, 주님이 진정으로 사람이셨고, 사람의 연약함들을 똑같이 지니고 계셔서, 피곤함도 느끼셨음을 우리에게 알게 해 준다. 주님께서는 피곤하셔서 우물 곁에 앉아 휴식을 취하셨는데, 그 때가 그들의 시간 계산으로 하면 "여섯 시쯤," 즉 우리의 시간 계산으로는 정오 쯤 된 때였다. 8절을 보면, 이 때에 제자들은 먹을 것을 사러 동네로 들어갔고, 주님께서 혼자 우물 곁에 앉아 쉬고 계셨다.

7. 사마리아 여자 한 사람이 물을 길으러 왔으매 예수께서 물을 좀 달라 하시니.

사마리아 성은 이 곳에서 3km 떨어져 있었기 때문에, 이 여자가 사마리아 성의 성민이었는지, 아니면 사마리아라 불리는 지역에 사는 주민이었는지는 확실하지 않다. 그녀는 거기에 계신 그리스도를 만나기 위해서가 아니라 단지 물을 긷기 위해 이 우물에 왔다. 오늘날의 우리에게는 집집마다 우물이나 펌프가 있는 것이 보통이지만, 당시에는 공동우물만이 있어서 사람들은 자신들이 쓸 물을 얻기 위해서는 반드시 이 공동우물로 와서 물을 길어야만 하였다. 이 사마리아 여자는 단지 물을 긷기 위해 우물에 온 것이었지만, 뜻밖에 거기에서 그리스도를 만나게 되었듯이, 하나님께서는 흔히 우리가 생각하지도 않은 때에 우리에게 은혜를 주신다. 이렇게 하나님은 자기를 구하지도 않고 찾지도 않은 자에게 자신을 나타내시고 만나 주시기 때문에, 이사야서 65:1에서는 "나는 나를 구하지 아니하던 자에게 물음을 받았으며 나를 찾지 아니하던 자에게 찾아냄이 되었으며 내 이름을 부르지 아니하던 나라에 내가 여기 있노라 내가 여기 있노라 하였노라"고 말한다. 이것은 우리의 모든 움직임들과 행위들이 하나님의 계획과 통치 아래 있다는 것을 잘 보여 준다. 라헬은 미래의 남편을 만나기 위해서가 아니라, 자기 아버지의 양 떼에게 물을 먹이기 위하여 우물에 간 것이었지만, 거기에서 야곱을 만났고(창 29:9), 그보다 앞서 리브가도 그런 식으로 아브라함의 명령으로 이삭의 신붓감을 구하러 온 종을 만났다(창 24:15). 아래에서 전개되는 내용을 보면, 이 사마리아 여자는 거의 창녀나 다름없는 여자였다는 것을 알 수 있다. 유대인들의 박사들이었던 바리새인들을 피해 갈릴리로 가고 계셨던 그리스도께서는 바로 그런 여자를 만나서 그녀에게 복음의 기쁜 소식을 전하셨고, 그녀는 복음을 받아들인다. 이것은 하나님의 섭리에 의한 경륜이 얼마나 놀라운지를 잘 보여 준다. 주님께서는 이 여자에게 "물을 좀 달라"고 먼저 말을 붙이신다.

8. 이는 제자들이 먹을 것을 사러 그 동네에 들어갔음이러라.

복음서 기자는, 사람들이 제자들은 다 어디 가고, 어떻게 우리 구주께서 이 사마리아 여자와 대화를 하시게 되었을까 하는 의문을 갖는 것을 막기 위하여, 여기에 이 말을 덧붙인다. 즉, 주님 일행이 아침에 길을 떠나 걸어서 세겜 가까운 곳에 도착하였을 때에는 정오쯤 되어서 식사할 시간이 다 되어서, 제자들은 먹을 것을 사기 위해 동네로 들어갔고, 우리 구주께서는 야곱의 우물이라 불리는 곳에 앉아 쉬고 계셨는데, 이 사마리아 여자가 물을 긷기 위해 이 우물에 왔기 때문에, 둘 간의 만남이 이루어졌다는 것이다. 우리 구주께서는 목이 마르셔서 그녀에게 물을 좀 달라고 청하셨고, 이것이 이후에 이어지는 대화의 계기가 되었다.

9. 사마리아 여자가 이르되 당신은 유대인으로서 어찌하여 사마리아 여자인 나에게 물을 달라 하나이까 하니 이는 유대인이 사마리아인과 상종하지 아니함이러라.

사마리아인들은 예루살렘의 성전에 맞서기 위하여 그리심 산에 자신들만의 성전을 지었기 때문에, 유대인들과 사마리아인들 간의 반목과 적대감은 아주 컸다. 유대인들이 사마리아인들과 물건을 사고파는 것은 허용되었지만, 사마리아인들과 알고 지내는 것, 또는 물건을 빌려 쓰거나 선물로 받는 것은 산헤드린의 영에 의해서 제한되어 있었다고 한다. 이것이 이 사마리아 여자는 우리 구주의 행색이나 말투를 보고서 유대인임을 알고 이런 말을 한 원인이었다. 따라서 본문에서 "상종하다"로 번역된 '성크론타이' ($\sigma \upsilon \gamma \chi \rho \tilde{\omega} \nu \tau \alpha \iota$)는 다양한 의미로 사용되지만, 여기에서는 온갖 종류의 교류를 한다는 의미로 사용된 것으로 생각된다.

10. 예수께서 대답하여 이르시되 네가 만일 하나님의 선물과 또 네게 물 좀 달라 하는 이가 누구인 줄 알았더라면 네가 그에게 구하였을 것이요 그가 생수를 네게 주었으리라.

많은 해석자들은 여기에서 "하나님의 선물"은 하나님이 세상에 주신 선물(요 3:16)이자 이제까지 세상에 주신 선물들 중에서 가장 큰 선물이신 그리스도를 가리키는 것으로 이해한다. 따라서 "네게 물 좀 달라 하는 이가 누구인 줄 알았더라면"은 "하나님의 선물"을 보충설명하는 구절이 된다. "네가 그에게 구하였을 것이요 그가 생수를 네게 주었으리라." 즉, 그녀가 하나님이 그리스도를 사람들에게 선물로 주신 것을 알고서, 그리스도께 무엇인가를 구하였다면, 그리스도께서는 복음 속에 들어 있는 가르침 또는 은혜를 아는 참된 지식이나, 언제나 흘러넘치는 가운데 영혼을 씻어 깨끗하게 해 주기 때문에 "생수"라 불리는 성령을 그녀에게 주셨으리라는 것이다.

11. 여자가 이르되 주여 물 길을 그릇도 없고 이 우물은 깊은데 어디서 당신이 그 생수를 얻겠사옵나이까.

우리 구주께서는 자신이 주실 은혜, 또는 자신의 성령, 또는 자신의 복음의 가르침을 "생수"에 빗대어서 비유적으로 말씀하신 것인데도, 이 가련한 여자는 그것을 문자 그대로 이해해서, 이 우물은 아주 깊은데(어떤 이들은 그 깊이가 18미터였다고 말한다), 여행자인 그가 물 길을 두레박이나 도구도 없이, 어디에서 그 생수를 얻겠느냐고 반문한다. 이 사마리아 여자의 반문은 앞서 니고데모가 한 반문(요 3:4)과 아주 흡사하다. 이렇게 사람들은 하나님의 성령에 의해서 조명을 받게 되기 전까지는 영적인 일들에 너무나 무지하다.

12. 우리 조상 야곱이 이 우물을 우리에게 주셨고 또 여기서 자기와 자기 아들들과 짐승이 다 마셨는데 당신이 야곱보다 더 크니이까.

이 사마리아 여자는 야곱을 "우리 조상"이라고 부르면서, 주님이 야곱보다 더 지혜롭다고 생각하느냐고 반문한다. 사마리아인들은 흔히 유대인들이 형통하고 잘 나가고 있을 때에는 자신들이 유대인들과 친척관계에 있다고 주장하였지만, 유대

인들이 곤경에 처해 있을 때에는 자신들은 유대인들과는 아무런 상관이 없다고 한
결같이 딱 잡아떼었다고 한다. 사마리아인들이라 불린 사람들의 구성을 보면, 대다
수는 앗수르인들이었고, 거기에 유대인들, 특히 에브라임 지파 사람들이 일부 섞여
있었다. 그런데 이 사마리아 여자는 요셉의 아버지였던 야곱을 "우리 조상"이라고
주장하면서 그리스도께 이렇게 말한다: 야곱은 지혜로운 사람이었는데도, 이 근방
에서 자기와 자신의 가족을 위해 이 우물에서 마시는 물보다 더 좋은 물을 찾을 수
없었는데, 당신은 이 물보다 더 좋은 물을 내게 주겠다고 하니, 당신이 야곱보다 더
지혜롭다고 말하는 것인가?

13. 예수께서 대답하여 이르시되 이 물을 마시는 자마다 다시 목마르려니와.

우리 구주께서는 앞에서 자기에게는 "생수"가 있기 때문에, 그녀가 자기에게 청
하기만 하였다면, 그 생수를 그녀에게 줄 수 있다고 분명하게 말씀하셨는데도, 그
녀가 그 말을 믿을 수 없다는 듯이 의심스러워하며 반문하자, 이 우물에서 나는 물
은 아무리 마셔도 금방 다시 목마르지만, 자기가 주는 은혜는 다시 목마르는 일이
없게 해 준다는 의미에서 생수에 비유될 수 있고, 이 우물에서 나는 물보다 훨씬 탁
월하다고 말하는 것이 옳다고 대답해 주시는데, 여기에서는 먼저 야곱의 우물에서
물을 길어 마시는 사람은 아무도 자신의 목마름을 영원히 없앨 수 없다는 것에서 알
수 있는 것처럼, 이 물은 금방 다시 목마르게 되는 특성을 지니고 있다고 말씀하신
다.

**14. 내가 주는 물을 마시는 자는 영원히 목마르지 아니하리니 내가 주는 물은 그
속에서 영생하도록 솟아나는 샘물이 되리라.**

우리 구주께서는 앞 절에서 야곱의 우물에서 마시는 물에 대하여 말씀하신 후에,
이제 여기에서는 자신이 주고자 하는 "생수"에 대하여 말씀하시는데, 그것은 성령
과 그 은혜를 가리킨다. 성령과 그 은혜를 받은 자들은, 비록 날마다 "다오 다오"라
고 말하고, 끊임없이 은혜를 공급받기를 원하기는 하겠지만, 결코 은혜가 완전히 떨
어지거나, 자기에게 필요한 어떤 좋은 것이 완전히 결여되는 일은 생기지 않는다.
왜냐하면, 하나님의 씨가 그들 속에 거하게 될 것이고, 이 물은 그들 속에서 "샘물"
이 되어, 그들이 천국에 이르게 될 때까지 그들에게 생수를 공급해 줄 것이기 때문
이다. 그러나 이 본문에 대한 가장 훌륭한 해설은 우리 구주께서 요한복음 7:38-39
에서 하신 말씀이다: "나를 믿는 자는 성경에 이름과 같이 그 배에서 생수의 강이 흘
러나오리라 하시니 이는 그를 믿는 자들이 받을 성령을 가리켜 말씀하신 것이라."

이것으로부터 분명한 것은 우리 구주께서는 여기에서 성령을 가리켜 "생수"라고 말씀하셨다는 것이다.

15. 여자가 이르되 주여 그런 물을 내게 주사 목마르지도 않고 또 여기 물 길으러 오지도 않게 하옵소서.

어떤 이들은 이 사마리아 여자가 우리 구주께서 영적인 물에 대하여 말씀하고 계신다는 것을 깨닫고서 이렇게 말한 것이라고 생각하지만, 나는 그들의 생각에 동의할 수 없다. 왜냐하면, 그녀가 사마리아에서 교육받은 것과 그녀의 생활방식을 보았을 때, 그녀가 그런 영적인 것을 이해하고 깨달을 것이라고 생각하기는 힘들기 때문이다. 따라서 그녀는 주님께서 말씀하시는 것을 깨닫지 못하고, 도대체 무슨 말씀을 하시는 것인지 모르겠다고 생각해서, 주님께는 "생수"라는 것이 없는 것이 분명하다고 여겨서, 여기에서 이러한 말로써 주님을 조롱하고 있는 것임에 틀림없다. 즉, 그녀는 우리 구주께서 자기가 주시는 물은 "영생하도록 솟아나는 샘물"이 될 것이라고 하신 말씀에 대해서는 주의를 기울이지 않고, 오직 현세에서 자기가 물 때문에 고생하지 않고 편안하게 살 수 있게 되기를 원하는 마음뿐이었기 때문에, 혹시라도 하실 수 있거든 당신의 은총으로 자기가 그 물을 얻어서 이 땅에서 지금보다 좀 더 편안하게 살 수 있다면, 한 번 그렇게 해봐 주시라고 조롱조로 이 말을 한 것이다. 이것은 사도 바울이 로마서 8:5에서 "육신을 따르는 자는 육신의 일을 … 생각하나니"라고 한 말이 얼마나 옳은지를 잘 보여 준다.

16. 이르시되 가서 네 남편을 불러 오라.

그리스도께서는, 그녀가 나중에 고백하였듯이, 창녀처럼 살았기 때문에, 그녀에게 법적으로 남편이 없다는 것을 모르셨던 것이 아니라, 그녀의 치부를 드러내심으로써, 그녀로 하여금 정신을 차리게 하시고, 자기가 생수에 대하여 말씀하신 것을 비웃고 조롱한 것이 죄라는 것을 깨닫게 하셔서, 이제부터 그녀에게 전하신 구주에 관한 기쁜 소식을 받아들일 수 있도록 준비시키시기 위해서 이 말씀을 하신 것이었다. 옛 교부들 중 일부는 주님께서는 사람들 사이에서 평판이 좋지 않은 이 여자와 단 둘이서 더 길게 대화를 나누는 것이 문제가 될 수 있다고 생각하셔서, 그것을 피하시기 위하여, 단도직입적으로 본론에 들어가시려고, 그녀에게 남편을 불러 오라고 하신 것이라고 보지만, 나는 그런 견해보다는 내가 앞에서 말한 견해가 더 주님의 의도에 가까운 것으로 본다.

17. 여자가 대답하여 이르되 나는 남편이 없나이다 예수께서 이르시되 네가 남편

이 없다 하는 말이 옳도다.

이 사마리아 여자는 자기가 지금 자신의 남편으로 여기고 함께 살고 있는 남자가 없다는 것이 아니라, 어떤 남자를 합법적인 남편으로 모시고 오직 그에게만 정절의 의무를 지키는 그런 남편이 자기에게 없다는 의미로, 이렇게 말한 것이었다. 따라서 이것은 그녀가 계속해서 그리스도를 속이려고 술수를 쓰고 있다는 것을 보여 준다. 그리스도께서는 그녀가 어떤 의미에서 진실을 말하고 있다는 것을 인정하신다. 왜냐하면, 주님께서는 그녀에게 합법적인 남편이 없다는 것을 알고 계셨기 때문이다.

18. 너에게 남편 다섯이 있었고 지금 있는 자도 네 남편이 아니니 네 말이 참되도다.

주님께서는 그녀에게 "남편 다섯이 있었다"고 말씀하신다. 그녀가 혼인한 남자마다 일찍 죽어서 남편이 다섯이 된 것인지, 아니면 그녀가 간음함으로써 이혼을 당해서 남편 다섯을 두게 된 것인지에 대해서는 해석자들 간에 견해가 일치하지 않지만, 오늘날 가장 훌륭한 해석자들은, 그녀는 남편 다섯과 차례로 혼인생활을 하였지만, 간음을 행하거나 제멋대로 좋지 않은 행실을 보여서, 그 때마다 이혼을 당한 것이라고 생각한다. 그리고 그녀는 지금 또 다른 남편을 얻어서 함께 살고 있기는 하였지만, 그녀의 이전 남편들이 여전히 살아 있었고, 지금의 남편은 그녀의 합법적인 남편이 아니었기 때문에, 그녀가 자기에게 남편이 없다고 한 말은 진실이었다. 하지만 나는 이 여자는 이전의 다섯 남편과는 합법적으로 혼인하였지만, 그들이 모두 다 죽고 나서, 지금은 다섯 번째 남자와는 정식 부부가 아니라 내연관계로 살고 있었기 때문에, 이렇게 말한 것으로 보는 것이 더 합당하다고 본다. 어쨌든 그리스도께서는 그녀가 지니고 있던 치부를 드러내심으로써, 그녀로 하여금 자신의 죄를 깨닫게 하심과 동시에, 그가 메시야라는 것을 인정하게 하신다.

19. 여자가 이르되 주여 내가 보니 선지자로소이다.

"선지자"는 하나님으로부터 비밀한 것들에 대한 계시를 받아서 사람들에게 하나님의 뜻을 전하는 직임을 맡은 자를 가리키기도 하고, 환상이나 꿈에서 하나님의 뜻을 계시받는 자를 가리키기도 한데(민 12:6), 이 여자가 언급한 "선지자"는 이 둘을 다 의미하는 것으로 보인다. 즉, 그녀는 그리스도께서 그녀의 비밀한 것들을 그녀에게 말씀해 주셨기 때문에 그리스도를 선지자로 인정한 것인데, 선지자는 하나님으로부터 보통 사람들은 알 수 없는 것들에 대한 계시를 받는 자라는 것을 생각하

면, 그녀가 그리스도를 선지자로 여긴 것은 정당한 것이었다. 그녀가 그런 근거 위
에서 그리스도를 선지자로 보았다는 사실은 그녀가 29절에서 그 동네 사람들에게
"내가 행한 모든 일을 내게 말한 사람을 와서 보라 이는 그리스도가 아니냐"라고 말
한 것에서 잘 드러난다. 그러나 다음 절에서 그녀가 어느 쪽의 예배가 합법적인 것
이냐를 놓고서 유대인들과 사마리아인들 간에 끊임없이 논쟁이 있는 것에 대하여
우리 구주와 대화를 시작한 것은, 그녀가 그리스도를 평범한 의미에서의 선지자, 즉
하나님의 감화를 받아서 하나님의 마음과 뜻을 사람들에게 전하는 자라는 의미에
서 선지자로 여겼다는 것을 보여 준다. 그녀는 그리스도를 앞에서 말한 전자의 의
미에서의 선지자가 아니라, 후자의 의미에서의 선지자로 보았다. 후자의 의미에서
의 선지자, 즉 하나님으로부터 보내심을 받아서 하나님의 뜻을 사람들에게 드러내
기는 하지만, 하나님의 감동을 받아 장래의 일들을 예언하지는 않는 선지자들은 많
이 있었다.

　위선자 또는 외식하는 자와 진정으로 자신의 죄를 깨닫게 된 자 간의 차이는 이
여자의 모범 속에서 아주 두드러지게 드러난다. 그녀는 가인이나 게하시, 아나니아
나 삽비라와는 달리 자신의 죄를 부인하지도 않고, 서기관들과 바리새인들, 이스라
엘과 유다의 악한 왕들이나 헤롯과는 달리, 자신의 죄가 드러났을 때에 거기에 분
노하지도 않으며, 자신의 죄를 어떻게든 변명하거나 축소시키려고 하지도 않는다.
도리어, 그녀는 자신의 죄와 치부를 드러내신 그리스도를 선지자로 인정하고, 자기
가 어떻게 해야 하는지를 가르쳐 주시라고 청한다. 또한, 이 여자의 모범은 우리가
선지자들을 어떤 식으로 선용해야 하는지도 가르쳐 준다. 즉, 우리는 선지자들에게
우리를 바른 길로 인도해 주고 하나님의 뜻을 있는 그대로 충실하게 알게 해 달라
고 청하여야 한다는 것이다.

**20. 우리 조상들은 이 산에서 예배하였는데 당신들의 말은 예배할 곳이 예루살렘
에 있다 하더이다.**

　"이 산"은 그리심 산을 가리키는데, 세겜 가까운 곳에 있는 아주 높은 산이었다.
야곱은 그 근방에 제단을 쌓고, 그 이름을 "엘엘로헤이스라엘"이라고 불렀다(창
33:20). 어떤 이들은 아브라함이 이 산 위에서 이삭을 제물로 드리려고 하였다고 말
하지만(창 22:1-18), 그 산은 모리아 땅에 있던 산이었다. 분명한 것은 모세는 이 산
으로부터 복들을 선포하였다는 것이다(신 27:12). 그러나 이 사마리아 여자는 그런
것들에는 관심이 없었고, 오직 일반적인 사마리아 사람들처럼 예루살렘 성전이 아

니라 이 산 위에 지어진 성전에서 예배를 드리는 것이 과연 유대인들의 주장처럼 잘 못된 것인지만을 알고 싶어 하였던 것 같다. 여기에서 우리는 이 본문을 제대로 온 전히 이해하기 위해서 그리심 산에 성전이 세워지게 된 일에 관한 이야기를 살펴보 는 것이 좋을 것이다.

산발랏은 다리오에 의해서 임명된 사마리아의 총독이었다. 우리는 느헤미야서 에서 이 산발랏에 대하여 들을 수 있는데, 거기에서 느헤미야는 "대제사장 엘리아 십의 손자 요야다의 아들 하나가 호론 사람 산발랏의 사위가 되었으므로 내가 쫓아 내어 나를 떠나게 하였느니라"(느 13:28)고 말한다. 요세푸스는 산발랏의 사위가 된 이 사람이 이름이 므낫세였다고 우리에게 말해 준다. 에스라는 이방 여자와 혼인한 자들은 그 이방 여자를 내쫓기로 모든 백성과 함께 하나님 앞에 언약을 하였는데(스 10:3), 이 산발랏의 사위는 그 언약에 의거하여 예루살렘에서 쫓겨났다. 성경이 우 리에게 들려주는 이 이야기는 거기에서 끝나기 때문에, 우리는 요세푸스가 자신의 저서인 『유대 고대사』에 기록해 놓은 것으로 이 이야기를 보충하지 않으면 안 되는 데, 거기에서 그는 이렇게 말한다: 이 사람, 즉 므낫세는 이렇게 희생제사로부터 쫓 겨난 후에 산발랏에게로 가서, 산발랏의 딸이었던 자신의 아내와 이혼하고 싶다는 의사를 밝힌다. 그러자 산발랏은 그에게 그가 자기 딸을 계속해서 그의 아내로 둔 다면, 그로 하여금 계속해서 제사장직을 유지할 수 있게 해줄 뿐만 아니라, 다리오 의 허락을 얻어 그리심 산에 예루살렘 성전과 맞먹는 성전을 지어, 그를 그 성전의 대제사장직에 앉히겠다고 약속한다. 이러한 약속을 받은 므낫세는 산발랏 곁에 머 물게 되었고, 뿐만 아니라 이방 여자들과 혼인했다는 이유로 느헤미야에 의해서 제 사장직을 박탈당하고 예루살렘에서 쫓겨난 다른 많은 사람들도 므낫세에게로 와서 합류하였다. 그런 와중에서, 다리오의 총애를 받고 사마리아 총독이 되었던 산발랏 은 다리오가 알렉산더 대왕에 의해서 패배당하자 권좌에서 밀려날 운명에 처하게 되지만, 예루살렘에서 대제사장으로 있던 자신의 형제 얏두스(Jaddus)가 새로운 정 복자를 인정하기를 완강하게 거부함으로써, 다시 한 번 기회를 잡게 된다. 즉, 산발 랏은 이 기회를 이용해서, 자기가 관할하고 있는 모든 지역이 알렉산더 대왕에게 복 종하도록 만들겠다고 제안하면서, 유대 지역을 굴복시킬 묘안을 제시하는데, 그것 은 그리심 산에 예루살렘 성전을 대체할 성전을 지어서, 유대인들을 고립시켜 힘을 약화시키고, 사마리아 지역과 갈릴리 지역을 알렉산더 대왕에게 복종하게 하면 된 다는 것이었다. 이렇게 해서, 산발랏은 알렉산더 대왕의 환심을 사서 그의 허락을 얻어, 그리심 산에 성전을 짓고, 자신의 사위를 대제사장으로 앉힌다. 산발랏은 이 성전을 지은 후에 얼마 있지 않아서 죽었지만, 여전히 자신의 사위인 므낫세는 그리심 산의 성전의 대제사장으로 있게 되었고, 자신의 형제인 얏두스는 예루살렘 성전의 대제사장으로 있게 되었으며, 그 후로 이 새로운 성전은 예루살렘에서 죄를 지어 유대인들로부터 쫓겨난 자들의 피난처가 되었다. 이렇게 이 두 성전은 220여 년 동안 존속해 오다가, 그리심 산 성전은 예루살렘 성전의 유대인 대제사장이었던 히르카누스(Hircanus)에 의해서 파괴되었다. 그러나 사마리아 사람들은 여전히 성전이 있던 터를 신성한 곳으로 여겨서, 거기로 와서 치성을 드리기를 계속하였다.

이러한 미신적인 관습을 두고서, 이 사마리아 여자는 "우리 조상들은 이 산에서 예배하였는데"(즉, 예배하는 마음으로 치성을 드리곤 하였다는 것) "당신들의 말은 예배할 곳이 예루살렘에 있다 하더이다"라고 말한다. 반면에, 유대인들은 신명기 12:14, 26에서 "오직 너희의 한 지파 중에 여호와께서 택하실 그 곳에서 번제를 드리고 또 내가 네게 명령하는 모든 것을 거기서 행할지니라"고 명령하고 "오직 네 성물과 서원물을 여호와께서 택하신 곳으로 가지고 가라"고 명령한 율법에 따라, 오직 예루살렘에서만, 그리고 율법에 규정된 희생제사를 통해서만 하나님을 예배하여야 한다는 것을 고수하였다.

21. 예수께서 이르시되 여자여 내 말을 믿으라 이 산에서도 말고 예루살렘에서도 말고 너희가 아버지께 예배할 때가 이르리라.

여자여, 너는 나를 선지자로 인정하는데, 선지자의 직임은 하나님의 뜻을 사람들에게 보여 주는 것이다. 그러므로 너는 내가 이제부터 하나님을 참되고 올바르게 예배하는 길에 대하여 말해 주는 것을 믿어야 한다. 그리심 산은 너희 조상들이 오랫동안 하나님으로부터의 그 어떤 명령도 없이 미신적으로 하나님을 예배해 왔던 곳이고, 예루살렘은 하나님께서 그를 예배할 장소로 택하신 곳이기는 하지만, 이제 너희가 그 둘 중 어디에서가 아니라, 다른 방식으로 나의 아버지이자 너희 아버지이신 하나님을 예배할 때가 오고 있다. 하나님께서는 이제 내가 복음 아래에서 제정하게 될 예배와는 아무런 상관이 없는 이 두 곳의 성전과 거기에서 드려지는 모든 예배를 폐하실 것이다.

22. 너희는 알지 못하는 것을 예배하고 우리는 아는 것을 예배하노니 이는 구원이 유대인에게서 남이라.

하나님께서 확실하게 계시해 주신 뜻을 따라서 너희가 예배하여야만, 너희가 드리는 예배를 하나님께서 열납하실 것임을 너희가 확신할 수 있는데도, 너희는 그런 식으로 알려진 확실한 예배 규범을 따라서가 아니라, 단지 너희 조상들이 해 왔던 대로 예배를 드려 왔을 뿐이다. 반면에, 유대인들은 예배와 관련하여 계시된 하나 님의 뜻, 즉 하나님의 백성은 하나님께서 자신의 말씀을 통해 친히 제정하신 의식 들과 절차들에 의거해서, 하나님이 친히 정하신 장소인 예루살렘에서 하나님을 예 배하여야 한다는 것을 알기 때문에, 우리가 드리는 예배가 하나님께 열납될 것임을 확실히 안다. 왜냐하면, 하나님께서는 옛적에 유대인들에게 구원의 통상적인 방편 인 하나님의 말씀을 맡기셨기 때문이다. 그래서 이사야 선지자는 "많은 백성이 가 며 이르기를 오라 우리가 여호와의 산에 오르며 야곱의 하나님의 전에 이르자 그가 그의 길을 우리에게 가르치실 것이라 우리가 그 길로 행하리라 하리니 이는 율법이 시온에서부터 나올 것이요 여호와의 말씀이 예루살렘에서부터 나올 것임이니 라"(사 2:3)고 말한 것이다.

23. 아버지께 참되게 예배하는 자들은 영과 진리로 예배할 때가 오나니 곧 이 때 라 아버지께서는 자기에게 이렇게 예배하는 자들을 찾으시느니라.

복음 아래에서, 즉 이미 세상에서 시작되었지만 아직 완성되지는 않은 메시야의 나라에서 하나님을 참되게 예배하는 자들은, 너희 사마리아 사람들처럼 하나님의 말씀에 의한 확실한 규범이나 절차도 없이 아무것도 모르고서 제멋대로 예배하지 도 않게 될 것이고, 마치 자신들이 드리는 희생제사들이나 종교의식들을 통해서 자 신들의 죄를 깨끗하게 씻을 수 있는 것처럼 생각하고 행동하는 외식하는 유대인들 처럼(시 50:8; 사 1:11; 66:3; 미 6:7) 하나님을 예배하지도 않게 될 것이며, 심지어 진 심으로 마음을 다하여 하나님을 예배하는 좀 더 진실한 유대인들처럼 예배하지도 않게 될 것이다. "성령이 이로써 보이신 것은 첫 장막이 서 있을 동안에는 성소에 들 어가는 길이 아직 나타나지 아니한 것이라 이 장막은 현재까지의 비유니 이에 따라 드리는 예물과 제사는 섬기는 자를 그 양심상 온전하게 할 수 없나니 이런 것은 먹 고 마시는 것과 여러 가지 씻는 것과 함께 육체의 예법일 뿐이며 개혁할 때까지 맡 겨 둔 것이니라"(히 9:8-10). 이제는 예배가 개혁될 때가 왔기 때문에, 하나님을 참 되게 예배하는 자들은 그러한 육신적인 예배가 아니라, 좀 더 영적인 예배, 좀 더 참 되고 확실하며 진정한 예배를 하나님께 드리게 될 것이다. 왜냐하면, 나의 아버지 하나님은 "이렇게 예배하는 자들," 곧 단순히 육신적으로 애쓰고 치성을 드리는 방 식이 아니라, 자신들의 영혼과 마음을 다하여 하나님을 예배하는 자들을 "찾으시기" 때문이다. 따라서 하나님께서 정하신 규범과 절차를 따라 지금 예루살렘에서 드려지고 있는 예배도 이제는 쓸데없게 되었다. 왜냐하면, 그 모든 것들은 다 단지 나에 대한 예표들이고 나를 가리키는 것들이었던 까닭에, 내가 이렇게 이 땅에 온 지금에 있어서는, 이미 효력을 잃었기 때문이다.

24. 하나님은 영이시니 예배하는 자가 영과 진리로 예배할지니라.

하나님은 피와 살과 뼈로 이루어져 있는 유형적인 존재가 아니시고, 육신적인 감각들을 지니고 계신 존재도 아니시기 때문에, 감각적인 것들로 만족하시고 기뻐하실 수 없으시다. 도리어, 하나님은 영적인 존재이시고, 영들의 아버지이시기 때문에, 그 존재의 성격에 걸맞은 영적인 예배를 원하신다. 따라서 공경하는 마음으로 하나님께 예배를 드리고자 하는 자들은 자신들의 "영"으로, 그리고 하나님이 정해 놓으신 규범인 "진리"를 따라 예배하여야 한다. 이제는 이것이 하나님의 뜻이다. 하나님께서는 율법 아래에서는 자기 백성에게 희생제사와 의식들을 통해서 상징적인 방식으로 예배를 드리게 하셨지만, 이제 그런 방식의 예배는 효력을 다하였다. 따라서 이 사마리아 여자는 그리심 산에서 드리는 예배와 시온 산에서 드리는 예배 중 어느 쪽이 참된 예배인지를 고민할 필요가 없다. 왜냐하면, 그 두 예배는 이제 신속하게 폐기되고, 좀 더 실체에 가까운 새로운 영적인 예배가 시작될 것이고, 그녀는 아무 짝에도 쓸데없는 그런 것들을 생각하는 데 시간을 허비하고 아무 쓸데없는 것들을 신경 쓰며 하나님을 예배하려고 애쓰는 것이 아니라, 진정으로 참되게 하나님을 예배하는 길과 방법을 배우게 될 것이기 때문이다.

25. 여자가 이르되 메시야 곧 그리스도라 하는 이가 오실 줄을 내가 아노니 그가 오시면 모든 것을 우리에게 알려 주시리이다.

이 여자는 비록 사마리아 여자였지만, 이 대답을 통해서 자기가 유대인임을 보여 준다. 왜냐하면, 그녀의 대답은 그녀도 다니엘과 시편 기자가 예언하였고(단 9:25-26; 시 2:2) 유대인들이 메시야라고 불렀던 이를 기다리며 살아 온 자들 중의 한 사람이라는 것을 보여 주는 것이었기 때문이다. "메시야"는 헬라어로는 "그리스도," 즉 "기름 부음 받은 자"를 의미한다. 또한, 그녀는 메시야가 큰 선지자일 것임을 알고 있었다(신 18:15). 즉, 그녀는 메시야께서 오시면 인간의 구원과 하나님 예배에 관한 하나님의 뜻을 다 그들에게 알려 주실 것이라고 하는 메시야에 대한 인식을 지니고 있었다. 그녀는 사마리아 여자였고, 사마리아 사람들은 오직 모세 오경만을 성경으로 받아들이고 있었는데, 어떻게 그녀가 메시야에 관하여 알고 있었던 것인

가 하고 묻는 사람이 있다면, 거기에 대답은 쉬운데, 그것은 모세 오경에도 "여자의
후손"(창 3:15), "아브라함의 자손"(창 28:13), "실로"(창 49:10), 모세와 같은 "선지
자"(신 18:15) 등과 같은 개념들을 통해서 메시야에 대한 언급이 나온다는 것이다.
또한, 그녀는 모세 오경에서 "실로"와 "선지자"로 불린 인물이 다니엘에 의해서는
"메시야"로 불렸다는 것도 유대인들을 통해서 손쉽게 알 수 있었을 것이다.

26. 예수께서 이르시되 네게 말하는 내가 그라 하시니라.

"내가 그라"는 것은 "메시야가 오시면 구원에 필요한 모든 것을 다 말해 줄 것이
라고 네가 기대하고 있는데 그 메시야가 바로 나"라는 것이다. 여기에서 어떤 이들
은 우리는 복음서들의 다른 곳들에서는 우리 구주께서 자기가 누구이신지를 나타
내시는 데 아주 조심하시고 신중하셨으며, 자신의 제자들에게 자신의 신분을 다른
사람들에게 알리지 말라고 당부하시는 모습을 아주 자주 보게 되는데, 왜 이 여자
에게는 자기가 누구이신지를 이렇게 분명하게 드러내신 것인지를 궁금해한다. 이
것에 대해서, 어떤 이들은 우리 구주께서는 이 여자가 정직하고 꾸밈이 없는 것을
아셨고, 자기에게서 어떤 꼬투리를 잡고자 하는 것이 아니라 가르침을 받고자 한다
는 것을 아셨기 때문에, 이 여자에게는 있는 그대로 분명하게 말씀해 주신 것이라
고 생각한다. 그러나 주님께서 자신의 제자들에게 자신의 신분을 사람들에게 알리
지 말라고 당부하시는 내용이 나오는 본문들을 잘 살펴보면, 우리는 주님께서는 자
기가 하나님의 아들이라는 것을 널리 퍼뜨리면, 원수들은 그것을 신성모독으로 몰
아가서, 자신의 때가 오기도 전에, 그들의 손에 의해 죽게 될 것을 우려하셔서, 제자
들에게 자기가 죽은 자 가운데서 부활하셔서 능력으로 하나님의 아들로 드러나고
선포될 때까지(롬 1:4), 자신의 신분을 사람들에게 널리 알리지 말라는 것이었음을
알게 된다. 또한, 우리는 유대인들은 메시야를 기다리고 있었지만, 이 사마리아 여
자와는 달리, 메시야가 그들에게 모든 것을 알려 주실 것이라는 기대를 갖고 있지
않았다는 것을 나중에 보게 될 것이다.

27. 이 때에 제자들이 돌아와서 예수께서 여자와 말씀하시는 것을 이상히 여겼으나 무엇을 구하시나이까 어찌하여 그와 말씀하시나이까 묻는 자가 없더라.

우리가 앞에서 들었듯이, 제자들은 먹을 것을 사기 위하여 세겜이라는 성내로 들
어갔고, 하나님의 섭리에 의해서 우리 구주께서 이 사마리아 여자와의 대화를 끝마
치실 때까지 성내에 머물렀다가, 이 대화가 끝난 후에야 돌아왔다. 그들이 돌아와
서 본 광경에 대하여 "이상히 여긴" 것은, 주님께서 길에서 여자와 대화를 나누고

계셨고(이것은 유대인들의 전통에 의해서 금지되어 있었다), 게다가 주님이 대화하시는 상대가 유대인들이 상종하지 않았던 사마리아 여자였기 때문이었다. 그러나 그들은 주님을 깊이 공경하고 존경하고 있었기 때문에, 주님께서 무슨 이유로 어떤 내용의 대화를 그 여자와 나누고 계시는 것인지가 몹시 궁금하였는데도 감히 묻지를 못하였다.

28. 여자가 물동이를 버려 두고 동네로 들어가서 사람들에게 이르되.

이 사마리아 여자는 그리스도께서 말씀하신 "생수"를 맛보기가 무섭게, 우물에서 물을 긷기 위해 가져온 "물동이"를 버려두었는데, 이것은 베드로가 우리 구주께 자신들이 모든 것을 버리고 주님을 따랐다고 말한 것과 같은 동일선 상에 있는 것이었다. 그녀는 물동이를 버려두고서, 5절에 언급된 "수가," 또는 세겜의 성내로 들어가서, 사람들을 붙잡고 긴 이야기를 한 것이 아니라, 단지 그리스도께서 계신 곳으로 가서 그들의 눈으로 직접 그리스도를 보고 그리스도의 말씀을 들어 본 후에 판단하라고 초청하였다.

29. 내가 행한 모든 일을 내게 말한 사람을 와서 보라 이는 그리스도가 아니냐 하니.

그녀는 이 사람이 지금까지 내가 행해 온 모든 일들을 다 알고 있고 내게 말해 주었으니 그리스도임에 틀림없다고 말하며, 사람들을 그리스도께로 초대한다. 그리스도께서는 요한이 자신의 복음서에 기록해 놓은 것보다 훨씬 더 많은 얘기들을 그녀에게 들려주었을 것임에 틀림없지만, 물론 그녀가 지금까지 행해 온 모든 일을 다 말씀하신 것은 아니었다. 왜냐하면, 성경에서 흔히 그러하듯이, 여기에서 "모든 일"은 실제로 모든 것이 아니라 다수를 의미하기 때문이다. 하지만 그녀는 자신이 지금까지 행해 온 일들 중에서 중요한 여러 가지 일들을 주님께서 다 아시고 자기에게 말씀하신 것으로 보아서, 자기가 살아오면서 행해 온 모든 일들을 말씀하실 필요가 있으실 때에는 얼마든지 그렇게 하실 수 있으시다는 것을 알고 있었고, 이것이 그녀로 하여금 이 사람이 메시야라고 믿게 하였기 때문에, 이렇게 사람들에게 이 사람이 메시야이니 가서 만나보고 직접 판단해 보라고 확신을 가지고 전할 수 있었다.

30. 그들이 동네에서 나와 예수께로 오더라.

주님께서 아직 야곱의 우물가에 앉아 계실 때, 동네 사람들 중 다수가 이 사마리아 여자의 얘기를 듣고 별 것 아닌 일로 치부해 버리거나 무시해 버리지 않고, 아마도 호기심에서 그 여자가 말한 사람을 직접 보고 그 말을 들어 보려고 주님께로 왔다.

31. 그 사이에 제자들이 청하여 이르되 랍비여 잡수소서.

이 사마리아 여자가 동네 사람들에게 그리스도께로 와서 직접 보고 들으라고 초대하고 있는 동안에, 주님의 제자들은 주님이 여행길에 주리시고 지치셨음을 알고, 동네로 들어가서 구해 온 음식을 주님께 드리면서, 그 음식을 드시고 기운을 차리시라고 권하고 있었다.

32. 이르시되 내게는 너희가 알지 못하는 먹을 양식이 있느니라.

그러나 우리의 찬송 받으실 주님께서는 자신의 허기를 채우시는 것보다 사마리아인들에게 복음을 전하는 일에 더 마음을 쏟으셨다. 이 "양식"이 무엇인지는 주님께서 34절에서 자세하게 설명하신다.

33. 제자들이 서로 말하되 누가 잡수실 것을 갖다 드렸는가 하니.

제자들은 아직도 여전히 육신적인 자들이었기 때문에, 주님께서 하신 말씀을 이해하지 못하고, 주님께 다른 먹을 것이 있으셔서 이렇게 말씀하시는 것이라고 생각하였다. 이것과 비슷한 경우들을 우리는 마태복음 16:7과 11:13에서도 볼 수 있다. 그들은 주님께서 어떻게 먹을 것을 구하셨을까 하고 의아해하면서, 다른 누군가가 음식을 주님께 갖다 드렸나 보다고 생각하게 된다. 이렇게 하나님께서 우리의 눈을 열어 주실 때까지는, 우리는 영적인 일들을 깨닫기가 무척 어려울 수밖에 없다.

34. 예수께서 이르시되 나의 양식은 나를 보내신 이의 뜻을 행하며 그의 일을 온전히 이루는 이것이니라.

우리 주님께서는 깨닫는 데 둔한 자신의 제자들을 나무라시는 것이 아니라, 그들의 연약함과 무지를 불쌍히 여기셔서, 자기가 앞서 하신 말씀이 무슨 의미인지를 여기에서 풀어서 말씀해 주신다. 즉, 주님께서는 아버지 하나님의 뜻을 행하고, 아버지 하나님의 일을 온전히 이루는 것이 자기가 먹고 마시는 것보다 더 주리고 갈급해하는 것이며 더 기뻐하는 것이라고 말씀하신다. 이것이 주님께서 하고자 하신 일이었고(요 5:30), 주님은 바로 그 일을 하시기 위하여 하늘로부터 내려오셨다(요 6:38). 다윗에게는 하나님의 율법이 꿀이나 꿀송이보다 더 달았던 것처럼, 예수 그리스도께는 복음을 전하시고 죄인들을 불러 회개하게 하시며 메시야에 관한 기쁜 소식을 널리 전하시는 것이 먹고 마시는 것보다 훨씬 더 배부른 일이었다. 이것이 주님의 일이었고, 나중에 기도 중에서 주님께서는 아버지 하나님께 자기가 이 일을

다 이루었다고 말씀하신다: "아버지께서 내게 하라고 주신 일을 내가 이루어 아버
지를 이 세상에서 영화롭게 하였사오니"(요 17:4). 이것을 통해서 주님께서는 복음
의 사역자들과 믿는 자들에게 먹고 마시는 일보다 영적인 일들을 우선시하여야 한
다는 것을 가르쳐 주시고, 특히 복음의 사역자들에게는 다른 어떤 일들보다도 복음
을 널리 전하는 일을 우선시하여야 한다는 것을 가르쳐 주신다.

**35. 너희는 넉 달이 지나야 추수할 때가 이르겠다 하지 아니하느냐 그러나 나는
너희에게 이르노니 너희 눈을 들어 밭을 보라 희어져 추수하게 되었도다.**

팔레스타인 지역에서는 파종한 때로부터 "넉 달"이 지나면 추수할 때가 이르렀
다. 하지만 그들은 씨를 뿌리자마자 추수에 대한 기대로 배불러 하였다. 우리 구주
께서는 이렇게 말씀하신다: 나의 추수는 내 아버지를 위하여 영혼들을 얻는 것인데,
내가 내 자신을 한 사마리아 여자에게 계시하자마자 저기 세겜 사람들의 무리가 내
게 몰려오고 있는 것을 보라. 나는 단지 방금 씨를 뿌렸을 뿐인데도, 밭은 이미 희어
져서 영적으로 추수할 때가 이르렀다(마 9:37). 가장 훌륭한 해석자들에 의하면, 우
리 구주께서는 이 절에서 전반부에서 실제로 밭에서 곡식을 거두는 추수에 대하여
말씀하신 후에, 후반부에서는 거기에 빗대어서, 자기에게로 몰려오고 있는 세겜 사
람들에 대한 영적인 추수를 말씀하고 계시는 것으로 본다. 이렇게 주님께서는 밭이
이미 희어져 추수하게 되었다는 것을 자신의 제자들에게 보여 주심으로써, 다음에
나오는 절들이 보여 주듯이, 그들도 이제 낫을 들고 추수하는 일에 참여해야 한다
는 것을 깨우쳐 주신다. 일부 비판적인 저자들은 이 본문의 전반부와 후반부가 모
두 실제의 밭에서 곡식을 거두는 추수에 대하여 말하고 있는 것으로 보고서, 어떻
게 밭이 넉 달이 되기도 전에 "희어져 추수하게" 될 수 있는지를 알아내려고 자신들
의 똑똑한 머리를 짜내 왔지만, 가장 훌륭한 해석자들은 이 절의 후반부가 영적인
추수에 대하여 말하는 것으로 보고, 이것은 이후의 내용에 의해서도 입증된다.

**36. 거두는 자가 이미 삯도 받고 영생에 이르는 열매를 모으나니 이는 뿌리는 자
와 거두는 자가 함께 즐거워하게 하려 함이라.**

옛적의 선지자들과 최근의 세례 요한이 뿌린 것들을 거두기 위하여 하나님에 의
해 도구로 사용되는 너희의 수고는 헛되지 않을 것이고, 반드시 삯을 받게 될 것이
다. 너희의 삯은 "영생"일 것이기 때문에, 결코 작은 것이 되지 않을 것이다: "많은
사람을 옳은 데로 돌아오게 한 자는 별과 같이 영원토록 빛나리라"(단 12:3). 선지
자들과 세례 요한은 복음의 씨를 뿌렸고, 너희는 그들의 뒤를 이어서 그들이 뿌린

씨앗에서 나온 열매를 거두는 일을 할 것이지만, "뿌리는 자와 거두는 자"는 둘 다 영광 중에서 동일한 상을 받고서 "함께 즐거워하게" 될 것이다. 아모스 선지자는 "보라 날이 이를지라 그 때에 파종하는 자가 곡식 추수하는 자의 뒤를 이으며 포도를 밟는 자가 씨 뿌리는 자의 뒤를 이을" 것이라고 말한다(암 9:13). 이 본문은 일생 동안 말씀의 씨를 신실하고 충성스럽게 뿌렸지만 살아 있는 동안에 눈에 보이는 열매를 거두지 못한 경건한 사역자들에게 큰 위로와 힘이 된다. 왜냐하면, 그들이 죽어서 무덤 속에 있을 때, 그들이 뿌린 씨들의 열매가 비로소 맺히고, 다른 사람들이 그 열매를 거두게 되는 일이 얼마든지 일어날 수 있기 때문이다. 하나님의 일꾼들이 받게 될 상은 그들이 얼마만큼 자신의 일을 성공적으로 하였느냐에 의해서가 아니라, 자신의 일을 얼마나 신실하고 충성되게 수행하였느냐에 의해서 결정된다. 한 사람은 씨를 뿌리고 다른 사람은 그 열매를 거두지만, 뿌리는 자와 거두는 자는 함께 즐거워하게 될 것이다.

37. 그런즉 한 사람이 심고 다른 사람이 거둔다 하는 말이 옳도다.

이것은 원래 다른 사람들의 권리와 소유를 부당하게 강탈하는 자들에 대하여 말하기 위해서 사람들 사이에서 아주 널리 회자되던 속담적인 표현이었지만, 유대인들이 가나안 땅을 물려받은 것처럼, 하나님의 섭리에 의해서 어떤 사람이 다른 사람의 수고의 열매를 정당하게 물려받는 것에 대하여 말하는 데도 사용되었다: "내가 또 너희가 수고하지 아니한 땅과 너희가 건설하지 아니한 성읍들을 너희에게 주었더니 너희가 그 가운데에 거주하며 너희는 또 너희가 심지 아니한 포도원과 감람원의 열매를 먹는다 하셨느니라"(수 24:13). 우리 구주께서는 "이 속담이 너희에게도 그대로 이루어졌다"고 말씀하신다.

38. 내가 너희로 노력하지 아니한 것을 거두러 보내었노니 다른 사람들은 노력하였고 너희는 그들이 노력한 것에 참여하였느니라.

나는 너희를 보내어, 너희가 수고하지 않은 것들을 거두게 하였다. 선지자들과 세례 요한과 나는 씨를 뿌렸다. 즉, 그들은 하나님의 말씀을 사람들에게 가르치고 전하여서 하나님을 위한 백성을 준비하였다. 이제 너희는 그들의 수고를 토대로 해서, 그렇게 준비된 자들을 거두고 모아들여서 복음 교회를 이루게 될 것이다.

39. 여자의 말이 내가 행한 모든 것을 그가 내게 말하였다 증언하므로 그 동네 중에 많은 사마리아인이 예수를 믿는지라.

"그 동네"는 세겜 또는 수가였지만, 사마리아 지역 내에 있었기 때문에, 그 주민들은 세겜 사람들로도 불렸고 사마리아인들로도 불렸다. 이 사마리아 여자는 주님께서 자기가 살아오면서 비밀로 붙여 온 일들을 아시고 자기에게 말씀하셨다고 동네 사람들에게 말하면서, 주님은 필요하다면 자기가 행한 모든 일들을 다 자기에게 말씀하셨을 것이라고 증언하였기 때문에, 그 동네 주민들 중 "많은" 사람들이 "예수를 믿었다." 즉, 그들은 이 여자가 증언하는 말을 다 듣고서, 그 사람이 선지자임에 틀림없다고 결론을 내리고서는, 흥분된 마음과 호기심으로 그리스도를 직접 보고 좀 더 대화를 나누어 보려고 온 것이었다. 이것은 우리 구주께서 방금 전에 밭이 희어져 추수하게 되었다고 하신 말씀, 즉 이미 많은 사람들이 주님을 영접할 준비가 되어 있다는 말씀이 옳았다는 것을 보여 준다. 이 사마리아 여자는 명망 있는 여자도 아니었고, 단지 자기가 행한 모든 일들을 주님께서 다 아시고 자기에게 말씀하셨다는 것만을 사람들에게 증거하였을 뿐인데도, 사람들은 주님을 믿었다. 이렇게 하나님이 역사하실 때가 되면, 은혜의 작은 방편을 통해서도 큰 역사가 일어난다.

40. 사마리아인들이 예수께 와서 자기들과 함께 유하시기를 청하니 거기서 이틀을 유하시매.

세겜 사람들이 그리스도께로 와서 대화를 많이 나누었다는 것은 41절과 42절이 잘 보여 준다. 이 사마리아인들과 그리스도 간에 어떤 얘기들이 오고갔는지에 대해서는 본문은 우리에게 직접적으로 말해 주지는 않지만, 이 대화의 결과로 "믿는 자가 더욱 많았고," 그들이 "우리가 친히 듣고 그가 참으로 세상의 구주신 줄 알았다"고 말하는 것으로 보아서, 우리는 이 대화가 그들에게서 믿음을 불러일으킬 수 있었던 영적인 것이었음을 알 수 있다. 그들은 주님이 그들과 함께 머물기를 원하였고, 이것은 그들의 믿음이 사랑으로 역사하는 믿음이었음을 보여 준다. 우리 구주께서는 그들의 믿음의 단초를 꺾지 않으시기 위해서, 그들과 함께 이틀을 머무셨다. 주님께서는 전도를 위하여 자신의 제자들을 파송하셨을 때에는 그들에게 사마리아인들의 길로 가지 말라고 명령하셨지만, 여기에서 자신은 그러한 원칙에 구애받지 않으셨는데, 이것은 비록 이방인들에 대한 전면적인 부르심은 나중에 될 일이기는 하였지만, 주님께서는 종종 이방인들에게 복음을 전하셔서 그들을 회심시키심으로써, 그러한 전면적인 부르심을 부분적으로 보여 주신 것과 맥을 같이하는 것이었다. 하지만 주님께서 그들과 함께 이틀을 머무시고 그 이상으로 긴 시간 동안 머물지 않으신 이유는, 이방인들이 전면적으로 부르심을 받게 될 때가 아직 오지 않앉을 뿐만 아니라, 유대인들과 사마리아인들 사이에는 각기 다른 종교로 인해서 뿌리 깊은 적대감이 형성되어 있었던 까닭에, 사마리아인들과 오랜 시간 머무는 것이 유대인들에게 자신에 대한 더욱더 큰 반감을 부추기는 일이 될 것이었기 때문이었다.

41. 예수의 말씀으로 말미암아 믿는 자가 더욱 많아.

여기에서 믿었다는 말은 39절이나 42절에서 믿었다고 하는 것과는 다른 의미로 사용되고 있는 것으로 보인다. 거기에서 사람들이 믿었다는 것은, 단지 주님께서 자신이 행한 모든 일들을 다 아시고 말씀하셨다고 증언한 여자의 말을 들은 사람들이 주님이 선지자라는 것에 동의한 정도의 믿음을 의미하는 것으로 보이지만, 여기에서 사람들이 믿었다는 것은, 사람들이 주님께서 직접 그들에게 들려주신 말씀들을 듣고 난 후에, 주님이 "세상의 구주"로 오신 그리스도이심을 믿게 되었다는 것을 의미한다. 이것은 사도 바울이 로마서 10:17에서 "믿음은 들음에서 나며 들음은 그리스도의 말씀으로 말미암았느니라"고 한 말이 옳다는 것을 잘 보여 준다. 그리스도께서는 그들에게 오직 말씀만을 전하시고, 이적을 베푸시지 않으셨는데도, 그들은 그리스도를 세상의 구주로 믿었다는 점에서, 이것은 사람들의 심령에 대한 그리스도의 말씀의 능력을 보여 준다. 그들은 어떤 표적을 보고 믿은 것이 아니라, 오직 그리스도의 말씀만을 듣고서 믿었다. 따라서 그들은 나중에 이적들이 그친 후에 오직 복음을 듣고서 회심하여 구주를 믿게 될 모든 이방인들의 첫 열매였다.

42. 그 여자에게 말하되 이제 우리가 믿는 것은 네 말로 인함이 아니니 이는 우리가 친히 듣고 그가 참으로 세상의 구주신 줄 앎이라 하였더라.

어떤 몇 가지 것들은 믿음이라는 결과를 가져다주는 주된 실효적 원인이나 고유의 도구적인 원인은 아니지만, 사람들로 하여금 믿음을 갖게 만드는 계기가 될 수 있다. 이 사마리아인들로 하여금 믿음을 갖게 만든 주된 실효적 원인이, 하나님께서 그들의 영혼을 어루만지시고, 그들의 마음에 빛을 비추어서 복음 안에 있는 구원의 지식을 알게 하시고, 그들의 의지로 하여금 거기에 순종하게 하신 것이었고, 고유의 도구적인 원인은 그들이 그리스도의 말씀을 들은 것임은 의심의 여지가 없다. 그러나 그들로 하여금 믿게 만든 계기가 된 것은 한 사마리아 여자가 그들에게 해 준 말이었다. 따라서 그들은 그녀가 해 준 말 때문에 비록 낮은 수준의 것이긴 하지만 믿게 되었고, 그 말이 계기가 되어 그리스도를 직접 보고 말씀을 듣게 된 것이었지만, 그들을 믿음으로 이끈 고유한 도구적인 원인은 그들이 그리스도의 말씀을 들은 것이었고, 그들에게 믿음이라는 결과를 낳은 주된 실효적 원인은, 그들이 말씀을 들을 때, 하나님께서 그들의 마음에 역사하셔서, 그들로 하여금 기꺼이 그 말씀을 받게 하시고 그리스도를 영접하게 만드신 것이었다. 이렇게 교회는 우리에게 성경을 받아들여서 하나님의 말씀으로 믿게 만드는 첫 번째 계기를 제공해 준다. 우리는 교회를 통해서 성경을 접하고서 읽고 거기에서 하나님의 손길들을 발견함으로써, 우리의 이성을 통해서 성경 말씀이 단순한 인간의 글이 아니라는 결론을 얻게 된다. 하지만 우리는 성령의 역사를 통한 확신을 얻을 때에야 비로소 성경을 하나님의 말씀으로 확고하게 받아들이게 된다. 이 사마리아인들은 그리스도를 선지자로 인정하고, 그가 메시야가 아닐까 생각한 것에서 그친 것이 아니라, 그가 "세상의 구주"이신 것을 "알게" 되었다고 고백한다.

43. 이틀이 지나매 예수께서 거기를 떠나 갈릴리로 가시며.

우리가 이미 3절에서 들었듯이, 그리스도께서는 갈릴리로 가시는 길에 단지 세겜을 통과하고자 하신 것이었는데, 그 곳에 사는 사마리아인들이 자신들과 함께 좀 더 머물러 계시기를 원하여서, 거기에 이틀을 머무시게 된 것이었다. 이제 이틀이 지나자, 주님께서는 갈릴리로의 자신의 여정을 계속해 나가신다. 그러나 여기에서 한 가지 질문이 생기는데, 그것은 주님께서 가장 먼저 가신 곳이 나사렛이었는가, 아니면 가나였는가 하는 것이다. 주님께서 먼저 나사렛으로 가셨다고 생각하는 사람들은 마태복음 4:12-13을 근거로 제시한다: "예수께서 요한이 잡혔음을 들으시고 갈릴리로 물러가셨다가 나사렛을 떠나 스불론과 납달리 지경 해변에 있는 가버나움에 가서 사시니." 또한, 나사렛은 가나로 가는 길목에 있었고, 주님께서는 나사렛에서 말씀을 전하셨다(눅 4:24). 켐니티우스(Chemnitius)는, 요한이 다음 절들에서 말하고 있는 대로, 주님께서는 먼저 가나로 가셨다고 생각한다. 또한, 누가복음 4:16은 주님께서 갈릴리를 떠나서 나사렛으로 가셨다고 말하고, 요한복음 4:54에서는 주님께서 갈릴리 가나에 이르러서 행하신 이적은 두 번째 이적이었다고 말하는데, 만일 주님께서 먼저 나사렛으로 가셨다면, 복음서 기자는 그렇게 보도할 수 없었을 것이다. 왜냐하면, 누가복음 4:23에서는 나사렛 사람들이 주님께서 가버나움에서 행하신 이적들을 여기에서도 행하라고 요구하였다고 보도하기 때문이다.

44. 친히 증언하시기를 선지자가 고향에서는 높임을 받지 못한다 하시고.

그리스도께서는 이 말씀을 적어도 두 번 이상 하셨다(마 13:57; 막 6:4; 눅 4:24). 문제는 주님께서는 지금 갈릴리로 가시는 길인데 왜 자신의 고향인 나사렛에 관한 말씀을 꺼내셨는가 하는 것이다. 주님은 비록 베들레헴에서 태어나셨지만, 나사렛에서 자라나셨기 때문에, 나사렛이 주님의 고향이었다. 그런 까닭에, 누가복음 4:23에서도 나사렛을 주님의 "고향"이라고 부른다. 이러한 난점에 대한 최선의 해결책은, 여기에 언급된 갈릴리를 나사렛을 제외한 갈릴리의 다른 지역을 가리키는 것으로 이해해서, 주님께서는 지금 자신이 갈릴리로 가시는 이유를 말씀하시는 것이 아니라, 자기가 나사렛으로 가시지 않고, 갈릴리의 다른 지역으로 가시는 이유를 말씀하고 계시는 것으로 보는 것이다. 즉, 주님께서는 "선지자가 고향에서는 높임을 받지 못한다"는 말이 있듯이, 자기가 자신의 고향인 나사렛으로 가면, 거기에서 제대로 사역을 할 수 없을 것이기 때문에, 갈릴리의 다른 동네로 가시는 것이라고 제자들에게 말씀하신 것이다.

45. 갈릴리에 이르시매 갈릴리인들이 그를 영접하니 이는 자기들도 명절에 갔다가 예수께서 명절중 예루살렘에서 하신 모든 일을 보았음이더라.

주님께서는 나사렛이 아닌 갈릴리의 다른 곳으로 가셨고, 갈릴리인들은 주님을 반갑게 영접하였는데, 이것은 그들이 주님께서 유월절 기간 동안에 예루살렘에서 행하신 이적들(요 2장)을 보았기 때문이었다. 이 갈릴리인들은 비록 예루살렘으로부터 아주 멀리 떨어져서 살아가기는 하였지만, 율법에서 유대인들의 모든 성인 남자들에게 명한 대로, 명절마다 예루살렘으로 올라가서 율법에 규정된 대로 명절을 지켰다. 사마리아인들은 그 어떤 이적도 보지 않았지만, 오직 말씀만을 듣고서 그리스도를 믿었던 반면에, 이 갈릴리인들은 그리스도를 영접하기는 하였지만, 명절 때에 주님께서 행하신 이적들을 본 것이 그들이 주님을 영접한 이유였다. 따라서 그들의 믿음은 저 사마리아인들의 믿음만큼 그렇게 고귀한 것이 아니었다. 우리 구주께서는 "너는 나를 본 고로 믿느냐 보지 못하고 믿는 자들은 복 되도다"(요 20:29)고 말씀하신다.

46. 예수께서 다시 갈릴리 가나에 이르시니 전에 물로 포도주를 만드신 곳이라 왕의 신하가 있어 그의 아들이 가버나움에서 병들었더니.

우리 구주께서 갈릴리로 오셔서 맨 처음으로 가신 곳은, 전에 물을 포도주로 변화시키시는 이적을 행하셨던(요 2장) "가나"였다. 주님께서 왜 가나로 먼저 가셨는지, 그 이유에 대해서는 본문이 말해 주고 있지 않기 때문에, 해석자들은 희미하게 추측만 해 볼 수 있을 뿐이다. 거기에서 주님께서는 두 번째의 이적을 행하시는데, 그 이적의 대상은 실제로는 가나 사람이 아니라, 가버나움에 사는 어떤 사람의 아들이었다. 가버나움은 납달리 지파의 성읍으로서 저 유명한 요단 강 가에 자리 잡고 있었다. 본문에서는 이 사람을 '바실리코스'(βασιλικòς)라고 설명하지만, 이 사람이 갈릴리의 분봉왕이었던 헤롯 왕가의 사람이었던 것인지, 아니면 헤롯 왕의 조신 또는 가신이었는지에 대해서는 말하지 않는다.

47. 그가 예수께서 유대로부터 갈릴리로 오셨다는 것을 듣고 가서 청하되 내려오셔서 내 아들의 병을 고쳐 주소서 하니 그가 거의 죽게 되었음이라.

그리스도께서는 전에 갈릴리에 계셨을 때에 가나에서 이적을 행하신 적이 있으셨고, 만일 이 왕의 신하가 세례 요한의 제자였다면(어떤 이들은 그렇게 생각하지만, 증명하기는 어렵다), 그는 유월절에 예루살렘에 올라가서, 거기에서 주님께서 베푸신 이적들을 보았거나, 적어도 현장에 있던 사람들로부터 그 이야기를 전해 들었을 가능성이 높다. 가버나움에서 가나까지는 꽤 먼 거리였지만, 이 신하는 아들을 사랑하는 마음에서 먼 길을 와서, 그리스도께 가버나움으로 내려오셔서 자기 아들을 고쳐 주실 것을 간청한다. 이것은 수리아의 나아만 장군이 엘리사가 반드시 와서 자기에게 안수해 주어야만 자기가 나음을 입을 수 있을 것이라고 생각하였던 것처럼, 이 신하도 그리스도께서 먼 곳에서도 병자를 치유하실 수 있으실 것이라고는 생각하지 않고, 반드시 병자가 있는 곳에 직접 오셔야만 치유하실 수 있으실 것으로 여겼다는 점에서, 그의 믿음이 아주 연약하였음을 보여 준다. 한편, 인간적으로 보기에는, 이 신하의 아들은 죽어가고 있었다.

48. 예수께서 이르시되 너희는 표적과 기사를 보지 못하면 도무지 믿지 아니하리라.

모든 정황을 제대로 잘 살펴보지 않은 사람들에게는, 다른 때에는 굳이 다른 사람들의 요청이 없어도 자원하셔서 병자들을 찾아가셨던 그리스도께서, 이번에는 이 왕의 신하가 이렇게 먼 길을 달려와서 간청하는데도, 시큰둥한 반응을 보이시고, 상당히 거칠게 대답하시는 것이 이상해 보일 수 있다. 그러나 우리는 그리스도께서 행하시고 말씀하시는 모든 것들을 우리가 다 분명하게 설명할 수 있다고 생각해서는 안 된다. 왜냐하면, 본문에 그 이유가 나와 있지 않을 때에도, 주님께서는 사람들의 마음을 너무나 잘 알고 계셨고, 거기에 따라 사람들을 달리 대하셔서 말씀하시고 행하셨을 것이기 때문이다. 하지만 분명한 것은 우리 구주께서는 언제나 자기가 말씀을 전하셨을 때, 그 말씀을 확증해 주는 이적을 베푸시기 이전에, 그 말씀 자체를 믿는 믿음을 더 높이 평가하셨다는 것이다(요 20:29). 따라서 우리는 여기에서 우리 구주께서 이 왕의 신하를 힐난하시는 말씀을 하신 이유는, 이 신하가 자신의 하늘에 속한 가르침을 받고자 하는 마음은 전혀 없이, 오로지 죽어가고 있는 자기 아들의 목숨을 건지기 위한 순전히 육신적인 목적으로 자기를 찾아온 것을 아셨기 때문일 것이라고 추측해 볼 수 있다. 이렇게 이 왕의 신하만이 아니라 대부분의 유대인들은 오직 그리스도께서 행하신 이적들을 보고 감탄하여 호기심이나 현세적인 이익에 이끌려 그리스도를 따랐을 뿐이고, 그리스도께서 그들에게 전하신 하늘에 속한 구원의 진리나 그리스도 자신에 대해서 제대로 된 관심을 기울이지 않았다.

49. 신하가 이르되 주여 내 아이가 죽기 전에 내려오소서.

이 신하는 앞서 우리 구주께서 자기에게 시큰둥하게 대답하시는 것을 듣고 상당히 기분이 나빴겠지만, 자기 아들의 목숨을 살리고자 하는 일념에, 그 대답에 대해서는 모른 체하고, 다시 한 번 똑같은 요청을 주님께 함으로써, 여전히 마치 그리스도께서 직접 그 자리에 있으셔야 자기 아들이 살게 될 것처럼, 연약한 믿음을 드러낸다.

50. 예수께서 이르시되 가라 네 아들이 살아 있다 하시니 그 사람이 예수께서 하신 말씀을 믿고 가더니.

우리 구주께서는 이 신하의 연약한 믿음을 짓밟아서 낙심하게 하지도 않으시고, 그렇다고 해서 그의 연약함을 장려하지도 않으시지만, 그의 믿음을 격려하시기 위하여 그의 아들을 고쳐 주신다. 주님께서는 자기가 꼭 그 자리에 있어야 아들이 나을 것이라고 생각하였던 이 신하의 연약한 믿음을 좀 더 견고한 믿음으로 세워 주시기 위하여, 그의 아들이 병들어 있는 곳으로 내려가지 않으시고, 단지 말씀만으로 그 아들을 고치신다. 주님은 그에게 "네 아들이 살아 있다"고 말씀하시며 "가라"고 명하시는데, 여기에서 "살아 있다"는 것은 그의 아들이 이미 고침을 받았다는 것을 의미한다. 이렇게 해서 그의 믿음은 성장하였다. 이 신하는 이전에는 다른 사람들이 말하는 것들을 듣고서 그리스도가 선지자일 것이라고 믿었지만, 이제는 자기 아들이 나았다고 하시는 그리스도의 말씀을 그대로 믿고 집으로 간다.

51. 내려가는 길에서 그 종들이 오다가 만나서 아이가 살아 있다 하거늘.

이 신하의 아들이 병에서 회복되어 살아났다는 기쁜 소식을 전하기 위해 가버나움에서 가나로 오다가 길에서 이 신하를 만난 그의 종들은 그리스도와 자신들의 주인 사이에 무슨 일이 일어났었는지에 대해서 전혀 모르고 있었고, 단지 자신들의 주인에게 그의 아들이 살아 났다는 좋은 소식만을 전하기 위해 오고 있던 중이었다.

52. 그 낫기 시작한 때를 물은즉 어제 일곱 시에 열기가 떨어졌나이다 하는지라.

이 신하는 자기 아들이 정확히 언제 병이 나았는지를 자신의 종들에게 물었고, 종들은 "어제 일곱 시"였다고 말한다. 이 신하의 아들이 고침을 받은 것은 순식간에 일어났고, 적어도 그토록 신속한 효과를 볼 수 있는 그 어떤 수단도 사용하지 않았는데도 고침을 받은 것이었기 때문에, 이적임에 분명하였다.

53. 그의 아버지가 예수께서 네 아들이 살아 있다 말씀하신 그 때인 줄 알고 자기와 그 온 집안이 다 믿으니라.

이 신하의 아들이 나은 때와 그리스도께서 자기에게 "네 아들이 살아 있다"고 말씀하신 때가 일치한다는 것은, 그의 아들이 그리스도 덕분에 병에서 회복되어 살아났고, 따라서 그리스도는 평범한 사람이 아닌 것은 물론이고 선지자보다 더 큰 하나님의 아들이시라는 것을 그에게 강력하게 확증해 주는 것이었다. 이것은 그의 믿음을 좀 더 높은 차원으로 끌어올려 주었다. 그는 처음에는 그리스도에 관한 소문을 믿었고, 다음에는 그리스도께서 자기에게 하신 말씀을 믿었는데, 이제는 그만이 아니라 가족 전체가 구원의 믿음을 갖게 되고, 그리스도인들이 되었다. 우리는 그러한 경우들을 루디아(행 16:14-15), 빌립보 감옥의 간수(행 4:34), 그리스보(행 18:8)에게서 볼 수 있다.

54. 이것은 예수께서 유대에서 갈릴리로 오신 후에 행하신 두 번째 표적이니라.

그리스도께서 물을 포도주로 변화시키신 것(요 2장)이 첫 번째 표적이었고, 이 번은 두 번째 표적이었다. 따라서 이 두 번의 이적은 마태복음 4:23에서 보도하고 있는 것과 같이 그리스도께서 갈릴리에서 행하신 그 밖의 다른 많은 이적들보다 시간적으로 앞서 행해진 것들이다.

제5장

개요

1. 베데스다 못가에 있던 서른여덟 해 된 병자를 안식일에 고치심(1-9).
2. 그리스도께서 안식일에 이 병자를 고치신 것에 대하여 유대인들이 비방하며 박해함(10-16).
3. 그리스도께서 아버지 하나님의 예를 들어 자신이 옳음을 보이심(17-18).
4. 아버지 하나님께서 자기에게 권능과 심판을 맡기셨음을 선언하심(19-30).
5. 자기에 대한 세례 요한의 증언을 근거로 드심(31-35).
6. 자기에 대한 아버지 하나님의 증언을 근거로 드심(36-38).
7. 자기에 대한 성경의 증언을 근거로 드심(39-40).
8. 자신의 낮아지심이 자기가 그들로부터 배척받게 된 원인이었음을 보이심(41-44).
9. 자기를 믿지 않는 것은 곧 모세를 믿지 않는 것임을 보이심(45-47).

1. 그 후에 유대인의 명절이 되어 예수께서 예루살렘에 올라가시니라.

여기에 언급된 "유대인의 명절"은 어떤 이들은 오순절, 어떤 이들은 장막절이었을 것이라고 생각하지만, 대부분의 해석자들과 최고의 해석자들은 이 명절은 유월절이었고, 우리 구주께서 공생애 사역을 시작하신 후에 두 번째로 맞으신 유월절이었다고 생각한다. 우리는 첫 번째 유월절에 대해서는 요한복음 2:13이 언급하고 있는 것을 본다. 해석자들은 첫 번째 유월절에 대한 언급이 나오는 요한복음 2:13부터 두 번째 유월절에 대한 언급이 나오는 여기 요한복음 5장에 걸쳐서 그리스도께서 공생애 사역의 첫 번째 해에 행하신 많은 일들을 요한복음 기자가 공식적인 연대기로 기록하게 된 것은 하나님의 뜻이었다고 생각한다. 다른 복음서들에는 이 두 번째 유월절에 대한 언급이 나오지 않기 때문에, 만일 요한마저 이것을 기록하지 않았다면, 우리는 그리스도께서 자신의 공생애 첫 해에 행하신 일들이 어떤 일들이었는지를 알 수 없게 되었을 것이다. 주님이 첫 해에 행하신 일들은 요한복음에 보도된 것들 외에도 마태복음 4장, 8장, 9장, 마가복음 1장과 2장, 누가복음 4장과 5장에 보도되고 있다. 우리 구주의 공생애 기간은 3년 반이었고, 그 시기 동안에 유월절은 네 번 있었다. 다른 복음서 기자들은 오직 그 중 한 번의 유월절, 그것도 마지막 유월절에 대해서만 언급하는 반면에, 요한은 네 번 다 언급한 것으로 여겨진다. 첫 번째 유월절에 대한 언급은 요한복음 2:13에 나오고, 두 번째 유월절에 대한 언급은 지금 이 본문, 즉 요한복음 5:1에 나오며, 세 번째 유월절에 대한 언급은 요한복음 6:4에 나오고, 네 번째 유월절에 대한 언급은 요한복음 8:1에 나온다. 해석자들이 여기에 언급된 "유대인의 명절"이 유월절을 가리키는 것으로 보는 또 하나의 이유는, 우리 구주께서는 앞 장인 요한복음 4:35에서 "너희는 넉 달이 지나야 추수할 때가 이르겠다 하지 아니하느냐 그러나 나는 너희에게 이르노니 너희 눈을 들어 밭을 보라 희어져 추수하게 되었도다"라고 말씀하셨는데, 실제로 이 유월절 무렵부터 추수 때까지는 넉 달이 남아 있었기 때문이다. 그리스도께서는 아버지 하나님의 율법(신 16:16)에 순종하셔서 유월절을 지키기 위하여 예루살렘으로 올라가셨다.

2. 예루살렘에 있는 양문 곁에 히브리 말로 베데스다라 하는 못이 있는데 거기 행각 다섯이 있고.

느헤미야 3:1에는 사람들이 예루살렘에 "양문"을 건축하였다는 얘기가 나온다. 또한, 거기에는 양을 비롯한 여러 가축들을 사고파는 시장이 있었다(신 14:26). 그래서 이 곳을 가리켜 헬라어로 말할 때에는 사람들은 "양"이라는 단어에 "시장"을 뜻하는 단어를 덧붙이기도 하고, "문"을 뜻하는 단어를 덧붙이기도 하였다. 이 시장 또는 문에서 가까운 곳에 "못"(κολυμβήθρα, '콜륌베트라')이 있었다. '콜륌베트라' 를 어떤 이들은 물고기 연못으로 번역하고, 어떤 이들은 씻거나 헤엄치는 곳으로 번역하는데, 이 단어는 "헤엄치다"라는 동사에서 파생되었기 때문에, 후자의 번역이 유력하다. 성전이 서 있던 산자락에는 그런 못이 두 개가 있었다고 한다. 그 중에서 동쪽에 있던 못은 "윗못"(왕하 18:17) 또는 "왕의 동산 근처 셀라 못"(느 3:15), 즉 "실로암 못"(요 9:7)으로 불렸고, 서쪽에 양문 가까이에 있던 못은 "베데스다"라 불렸다. 이 못들의 물은 실로암이라 불린 샘으로부터 공급되었는데, 실로암이라는 샘은 언제나 물로 차 있었던 것이 아니라, 간헐적으로 그 물이 지하의 동공들과 바위들의 틈새를 따라 시끄러운 소리를 내며 이 샘으로 들어 와서 흘러넘쳤다고 한다. 이 사야서 8:6에서는 "천천히 흐르는 실로아 물"이라고 말하는데, 해석자들은 여기서 "실로아 물"은 다윗과 그리스도의 나라에 대한 모형이었다고 말한다. 그렇다고 한다면, 그리스도께서 오실 즈음에, 실로아 샘에서 흘러 들어온 두 못의 물이 치유의 능력을 지니고 있었다는 것은 별로 이상한 일이 아니다. 왜냐하면, 여기에 나오는 베데스다 못만이 아니라, 요한복음 9:7은 실로암 못도 그러한 치유의 능력을 지니고 있었음을 보여 주기 때문이다. 이전 시대의 해석자들은 이 못들이 주로 빨래를 하거나 희생제물을 도살한 후에 씻는 장소로 사용되었다고 보고서, 이 못들이 지닌 치유의 능력은 거기로부터 나온 것이라고 생각하였지만, 그러한 생각은 잘못된 것이고, 이 못들의 치유의 능력은 우리를 고치시는 주님으로부터 나온 것임에 틀림없다.

이 못은 "히브리 말로 베데스다"라 불렸다. 어떤 이들은 "베데스다"가 "쏟아 부음의 집"을 의미하는 것으로 보고서, 이 못이 이런 이름을 갖게 된 이유에 대해서는 여러 견해가 제시되어 왔는데, 어떤 이들은 사람들이 이 못에 희생제물들의 피를 부었기 때문이라고 말하지만, 그것은 아주 잘못된 것이다. 왜냐하면, 희생제물들의 피는 제단에 부어졌기 때문이다. 또한, 어떤 이들은 빗물이 쏟아지듯이 퍼부어졌기 때문이라고 말하고, 어떤 이들은 열왕기하 20:20에 언급된 수로를 통해서 물이 이 못으로 쏟아져 들어왔기 때문이라고 말하는데, 이 마지막 견해가 가장 유력하다. 또 다른 이들은 "베데스다"가 "은혜의 집"이라는 뜻으로서, 하나님께서 이 물에 이러한 치유의 능력을 주셔서 사람들에게 큰 은혜를 베풀어 주신 것을 기리는 의미에서 그런 이름으로 불리게 된 것이라고 생각한다. 이 못에 있던 "행각 다섯"은 거동이 불편한 사람들이 이 못에서 씻고 나음을 얻기 위하여 못에 들어가려고 기다리면서 머물며 거니거나 쉬는 곳들이었던 것으로 보인다.

3. 그 안에 많은 병자, 맹인, 다리 저는 사람, 혈기 마른 사람들이 누워 [물의 움직임을 기다리니.

이 행각들 안에는 아주 많은 병자들, 곧 이런저런 병에 걸린 사람들이거나 맹인이거나 다리를 저는 사람이 있었는데, 그들은 물이 움직일 때를 기다리고 있었다.

4. 이는 천사가 가끔 못에 내려와 물을 움직이게 하는데 움직인 후에 먼저 들어가는 자는 어떤 병에 걸렸든지 낫게 됨이러라.

이 못의 물은 언제나 치유의 능력을 지니고 있었던 것이 아니고, 오직 물이 "움직일" 때에만 그런 능력이 있었는데, 본문은 이 물이 얼마나 자주 움직였는지에 대해서는 구체적으로 말하지 않고 "가끔"이라고만 말한다. 어떤 이들은 이 물이 유월절이나 오순절 같은 큰 명절 때에만 움직였을 것이라고 생각하지만, 본문에는 그런 말이 전혀 나오지 않는다. 우리는 천사가 사람들의 눈에 보이는 어떤 형태로 나타났을 것이라고 생각해서는 안 된다. 사람들은 물이 움직이는 것을 보고서, 천사가 내려온 것을 알았고, 오직 그 때에만 그 물은 치유의 능력을 지니고 있었다. 또한, 물이 움직일 때에도 많은 사람들이 한꺼번에 들어가서 다 고침을 받은 것이 아니라, 오직 그 움직이는 물에 가장 먼저 들어간 사람만이, 그가 어떤 병에 걸렸든 나음을 입을 수 있었다. 즉, 이 물은 언제나 치유의 능력을 지니고 있었던 것이 아니라, 첫째로는 물이 움직이는 특정한 때에만, 둘째로는 그 움직이는 물에 들어간 모든 사람이 아니라 가장 먼저 들어간 사람만, 셋째로는 병의 종류와 상관없이 어떤 병이든 다 고침을 받을 수 있었다는 것이다. 이것은 이 물이 지닌 치유의 능력이 사람들이 이 물에서 씻은 희생제물의 내장으로부터 왔다고 생각하는 자들의 견해를 충분히 반박해 준다. 게다가, 희생제물의 내장은 성전 안에 그러한 용도로 마련된 방에서 씻었다는 어떤 이들의 말에 비추어 보아도, 그러한 견해는 반박된다. 만일 그들의 견해대로, 이 물의 치유의 능력이 그러한 자연적이고 합리적인 방식으로 생겨난 것이라면, 사람들은 첫째로는 오직 그 물이 움직였을 때만이 아니라 언제든지, 둘째로는 가장 먼저 그 물에 들어간 사람만이 아니라 그 물에 들어간 모든 사람이 치유를 받을 수 있었을 것이고, 셋째로는 이 물의 치유의 능력은 온갖 종류의 병에 미치지 못하였을 것이다.

따라서 이 못이 이전에는 어떠한 용도로 사용되었든지 간에, 이 때에 이르러서는 하나님께서 이 못의 물을 사람들을 치유하는 데 사용하셨고, 사람들은 이 못의 물이 어떤 자연적인 치유의 효능을 통해서가 아니라 천사가 내려와서 이적을 일으키는 방식으로 병자들을 치유한다는 것을 알고 있었다. 구약성경은 이 못의 이러한 치유력에 대하여 아무런 언급도 하지 않고 있고, 유대 랍비 문헌들에 정통한 사람들은 랍비 문헌들에도 그러한 언급이 전혀 나오지 않는다고 말한다. 이것은 이 물이 이러한 치유의 능력을 지니게 된 것은 살룸이 양문을 지을 때부터도 아니고(느 3:15), 하스모네 왕가가 소멸된 때로부터도 아니며, 헤롯이 성전을 재건하거나 확장할 때로부터도 아니고, 오직 그리스도께서 태어나시기 얼마 전부터였을 가능성이 대단히 높다. 왜냐하면, 스가랴 선지자가 "그 날에 죄와 더러움을 씻는 샘이 다윗의 족속과 예루살렘 주민을 위하여 열리리라"(슥 13:1)고 예언하였듯이, 이 못의 물은 그리스도에 대한 예표로서, 사람들이 전에는 이 못의 물에서 자신들을 깨끗하게 씻었고 이 때에는 병 고침을 받았던 것과 마찬가지로, 이제 우리는 그리스도 안에서 깨끗하게 함과 치유하심을 받게 되었기 때문이다.

5. 거기 서른여덟 해 된 병자가 있더라.

이 병자의 이름이 무엇이었고, 어디에서 나서 어떻게 살아왔으며, 그가 구체적으로 어떤 병에 걸려 있었는지에 대해서는 본문이 우리에게 아무것도 말해 주지 않는다. 또한, 본문은 이 병자가 서른여덟 해 동안 병으로 고생하고 있었다는 것만을 말해 줄 뿐이고, 그 기간 동안에 쭉 누워 있었던 것인지, 어느 정도 거동이 괜찮았던 것인지에 대해서도 말해 주지 않는다. 따라서 이 사람이 중풍병에 걸렸던 것인지의 여부도 확실하지 않다. 하지만 이 사람이 인간의 힘이나 통상적인 수단으로는 거의 고칠 수 없는 병을 지니고 있었던 것은 거의 확실해 보인다. 왜냐하면, 우리는 이 오랜 기간 동안에 이 사람은 자신의 병을 고치기 위하여 온갖 수단과 방법을 다 써보았지만, 아무런 효험도 보지 못한 까닭에, 이 못으로 와서 오직 이적에 의해서 자신의 병이 낫기만을 바라고 이렇게 물이 움직이기를 기다리고 있었던 것이라고 보는 것이 자연스럽기 때문이다.

6. 예수께서 그 누운 것을 보시고 병이 벌써 오래된 줄 아시고 이르시되 네가 낫고자 하느냐.

그리스도께서는 하나님으로서 이 병자가 아주 오랫동안, 그러니까 우리 구주께서 태어나시기 8년 전쯤부터 병에 걸려 고생하고 있다는 것을 아셨는데, 그 때는 헤롯이 성전을 재건하거나 확장하고 추가적으로 단장하던 시기였다. 또한, 주님께서는 인간으로서 이 병자를 불쌍히 여기서서, "네가 낫고자 하느냐"고 물으신다. 이것은 과연 이 병자에게 낫고자 하는 마음이 있는 것인가 하고 주님이 의심하셨다는 뜻이 아니다. 병자치고 낫고자 하는 마음이 없는 사람이 어디 있겠는가? 게다가, 이 가련한 병자가 이 못 가에 누워 있다는 것 자체가 자신의 병을 낫고자 한다는 것을 보여 주는 것이었다. 따라서 주님께 "네가 낫고자 하느냐"고 이 병자에게 물으신 것은, 이 병자로 하여금 자기가 스스로 어찌할 수 없는 무력하고 비참한 상태와 처지에 있다는 것을 자신의 입으로 분명하게 시인하게 하여, 주님을 믿고 의지하여 낫고자 하는 믿음과 소망을 이끌어내서서, 그의 대답으로부터 그를 고칠 계기를 마련하시고, 이 일을 보고 있는 자들로 하여금 자신이 베푸실 이적에 더욱 주목하게 만드시기 위한 것이었다.

7. 병자가 대답하되 주여 물이 움직일 때에 나를 못에 넣어 주는 사람이 없어 내가 가는 동안에 다른 사람이 먼저 내려가나이다.

이 병자가 구체적으로 무슨 병에 걸려 있었는지에 대해서는 본문은 우리에게 말해 주지 않는다. 어떤 이들은 이 사람이 중풍병에 걸려서 거동을 할 수 없었을 것이라고 생각하는데, 그것도 일리가 있다. 즉, 중풍병에 걸리면, 중추신경이 마비되어서, 다른 사람의 도움 없이는 이 곳에서 저 곳으로 이동할 수 없게 되는데, 바로 이 가련한 병자가 그런 경우였을 수 있다는 것이다. 왜냐하면, 이 병자는 자리를 못에 넣어 주는 사람이 없다고 하소연하고 있기 때문이다.

8. 예수께서 이르시되 일어나 네 자리를 들고 걸어가라 하시니.

우리 주님께서는 천사가 이 못의 물을 움직일 때에 사람들이 치유를 받게 되지만, 자신은 단지 말씀으로만 사람들을 치유하실 수 있으시다는 것을 보여 주심으로써, 이 못의 물과 천사가 지닌 능력은 자기로부터 나온 것임을 이 가련한 사람에게 알게 해 주고자 하시기 위하여, 이 병자를 말씀으로 고쳐 주신다. 그런데 주님께서 그에게 일어나서 자리를 들고 걸어가라고 명령하신 것은 이 일을 보고 있던 모든 사람들로 하여금 이 병자가 온전히 고침을 받았다는 사실을 눈으로 직접 보고 확인할 수 있게 하시기 위한 것이었다.

9. 그 사람이 곧 나아서 자리를 들고 걸어가니라 이 날은 안식일이니.

방금 전까지만 해도 기동도 하지 못했던 이 사람의 힘은 즉시 회복되어서, 사람들이 보는 앞에서 일어나 자신의 자리를 들고 걸어갔다. 이 모든 일은 안식일에 이루어졌고, 안식일에 짐을 들고 가는 것은 불법이었기 때문에(렘 17:21, 24), 유대의 교회법에 의하면 사형이나 태형에 처해질 수 있었다. 그러나 우리 구주께서 이렇게 안식일에 이 병자를 고치신 것은 자신이 안식일의 주인이시라는 것과 자신의 특별한 명령이 없는 경우에는 불법인 일도 자신의 명령에 의해서 합법이 된다는 것을 유대인들에게 알게 하고자 하신 것이었다. 또한, 이 일은 율법을 문자적으로 해석하였을 때에는 불법이었지만, 율법의 정신에 비추어 보았을 때에는 율법에 저촉되는 것이 아니었다. 왜냐하면, 율법은 오직 사람들이 사사로운 이익을 위하여 개인적인 일에서 물건이나 짐을 나르는 노동만을 금지한 것이었고, 하나님께서 사람들에게 나타내신 선하심과 긍휼하심을 공적으로 증언하기 위하여 행해진 일들을 금지한 것은 전혀 아니었기 때문이다. 이 일을 통해서 우리 구주께서는 안식일을 진정으로 거룩하게 지키는 것과 관련된 유대인들의 잘못된 인식과 개념을 바로잡을 수 있는 길을 여신다. 우리가 주목할 것은 우리 구주께서는 여기에서와 똑같이 마태복음 9:6에서도 "인자가 세상에서 죄를 사하는 권능이 있는 줄을 너희로 알게 하려 하노라"고 하시고 중풍병자에게 "일어나 네 침상을 가지고 집으로 가라"고 하셨고, 마가복음 5:41에서는 백부장의 딸에게 "소녀야 일어나라"고 하셨으며, 요한복음 11:43에서는 나사로에게 "나사로야 나오라"고 하셨다는 것이다. 이 예들에서 우리 구주께서 그렇게 하신 것은 현장에서 보고 있던 모든 사람들에게 그 이적들이 진정으로 일

어났다는 것을 확실하게 보여 주시기 위한 것이었다. 또한, 하인시우스(Heinsius)
는, 우리 구주께서 안식일에 많은 이적들을 행하신 것은, 열왕기하 4:23에서 "그 남
편이 이르되 초하루도 아니요 안식일도 아니거늘 그대가 오늘 어찌하여 그 선지자
엘리사에게 나아가고자 하느냐 하는지라"고 말한 것처럼, 이스라엘 사람들은 보통
안식일에 선지자들에게 도움을 청하는 것이 관례였기 때문이라고 말한다.

**10. 유대인들이 병 나은 사람에게 이르되 안식일인데 네가 자리를 들고 가는 것
이 옳지 아니하니라.**

여기에서 유대인들은 그리스도께서 안식일의 주인이시라는 것을 알지 못하였기
때문에, 율법을 문자적으로 해석해서 이렇게 말한 것이었다. 그들이 이 병 나은 사
람에게 이런 식으로 트집을 잡고 시비를 건 것은, 그들에게 그리스도를 믿는 믿음
도 없고, 자신들의 이웃을 불쌍히 여기는 자비로운 마음도 없다는 것을 그대로 드
러낸 것이었다.

11. 대답하되 나를 낫게 한 그가 자리를 들고 걸어가라 하더라 하니.

이 병 나은 사람은 자기가 생각해 낼 수 있는 좋은 대답을 유대인들에게 한다. 그
의 대답의 요지는 자기는 자기를 이렇게 고쳐 주신 분이 선지자라고 믿었고, 그분
이 하나님의 권위로 자기에게 이렇게 자리를 들고 걸어가라고 하셨기 때문에, 자기
는 그들의 전통이 아니라 그 선지자에게 순종하여 이렇게 한 것은 합법이라는 것이
었다. 이 병 나은 사람은 자기를 고쳐 주신 분이 구체적으로 어떤 분이시고, 그 이름
이 무엇인지를 아직 알고 있지 못했지만, 자기가 인간을 뛰어넘는 어떤 능력을 지
니신 분에 의해서 고침을 받았다는 것은 알고 있던 것으로 보인다.

12. 그들이 묻되 너에게 자리를 들고 걸어가라 한 사람이 누구냐 하되.

이 병 나은 사람은 사람의 전통에 의하면 자기가 안식일에 자리를 들고 걸어간 것
이 불법이 되겠지만, 자기는 하나님의 권위에 의하여 고침을 받은 것이기 때문에 불
법이 아니라고 말하는 것처럼 보였기 때문에, 그리스도를 하나님이나 하나님으로
부터 보내심을 받은 선지자로 보지 않았던 유대인들은 그 선지자가 누구냐고 물은
것이 아니라, "너에게 자리를 들고 걸어가라 한 사람이 누구냐"로 물음으로써, 이
병 나은 사람이 하나님의 명령을 무시하고 사람의 명령을 따른 것이라고 반박한다.
즉, 유대인들은 이렇게 말한 것이나 다름없었다: 하나님의 율법은 안식일에는 짐을
들고 가서는 안 된다고 명령하고 있는데, 감히 너나 다른 사람에게 하나님의 율법
에 어긋나는 일을 행하도록 가르친 "사람"은 도대체 누구냐?

13. 고침을 받은 사람은 그가 누구인지 알지 못하니 이는 거기 사람이 많으므로 예수께서 이미 피하셨음이라.

그리스도께서는 이 못에 온 낯선 사람이었고, 이 못에 와서 오직 이 이적만을 행하셨기 때문에, 이 병 나은 사람은 자기를 고쳐 주신 분이 누구이신지를 물을 시간이 없었다. 게다가, 이 못 가에는 사람들이 많이 있어서, 그리스도께서는 사람들 틈새로 이미 그 자리를 빠져 나가신 후였기 때문에, 이 병 나은 사람은 그리스도를 찾아서, 자기에게 그렇게 말씀하신 분이 누구인지를 유대인들에게 보여 줄 수 없다.

14. 그 후에 예수께서 성전에서 그 사람을 만나 이르시되 보라 네가 나았으니 더 심한 것이 생기지 않게 다시는 죄를 범하지 말라 하시니.

그리스도께서는 사람들이 통상적으로 그러하듯이, 성전의 바깥뜰, 또는 성전의 어느 지역을 거니시다가, "그 사람," 즉 베데스다 못 가에서 자기에게 고침을 받았던 사람을 만나셨고, "더 심한 것이 생기지 않게 다시는 죄를 범하지 말라"고 당부하신다. 주님께서는 이 말씀을 통해서, 죄가 질병들의 통상적인 원인이고, 거룩한 행실이야말로 건강을 보존하는 최선책이라는 것, 그리고 하나님께서는 죄와 죄인들을 현세에서 벌하실 뿐만 아니라, 장차 내세에서도 죄와 죄인들에 대하여 자신의 진노를 보이실 것임을 그 사람과 우리에게 알게 해 주신다.

15. 그 사람이 유대인들에게 가서 자기를 고친 이는 예수라 하니라.

이 본문을 읽고서, 우리가 그리스도께서는 이 사람에게 그토록 큰 은혜와 자비를 베풀어 주셨는데도, 이 병 나은 사람이 배은망덕하게도 유대인 관원들에게로 가서 그리스도를 고발한 것이라고 보는 것은 너무 가혹한 것으로 보인다. 아마도 이 병 나은 사람은 그리스도께서 자기에게 베풀어 행하신 일을 널리 알려서, 그리스도를 높임과 동시에, 그리스도의 도움을 필요로 하는 다른 사람들도 자기처럼 그리스도를 찾아가 도움을 받도록 하고자 하는 순수한 마음으로, 유대인들에게로 가서 이 말을 하였을 가능성이 훨씬 더 높아 보인다.

16. 그러므로 안식일에 이러한 일을 행하신다 하여 유대인들이 예수를 박해하게 된지라.

그러나 이 병 나은 사람의 의도와는 달리, 유대인들은 이 병 나은 사람의 제보를 악용한다. 즉, 안식일을 범한 죄는 흔히 사형에 처해지는 범죄였기 때문에, 그들은 그리스도께서 안식일을 범하였다는 확실한 증거를 잡게 되자, 그것을 빌미로 그리스도를 박해하기 시작하였다.

17. 예수께서 그들에게 이르시되 내 아버지께서 이제까지 일하시니 나도 일한다 하시매.

　우리는 본문에서 유대인들이 이 병 나은 사람의 제보를 받고서 그리스도를 박해하게 되었다는 말만을 들을 뿐이고, 그들이 그리스도를 찾아가서, 왜 안식일에 병자를 고쳐서 안식일을 범한 것인지를 따지고 추궁하였다는 말은 듣지 못한다. 그들은 얼마든지 그리스도께 그런 식으로 추궁하지 않은 채 그리스도를 박해하였을 수도 있지만, 이 절은 일부 유대인들이 실제로 그리스도를 찾아가서, 그리스도께서 안식일을 범하신 것(그들의 생각에 따르면)에 대하여 추궁하였다는 것을 말해 주는 것처럼 보인다. 그러나 우리가 이미 앞에서 설명하였듯이, 복음서들에 나오는 "대답하여 이르시되"라는 표현은 반드시 앞서 제기된 어떤 질문에 대한 대답이라는 의미로 사용되는 것이 아니라, 흔히 선행적인 질문이 없는데도 어떤 주어진 경우에 그리스도께서 어떤 말씀을 시작하실 때에도 사용되기 때문에, 우리는 여기에서 유대인들의 어떤 질문이나 추궁이 반드시 선행되었을 것이라고 생각할 필요는 없다.

　우리 구주께서는 여기에서 아버지 하나님의 예를 들어서 자신의 행위를 옹호하신다. 유대인들은 하나님께서 태초에 천지를 창조하실 때에 육일에 걸쳐 창조하시고 제칠일에는 창조의 일을 놓으시고 안식하신 것을 기념해서 안식일을 지켰다. 그러나 하나님께서는 창조의 일로부터는 안식을 취하셨지만, 자신이 창조하신 피조물들을 관리하고 경영하시는 일은 한 주간의 다른 날들은 물론이고 안식일에도 쉬지 않으시고 여전히 "일하신다." 따라서 그리스도께서는 이렇게 말씀하신다: 아버지 하나님께서 지금도 여전히 일하고 계시기 때문에, 이 아버지의 아들인 나도 일하는데, 내가 하는 일은 나의 "능력의 말씀으로 만물을 붙드는"(히 1:3) 일이다. 따라서 하나님의 섭리를 따르는 일들을 하는 것은 안식일에도 합법이다. 내가 서른여덟 해 동안 병들어 있던 자에게 한 일도 그런 일이었다. 하나님께서 제칠일에 창조의 일로부터는 안식하셨지만, 지금도 여전히 다른 일들을 하고 계시기 때문에, 마찬가지로 내가 그렇게 일하는 것도 율법에 합당하다.

18. 유대인들이 이로 말미암아 더욱 예수를 죽이고자 하니 이는 안식일을 범할 뿐만 아니라 하나님을 자기의 친 아버지라 하여 자기를 하나님과 동등으로 삼으심이러라.

　주님께서 하신 이 말씀은 유대인들을 더욱 격분시켰다. 그들은 앞서는 주님이 안식일을 범하였거나, 적어도 서른 여덟 해 동안 병들어 있던 사람에게 안식일을 범하도록 사주하였다는 죄목으로 주님을 박해하였지만, 이제는 주님이 하나님을 자신의 "아버지"라고 부르는 신성모독죄를 범하였다고 판단하였다. 왜냐하면, 주님께서는 모든 유대인들이나 그리스도인들이 하나님을 아버지라고 부를 때의 그런 의미로 하나님을 아버지로 부르신 것이 아니라, 하나님을 "자기의 친 아버지"(πατέρα ἴδιον — '파테라 이디온')라고 부르시며, 자기를 "하나님과 동등한" 존재라고 말씀하셨기 때문이었다. 또한, 주님께서는 단지 이 일과 관련해서만 자기가 하나님과 동등하다고 말하신 것이 아니라, 오직 하나님께 속한 일들에 있어서도 자기가 하나님과 함께 일하고 있다고 말씀하셨다. 주님께서는 이것이 자기가 하나님의 것들을 찬탈한 것이 아니라 당연하고 참된 것이기 때문에 그렇게 말씀하신 것이었지만(빌 2:6), 그들에게는 이것이 신성모독의 죄를 범한 것으로 여겨졌다. 이제 우리는 우리 구주께서 그러한 비난과 고소에 대하여 어떤 식으로 자신을 옹호하시는지를 듣게 될 것이다.

19. 그러므로 예수께서 그들에게 이르시되 내가 진실로 진실로 너희에게 이르노니 아들이 아버지께서 하시는 일을 보지 않고는 아무것도 스스로 할 수 없나니 아버지께서 행하시는 그것을 아들도 그와 같이 행하느니라.

하나님으로서의 그리스도를 생각해 보라. 그러면, 그리스도께서는 아버지 하나님이 하시는 일들 외에는 아무것도 하실 수 없으시다. 즉, 주님께서는 피조물들이 하는 일은 아무것도 하실 수 없으시다. 왜냐하면, 삼위일체 하나님의 일은 서로 나뉠 수 없다는 것은 잘 알려져 있는 원칙이기 때문이다. 삼위일체 하나님의 한 위격이 하시는 일은 무엇이든지 다른 위격들도 행하신다. 삼위일체 하나님의 일의 질서를 나타내기 위하여, 창조와 섭리 같은 일들은 성부께 돌리고, 대속의 일은 성자께 돌리며, 성별의 일은 성령께 돌리는 것이 보통이다. 그러나 그러한 일들은 어느 한 위격에만 돌릴 수 있는 성질의 일들이 아니고, 성경은 삼위일체 하나님이 모두 합력하셔서 그러한 일들을 이루시는 것이라고 증언한다.

메시야로서의 성자를 생각해 보라. 그러면, "아들이 아버지께서 하시는 일을 보지 않고는 아무것도 스스로 할 수 없다"는 것은 사실이다. 아리우스파(Arians)와 소키누스파(Socinians)는 이 말씀을 근거로 삼아서, 성자가 성부보다 열등하다는 결론을 이끌어내지만, 이 말씀은 그리스도의 영광을 조금이라도 손상시키는 것도 아니고, 그리스도께서 하실 수 없는 일들도 있다고 말하고 있는 것도 아니다. 도리어, 이 말씀은 그리스도의 온전하심, 즉 그리스도께서는 오직 아버지 하나님께서 기뻐하시는 일들만을 행하신다는 것을 말해 준다. 따라서 "아들이 아버지께서 하시는 일을 보지 않고는 아무것도 스스로 할 수 없다"는 말씀은 그리스도께서는 오직 아버지 하나님이 행하시는 일들만을 행하시고, 아버지 하나님의 뜻을 거슬러 자기 마음대로 자의적으로 하시는 일은 없으시다는 뜻으로 해석되어야 한다. 이 말씀이 그런 의미로 사용되고 있는 예들로는 창세기 19:22; 누가복음 16:2; 요한복음 12:39 등이 있다. 즉, 주님께서 유대인들에게 이렇게 말씀하신 것의 결론은, 안식일에 이 병자를 고치신 것은 비록 주님이 행하시기는 하셨지만 실제로는 아버지 하나님께서 하신 일이었다는 것이다. 왜냐하면, 아들이신 그리스도께서는 오직 아버지 하나님께서 행하시거나 행하고자 하시는 일들만을 행하실 뿐이기 때문이다. 이것은 주님께서 "아들이 아버지께서 하시는 일을 보지 않고는 아무것도 스스로 할 수 없나니 아버지께서 행하시는 그것을 아들도 그와 같이 행하느니라"고 하신 말씀은, 우리가 보기에는 주님께서 자신을 하나님보다 열등한 자라고 말씀하신 것처럼 들리는데도, 유대인들이 주님의 그런 말씀을 듣고, 주님이 "자기를 하나님과 동등으로 삼았다"고 본 이유를 쉽게 설명해 준다.

어떤 이들은 "아무것도 할 수 없나니"라는 말씀 속에서 해법을 찾아서, 하나님이 하실 수 없으신 일들을 하실 수 없는 분은 하나님과 동등한 분일 수밖에 없다고 말한다. 어떤 이들은 아들이 아버지께서 하시는 일을 "본다"는 단어 속에서 해법을 찾아서, 여기에서 "본다"는 것은 본성과 의지의 동일성을 나타내는 것이라고 주장한다. 어떤 이들은 "행하다"라는 단어 속에서 해법을 찾아서, "행하다"라는 단어는 성부와 성자의 뜻이 서로 동일함을 나타낸다고 말한다. 하지만 최선의 해법은 "스스로"라는 어구 속에서 답을 찾는 것이다. 즉, 아들은 아버지께서 행하시는 것을 자기가 보지 않은 많은 일들을 행해 오셨지만, 그 일들 중에서 "스스로" 행하신 것은 아무것도 없었다는 것이다. 우리 구주께서 여기에서 하신 말씀의 요지는 분명하다: 아들은 아버지께서 자기 안에서 뜻하고 행하시는 것 외에는 아무것도 뜻하거나 행할 수 없다. 그러므로 본성 또는 본질에 있어서 아들은 아버지와 하나이고 동등하다. 아들은 아버지께서 행하시는 일들을 행하신다는 점에서, "아버지께서 행하시는 그것을 아들도 그와 같이 행하신다." 메시야로서의 아들은 아버지께서 뜻하시고 원하시는 일들을 행하신다.

20. 아버지께서 아들을 사랑하사 자기가 행하시는 것을 다 아들에게 보이시고 또

그보다 더 큰 일을 보이사 너희로 놀랍게 여기게 하시리라.

아버지께서 아들을 사랑하사. 하나님 아버지께서는 영원한 출생에 의한 자기 아들로서의 성자도 사랑하시고(마 3:17), 자기가 그에게 행하라고 주신 일을 완성하도록 세상에 보내신 자기 아들인 그리스도도 사랑하신다. 육신의 아버지가 자기 아들에게 자기가 행하는 모든 것을 알게 할 뿐만 아니라, 자신의 모든 힘과 기술을 가능한 한 모두 다 자기 아들에게 전수해 주고자 하는 것과 마찬가지로, 아버지 하나님께서도 자기 아들에게 자신의 모든 권능을 다 주시고, 자기 아들 안에서 및 자기 아들을 통해서 모든 일을 행하시기 때문에, 이 가련한 병자를 고치신 일보다 "더 큰 일들"도 자기 아들 안에서 및 자기 아들을 통해서 행하실 것이다. 즉, 아버지 하나님은 자기 아들 그리스도를 통해서, 죽은 자들을 살리시는 일 등과 같이 사람들을 한층 더 놀라게 하실 일들을 행하실 것이다.

너희로 놀랍게 여기게 하시리라. 그리스도께서는 자기가 어떤 이적들을 행하신다고 할지라도 유대인들이 자기를 믿지 않을 것이고, 자신이 이적들을 행하였을 때에 대부분의 유대인들의 반응은, 요한복음 11:47에서 그들이 보여 준 것처럼, 단지 눈이 휘둥그레져서 깜짝 놀라거나 대경실색하며 감탄사를 연발하는 정도의 반응일 뿐이라는 것을 아셨다. 그러나 그들은 단지 놀라거나 기이하게 여길 뿐만 아니라 그리스도를 믿어야 마땅하였다. 그러한 믿음이 없이는, 그들이 놀라고 기이하게 여기는 것은 자신들의 죄를 은폐하는 수단밖에 되지 않을 것이었다.

21. 아버지께서 죽은 자들을 일으켜 살리심 같이 아들도 자기가 원하는 자들을 살리느니라.

주님께서는 여기에서 장차 하나님이 모든 사람들을 부활하게 하실 것에 대해서가 아니라, 구약 시대에 엘리야와 엘리사를 통해서 죽은 자들을 다시 살리신 일들에 대해서 말씀하시는 것으로 보인다. 생명을 주시거나 죽이시거나 살리시는 것은 오직 하나님의 고유한 소관이다(신 32:39; 삼상 2:6). "아들도 자기가 원하는 자들을 살리느니라"고 하신 것은 하나님께서 주님께 자신이 원하는 경우에는 죽은 자들을 살리실 권능을 주셨다는 것을 의미한다. 주님께서는 이 권능으로 야이로의 딸(마 9:25), 과부의 아들(눅 7:14), 나사로(요 11:43)를 다시 살리셨다. 이것은 우리 구주께서 앞 절에서 말씀하신 "더 큰 일들" 중의 하나였다.

22. 아버지께서 아무도 심판하지 아니하시고 심판을 다 아들에게 맡기셨으니.

하나님께서는 단독으로는 아무도 심판하지 않으시고, 아들을 통해서가 아니면 아무도 심판하지 않으시며, 아들을 배제하신 채로는 아무도 심판하지 않으신다. 도리어, 하나님께서는 은혜의 나라인 교회 안에서의 모든 심판을 자기 아들에게 맡기셨고, 마지막 날에는 자기 아들을 통해서 세상을 심판하실 것이다.

23. 이는 모든 사람으로 아버지를 공경하는 것 같이 아들을 공경하게 하려 하심이라 아들을 공경하지 아니하는 자는 그를 보내신 아버지도 공경하지 아니하느니라.

하나님께서 모든 심판을 아들에게 맡기신 것은 모든 사람으로 하여금 아버지를 공경하는 것 같이 자기 아들을 공경하게 하시기 위한 것이다(시 2:11-12; 빌 2:10). 왜냐하면, 아버지께서 아들을 이 땅에 보내신 것은, 윗사람이 아랫사람을 보내거나 주인이 종을 보낸 것이 아니라, 친구가 친구를 보낸 것과 같기 때문이다(요 4:34; 6:38; 7:28). 큰 왕이 자신의 사자를 보낼 때는 사람들이 자기를 공경하는 것 같이 자신의 사자도 공경하기를 기대하듯이, 아버지가 자기 아들을 보내셨을 때에도 그 마음은 마찬가지였다. 그래서 "아들을 공경하지 아니하는 자는 그를 보내신 아버지도 공경하지 아니한다." 이 본문은 그리스도를 공경하지 않는 자들, 특히 유대인들과 소키누스파(Socinians)에게는 무시무시한 말씀이다. 왜냐하면, 그들은 아버지 하나님을 공경한다고 말은 하지만, 그리스도께는 동일한 공경을 드릴 수 없다고 공공연하게 말하는 자들이고, 이 본문은 그런 자들은 아버지 하나님을 진정으로 공경하는 것이 아니라고 말씀하기 때문이다.

24. 내가 진실로 진실로 너희에게 이르노니 내 말을 듣고 또 나 보내신 이를 믿는 자는 영생을 얻었고 심판에 이르지 아니하나니 사망에서 생명으로 옮겼느니라.

"내 말을 듣고 또 나 보내신 이를 믿는 자," 즉 나의 말을 한 귀로 듣고 한 귀로 흘려버리지도 않고, 나의 말을 듣고 단지 일시적이고 감정적으로 감동하는 반응을 보이는 것에서 그치는 것도 아니며, 나의 말에 동의하여 나의 권위를 마음으로 인정함과 동시에, 나를 보내신 이의 말씀을 신뢰하여(여기에서 헬라어 '토 펨프산티 메'[τῷ πεμψαντί με]는 나를 보내신 내 아버지의 말씀을 신뢰하는 것을 의미하기 때문에, "나 보내신 이를 믿는"으로 번역한 것은 조금 미흡한 감이 있다), 내가 아버지의 독생자이고, 아버지께서 나를 세상에 보내신 것을 믿고, 나를 그런 존재로 받아들여서, 하늘로부터 들려온 음성이 "이는 내 사랑하는 아들이요 내 기뻐하는 자니 너희는 그의 말을 들으라"(마 17:5)고 명령하신 것처럼 내 말을 듣는 자는 "썩지 아니할 씨"인 "하나님의 말씀"(벧전 1:23)이 그 속에 거하게 된 것이기 때문에, 이미 영생에 이르게 될 확실한 자격을 얻고, 그 추수의 첫 열매들을 받은 것이며(롬 8:23), 이미 "그리스도 예수 안에서 함께 하늘에 앉아" 있고(엡 2:6), 하나님 나라를 자기 속에 갖고 있어서(눅 17:21), 영적인 사망의 상태에서 벗어나 영적인 생명의 상태로 옮겨진 것이기 때문에, 장차 심판을 받고 영원한 정죄에 이르게 되지 않을 것이고, 마침내 영원히 구원함을 받아, 실제로 영생을 향유하고 누리게 될 것이다.

25. 진실로 진실로 너희에게 이르노니 죽은 자들이 하나님의 아들의 음성을 들을 때가 오나니 곧 이 때라 듣는 자는 살아나리라.

"죽은 자들이 하나님의 아들의 음성을 듣게" 될 것이라는 말씀을, 어떤 이들은 그리스도께서 이 땅에 계시는 동안에 나사로와 야이로의 딸 등의 경우처럼 죽은 자들을 다시 살리셨을 때의 몇몇 특별한 부활을 가리키는 것으로 이해하고, 어떤 이들은 28-29절에 언급된 것과 같이 장차 모든 사람들이 부활하게 될 일반적인 부활을 가리키는 것으로 이해한다. 후자의 견해를 지지하는 자들이 제시하는 주된 근거는, 여기에는 믿음에 대한 언급이 없고, 단지 음성을 듣는 것에 대한 언급만이 있다는 것이다. 그러나 대부분의 해석자들과 가장 훌륭한 해석자들은, 여기에서 주님께서는 죄와 허물로 죽은 자들이 살아나게 될 것(엡 2:1)임을 말씀하고 계시는 것으로 이해한다. 이것은 앞 절에서 "사망에서 생명으로 옮겨진" 것이라고 말하고 있기 때문에, "첫째 부활"(계 20:5)이라 불린다. 주님께서 앞 절에서 "내 말을 듣는 자"라고 하신 것은 여기에서 "아들의 음성을 듣는 자"라고 하신 말씀과 일치하고, 이후의 절들에 나오는 말씀들은 이러한 해석과 더욱 부합하는 것으로 보인다. 그리고 주님께서는 28-29절에 이르러서는 두 번째 부활이자 일반적인 부활에 대하여 분명하게 말씀하신다. "듣는 자는 살아나리라." 복음 속에서 그리스도의 음성을 듣고 거기에 확고하게 동의하고 신뢰를 보내는 자들은 그리스도를 자신들의 중보자이자 구주로 영접하여 영원히 살게 될 것이다. 그들은 현세에서 은혜의 삶을 살고, 내세에서는 영광의 삶을 살게 될 것이다.

26. 아버지께서 자기 속에 생명이 있음 같이 아들에게도 생명을 주어 그 속에 있게 하셨고.

영원하신 아버지께서 "자기 속에 생명이 있다"는 것은 누구다 다 분명하게 알 수 있다. 아버지 하나님은 제1동인(First Mover)이신 까닭에, 그 자신 안에 생명이 있을 수밖에 없고, 생명은 다른 그 어떤 존재가 아니라 오직 아버지 하나님으로부터만 나올 수밖에 없다. 또한, 아버지 하나님은 제1원인(First Cause)이신 까닭에, 모든 피조물 속에 있는 생명은 그 원천인 아버지 하나님 안에 있을 수밖에 없다.

그렇다면, 주님께서 "아들에게도 생명을 주어 그 속에 있게 하셨다"고 말씀하신 것은 무슨 의미인가? 즉, 여기에서 이것은 성자 하나님이 영원하신 출생을 통해서 생명을 얻으신 것을 가리키는 것인가, 아니면 성자께서 하나님과 인간 사이의 중보자이자 메시야로서 모든 믿는 자들에게 영적인 생명의 원천이 되신 것을 가리키는 것인가 하는 것이 문제가 된다. 주님의 이 말씀을 신성에 대한 것으로 이해하는 자들은 "자기 속에 생명이 있다"는 어구는 여호와라는 이름을 풀어 설명한 것으로 보고서, 주님께서는 자기 속에 생명이 있다고 말씀하심으로써, 자기가 참된 여호와라는 것을 증명하고 계시는 것이라고 생각한다. 그러나 본문은 자기 속에 생명이 있는 것과 다른 누구로부터 받아서 생명이 있는 것을 구별해서, 그리스도 속에 있는 생명은 아버지 하나님이 주신 것이라고 말한다. 반면에, 어떤 해석자들은 주님의 이 말씀을 후자로 이해해서, 하나님께서 중보자이신 그리스도에게 생명을 주셔서 자신의 피조물들에게 그 생명을 나누어 주게 하셨다는 뜻으로 이해하는 것이 더 낫다고 보고, 요한복음 1:4의 "그 안에 생명이 있었으니 이 생명은 사람들의 빛이라"는 말씀이 주님의 이 말씀에 대한 좋은 해설이라고 생각한다.

27. 또 인자됨으로 말미암아 심판하는 권한을 주셨느니라.

하나님께서는 그리스도께 "심판하는 권한," 즉 생사를 주관하시고, 세상을 다스리시고 통치하시며, 마지막 날에 세상을 심판하시는 권세를 주셨는데, 이것은 그리스도께서 "인자"이시기 때문이었다. 사도행전 17:31에서는 "이는 정하신 사람으로 하여금 천하를 공의로 심판할 날을 작정하시고 이에 그를 죽은 자 가운데서 다시 살리신 것으로 모든 사람에게 믿을 만한 증거를 주셨음이니라"고 말하고, 빌립보서 2:8에서는 "사람의 모양으로 나타나사 자기를 낮추시고 죽기까지 복종하셨으니 곧 십자가에 죽으심이라 이러므로 하나님이 그를 지극히 높여 모든 이름 위에 뛰어난 이름을 주사 하늘에 있는 자들과 땅에 있는 자들과 땅 아래에 있는 자들로 모든 무릎을 예수의 이름에 꿇게 하시고 모든 입으로 예수 그리스도를 주라 시인하여 하나님 아버지께 영광을 돌리게 하셨느니라"고 말한다. 어떤 이들은 여기에서 "인자"는 창세기 3:15에 약속된 "여자의 후손," 다니엘서 7:13-14에 예언된 "인자"를 가리키는 것으로 보고서, 중보자로서의 그리스도의 직임을 나타내는 것이라고 생각한다.

28. 이를 놀랍게 여기지 말라 무덤 속에 있는 자가 다 그의 음성을 들을 때가 오나니.

아버지 하나님께서는 내게 권능을 주셔서, 이 세상에서 공의와 심판을 집행하고, 몇몇 사람들을 육신적인 죽음으로부터 다시 살리며, 내가 기뻐하는 자들을 죄로 인한 영적인 죽음으로부터 살릴 수 있게 하셨다는 말을 듣고 놀라거나 이상하게 생각하지 말라. 왜냐하면, 무덤 속에 있는 모든 자들이 천사장의 큰 나팔소리와 함께 그들에게 일어나라고 명령하는 나의 음성을 듣게 될 것이고, 내 명령에 순종하여 다시 살아날 때가 다가오고 있기 때문이다(마 24:31; 살전 4:16).

29. 선한 일을 행한 자는 생명의 부활로, 악한 일을 행한 자는 심판의 부활로 나오리라.

마지막 날에 모든 사람들이 다시 살아나게 될 것이지만, 그들 모두가 영생과 영광에 참여하지는 못할 것이다. 오직 하나님의 계명들을 따라 행하여 "선한 일을 행한" 자들만이 "생명의 부활"로 나아오게 될 것이다. 그렇다고 해서, 그들이 선한 일을 행한 것이 어떤 공로가 되어서, 그 공로에 대한 대가로 영생이 주어지는 것은 결코 아니다. 영생은 오로지 "하나님의 선물"일 뿐이다: "죄의 삯은 사망이요 하나님의 은사는 그리스도 예수 우리 주 안에 있는 영생이니라"(롬 6:23). 한편, 악한 일을 행하며 살다가 회개하지도 않고 나를 믿지도 않은 채로 죽은 자들은 다시 살아나되 "심판의 부활"로 나아와서, 산 자와 죽은 자의 심판주인 나에 의해서 하나님의 공의로 심판을 받고 영원한 정죄를 당하게 될 것이다. 다니엘서 12:2에서는 그런 자들을 "수치를 당하여서 영원히 부끄러움을 당할 자들"이라고 부른다. 우리 구주께서는 그런 자들에 대한 심판을 "영벌"(마 25:46)이라고 부르신다.

30. 내가 아무것도 스스로 할 수 없노라 듣는 대로 심판하노니 나는 나의 뜻대로 하려 하지 않고 나를 보내신 이의 뜻대로 하려 하므로 내 심판은 의로우니라.

내가 아무것도 스스로 할 수 없노라. 주님께서는 하나님의 자격으로도, 중보자의 자격으로도 아무것도 독자적으로 행하실 수 없다. 하나님으로서의 그리스도는 아버지 하나님과 하나이시고, 삼위일체 하나님의 한 위격이 행하시는 일에는 모든 위격이 다 함께 참여하여 행하시기 때문에, 그리스도께서 행하시는 일들 중에서 아버지 하나님을 배제하고 단독적으로 따로 행하시는 일은 존재할 수 없다. 또한, 중보자로서의 그리스도께서도 독자적으로 행하신 일은 전혀 없으셨다. 그리스도께서는 아버지 하나님이 자기에게 행하라고 주신 일만을 충성되게 수행하시고 끝마치셨다. 듣는 대로 심판하노니 … 내 심판은 의로우니라. 그리스도께서는 이 세상에서 자신의 중보의 나라를 경영하심에 있어서, 오직 아버지 하나님이 자기에게 계시해 주신 뜻을 따라 다스리시고 심판하셨다. 그러므로 그리스도의 판단과 심판은 의롭고 참될 수밖에 없다. 나는 나의 뜻대로 하려 하지 않고 나를 보내신 이의 뜻대로 하려 하므로. 그리스도의 뜻은 독자적인 것도 아니었고, 아버지 하나님의 뜻과 합치하지 않거나 다른 것도 아니었다. 그리스도의 본성과 마찬가지로 그리스도의 뜻도 아버지 하나님의 뜻과 동일하였다. 아버지 하나님께서는 자신의 뜻을 행하도록 하시기 위하여 그리스도를 이 세상에 보내신 것이었기 때문에, 그리스도께서는 중보자로서 자신의 뜻이자 아버지 하나님의 뜻인 것만을 행하셨고, 자신의 뜻이 아버지 하나님의 뜻과 다른 것은 아무것도 없었다.

31. 내가 만일 나를 위하여 증언하면 내 증언은 참되지 아니하되.

이 말씀은 주님께서 요한복음 8:14에서 "내가 나를 위하여 증언하여도 내 증언이 참되니 나는 내가 어디서 오며 어디로 가는 것을 알거니와 너희는 내가 어디서 오며 어디로 가는 것을 알지 못하느니라"고 하신 말씀과 모순되는 것으로 보일 수 있지만, 우리 구주께서는 여기에서 유대인들, 아니 실제로는 사람들이 자기 자신에 대하여 자기가 증인이 되어 증언한다면 그 증언은 믿을 수 없다고 생각하는 일반적인 통념에 대해서 말씀하고 계신 것이다. 주님께서는 실제로는 자기 자신에 대하여 스스로 증언하신다고 하여도 그 증언은 참되지만, 요한복음 8:13에서 바리새인들이 "네가 너를 위하여 증언하니 네 증언은 참되지 아니하도다"라고 말한 것처럼, 그들의 일반적인 통념을 수용하여 그들의 눈높이에 맞추어서 말씀하고자 하시는 것이다. 왜냐하면, 인간 사회에서는 어떤 사람이 자기가 진실하다고 증언한다고 하여도, 그러한 증언만으로는 그가 정말로 진실한지가 의심스럽다는 것은 분명하기 때문이다. 따라서 주님께서는 오직 자기 자신만이 자기를 증언하는 것도 아니고, 자신의 신분이 오직 자신의 말에만 의거하고 있는 것이 아니라는 뜻으로 이 말씀을 하신다.

32. 나를 위하여 증언하시는 이가 따로 있으니 나를 위하여 증언하시는 그 증언이 참인 줄 아노라.

아버지 하나님께서는 하늘로부터 들려온 음성을 통해서 그리스도를 증언하셨는데, 그 증언의 내용은 그리스도가 "내 사랑하는 아들이요 내 기뻐하는 자"(마 3:17)라는 것이었다. 어떤 이들은 주님께서 여기에서 "나를 위하여 증언하시는 이"라고 말씀하신 것이 다음 절에 나오는 세례 요한을 가리키는 것이라고 생각한다. 그러나 우리는 주님께서는 여기에서는 아버지 하나님께서 자신의 수세 때와 변화산 상에서 자기를 증언하신 것에 대하여 말씀하셨고, 다음 절에서 세례 요한을 거론하신 것은 하나님의 그러한 증언 외에 세례 요한의 부차적인 증언을 따로 말씀하시기 위한 것이라고 보는 것이 가장 적절해 보인다. 우리 구주께서 여기에서 "아노라"고 하신 것은 온전히 확신한다는 뜻이다. 즉, 주님께서는 자신에 대한 아버지 하나님의 증언이 참되다는 것을 한 치의 의심도 없이 확신하신다는 것이다. 왜냐하면, 하나님은 거짓말하실 수 없으시고 그 자체가 진리이신 분이시기 때문이다. 따라서 나는 오직 나만이 내 자신에 대해서 증언하고 있는 것이 아니다. 너희 모두가 거짓말을 하실 수 없으신 진리의 하나님이시라고 인정하는 내 아버지께서 나를 증언하시고, 그 증언은 아무도 반박할 수 없다.

33. 너희가 요한에게 사람을 보내매 요한이 진리에 대하여 증언하였느니라.

너희는 예루살렘의 제사장들과 레위인들을 세례 요한에게 보냈다(요 1:29). 세례 요한은 모든 백성들이 선지자로 여겼고, 헤롯조차도 공경하였기 때문에, 너희 가운데서 명성과 평판이 있는 인물이었다. 그런 그가 나에 대해서가 아니라 "진리에 대하여 증언하였다."

34. 그러나 나는 사람에게서 증언을 취하지 아니하노라 다만 이 말을 하는 것은 너희로 구원을 받게 하려 함이니라.

나는 자기 자신을 위해서는 "사람에게서 증언을 취할" 필요가 없기 때문에, 내가 사람들의 증언을 취한 경우에(요 15:27; 행 1:8), 그것은 사람들로 하여금 구원을 받게 하기 위한 것이다. 왜냐하면, 사람들은 어떤 사람으로부터 참된 증언을 받을 수 있는 것은 참된 것일 수밖에 없다고 생각하기 때문이다. 세례 요한은 자신의 증언을 통해서 내게 더해 준 것이 없었다. 세례 요한이 나에 대하여 증언하기 이전에나 이후에나, 나의 나 된 것에 변함이 없다. 그런데도 내가 나에 대한 세례 요한의 증언에 대하여 이렇게 말하는 것은 오직 너희로 믿고 구원을 받게 하고자 하는 것일 뿐이다.

35. 요한은 켜서 비추이는 등불이라 너희가 한때 그 빛에 즐거이 있기를 원하였거니와.

내가 내게는 세례 요한의 증언이 필요 없다고 말하는 것은 너희 앞에서 요한을 깎아내리려는 것이 결코 아니다. 요한은 진리에 대한 지식과 사랑으로 타오르고, 그의 가르침을 통해 진리를 널리 전하는 일이나 거룩한 삶과 행실에서 빛을 발한 "켜서 비추이는 등불"이었다. 그는 "참 빛"($\tau\grave{o}$ $\phi\tilde{\omega}\varsigma$ $\tau\grave{o}$ $\dot{\alpha}\lambda\eta\theta\iota\nu\grave{o}\nu$ — '토 포스 토 알레티

논')은 아니었지만(요 1:8), '뤼크노스'(λυχνος), 즉 마태복음 5:14에서 말한 "세상의 빛"이나 누가복음 8:16에서 말한 "등불"의 "빛"이었다. 그리고 너희는 "한때" 세례 요한을 메시야, 또는 적어도 엘리야, 옛적의 선지자가 다시 환생한 인물로 여기고서, 그에 대하여 큰 애정과 열심을 품고 그의 말을 듣고자 하였다(마 3:5; 21:26; 막 1:5). 그러나 너희는 세례 요한이 오로지 그리스도를 증언하는 일을 하는 것을 보고서는, 점점 요한에 대한 애정도 식어갔고, 그의 가르침이나 그의 엄격한 삶이나 그가 전하는 소식도 좋아하지 않게 되었다. 왜냐하면, 너희는 너희 앞에 있는 그리스도인 나보다 훨씬 더 화려하고 영광스러운 메시야를 원하였기 때문이다.

36. 내게는 요한의 증거보다 더 큰 증거가 있으니 아버지께서 내게 주사 이루게 하시는 역사 곧 내가 하는 그 역사가 아버지께서 나를 보내신 것을 나를 위하여 증언하는 것이요.

내게는 요한의 증거보다 더 큰 증거가 있으니. 주님께서는 이제 31-32절에서 언급하신 아버지 하나님의 증언이 아니라, 바로 앞에서 언급하신 "요한의 증거"보다 "더 큰 증거"를 여기에서 제시하겠다고 하시면서, 이 증거는 더 참된 증거가 아니라 더 큰 증거라고 하시는데, 그 증거는 "아버지께서 내게 주사 이루게 하시는 역사들"이라고 말씀하신다. 아버지 하나님께서 주님을 보내셔서 행하게 하신 모든 일들, 즉 율법을 성취하시는 일, 복음을 널리 전하시는 일, 이적들을 베푸시는 일은 모두 다 아버지 하나님께서 주님에게 주셔서 이루게 하신 역사들이었다. 그리스도께서는 흔히 자기가 행하신 일들이 자기가 누구인지를 충분히 증언해 주고도 남는다고 말씀하셨고(요 10:25, 37-38; 14:10-11; 15:24), 사람들도 그 일들을 주님이 누구이신지를 보여 주는 중요한 증언으로 여겼다는 것도 분명하다(요 3:2; 9:32-33). 유대인들은 이 증언이 지닌 의미를 애써 피하려고 뻔뻔스러운 변명들을 행하였는데, 어떤 이들은 주님이 마귀의 도움을 받아 그런 일들을 행한 것이라고 말하기도 하였고(마 12:24), 어떤 이들은 주님이 메시야임을 분명하게 보여 주는 표적을 행하지 않은 것처럼 말하기도 하였다. 그러나 요한복음 7:31에서 "무리 중의 많은 사람이 예수를 믿고 말하되 그리스도께서 오실지라도 그 행하실 표적이 이 사람이 행한 것보다 더 많으랴"고 하였다고 한 것처럼, 우리가 복음서들에서 보는 증거가 유대인들의 그러한 변명들과는 정반대라는 것은 너무나 분명하다.

그러나 여기에서 우리가 살펴보아야 할 문제는, 그리스도께서 행하신 이적들이 어떤 식으로 그리스도를 증언하는가 하는 것과 그 이적들은 그리스도의 신성에 대

한 단지 유력한 증언이었던 것인가, 아니면 확실하고 틀림없는 증언이었던 것인가
하는 것이다. 그 이적들을 틀림없는 증언이라고 보는 사람들은 다음과 같이 말한
다: (1) 주님께서는 다른 그 누구도 행하지 않은 이적들을 행하셨다(요 15:24). (2)
주님께서는 그 이적들을 자신의 능력으로 행하셨다. 누가복음 6:19에서는 "온 무리
가 예수를 만지려고 힘쓰니 이는 능력이 예수께로부터 나와서 모든 사람을 낫게 함
이러라"고 증언한다. (3) 주님께서는 자신이 전한 말씀과 가르침들을 확증하시기
위한 목적으로 이적들을 행하셨다. 만일 주님이 그러한 일들을 행하도록 하나님으
로부터 보내심을 받은 이가 아니셨다면, 하나님께서는 이적들을 통해서 주님의 말
씀을 확증해 주지 않으셨을 것이다.

　반면에, 이적들이 확실하고 틀림없는 이적이 아니라고 생각하는 사람들은 다음
과 같이 말한다: (1) 선지자들과 사도들도 이적들을 행하였다. (2) 우리 구주께서는
자신의 사도들에게 그들이 자기보다 더 큰 일들을 행하게 될 것이라고 말씀하셨다.
(3) 주님께서 자신의 권능으로 이적들을 행하셨다는 것은 다른 사람들이 알 수 없는
일이었기 때문에, 그것은 사람들에게는 증언이 될 수 없었다. 그러나 우리 구주께
서는 친히 죽은 자들을 살리시고 귀신들을 내쫓으시며 그 밖의 다른 이적들을 행하
셨을 뿐만 아니라, 다른 사람들에게도 그러한 능력을 주셨다. 이것은 능력의 원천
이 주님 안에 있다는 것을 입증해 주는 것이고, 우리가 그 어떤 선지자나 사도에게
서도 볼 수 없었던 것이다. 선지자들이나 사도들은 이적들을 행하기는 하였지만,
그 권능이 그들 자신 속에 본래적으로 있는 것이 아니었기 때문에, 그 능력을 다른
사람들에게 줄 수 없었다.

**37. 또한 나를 보내신 아버지께서 친히 나를 위하여 증언하셨느니라 너희는 아무
때에도 그 음성을 듣지 못하였고 그 형상을 보지 못하였으며.**

　나를 보내신 아버지께서 친히 나를 위하여 증언하셨느니라. 아버지 하나님께서는
단지 나의 수세 때와 변화산 상에서 하늘로부터 들려오는 음성을 통해서만 나를 증
언하신 것이 아니라, 선지자들의 음성을 통해 너희 조상들에게도 내게 대하여 증언
하셨다. 너희는 아무 때에도 그 음성을 듣지 못하였고 그 형상을 보지 못하였으며. 너
희는 하나님을 아는 지식도 없고, 하나님을 알지도 못한다. 주님께서는 38절에서
이것을 설명하여, 하나님의 "말씀이 너희 속에 거하지 아니한다"고 말씀하신다. 하
나님께서는 그들이나 그들의 조상들에게 어떤 형상으로 나타나지는 않으셨지만,
그들의 조상들은 "불 가운데에서 말씀하시는 하나님의 음성"(신 4:33)을 들었다:

"여호와께서 불길 중에서 너희에게 말씀하시되 음성뿐이므로 너희가 그 말소리만 듣고 형상은 보지 못하였느니라"(신 4:12). 우리는 우리의 생각을 다른 사람들에게 전할 때에 말하는 기관인 입을 그 수단으로 사용하지만, 하나님께서는 그런 기관이 없으신데도, 사람이 귀로 들을 수 있는 음성을 만드셔서, 자신의 뜻을 이스라엘 백성에게 나타내셨다. 따라서 주님께서 "너희는 아무 때에도 그 음성을 듣지 못하였다"고 하신 것은 오직 이스라엘 백성이 율법을 받은 이후의 세대들에 해당될 수 있다. 왜냐하면, 출애굽기 20:19에서는 이스라엘 백성이 하나님께서 직접 말씀하시는 것이 아니라 모세로 하여금 자신들에게 말하게 해주기를 원하였고, 그 이후로 하나님께서는 이스라엘 백성에서 더 이상 직접 말씀하지 않으셨기 때문이다. 따라서 그 이후로는 하나님께서 선지자들을 통해서 그들에게 말씀하셨지만, 그들은 선지자들이 전한 말씀을 믿고자 하지 않았고, 심지어 하나님께서 자신의 뜻을 알고 계신 아들을 통해 말씀하실 때에도 그들은 듣지 않았다(히 1:1, 3).

38. 그 말씀이 너희 속에 거하지 아니하니 이는 그가 보내신 이를 믿지 아니함이라.

그들의 조상들은 선지자들을 통해서, 그들 세대는 그리스도 앞에 먼저 보내심을 받은 사자였던 세례 요한을 통해서, 그리고 지금은 아버지 하나님이 보내신 그리스도 자신에 의해서 하나님의 말씀을 들어 왔지만, 하나님의 말씀은 그들의 마음속에 있을 곳이 없었다(요 8:37). 그들은 하나님의 말씀을 아무런 현실성이 없는 동화로 여겼기 때문에, 그 소리는 그들의 귀에 들렸지만, 말씀 자체는 그들의 마음속에 새겨지지 않았다. 이것은 그들이 하나님과의 친밀한 교제가 없었기 때문에 하나님의 마음과 생각을 알지 못하였다는 것을 보여 준다. 그래서 아버지의 품속에 계시던 아들이신 그리스도께서 그들에게 하나님을 계시하시기 위하여 보내심을 받고 오셨지만, 그들은 그를 영접하거나, 그가 계시하신 것들에 분명하고 확고하게 동의하거나, 그 어떤 합당하고 참된 순종을 그에게 드리고자 하지 않았다.

39. 너희가 성경에서 영생을 얻는 줄 생각하고 성경을 연구하거니와 이 성경이 곧 내게 대하여 증언하는 것이니라.

여기에서 "너희가 성경을 연구하거니와"로 번역된 헬라어 본문은 흠정역처럼 명령문으로 읽을 수도 있고, (한글개역개정처럼) 서술문으로 읽을 수도 있다. 당시에는 신약성경이 기록되어 있지 않았기 때문에, 여기에서 말씀하시는 "성경"은 구약성경이다. 그들에게는 구약성경에 속한 여러 책들이 있었고, 그들은 그 책들을 사용하였다. 모세 오경은 안식일마다 회당들에서 봉독되었고, 특히 바리새인들은 율법과 선지자들의 글에 정통해 있었다. 너희가 성경에서 영생을 얻는 줄 생각하고. 유대인들은 하나님께서 구원과 영생의 길을 성경 안에서 자신들에게 계시하셨다고 믿었다. 아니, 그들은 율법을 지킴으로써 영생을 얻을 수 있다고 생각하였다. 이 성경이 곧 내게 대하여 증언하는 것이니라. 우리 구주께서는 여기에서 "성경"이야말로 자기에 대한 주된 증언이라고 말씀하신다. 주님께서는 단지 성경이 자기를 증언한다고 말씀하시는 것이 아니라, "성경은 내게 대하여 증언하는 글들"이라고 증언하신다. 즉, 나에 대하여 증언하지 않는 글들은 성경이 아니라는 것이다. 나는 너희가 나에 대하여 알고자 한다면 일차적으로 성경을 보기를 권한다.

40. 그러나 너희가 영생을 얻기 위하여 내게 오기를 원하지 아니하는도다.

너희는 어쨌든 영생을 얻고자 하고, 오직 성경만이 너희에게 그 길을 보여 줄 수 있다고 올바르게 생각하고 있으며, 성경은 세상의 참된 메시야이자 구주인 나를 시인하고 받아들여 영접해야만 영생을 얻을 수 있다고 증언하는데도, 그렇게 하고자 하지 않는다. 39절과 40절은 우리에게 다음과 같은 것들을 가르쳐 준다: (1) 성경은 영생의 길을 우리에게 보여 주는 유일한 글이다. (2) 신약성경만이 아니라 구약성경도 영생의 길을 우리에게 보여 준다. 차이가 있다면, 그것은 구약성경은 그 길을 좀 더 희미하게 보여 주는 반면에, 신약성경은 그 길을 좀 더 분명하게 보여 준다는 것이다. (3) 신약성경이나 구약성경은 둘 다 우리에게 그리스도를 가리켜 보여 주면서, 우리가 영생을 얻고자 한다면, 그리스도를 받아들여 영접해야 한다는 것을 알게 해 준다. (4) 우리가 영생을 얻으려면, 단지 성경을 연구하여 잘 알고 정통한 것만으로는 부족하고, 성경 말씀에 순종하여 그리스도께로 나아가야 한다.

41. 나는 사람에게서 영광을 취하지 아니하노라.

나는 사람들의 증언에만 의존하지 않는다. 또는, 나는 사람들이 나를 높이는 것을 구하지도 않고, 사람들이 나에 대하여 무엇이라고 생각하거나 말하는가에도 개의치 않는다.

42. 다만 하나님을 사랑하는 것이 너희 속에 없음을 알았노라.

너희는 자신들이 대단한 신앙을 지니고 있고, 하나님을 사랑하는 마음에서 많은 일들을 행하며, 하나님께서 더 많은 영광을 받으실 수 있도록 하기 위한 열심을 지니고 있는 체한다. 그러나 너희는 다른 사람들을 속일 수는 있지만, 나를 속일 수는 없다. 나는 너희의 마음을 살피고 폐부를 시험하며 너희가 행한 일들에 대한 목격

자이자 증인이기 때문에, 너희가 겉으로 어떤 모습을 보일지라도, 너희 속에 하나님에 대한 참된 사랑이 거하지 않는다는 것을 알고 있다. 그리고 그것이 너희가 나를 속일 수 없는 이유이다.

43. 나는 내 아버지의 이름으로 왔으매 너희가 영접하지 아니하나 만일 다른 사람이 자기 이름으로 오면 영접하리라.

나는 내 아버지의 이름으로 왔으매 너희가 영접하지 아니하나. 나는 나의 아버지 하나님의 권위를 덧입고, 너희의 구원을 위하여 너희에게 아버지 하나님의 뜻을 계시하기 위한 목적으로 보내심을 받아 너희에게 왔다. 나는 나를 보내신 아버지 하나님의 권위를 덧입지 않고는 아무것도 하지 않고, 내 자신의 영광을 위하여 행하지도 않으며, 오직 나를 보내신 이의 영광을 위하여 행한다. 하지만 너희는 하나님께서 사람들의 구주로서 나를 보내신 것이라는 나의 말을 믿지 않고, 그런 나를 영접하지도 않는다. 만일 다른 사람이 자기 이름으로 오면 영접하리라. 하나님께서는 너희의 부패하고 타락한 마음으로 인하여, 너희에 대한 의로우신 심판을 행하셔서, 너희를 강력한 미혹에 넘겨주셔서, 거짓된 것들을 믿게 하셨기 때문에(살후 2:11), 미혹하는 자들, 즉 하나님으로부터의 그 어떤 권위도 없고, 하나님에게서 보내심도 받지 않았으며, 하나님의 말씀을 전하지도 않고, 하나님의 영광이나 너희의 유익을 구하지도 않는 자들이 오면, 너희는 그런 자들을 기꺼이 환영하며 영접하고자 한다.

44. 너희가 서로 영광을 취하고 유일하신 하나님께로부터 오는 영광은 구하지 아니하니 어찌 나를 믿을 수 있느냐.

여기에서 "서로 영광을 취한다"는 것은 하나님의 칭찬에는 아무 관심이 없고 사람들로부터의 영광과 박수갈채와 환호를 구하고 추구하는 것을 의미하는 것으로 이해해야 한다는 것은 분명하다. 복음서 기자는 요한복음 12:43에서 "그들은 사람의 영광을 하나님의 영광보다 더 사랑하였더라"고 말한다. 물론, 부모가 자녀들로부터 공경을 받고, 주인들이 종들로부터 공경을 받으며, 왕들이나 방백들이 백성들로부터 공경을 받는 것은 합법적인 것이다. 그러나 사람이 하나님으로부터 오는 영광과 칭찬은 무시하고, 사람들로부터 오는 영광과 박수갈채를 받는 데 열을 올린다면, 그것은 지극히 죄악된 것이다. 또한, 그런 사람들이 자기 자신을 부인하고, 자신의 행위들에 그 어떤 의가 있다는 것을 부정하며, 그리스도와 그의 의를 받아들여서, 영원한 생명과 구원을 얻는 일에서 오직 그리스도만을 의지할 것이라고 우리는 기대할 수 없다. 복음서 기자는 요한복음 12:42에서 "관리 중에도 그를 믿는 자가 많았다"고 말하지만, 바로 다음 절인 43절에서 "그들은 사람의 영광을 하나님의 영광보다 더 사랑하였더라"는 말씀을 덧붙인다. 그러나 복음서 기자는 요한복음 12:42에서 "관리 중에도 그를 믿는 자가 많았지만 바리새인들 때문에 드러나게 말하지 못하니 이는 출교를 당할까 두려워함이라"고 말하고 있는 것으로 보아서, 43절의 말씀은 그리스도를 믿는 관리들이 아니라 바리새인들을 두고 한 말일 수도 있다. 또는, 43절이 42절에 언급된 그리스도를 믿은 관리들을 두고 한 말이라면, 우리는 42절에서 말한 믿음과 여기에서 말하는 믿음을 서로 구별해서, 전자는 그들이 그리스도께서 행하신 이적들을 보고서 그를 큰 선지자로 여기게 된 것을 가리키는 반면에, 후자는 그리스도를 우리의 중보자이자 구주로 영접하는 참되고 살아 있는 믿음을 가리키는 것으로 이해하여야 한다.

45. 내가 너희를 아버지께 고발할까 생각하지 말라 너희를 고발하는 이가 있으니 곧 너희가 바라는 자 모세니라.

너희는 모세를 그토록 높이고 숭상하며 자랑하고, 모세를 들먹이며 나를 단죄하지만, 정작 너희를 고발할 자는 바로 그 모세이기 때문에, 나를 비롯해서 모세 이외의 그 누구도 너희를 고발할 필요조차 없다. 요한복음 9:28-29에서 그들은 그리스도로 인하여 눈을 뜨게 된 맹인에게 욕을 하면서, "너는 그의 제자이나 우리는 모세의 제자라 하나님이 모세에게는 말씀하신 줄을 우리가 알거니와 이 사람은 어디서 왔는지 알지 못하노라"고 말한다. 그러나 우리 구주께서는 이 모세가 너희를 아버지 하나님께 고발할 것이라고 말씀하신다.

46. 모세를 믿었더라면 또 나를 믿었으리니 이는 그가 내게 대하여 기록하였음이라.

"모세를 믿는다"는 것은 모세의 글을 진정으로 깨닫고 진심으로 믿는 것을 의미하는데, 이 단어는 흔히 그런 의미로 사용된다(눅 16:31; 24:27): "모세와 선지자들에게 듣지 아니하면 비록 죽은 자 가운데서 살아나는 자가 있을지라도 권함을 받지 아니하리라." 따라서 이 구절의 의미는 이런 것이다: 너희가 모세의 글을 제대로 깨닫고 진정으로 믿었다면, 당연히 내가 하는 말들도 깨닫고 믿을 수 있었을 것이다. 왜냐하면, 모세의 모든 율법은 나를 가리키는 것이고 나에 대한 예표들일 뿐만 아니라, 모세는 창세기 3:15과 신명기 18:15 등에서 "내게 대하여" 구체적으로 "기록해" 놓기도 하였기 때문이다.

47. 그러나 그의 글도 믿지 아니하거든 어찌 내 말을 믿겠느냐 하시니라.

너희는 모세의 글을 그토록 높이 숭상한다고 하면서도, 나에 대하여 분명하게 기록해 놓은 그 글조차 믿지 않는데, 어떻게 너희가 그토록 비방하고 단죄하는 자인 나의 말을 믿기를 내가 기대할 수 있겠는가? 내 말은 그 자체로 모세의 글보다 더 큰 권위를 지니고 있지만, 나는 너희로부터 모세만큼의 믿음도 얻지 못하고 있다.

그런데 여기서 한 가지 문제는, 우리 구주께서는 45절에서는 그들이 모세를 믿었다고 말씀하셨으면서, 여기에서는 그들이 모세를 믿지 않았다고 말씀하시는 이유는 무엇인가 하는 것이다. 대답: 어떤 이들은 이것은 그들이 아브라함과 이삭과 야곱의 공로를 전제로 한 내면적인 믿음은 지니고 있었지만, 행위들로 표현되는 믿음은 지니고 있지 않았다고 말씀하신 것이라고 생각한다. 어떤 이들은 이것은 그들이 모세 오경에 기록된 글들은 무엇이든지 다 참이라고 일반적으로는 믿었지만, 그들이 구체적으로 의미하는 것들을 믿지 않았다는 것을 의미한다고 생각한다. 타르노비우스(Tarnovius)는 그들은 자신들이 모세의 율법에 순종함으로써 구원을 얻을 것이라고 생각하여 모세를 믿었지만, 모세의 율법은 사람들에게 그리스도를 증언하며 사람들을 그리스도께로 인도하는 "초등교사"였는데도(갈 3:24), 바로 그 그리스도를 배척하였다는 점에서는 모세를 믿은 것이 아니었다는 의미라고 생각한다. 그들은 "모퉁이의 머릿돌"이셨던 그리스도를 거부하였다(시 118:22; 마 21:42).

제6장

개요

1. 오병이어로 오천 명을 먹이심(1-14).
2. 자기를 왕으로 삼고자 하는 사람들로부터 산으로 물러가셨다가 저물 때에 바다 위를 걸어 제자들에게로 오심(15-21).
3. 무리들이 몰려오자, 그들의 육신적인 생각을 꾸짖으시고, 하나님이 보내신 이를 믿으라고 명하심(22-29).
4. 사람들이 광야의 만나 같은 표적을 구하자, 자기가 생명의 떡이라고 선언하시고, 자신의 살을 먹고 자신의 피를 마시지 않는 자는 아무도 살 수 없다고 말씀하심(30-59).
5. 그 말씀이 제자들 중 다수에게 걸림돌이 되자, 그 말씀이 지닌 영적인 의미를 보여 주심(60-65).
6. 많은 제자들이 떠나지만, 베드로는 열두 제자의 이름으로 그리스도에 대한 견고한 믿음을 고백하고, 예수께서는 그들 중의 한 명은 마귀라고 선언하심(66-71).

1. 그 후에 예수께서 디베랴의 갈릴리 바다 건너편으로 가시매.

앞 장에 보도된 일이 있었던 때와 여기에서 그리스도께서 "갈릴리 바다"를 건너 가신 때 사이에는 상당한 시간 간격이 있는데, 어떤 이들은 일년 가까운 기간이라고 생각한다. 유대인들은 물이 많이 모여 있는 곳을 "바다"라고 불렀는데, 이 바다는 디베랴 바다, 또는 게네사렛 호수로도 불렸다(눅 5:1). 사람들은 이 바다 또는 호수에 접해 있던 해안 지역이나 성읍을 따라 여러 가지 이름으로 이 바다를 불렀기 때문에, 여기에서는 "갈릴리 바다"로 불리고 있지만, 디베랴 바다, 또는 "게네사렛 호수"로도 불렸다. 마가복음 6:30-31은 "사도들이 예수께 모여 자기들이 행한 것과 가르친 것을 낱낱이 고하고" 난 후에, 주님께서 그들을 한적한 곳에서 쉬게 하시기 위하여, 갈릴리 바다 건너편으로 함께 건너가신 것임을 보여 준다.

2. 큰 무리가 따르니 이는 병자들에게 행하시는 표적을 보았음이러라.

마가복음 6:31은 우리 구주께서 자신의 사도들에게 한적한 곳으로 물러가서 잠시 쉬라고 말씀하신 것만을 보도하지만, 마가복음 6:33은 우리 구주께서 배로 갈릴리 바다 건너편으로 가셨고, "그들이 가는 것을 보고 많은 사람이 그들인 줄 안지라 모든 고을로부터 도보로 그 곳에 달려와 그들보다 먼저 갔더라"고 말한다. 이렇게 많은 사람들이 주님과 그 일행을 열심히 쫓아다닌 것은 주님께서 행하신 이적들을 보았기 때문이었다.

3-4. **³예수께서 산에 오르사 제자들과 함께 거기 앉으시니 ⁴마침 유대인의 명절인 유월절이 가까운지라.**

4절에 언급된 "유월절"은 우리 구주께서 공생애 사역을 시작하신 후에 세 번째로 맞으시는 유월절이었다. 이것은 요한이 두 번째 유월절 직후의 한 해 동안 우리 구주께서 말씀하시고 행하신 많은 것들을 생략하였다는 것을 보여 준다. 왜냐하면, 요한은 앞 장과 이 장에 보도된 것 외에는 이 한 해 동안 일어난 그 어떤 일도 우리에게 더 이상 전해 주지 않기 때문이다. 하지만 다른 복음서 기자들은 두 번째 유월절과 세 번째 유월절 사이에 있었던 많은 일들을 우리에게 좀 더 자세하게 전해 준다. 우리 구주께서 배를 타고 건너가신 곳은 이 호수의 끝자락이었던 것으로 보인다. 그래서 사람들은 도보로 호수를 돌아갔어도, 배를 타고 이 호수를 건넜던 주님과 제자들보다 더 빨리 목표지점에 도달할 수 있었다.

5. 예수께서 눈을 들어 큰 무리가 자기에게로 오는 것을 보시고 빌립에게 이르시되 우리가 어디서 떡을 사서 이 사람들을 먹이겠느냐 하시니.

분명히 이 이야기는 우리가 앞서 나머지 세 복음서 기자들의 기사들(마 14:15-21; 막 6:35-44; 눅 9:10-17) 속에서 이미 살펴보았던 것과 동일한 이야기이다. 각각의 기사들 속에 묘사된 서로 다른 정황들에 대해서는 각 복음서의 해당 본문들에 대한 설명들을 보라. 다른 복음서 기자들은, 먼저 저물 때까지 그리스도께서 무리들에게 말씀을 전하셨고, 그런 후에 제자들이 나서서, 무리들이 아무것도 먹지 못했으니 그들로 하여금 마을로 들어가서 먹을 것을 사 먹게 하자고 주님께 말씀을 드린 것으로 말하지만, 이 복음서 기자는 그리스도께서 먼저 빌립에게 "우리가 어디서 떡을 사서 이 사람들을 먹이겠느냐"고 말씀하신 것으로 보도한다.

6. 이렇게 말씀하심은 친히 어떻게 하실지를 아시고 빌립을 시험하고자 하심이라.

복음서 기자는 주님께서는 이 무리들을 어떻게 먹일 것인지에 대하여 이미 계획을 세워놓으시고서도, 앞 절에서 그렇게 말씀하신 것은, 빌립이 무엇이라고 대답할지를 시험해 보신 것이라고 말한다.

7. 빌립이 대답하되 각 사람으로 조금씩 받게 할지라도 이백 데나리온의 떡이 부

족하리이다.

우리 구주와 빌립 간에 오고간 이 대화는 다른 복음서 기자들은 아무도 보도하지 않는데, 이 때는 날이 저물어가고 있던 때였던 것으로 보아서, 주님께서는 무리들로 하여금 흩어져서 마을로 들어가 각자 먹을 것을 사게 하자는 다른 제자들의 제안을 거부하신 후에, 이 대화가 있었던 것으로 보인다. 나중에 알게 되겠지만, 무리들의 수는 여자와 아이를 제외하고 오천 명이었기 때문에, 빌립은 "이백 데나리온"의 떡으로도 부족할 것이라고 말한다(1데나리온은 하루 품삯에 해당하는 액수 — 역주).

8-13. **[8]제자 중 하나 곧 시몬 베드로의 형제 안드레가 예수께 여짜오되 [9]여기 한 아이가 있어 보리떡 다섯 개와 물고기 두 마리를 가지고 있나이다 그러나 그것이 이 많은 사람에게 얼마나 되겠사옵나이까 [10]예수께서 이르시되 이 사람들로 앉게 하라 하시니 그 곳에 잔디가 많은지라 사람들이 앉으니 수가 오천 명쯤 되더라 [11]예수께서 떡을 가져 축사하신 후에 앉아 있는 자들에게 나눠 주시고 물고기도 그렇게 그들의 원대로 주시니라 [12]그들이 배부른 후에 예수께서 제자들에게 이르시되 남은 조각을 거두고 버리는 것이 없게 하라 하시므로 [13]이에 거두니 보리떡 다섯 개로 먹고 남은 조각이 열두 바구니에 찼더라.**

이 이야기는 모든 중요한 부분에서 마태와 마가와 누가가 자신의 복음서들에서 보도한 것과 동일하다. 앞에서 언급한 해당 본문들에 대한 설명을 보라.

14. 그 사람들이 예수께서 행하신 이 표적을 보고 말하되 이는 참으로 세상에 오실 그 선지자라 하더라.

무리들은 그리스도께서 오병이어로 여자와 아이를 제외하고 오천 명이나 되는 사람들을 먹이시는 이적을 보고서, 예수께서 메시야이심이 틀림없다는 강력한 확신을 갖게 되었다. 왜냐하면, 이러한 이적은 창조의 권능이 필요한 이적이었던 까닭에, 모세나 그 어떤 선지자도 결코 행한 적이 없었던 이적이었기 때문이다. 무리들은 메시야를 "세상에 오실 그 선지자"라고 표현하는데, 우리는 누가복음 7:19에서 이것과 동일한 표현을 세례 요한이 사용하고 있음을 볼 수 있다: "요한이 그 제자 중 둘을 불러 주께 보내어 이르되 오실 그이가 당신이오니이까 우리가 다른 이를 기다리오리이까 하라 하매."

15. 그러므로 예수께서 그들이 와서 자기를 억지로 붙들어 임금으로 삼으려는 줄 아시고 다시 혼자 산으로 떠나 가시니라.

그리스도께서는 이렇게 오병이어로 오천 명을 먹이시는 이적을 베푸시고 나서 무리들을 해산시키신 후에, "혼자 산으로" 가셨는데, 다른 두 복음서 기자는 주님께서 먼저 자신의 제자들을 배에 태워 보내시고 나서 혼자 "기도하시러" 산에 가신 것이라고 말하고 있기는 하지만(마 14:23; 막 6:45-46), 요한이 여기에서 보도한 것처럼, 무리들이 주님을 "억지로 붙들어 임금으로 삼으려는 줄을 아시고" 그렇게 혼자 산에 기도하러 가신 것임은 보도하지 않는다. 사실, 요한은 다른 복음서 기자들이 보도한 내용들에 대해서는 웬만해서는 거의 중복해서 또다시 언급하지 않지만, 이 이야기를 보도한 것은 우리 구주께서 이 이적을 베푸신 후에 행하신 저 탁월한 강론을 보도하기 위한 것임과 동시에, 이 이적과 관련해서 다른 복음서 기자들이 언급하지 않은 여러 구체적인 정황들, 즉 주님께서 빌립과 나누신 대화와 무리들이 주님을 임금으로 삼고자 하였다는 것을 추가적으로 보도하기 위한 것으로 판단된다.

　당시의 유대인들은 로마의 지배로부터 해방되기를 이루 말할 수 없이 염원하고 갈망하였는데, 우리 구주께서 이 때에 계셨던 갈릴리 지역의 사람들은 특히 더 그러하였기 때문에, 자신들의 반란이나 봉기를 이끌어 줄 지도자만 출현하면 언제든지 들고 일어날 준비가 되어 있었다. 사도행전 5:36-37에서는 유대인들이 한 번은 드다, 다른 한 번은 갈릴리의 유다가 봉기를 일으켰다고 보도하고 있지만, 교회사는 더 많은 수의 반란을 언급한다. 유대인들은 메시야가 출현하면 외세를 몰아내고 자신들을 해방시켜 이스라엘 나라를 회복시키게 될 것이라고 생각하였고, 그들의 그러한 잘못된 메시야 사상은 메시야를 자처하는 인물이 등장할 때마다 외세에 대항한 그러한 봉기가 일어날 수 있는 빌미를 제공해 주었다.

　본문에서 이 무리들은 그리스도께서 행하신 이 큰 이적들, 특히 오병이어로 오천 명을 먹이신 엄청난 이적을 직접 눈으로 보고서는, 예수야말로 자신들이 기다려 왔던 메시야임에 틀림없다고 생각하였다. 왜냐하면, 그들은 참 메시야의 나라는 이 세상에 속한 나라가 아니라(요 18:36), 현세에서는 사람들의 내면에 존재하다가 심판의 날에는 좀 더 뚜렷하게 드러나게 될 것(마 25:34)임을 알지 못하였기 때문이었다. 우리 구주께서는 공민적인 질서와 통치체제를 어지럽히기 위하여 이 세상에 오신 것이 아니었기 때문에, 그러한 의심을 살 만한 일을 피하기 위하여 늘 조심하고 또 조심하셨다. 그런데 주님께서는 사람들의 마음을 꿰뚫어보시거나, 무리들이 하는 얘기를 들으시고서, 그들이 자기를 지도자로 옹립하여 봉기를 일으키고자 한다는 것을 아셨기 때문에, 혼자 산으로 물러가신 것이었다.

　그런데 여기서 주님께서 어떤 방법으로 그 무리들로 하여금 자기를 따라오지 못

하게 하고 해산시키셨고, 그런 후에 자신의 제자들까지 배에 태워 먼저 보내신 것
인가 하는 문제는 많은 사람들의 궁금증을 자아내는 문제가 되어 왔다. 교황주의자
들은 주님께서는 자신의 인격 안에 신성과 인성이 하나로 결합되어 있으셨기 때문
에, 자신의 몸을 사람들의 눈에 볼 수 없게 만드실 수 있는 능력이 있으셨고, 그런
식으로 사람들이 눈치 채지 못하게 그들로부터 빠져나오실 수 있으셨다고 말한다.
루터파는 교황주의자들의 견해를 미심쩍어하면서도, 그랬을 수도 있겠다고 생각하
는 것으로 보인다. 이렇게 교황주의자들이나 루터파가 그러한 견해를 유지하고자
하는 것은, 만일 그러한 가능성을 배제해 버리면, 교황주의자들은 성찬을 거행할 때
에, 비록 그 변화를 우리의 지각으로는 확인할 수 없을지라도, 떡은 그리스도의 몸
으로 변화되고 포도주는 그리스도의 피로 변화된다는 화체설(doctrine of
transubstantiation)을 유지할 수 없게 되고, 루터파는 성찬에서 떡과 포도주가 그리
스도의 몸과 피로 변화되는 것은 아니지만, 그 떡과 포도주에 그리스도의 몸과 피
가 실제로 임재한다는 공재설(doctrine of consubstantiation)을 유지할 수 없게 되기
때문이다. 그러나 본문에서는 단지 "다시 떠나 가셨다"(ἀνεχώρησεν πάλιν — '아
네코레센 팔린')고만 말한다. 즉, 주님께서 자신이 계실 장소를 다시 옮기셨다는 것
이다. 주님께서는 모임이 끝나고 오천 명이 넘는 무리들이 웅성거리며 무질서한 틈
을 타서 얼마든지 아무도 눈치 채지 못하게 그 자리를 빠져나오실 수 있으셨을 것
이다. 그 와중에서 제자들이 주님을 보았다고 할지라도, 평소에 주님이 그런 소동
이나 소란을 피하셔서 한적한 곳으로 물러가 기도하시곤 하신다는 것을 잘 알고 있
었던 그들로서는, 주님을 못 본 체하였을 공산이 크다.

16. 저물매 제자들이 바다에 내려가서.

이 대목의 이야기는 다른 복음서 기자들이 훨씬 더 자세하게 보도하고 있다. 마
태복음 14:23-33과 마가복음 6:46-52에 대한 설명을 보라.

17-22. [17]배를 타고 바다를 건너 가버나움으로 가는데 이미 어두웠고 예수는 아직
그들에게 오시지 아니하셨더니 [18]큰 바람이 불어 파도가 일어나더라 [19]제자들이 노
를 저어 십여 리쯤 가다가 예수께서 바다 위로 걸어 배에 가까이 오심을 보고 두려
워하거늘 [20]이르시되 내니 두려워하지 말라 하신대 [21]이에 기뻐서 배로 영접하니 배
는 곧 그들이 가려던 땅에 이르렀더라 [22]이튿날 바다 건너편에 서 있던 무리가 배 한
척 외에 다른 배가 거기 없는 것과 또 어제 예수께서 제자들과 함께 그 배에 오르지
아니하시고 제자들만 가는 것을 보았더니.

여기에서 "바다"는 갈릴리 바다, 또는 디베랴 호수, 또는 게네사렛 호수라 불린 바다를 가리킨다. 우리 구주와 그의 제자들은 무리들을 떠났는데, 제자들은 배 한 척을 타고서 바다 건너편으로 가고 있었고, 그리스도께서는 산으로 가서 기도하신 후에 자신의 제자들을 뒤따르셨다. 무리들은 이리저리 흩어져서 밤을 지새운 후에 아침이 되자 다시 더 많은 이적들을 보기 위해 그리스도께서 어제 오병이어의 이적을 행하셨던 곳에 다시 왔지만, 그리스도와 그의 제자들이 어제 그 곳에 계시지 않고 바다 건너편으로 갔다는 사실을 알고서 실망한다.

23-24. [23]**(그러나 디베랴에서 배들이 주께서 축사하신 후 여럿이 떡 먹던 그 곳에 가까이 왔더라)** [24]**무리가 거기에 예수도 안 계시고 제자들도 없음을 보고 곧 배들을 타고 예수를 찾으러 가버나움으로 가서.**

무리들은 어젯밤에 제자들이 배를 탔던 그 곳으로 아침에 새로 들어온 배들을 타고서, 예수를 찾기 위하여 바다 건너편으로 갔는데, 우리가 곧 알게 되겠지만, 이것은 그들이 그리스도나 그의 가르침을 사랑해서가 아니었고, 그리스도께서 행하시는 더 많은 이적들을 보고자 하는 호기심 때문이었다. 우리 주님께서는 이 무리들 앞에서 이적들을 행하시지 않음으로써 그들을 실망시키시지만, 그들을 상대로 너무나 놀랍고 경이로운 말씀을 전하신다.

25-26. [25]**바다 건너편에서 만나 랍비여 언제 여기 오셨나이까 하니** [26]**예수께서 대답하여 이르시되 내가 진실로 진실로 너희에게 이르노니 너희가 나를 찾는 것은 표적을 본 까닭이 아니요 떡을 먹고 배부른 까닭이로다.**

무리들은 주님을 만나자, "언제 여기 오셨나이까"라고 묻는다. 이것은 호기심에서 나온 불손하고 뻔뻔스러운 질문이었기 때문에, 주님께서는 거기에 대한 대답은 해주지 않으시고, 그 대신에 처음으로 그들에게 자기가 그들의 마음을 아시고, 그들이 무슨 의도로 자기를 따르는지를 알고 계신다는 것을 보여 주신다. 즉, 주님께서는 그들이 주님께서 자신의 신적인 권능으로 이적들을 행하시는 것을 보고서, 주님이 하늘로부터 오신 참 메시야임을 알고 영접하여, 주님의 가르침을 믿고자 하는 것이 아니라, 단지 주님이 그들에게 주신 떡 때문에 다시 주님을 찾은 것임을 그들에게 알게 해 주신다.

27. **썩을 양식을 위하여 일하지 말고 영생하도록 있는 양식을 위하여 하라 이 양식은 인자가 너희에게 주리니 인자는 아버지 하나님께서 인치신 자니라.**

"썩을 양식"은 문자 그대로 우리가 먹는 떡이나 양식을 의미하는 것이 아니라, 우리가 이 세상에서 살아가는 데 필요한 모든 것들을 의미하는 것으로 이해하여야 한다. 그러한 성격의 것들은 모두 썩어져 가는 것들이기 때문에, 쓸면 쓸수록 썩어져 갈 뿐이다. 하지만 주님께서는 그런 것들을 위한 모든 수고를 우리에게 금지하신 것은 아니다. 왜냐하면, 하나님께서는 우리가 먹기 위해서는 얼굴에 땀을 흘려야 한다고 하셨고, 사도 바울도 수고하지 않는 자는 먹지도 말라고 하였으며, 잠언 31:27에서는 선한 여자는 "게을리 얻은 양식'을 먹지 않는다고 말하기 때문이다. 그러나 썩을 양식을 위하여 지나치게 수고하는 것은 금지된다. 또한, "영생하도록 있는 양식"을 구하는 것보다 "썩을 양식"을 구하는 것을 우선순위로 두고서, 거기에 많은 수고를 쏟는 것도 금지된다.

"영생하도록 있는 양식"은 우리로 하여금 현세에서 영광에 대한 소망을 갖게 하고 내세에서는 그 영광을 실제로 향유하게 해 주는 데 필요한 것이라고 하나님께서 말씀하신 모든 것들을 의미한다. 그런 것들로는 먼저 복음을 아는 것이 있고, 다음으로는 하나님이 길 잃은 죄인들을 위하여 복음 안에서 계시하신 구원의 길, 즉 복음을 믿고 구주를 영접하는 것이 있으며, 하나님이 우리의 구원을 위하여 필요하다고 하신 저 거룩한 삶이 있다. 주님께서는 이렇게 말씀하신다: 이것은 인자(주님은 통상적으로 자기 자신을 이렇게 부르신다)인 내가 너희에게 거저 줄 것이다. 너희는 아무리 수고하고 무슨 짓을 하더라도 그것을 얻을 수 없다. 그것은 내가 너희에게 주는 선물, 곧 너희가 영생하도록 있는 양식을 위하여 일할 때에 내가 너희에게 주는 선물이기 때문에, 너희의 그 어떤 수고로도 그것을 얻을 수 없다. 너희가 영생하도록 있는 양식을 위하여 온 힘을 다해 수고할 때, 너희는 내 안에서 하나님이 거저 주시는 차고 넘치는 은혜를 발견하게 될 것이다. 왜냐하면, 사람들은 자기를 대신하여 사람들을 만나 일들을 하게 하기 위해서 어떤 사람을 자기 이름으로 보낼 때에, 그 사람이 자신으로부터 전권을 위임받은 대리인임을 "인을 쳐서" 확증하듯이, 영생의 근원이신 아버지 하나님께서는 그리스도를 자신의 전권대리인으로 삼으시고 "인치서서," 자기가 기뻐하시는 자들에게 영생을 나누어 주게 하셨기 때문이다.

28. 그들이 묻되 우리가 어떻게 하여야 하나님의 일을 하오리이까.

무리들은 우리 구주께서 우리의 목숨을 위하여 반드시 먹어야 하는 양식을 얻기 위하여 수고하지 말라고 하시는 것이 아니라, 단지 이 세상에서 살아가는 일을 위하여 수고하고 애써서는 안 된다고 말씀하시는 것임을 쉽게 깨달았지만, 주님께서 자신들에게 어떤 것을 위해 수고해야 한다고 말씀하시는 것인지에 대해서는 여전히 깨달을 수 없었기 때문에, 율법에 기록되어 있는 것들 외에는 하나님이 명령하신 다른 일은 없다고 생각해서, 율법의 일들을 위하여 수고하여야 한다는 의미로 받아들였다. 그들 중의 다수는 아마도 율법에서 명령하는 규례들과 도덕법들을 자신들의 랍비들이 가르쳐 준 대로 엄격하게 지키며 살아 온 사람들이었을 것이다. 그랬기 때문에, 마태복음 19장에서 우리 구주께서 자기를 찾아와서 "내가 무슨 선한 일을 하여야 영생을 얻으리이까"(19:16)라고 물은 "청년"에게 십계명의 두 번째 돌판에 씌어진 대부분의 계명들을 열거하시면서 율법을 지켜 행하라고 하셨을 때, 그 청년은 자기가 "이 모든 것을 내가 지키었사온대 아직도 무엇이 부족하니이까"라고 반문할 수 있었다. 마찬가지로, 여기에서도 우리 구주께서 "썩을 양식을 위하여 일하지 말고 영생하도록 있는 양식을 위하여 하라"고 말씀하시자, 무리들은 자신들은 이미 랍비들이 가르쳐 준 대로 율법을 다 지키며 살고 있는데, 그 밖의 다른 어떤 일들을 하라고 하시는 것인지를 알 수 없어서 의아해하며, "우리가 어떻게 하여야 하나님의 일을 하오리이까"라고 반문한 것이었다.

29. 예수께서 대답하여 이르시되 하나님께서 보내신 이를 믿는 것이 하나님의 일이니라 하시니.

우리 주님께서는 그들의 질문에 대하여 그들이 지금까지 한 번도 생각해 보지 못했던 "하나님의 일"을 말씀해 주시는데, 그것은 그들 앞에 계신 예수를 참 메시야로 인정하고 고백하는 일이었다. 그들이 율법에 기록된 모든 일들을 다 지켜 행한다고 할지라도, 예수를 메시야로 받아들여서 그들의 온 마음을 다하여 믿지 않는다면, 아무 소용이 없는 일이었다. 왜냐하면, 그들이 율법을 지켜 행하는 것은 전적으로 예수를 그리스도로 믿는 그들의 믿음으로부터 나와야만 하는 것이기 때문이다. 이렇게 무리들이 하나님의 일을 행하려면 어떻게 해야 하느냐고 물었을때, 우리 구주께서는 바로 그런 것이 "하나님의 일"이라고 대답해 주신다. 그렇다고 해서, 이것이 우리가 행위로 의롭다 하심을 얻는다는 것을 증명해 주는 것은 아니다. 우리는 오직 믿음으로 말미암아 의롭다 하심을 얻는다. 왜냐하면, 주님께서는 여기에서 우리는 오직 믿음으로만 의롭다 하심을 얻는다고 말씀하신 것이지만, 단지 무리들이 자신들이 어떤 식으로 "하나님의 일"을 해서 구원을 얻는 것이 하나님의 뜻인지를 물었기 때문에, 거기에 맞춰서 믿음을 "일"로 표현하신 것일 뿐이기 때문이다.

30. 그들이 묻되 그러면 우리가 보고 당신을 믿도록 행하시는 표적이 무엇이니이까, 하시는 일이 무엇이니이까.

주님께서 무리들에게 자기를 믿으라고 하신 것은 그들이 자신들의 선생인 랍비들에게서 한 번도 들어 보지 못한 가르침이었기 때문에, 그들은 이 세상에 새로운 가르침을 베푸신 주님이 어떤 표적을 통해서 자기가 하나님으로부터 보내심을 받은 자라는 것을 확증하는 것이 마땅하다고 생각하였다. 그러나 주님께서는 바로 어제 오병이어로 오천 명을 먹이시는 놀라운 표적을 보여 주신 것을 그들이 본 후였기 때문에, 그들의 이러한 요구는 어처구니없고 우매한 것이었다. 따라서 이것은 그들이 예수를 참 메시야로 믿기 위해서가 아니라, 단지 자신들의 호기심을 만족시키기 위하여, 표적을 구하고 있는 것임을 잘 보여 준다. 우리 구주께서 마태복음 12:39에서 "악하고 음란한 세대"라고 하신 것은 이 무리들에게 정말 딱 들어맞는 말씀이다. 이 무리들이 "당신을 믿도록"이라고 말한 것은 그들이 그런 세대라는 것을 너무나 분명하게 확증해 준다. 왜냐하면, 주님께서 어제 베푸셨던 오병이어의 이적은 그 어떤 피조물도 결코 행할 수 없고 오직 창조주만이 행하실 수 있는 표적이었던 까닭에, 이 무리들은 다른 어떤 추가적인 표적 없이 주님을 창조의 권능을 행하시는 참 메시야로 믿는 것이 마땅한 일이었기 때문이다. 우리는 표적이 아니라 오직 말씀만으로 하나님을 믿는 것이 마땅하다.

31. 기록된 바 하늘에서 그들에게 떡을 주어 먹게 하였다 함과 같이 우리 조상들은 광야에서 만나를 먹었나이다.

무리들은 여기에서 모세를 칭송하여, 모세는 단지 율법만을 그들에게 준 것이 아니라, 하늘로부터 만나를 내리는 표적을 통해서 율법이 하나님의 뜻이라는 것을 확증함과 동시에, 그들의 양식 문제를 해결해 주었다고 말한다(출 16:15; 민 11:7). 시편 78:24-25도 "그들에게 만나를 비 같이 내려 먹이시며 하늘 양식을 그들에게 주셨나니 사람이 힘센 자의 떡을 먹었으며 그가 음식을 그들에게 충족히 주셨도다"라고 찬송함으로써, 그 사실을 확증해 준다. 모세는 이스라엘 회중 전체를 사십 년 동안 내내 하늘에서 내려 온 만나로 먹였다. 이것으로부터 무리들은 그리스도께서는 단지 오병이어로 오천 명을 먹이시는 이적을 한 번 행하신 반면에, 모세는 그 많은 이스라엘 회중 모두를 사십 년 동안이나 먹였기 때문에, 그리스도보다는 모세를 믿는 것이 더 합당하다는 결론을 내리고 있는 것으로 보인다. 하지만 이 무리들은 모세는 단지 하나님이 사용하시는 도구로서 광야에서 이스라엘 백성의 생존을 위하여 하나님께 기도함으로써 만나로 이스라엘 백성을 먹인 것에 지나지 않았던 반면에, 그리스도께서는 자기 자신 속에 내재한 창조의 권능을 베푸셔서, 오병이어라는 지극히 적은 것을 가지고 여자와 아이를 제외하고 오천 명을 먹이시는 이적을 행하신 것이기 때문에, 모세와는 격 자체가 다른 분이시라는 것을 깨닫지 못하였다.

32. 예수께서 이르시되 내가 진실로 진실로 너희에게 이르노니 모세가 너희에게 하늘로부터 떡을 준 것이 아니라 내 아버지께서 너희에게 하늘로부터 참 떡을 주시나니.

모세가 너희에게 하늘로부터 떡을 준 것이 아니라. 주님께서는 만나에 관한 그들의 견해가 잘못된 것임을 깨우쳐 주신다. 먼저, 만나는 모세가 자신이 지니고 있던 어떤 권능에 의해서 너희에게 준 것이 아니다. 만일 그런 것이었다면, 모세는 만나가 처음으로 비처럼 내렸을 때, "이는 여호와께서 너희에게 주어 먹게 하신 양식이라"(출 16:15)고 이스라엘 백성에게 말하지 않았을 것이다. 너희에게 "만나"라는 양식을 주신 것은 모세가 아니라 여호와 하나님이셨다. 다음으로, 만나는 하늘로부터 오는 떡, 즉 "신령한 음식"(고전 10:3)을 예표하는 것이었다. 너희 조상들이 광야에서 먹은 만나는 참된 신령한 음식이 아니었고, 사도 바울이 고린도전서 10장에서 말하듯이, 오직 나에 대한 모형이자 예표였다는 점에서만 신령한 것이었다. 내 아버지께서 너희에게 하늘로부터 참 떡을 주시나니. 너희 조상들에게 만나를 주신 것은 모세가 아니라 내 아버지셨고, 만나는 "참 떡"인 나에 대한 모형이자 그림자이며 예표였을 뿐인데, 이제 내 아버지께서는 너희에게 하늘로부터 "참 떡"인 나를 주셨다.

33. 하나님의 떡은 하늘에서 내려 세상에 생명을 주는 것이니라.

모세는 너희에게 천상의 신령한 떡을 주었지만, 그것은 나에 대한 모형이자 예표라는 점에서만 신령한 것이었을 뿐이다. 모세가 너희에게 준 만나라는 떡은 이 땅에서 사람들의 기술에 의해서 만들어진 것이 아니라, 비록 낮은 하늘일지라도, 하늘로부터 내려온 것이라는 점에서 천상의 떡이었고, 그런 까닭에 "천사들의 양식"이라 불렸다. 그러나 하나님께서 만나를 통해서 예표하셨던 참된 "하나님의 떡"으로서 낮은 하늘이 아니라 가장 높은 하늘에서 내려 온 나는 사람들 안에 있는 생명을 붙들어 줄 뿐만 아니라, 사람들에게 생명을 주는 존재이고, 내가 주는 생명은 단순한 육신적인 목숨이 아니라, 신령하고 영원한 생명이다. 옛적에 하나님께서 주신 만나는 오직 유대인들에게만 생명을 주었지만, 참된 만나인 나는 그 생명을 온 세상에 준다.

34. 그들이 이르되 주여 이 떡을 항상 우리에게 주소서.

대부분의 해석자들은 무리들이 여기에서 한 말은 진심이었던 것으로 본다. 즉,

그들은 주님께서 그런 떡을 갖고 계신다면 자기들에게도 그런 떡을 주시라고 진심으로 원하였다는 것이다. 그러나 그들은 우리 구주께서 말씀하신 "떡"이 어떤 성격의 것이고 얼마나 놀라운 것인지를 제대로 알지 못하고, 이렇게 말한 것이기 때문에, 주님께서는 다음 절에서 이 떡에 대하여 좀 더 분명하게 설명해 주신다.

35. 예수께서 이르시되 나는 생명의 떡이니 내게 오는 자는 결코 주리지 아니할 터이요 나를 믿는 자는 영원히 목마르지 아니하리라.

나는 생명의 떡이니. 나는 신령하고 영원한 생명을 주는 떡, 영적인 생명을 붙들어 주고 유지시켜 주는 떡, 하나님으로부터 이 세상에 보내심을 받아 "허물과 죄로 죽었던"(엡 2:1) 자들을 살리고, 아버지 하나님께서 내게 주신 자들에게 영생을 주는 메시야이다. 그러나 이 생명을 얻고자 하는 자들은 나에게 와야 한다. 주님께서는 자기에게 온다는 것이 무엇을 의미하는지를 이 절의 후반부에서 설명하는데, "내게 오는 자"는 곧 "나를 믿는 자"라는 것이다. 이런 식으로, 주님께서는 하늘로부터 내려 온 양식을 육신적인 방식으로 먹고 마시는 것이라고 생각하였던 그들의 조악하고 육신적인 인식을 벗겨내시고, 그들로 하여금 자신들이 이제까지 생각해 왔던 것과는 전혀 다른 종류의 생명을 얻고 유지하는 것에 대하여 생각하게 만드신다.

내게 오는 자는 결코 주리지 아니할 터이요 나를 믿는 자는 영원히 목마르지 아니하리라. 그리스도를 믿는다는 것은 그리스도를 사람들의 중보자이자 구주로 영접하여서 그를 가까이 하며 자신의 모든 영적인 안위를 그에게 맡기는 것을 의미한다는 것에 대해서는 우리가 이미 앞에서 말한 바 있는데, 주님께서는 여기에서 그렇게 하는 자는 결코 주리거나 목마르게 되지 않을 것이라고 말씀하신다. 이것은 그리스도를 그런 식으로 믿는 자는 영원한 생명과 행복을 얻고 누리는 데 필요한 그 어떤 것도 부족하지 않게 될 것이라는 말씀이다. 그리고 하나님께서는 그런 자는 현세의 삶에 필요한 것들에 대해서도 부족함이 없을 것이고, "주리거나 목마르지 아니할" 것이라고 약속하신다(시 37:3; 사 49:10).

36. 그러나 내가 너희에게 이르기를 너희는 나를 보고도 믿지 아니하는도다 하였느니라.

너희는 나를 너희 자신의 눈으로 직접 보아 왔고, 나의 가르침을 들어 왔으며, 나의 가르침을 확증해 줌과 동시에 내가 참 메시야라는 것을 확증해 주는 나의 이적들을 직접 목격해 왔다. 나는 지금까지 그 어떤 사람도 행하지 않았던 그러한 일들과 이적들을 너희 가운데서 행해 왔다. 그러나 너희는 선지자 이사야가 "너희는 보아도 보지 못하고 깨닫지 못할" 것이라고 예언한 바로 그 세대에 속한 자들이다. 왜 냐하면, 너희는 너희 자신의 육안으로 나를 보아 왔고, 내가 행한 일들과 이적들을 통해서, 내가 참 메시야라는 결론을 내릴 수밖에 없었는데도, 나를 메시야로 인정 하거나 고백하지도 않고, 영원한 생명과 행복을 구하여 믿음으로 내게 나아오지도 않기 때문이다.

37. 아버지께서 내게 주시는 자는 다 내게로 올 것이요 내게 오는 자는 내가 결코 내쫓지 아니하리라.

　　여기에서 다양한 교단에 속한 해석자들에게 큰 문제를 불러일으킨 것은 "아버지 께서 주신다"는 것이 무엇을 의미하느냐 하는 것이었다. 어떤 이들은 하나님께서 영원 전부터 특정한 사람들로 하여금 영생을 얻도록 미리 예정하시고, 그렇게 예정 하신 자들을 메시야이자 세상의 구주이며 구속주이신 그리스도께 주신다는 의미라 고 해석하고, 어떤 이들은 하나님께서 특정한 사람들에게 구원의 특별한 은혜에 이 끌리는 성향을 주입하셔서, 그들로 하여금 실제로 그리스도를 영접하여 믿게 하신 다는 의미라고 해석한다. 전자의 견해에 의하면, 이 본문은 믿음을 갖게 된 자들은 누구든지 끝까지 영생과 구원을 얻게 되고, 택정하심을 입은 자들은 언젠가는 반드 시 그리스도를 믿고 구원을 받을 수 있게 해 주는 특별한 은혜도 입게 된다고 말하 고 있는 것으로 해석된다. 후자의 견해를 지지해 주고 있는 것으로 보이는 것은 동 사가 현재 시제로 되어 있다는 것이다. 즉, 본문은 "아버지께서 내게 주신 자는 다" 가 아니라 "아버지께서 내게 주시는 자는 다"로 되어 있다는 것이다. 이것은 우리로 하여금 아버지 하나님께서 그리스도에게 사람들을 주신다는 것이 다른 본문들에서 는 하나님의 영원한 택정하심을 의미하는 것이라고 할지라도, 적어도 여기에서는 특별한 은혜에 이끌리는 성향을 현재적으로 주시는 것을 의미하는 것이라고 생각 하게 만든다. 그러나 매우 박식하고 경건한 해석자들 중에서 이 두 가지 견해에 만 족하지 않는 이들은 여기에서 "아버지께서 주신다"는 것은, 사도가 에베소서 1:4에 서 "창세 전에 그리스도 안에서 우리를 택하사"라고 말한 것처럼, 아버지 하나님께 서 그리스도 안에서 구원받을 사람들을 택하신다는 것을 의미하는 것이라고 생각 한다. 영생으로 택정함을 입은 자들이 있는 것도 확실하고, 영생을 얻게 해 주는 확 실한 수단들이 존재한다는 것도 분명하다(엡 1:4-5). 또한, 그리스도 안에서 택정함 을 입은 사람들이 영생을 얻지 못하거나, 그들로 하여금 영생을 얻게 해 줄 수단들 을 얻지 못하는 일이 없으리라는 것도 확실하다.

하지만 여기에서 주님께서 그러한 영원한 택정하심을 말씀하고자 하셨는지의 여부를 확정하는 것은 그렇게 중요하지 않다. 왜냐하면, 예수회 수사들이 말한 대로, 우리가 영생과 구원을 하나님이 영원 전부터 택정하신 자들에게만 주어지는 것으로 이해한다면, 우리 구주께서는 여기에서 그들이 자기를 믿지 않는 것은 하나님이 그들을 자기에게 주시지 않은 까닭이라고 말씀하시면서, 그들의 불신앙을 책망하시고 고발하시는 것이 아니라, 도리어 그들의 불신앙을 감싸 주고 면죄부를 주시는 것이 되기 때문이다. 하지만 주님께서는 그런 의도나 의미로 여기에서 말씀하신 것이 아니라는 것은 하나님이 영원 전부터 구원받을 자들을 구체적으로 택정하셨다는 견해와도 부합하지 않고, 특별한 은혜를 특정한 사람들에게 현재적으로 주신다는 견해와도 부합하지 않는다. 따라서 우리는, 마치 이 두 견해 중 어느 하나가 진실인 것처럼, 그러한 견해들을 따라 이 본문을 해석해서는 안 된다. 왜냐하면, 주님께서는 여기에서 그들이 그리스도인 자기에게로 나아오는 것은 얼마든지 가능한 일인데도 그렇게 하고자 하지 않는다면, 그들에게는 변명의 여지가 있을 수 없다고 말씀하시는 것이기 때문이다.

그러나 그런 문제는 해석자들이 아니라 변증가들의 소관이고, 우리가 주목할 것은 주님께서는 "아버지께서 내게 주시는 자"라고 말씀하신 후에, 그런 자는 반드시 자기에게 와서 자기를 믿고 영접할 것이라고 말씀하시고, 오직 그렇게 하는 자들만을 자기가 "결코 내쫓지 아니하리라"고 말씀하신다는 것이다. 여기에서 "내쫓지 않는다"는 것에 대해서, 어떤 이들은 천국에서 내쫓지 않을 것임을 가리키는 것이라고 말하고, 어떤 이들은 그들의 믿음을 끝까지 지켜 주어서 결국 천국에 들어오게 할 것이라는 의미라고 말한다. 그러나 분명한 것은 이 어구는 그리스도께서는 자기를 진심으로 믿는 모든 자들에 대해서는 그들을 받아들여서 끝까지 그들을 지켜 반드시 영생과 구원을 얻게 하실 것임을 의미한다는 것이다. 하나님께서 누구를 그리스도에게 주셔서 그리스도를 믿게 하시는지는 오직 하나님만이 아시는 비밀이지만, 그리스도께서 자기를 진심으로 구주로 영접하는 자들을 절대로 내치지 않으실 것이고, 그런 사람들은 영원히 멸망하지 않으리라는 것은 모든 사람이 알 수 있는 일이다.

38. 내가 하늘에서 내려온 것은 내 뜻을 행하려 함이 아니요 나를 보내신 이의 뜻을 행하려 함이니라.

우리 주님께서는 앞에서 아버지 하나님께서 자기에게 주셔서 자기를 믿는 자들을 받아들여서 끝까지 은혜 가운데 있을 수 있도록 그들을 지키시고 보존하심으로써, 심판의 날에 그들이 배교자들로서 쫓겨나는 일이 없게 하실 것이라고 말씀하셨는데, 이제 여기에서는 자기는 자신의 뜻을 행하기 위해서가 아니라, 자기를 이 세상에 보내신 아버지 하나님의 뜻을 행하기 위해서 오셨다고 말씀하심으로써, 앞에서 하신 말씀이 틀림없을 것임을 다시 한 번 확증하신다.

39. 나를 보내신 이의 뜻은 내게 주신 자 중에 내가 하나도 잃어버리지 아니하고 마지막 날에 다시 살리는 이것이니라.

주님께서는 앞에서 자기는 자신의 뜻을 이루기 위해서가 아니라 아버지의 뜻을 행하기 위하여 오신 것이라고 분명하게 말씀하시고 나서, 이제 여기에서는 아버지의 뜻이 무엇인지를 구체적으로 밝히신다. 즉, 아버지께서 내게 주신 자들 중에서 단 한 사람도 잃어버리지 않는 것이 바로 아버지의 뜻이라는 것이다. 따라서 "아버지께서 주신다"는 것은 하나님께서 영원 전에 특정한 사람들을 영생으로 택정하셔서 그들의 구원을 위하여 그들을 자기 아들에게 주신다는 것을 의미하거나, 하나님께서 사람들 속에서 역사하셔서 은혜를 받아들이게 하시고 그 은혜를 그들 속에서 보존하시고 붙들어 주시는 결과이자 열매로서 그들로 하여금 영생을 얻게 해 주신다는 의미임에 틀림없다. 우리 주님께서는 그러한 자들 중 한 사람도 잘못되지 않게 하는 것이 아버지 하나님의 뜻이라고 분명하게 밝히신다. 그들의 육신이 죽어서 흙으로 돌아간다고 할지라도, 그리스도께서는 "마지막 날에" 죽은 자들을 다시 살리실 것이고, 특히 아버지 하나님이 자기에게 주신 자들을 다시 살리실 것이다. 그 날에는 모든 사람이 하나님의 심판대 앞에서 자신들이 육체로 행한 일들을 따라 심판을 받기 위하여 다 부활하게 될 것이지만, 오직 아버지 하나님이 그리스도께 주신 자들만이 부활로 말미암아 유익을 얻게 될 것이다. 그러므로 그들은 부활의 자녀들이라 불리고, 성경에서는 종종 마치 부활이 오직 그들에게만 일어날 것처럼 말하기도 한다(빌 3:11). 주님께서는 부활은 어느 때든지 아무도 그 뜻을 거스를 수 없었던 하나님의 뜻이라고 말씀하심으로써, 부활의 확실성을 단언하신다.

40. 내 아버지의 뜻은 아들을 보고 믿는 자마다 영생을 얻는 이것이니 마지막 날에 내가 이를 다시 살리리라 하시니라.

우리 주님께서는 앞에서, 믿는 자들이 끝까지 믿음을 지켜 구원을 받아 지극한 행복을 누리는 것이 하나님의 뜻이라고 단언하신 후에, 여기에서는 계속해서 하나님께서 이 영생을 주시기 위해서 현세에 마련해 두신 수단에 대하여 분명하게 말씀하시면서, 그 수단은 "아들을 보고 믿는" 것이라고 말씀하신다. "아들을 본다"는 것은 육신의 눈으로 보거나, 주님께서 행하신 이적들을 본다는 의미가 아니다. 이 가버나움 사람들은 육신의 눈으로 하나님의 아들을 보았고 그 아들이 행하신 이적들을 보았지만, 주님께서 36절에서 말씀하셨듯이, 아들을 믿지 않았다. 여기에서 "아들을 본다"는 것은, 그리스도를 마음 눈으로 보고, 그가 메시야이자 세상의 구주라는 것을 알아보는 것이다. 따라서 아들을 보는 것은 곧 아들을 믿는 것이다. 주님께서는 이렇게 "아들을 보고 믿는" 자들이 영생을 얻어 영원토록 살게 되는 것이 하나님의 뜻이라고 다시 한 번 강조하시고, 그런 까닭에 자기가 그들을 마지막 날에 다시 살리실 것이라고 말씀하신다. 왜냐하면, 그리스도께서는 하나님이 "살아 있는 자와 죽은 자의 재판장으로 정하신 자"(행 10:42)이시기 때문이다. 주님께서 마지막 날에 그들을 다시 살리실 것이라는 말씀은 요한복음 5:28에서 "무덤 속에 있는 자가 다 그의 음성을 들을 때가 오나니"라고 하신 말씀과 일치한다.

41. 자기가 하늘에서 내려온 떡이라 하시므로 유대인들이 예수에 대하여 수군거려.

유대인들은 이러한 불평하거나 수군거리는 죄를 밥 먹듯이 짓기로 유명한데, 이 죄는 어떤 사람이 말하거나 행하는 것에 대하여 분노하거나 참을 수 없어 할 때에 짓게 된다. 유대인들의 신경을 건드려서 화나게 한 것은 주님께서 자기가 참된 양식이고 생명의 떡이라고 하셨기 때문이 아니라, 자기가 하늘에서 내려왔다고 말씀하셨기 때문이었던 것으로 보인다.

42. 이르되 이는 요셉의 아들 예수가 아니냐 그 부모를 우리가 아는데 자기가 지금 어찌하여 하늘에서 내려왔다 하느냐.

우리 구주께서는 나사렛에서 거의 삼십 년 동안이나 자신의 아버지로 알려진 요셉과 함께 사셨는데, 지금 주님이 계신 가버나움은 나사렛에서 얼마 떨어지지 않은 곳이었기 때문에, 그들은 주님의 출신에 대하여 알고 있었다. 하지만 그들은 우리 구주께서 동정녀의 모태에서 성령의 능력으로 기적적으로 잉태되어 태어나신 것에 대해서는 아무것도 알지 못하고 있었던 까닭에, 주님이 자기는 하늘로부터 내려왔다고 말씀하시자, 말도 안 되는 소리를 하고 있다고 생각하여 분개한 것이었다.

43. 예수께서 대답하여 이르시되 너희는 서로 수군거리지 말라.

우리 구주께서는 여기에서 자기가 그들의 마음과 생각을 읽어내고 아신다는 것을 보여 주심으로써, 자신이 하나님이시라는 또 하나의 증거를 그들에게 주신다.

왜냐하면, 그들은 속으로 화가 나서 분개하고 있었을 뿐이고, 자신들의 분노를 겉으로 표현하는 어떤 말을 한 것이 아니었는데도, 우리 구주께서는 그들이 겉으로 표출하는 말을 들을 필요도 없이, 그들이 마음속에서 은밀하게 어떤 생각을 하고 어떤 감정을 지니고 있는지를 아시고서, 이렇게 말씀하신 것이기 때문이다. 주님께서는 단지 자기가 하늘로부터 내려 왔다는 것 외에도, 이하에서 그들이 화낼 만한 훨씬 더 많은 말씀들을 하실 것이었기 때문에, 그런 말을 들었다고 벌써부터 화낼 필요는 없다고 그들에게 말씀하신다.

44. 나를 보내신 아버지께서 이끌지 아니하시면 아무도 내게 올 수 없으니 오는 그를 내가 마지막 날에 다시 살리리라.

여기에서 "이끈다"는 것이 사람들의 의지에 대하여 어떤 강제력을 행사해서 오게 한다는 뜻이 아니라는 것은 너무나 분명하지만, 복음의 사역을 통하여 이치를 따져 설득해서 오게 한다는 것인지, 아니면 사람들의 심령에 어떤 강력한 감화력을 행사해서, 그들의 심령 속에 주님께로 오고자 하고 말씀에 순종하고자 하는 마음을 불러일으켜서 오게 한다는 것인지는 확실하지 않다. 사람의 의지 속에는 영적으로 선하고 영생과 구원을 얻는 데 필요한 것들을 행할 수 있는 힘이 있다고 주장하는 자들은 전자를 지지하면서, 누가복음 14:23에서 "주인이 종에게 이르되 길과 산울타리 가로 나가서 사람을 강권하여 데려다가 내 집을 채우라"고 한 말씀 속에서 "강권하여"는, 복음의 일꾼들에게는 사람들을 강제할 수 있는 어떤 권력이나 힘이 없다는 점에서, 이치를 따져 설득한다는 뜻으로 이해하여야 한다고 말한다. 그러나 우리는 여기에서 "이끄는" 행위의 주체가 종들인 복음의 사역자들이 아니라, 주인이신 아버지 하나님이시라는 것을 고려하지 않으면 안 된다. 따라서 여기에서 "이끈다"는 것은 하나님께서 사람들의 심령에 권능으로 역사하셔서, 그들로 하여금 하늘의 부르심에 순종하고, 복음 안에서의 그리스도의 초대를 기꺼이 받아들이게 하시는 것을 의미한다고 결론을 내리는 것이 더 이치에 맞다. 왜냐하면, 단순히 "이끈다"는 단어로부터는 반드시 그러한 결론이 도출될 수 있는 것은 아닐지라도, 그리스도께로 나아오는 이 움직임의 성격, 즉 사람의 심령 자체 속에는 고귀하고 영적인 존재이신 그리스도께로 자발적으로 나아올 수 있는 힘이 없다는 점을 고려하면, 그러한 결론은 쉽게 도출될 수 있기 때문이다. 사람의 마음의 어둠, 사람의 의지의 완악함, 사람의 감정의 타락은 그 정도가 극심해서, 하나님의 성령에 의한 조명과 이끌림에 의하지 않고서는, 사람은 그리스도께로 나아올 수 없다. 사람들의 심령은 스스로 신령한 일들을 제대로 분별해서 그 일들 속에 존재하는 선함과 탁월함을 보는 것조차 불가능하기 때문에, 사람들이 그 일들에 참여하기 위하여 나아가는 것은 더더욱 불가능하다.

45. 선지자의 글에 그들이 다 하나님의 가르치심을 받으리라 기록되었은즉 아버지께 듣고 배운 사람마다 내게로 오느니라.

선지자의 글에 그들이 다 하나님의 가르치심을 받으리라 기록되었은즉 . 이 말씀은 이사야 54:13("네 모든 자녀는 여호와의 교훈을 받을 것이니")에 기록된 것이거나, 선지자들의 글에 기록된 것이다. 왜냐하면, 이 말씀은 오직 이사야서에서만 발견되기는 하지만, 그것과 동일한 취지의 말씀은 예레미야서, 에스겔서, 요엘서, 미가서에서도 발견되기 때문이다. 하나님께서 택하신 모든 자들은 하나님에게서 가르침을 받게 될 것이다. 따라서 아버지께 듣고 배운 사람마다 내게로 오느니라. 여기에서 우리 구주께서 자기가 그들을 가르치시는 것은 선지자들이 하나님께서 장차 그렇게 하실 것이라고 이미 예언한 것임을 증명하시는 것은, 선지자들의 권위가 자신의 권위보다 더 크거나 동등하기 때문이 아니라, 단지 선지자들과 그들의 글이 그들 속에서 자기와 자신의 말보다 더 큰 권위를 지니고 있었기 때문이다.

46. 이는 아버지를 본 자가 있다는 것이 아니니라 오직 하나님에게서 온 자만 아버지를 보았느니라.

주님께서는 선지자들이 장차 "그들이 다 하나님의 가르치심을 받으리라"고 기록하였다고 해서, 선지자들이 아버지 하나님께서 사람들이 볼 수 있는 모습으로 이 세상에 오셔서 사람들을 가르치실 것이라고 예언한 것이라고 생각해서는 안 된다고 그들에게 말씀하신다. 왜냐하면, 하나님의 본체는 사람들의 눈으로는 볼 수 없는 존재이신 까닭에, 인류 역사상 하나님을 본 사람은 아무도 없었고, 오직 하나님의 독생자만이 아버지 하나님을 볼 수 있으셨기 때문이다. 그리스도께서는 아버지 하나님의 본체를 보셨기 때문에, 아버지 하나님의 뜻과 지극히 비밀한 계획들을 아신다.

47-48. [47]진실로 진실로 너희에게 이르노니 믿는 자는 영생을 가졌나니 [48]내가 곧 생명의 떡이니라.

요한복음 3:18, 36; 6:35에 대한 설명을 보라.

49. 너희 조상들은 광야에서 만나를 먹었어도 죽었거니와.

"너희 조상들은 광야에서 만나를 먹었어도" 자연의 순리를 따라, 또는 불신앙으로 인하여 "죽었다." 이렇게 광야에서 내린 만나는 그들의 자연적인 수명조차도 보존해 줄 수 없었고, 그들 중에서 믿지 않는 자들은 영원히 죽었다. 만나는 나에 대한 모형이었기 때문에, 그들은 만나를 먹었어도, 그들 중에서 나를 믿지 않은 자들은 구원을 얻을 수 없었다.

50. 이는 하늘에서 내려오는 떡이니 사람으로 하여금 먹고 죽지 아니하게 하는 것이니라.

광야에서 너희 조상들이 먹은 만나와는 달리, 나는 가장 높은 하늘에 계신 내 아버지 하나님의 품속에서 온 "생명의 떡"이기 때문에, 이 떡을 먹는 사람들은 영원히 죽지 않게 될 것이다. 앞에서는 자주, 그리스도를 믿는 것은 그에게로 오는 것으로 표현되었는데, 여기에서는 그리스도를 먹는 것으로 표현된다. 이렇게 믿는다는 것을 먹는다는 것으로 표현한 것은 적절하다. 왜냐하면, 먹는다는 것은 우리의 육신적인 목숨을 유지하기 위하여 음식을 구체적으로 우리의 위로 받아들여서 자양분을 섭취하는 행위인 것과 마찬가지로, 믿는다는 것도 영적인 삶을 시작하고 성장시켜서 마침내 영생을 얻기 위하여 그리스도를 우리의 심령 속으로 받아들이는 것이기 때문이다.

51. 나는 하늘에서 내려온 살아 있는 떡이니 사람이 이 떡을 먹으면 영생하리라 내가 줄 떡은 곧 세상의 생명을 위한 내 살이니라 하시니라.

"나는 하늘에서 내려온 살아 있는 떡이니"라는 말씀에 대해서는 요한복음 6:33, 35에 대한 설명을 보라. 우리 구주께서는 이 말씀과 이후에 나오는 말씀들을 자주 반복해서 강조하시고 역설하시는데, 이것은 우리가 이 말씀들을 꼭 알아야 한다는 것과 믿는 것이 얼마나 어려운 일인지를 우리에게 알게 해 주시기 위한 것이다. "사람이 이 떡을 먹으면 영생하리라"는 말씀은 50절에 나온 "사람으로 하여금 먹고 죽지 아니하게 하는 것이니라"는 말씀에 대한 보충설명이다. 그리고 자기가 주는 떡은 자신의 살이라고 하신 말씀은 앞에서 자기가 생명의 떡이라고 하신 말씀에 대한 보충설명으로서, 자신의 생명("내 살")을 내어 주심으로써, 세상의 많은 사람들을 구원하실("세상의 생명을 위한") 것이라는 말씀이다. 이것은 우리의 믿음의 대상이 십자가에 못 박히신 그리스도이시라는 것을 보여 준다: "내가 너희 중에서 예수 그리스도와 그가 십자가에 못 박히신 것 외에는 아무 것도 알지 아니하기로 작정하였음이라"(고전 2:2).

52. 그러므로 유대인들이 서로 다투어 이르되 이 사람이 어찌 능히 자기 살을 우

리에게 주어 먹게 하겠느냐.

이것은 그들이 여전히 영적인 일들을 육신적인 의미로 이해하고 있음을 보여 준다. 하지만 그들은 사람들이 소나 양의 살을 먹듯이, 그리스도께서 자신의 살을 그들에게 주어 먹게 하겠다고 말씀하신 것으로는 도저히 생각할 수 없었다는 점에서, 분명히 그 말씀을 다른 의미로 생각하고 이해할 수 있었는데도, 주님께서 앞에서 자기가 하늘로부터 내려왔다고 하실 때부터 이미 그들의 심기는 틀어지고 꼬여 있었기 때문에, 주님의 말씀이 어떤 의미일 것인지를 짐작할 수 있었다고 할지라도, 의도적으로 주님이 하신 말씀을 너무나 터무니없고 어리석은 말씀인 것으로 몰아가서 비꼬고 조롱하였다.

53. 예수께서 이르시되 내가 진실로 진실로 너희에게 이르노니 인자의 살을 먹지 아니하고 인자의 피를 마시지 아니하면 너희 속에 생명이 없느니라.

이 말씀의 참된 의미를 짤막하게 말한다면, 그것은 우리 죄를 위하여 죽으신 주 예수 그리스도를 진심으로 믿지 않는 자는, 그 속에 참된 영적인 생명이 있을 수 없고, 장차 영생으로 나아갈 수도 없다는 것이다. 이 절을 비롯해서 이후에 이어지는 말씀들로부터 두 가지 질문이 생겨난다. (1) 그리스도의 살, 즉 그의 인성이 생명을 주는 것인가, 아니면 우리의 모든 생명은 그리스도의 신성으로부터 흘러나오는 것인가? 이것은 루터파와 칼빈파 간에 논란이 된 문제이다. 루터파는 그리스도 안에는 신성과 인성이 인격적으로 연합되어 있기 때문에 그리스도의 인성에도 사람을 살리는 능력이 존재한다고 단언한다. 이것은 사람들의 신앙을 크게 세우는 데 도움이 되는 흥미로운 문제이다. 이 문제에 관심이 있어서 이 문제에 대한 루터파와 칼빈파의 견해를 자세하게 알고자 하는 독자들은 이 절에 대한 타르노비우스(Tarnovius)의 설명과 잔키(Zanchy)의 『성육신론』(De Incarnatione) 540쪽을 참조하기 바란다.

(2) 이 절을 비롯한 이후의 절들은 성찬에서 그리스도의 살을 먹고 피를 마시는 것에 대한 것인가? 이것은 교황주의자들과 우리 간에 논란이 된 문제이다. 모든 개신교도들, 즉 루터파와 칼빈파는 그렇지 않다고 말하지만, 교황주의자들은 자신들의 너무나 터무니없는 화체설을 유지하기 위하여, 이 본문들은 성찬에 관한 것이라고 터무니없는 주장을 고집한다. 이 본문들과 관련한 그들의 주장이 터무니없다는 것은 다음과 같은 것들이 보여 준다: (a) 성찬이라는 성례전이 제정된 것은 주님께서 이 말씀을 하시고 나서 일 년도 더 지난 때였다. 우리 구주께서 아직 제정되지도

않은 성찬과 관련된 가르침을 사람들이 전혀 이해할 수 없을 것인데도 여기에서 성찬에 대하여 가르치셨을 것이라고 생각하는 것은 정말 어이없는 일이다. (b) 이 말씀은 성찬에서 떡을 먹고 포도주를 마시는 것에 그대로 적용될 수 없다. 왜냐하면, 성찬에서 그리스도의 살을 먹고 피를 마신 사람들이라도, 그들 중에는 영적으로 영원히 살지도 못하고 구원받지도 못한 사람들이 많았을 것이기 때문이다. 게다가, 단지 성찬에서 그리스도의 살을 먹고 피를 마신다고 해서 생명을 얻게 되는 것은 아니다. 여기에서 말하는 생명은 "영생"을 의미한다(56, 58절). (c) 또한, 29절은 여기에서 먹는다는 것은 믿는다는 것을 의미한다는 것을 분명하게 보여 주지만, 성찬에서 그리스도의 살을 먹고 피를 마시는 것은 믿는 것을 의미하지 않는다. 이 모든 것을 종합해 볼 때, 우리 구주께서는 여기에서 성찬에서 그리스도의 살을 먹고 피를 마시는 것에 대하여 말씀하신 것이 아니라는 것은 분명하다.

54. 내 살을 먹고 내 피를 마시는 자는 영생을 가졌고 마지막 날에 내가 그를 다시 살리리니.

주님께서는 자기 살을 먹고 자기 피를 마시는 자들은 영생에 대한 합당하고 확실한 자격을 갖게 되어서, 현세에서 실제로 그 생명을 갖게 될 것이고, 마지막 날에 부활해서는 영원한 생명으로 나아가게 될 것이라고 말씀하신다. 주님께서 앞에서 그리스도의 살을 먹고 피를 마신다고 하셨을 때, 그것이 그리스도를 믿는 것을 의미한 것이라고 이해한다면, 사실 이것은 주님께서 요한복음 3:18, 36 등에서 자주 말씀해 오셨던 것이고, 여기에서는 단지 다른 곳들에서보다 좀 더 분명하게 사람들로 하여금 의롭다 하심을 얻게 해 주는 저 믿음의 참된 대상을 말씀하신 것일 뿐이다. 왜냐하면, 여기에서 주님께서 언급하신 살과 피는 십자가에 못 박히신 그리스도를 의미하기 때문이다.

55. 내 살은 참된 양식이요 내 피는 참된 음료로다.

단지 신성을 지닌 존재인 것이 아니라, 한 인격 안에서 신성과 인성이 연합되어 있는 존재로서 고난과 죽음을 겪은 자인 십자가에 못 박힌 그리스도는 진정으로 모든 심령들의 양식이다. 그런 그리스도로서의 나는 만나 같은 모형의 성격을 띤 양식이 아니라, 사람들에게 자양분을 공급하여 영생으로 이끄는 지극히 탁월한 참된 양식이다. 그런 의미에서 그리스도는 "참 빛"(요 1:9)이자 "참 포도나무"(요 15:1)로 불린다.

56. 내 살을 먹고 내 피를 마시는 자는 내 안에 거하고 나도 그의 안에 거하나니.

내가 세상의 죄를 위하여 나의 살과 피를 내어 주어 죽었음을 보고서, 나를 시인하고 영접하여 자신을 내게 맡기고, 영생과 구원을 위하여 자신의 영혼을 내게 의탁하는 자는 나와 연합하여 하나가 된 자이다. 그는 믿음과 사랑으로 나와 연합되어 있는 자이다(엡 3:17; 요일 3:23-24; 4:16): "그의 계명은 이것이니 곧 그 아들 예수 그리스도의 이름을 믿고 그가 우리에게 주신 계명대로 서로 사랑할 것이니라 그의 계명을 지키는 자는 주 안에 거하고 주는 그의 안에 거하시나니 우리에게 주신 성령으로 말미암아 그가 우리 안에 거하시는 줄을 우리가 아느니라"(요일 3:23-24). 내가 요한복음 14:23에서 "사람이 나를 사랑하면 내 말을 지키리니 내 아버지께서 그를 사랑하실 것이요 우리가 그에게 가서 거처를 그와 함께 하리라"고 한 것처럼, 나는 서로 간의 사랑과 나의 성령으로 말미암아 그와 하나가 될 것이다. 우리의 떡과 양식은 우리에게 자양분을 공급해 주는 것이지만, 우리가 그 떡과 양식을 먹지 않으면, 우리 안에 거하여 우리에게 자양분을 공급해 줄 수 없는 것과 마찬가지로, 우리의 심령이 그리스도를 믿고 영접하지 않으면, 그리스도께서는 우리의 심령에 그 어떤 유익도 되실 수 없다. 주님께서 이 절에서 하신 말씀은 우리가 이 절들에 나오는 말씀들을 성찬에서 먹고 마시는 것에 관한 것으로 이해해서는 안 된다는 것을 분명하게 보여 준다. 왜냐하면, 성찬에서 그리스도의 살을 먹고 피를 마시는 자는 누구든지 그리스도 안에 거하고 그리스도께서 그의 심령 속에 거하신다고 말하는 것은 사실이 아니기 때문이다. 모든 연합은 자연적인 연합이거나 정치적인 연합이다. 가장 엄밀한 자연적인 연합은 머리와 지체들, 포도나무와 그 가지들의 연합이고, 가장 엄밀한 정치적 연합은 남편과 아내의 연합인데(창 2:24), 그리스도와 믿는 자 간의 연합은 이 둘 모두의 관점에서 설명된다(요 15:1; 엡 5:30-31; 골 1:18). 이 연합의 성격에 대해서는 이 주제를 다루는 글을 쓴 신학자들의 저작들을 보라.

57. 살아 계신 아버지께서 나를 보내시매 내가 아버지로 말미암아 사는 것 같이 나를 먹는 그 사람도 나로 말미암아 살리라.

하나님께서는 성경에서 흔히 "살아 계신" 하나님이라 불리는데, 이것은 하나님 안에 생명이 있기 때문이 아니라, 하나님이 자신의 모든 피조물에게 있어서 생명의 원천이시기 때문이다. 그리스도께서는 여기에서 후자의 의미로, 즉 하나님이 모든 생명의 원천이자 근원이시라는 의미에서, 자기 아버지는 "살아 계신 아버지"라고 선언하신다. 주님께서는 "내가 아버지로 말미암아 산다"고 말씀하시는데, 이것을 어떤 이들은 "아버지를 위하여"로 번역하기도 한다. 왜냐하면, '디아' (διὰ)라는 전치사는 여기에서처럼 대격과 결합될 때에는 "~를 위하여"라는 목적의 의미를 지니는 경우가 비일비재하기 때문이다. 하지만 세속의 저자들이나 성경의 본문들에서, 이 전치사가 언제나 목적의 의미를 지니는 것은 아니고, 원인의 의미를 지니기도 한다. 따라서 이 전치사는 이 본문에서는 마가복음 2:4; 12:24; 요한복음 4:41-42에서와 마찬가지로 목적의 의미가 아니라 원인의 의미로 사용되고 있는 것으로 보이기 때문에, "아버지를 위하여"라는 번역보다는 "아버지로 말미암아"라는 번역이 더 나은 것으로 생각된다. 왜냐하면, 이 본문에서 그리스도께서는 어떻게 해서 자기가 하늘에서 이 세상에 내려온 생명의 떡이시고 세상에 생명을 주실 수 있게 되었는지를 자신의 청중들에게 설명하고자 하시는 것으로 보이기 때문이다.

따라서 주님께서 "내가 아버지로 말미암아 사는 것 같이 나를 먹는 그 사람도 나로 말미암아 살리라"고 말씀하신 것은 이런 의미이다: 아버지 하나님께서는 영원한 출생을 통하여 자기 안에 있는 모든 생명을 내게 주셨고, 또한 나를 중보자로 삼으시고 사람을 살리는 권능을 주셔서 이 세상에 보내셔서 세상에, 즉 나를 믿는 자들에게 생명을 주어 살게 하셨다. 그러므로 생명의 원천이신 분으로부터 주어진 생명이 내 안에 있는 것과 마찬가지로, 아버지 하나님이 정하신 바에 따라서 "나를 먹는 그 사람," 즉 참된 믿음으로 나를 중보자로 영접하는 자는 누구든지 "나로 말미암아" 영적으로 영원히 살게 될 것이다.

58. 이것은 하늘에서 내려온 떡이니 조상들이 먹고도 죽은 그것과 같지 아니하여 이 떡을 먹는 자는 영원히 살리라.

이 절에 나오는 말씀은 49-51절에 이미 다 나온 것이다. 거기에 나오는 설명을 보라. 이 모든 말씀으로부터 너무나 분명한 것은 한 심령이 의롭다 하심을 얻는 것은 믿음으로 말미암고, 한 심령의 영적인 생명은 율법의 행위들에 대한 사랑이나 순종이 아니라 예수 그리스도를 믿는 믿음으로부터 흘러나온다는 것이다. 물론, 참된 믿음에는 행위가 수반될 수밖에 없고, 하나님의 뜻에 진심으로(온전하게는 아니라도) 순종하지 않는 자는 영생과 구원을 얻을 수 없다는 것은 사실이지만, 그러한 순종은 믿음이 아니기 때문에, 한 심령으로 하여금 의롭다 하심을 얻게 해 줄 수 없다. 그러한 순종은 단지 참된 믿음에 필수적으로 수반되는 산물일 뿐이다. 왜냐하면, 그러한 순종이 없는 믿음은 그 심령으로 하여금 의롭다 하심을 얻게 해 주고 구원을 얻게 해 줄 수 있는 참된 믿음이 아니기 때문이다. 그러므로 주님께서는 이 모든 말씀 속에서 영생과 부활을 자주 약속하시면서도 사랑이나 순종에 대해서는 언급하지 않으시고, 오직 하늘에서 내려온 양식인 그리스도를 먹는 것, 즉 자기 살을 먹고 자기 피를 마시는 것만을 언급하시는데, 이것은 율법의 행위들에 대한 순종을 의미하는 것이 아니라, 그리스도를 믿는 것을 의미하는 표현이다(47-49절). 성경의 다른 본문들은 순종 없는 믿음이라는 것은 있을 수 없고, 이 두 가지가 다 있어야만, 즉 순종이라는 열매가 있는 믿음이어야만 영생과 구원을 얻을 수 있다는 것은 아주 분명하게 보여 준다.

59. 이 말씀은 예수께서 가버나움 회당에서 가르치실 때에 하셨느니라.

당시에 유대 교회는 가르침과 예배와 치리의 모든 면에서 부패할 대로 부패하고 타락한 상태에 있었지만, 아버지 하나님께서 제정하시고 세우신 것이었기 때문에, 주님께서는 예루살렘 성전이나 각 성읍과 촌락들에 있던 회당이라는 불리는 공적인 예배 장소들에서 사람들이 모여 예배 드리는 것을 부정하지 않으시고, 이 본문을 비롯한 많은 본문들이 보여 주듯이, 성전과 회당에서 자유롭게 사람들을 가르치셨다. 하지만 주님께서 안식일에 대부분 이렇게 성전이나 회당의 예배에 참석하셨다고 해서, 그들의 타락하고 부패한 것들을 그대로 묵인하시고 동조하신 것이 아니라, 자주 그들의 잘못된 것들을 솔직하게 있는 그대로 책망하셨다. 왜냐하면, 당시에 유대 교회에는 우상 숭배가 행해지지 않았고, 단지 장로들의 전통으로 인한 미신적인 신앙으로 인해서 하나님의 뜻에 합당하지 않은 것들이 행해지고 있었을 뿐이었던 까닭에, 주님께서는 유대 교회에 아버지 하나님으로부터 나온 것들이 여전히 존재한다는 것을 부인하고자 하지 않으셨기 때문이다. 우리는 사도들도 주님과 마찬가지로 유대인들이 스스로 완악해져서, 무리들 앞에서 복음의 도를 비방하고 욕하며, 그들을 회당에서 쫓아내기 전까지는, 회당에 가서 그들 가운데서 가르치곤 하였다는 것을 안다. 사도행전 19:9에서 "어떤 사람들은 마음이 굳어 순종하지 않고 무리 앞에서 이 도를 비방하거늘 바울이 그들을 떠나 제자들을 따로 세우고 두란노 서원에서 날마다 강론하니라"고 말하고 있듯이, 바울은 유대인들이 스스로 마음의 문을 완전히 닫을 때까지는 유대인들을 떠나지 않았다. 우리는 이런 모습을 우리 구주에게서도 볼 수 있다. 즉, 주님께서는 성전과 회당에 가서서, 거기에서 유대인들과 함께 아버지 하나님이 제정하신 예배를 드리시고, 종종 유대인들이 도입하고 덧붙인 잘못되고 부패한 것들을 책망하셨지만, 성전과 회당 이외의 다른 곳들에서도 두루 복음을 가르치셨다.

복음서 기자는 주님께서 이러한 것들을 가르치신 회당이 갈릴리의 한 성읍인 가버나움에 있었다고 말하는데, 가버나움은 그리스도로부터 친히 복음을 들은 곳이었지만, 복음을 멸시하였기 때문에, 주님께서는 "가버나움아 네가 하늘에까지 높아지겠느냐 음부에까지 낮아지리라"고 선언하셨다. 즉, 가버나움 사람들은 하늘에까지 가장 높아져서 주님이 직접 전하신 복음을 멸시한 대가로, 나중에는 가장 낮은 곳인 음부에까지 낮아지게 될 것이라고 예언하신 것이었다. 주님의 예언대로, 가버나움은 그 후로 오랫동안 형편없이 미미한 곳으로 전락하였고, 오늘날에는 회교도 군주의 독재 아래 살아가고 있다.

60. 제자 중 여럿이 듣고 말하되 이 말씀은 어렵도다 누가 들을 수 있느냐 한대.

여기에서 "제자들"은 주님을 따르던 사람들 중에서 진정으로 주님의 제자들이었던 사람들이 아니라 단지 명목상으로만 제자였던 사람들을 가리킨다. 주님을 따르는 사람들 중에서도 주님을 믿지 않은 자들이 많았고, 주님을 어떤 의미에서 믿은 자들 중에서도 진정으로 믿지 않은 자들이 많아서, 주님께서는 그런 자들에게 자기를 의탁하지 않으셨다(요 2:23-24). 그러한 제자들 중 다수는 성령의 조명하심에 의해서 그들의 눈이 열려 있었던 것이 아니었기 때문에, 주님께서 앞에서 하신 말씀들을 듣고 나서는, 주님의 말씀 속에 숨겨진 너무나 큰 신비들을 도무지 이해할 수 없어서, 이 말씀들은 어렵고 이해하는 것이 불가능해서, 누가 이 말씀들을 듣고 이해할 수 있으며 감당할 수 있겠느냐고 속으로 말하였다.

61. 예수께서 스스로 제자들이 이 말씀에 대하여 수군거리는 줄 아시고 이르시되 이 말이 너희에게 걸림이 되느냐.

그리스도께서는 우리와 같은 육신을 입고 계셨지만, 또한 하나님의 아들이기도 하셨기 때문에, 자신의 인성과 인격적으로 연합되어 있던 자신의 신성 덕분에, 사람들의 마음속에 무엇이 있는지를 아셨는데, 이것이 "스스로 아셨다"는 어구의 의미이다. 이것은 사람들이 말하는 소리를 직접적으로 들어서 아는 것(본문은 그들이 다른 사람들이 들을 수 있도록 말하였다고 하지 않는다)이나, 다른 사람들이 들은 것을 전해 주어서 아는 것과는 다른 것이었다. 즉, 주님께서는 자신의 신적인 대권과 속성을 통해서 사람들의 마음을 살피시고 폐부를 시험하심으로써, 멀리서도 사람들이 무슨 생각을 하고 있는지를 "스스로 아신" 것이었다. 우리 주님께서는 그들의 생각을 아시고, "이것이 너희에게 걸려 넘어지는 빌미가 되고 있느냐"고 말씀하신다.

62. 그러면 너희는 인자가 이전에 있던 곳으로 올라가는 것을 본다면 어떻게 하

겠느냐.

우리 구주께서는 이 말씀을 통해서 그들의 걸려 넘어지는 것을 완화시키시는 것이 아니라 도리어 증폭시키시는 것으로 보인다. 앞에서 그들을 걸려 넘어지게 하였던 것들은, 주님께서 자기를 생명의 떡이라고 하신 것, 자기가 하늘로부터 내려왔다고 하신 것, 자기가 세상에 생명을 주었다고 하신 것, 이 생명을 얻는 길은 자신의 살을 먹고 자신의 피를 마시는 것이라고 하신 것이었다. 그런데 여기에서 주님께서 하신 말씀이 어떤 식으로 그러한 그들의 걸림돌을 제거하고 그들을 만족시켜 줄 수 있다는 말인가? 주님께서는 여기에서 자기가 이제 하늘로 올라가실 것이라고 말씀하시고, 자기가 전에 거기에 계셨다고 단언하신다. 대답: 주님이 이전에 단언하셨던 것들은 오직 다음과 같은 토대, 즉 자기는 지금 사람의 모양과 형체로 진정한 인자로 이 땅에 왔지만, 하나님이자 하나님의 영원하신 아들이기도 하다는 사실 위에서만 정당화될 수 있었다는 것이다. 그래서 주님께서는 여기에서 자기가 인자로서 이 땅에 나타나기 전에 하늘에 계셨는데, 종의 형체를 입고서 하늘로부터 내려온 것이라고 분명하게 말씀하시면서, 그것을 증명해 줄 또 하나의 증거로, 자기가 이 말씀을 하시고 나서 몇 달 내에(이 때는 주님이 공생애를 시작하신 후로 세 번째 유월절을 지내신 때로서 공생애의 마지막 해였다), 하늘로 올라가는 것을 그들이 보거나 듣게 될 것이라고 말씀하신다. 실제로 이 말씀을 들은 사람들 중에는 나중에 주님께서 하늘로 올라가시는 것을 자신의 눈으로 직접 본 자들도 있었을 가능성이 높다. 왜냐하면, 주님께서는 갈릴리에서 하늘로 올라가셨고, 지금 주님이 이 말씀을 하고 계신 곳은 갈릴리 지역에 속한 가버나움이었으며, 사도행전 1:11이 보여 주듯이, 주님이 승천하실 때, 갈릴리 사람들이 그 모습을 바라보고 서 있었고, 주님께서 하늘로 올라가신 모습 그대로 장차 다시 하늘로부터 강림하시는 것을 그들이 보게 될 것이라는 말씀을 들었기 때문이었다.

63. 살리는 것은 영이니 육은 무익하니라 내가 너희에게 이른 말은 영이요 생명이라.

사람은 자신의 동물적인 또는 육신적인 목숨을 유지하기 위하여 떡이나 살을 먹지만, 그 떡과 살을 소화시키고 혼합하고 변화시켜서 몸에 자양분을 공급하는 주된 일을 하는 것은 사람 안에 있는 심령인 것과 마찬가지로, 그리스도의 살을 육신적으로 먹는 것만으로는 심령이 자양분을 얻는 데 무익하고, 그리스도의 살만으로는 그 속에 어떤 유익이나 효능도 없다. 그리스도의 살이 우리의 심령에 자양분을 공급하고 유익이 되는 것은 그리스도의 신성 덕분이다. 그리스도 안에서 인성과 인격적으로 연합되어 있는 신성은 그리스도의 인성이 겪는 고난들과 행위들에 모든 효능과 공로를 더해 준다. 따라서 그리스도의 인성이 사람을 살리는 모든 권능 또는 효능을 지니는 것은 그리스도의 신성으로부터 온다. 그러므로 나는 너희에게 내 살을 육신적으로 먹으라고 한 것이 아니다. 만일 너희가 그렇게 생각하였다면, 그것은 정말 큰 착각과 오산을 한 것이다. 너희가 내 살을 육신적으로 먹는다면, 그것은 너희에게 그 어떠한 유익도 가져다줄 수 없다. 반면에, 내가 너희에게 한 "말들"은 신령한 것이기 때문에, 너희는 그 말들을 믿음으로써 영적이고 영원한 생명을 얻을 수 있다. 왜냐하면, 너희는 그 말들을 믿음으로써 나를 믿게 될 것인데, 내가 너희에게 내 살을 먹고 내 피를 마시라고 한 것은 나의 살과 피를 육신적으로 먹고 마시라는 뜻이 아니라, 내가 한 말들을 믿고 나를 믿으라는 것이기 때문이다.

64. 그러나 너희 중에 믿지 아니하는 자들이 있느니라 하시니 이는 예수께서 믿지 아니하는 자들이 누구며 자기를 팔 자가 누구인지 처음부터 아심이러라.

나는 내가 말하고자 하는 것들을 너희에게 말할 것이고, 내 말들을 통해서 성령은 너희를 살리는 역사를 행하실 것이지만, 모든 사람이 나의 말들을 듣고서 다 살아나지는 않을 것이고, 오직 아버지 하나님께서 기뻐하시는 자들만이 살아나게 될 것이다. 너희는 나의 말들을 깨닫지 못하고, 이 고귀하고 신령한 일들을 철저하게 오해하고 곡해하고 있는데, 그 이유는 너희가 나를 믿지 않기 때문이다. 너희 중에서 일부는 의심할 여지 없이 진심으로 나와 내 말을 믿었지만, 대부분은 믿지 않았다. 이것을 우리는 66절에서 복음서 기자가 "그 때부터 그의 제자 중에서 많은 사람이 떠나가고 다시 그와 함께 다니지 아니하더라"고 말한 것에서 분명하게 알 수 있다. 믿음은 내면의 심령 속에서 은밀하게 일어나는 일이었지만, 그리스도께서는 누가 믿는 자이고 누가 믿지 않는 자인지를 처음부터 아셨고, 한 걸음 더 나아가서, 자신의 제자들 중에서 나중에 자기를 팔 자가 구체적으로 누구인지도 아셨다.

65. 또 이르시되 그러므로 전에 너희에게 말하기를 내 아버지께서 오게 하여 주지 아니하시면 누구든지 내게 올 수 없다 하였노라 하시니라.

주님께서는 이 말씀을 이미 44절에서도 하셨다. 거기에 나오는 설명을 보라.

66. 그 때부터 그의 제자 중에서 많은 사람이 떠나가고 다시 그와 함께 다니지 아니하더라.

한편으로는 주님께서 말씀하시는 것들을 듣고, 다른 한편으로는 주님이 베푸시는 이적들을 보기 위하여 주님을 따라다녔던 자들은 "제자들"로 호칭되었는데, 그런 제자들 중 상당수가 주님께서 앞에서 하신 말씀을 듣고서, 더 이상 주님을 따라다니지 않았다. 진심으로 그리스도를 영접한 사람들은 하나님께서 붙들어 주셔서 믿음을 끝까지 지켜서 구원에 이르게 되기 때문에, 결코 그리스도로부터 떨어져 나가는 일이 없지만, 실제로는 진정한 믿음이 없으면서도 입으로만 신앙을 고백하여 그리스도의 제자인 것처럼 보였던 자들은 언제든지 그리스도에게서 떨어져 나가고 자신의 신앙 고백으로부터 떨어져 나갈 수 있다.

67. 예수께서 열두 제자에게 이르시되 너희도 가려느냐.

앞 절에서 복음서 기자는 "제자 중에서 많은 사람"이 떠났다는 말만을 하였기 때문에, 열두 제자 외에도 일부 제자들은 주님 곁에 남아 있었을 가능성이 높다. 또한, 모든 사람의 마음을 아셨던 우리 구주께서는 열두 제자가 어떻게 할 것인지도 알고 계셨지만, 이 질문을 통해서 그들을 시험하심과 동시에, 그들 가운데 거짓 형제가 있고, 그의 사악함이 지금은 그들에게 숨겨져 있지만, 머지않아 드러나게 되리라는 것도 알게 해 주고자 하셨다.

68. 시몬 베드로가 대답하되 주여 영생의 말씀이 주께 있사오니 우리가 누구에게로 가오리이까.

우리는 복음에 관한 모든 이야기 속에서 베드로가 자신의 극히 다혈질적인 성정을 유감없이 드러내 왔고, 주님께서 열두 제자에게 질문을 하실 때마다 대체로 가장 먼저 나서서 대답을 하곤 했던 모습을 보아 왔는데(마 16:16 등), 여기에서도 예외 없이 가장 먼저 나서서, "주여 영생의 말씀이 주께 있사오니 우리가 누구에게로 가오리이까"라고 대답한다. 시몬 베드로의 이러한 대답은, 배교의 시험 가운데 있는 사람들이 가장 먼저 할 것은 그들이 배교를 통해서 무엇을 얻을 수 있는지를 숙고하는 것이고, 복음의 진리를 굳게 붙들고서 그리스도 곁에 있는 것이 우리가 할 수 있는 최선의 선택이라는 것을 우리에게 가르쳐 준다.

69. 우리가 주는 하나님의 거룩하신 자이신 줄 믿고 알았사옵나이다.

베드로는 우리가 주님으로부터 들어 온 말씀들과 주님께서 베푸신 이적들을 통해서 "주는 하나님의 거룩하신 자이신 줄 믿고 알았사옵나이다"라고 말한다. 마태복음 기자는 가이사랴 빌립보에서 주님께서 "너희는 나를 누구라 하느냐"라고 물으셨을 때, 시몬 베드로가 여기에서처럼 "주는 그리스도시요 살아 계신 하나님의 아들이시니이다"라고 고백하였고, 주님께서는 "너는 베드로라 내가 이 반석 위에 내 교회를 세우리니 음부의 권세가 이기지 못하리라"고 화답하셨다고 보도한다(마 16:15-18). 베드로의 이 고백은 베드로를 비롯한 열두 제자의 심령 속에 믿음의 씨앗이 심겨져 있었다는 것을 보여 주는 것이기는 하지만, 이 고백 후에 일어난 일들을 보도하고 있는 다른 복음서 기자들의 기사를 살펴보면, 우리는 그리스도께서 자신의 부활을 통해서 자기가 하나님의 아들이신 것을 능력으로 선포하실 때까지는, 열두 제자의 믿음은 아주 미약하였음을 알게 된다.

70. 예수께서 대답하시되 내가 너희 열둘을 택하지 아니하였느냐 그러나 너희 중의 한 사람은 마귀니라 하시니.

여기에서 주님께서 열두 제자를 "택하셨다"는 것은 영생으로 택하셨다는 뜻이 아니라, 사도직으로 택하셨다는 뜻이다: 나는 너희 중에서 단지 열두 명만을 사도로 택하였다(마 10:1-4). 그러나 열두 명 중에서 한 명은 '디아볼로스'(διάβολος), 고소하는 자 또는 참소하는 자라는 의미의 "마귀"이다. 마귀는 형제들을 고소하고 참소하는 데 온 힘을 쏟는 자였기 때문에, 성경에서는 마귀를 흔히 이 이름으로 부른다.

71. 이 말씀은 가룟 시몬의 아들 유다를 가리키심이라 그는 열둘 중의 하나로 예수를 팔 자러라.

주님께서는 "가룟 시몬의 아들 유다"를 가리켜 이 말씀을 하신 것이었다. 대부분의 해석자들은 이 유다는 그가 살았던 성읍의 이름을 따라 가룟 유다라고 불리게 되었고, 신약성경의 서신서들 중의 하나를 쓴 야고보의 형제였던 또 다른 유다와 구별하기 위하여 이렇게 불리게 된 것이라고 생각한다. 가룟 유다는 주님께서 사도로 택하셔서 다른 사도들과 함께 파송하셔서 복음을 전하게 하시고 복음이 참되다는 것을 확증하기 위하여 이적들을 행하는 능력을 주신 자였지만, 우리가 주님의 수난과 죽으심에 관한 모든 복음서 기자들의 보도 속에서 볼 수 있듯이, 그리스도를 팔자였다. 이것은 하나님께서 우리를 어떤 지극히 큰 직분으로 부르시고 그 어떤 큰 은사들을 주셨다고 해도, 그런 것들이 우리에게 영원하고 복된 삶을 보장해 주지 않는다는 것과, 오직 예수 그리스도를 진심으로 믿는 믿음을 따라 그리스도의 복음에 순종하여 합당한 거룩한 삶을 살아가는 것만이 우리에게 그러한 영원하고 복된 삶을 보장해 준다는 것을 가르쳐 준다.

제7장

개요

1. 예수께서 믿지 않는 친척들로부터 초막절에 예루살렘에 가서 자신을 나타내라는 권유를 받으셨지만 거절하시고, 나중에 혼자 은밀하게 올라가심(1-10).
2. 유대인들이 예수를 찾고, 그들 사이에서 예수에 대한 견해가 분분함(11-13).
3. 성전에서 가르치심(14-29).
4. 어떤 이들은 예수를 잡으려고 하고, 어떤 이들은 믿는 가운데, 고위 관리들이 예수를 붙잡기 위해 아랫사람들을 보냄(30-32).
5. 그리스도께서 자기가 아버지께로 갈 것임을 예고하시고, 믿는 자들에게 성령을 약속하심(33-39).
6. 예수에 관한 다양한 견해들(40-44).
7. 아랫사람들이 예수의 말씀에 감화를 받고 빈 손으로 돌아오자, 바리새인들이 그들을 질책하고, 예수의 편을 드는 니고데모도 꾸짖음(45-53).

1. 그 후에 예수께서 갈릴리에서 다니시고 유대에서 다니려 아니하심은 유대인들이 죽이려 함이러라.

우리는 앞에서 주님께서 공생애 사역을 시작하시고 나서 세 번째 유월절을 맞으셔서(요 5:1) 예루살렘에서 하신 일들(요 5장)과 다시 갈릴리로 돌아오셔서 하신 일들(6장)을 살펴보았는데, 이 때에 주님께서는 탁월한 강론도 함께 하셨고, 이 강론은 6장에 자세하게 기록되었다. 여기 7장에 들어와서도, 우리는 예수께서 여전히 갈릴리에 머물러 계시는 모습을 볼 수 있다. 주님께서 이렇게 유대로 가지 않으시고 계속해서 갈릴리에 머물며 사역하셨던 이유는, 요한복음 5:18에서 "유대인들이 이로 말미암아 더욱 예수를 죽이고자 하니 이는 안식일을 범할 뿐만 아니라 하나님을 자기의 친 아버지라 하여 자기를 하나님과 동등으로 삼으심이러라"고 보도한 것처럼, "유대인들이" 주님을 "죽이려" 하였기 때문이었다. 5장이 보여 주듯이, 유대인들이 주님을 죽이려 한 것은 두 가지 이유 때문이었는데, 주님께서 베데스다 못가에 누워 있던 병자를 안식일에 고침으로써 안식일 율법을 범한 것이 첫 번째 이유였고, 자신을 아버지 하나님과 동등한 자로 자처한 것이 두 번째 이유였다.

2. 유대인의 명절인 초막절이 가까운지라.

"초막절"은 하나님께서 유대인들에게 땅의 소산을 다 거두어들인 후인 일곱째 달 제15일에 지키라고 명하신 명절이었는데(레 23:34, 39), 유대력으로 일곱째 달은 서양력으로는 9월이나 10월이었던 것으로 추정된다. 유대인들은 이 명절을 칠 일 동안 지켰고, 첫 날과 마지막 날은 안식일로 지켰다. 레위기 23:43에서 여호와 하나님께서 "이는 내가 이스라엘 자손을 애굽 땅에서 인도하여 내던 때에 초막에 거주하게 한 줄을 너희 대대로 알게 함이니라"고 말씀하신 대로, 그들은 자신의 조상들이 애굽에서 나와서 가나안으로 가는 도중에 광야에서 사십 년 동안 초막에 거주한 것을 기념해서, 이 명절 기간인 칠 일 동안 내내 초막에 거하였다. 이제 이 명절이 가까워지고 있었다. 따라서 우리는 이후의 일들이 서양력으로 이듬해 3월 또는 4월에 해당하는 다음 번 유월절에 있을 그리스도의 수난 이전의 9월 또는 10월 즈음에 일어난 것으로 이해하여야 한다.

3. 그 형제들이 예수께 이르되 당신이 행하는 일을 제자들도 보게 여기를 떠나 유대로 가소서.

"그 형제들"은 주님의 친구들과 친척들을 가리킨다. "형제들"에 대해서는 마태복음 12:47-48에 대한 설명을 보라. 주님의 친구들이나 친척들 중에는 믿는 자들도 있었을 것이고 믿지 않는 자들도 있었을 것이지만, 5절에서는 이 형제들이 주님을 믿지 않았다고 말한다. 그들은 명절을 맞아, 이스라엘 땅에서 가장 후미지고 한적한 촌구석인 갈릴리를 떠나, 많은 사람들이 모여들어 북적거리는 유대로 가서, 유대 지역에서 주님을 따르는 자들도 주님이 베푸시는 이적들을 볼 수 있게 하여 자신의 이름을 널리 알리라고 주님께 권하였다.

4. 스스로 나타나기를 구하면서 묻혀서 일하는 사람이 없나니 이 일을 행하려 하거든 자신을 세상에 나타내소서 하니.

그들은 이렇게 말한다: 당신이 행하는 일들을 통해서 당신의 이름을 널리 알려서 명성과 영광을 얻고자 한다면, 갈릴리는 시골의 한촌이기 때문에 그렇게 할 만한 장소가 아니다. 여기에서 "스스로 나타나다"로 번역된 헬라어는 '엔 파르레시아 에이나이'(ἐν παῤῥησία εἶναι)인데, 여기에서 '파르레시아'의 용법은 성경의 다른 본문들에서의 용법과 다른 것으로 보인다. 이 단어는 종종 "자신만만함"을 의미하기 때문에, 우리는 이 단어를 "담대함"으로 번역한다(행 13:46; 26:26; 28:31; 빌 1:20; 히 3:6; 10:19). 그러나 그것은 이 본문에서의 의미일 수 없다. 왜냐하면, 이 어구를 "담대하게" 또는 "자신만만하게" 알려지기를 구한다는 것으로 읽으면, 의미가 통하지 않기 때문이다. 따라서 이 단어의 용법을 좀 더 살펴보면, 이 단어는 종종 "공개적으로"를 의미하기도 하고(요 11:54; 골 2:15), 말을 자유롭고 기탄없이 하는 것을 의미하기도 하며(행 2:29; 4:13; 고후 7:4), 말을 명료하고 분명하게 하는 것을 의미하기도 하고(요 10:24; 11:14), 많은 사람들 앞에서 말하는 것을 의미하기도 한다(막 8:32; 요 18:20). 하몬드(Hammond) 박사는 이 단어가 종종 권위를 가지고 말하는 것을 의미하기도 한다고 지적한다(행 4:29, 31; 엡 6:19). 따라서 이 단어의 일차적인 의미는 자유롭고 담대하게 말하는 것임이 분명하다. 많은 사람들 앞에서 공개적으로 말하는 사람에게는 자유로움과 담대함이 필수적이고, 그렇게 하는 데에는 그 사람이 발언할 수 있는 권위를 가지고 있는 것이 도움이 된다. 이렇게 해서, 권위를 가지고 많은 사람들 앞에서 발언하는 것이라는 부차적인 의미가 생겨난 것으로 보이고, 나는 본문에서 이 단어는 바로 이 마지막 의미로 사용되고 있다고 본다. 주님의 친구들이 말하였듯이, 많은 사람들 앞에서 자유롭고 담대하게 말할 기회를 찾는 사람이 그러한 많은 사람들이 모일 수 없는 한적한 촌에 머물러 있는 것은 이치에 맞지도 않고 세상의 순리에 맞지도 않는다. 그래서 주님의 친구들은, 주님이 이러한 이적들을 행하여 자기를 널리 알리고자 한다면, 아무도 알아주지 않는 갈릴리 같은 이 촌구석에 자신과 자신의 명성을 썩히지 말고, 수많은 사람들이 모여 사는 세상의 중심지 중의 한 곳인 예루살렘으로 가서, 마침 초막절을 지키기 위해 전국에서 많은 사람들이 올라오는 기회를 잡아 자신을 나타내라고 권한 것이다.

5. 이는 그 형제들까지도 예수를 믿지 아니함이러라.

주님의 친구들과 친척들이 모두 다 주님을 믿은 것은 아니었다. 주님께서는 자신의 고향에 오셨을 뿐만 아니라 자신의 친척들에게 오셨지만, 그들은 주님을 메시야로 영접하지 않았다. 그들은 아마도 주님이 무엇인가 특별하다는 것을 느끼고 일말의 소망을 주님에게 걸고 있었을 수도 있지만, 주님을 메시야나 하나님의 아들로 믿지는 않았다. 이 본문은 믿음은 우리 자신에게서 나는 것도 아니고, 우리의 힘으로 어떻게 할 수 있는 것도 아니며, 복음의 가르침과 논증을 돕는 온갖 외적인 보조수단들로도 만들어 낼 수 있는 것이 아니라는 것을 보여 주는 가장 확실한 증거이다. 주님의 형제들, 즉 주님의 친척들은 할 수만 있다면 어떻게든 그리스도를 참 메시야이자 세상의 구주로 믿고자 하였을 것임에 틀림없다. 자신의 가문에서 메시야를 배출한다는 것은 더할 나위 없는 영광일 것이었기 때문에, 그들은 예수께서 참 메시야일 가능성이 어느 정도 있다는 생각이 들었다면 어떻게든 그렇게 믿고자 하였을 것이다. 또한, 그리스도께서 그들 가운데서 말씀을 가르치셨고, 그들이 보는 앞에서 이적들을 행하셔서 자신의 가르침을 확증하셨기 때문에, 그들은 자신들이 믿음을 가질 수 있도록 돕는 가장 강력한 외적인 수단들도 제공받았다. 따라서 그들이 자신의 의지로 그리스도를 참 메시야이자 세상의 구주로 영접할 힘이 그들에게 있었다면, 그들은 기꺼이 그렇게 하였을 것이다. 하지만 현실은 그들은 "예수를 믿지 않았다"는 것이다.

6. 예수께서 이르시되 내 때는 아직 이르지 아니하였거니와 너희 때는 늘 준비되어 있느니라.

"내 때"가 무엇을 가리키는가에 대해서는, 어떤 이들은 주님이 죽으실 때를 가리킨다고 말하고, 어떤 이들은 주님이 세상에 자기를 나타내실 때를 가리킨다고 말한다. 그러나 주님께서는 나중에 혼자 은밀하게 예루살렘으로 올라가신 것으로 보아서, 여기에서 "내 때"는 주님이 초막절에 예루살렘으로 올라가실 때를 가리킨다는 것은 의심의 여지가 없다. 즉, 주님께서는 자기가 올라갈 때가 아직 되지 않아서 올라갈 수 없다고 말씀하신 것이다. "너희 때는 늘 준비되어 있다"는 것은 너희는 너희가 올라가고 싶을 때에 언제든지 올라갈 수 있다는 것이다. 주님께서 이 말씀의 의미를 7절에서 좀 더 자세하게 설명하신다.

7. 세상이 너희를 미워하지 아니하되 나를 미워하나니 이는 내가 세상의 일들을 악하다고 증언함이라.

우리 구주께서는 여기에서 세상 사람들, 즉 중생하지도 않았고 새롭게 되지도 않았으며 거룩하게 되지도 않은 사람들을 가리켜서 "세상"이라고 표현하고 계시는 것이 분명하다. 주님께서는 이런 사람들은 "너희를 미워하지" 않는다고 말씀하신다. 그리스도께서 요한복음 15:18에서 "세상이 너희를 미워하면 너희보다 먼저 나를 미워한 줄을 알라"고 미리 말씀하신 것처럼, 나중에 이 세상 사람들이 그리스도의 모든 제자들을 미워하게 될 때가 올 것이었다. 그러나 그런 일은 사도들의 전도 활동에 의해서 복음의 교훈이 세상에 좀 더 널리 전파되고 알려진 후에 일어날 것이었기 때문에, 그리스도께서는 자신의 제자들에게 "세상이 너희를 미워하면 너희보다 먼저 나를 미워한 줄을 알라"고 하신 것이다. 그리스도께서는 복음의 교훈을 자신의 제자들보다 먼저 널리 전파하셨고, 그런 까닭에 자신의 제자들보다 먼저 세상이 미워하는 표적이 되셨다. 하지만 여기에 나오는 주님의 친구들이나 친척들은 이 때에 복음을 전파하는 일을 하지도 않았고, 따라서 복음 때문에 세상의 미움을 받을 이유도 없었기 때문에, 주님께서는 "세상"(즉, 악한 유대인들)이 그들에게 어떤 앙심이나 악감정을 품을 이유가 없다고 말씀하신 것이다. 반면에, 주님께서는 세상의 미움을 받고 계셨다. 요한복음 5:18은 이것을 분명하게 보여 준다. 그러나 주님께서 세상으로부터 미움을 받으시는 것은, 주님에게 어떤 잘못이 있어서가 아니라, 주님이 복음의 교훈을 가르치시면서, 그들의 악행과 그들의 부패하고 타락한 가르침과 그들의 잘못된 행실과 삶을 기탄없이 책망하시기 때문이다.

8. 너희는 명절에 올라가라 내 때가 아직 차지 못하였으니 나는 이 명절에 아직 올라가지 아니하노라.

주님께서는 이렇게 말씀하신다: 내가 지금 올라가지 않는다고 해도, 그런 것에 개의치 말고, "너희는" 율법에 따라 명절을 지키러 예루살렘으로 "올라가라." 내가 지금 올라가지 않고자 하는 구체적인 이유들이 있기 때문에, "나는 이 명절에 아직 올라가지" 않는 것이다. 내가 예루살렘에 올라가기에 가장 안전하고 적절한 때가 곧 올 것임을 나는 안다. 나는 이 명절에 예루살렘에 올라갈 것이기는 하지만, 내가 올라가야 할 때는 아직 오지 않았다. 나는 명절이 시작되는 때부터 거기에 있지 않을 것이다. 14절은 주님이 "명절의 중간"이 될 때까지는 성전에 가지 않으셨다는 것을 보여 준다. 초막절은 칠 일 동안 지켜졌기 때문에(레 23:34), "명절의 중간"은 초막절이 시작된 지 사오 일쯤 되는 때였다. 또는 주님께서는 만일 자기가 친척들이나 친구들과 함께 예루살렘으로 올라갔다면, 사람들의 눈에 쉽게 띄었을 것이기 때문에, 자기가 예루살렘에 올라왔다는 것을 아무도 눈치 채지 못하도록 아주 은밀하게 올라가시기 위하여, "내 때가 아직 차지" 않았다고 말씀하신 것일 수도 있다.

9. 이 말씀을 하시고 갈릴리에 머물러 계시니라.

이렇게 해서, 주님의 친척들과 친구들은 명절을 지키기 위하여 먼저 예루살렘으로 올라갔고, 주님께서는 여전히 갈릴리에 머물러 계시게 되었다.

10. 그 형제들이 명절에 올라간 후에 자기도 올라가시되 나타내지 않고 은밀히 가시니라.

주님께서는 "네 모든 남자는 매년 세 번씩 주 여호와께 보일지니라"(출 23:17)는 아버지 하나님의 명령에 순종하셔서 명절 때에 예루살렘으로 올라가시곤 하셨다. 출애굽기 23:16에서는 "수장절을 지키라 이는 네가 수고하여 이룬 것을 연말에 밭에서부터 거두어 저장함이니라"고 말하고 있는데, 거기에 언급된 수장절이 바로 초막절과 동일한 명절이었고, 이 명절은 이스라엘의 모든 남자들이 여호와 하나님 앞에 매년 보여야 했던 세 번의 명절들 중의 하나였다. 그리스도께서는 율법 아래에서 태어나셔서 율법에 정확히 순종하며 사셨기 때문에, 아무리 위험한 상황이라고 하더라도, 이번에도 초막절에 관한 율법에 순종하여 예루살렘으로 올라가고자 하셨지만, 자신의 친척들과 친구들의 무리 속에 끼어서 드러내 놓고 올라가시면, 사람들의 주목을 받아 금방 자신이 노출될 것을 아셨기 때문에, 지혜를 발휘하셔서 혼자 은밀하게 올라가신 것이었다. 이것은 우리가 종종 도덕적인 의무들을 수행하기 위한 목적으로, 단지 예배 의식들과 관련된 내용들만을 규정한 제의법을 아주 엄격하게 지키지 않고 유연하게 지킬 수 있다는 것을 가르쳐 준다. 주님께서 자기 자신을 자신의 원수들의 광분함에 자원해서 내어 드릴 때가 온전히 이를 때까지는, 온갖 지혜와 사려분별을 발휘하셔서, 그들의 광분함으로부터 스스로를 지키시는 것은, 주님께 부과된 도덕적인 의무였다. 이렇게 주님께서는 지금 초막절을 맞이해서는 그 어떤 동행도 없이 혼자 은밀하게 예루살렘으로 올라가셨지만, 나중에 마지막 유월절이 다가왔을 때에는, 마가복음 10:32에서 "예루살렘으로 올라가는 길에 예수께서 그들 앞에 서서 가시는데 그들이 놀라고 따르는 자들은 두려워하더라"고 말한 것처럼, 자신의 제자들보다 앞장 서서서 자신이 죽으실 예루살렘을 향하여 지극히 담대하고 신속하게 올라가신 이유가 거기에 있었다.

11. 명절중에 유대인들이 예수를 찾으면서 그가 어디 있느냐 하고.

우리 주님께서는 유대인들의 명절이 되면 늘 예루살렘으로 올라오셨기 때문에, 유대인들의 고위 관리들은 명절 초기에 주님에 대하여 몹시 경멸하고 멸시하는 말들을 하면서 여기저기 수소문하며 주님을 찾아 다녔다. 이 "유대인들"은 지난 유월절에 주님께서 "안식일을 범할 뿐만 아니라 하나님을 자기의 친 아버지라 하여 자기를 하나님과 동등으로 삼으신다"는 이유로 주님을 "죽이고자" 하였던 바로 그 유대인들이었다(요 5:18). 따라서 그들은 주님께서 베데스다 못가의 병자를 고치시고, 그에게 자신의 자리를 들고 걸어가라고 명하신 것이 안식일을 범한 것이라고 여기고, 주님과 논쟁하는 중에 주님께서 자기가 하나님과 동등하다고 말씀하신 것을 신성모독죄로 규정하여, 주님을 죽이고자 한 것이 불과 육개월 전의 일이었기 때문에, 지금 초막절에도 주님을 찾아내어 죽이고자 한 것이었다.

12. 예수에 대하여 무리 중에서 수군거림이 많아 어떤 사람은 좋은 사람이라 하며 어떤 사람은 아니라 무리를 미혹한다 하나.

우리 구주께서는 유대인들의 명절 때마다 빠짐없이 예루살렘에 올라 오셨기 때문에, 주님의 원수들은 이번 초막절에도 주님이 올라 오셨을 것으로 생각하여, 주님을 죽이려고 수소문하며 찾아 다녔지만, 대부분의 백성들 사이에서는 주님에 대한 견해가 분분하여서, 어떤 이들은 주님께서 자신들에게 성결의 길 및 영원한 생명과 행복을 얻는 참된 길을 보여 주시려고 오직 선하고 신령한 것들만을 가르치셨다고 생각하여, 주님은 "좋은 사람"이라고 결론을 내리고 있었고, 어떤 이들은 주님은 하나님의 이름을 팔아서 무지한 백성들을 속이고 미혹하는 자일 뿐이라고 말하였다.

13. 그러나 유대인들을 두려워하므로 드러나게 그에 대하여 말하는 자가 없더라.

주님께서 오랫동안 사역하셨던 갈릴리 지역의 사람들만이 아니라 유대의 일반 백성들 중에서도 그리스도를 아주 좋게 평가하는 사람들이 많았지만, 유대인들의 고위 관리들이 주님을 몹시 적대하여 죽이려고 광분하고 있었기 때문에, 주님에 관한 자신들의 생각을 자유롭게 말할 수 없었다.

14. 이미 명절의 중간이 되어 예수께서 성전에 올라가사 가르치시니.

칠 일 동안 지속되는 명절의 중간에, 그러니까 명절이 시작된 지 삼사 일 후에, 주님께서는 혼자 은밀하게 예루살렘에 올라오셔서, 처음으로 성전에 모습을 나타내시고 사람들을 가르치셨다. 주님께서 이 때에 사람들에게 무엇을 가르치셨는지에 대해서는 복음서 기자가 우리에게 아무것도 말해 주지 않지만, 이후의 내용이 어느 정도 암시해 주듯이, 그것은 주님께서 통상적인 주제로 삼으시고 늘 말씀하셨던 하나님 나라에 관한 내용이었을 것임에 틀림없다. 주님께서 명절의 중간에야 성전에 모습을 드러내시고 사람들을 가르치신 이유는, 한편으로는 이 때쯤 해서 바리새인들이 혈안이 되어 자기를 찾으려고 하는 시도가 어느 정도 누그러질 것이라고 생각하셨기 때문이고, 다른 한편으로는 이 때가 되어야 좀 더 많은 사람들이 모여들어서 자신이 전하는 말씀을 들을 수 있을 것이라고 생각하셨기 때문일 것이다.

15. 유대인들이 놀랍게 여겨 이르되 이 사람은 배우지 아니하였거늘 어떻게 글을 아느냐 하니.

주님께서는 유대 랍비들 중의 한 사람의 문하에서 제자가 되어 꾸준히 배우신 것도 아니었고, 선지자 학교에서 교육을 받으신 것도 아니었는데도, 자신의 가르침과 강론 속에서 하나님의 율법에 대한 자신의 탁월한 지식을 드러내셨기 때문에, 사람들은 놀라워하고 의아해 할 수밖에 없었다. 왜냐하면, 주님께서는 자신의 가르침을 통해서, 자기가 율법의 문자적인 의미만이 아니라, 율법에 담겨 있던 좀 더 신비한 의미, 즉 하나님 나라의 큰 신비들을 알고 계신다는 것을 사람들에게 분명하게 보여 주셨기 때문이다.

16. 예수께서 대답하여 이르시되 내 교훈은 내 것이 아니요 나를 보내신 이의 것이니라.

"내 교훈"은 인자로서의 나라는 관점에서는 "내 것"이 아니다. 즉, 나는 이 교훈을 사람들로부터 가르침을 받은 것도 아니고, 책이나 사람들의 교훈으로부터 배운 것도 아니며, 내가 고안하고 만들어낸 것도 아니다. 그러나 이 교훈은 나를 보내신 아버지 하나님의 교훈이라는 점에서 "내 것"이다. 왜냐하면, 나와 나의 아버지는 하나이기 때문이다(요일 5:7-8). 그런 까닭에, 주님께서는 다른 사람들처럼 유대인들의 랍비나 선지자 학교에서 배울 필요가 없으셨다. 한편, 광신자들은 이것을 근거로 삼아서, 복음을 전할 자들도 마찬가지로 사람들로부터 배울 필요가 없다고 주장하지만, 그러한 주장은 터무니없는 것이다. 왜냐하면, 그리스도께서는 단지 사람이셨던 것이 아니라, "그 안에 신성의 충만이 육체로 거하시는"(골 2:9) 분이셨기 때문이다. 우리는 가축을 치던 아모스가 선지자가 되었다거나, 어부들이었던 사람들이 사도들이 되었다는 사실로부터 그러한 결론을 이끌어 내어서도 안 되는데, 하물며 그리스도의 예를 근거로 삼아서 그러한 결론을 이끌어 내는 것은 더욱 가당치 않은 일이다. 우리는 특별하고 이례적인 부르심과 통상적인 부르심을 구별하여야 한다. 복음의 사역자들이 그들 자신의 교훈이 아니라 그들을 보내신 이의 가르침을 전한다는 것은 맞지만, 그렇다고 해서, 그들이 그리스도와 동일한 방식으로 그 교훈을 알아야 한다는 결론이 도출되는 것은 아니다. 왜냐하면, 그리스도는 아버지 하나님의 품속에 계신 분으로서 아버지의 뜻을 아셨고, 그 뜻을 세상에 전하시기 위하여 이 땅에 오신 분이시기 때문이다. 또한, 복음의 사역자들은 선지자들이나 사도들과 똑같이 하나님이나 그리스도로부터 직접 가르침을 받거나, 오순절에 사도들에게 임하였던 성령의 권능을 통해서 가르침을 받아야 하는 것도 아니다.

17. 사람이 하나님의 뜻을 행하려 하면 이 교훈이 하나님께로부터 왔는지 내가 스스로 말함인지 알리라.

우리 구주께서는 유대인들이 제기할지도 모르는 반론을 미리 차단하시기 위하여 이 말씀을 하신 것으로 보인다. 주님이 전하신 교훈이 하나님의 교훈인지를 자기들이 어떻게 아느냐? 그 교훈이 하나님으로부터 온 교훈이라는 증거가 없지 않느냐? 어떻게 해야, 그 교훈이 하나님께로부터 왔는지를 자기들이 분명히 알 수 있느냐?

주님께서는 "사람이 하나님의 뜻을 행하려 하면" 알게 될 것이라고 대답하신다. 즉, 사람이 모든 일에서 하나님께 순종하고자 하는 진실한 마음을 지니고서, 하나님의 뜻이 무엇이든, 자기에게 계시되기만 한다면, 그것이 아무리 자신의 욕구와 반대되는 것이라고 할지라도, 진심으로 그 하나님의 뜻을 받아들여서, 모든 일들 속에서 기꺼이 그 뜻을 행하고, 그 뜻이 명령하고 드러내 주는 것들을 따라 살아가고자 한다면, 즉 사람이 여호와 하나님을 경외하는 가운데, 분노와 악의와 미움을 비롯한 온갖 부패하고 타락한 성정들을 다 버리고, 진심으로 진리를 구한다면, 하나님께서는 그 사람에게 진리를 계시해 주실 것이고, 그 사람은 나의 교훈이 하나님으로부터 온 것임을 알게 될 것이고, 내가 스스로 말하는 것이 아니라, 내 아버지로부터 받은 권위를 따라 말하는 것임을 알게 될 것이다.

이것으로부터 도출되는 결론은, 사람들로 하여금 하나님의 거저 주시는 은혜와 성령의 조명과 믿음의 선물을 받아들이지 못하게 만드는 것은 부패하고 타락한 성정들과 편견들과 잘못된 삶에 의한 왜곡이라는 것이다. 따라서 그러한 편견들이나 성정들이나 삶에 자기 자신을 내어 주는 사람들은 자신들의 타고난 눈멂과 강력한 미혹 속에 푹 빠져서, 진리의 빛이 자신들의 얼굴에 정면으로 환히 비쳐도, 그 빛을 감지하지 못하게 된다. 그러나 이러한 사실로부터, 우리가 우리 자신의 의지를 발휘하여 도덕적인 삶을 살고 진리를 구하고 연구하는 것이 우리에게 믿음을 가져다 주는 원인이 된다는 결론은 도출되지 않는다.

18. 스스로 말하는 자는 자기 영광만 구하되 보내신 이의 영광을 구하는 자는 참되니 그 속에 불의가 없느니라.

우리 구주께서는 여기에서 자기가 가르치시는 교훈이 하나님으로부터 온 것임을 알게 해 줄 또 한 가지의 증표를 그들에게 제시하시는데, 그것은 자기는 스스로 말하지 않았고, 사람들에게 이 교훈을 가르치심으로써 자신의 영광을 구하지 않으셨다는 것이다. 사람들은 그 누구도 자기 자신을 자신의 행위의 목적으로 삼지 않는 일을 행하지 않는다. 즉, 모든 사람들의 행위는 이기적이라는 것이다. 사람이 어떤 말이나 행위를 함으로써 사람들로부터의 높임이나 칭찬이나 그 밖의 다른 어떤 이익을 얻을 수 없다면, 그 사람이 그 말이나 행위를 일부러 애써서 할 이유가 어디 있겠는가? 그러나 어떤 사람이 다른 사람의 종으로서 오로지 그 주인으로 하여금 높임과 칭송을 받게 하기 위한 목적으로 말하거나 행하였다면, 그 사람은 자기를 위해서가 아니라, 그 주인의 존귀와 영광을 위하여 말하거나 행하였다고 할 수 있고,

자기에게 맡겨진 것을 사기나 속임 없이 진실하고 충성되게 말하거나 행한 것이기 때문에, 그 사람에게 불의가 없다고 할 수 있으며, 그 사람이 어떤 불의한 동기로 거짓된 것을 말하거나 행하였다고 할 수 없다. 따라서 이것은 우리에게 어떤 교훈이나 가르침이 참된 것인지 거짓된 것인지를 제대로 판단할 수 있도록 도움을 주는 훌륭한 잣대나 기준을 가르쳐 준다. 즉, 어떤 교훈이나 가르침이 하나님께 존귀하심과 영광을 돌려 드리는 것이 많고 피조물에게 영광을 돌리는 것이 적을수록, 그 교훈이나 가르침은 하나님으로부터 나온 것일 가능성이 더 높아진다는 것이다. 또한, 이러한 잣대나 기준에 비추어 보면, 성경과 그 기자들의 권위는 더욱더 분명하고 견고하게 확증된다. 왜냐하면, 성경 기자들은 자신의 글들 속에서 그들 자신의 영광이 아니라 하나님의 존귀와 영광을 구하였고, 모든 수치와 부끄러움은 그들 자신에게 돌렸다는 것은 너무나 분명하기 때문이다.

19. 모세가 너희에게 율법을 주지 아니하였느냐 너희 중에 율법을 지키는 자가 없도다 너희가 어찌하여 나를 죽이려 하느냐.

하나님께서는 모세를 자신의 도구로 사용하셔서, 이스라엘 백성에게 율법을 주셨지만(출 24:3; 신 33:4), 그들 중에서 율법을 정확히 지킨 자는 아무도 없었고, 모두가 날마다 율법을 범하였다. 우리 구주께서는 이렇게 말씀하신다: 너희는 날마다 밥 먹듯이 율법을 범하면서도, 마치 자신들은 율법을 전혀 범하지 않는 척하고서, 내가 안식일에 병자를 고친 일이 마치 율법의 중한 규정을 범한 사형에 해당하는 극악무도한 죄인 양 단죄해서, 나를 죽이려고 하니, 그것이 가당키나 한 일이더냐? 또는, 너희가 무죄한 자를 악의적으로 죽이려고 하는 것은 십계명 중에서 여섯 번째 계명을 범하는 사형에 해당하는 중죄이기 때문에, 나는 실제로는 아무런 죄도 짓지 않았지만, 설령 너희의 주장대로 내가 안식일을 범하여 네 번째 계명을 어겼다고 해도, 너희의 죄가 나의 죄보다 더 클 것임을 왜 너희는 생각하지 않는 것이냐?

20. 무리가 대답하되 당신은 귀신이 들렸도다 누가 당신을 죽이려 하나이까.

당신은 귀신이 들렸도다. 유대인들은 제정신이 아닌 상태에서 알아들을 수 없는 말들을 횡설수설하는 자들은 귀신이 들린 자들이라고 생각하였다. 따라서 "당신은 귀신이 들렸도다"라는 말은 "당신은 미쳤다"는 의미이다. 하지만 우리는 이 말을 단순한 욕으로 볼 수도 있는데, 그것은 오늘날에도 누가 진실과 부합하지 않는 거짓을 말하는 것을 들을 때, 어떤 사람이 화가 나서 "당신 안에 귀신이 있다"고 말하는 것을 우리가 흔히 들을 수 있는 것과 마찬가지이다. 후자는 좀 더 온건한 해석이기는 하지만, 상대가 그리스도시라는 것을 감안하면, 그것조차도 중죄였다.

누가 당신을 죽이려 하나이까. 주님께서는 지금 일반 백성들과 말씀하고 계셨기 때문에, 그들은 자신들의 고위 관리들이 주님을 죽이려고 하고 있다는 것(요 5:18)에 대해서 아무것도 모르고서, 자신들의 마음속에는 그런 의도가 전혀 없었기 때문에 이렇게 영문을 모르겠다는 듯이 말한 것으로 보인다. 하지만 우리 구주께서는 모든 사람의 마음의 생각과 계획을 다 아시는 분이셨기 때문에, 그들은 비록 주님께서 말씀하시는 것이 이상하게 들렸을지라도, 그 말씀을 이렇게 단호하게 부정하지 말았어야 하였다.

21. 예수께서 대답하여 이르시되 내가 한 가지 일을 행하매 너희가 다 이로 말미암아 이상히 여기는도다.

주님께서 이후에 하신 말씀들을 보면, 여기에서 "한 가지 일"이라고 하신 것은 주님이 베데스다 못가에 누워 있던 병자를 안식일에 고치신 이적을 가리키는 것이 분명하다. 또한, 우리는 주님께서 여기에서 "이상히 여긴다"고 하신 것을 "분노한다"는 의미로 이해하여야 한다. 주님은 23절에서 그런 의미로 다시 보충설명을 하고 계실 뿐만 아니라, 이후에 하신 말씀들도 그것이 그런 의미라는 것을 보여 준다.

22. 모세가 너희에게 할례를 행했으니 (그러나 할례는 모세에게서 난 것이 아니요 조상들에게서 난 것이라) 그러므로 너희가 안식일에도 사람에게 할례를 행하느니라.

여기에서 큰 난점은 불변화사 '디아 투토' (διά τοῦτο, "이로 말미암아")가 이 절에서 어떤 역할을 하느냐 하는 것이다. 이 문제에 대한 가장 유력한 설명은, 이 불변화사는 앞 절에 걸리는 것으로 보아서, 앞 절의 후반부가 "너희가 다 이로 말미암아 이상히 여기는도다"로 번역되어야 한다는 것이다(실제로 한글개역개정은 그렇게 번역하고 있다 — 역주). 이렇게 하면, 모든 것이 깨끗하게 해결된다. 만일 그렇게 하지 않고, 이 불변화사를 이 절에 걸리는 것으로 보고, 원인을 나타내는 것으로 본다면, 이 불변화사가 이 절에서 어떤 역할을 하는지를 설명하기가 무척 어려워진다. "모세가 너희에게 할례를 행하였다"는 것은 할례에 관한 율법을 너희에게 주었다는 것이다. 이렇게 할례에 관한 율법은 모세에 의해 주어진 것이었지만, 모세로부터 생겨난 것이 아니고, 모세 시대보다 훨씬 이전에 너희의 조상 아브라함에게 주어진 것이었다(창 17:10). 그리고 오늘날 너희는 그 율법에 순종해서, 안식일에도 아랑곳하지 않고, 남자 아이나 성인 개종자에게 할례를 행하고 있다.

23. 모세의 율법을 범하지 아니하려고 사람이 안식일에도 할례를 받는 일이 있거든 내가 안식일에 사람의 전신을 건전하게 한 것으로 너희가 내게 노여워하느냐.

주님께서 여기에서 제시하시는 논증 전체의 취지는 다음과 같은 것인 것 같다: 실제로 너희는 모세 시대보다 훨씬 이전에 아브라함에게 주어진 할례의 율법 같은 또 다른 더 오래된 제의법을 지키기 위하여, 안식일을 지키라는 것 등과 같이 시내 산에서 주어진 제의법(출 20:1-17)을 잠시 유보해 두는 것이 마땅하다고 여기는데, 그렇다고 한다면, 모든 사람의 마음에 씌어진 본성의 율법, 즉 큰 곤란과 괴로움에 처해 있는 사람들을 도와야 한다는 본성의 율법을 지키기 위하여, 모세에 의해 주어진 제의법을 잠시 유보해 두는 것은 더욱더 마땅하지 않겠는가? 그리고 나는 바로 그 본성의 율법에 순종하여, 베데스다 못가에 누워 있던 병자를 고친 것일 뿐이다. 너희도 남자 아이가 난 지 팔일 째 되는 날에 할례를 받아야 한다는 율법에 순종하기 위하여, 비록 팔일 째 되는 날이 안식일이라고 할지라도, 관례처럼 그 날에 할례를 행함으로써, 아브라함 때에 생겨나서 모세에 의해서 주어진 할례에 관한 모세 율법을 범하지 않으려고 하지 않느냐? 그렇다면, 내가 안식일에 한 사람의 병자를 고쳐서 그 사람의 "전신을 건전하게 한 것"으로 인해서, 너희가 내게 대하여 화를 내고 분노할 이유가 없지 않겠는가? 어떤 이들은 여기에서 주님께서 "사람의 전신을 건전하게" 했다고 말씀하신 것을 주님이 그 사람의 육신만이 아니라 영혼도 치유하셨다는 의미로 해석해야 한다고 생각하지만, 주님께서 그런 의미로 말씀하셨을 가능성은 희박해 보인다. 왜냐하면, 설령 실제로 그런 것이었다고 해도, 유대인들로서는 그 사람에 대한 영적인 치유가 이루어졌다는 증거를 찾을 수 없었을 것이기 때문이다. 따라서 어떤 이들은 여기에서 "사람의 전신"으로 번역된 '홀론 안트로폰'(ὅλον ἄνθρωπον)은 단지 그 사람의 육신을 온전히 또는 완벽하게 고치셨음을 의미하는 것이라고 생각한다.

24. 외모로 판단하지 말고 공의롭게 판단하라 하시니라.

사람을 보고 판단하지 말고, 오로지 나에 대한 너희의 적개심과 편견과 악의로써, 내가 한 일을 인하여 나를 단죄하지 말라. 또는, 내가 한 일을 표면적이고 외관상으로만 보고 판단하지 말라. 그 일은 너희에게 안식일을 범한 것으로 보이겠지만, 실제로는 그렇지 않고, 오직 안식일을 거룩히 지키는 것보다 더 큰 하나님의 뜻을 행한 것일 뿐이다. 내가 한 일은 너희가 다른 일들에서 적용해온 것과 동일한 원리를 따라 행한 것인데도, 나에 대한 너희의 적개심과 편견 때문에 나를 단죄하지 말고,

공의를 따라 판단하라. 또한, 내가 한 일은 그 자체로 의로운 행위어서 정죄 받을 이유가 전혀 없기 때문에, 너희는 내가 한 일을 정죄해서는 안 된다.

25. 예루살렘 사람 중에서 어떤 사람이 말하되 이는 그들이 죽이고자 하는 그 사람이 아니냐.

이 본문에 등장하는 사람들은 예루살렘에 사는 주민들이어서, 20절에서 "당신은 귀신이 들렸도다 누가 당신을 죽이려 하나이까"라고 말했던 사람들보다, 대제사장들과 장로들의 의도와 계획을 더 잘 알고 있었기 때문에, 이렇게 말할 수 있었던 것으로 보인다.

26. 보라 드러나게 말하되 그들이 아무 말도 아니하는도다 당국자들은 이 사람을 참으로 그리스도인 줄 알았는가.

예루살렘의 당국자들은 명절 초에 대대적인 수색을 벌인 후에는, 그리스도께서 명절에 예루살렘에 올라오지 않으신 것으로 판단했을 가능성이 높다. 이것은 사람들로 하여금 당국자들이 예수를 그리스도로 어느 정도 인정한 것이 아니냐는 생각을 갖게 만들었다. 이것은 만일 그렇지 않았다면, 당국자들이 주님께서 이렇게 공개적으로 자유롭게 말씀을 가르치도록 절대로 내버려 두지 않고, 무슨 수를 써서라도 주님을 제지하거나 붙잡아갔을 것이라고 이 사람들은 생각하였기 때문이었다. 그러나 우리는 이 장의 후반부에서 그들의 생각이 틀렸다는 것을 발견하게 될 것이다. 왜냐하면, 그들은 주님께서 어디에 계시고, 무슨 일을 하고 계신지를 파악하자마자, 모든 수단을 동원해서 주님을 붙잡고자 하였기 때문이다.

27. 그러나 우리는 이 사람이 어디서 왔는지 아노라 그리스도께서 오실 때에는 어디서 오시는지 아는 자가 없으리라 하는지라.

"우리는 이 사람이 어디서 왔는지 아노라"는 것은 그가 나사렛 출신이고, 요셉이 그의 아버지라는 것을 그들이 안다는 것이다. 또한, 그들은 메시야가 어디서 올 것인지, 즉 메시야는 유다 지파 다윗 가문 출신으로서 베들레헴에서 태어나실 것도 알고 있었다. 대제사장들과 서기관들도 한 치의 망설임 없이 헤롯에게 그런 식으로 대답하였지만(마 2:5-6), 메시야가 구체적으로 어느 가문에서 나실 것인지에 대해서는 하나님의 계시가 없었다. 따라서 이 절은 42절에서 "성경에 이르기를 그리스도는 다윗의 씨로 또 다윗이 살던 마을 베들레헴에서 나오리라 하지 아니하였느냐"고 한 것과 쉽게 조화된다. 어떤 이들은 그들이 여기에서 그리스도의 두 번째 나타나심에 관하여 말한 것이라고 생각한다. 즉, 그들에게는 메시야가 베들레헴에서 나실 것이라는 성경에 바탕을 둔 전승이 있었을 뿐만 아니라, 그렇게 태어난 메시야가 그 곳으로부터 사라져서 몇 년 동안 모습을 감추셨다가, 출신지가 어디인지를 모르는 사람으로 다시 등장하게 될 것이라는 또 다른 전승이 있었다는 것이다. 어떤 이들은 이 두 전승은 그리스도의 두 번의 출생에 관한 구약의 계시들에 토대를 둔 것이었다고 말한다. 즉, 이사야서 53:8에서 "누가 그의 출생을 밝히 말하겠는가"라고 한 말씀은 그리스도의 영원하신 출생에 관한 것으로서, 사람들은 그 누구도 그리스도의 영원하신 출생을 알 수 없다는 것이고, 미가서 5:2에서 "베들레헴 에브라다야 너는 유다 족속 중에 작을지라도 이스라엘을 다스릴 자가 네게서 내게로 나올 것이라 그의 근본은 상고에, 영원에 있느니라"고 한 말씀은 그리스도께서 인성을 입으시고 이 땅에 출생하실 것에 관한 예언이라는 것이다. 그러나 유대인들은 메시야를 하나님이자 사람이신 분으로 이해하지 않고, 이 두 번의 출생을 모두 그리스도의 인성에 관한 것으로 이해하였기 때문에, 메시야는 미가서 5:2에 따라 베들레헴에서 태어나실 것이지만, 몇 년 동안 다른 곳으로 가서서 모습을 감추셨다가, 두 번째로 세상에 다시 나타나실 때에는, 그가 어디서 왔는지를 아무도 모르게 될 것이고, 그는 마치 하늘로부터 뚝 떨어진 사람처럼 나타나게 될 것이라고, 공상의 나래를 펴서 제멋대로 생각하였다. 그런데 그리스도께서는 어머니 마리아의 정결예식 때에 성전에서 하나님께 봉헌되신 후에, 다시 부모와 함께 나사렛으로 돌아오셨고(눅 2:39), 열두 살 되던 해에는 예루살렘으로 올라가서서 성전에서 랍비들과 토론을 하신 적도 있으셨으며(눅 2:46), 그 후에는 나사렛에서 부모에게 순종하며 사셨다. 복음서들은 주님께서 열두 살부터 요한에게 세례를 받으실 때까지 어떻게 사셨는지에 대하여 아무 말도 해 주지 않지만, 어쨌든 주님이 살아 오신 삶 전체는 숨겨진 것이 없었던 까닭에, 유대인들은 주님께서 어떻게 살아 오셨는지를 다 알고 있어서 이렇게 말한 것이었다.

28. 예수께서 성전에서 가르치시며 외쳐 이르시되 너희가 나를 알고 내가 어디서 온 것도 알거니와 내가 스스로 온 것이 아니니라 나를 보내신 이는 참되시니 너희는 그를 알지 못하나.

너희가 나를 알고 내가 어디서 온 것도 알거니와. 너희는 내가 너희 가운데서 지금까지 가르쳐 온 교훈들과 베풀어 온 이적들을 통해서 나를 알았어야 했다. 또한, 만일 너희의 눈이 너희의 얼굴에 비친 참 빛에 대하여 닫혀 있지 않았더라면, 너희는 나를 알았을 것이다. 또는, 너희는 너희가 나를 안다고 말하고 생각한다. 어떤 이들은 주님의 이 말씀을 반어법 또는 반문이라고 생각한다: 너희가 나를 그렇게 잘 안다는 말인가? 정말 그렇다면, 너희는 내가 스스로 온 것이 아니라 내 아버지에게서 보내심을 받았다는 것도 알고 있을 것이다. 나를 보내신 이는 진리 자체이시다. 그러나 너희는 아버지를 알지 못한다. 그러므로 너희는 나를 진정으로 알 수 없다.

29. 나는 아노니 이는 내가 그에게서 났고 그가 나를 보내셨음이라 하시니.

나는 아버지 하나님을 "알지만," 나 외에는 다른 그 누구도 아버지 하나님을 알지 못한다(마 11:27). 나는 아버지의 본질도 알고, 아버지의 뜻도 알며, 아버지의 계획도 알고, 아버지의 법도 안다. 왜냐하면, 나는 영원한 출생에 의해서 "그에게서 난" 그의 독생자이기 때문이다. 또한, 나는 아버지 하나님에 의해서 중보자와 세상의 구주로서 인간의 구원과 관련한 그의 기뻐하시는 뜻을 선포하고 집행하기 위해서 보내심을 받았다.

30. 그들이 예수를 잡고자 하나 손을 대는 자가 없으니 이는 그의 때가 아직 이르지 아니하였음이러라.

이 때쯤 해서 그리스도에 관한 소식이 유대인들이 최고 법정인 산헤드린에 전해졌는데, 산헤드린은 유대 교회의 일들, 특히 거짓 선지자들, 신성모독죄, 안식일을 범한 죄 등과 같은 사건들에 대한 관할권을 쥐고 있었기 때문에, 그리스도를 잡기 위하여 논의를 하고 여러 수단들을 강구하였다. 또는, 이 본문은 그리스도를 원수로 여겼던 좀 더 하급에 속한 부류의 사람들이 그리스도를 잡으려고 시도하였지만, 아무런 성공도 거두지 못했다는 것을 의미하는 것일 수도 있다. 왜냐하면, 요한복음 8:20과 12:23 등에서 언급하고 있듯이, 그리스도께서 죽기로 되어 있던 때가 이를 때까지는, 하나님께서는 자신의 강력한 섭리로 원수들의 광분함을 억제하고 계셨기 때문이었다. 그 중의 한 예로, 우리가 나중에 보게 되겠지만, 하나님께서는 주님을 잡기 위하여 산헤드린에서 보낸 군관들의 심령을 두렵게 하심으로써, 감히 주님을 잡을 엄두를 낼 수 없게 만들기도 하셨다. 하나님이 정하신 때가 이를 때까지는, 사람은 결코 우리에게 아무런 해도 가할 수 없다. 참새 한 마리도 우리 아버지 하나님의 허락 없이는 땅에 떨어지지 않는 법이다.

31. 무리 중의 많은 사람이 예수를 믿고 말하되 그리스도께서 오실지라도 그 행하실 표적이 이 사람이 행한 것보다 더 많으랴 하니.

무리 중의 많은 사람이 예수를 믿고. 그들은 예수를 참 메시야로 믿은 것은 아니었다. 왜냐하면, 그들이 "그리스도께서 오실지라도 그 행하실 표적이 이 사람이 행한 것보다 더 많으랴"고 말한 것은, 그들이 예수를 "그리스도"로 믿은 것이 아니라, 여전히 그리스도가 오시기를 기다리고 있었고, 예수를 단지 하나님으로부터 보내심을 받은 큰 선지자로 믿었으며, 메시야가 나중에 오신다고 해도 예수보다 더 많은 표적을 행하시지는 못할 것이라고 여겼음을 보여 주기 때문이다. 요한은 예수께서 행하신 많은 이적들 중에서 단지 몇 가지만을 보도하고 있지만, 물을 포도주로 변화시키고, 오병이어로 오천 명을 먹이시며, 나사로를 죽은 자 가운데서 다시 살리신 것과 같은 이적들은 하나님의 권능이 아니고는 행하실 수 없는 것들이었다. 요한은 그리스도께서는 자기가 복음서에 기록한 것들보다 훨씬 더 많은 일들을 행하셨다는 것을 우리에게 말해 주고(요 20:30; 21:25), 아울러 다른 세 복음서들에는 요한이 기록한 것보다 더 많은 것들이 기록되어 있다. 이것을 통해서 우리는 후대의 유대인들이 메시야가 이적을 행할 것임을 부정하는 것이 잘못된 것임을 분명하게 알 수 있다. 왜냐하면, 이 무리들이 말한 것을 보면, 우리는 주님께서 공생애 사역을 하실 때, 대부분의 유대인들은 장차 메시야가 와서 큰 이적들을 행하실 것이라고 기대하고 있었다는 것을 알 수 있기 때문이다. 그리고 마태복음 11:5에서 세례 요한이 자신의 제자들을 보내어 주님께 "오실 그이가 당신이오니이까 우리가 다른 이를 기다리오리이까"라고 물었을 때, 주님께서 "맹인이 보며 못 걷는 사람이 걸으며 나병 환자가 깨끗함을 받으며 못 듣는 자가 들으며 죽은 자가 살아나며 가난한 자에게 복음이 전파된다 하라"고 말씀하신 것에서 알 수 있듯이, 실제로 그들의 그러한 기대는 이사야서 35:5-6에 근거를 둔 것이었다.

32. 예수에 대하여 무리가 수군거리는 것이 바리새인들에게 들린지라 대제사장들과 바리새인들이 그를 잡으려고 아랫사람들을 보내니.

여기에서 "수군거렸다"는 단어의 의미는 6:41에서 "유대인들이 예수에 대하여 수군거렸다"고 했을 때의 의미와는 다른 것으로서, 무리들끼리 서로 은밀하게 속삭이거나 작은 소리로 얘기를 나누었다는 뜻이다. 대제사장들과 바리새인들은 그리스도로 하여금 계속해서 백성들을 가르치도록 내버려 두면, 한편으로는 백성들 사이에서 자신들의 명예가 실추되고 자신들의 전통의 권위가 훼손될 것을 염려하였고, 다른 한편으로는 그리스도께서 날마다 이적들을 행하시는 것이 몹시 마음에 걸려서(요 11:47), 그리스도를 체포하기 위해서 예루살렘에 있던 최고 법정인 산헤드린에 소속된 군관들을 보냈다.

33. 예수께서 이르시되 내가 너희와 함께 조금 더 있다가 나를 보내신 이에게로

돌아가겠노라.

그리스도께서 이 말씀을 자기를 잡으러 온 군관들에게 하신 것인지, 아니면 성전에 있던 백성들에게 하신 것인지를 아는 것은 별로 중요하지 않다. 이 말씀을 통해서 주님께서는 그들이 자기를 죽이려고 아무리 애를 써도, 그런 시도들은 다 어리석고 헛된 수고가 될 뿐이라는 것을 분명하게 보여 주신다. 왜냐하면, 이 때는 초막절인 9월 또는 10월이었고, 주님께서는 다음 유월절이 돌아오는 3월이나 4월에 죽게 되어 있어서, 지금부터 육개월 간은 계속해서 일하시다가, 세상의 죄를 위하여 자신의 목숨을 자원하셔서 내어 주신 후에, 죽은 자 가운데서 다시 살아나셔서 승천하여, 자기를 세상에 보내신 아버지께로 돌아가실 것이었기 때문이다.

34. 너희가 나를 찾아도 만나지 못할 터이요 나 있는 곳에 오지도 못하리라 하시니.

너희가 나를 찾아도 만나지 못할 터이요. 어떤 이들은 이 구절이 이런 의미라고 생각한다: 너희가 나를 해치기 위하여 나를 찾아도 아무 소용이 없을 것이다. 왜냐하면, 너희는 나를 찾지 못할 것이기 때문이다. 또는, 너희는 나의 교회에서 나를 멸하고 내 이름을 뿌리뽑기 위하여 나를 찾아도 아무 소용이 없을 것이다. 그러나 이 구절의 가장 유력한 의미는 이런 것이다: 너희 악한 유대인들아, 너희는 지금 내가 너희에게 제시하는 은혜의 방편을 받아들이지 않고 도리어 멸시하고 비웃고 있지만, 언젠가는 극심한 괴로움과 재난에 처하게 될 것이고, 그 때에 내가 너희 가운데 다시 한 번 있어 주기를 간절히 바랄 것이다. 그러나 그 때에 나는 저 높은 곳에 계신 내 아버지께로 올라가서, 하나님의 오른편에 앉아, 너희의 기도를 듣지 않을 것이기 때문에, 악한 너희의 기도는 상달되지 않을 것이다. 따라서 이것은 주님께서 마태복음 23:39에서 "이제부터 너희는 찬송하리로다 주의 이름으로 오시는 이여 할 때까지 나를 보지 못하리라"고 하신 말씀과 거의 동일하다. 그리고 요한복음 13:33에서 주님께서 "작은 자들아 내가 아직 잠시 너희와 함께 있겠노라 너희가 나를 찾을 것이나 일찍이 내가 유대인들에게 너희는 내가 가는 곳에 올 수 없다고 말한 것과 같이 지금 너희에게도 이르노라"고 말씀하신 것을 보면, 여기에서 주님께서 자신의 승천에 대하여 말씀하고 계신 것임은 아주 분명하다. 주님께서는 그들이 장차 자기를 찾게 될 때에는 자기는 이미 하늘에 올라가 있게 되실 것임을 자신의 신성을 통해서 알고 계셨다. 어떤 이들은 앞 절에서 주님께서 "나를 보내신 이에게로 돌아가겠노라(ὑπάγω – '휘파고')"고 말씀하셨기 때문에, 이 구절도 '에이미' (εἰμὶ,

"있다")를 '에이미'(εἶμι, "가다")로 읽어서, "나 있는 곳에 오지도 못하리라"가 아니라 "나 가는 곳에 오지도 못하리라"로 번역하여야 한다고 생각한다. 그러나 어떤 이들은 "가다"를 뜻하는 '에이미'는 시어로서 신약성경에서 거의 사용되지 않는다는 이유를 들어서 그러한 읽기를 반대한다.

35. 이에 유대인들이 서로 묻되 이 사람이 어디로 가기에 우리가 그를 만나지 못하리요 헬라인 중에 흩어져 사는 자들에게로 가서 헬라인을 가르칠 터인가.

유대인들은 그리스도께서 말씀하신 모든 것들과 행하신 모든 이적들에도 불구하고, 그리스도의 신성을 전혀 믿지 않았기 때문에, 우리 구주께서 도대체 무슨 말씀을 하고 계시고, 어디로 가신다는 말씀인지를 알지 못해서 혼란스러워 하다가, 주님이 유대 땅에 계신 한에는, 자신들이 어떻게든 주님이 가시는 곳으로 갈 수 있을 것이기 때문에, 아마도 주님께서는 이방 땅으로 가실 모양이신 것이라고 결론을 내린다. "헬라인 중에 흩어져 사는 자들"은 유대인 디아스포라를 가리키는데, 우리는 역사에서 민족들을 이방 땅으로 이주시켜 흩어지게 한 두 번의 유명한 사건을 읽을 수 있다. 그 첫 번째는 성경에 기록된 것으로서, 앗수르가 북왕국 이스라엘을 멸망시키고 열 지파를 포로로 끌고 간 것(왕하 17:6)과 나중에 남왕국의 두 지파가 바벨론으로 끌려간 것(왕하 24:14)이었다. 두 번째는 마케도니아인들에 의한 헬라인들의 이주였는데, 이 때에도 많은 유대인들이 알렉산더 대왕과 그의 후계자들에 의해서 소아시아를 비롯한 여러 지역으로 이주되어 흩어져 살게 되었다. 그래서 베드로는 자신의 서신의 서두에서 "예수 그리스도의 사도 베드로는 본도, 갈라디아, 갑바도기아, 아시아와 비두니아에 흩어진 나그네 … 에게 편지하노니"(벧전 1:1-2)라고 썼고, 야고보도 "하나님과 주 예수 그리스도의 종 야고보는 흩어져 있는 열두 지파에게 문안하노라"(약 1:1)고 썼다. 따라서 여기에서 유대인들은 우리 구주께서 바로 그러한 곳들로 가서서 전도하고자 하시는 것이라고 제멋대로 결론을 내린다. 만일 그런 것이라면, 그것은 주님이 이방인들에게 유대교의 신비들을 가르치고자 하는 것이고, 그런 일은 유대인인 그들이 다른 어떤 일들보다도 그대로 참고 묵과할 수 없는 일이었다. 그러나 하나님께서 장차 복음을 거부하는 유대인들을 내치시고, 이방인들을 자신의 백성으로 받아들이시리라는 것은 구약의 선지자들이 이미 예언한 일이었다(롬 11:15).

36. 나를 찾아도 만나지 못할 터이요 나 있는 곳에 오지도 못하리라 한 이 말이 무슨 말이냐 하니라.

그들은 그리스도의 신성에 대해서 그 어떤 것도 전혀 인정하지 않았기 때문에, 주님께서 앞에서 하신 말씀이 그들의 위에 걸려서 소화하지를 못하고, 무슨 의미인지를 도무지 알 수 없었다.

37. 명절 끝날 곧 큰 날에 예수께서 서서 외쳐 이르시되 누구든지 목마르거든 내게로 와서 마시라.

우리 구주께서는 자기가 어디로 가고자 하는 것인지에 관한 유대인들의 허황된 추측에 대해서는 반응할 필요가 없다고 생각하셔서, 거기에 대해서는 더 이상 일체 대응을 하지 않으셨다. 초막절은 칠 일 동안 계속되었고(레 23:34), 그 기간 동안에 유대인들은 하나님께 번제를 드렸다(레 23:36). 그리고 여덟째 되는 날은 안식일로 지켜서, 그 어떤 노동도 금하는 가운데 성회를 열었는데, 그 날에 그리스도께서는 또다시 백성들에게 강론을 행하시며, "누구든지 목마르거든 내게로 와서 마시라"고 많은 사람들 앞에서 큰 소리로 외치셨다: 영적인 선함과 의로움, 영적인 힘과 위로에 목말라 하는 자라면 누구든지 내게서 그런 것들을 얻을 수 있다. 그런 자들은 내게로 와서, 믿음으로 나를 중보자와 세상의 구주로 인정하고 영접하며 붙들라. 그러면, 그들은 자신들이 필요로 하는 온갖 영적인 은혜를 내게서 얻게 될 것이다. 우리 구주께서 요한복음 4:10, 14에서 사마리아 여자에게 자신을 "생수"에 빗대어 말씀하신 것을 기억하는 사람들은 이것이 이 말씀의 의미라는 것을 쉽게 이해할 것이다. 주님이 주시는 생수를 마시기 위하여 우리 쪽에서 준비해야 할 것은 "목마르거든"이라는 단어로 표현되어 있다. "목마름"은 사람이 갈증 속에서 기운을 차리기 위하여 마실 것을 간절히 원하는 자연스러운 욕구를 가리키는 것으로서, 여기에서는 지극히 큰 갈망을 표현하고 있다. 신약과 구약에서는 신령한 것들에 대한 한 심령의 간절한 소원을 나타내는 데 이 단어를 사용한다(사 55:1; 마 5:6).

38. 나를 믿는 자는 성경에 이름과 같이 그 배에서 생수의 강이 흘러나오리라 하시니.

우리는 그리스도를 믿는다는 것이 무엇을 의미하는지에 대해서는 이미 앞에서 여러 차례 자세하게 말한 바 있기 때문에, 여기에서 우리가 분명히 해야 할 것은 "성경에 이름과 같이"라는 어구가 본문의 전반절에 걸리는 것인가, 아니면 후반절에 걸리는 것인가 하는 것이다. 전자라고 보면, 이 본문은 주님의 말씀에 지적으로 동의하거나 어느 정도 신뢰하는 정도의 일상적인 의미에서의 믿음이 아니라, 성경에서 말한 믿음, 즉 사람으로 하여금 의롭다 하심을 얻게 해주고 구원을 가져다주는 그러한 믿음을 지닌 자들에게만 "그 배에서 생수의 강이 흘러나오는" 약속이 주어진다는 것을 의미한다. 그 배에서 생수의 강이 흘러나오리라. 이 약속의 말씀의 전체적인 의미는 그런 자의 심령은 구원과 위로의 은혜로 인한 열매들이 차고 넘치게 되리라는 것이다. 욥기 15:35에서 "그들은 재난을 잉태하고 죄악을 낳으며 그들의 뱃속에 속임을 준비하느니라"고 말한 것처럼, 여기에서 "배"는 사람의 마음을 가리킨다(그래서 한글개역개정에서 시편 40:8은 "나의 하나님이여 내가 주의 뜻 행하기를 즐기오니 주의 법이 나의 심중에 있나이다"로 번역되어 있지만, "나의 심중에"는 의역한 것이고, 직역은 "나의 뱃속에"가 된다 — 역주). "생수의 강"이 흘러나온다는 것은 믿는 자들에게는 차고 넘치는 풍성한 은혜들, 즉 기쁨과 참된 지식, 영적인 은사들이나 은혜들이 공급될 것임을 의미한다. 성경이 어디에서 그런 것에 대하여 말하고 있는가 하고 반문하는 사람이 있다면, 나의 대답은 우리는 구약성경에서 하나님이 장차 성령을 부어 주실 것이라고 예언하고 있는 모든 약속의 말씀들이 바로 그런 것들이라고 대답할 것이다.

39. 이는 그를 믿는 자들이 받을 성령을 가리켜 말씀하신 것이라 (예수께서 아직 영광을 받지 않으셨으므로 성령이 아직 그들에게 계시지 아니하시더라).

복음서 기자는 여기에서 주님께서 앞 절에서 하신 말씀은 그리스도께서 승천하신 후에 믿는 자들이 받게 될 성령을 가리키는 것이라고 우리에게 설명해 준다. 우리 구주께서는 이 약속의 말씀을 하시면서 특히 이사야서 49:10; 58:11; 스가랴서 14:8을 염두에 두셨던 것으로 보인다: "그 날에 생수가 예루살렘에서 솟아나서 절반은 동해로, 절반은 서해로 흐를 것이라 여름에도 겨울에도 그러하리라"(슥 14:8).

40. 이 말씀을 들은 무리 중에서 어떤 사람은 이 사람이 참으로 그 선지자라 하며.

"그 선지자"는 신명기 18:15에서 모세가 "네 하나님 여호와께서 너희 가운데 네 형제 중에서 너를 위하여 나와 같은 선지자 하나를 일으키시리니 너희는 그의 말을 들을지니라"고 말하면서 언급한 "선지자"를 가리킨다. 어떤 이들은 유대인들은 엘리야 외에도 큰 선지자가 메시야보다 앞서 올 것이라고 믿었다고 생각하는데, 요한복음 1:21은 그러한 생각이 일리가 있음을 우리에게 보여 준다. 그러나 어떤 이들은 유대인들의 글들을 살펴보면, 그들이 엘리야와 메시야 외에 다른 어떤 큰 선지자가 올 것이라고 믿었음을 보여 주는 증거가 없다고 말한다. 이 본문에서 "그 선지자"(the prophet)는 "한 명의 선지자"(a prophet)로도 읽을 수 있고, 나는 그것이 그들이 말한 진짜 의미라고 생각한다. 즉, 그들은 "이 사람은 참으로 선지자라"고 말하였다는 것이다. 왜냐하면, 유대인들 가운데서는 사백 년이 넘게 선지자가 출현하지 않았고, 최근에 와서 세례 요한만이 선지자로 알려져 있었는데, 이 무리들이 보니, 예수도 선지자임이 틀림없어 보였기 때문이었다.

41. 어떤 사람은 그리스도라 하며 어떤 이들은 그리스도가 어찌 갈릴리에서 나오겠느냐.

이 무리들 사이에서는 예수가 누구신가를 놓고 견해가 서로 나뉘어 의견이 분분하였다. 그들 중의 일부는 예수야말로 하나님이 약속하신 메시야임에 틀림없다고 확신하는 쪽으로 기울었지만, 어떤 이들에게는 예수께서 갈릴리의 나사렛 출신으로 알려져 있었던 것이 걸림돌로 작용하였다. 예수께서는 성경에 예언되어 있고(미 5:2) 유대인들이 전통적으로 알고 있던 대로(마 2:5) 갈릴리의 나사렛이 아니라 베들레헴에서 태어나셨지만(눅 2:4), 그들은 그런 사실을 까맣게 모르고 있었다. 설령 예수의 출생에 관한 그런 이야기가 잠시 사람들의 입에 오르내렸다고 해도, 벌써 삼십이 년이나 지난 일이었고, 무엇보다도 예수께서는 갈릴리의 나사렛에서 오랫동안 살며 성장하여서 나사렛 예수라 불렸던 까닭에, 그들은 예수가 갈릴리 출신이라는 것만을 생각하고서, 그것은 메시야에 관한 예언(미 5:2)과는 맞지 않는 것이기 때문에, 예수께서 그리스도일 리가 없다고 생각하였다.

42. 성경에 이르기를 그리스도는 다윗의 씨로 또 다윗이 살던 마을 베들레헴에서 나오리라 하지 아니하였느냐 하며.

구약성경은 메시야가 다윗 가문으로부터 나오리라는 것(시 132:11)과 베들레헴에서 태어나실 것(미 5:2), 이 두 가지를 분명하게 예언하고 있었다. 베들레헴은 다윗의 아버지의 고향이어서, 다윗 자신도 하나님에 의해 부르심을 받고 사울의 왕궁에서 일하게 될 때까지는 거기에서 살았다(삼상 17:15; 20:6).

43. 예수로 말미암아 무리 중에서 쟁론이 되니.

복음서 기자는 앞에서 이미 말했듯이, 예수에 관한 견해가 사람들 사이에서 서로 일치하지 않았기 때문에, 무리들 가운데서 이 문제 때문에 논쟁이 일어났다는 것을 여기에서 보도한다.

44. 그 중에는 그를 잡고자 하는 자들도 있으나 손을 대는 자가 없었더라.

무리들 중에는 그리스도를 안 좋게 보는 사람들도 있었고, 당국자들이 그리스도를 체포하기 위하여 보낸 군관들도 있었다. 그러나 실제로 감히 그리스도를 체포하고자 시도한 사람은 아무도 없었다.

45. 아랫사람들이 대제사장들과 바리새인들에게로 오니 그들이 묻되 어찌하여 잡아오지 아니하였느냐.

　여기에서 "아랫사람들"로 표현된 이 군관들은 당국자들의 보냄을 받고 예수를 잡으러 현장에 갔지만, 수많은 사람들이 예수를 그리스도 또는 선지자로 여기며 높이 떠받들고 있는 것을 보고서, 감히 예수를 체포하고자 하는 엄두를 낼 수가 없었던 것으로 보인다. 다음 절이 보여 주듯이, 그들 중의 일부는 예수께서 베푸시는 가르침을 놀라워하기도 하였다. 그래서 이 군관들은 예수를 체포하지 말고, 당국자들에게로 그냥 돌아가자는 데 의견을 모았다. 그러자 예수를 잡으러 그들을 보냈던 대제사장들과 바리새인들은 빈손으로 온 그들을 보고서, 그들이 자신들이 명령한 대로 그리스도를 범법자로 체포하여 자신들 앞으로 끌어오지 않은 이유가 무엇인지를 추궁하였다.

46. 아랫사람들이 대답하되 그 사람이 말하는 것처럼 말한 사람은 이 때까지 없었나이다 하니.

　이 군관들이 이렇게 말한 것은 예수께서 백성들에게 대단한 권위로 참된 말씀을 가르치시고 전하시는 것을 직접 보고 들었기 때문이었다. 하지만 그들은 예수가 그리스도이심을 진심으로 믿지는 않았다. 육신적이고 세상적인 생각이나 마음의 지배 아래 있는 자들은 오직 초자연적인 특별한 은혜에 의해서만 굴복시킬 수 있는데, 이사야서 11:4에 나오는 그리스도에 관한 예언이 그들 속에서 성취되었다: "공의로 가난한 자를 심판하며 정직으로 세상의 겸손한 자를 판단할 것이며 그의 입의 막대기로 세상을 치며 그의 입술의 기운으로 악인을 죽일 것이며." 주님의 말씀은 흔히 어떤 사람들에 대해서는 그들을 영생과 구원으로 이끌지는 못하지만 그들을 깜짝 놀라게 하고 두려움을 주어서 그들의 행동을 억제하는 역할을 하는데, 이 가련한 군관들이 바로 그런 경우였다.

47. 바리새인들이 대답하되 너희도 미혹되었느냐.

　너희는 너희의 상관인 우리의 명령에 토를 달지 말고 그대로 집행하는 것이 마땅할 뿐만 아니라, 너희의 선생들인 우리에게서 더 훌륭한 가르침을 받았는데도 불구하고, 우리가 잡으라고 보낸 자의 말을 듣고 거기에 미혹된 것이냐? 이렇게 악인들은 자신들의 가르침이나 교훈을 그대로 받아들여서 자신들이 시키는 대로 행하지 않는 모든 자들을 "미혹된" 것이라고 여긴다.

48. 당국자들이나 바리새인 중에 그를 믿는 자가 있느냐.

우리는 너희를 다스리는 고위 관리들이고 너희의 선생들이기 때문에, 너희는 우리의 다스림을 받고 우리의 지도를 받는 것이 마땅하다. 윗사람들의 말은 무조건 믿고 순종해야 한다는 가르침은 은연중에 이렇게 일찍부터 세상에 침투해서 자리를 잡고 있었는데, 이것은 선생들과 관리들은 무오하다고 전제하는 것이다. 우리는 선생들과 방백들에게 모든 공경을 다 드리는 것이 마땅하기는 하지만, 그들을 무조건 믿고 순종하며 살아가서는 안 되고, 우리 자신의 믿음에 의거해서 살아가야 한다. 신명기 17:10-11에서 "여호와께서 택하신 곳에서 그들이 네게 보이는 판결의 뜻대로 네가 행하되 그들이 네게 가르치는 대로 삼가 행할 것이니 곧 그들이 네게 가르치는 율법의 뜻대로, 그들이 네게 말하는 판결대로 행할 것이요 그들이 네게 보이는 판결을 어겨 좌로나 우로나 치우치지 말 것이니라"고 한 것처럼, 유대인들은 예루살렘에 있는 제사장들과 레위인들이 그들에게 보이는 판결을 따라 행하여야 했지만, 그 앞의 8-9절에서 "네 성중에서 서로 피를 흘렸거나 다투었거나 구타하였거나 서로 간에 고소하여 네가 판결하기 어려운 일이 생기거든 너는 일어나 네 하나님 여호와께서 택하실 곳으로 올라가서 레위 사람 제사장과 당시 재판장에게 나아가서 물으라 그리하면 그들이 어떻게 판결할지를 네게 가르치리니"라고 한 것처럼, 그것은 민형사상의 문제와 관련된 "율법의 판결"에만 해당하는 것이었다.

49. 율법을 알지 못하는 이 무리는 저주를 받은 자로다.

대제사장들과 바리새인들은 그 마음이 대단히 교만해져 있어서, 율법을 제대로 알지 못하는 일반 백성들을 저주 받은 자들이라고 욕하고, 그들의 판단이나 생각이나 감정은 일고의 가치도 없는 멸시 받을 만한 것이라고 규정해 버린다.

50-51. [50]그 중의 한 사람 곧 전에 예수께 왔던 니고데모가 그들에게 말하되 [51]우리 율법은 사람의 말을 듣고 그 행한 것을 알기 전에 심판하느냐.

우리는 요한복음 3:1-2을 통해서 니고데모가 밤에 예수를 찾아와서 얘기를 나눈 사실을 알고 있는데, 산헤드린의 의원이었던 그는 여기에서 그리스도를 체포하는 것과 관련하여 고위 관리들과 그 아랫사람들인 군관들이 설왕설래하는 와중에서, 비록 미약하기는 하지만 적어도 아주 신중하고 현명하게 그리스도를 옹호하고 나서서, 하나님의 율법이나 자연법은, 어떤 사람에게 범죄의 혐의가 있더라도, 그 사람이 하는 말을 잘 들어보고, 아울러 그 사람이 행한 것에 대하여 증인들이 말하는 것도 들어보아서, 사건의 전모를 파악한 후에야, 그 사람을 단죄하는 것이 마땅한 일이라고 말한다.

52. 그들이 대답하여 이르되 너도 갈릴리에서 왔느냐 찾아 보라 갈릴리에서는 선지자가 나지 못하느니라 하였더라.

너도 갈릴리에서 왔느냐. 그들은 니고데모를 아주 잘 알고 있었기 때문에, 진정으로 그가 갈릴리 출신의 사람이라고 생각한 것은 아니었고, 단지 자신들이 불구대천의 원수로 생각할 정도로 증오해 온 인물을, 그가 옹호하지는 않았더라도 어쨌든 한 마디 거든 것에 대하여 이런 식으로 힐난하며 책망한 것이었다. 그러면서, 그들은 성경을 한 번 "찾아" 기나긴 역사 속에서 갈릴리에서 선지자가 나온 적이 있었는지를 "보라"고 말한다. 그들이 지적한 대로, 설령 갈릴리에서 선지자가 나온 것이 단 한 번도 없었다고 가정해 보자. 그렇다고 하더라도, 그것이 우리 구주와 무슨 상관이 있단 말인가? 왜냐하면, 주님께서는 갈릴리에서 나신 것이 아니라, 다윗의 동네인 유대 베들레헴에서 나셨기 때문이다(눅 2:4). 또한, 역사상의 전례가 없다고 할지라도, 하나님께서는 이제라도 얼마든지 갈릴리 사람들 중의 한 명을 예언의 영으로 감동시키실 수 있으시지 않는가? 그러나 실제로는 갈릴리에서는 단 한 번도 선지자가 배출된 적이 없었다고 한 그들의 말은 사실이 아니었다. 왜냐하면, 열왕기하 14:25에서는 "가드헤벨 아밋대의 아들 선지자 요나"라고 말하고 있고, 여호수아서 19:13, 16에서는 "가드헤벨"이 스불론 지파의 영지였고, 이사야서 9:1에서는 "스불론 땅"이 "갈릴리"에 있다고 말하고 있는 까닭에, 요나는 갈릴리 사람이었고, 또한 나훔도 갈릴리 사람이었기 때문이다.

53. [다 각각 집으로 돌아가고].

니고데모가 그리스도를 본격적으로 옹호하는 발언을 한 것도 아니었는데도, 그리스도를 해치고자 하는 논의는 일단 중단이 되었다. 어떤 이들은 산헤드린의 이 모임에서 바리새파의 종교의식들과 전통들을 중요하게 생각하지 않았던 사두개파가 하나님의 주관하시는 손길로 말미암아 니고데모의 편을 들고 나섰고, 이것이 그리스도를 죽이고자 하는 악한 논의가 이쯤에서 끝나게 된 원인이었을 것이라고 생각하는데, 충분히 가능성이 있는 말이다. 그러나 산헤드린에서 어떤 분파가 니고데모의 견해를 지지하고 나섰던 것인지는 우리로서는 확실하게 알 수 없다.

제8장

개요

1. 간음하다 붙잡혀 온 여자를 정죄 받지 않고 가게 하심(1-11).
2. 그리스도께서 자신을 세상의 빛이라고 선언하시고, 바리새인들의 교훈은 잘못된 것이고, 자신의 교훈은 옳은 것이라고 말씀하심(12-30).
3. 그리스도를 믿는 유대인들은 진리를 알고 자유롭게 될 것이라고 약속하심(31-32).
4. 자신들은 아브라함의 자손이고 하나님의 자녀들이라는 유대인들의 헛된 자랑을 반박하심(33-47).
5. 유대인들이 자기를 비방하고 욕하는 것에 대하여, 자신의 권위와 위엄을 보여 주시는 것으로 대응하심(48-58).
6. 유대인들이 자기를 돌로 치려고 하자, 이적을 통해서 그들에게서 빠져나오심(59).

1. 예수는 감람 산으로 가시니라.

"감람 산"은 예루살렘에서 채 3km도 떨어져 있지 않았던 산으로서, 우리 구주께서는 예루살렘에 올라오셨을 때마다 흔히 이 산으로 물러가서서 홀로 계시며 기도하곤 하셨다(마 24:3; 26:30; 눅 21:37; 22:39).

2. 아침에 다시 성전으로 들어오시니 백성이 다 나아오는지라 앉으사 그들을 가르치시더니.

누가복음 21:38은 우리 주님이 마지막 유월절에 예루살렘에 올라오셔서, "낮에는 성전에서 가르치시고 밤에는 나가 감람원이라 하는 산에서 쉬시니 모든 백성이 그 말씀을 들으려고 이른 아침에 성전에 나아가더라"고 말한다. 우리는 주님께서 아침 일찍 사람들을 가르치시기 위하여 성전으로 가셨고, 백성들은 주님의 말씀을 듣기 위하여 이른 아침에 부지런히 성전에 나아갔다는 보도를 복음서 기자에게서 들었을 때, 우리가 하나님의 일을 하는 데 혹시나 게으르고 나태한 것은 없었는지를 살펴보아야 한다. 많은 사람들이 주님께 나아왔다. 성경에서 "모든"을 의미하는 불변화사는 실제로는 "많은"을 의미하기 때문에, "모든 백성"이 주님의 말씀을 듣기 위하여 나아왔다는 것은 많은 백성들이 주님께 나아왔다는 것을 의미한다. 주님께서는 유대인 랍비들처럼 "앉으사 그들을 가르치셨다." 랍비들은 앉아서 사람들을 가르치는 것이 관례였다는 것에 대해서는, 우리가 이미 앞에서 살펴볼 기회를 가졌다.

3. 서기관들과 바리새인들이 음행 중에 잡힌 여자를 끌고 와서 가운데 세우고.

유대인들 가운데는 세 부류의 서기관들이 있었다고 한다. 첫 번째 부류는 왕들과 고관대작들과 대인들의 비서 역할을 하는 사람들이었는데, "스와"는 다윗의 비서 역할을 하던 서기관이었다(삼하 20:25). 두 번째 부류는 사람들을 위하여 사적인 계약서나 문서들을 작성해 주는 일을 하는 법무사나 행정서사 역할을 하는 서기관이었다. 이 두 부류에 속한 서기관들은 이렇게 간음하다가 현장에서 붙잡힌 여자를 잡아 오는 일을 할 권한을 지니고 있지 않았던 것으로 보인다. 게다가, 바리새인들이 함께 하였다는 사실은, 이 서기관들이 성전과 회당들에서 율법을 가르쳤던 "율법교사"라 불린 세 번째 부류의 서기관들이었음을 분명하게 보여 준다. 이런 부류의 서기관들은 흔히 바리새인들과 합세해서, 우리 구주께서 하신 말씀들을 공격하곤 하였다(마 23:13-15 등). 우리는 복음서들에서 이 서기관들이 바리새인들과 함께, 우리 구주를 올무에 걸리게 하여 고소할 빌미를 얻기 위한 일들을 꾸미고 실행하는 것을 자주 보는데, 이번에도 그들의 의도는 바로 그런 것이었다.

4. 예수께 말하되 선생이여 이 여자가 간음하다가 현장에서 잡혔나이다.

그들은 간음 현장에서 잡힌 여자를 끌고 와서, 우리 구주 앞에 세워 놓고서, 이렇게 말하였다.

5. 모세는 율법에 이러한 여자를 돌로 치라 명하였거니와 선생은 어떻게 말하겠나이까.

그들은 여기에서 그런 죄를 지은 자들은 돌로 쳐서 죽이라고 모세가 율법에서 명령하였다고 말하지만, 우리는 레위기 20:10에서 "누구든지 남의 아내와 간음하는 자 곧 그의 이웃의 아내와 간음하는 자는 그 간부와 음부를 반드시 죽일지니라"는 명령만을 확인할 수 있을 뿐이고, 모세 오경의 그 어디에서도 구체적으로 돌로 쳐 죽이라고 명령한 율법을 찾아볼 수 없다. 그리고 율법에서 어떤 범죄에 대하여 어떤 방식의 사형을 집행하라는 구체적인 규정이 없는 경우에는, 가장 약한 방식으로 여겨졌던 교수형으로 사형을 집행해야 한다는 것이 유대인들의 규범이었다. 그러나 그들은 통상적으로 모세 오경에 규정된 내용들에 그들이 추가하고 덧붙여서 장로들의 전통으로 전해지게 한 것들까지도 모세의 율법으로 부르고, 그 전통들을 모세에게 돌렸다. 따라서 율법에서는 그런 죄를 지은 자들을 사형에 처하라고 명령한 것일 뿐이지만, 그들은 여러 가지 정황과 사정을 고려해서 지혜롭게 사형의 종류를 그들 스스로가 결정할 수 있는 재량권을 지니고 있었기 때문에, 이 죄가 백성들 사이에서 아주 빈번하게 발생하는 것을 보고서, 이 죄를 저지른 자들을 돌로 쳐서 죽이도록 정하였던 것으로 보인다. 돌로 쳐서 죽이는 사형 방식은 다음과 같은 절차를 따라 집행되었다고 한다: 관리들은 먼저 사형수를 높은 곳으로 데려갔고, 그 사형수가 저지른 죄에 대하여 증언하였던 증인들이 그 사형수를 머리가 아래쪽으로 오도록 거꾸로 잡고서 거기로부터 아래로 내던진 후에, 그렇게 해서도 죽지 않은 경우에는 죽을 때까지 돌을 던져 쳐죽였고, 죽은 경우에는 그 시체 위에 돌들을 덮었다. 그러므로 간음하는 현장에서 여자를 붙잡아서 끌고 온 서기관들과 바리새인들은, 모세가 그런 죄를 저지른 자는 죽여야 한다고 일반적으로 명령하였고, 자신들의 산헤드린이 그러한 범죄자를 어떤 식으로 사형에 처하여야 하는지에 관한 그 구체적인 방식을 정해 놓았다는 의미로, 우리 구주께 모세가 그렇게 명령하였다고 말한 것이었다. 그렇게 말한 후에, 그들은 우리 구주께서 이것에 대하여 무엇이라고 말씀하실지를 알고 싶어 하였다.

6. 그들이 이렇게 말함은 고발할 조건을 얻고자 하여 예수를 시험함이러라 예수께서 몸을 굽히사 손가락으로 땅에 쓰시니.

그들의 의도는 이 일에 대한 주님의 대답 속에서 주님을 고발할 그럴 듯한 빌미를 얻어내서, 백성들로 하여금 주님을 불신하도록 만들거나, 주님으로 하여금 고위층의 진노를 사게 만드는 것이었다. 만일 주님께서 사형에 해당하는 범죄에 대한 관할권은 로마 총독에게 있다고 주장하며, 이 간음한 여자를 총독에게 보내어 재판을 받게 해야 한다고 말씀하신다면, 백성들은 로마인들이 이스라엘 사람들에게 귀속되어 있는 통치권을 침해한 자들로 여겼기 때문에, 주님에 대하여 불같이 분노할 것이었다. 반면에, 만일 주님께서 이 간음한 여자를 유대인들의 율법에 따라 그들의 손으로 사형을 집행해야 한다고 주장하신다면, 그들은 주님을 로마의 권위를 거스르도록 선동한 반역죄인으로 고발할 것이었다. 마지막으로, 만일 주님께서 이 간음한 여자를 사형에 처하는 것은 온당하지 않기 때문에 사형으로 다스리지 말아야 한다고 말씀하신다면, 그들은 주님이 모세의 율법을 침해하고, 도덕적인 방종을 조장하며, 사회질서를 어지럽힌 공공의 적으로서 처벌받는 것이 마땅하다며, 주님을 산헤드린에 고발할 것이었다. 따라서 그들은 주님께서 아무리 묘수를 생각해 내신다고 하여도, 이 올무에서 빠져나가실 수 없을 것이라고 생각하며 득의양양하였지만, 우리 구주께서는 그들이 아주 영악하게 짜놓은 이러한 악의적인 각본을 금방 알아차리시고, 그들의 술수를 손쉽게 무너뜨리신다.

주님께서는 그들이 하는 말에는 신경도 쓰지 않으신다는 듯이, 몸을 굽히시고 땅에 글을 쓰셨다. 여기에서 주님이 어떤 내용의 글을 쓰셨고, 성전 바닥은 돌로 되어 있었는데, 어떻게 거기에 글을 쓰실 수 있으셨는지를 묻는다면, 그런 것들은 정말 쓸데없는 질문들일 뿐이다. 왜냐하면, 첫 번째 질문은 우리가 어떤 식으로든 해결할 수 없는 것이고, 본문은 주님이 성전 바닥에 글을 쓰셨다고 할 뿐이고, 돌로 된 성전 바닥에 글을 새기셨다고는 말하지 않은 까닭에, 두 번째 질문은 부적절한 것이기 때문이다. 주님의 이러한 행동은 그들의 주의를 다른 데로 돌리심으로써, 그들이 하는 말을 더 이상 듣고 싶지도 않으시고 대답하고 싶지도 않으시다는 것을 무언중에 나타내신 것임에 틀림없다.

7. 그들이 묻기를 마지 아니하는지라 이에 일어나 이르시되 너희 중에 죄 없는 자가 먼저 돌로 치라 하시고.

그들은 우리 구주를 가만히 내버려 두지 않고, 계속해서 끈질기게 대답을 요구하였다. 그러자 주님께서는 "너희 중에 죄 없는 자가 먼저 돌로 치라"고 말씀하신다. 하나님의 율법은 범법자들을 처형할 때에는 "증인이 먼저 그에게 손을 댄 후에 뭇 백성이 손을 댈지니라"(신 17:7)고 명령하였다. 이치상으로 볼 때, 다른 사람들을 처벌하는 데 열심을 내는 자들은 그들 자신이 동일한 범죄를 저지르거나 더 큰 범죄를 저지른 자들이어서는 안 된다. 우리는 주님께서 이 말씀을 하신 것을, 범법자들에 대한 하나님의 원수 갚으심을 집행하는 일을 맡은 방백들이나 사법 관리들은 모든 죄로부터 자유로워야 한다는 것이 하나님의 뜻이라는 의미로 이해해서는 안 된다. 만일 그런 식으로 이해한다면, 인간 세상에서 사법제도는 존재할 수 없게 될 것이다. 범법자들에 대하여 원수를 갚으시는 분은 그들이 아니라 하나님이시고, 그들은 단지 하나님을 대신해서 하나님의 율법을 집행하는 자들일 뿐이다. 주님께서는 이 말씀을 통해서, 다른 사람들을 고발하거나 재판하거나 형을 집행하는 자들은, 하나님께서 인간 법정에서 처벌 받을 수 있는 특정한 죄들을 범한 저 가련한 자들을 인간 재판관들에 의해서 처벌 받게 하신 것과 달리, 자신들은 인간 법정에서 처벌 받을 수 있는 그런 죄들을 범하지는 않았지만, 그들 자신도 장차 하나님의 법정에서 심판을 받게 될 다른 죄들을 범하고 살아간다는 것을 깨닫고서, 범법자들을 긍휼히 여기는 자애로운 마음으로, 의롭게 율법을 집행하되, 율법이 허용하는 한도 내에서 자비를 베풀어야 한다는 것을 깨우쳐 주고자 하시는 것이다.

8. 다시 몸을 굽혀 손가락으로 땅에 쓰시니.

우리 구주께서는 "너희 중에 죄 없는 자가 먼저 돌로 치라"는 말씀만을 하시고 나서, 다시 이전처럼 몸을 굽혀 손가락으로 땅에 글을 쓰시는데, 이것은 주님께서는 세상적인 문제들을 재판하는 재판관 역할을 하기 위해 이 세상에 보내심을 받으신 것이 아니었기 때문에, 자기는 이런 문제를 세상적으로 해결하는 데에는 관심이 없으시다는 것을 보여 주시는 것이다.

9. 그들이 이 말씀을 듣고 양심에 가책을 느껴 어른으로 시작하여 젊은이까지 하나씩 하나씩 나가고 오직 예수와 그 가운데 섰는 여자만 남았더라.

주님께서 공생애 사역을 담당하고 계셨던 당시는 하나님의 가르침이나 하나님에 대한 예배는 말할 것도 없고 사람들의 삶과 행실도 극히 부패하고 타락해 있던 시대였기 때문에, 유대인들 사이에서는 극악무도한 죄악들이 비일비재하게 일어났고, 간음도 횡행하였으며, 유대인들의 관리들과 선생들 가운데서도 큰 죄악들이 만연해 있었을 가능성이 높다. 하지만 하나님께서 역사하셨을 때, 양심의 힘이 얼마나 대단한지를 보라. 이 고발자들의 양심은 그들에게 무수한 증인들과 같았다. 그들은 자신들의 양심에 의해서 책망을 받고 자신들의 죄악들을 깨닫게 되었기 때문에, 우리 구주께서 하신 말씀에 아무런 대꾸도 할 수 없었고, 그 자리에 서 있는 것조차 괴로워서 하나씩 하나씩 그 자리를 떠날 수밖에 없었다. 복음서 기자는 "어른으로 시작하여 젊은이까지" 그 자리를 떠났다고 그 순서를 구체적으로 언급하고 있는데, 이것은 가장 나이가 많은 자들이 자신의 더 크고 많은 죄들로 인하여 더 깊이 양심의 가책을 받았기 때문이었을 것이다. 여자를 고발한 자들이 다 떠났을 때, 예수께서는 그 자리에 홀로 남아 계셨던 것이 아니었다. 본문은 간음하다가 현장에서 붙잡혀 온 여자도 아직 거기에 서 있었다고 말한다. 그리고 주님의 사도들은 늘 주님과 동행하였기 때문에, 그 사도들도 거기에 있었을 것이고, 그 외에도 무리들 중에서 몇몇 사람은 거기에 계속해서 남아 있었을 것임에 틀림없다. 따라서 복음서 기자가 "오직 예수와 그 가운데 섰는 여자만 남았더라"고 한 것은, 이 여자를 붙잡아서 끌고 온 서기관들과 바리새인들의 무리가 양심의 가책을 느끼고 창피해서 그 자리를 떠났기 때문에, 이제는 이 여자를 고발할 자들이 아무도 없었다는 의미이다.

10. 예수께서 일어나사 여자 외에 아무도 없는 것을 보시고 이르시되 여자여 너를 고발하던 그들이 어디 있느냐 너를 정죄한 자가 없느냐.

앞 절의 끝부분에서는, 서기관들과 바리새인들이 떠난 후에도, 간음하다 붙잡혀 온 여자는 그리스도의 선고를 기다리며 여전히 거기에 남아 있었다는 것을 우리에게 말해 준다. 그리스도께서는 이 가련한 여자를 고발했던 자들이었던 서기관들과 바리새인들이 가버리고 없다는 것을 충분히 아셨지만, 신중하고 조심스럽게 행하셔서, 그녀가 고발당하여 재판을 받고 이미 정죄를 받은 것이냐고 그녀에게 물으신다. 이것은 간음을 벌하는 율법은 의롭고 정당한 율법이었다는 것을 보여 준다. 만일 그녀가 정식으로 고발되어 재판을 받고 간음죄가 입증되어 사형 선고를 받았다면, 그녀는 죽는 것이 마땅하였다. 따라서 서기관들과 바리새인들이 그녀에 대하여 사형을 집행하고자 한다면, 먼저 그녀의 유죄를 입증하고 판결을 통해서 정죄를 하여야 한다. 따라서 주님께서는 그녀에게 이미 정죄를 받은 것이냐고 물으신다. 왜냐하면, 그녀가 이미 정죄를 받은 상태라면, 주님께서 그녀에게 할 말은 아무것도 없으실 것이었기 때문이다.

11. 대답하되 주여 없나이다 예수께서 이르시되 나도 너를 정죄하지 아니하노니 가서 다시는 죄를 범하지 말라 하시니라.

이 여자는 자기를 정죄한 사람은 아무도 없었다고 말하고, 주님께서는 자기도 그녀를 정죄하지 않는다고 대답하신다. 이렇게 주님께서는 그녀에게 무죄라고 말씀하심으로써 하나님의 율법을 휴지조각으로 만들어 버리지도 않으셨고, 자기는 간음 현장에 있었던 증인도 아니시고, 이런 일을 재판할 책무가 있는 세속의 재판관도 아니셨기 때문에, 그녀를 정죄하지도 않으셨다. 주님께서는 오직 인간을 위한 중보자와 구주로서 그녀에게 마땅히 하셔야 할 말씀만을 하신다: 나는 재판관이 아니어서 이 일을 심리하여 정죄할 수 없고, 따라서 너는 재판관 앞에 있는 것이 아니다. 따라서 나는 너를 보내줄 수밖에 없다. 그러므로 "가서 다시는 죄를 범하지 말라." 네가 인간의 법정에서 어떤 판결을 받아야 마땅한지와는 상관없이, 이런 식으로 죄악된 생활을 계속한다면, 하나님의 더 큰 심판이 너를 기다리고 있을 것이니, 너는 그것을 두려워하는 것이 마땅하다. 주님께서 그녀에게 더 이상 간음하지 말라고 하지 않으시고, "다시는 죄를 범하지 말라"고 하신 것은, 어떤 특정한 죄에 대하여 후회하고 회개하는 것만으로는 하나님으로부터의 긍휼하심을 얻기에 충분하지 않고, 온갖 종류의 죄에서 떠나야 그 긍휼하심을 얻게 될 것이었기 때문이었다.

12. 예수께서 또 말씀하여 이르시되 나는 세상의 빛이니 나를 따르는 자는 어둠에 다니지 아니하고 생명의 빛을 얻으리라.

나는 세상의 빛이니. 이것은 세례 요한이 전에 그리스도를 가리켜 한 말이었고(요

1:4-5), 나중에 그리스도께서 자기 자신을 가리켜 하실 말씀이다(요 9:5). 이사야 선지자는 그리스도께서 "이방의 빛"이요 "하나님의 구원을 베풀어서 땅 끝까지 이르게 하실" 자라고 예언하였다(사 49:6). 나이 든 시므온은 성전에서 아기 예수를 만나, "이방을 비추는 빛이요 주의 백성 이스라엘의 영광"이 되실 것이라고 말하였다(눅 2:32). "빛"은 그 자체로 빛을 발할 뿐만 아니라, 다른 사람들에게도 빛을 비추이서 그들의 길을 인도해 주기 때문에, 영광의 빛 자체이실 뿐만 아니라 피조물들에게 그 영광의 빛을 비추어 주시는 그리스도를 빛에 빗대어 표현하는 것은 대단히 적절하다. 여기에서는 빛이 이 두 가지 속성 중에서 후자, 즉 다른 사람들에게 빛을 비추어 길을 인도해 주는 속성이 주로 부각되고 있는 것으로 보인다. 왜냐하면, 주님께서는 자기를 따르는 자, 즉 자신의 가르침을 믿고 자신의 명령들에 순종하며, 자신의 지시와 모범을 따라 살아가는 자는 어느 길로 가야 할지를 몰라 헤매거나, 죄와 무지와 영적인 죽음이라는 어둠 속에 머물러 있지 않게 될 것이고, 도리어 그 안에 생명을 지닌 빛을 얻어서, 그 빛이 그를 모든 선한 행실들로 인도하여 이 땅에서 영적인 삶을 살기에 부족함이 없게 해 줄 것이고, 죽은 후에는 그를 영생으로 인도해 줄 것이라고 말씀하시기 때문이다.

13. 바리새인들이 이르되 네가 너를 위하여 증언하니 네 증언은 참되지 아니하도다.

어떤 사람이 자기 자신에 대하여 증언한 것은 믿을 수 없다는 것은 보편적인 법원칙이었기 때문에, 바리새인들은 그러한 법원칙을 들어서, 우리 구주께서 자기 자신에 대하여 어떤 대단한 것들을 말씀하신다고 할지라도, 그것들은 믿을 수 없는 것들이라고 반론을 펼친다.

14. 예수께서 대답하여 이르시되 내가 나를 위하여 증언하여도 내 증언이 참되니 나는 내가 어디서 오며 어디로 가는 것을 알거니와 너희는 내가 어디서 오며 어디로 가는 것을 알지 못하느니라.

내가 나를 위하여 증언하여도 내 증언이 참되니. 주님께서는 요한복음 5:31에서 "내가 만일 나를 위하여 증언하면 내 증언은 참되지 아니하되"라고 말씀하셨는데도 불구하고, 이제 와서 여기에서는 "내가 나를 위하여 증언하여도 내 증언이 참되니"라고 정반대로 말씀하시는 것처럼 보이기 때문에, 서로 양립할 수 없을 것 같은 이 두 말씀을 조화시키는 것은 얼핏 보면 매우 어려울 것처럼 보일 수 있다. 그러나 주님께서는 요한복음 5장에서는 어떤 일을 확증하고자 할 경우에는 두 사람 이상의 증언이 필요하다는 하나님의 율법의 규정에 따라서, 자기 자신의 증언만으로는, 자기가 하나님으로부터 보내심을 받았다는 사실을 증명하는 데 충분하지 않다고 말씀하신 것이고, 반면에 여기에서는 자기 자신의 증언 자체가 참되다는 것을 말씀하고 계시는 것이다.

나는 내가 어디서 오며 어디로 가는 것을 알거니와. 세상은 내가 누구로부터 사명을 받았는지, 즉 내가 아버지 하나님으로부터 사명을 받았다는 것을 알지 못하지만, 나는 그것을 안다. 즉, 나는 내가 어디에서 왔는지를 안다. 또한, 나는 아버지 하나님께서 내게 맡기신 일을 다 이루어 아버지 하나님께 영광을 돌린 후에는, 천국으로 다시 돌아가서, "창세 전에 내가 아버지와 함께 가졌던 영화"를 누리게 될 것도 알고 있다(요 17:5). 이것은 그리스도께서 하나님의 아들이시라는 것, 아버지 하나님께서 그리스도의 직임을 전적으로 인정하신다는 것, 그리스도께서 자신의 직임을 충성되게 수행하신다는 것, 아버지 하나님께서 지금 그리스도와 함께 하셔서 그리스도를 증언하고 계신다는 것을 의미한다. 주님께서는 바로 그러한 이유들로 인해서 자신의 증언은 진정하고 참되다고 말씀하신다. 그러나 바리새인들은 주님께서 하늘로부터 사명을 받고 오셨다는 것도 믿지 않았고, 주님께서 자신에게 주어진 사명을 다 마치시고 다시 하늘로 올라가실 것이라는 것도 믿지 않았기 때문에, 주님의 증언도 믿을 수 없었다.

15. 너희는 육체를 따라 판단하나 나는 아무도 판단하지 아니하노라.

너희는 너희의 눈에 보이는 나의 외적인 모습을 따라 나를 판단한다. 또는, 너희는 너희 자신의 부패하고 타락한 감정이나 혈기를 따라 나를 판단한다. 반면에, 나는 사람을 그런 식으로 판단하지 않는다. 또는, 다음 절이 보여 주듯이, 나는 나 혼자 독자적으로는 아무도 판단하지 않는다.

16. 만일 내가 판단하여도 내 판단이 참되니 이는 내가 혼자 있는 것이 아니요 나를 보내신 이가 나와 함께 계심이라.

너희는 내가 나를 증언하는 것이 내가 나 혼자 독자적으로 나를 증언하는 것이라고 생각해서는 안 된다. 내가 판단할지라도, 나의 판단이 참된 이유는, 나의 판단은 내가 혼자 독자적으로 행하는 판단이 아니라, 내 아버지 하나님과 함께 행하는 판단이기 때문이다. 나와 내 아버지 하나님은 하나이다. 내가 행하는 것은 나를 자신의 대사로서 이 세상에 보내신 내 아버지 하나님이 행하시는 것이다. 따라서 너희가 하나님의 판단이 참되다는 것을 인정하고 시인한다면, 나의 판단도 참되다. 왜냐하면, 나의 판단은 내가 혼자 독자적으로 내리는 판단이 아니라, 나를 이 세상에 보내신 아버지 하나님의 판단이기도 하고, 너희는 너희가 섬기는 하나님의 판단이 참되다는 것을 인정하고 시인하기 때문이다.

17. 너희 율법에도 두 사람의 증언이 참되다 기록되었으니.

이 말씀은 신명기에 기록되어 있다: "죽일 자를 두 사람이나 세 사람의 증언으로 죽일 것이요 한 사람의 증언으로는 죽이지 말 것이며"(신 17:6); "사람의 모든 악에 관하여 또한 모든 죄에 관하여는 한 증인으로만 정할 것이 아니요 두 증인의 입으로나 또는 세 증인의 입으로 그 사건을 확정할 것이며"(신 19:15). 하나님께서는 이렇게 자신의 율법에서, 모든 일을 두 사람 이상의 증인에 의한 증언을 통해서 확정할 것을 명령하셨다.

18. 내가 나를 위하여 증언하는 자가 되고 나를 보내신 아버지도 나를 위하여 증언하시느니라.

우리 구주께서는 자기에게도 두 증인이 있다고 말씀하신다: 내가 나에 대하여 증언하는 증인이고, 내 아버지 하나님도 나에 대하여 증언하시는 증인이시다. 우리가 그리스도 안에는 신성과 인성이 인격적으로 연합되어 있기 때문에, 그리스도는 그저 평범한 인간에 불과하신 분이 아니라는 사실을 제대로 보지 못하면, 우리 구주의 논증은 취약해 보일 수 있다. 또한, 우리는 여기에서 우리 구주께서 자신의 신성과 관련해서 자기 자신과 자신의 아버지 하나님을 구별하고 계시는 것으로 이해해서는 안 된다. 왜냐하면, 그리스도와 아버지 하나님은 하나이시기 때문이다. 그러나 그리스도의 직임과 관련해서는, 그리스도는 보내심을 받은 분이셨고, 그의 아버지 하나님은 그를 보내신 분이셨다. 따라서 여기에서 주님께서는 전체적으로 자신에 대한 사람들의 인식이라는 눈높이에 맞춰서 자신에 대하여 말씀하시는 것으로 보인다.

19. 이에 그들이 묻되 네 아버지가 어디 있느냐 예수께서 대답하시되 너희는 나를 알지 못하고 내 아버지도 알지 못하는도다 나를 알았더라면 내 아버지도 알았으리라.

바리새인들은 주님께 이렇게 반문한다: 너는 내 아버지라는 말을 많이 하는데, 도대체 네 아버지는 어디에 있느냐? 우리는 네게는 목수인 요셉 외에 다른 아버지가 없다고 알고 있다. 그리고 우리는 네 아버지인 요셉이 이와 같은 문제에 대하여 제대로 증언을 해 줄 수 있는 신뢰할 만한 증인이라고 보지 않는다. 그러자 그리스도께서는 그들에게 이렇게 말씀하신다: 너희가 내 아버지를 알지 못하는 이유는 나를 알지 못하고 영접하지 않고 믿지 않기 때문이다. 만일 너희가 나를 영접하고 믿었다면, 너희는 내 아버지가 어디에 계신지, 또는 내 아버지가 누구신지를 알았을 것이기 때문에, 이렇게 엉뚱한 반문도 하지 않았을 것이다. 왜냐하면, 나의 영원하신 아버지는 오직 아들 안에서, 아들로 말미암아, 아들을 통해서만 알 수 있기 때문이다.

20. 이 말씀은 성전에서 가르치실 때에 헌금함 앞에서 하셨으나 잡는 사람이 없으니 이는 그의 때가 아직 이르지 아니하였음이러라.

"헌금함"이 있는 곳은 성전에서 많은 사람들이 다니는 곳이었다. 이것에 대해서는 마태복음 27:6; 마가복음 12:41, 43; 누가복음 21:1에 대한 설명을 보라. 그리스도께서는 성전의 여러 곳을 다니시며 가르치셨는데도, 그를 잡는 사람은 아무도 없었다. 명절 초기에 예루살렘의 고위 관리들이 주님을 잡기 위해서 수소문하며 수색하고 다녔고, 실제로 군관들을 보내서 주님을 붙잡아 오라고 시키기도 하였으며(요 7:32), 이 장의 처음 부분이 보여 주듯이, 기관들과 바리새인들은 주님으로 인해서 많은 사람들 앞에서 모욕을 당하는 일이 벌어졌는데도, 주님이 붙잡히지 않으신 것은 그야말로 기적 같은 일이었다. 이것에 대해서 복음서 기자는 "이는 그의 때가 아직 이르지 아니하였음이러라"는 말 외에는 다른 설명을 할 수 없었는데, 우리는 요한복음 7:30에서도 동일한 상황에 대해서 똑같은 설명이 주어진 것을 알고 있다: "그들이 예수를 잡고자 하나 손을 대는 자가 없으니 이는 그의 때가 아직 이르지 아니하였음이러라." 하나님께서 자신의 지혜로우시고 영원하신 생각 속에서 정하신 때가 도래할 때까지는, 사람들은 그리스도, 또는 그리스도께 속한 그 어떤 것에 대해서 아무런 해를 끼칠 수 없었다.

21. 다시 이르시되 내가 가리니 너희가 나를 찾다가 너희 죄 가운데서 죽겠고 내가 가는 곳에는 너희가 오지 못하리라.

우리 구주께서 여기에서 하신 말씀 중 거의 대부분은 이미 요한복음 7:34에서 말씀하신 것들이다. 따라서 거기에 나오는 설명을 보라. 다만 한 가지 차이점이 있다면, 주님께서 거기에서는 "너희가 나를 찾아도 만나지 못할 터이요"라고 말씀하신 반면에, 여기에서는 "너희가 나를 찾다가 너희 죄 가운데서 죽겠고"라고 말씀하신다는 것이다. 우리는 이 구절을 에스겔 3:18-19에서 발견할 수 있다: "가령 내가 악인에게 말하기를 너는 꼭 죽으리라 할 때에 네가 깨우치지 아니하거나 말로 악인에게 일러서 그의 악한 길을 떠나 생명을 구원하게 하지 아니하면 그 악인은 그의 죄악 중에서 죽으려니와 내가 그의 피 값을 네 손에서 찾을 것이고 네가 악인을 깨우치되 그가 그의 악한 마음과 악한 행위에서 돌이키지 아니하면 그는 그의 죄악 중에서 죽으려니와 너는 네 생명을 보존하리라." 따라서 "너희 죄 가운데서 죽겠고"라는 말씀은 다음과 같은 것을 경고하시는 말씀이다: 너희가 너희의 죄에서 떠나지 않으면, 너희는 현세에서 예루살렘의 멸망 때에 죽게 될 뿐만 아니라, 그렇게 죽은 후에 내세에서 내가 있는 천국으로 오지 못하고, 영원한 사망에 처해지게 될 것이다.

22. 유대인들이 이르되 그가 말하기를 내가 가는 곳에는 너희가 오지 못하리라 하니 그가 자결하려는가.

그들은 앞서 주님께서 이방인들 가운데서 흩어져 살아가고 있던 유대인들에게로 가려고 하시는 것이라고 추측한 바 있는데(요 7:35), 이제 여기에서는 주님께서 자결하려고 하는 것인 것 같다고 생각한다. 또는, 주님께서 "내가 가는 곳에는 너희가 오지 못하리라"고 하시자, 그들은 주님의 그런 말씀을 조롱하기 위하여 이렇게 말한 것일 수도 있다.

23. 예수께서 이르시되 너희는 아래에서 났고 나는 위에서 났으며 너희는 이 세상에 속하였고 나는 이 세상에 속하지 아니하였느니라.

너희는 땅에서 난 땅의 피조물들이고, 나와는 달리 하늘에서 내려온 자들이 아닐 뿐만 아니라, 너희의 심령과 삶의 원리들도 다 땅에 속해 있다. 이렇게 너희에게는 고귀하고 영적인 것에 대한 풍미가 전혀 존재하지 않기 때문에, 너희는 나를 이해하지 못한다. 나는 "이 세상에 속하지 아니하였다"고 너희에게 말한다. 나의 근본은 이 세상으로부터 온 것이 아니고, 나의 존재도 이 세상에 의해서 결정될 수 없다. 나는 죽게 될 것이지만, 죽은 자 가운데서 다시 살아나서, 너희가 올 수 없는 하늘로 올라갈 것이다. 여기에서도 우리 구주께서는 자신의 신성을 강조하시고, 자신과 관련된 모든 것의 핵심은 거기에 있다고 말씀하신다. 그들이 바로 그 핵심을 믿지 않는 것이 그들의 온갖 의심들과 오류들의 원인이었다. 주님께서는 자연의 힘을 뛰어넘을 뿐만 아니라, 그 어떤 피조물도 행할 수 없고, 오직 하나님만이 행하실 수 있으신 일들을, 그들이 똑똑히 보는 앞에서 행하심으로써, 자신의 신성을 보여주는 가장 분명한 증거를 그들에게 보여 주셨다. 그러나 그들에게는 그들의 본성을 뛰어넘는 하나님의 은혜가 결여되어 있었기 때문에, 그들은 주님을 믿지 않았다. 그리고 그들이 그러한 특별한 은혜(특별 은총)를 받지 못한 것은, 자신들에게 주어져 있던 저 일반적인 은혜(일반 은총)를 활용해서 의도적인 부패와 타락과 사악함을 피할 수 있었는데도, 그렇게 하지 않은 데 있었기 때문에, 그들이 주님을 믿지 않은 것은 변명의 여지가 있을 수 없는 일이었다.

24. 그러므로 내가 너희에게 말하기를 너희가 너희 죄 가운데서 죽으리라 하였노라 너희가 만일 내가 그인 줄 믿지 아니하면 너희 죄 가운데서 죽으리라.

여기에서 "너희가 만일 내가 그인 줄 믿지 아니하면"으로 번역된 헬라어 본문에는 "그"에 해당하는 단어가 없고, 단지 영어로 "I am"으로 되어 있다. 그래서 어떤 이들은 출애굽기 3:14("하나님이 모세에게 이르시되 나는 스스로 있는 자이니라 또 이르시되 너는 이스라엘 자손에게 이같이 이르기를 스스로 있는 자가 나를 너희에게 보내셨다 하라")에서 "I am"("스스로 있는 자")이 하나님의 이름으로 사용되고 있다는 것을 근거로 해서, 주님께서는 여기에서 자신의 신성을 이런 식으로 표현하신 것이라고 본다. 즉, 주님께서는 "너희가 만일 내가 스스로 있는 자인 줄 믿지 아니하면 너희 죄 가운데서 죽으리라"고 말씀하고자 하셨다는 것이다. 그러나 어떤 이들은 그리스도께서는 여기에서 자신이 사람들이 구원을 얻기 위해서는 반드시 믿어야 하는 대상인 메시야와 중보자라고 말씀하고 계시는 것이라고 본다. 후자의 견해는 전자의 견해를 포괄한다. 왜냐하면, "무릇 사람을 믿으며 육신으로 그의 힘을 삼고 마음이 여호와에게서 떠난 그 사람은 저주를 받을 것"이기 때문이다(렘 17:5). 이 본문은 복음의 계시 아래에서는 중보자이신 그리스도를 영접하지도 않고 믿지도 않은 자들은 구원받을 수 없다는 것을 분명하게 말해 준다.

25. 그들이 말하되 네가 누구냐 예수께서 이르시되 나는 처음부터 너희에게 말하여 온 자니라.

믿음 없고 악한 무리가 이렇게 자신들의 주가 되시는 분을 무시하고 조롱하며 "네가 누구냐"고 말하는 것을 볼 때, 아무리 선한 그리스도인이라고 해도, 어떻게 죄악된 자들의 무례와 모욕을 멸시하지 않을 수 있겠는가? 주님을 알지 못했던 세상이 우리를 알지 못하는 것은 전혀 이상한 일이 아니다. 이 절의 후반부의 헬라어 본문은 해석하기가 극히 어려운데, 단어 그대로 직역하면, "또한 내가 너희에게 말하였기 때문에 처음"이 된다. 어떤 이들은 우리 구주께서 자신을 "처음"이라고 부르신 것이라고 생각하고, 어떤 이들은 성경에는 비록 "처음"이라는 명사가 부사로 사용된 예는 없지만, 다른 명사들은 부사로 사용된 예가 많기 때문에, 여기에서도 "처음"을 부사로 해석하여야 한다고 생각한다. 나는 독자들 중에서 이 후반절에 대한 여러 비평학자들의 견해를 상세히 알고 싶은 사람들은 나의 『주석집요』(Synopsis Criticorum)를 참조하기를 바라고, 여기에서는 우리의 흠정역 번역자들이 이해하고 번역한 대로 이 본문을 살펴보고자 한다: "나는 처음부터 너희에게 말하여 온 자니라." 주님께서는 이 말씀을 통해서 이렇게 말씀하신 것으로 보인다: 나는 내가 누구인지를 처음부터 너희에게 아주 자주 말해 왔기 때문에, 너희가 나에게 "네가 누구냐"고 물은 것은 가당치 않은 일이다. 너희가 물은 그 물음에 대해서 너희에게 해 줄 말은 내가 지금까지 해온 말 외에는 더 이상 없다. 나는 처음부터 너희에게 말해 온 바로 그런 존재이고, 그 외의 다른 존재가 아니다.

26. 내가 너희에게 대하여 말하고 판단할 것이 많으나 나를 보내신 이가 참되시매 내가 그에게 들은 그것을 세상에 말하노라 하시되.

여기에서 "판단한다"는 것은 사법적인 단죄를 의미하지 않고, 판단하는 것의 일부분으로서 책망하고 고발하는 것을 의미한다. 너희가 나를 고발하고 힐책하고 있지만, 나도 너희를 고발하고 단죄할 것이 많다. 그러나 내가 그런 것들을 말하여 너희를 고발하고 단죄한다고 할지라도, 너희는 내 말을 믿지 않을 것이다. 그러나 내 아버지께서 너희를 판단하실 것이고, 너희는 나의 참되신 아버지의 판단을 피하지 못할 것이다. 나는 오직 내 아버지 하나님께서 말씀하시고자 하시는 것들만을 사람들에게 전하고 선포할 뿐이다.

27. 그들은 아버지를 가리켜 말씀하신 줄을 깨닫지 못하더라.

유대인들은 하나님을 "아버지"라고 부르기는 했지만, 감히 함부로 그렇게 부르지는 못하였기 때문에, 주님께서 "내 아버지"라고 하신 것을 주님의 육신의 아버지로 여겨지는 요셉을 가리켜 말씀하신 것으로 이해하였고, 주님이 만유의 아버지이신 하나님에 대하여 말씀하신 것이라고는 생각하지 못하였다. 그들의 생각은 눈멀어 있어서 볼 수 없었고, 그들의 마음은 완악해져 있어서 깨달을 수 없었다.

28. 이에 예수께서 이르시되 너희가 인자를 든 후에 내가 그인 줄을 알고 또 내가 스스로 아무 것도 하지 아니하고 오직 아버지께서 가르치신 대로 이런 것을 말하는 줄도 알리라.

내가 이렇게 살아 있어서 복음을 전하며 너희에게 회개하고 나를 참 메시야로 믿으라고 초청하는 동안에, 너희가 나를 참 메시야로 믿고 영접하지 않는 것은 안타까운 일이다. 그러나 너희가 나를 십자가에 못 박을(요한복음 3:14; 12:32은 "인자를 든다"는 것이 바로 이런 의미임을 보여 준다) 때가 오면, 그 때에는 내가 "세상의 빛"(요 8:12)이라는 것을 알게 될 것이다. 즉, 그 일 후에, 복음이 만민에게 전파되기 시작될 것이기 때문에, 너희는 내가 아버지 하나님께서 이 세상에 보내신 참 메시야라는 것을 알게 될 것이다. 그 때에 너희 중 어떤 이들은 나의 죽음과 부활에 수반된 표적들과 기사들을 통해서, 내가 참 메시야라는 것을 알고, 당혹스러워하며 부끄러워할 것이고, 어떤 이들은 그것을 알고 영원한 기쁨과 구원을 누리게 될 것이다. 너희가 지금은 내가 말한 것을 믿지 않고 인정하지 않지만, 그 때에는 내가 말한 것을 믿게 될 것이고, 내가 행한 일들은 내가 스스로 행한 것이 아니라, 오직 내 아버지 하나님께서 위임하신 일들만을 행한 것임을 알게 될 것이며, 내가 가르친 것들은 내 아버지 하나님께서 가르치라고 하신 것들만을 가르친 것임을 알게 될 것이다.

29. 나를 보내신 이가 나와 함께 하시도다 나는 항상 그가 기뻐하시는 일을 행하므로 나를 혼자 두지 아니하셨느니라.

나는 중보자이기 때문에, 하나님의 임재가 나와 함께 하신다. 아버지 하나님께서는 자신의 뜻을 행하도록 하시기 위하여 나를 세상에 보내셨기 때문에, 그의 임재 없이 나를 홀로 버려두지 않으셨다. 왜냐하면, 나는 아버지 하나님의 뜻을 행하기 때문이다. 나는 내 아버지 하나님과 따로 떨어진 별도의 계획을 수행해 나가고 있는 것이 아니라, 언제나 내 아버지 하나님이 기뻐하시는 일들만을 행한다. 이것은 모든 신실한 사역자들과 그리스도인들이 하나님의 임재가 자신들과 함께 하고자 한다면, 그들이 하나님께서 기뻐하시는 것들을 말하고 행하여야 한다는 것을 가르쳐 준다.

30. 이 말씀을 하시매 많은 사람이 믿더라.

우리는 여기에서 복음서 기자가 사람들이 주님을 믿었다고 한 것을 엄밀하게 구원의 믿음을 가리키는 것이 아니라, 그러한 믿음을 향한 일종의 준비단계라고 할 수 있는 것을 가리키는 것으로 이해하여야 한다. 그들은 주님이 참 메시야이시라는 것을 믿기 시작하였고, 주님을 좀 더 공경하기 시작하였다. 우리는 이후의 절들을 통해서 그러한 사실을 확인할 수 있다. 신약성경에서 믿는다는 것은 흔히 그리스도와 관련된 복음의 몇몇 명제들에 대하여 가볍게 동의하는 것을 의미한다.

31. 그러므로 예수께서 자기를 믿은 유대인들에게 이르시되 너희가 내 말에 거하면 참으로 내 제자가 되고.

우리가 방금 앞에서 말한 그런 의미에서, 그들은 주님을 "믿었다." 우리 구주께서는 그들의 마음이 어떠한지를 잘 알고 계셨고, 그들이 어떤 식으로 자기를 믿고 있고, 그들이 어떤 부류의 제자들인지를 잘 알고 계셨다. 즉, 주님께서는 그들이 단지 명목상의 제자들이라는 사실을 너무나 잘 알고 계셨다. 그들은 그리스도를 따라다니며 그의 말씀을 듣고자 하였기 때문에 제자라는 명목을 지니게 되기는 하였지만, 사실 그리스도의 가르침을 자신의 삶의 규범이지 준칙으로 삼아 행하는 자들만이 진정한 제자이다. 그래서 주님께서는 자기가 그들에게 가르친 말씀들 안에 계속해서 거함이 없이는, 단지 자기를 "주여, 주여"라고 부르며 복음의 진리의 몇몇 명제들에 대하여 가볍게 동의를 표시한다고 해서, 진정한 제자가 되는 것은 아니라고 그들에게 말씀하신다.

32. 진리를 알지니 진리가 너희를 자유롭게 하리라.

진리를 알지니. 내가 너희에게 가르친 말씀들에 너희가 지속적으로 거한다면, 너희는 진리를 좀 더 온전히 그리고 분명하게 알게 될 것이다. 여기에서 "진리"는 그리스도를 가리키는 것으로 이해할 수도 있고("내가 곧 길이요 진리요 생명이니 나로 말미암지 않고는 아버지께로 올 자가 없느니라," 요 14:6), 그리스도께서 계시하신 진리의 명제들을 가리키는 것으로 이해할 수도 있다. 어떤 영혼이 그리스도를 믿으려면, 먼저 진리에 대한 어느 정도의 지식이 있어야 한다. 그래서 사도 바울은 "듣지도 못한 이를 어찌 믿으리요"(롬 10:14)라고 말한다. 그러나 진리에 대한 좀 더 온전하고 분명한 지식은, 신자들이 열심으로 진리를 구하고 하나님과 가까이 동행할 때에 차차 얻어진다.

진리가 너희를 자유롭게 하리라. 36절에서 주님께서는 "아들이 너희를 자유롭게 하면 너희가 참으로 자유로우리라"고 말씀하시기 때문에, 여기에서 말씀하신 "진리"는 그리스도 자신을 의미한다. 물론, 진리의 명제들에 대한 지식이 사람들을 무지와 일부 욕망들에 사로잡혀 있는 것으로부터 자유롭게 해 줄 수 있는 것은 사실이지만, 오직 그리스도를 아는 구원의 지식만이 율법의 엄격한 요구와 저주와 두려움으로부터, 그리고 죄와 썩어짐의 지배로부터 사람들을 온전히 자유롭게 해줄 수 있다.

33. 그들이 대답하되 우리가 아브라함의 자손이라 남의 종이 된 적이 없거늘 어찌하여 우리가 자유롭게 되리라 하느냐.

이것은 육신적인 마음을 지닌 자들은 영적인 신비들을 얼마나 육신적으로 이해하는지를 잘 보여 준다. 그래서 니고데모는 주님으로부터 "거듭나야" 한다는 말씀을 듣고, 모태로 들어가서 다시 태어나는 것이 어떻게 가능하냐고 엉뚱한 소리를 하였고, 주님께서 야곱의 우물가에서 만나신 사마리아 여자는, 주님으로부터 "생수"에 대하여 들었을 때, 자신의 갈증을 영원히 없애줄 그런 물을 자기에게 주셔서, 다시는 물을 긷기 위하여 이 우물에 오지 않아도 되게 해 달라고 엉뚱한 청을 하였다. 마찬가지로, 여기에서 유대인들은 주님으로부터 "너희가 자유롭게 되리라"는 말씀을 듣자, 다른 사람에게 종살이 하는 것으로부터 자유롭게 될 것이라는 의미로 그 말씀을 받아들인다. 그랬기 때문에, 우리 구주께서 그들이 진리를 알게 되면, 그 진리가 그들을 자유롭게 해 줄 것이라고 말씀하시자, 그들은 "우리가 아브라함의 자손이라 남의 종이 된 적이 없거늘 어찌하여 우리가 자유롭게 되리라 하느냐"고 반문한 것이다. 하지만 그들이 아브라함의 자손이라는 것이 사실이라고 해도, 유대인들은 처음에는 애굽 왕 바로, 다음에는 바벨론 왕 느부갓네살에게 종살이를 하였고, 지금은 로마인들에게 종살이를 하고 있는 처지가 아닌가? 따라서 그들은 자신들은 로마에 조공을 바치는 속국이기는 하지만 종이나 노예는 아니라고 생각했거나, 자신들은 외적으로는 어쩔 수 없이 정복자인 로마인들에게 예속되어 살아가는 처지에 있기는 하지만, 종이나 노예가 아니라 어디까지나 자유인으로 살아가고 있다고 생각했기 때문에, 그들을 "자유롭게" 해줄 수 있다는 주님의 말씀에 격분한 것이었음에 틀림없다. 왜냐하면, 스스로 자유롭다고 생각하는 자들은, 누가 그들을 자유롭게 해줄 수 있다고 말하면, 자신들을 무시하고 깔보는 언사라고 생각하기 때문이다. 유대인들은 누가 뭐라고 해도 자신들은 여호와 하나님만을 섬기는 자유인이라고 굳게 믿고 있었고, 거기에 대한 자부심이 이루 말할 수 없이 대단한 자들이었다.

34. 예수께서 대답하시되 진실로 진실로 너희에게 이르노니 죄를 범하는 자마다 죄의 종이라.

우리 구주께서는 여기에서 자기는 어떤 세상적인 의미에서의 종살이에 대해서가 아니라 영적인 노예상태에 대하여 말하고 있는 것임을 그들에게 알게 해 주심으로써 그들의 오해를 바로잡아 주신다. 즉, 주님께서는 자기가 말씀하신 자유는 유대인들이 자신들의 원수인 로마인들의 압제로부터 해방되어 정치적으로나 육신적으로 얻게 되는 자유가 아니라, 사람들의 심령이 온갖 부패하고 타락한 욕망들의 지배를 받으며 그 노예로 살아가는 것으로부터 벗어나서 얻게 되는 자유라고 분명하게 밝히신다. 주님께서는 그것을 "죄를 범하는 자마다 죄의 종이라"는 말씀으로 표현하신다. 우리는 여기에서 "죄를 범한다"는 것을 개별적인 죄의 행위들을 가리키는 것으로 이해해서는 안 된다. 왜냐하면, 만일 그런 식으로 이해하면, 살아 있는 사람들 가운데서 죄를 범하지 않는 사람은 아무도 없고, 주님을 믿는 의인조차도 하루에 많은 죄를 짓고 살아가는 것이 현실인 까닭에, 모든 사람은 주님을 믿든 안 믿든 죄의 종이 될 수밖에 없게 될 것이기 때문이다. 따라서 우리는 여기에서 주님께서는 죄에 물들어서 습관적으로 큰 죄들을 저지르며 죄악된 행실 속에서 살아가는 자를 "죄를 범하는 자"로 표현하신 것으로 이해하여야 한다. 마태복음 7:23에서 "그 때에 내가 그들에게 밝히 말하되 내가 너희를 도무지 알지 못하니 불법을 행하는 자들아 내게서 떠나가라 하리라"고 했을 때, "불법을 행하는 자들"도 바로 그런 의미이고, 요한일서 3:4에서 "죄를 짓는 자마다 불법을 행하나니 죄는 불법이라"고 했을 때, "죄를 짓는 자"도 바로 그런 의미이다. 사람들은 "썩어짐의 종들"(벧후 2:19, 한글개역개정에는 "멸망의 종들")이고 죄의 지배 아래에 있다(롬 6:20). 심지어 이방인들조차도 욕망과 혈기의 노예가 되는 것이야말로 사람에게 있어서 가장 지독한 노예 상태라는 것을 알고 있었다.

35. 종은 영원히 집에 거하지 못하되 아들은 영원히 거하나니.

죄의 종은 하나님의 집인 교회에 영원히 거하지 못한다. 노예들과 종들을 보라. 그들에게는 정해진 가족이라는 것이 없다. 그들은 언제든지 다른 사람들에게 팔려 갈 수 있다. 이렇게 종들은 어떤 가족의 집에 거하기는 하지만, 그 가족의 일원으로서 거기에 영원히 거하는 것은 아니다. 마찬가지로, 너희는 아브라함의 자손이라고 자랑하고 의기양양해하지만, 사실은 하나님의 교회에 거하는 종들일 뿐이다. 따라서 너희가 계속해서 죄의 종으로 살아간다면, 하나님의 집에 영원히 거하는 것은 불가능해질 것이다. 너희가 죄의 종으로 살아간다면, 설령 현세에서 전투하는 교회(the church militant)로부터 쫓겨나지 않는다고 하여도, 승리한 교회(the church triumphant)로부터는 반드시 쫓겨날 것이기 때문에, 너희는 하나님의 집에 영원히 거할 수는 없다. 주님께서 "아들은 영원히 거하나니"라고 말씀하실 때, 어떤 이들은 여기에서 "아들"이 하나님의 영원하신 아들이신 그리스도 자신을 가리키는 것이라고 생각하지만, 나는 하나님께서 자신의 아들들로 삼으신 자들을 가리키는 것이라고 본다(요 1:12; 롬 8:15-16). 따라서 이 본문은 명목상으로 신앙을 고백한 자들과 참된 신자들 간의 뚜렷한 차이를 우리에게 보여 준다. 전자에 속한 자들은 하나님의 집에 일시적으로 거하는 종들이기 때문에, 그들에게는 유업이 없다. 그들은 하님의 권속 가운데 거하는 동안에는 단순한 객으로서는 누릴 수 없고 오직 신자들만이 누릴 수 있는 특권들을 참된 신자들과 함께 누린다. 후자에 속한 자들은 하나님의 아들들로서 유업을 이어받을 권리가 있기 때문에, 하나님의 권속으로부터 결코 쫓겨나지 않고, 하나님의 집에 영원히 거하게 될 것이다.

36. 그러므로 아들이 너희를 자유롭게 하면 너희가 참으로 자유로우리라.

이 절에 나오는 "아들"이 앞 절에 나온 "아들"과 동일한 것을 가리킨다면, 우리는 이 둘을 모두 그리스도를 가리키는 것으로 이해하여야 한다. 왜냐하면, 여기에 언급된 "아들"은 사람들의 심령을 율법과 죄와 사망과 지옥의 종살이로부터 해방시켜 자유롭게 해 주시는 유일하신 분이신 그리스도를 가리킨다는 것은 너무나 분명하기 때문이다. 이제 우리 구주께서는 이것은 참된 자유라고 말씀하신다. 안타깝구나! 너희가 그토록 자랑하고 의기양양해하는 자유는 도대체 무엇이냐? 만일 너희가 실제로 그런 자유를 온전히 소유하고 누린다고 할지라도, 그것은 너희의 속사람의 자유가 아니다. 그런 의미에서의 자유를 지닌 많은 사람들이 노예 같은 비굴하고 굴종적인 마음을 가지고서 썩어짐과 욕망들의 노예가 되어 살아가고 있다. 오직 내가 사람들의 심령에 주는 자유만이 참되고 온전한 자유이고, 자유라는 이름으로 불릴 만한 유일한 자유이다.

37. 나도 너희가 아브라함의 자손인 줄 아노라 그러나 내 말이 너희 안에 있을 곳이 없으므로 나를 죽이려 하는도다.

육신에 따르면 너희가 아브라함의 자손이라는 것을 나도 안다. 하지만 나는 무죄하고 세상을 구원하기 위하여 온 생명의 주인데도, 너희가 나의 불구대천의 원수가 되어 나를 죽이고자 하는데, 너희가 육신적으로 아브라함의 자손이라는 것이 너희에게 무슨 유익이 있으며, 또한 있을 수 있겠는가? 일이 이렇게 된 것의 뿌리는 너희의 불신앙이다. 만일 너희가 내가 너희에게 한 말을 받아들여 믿었다면, 너희는 이렇게 되지 않았을 것이다. 하지만 너희의 마음속에는 내 말이 있을 곳이 없기 때문에, 너희는 내가 너희에게 한 말을 한 쪽 귀로 듣고 한 쪽 귀로 흘려버려서, 내 말이 너희의 마음까지 닿지를 않는다. 그러므로 너희는 내 말을 믿지 않고, 내 말에 아무런 감화를 받지 못한다. 내 말이 너희 속으로 들어가서, 너희가 변화되어 내 말에 순종하여야 마땅한데도, 내 말이 너희 속에 있을 곳이 없어서, 그렇게 되지를 못한다. 사람들은 자기가 신앙 고백을 하고 하나님의 교회의 지체가 되었다고 생각할 수 있지만, 그들 속에 하나님의 말씀이 있을 곳을 찾지 못하여 뿌리를 내리지 못한다면,

그들의 처지는 정말 비참할 수밖에 없다.

38. 나는 내 아버지에게서 본 것을 말하고 너희는 너희 아비에게서 들은 것을 행하느니라.

나의 아버지는 하나님이시고, 나는 너희에게 하나님의 생각과 뜻을 말한다. 내가 말하는 것들은 불확실한 것들이 아니라, 내 아버지 하나님과 함께 있어 직접 본 것들로서, 하나님의 뜻이라는 것을 내가 확실히 아는 것들이다. 너희는 너희의 아비가 누구인지를 너희의 행실을 통해서 분명하게 말하고 있다. 내가 내 아버지의 뜻을 행하고, 내 아버지 하나님이 내게 행하라고 명하신 것들을 행하는 것과 마찬가지로, 너희는 너희의 아비인 마귀가 너희에게 행하라고 충동질하는 일들을 행한다 (요 8:44).

39. 대답하여 이르되 우리 아버지는 아브라함이라 하니 예수께서 이르시되 너희가 아브라함의 자손이면 아브라함이 행한 일들을 할 것이거늘.

마태복음 3:9이 보여 주듯이, "우리 아버지는 아브라함이라"는 것은 그들이 늘 입에 달고 살았던 자랑이었다. 그들은 아브라함이 온 유대 민족의 조상이라는 자신들의 혈통상의 특권을 자랑하였고, 하나님의 약속들을 받은 아브라함이 유대 교회의 머리라는 자신들의 교회적인 특권을 자랑하였다. 그러나 그리스도께서는 그들이 아브라함의 발자취를 따라 행하지 않는다면, 그들의 혈관 속에 아브라함의 피가 흐른다는 것은 그들에게 별 의미가 없다는 것을 상기시키심으로써, 그들의 자랑이 헛되다는 것을 지적하신다. 사람들은 혈통상으로 어떤 사람의 자손일 때가 아니라, 그 사람의 발자취를 따라 행하여 그 행실이 그 사람을 닮았을 때, 그 사람의 진정한 자손이라고 할 수 있다.

40. 지금 하나님께 들은 진리를 너희에게 말한 사람인 나를 죽이려 하는도다 아브라함은 이렇게 하지 아니하였느니라.

너희는 너희가 아브라함의 심령과 성품으로부터 아주 거리가 멀다는 것을 너희의 행위들을 통해서 분명하게 보여 주고 있다. 왜냐하면, 나는 너희가 너희의 아버지라고 고백하는 하나님으로부터 보내심을 받아서, 하나님의 뜻을 너희에게 충성되게 계시해 왔고, 너희에게 오직 진리만을 말해 왔는데도, 너희는 내가 진리를 말한 것을 무슨 흉악한 죄악을 저지른 것처럼 여겨서 나를 죽이려고 하지만, 너희의 아버지 아브라함이라면 절대로 그렇게 하지 않았을 것인 까닭에, 너희는 아브라함의 피는 이어받았을지라도, 너희에게는 아브라함의 심령과 성품을 이어받은 것은 전혀 없기 때문이다.

41. 너희는 너희 아비가 행한 일들을 하는도다 대답하되 우리가 음란한 데서 나지 아니하였고 아버지는 한 분뿐이시니 곧 하나님이시로다.

너희는 너희 아비가 행한 일들을 하는도다. 너희가 하는 짓들은 너희 아비를 그대로 빼닮았다. 나중에 우리가 듣게 되겠지만, 우리 구주께서 여기에서 언급하신 "너희 아비"는 마귀를 가리킨다. 그들은 주님의 이 말씀에 발끈해서, 자신들은 "음란한 데서 나지" 않았다고 말하는데, 우리 식으로 표현하자면, 이것은 자기들은 사생아들이 아니라는 것이다. 그러나 그들이 그 다음에 한 말을 보면, 그들이 한 이 말은 여기에서는 또 다른 의미를 지닌다. 아버지는 한 분뿐이시니 곧 하나님이시로다. 우리는 오직 한 분 하나님을 섬기고 예배하기 때문에, 하나님만이 우리의 아버지이시다. 대단히 훌륭한 해석자들은 그들이 한 바로 이 말에 비추어서, 그들이 앞에서 "우리가 음란한 데서 나지 아니하였다"고 말한 것은 자신들이 우상 숭배자들이 아니라고 강력히 항의한 것이었다고 생각한다. 왜냐하면, 성경에서는 우상 숭배를 음행과 음란에 빗대어 말하는 경우가 아주 흔하기 때문이다.

42. 예수께서 이르시되 하나님이 너희 아버지였으면 너희가 나를 사랑하였으리니 이는 내가 하나님께로부터 나와서 왔음이라 나는 스스로 온 것이 아니요 아버지께서 나를 보내신 것이니라.

이 말씀은 요한일서 5:1에서 "예수께서 그리스도이심을 믿는 자마다 하나님께로부터 난 자니 또한 낳으신 이를 사랑하는 자마다 그에게서 난 자를 사랑하느니라"고 한 말씀과 일치한다. 그러나 여기에서 우리 구주께서는 자기가 영원한 출생에 의해서 아버지 하나님으로부터 나셨다는 의미보다는, 하나님께서 인류를 속량하고자 하시는 그의 뜻을 이루시기 위하여 자기를 세상에 보내셨다는 의미에서, 자기가 하나님으로부터 나와서 왔다고 말씀하시는 것으로 보인다. 아들이 아버지를 닮고 아버지와 똑같이 행한다면, 아버지를 사랑하는 자가 아들도 사랑하는 것은 당연하고, 사자를 보낸 사람을 사랑하는 자는 그 사람으로부터 위임받은 일을 수행하는 사자도 사랑할 것은 당연한 일이다.

43. 어찌하여 내 말을 깨닫지 못하느냐 이는 내 말을 들을 줄 알지 못함이로다.

그리스도께서는 여기에서 이 강론을 행하시는 내내 유대인들이 듣기에는 수수께끼 같은 말씀들만을 하고 계셨기 때문에, 그들은 이 강론의 취지와 의미를 깨닫지 못하였다. 우리 구주께서는 그들이 깨닫지 못하는 것은 "내 말을 들을 줄 알지 못함이로다"라고 말씀하신다. 즉, 그들은 주님께서 하신 말씀들을 믿지 않았기 때문에 깨달을 수 없었다는 것이다. 그들은 자신들의 귀로 주님의 말씀을 소리로는 들을 수 있었지만, 그 말씀 속에 담긴 영적인 의미를 깨달을 수는 없었다. "천국의 비밀을 아는 것"이 그들에게는 허락되지 않았는데(마 13:11), 그 이유는 그들이 자신들의 편견과 욕망들과 부패한 성정을 의도적으로 붙잡고 고집함으로써, 결국에는 하나님께서 그들을 심판하셔서 눈을 멀게 하신 까닭에, 그들은 듣기는 들어도 전혀 듣고 깨달을 수 없게 되었고, 보기는 보아도 전혀 보고 알 수 없게 되어 버렸기 때문이었다.

44. 너희는 너희 아비 마귀에게서 났으니 너희 아비의 욕심대로 너희도 행하고자 하느니라 그는 처음부터 살인한 자요 진리가 그 속에 없으므로 진리에 서지 못하고 거짓을 말할 때마다 제 것으로 말하나니 이는 그가 거짓말쟁이요 거짓의 아비가 되었음이라.

우리 구주께서는 38절에서 그들에게 "너희 아비"라고 말씀하셨는데, 이제 여기에서는 그들의 아비가 바로 마귀라는 것을 명시적으로 밝히신다. 그들은 혈통상으로는 마귀에게서 난 것이 아니었지만, 마귀가 원하는 일들을 의도적으로 행함으로써, 자신들의 행실로 말미암아 마귀의 자식들이 되어 버린 것이었다. 주님께서는 마귀의 욕심들 중에서 두 가지를 예로 드신다: (1) 살인. 주님께서는 마귀는 창세로부터 사람들을 해치고자 하는 생각과 계획을 지니고 있었고, 사도가 베드로전서 5:8에서 "너희 대적 마귀가 우는 사자 같이 두루 다니며 삼킬 자를 찾나니"라고 말하였듯이, 그 때 이래로 삼킬 자를 찾아서 우는 사자처럼 돌아다닌다. 그리고 이 유대인들은 하나님께서 인류를 속량하시기 위하여 세상에 보내신 주님을 죽이기 위하여 혈안이 되어서 온갖 수단과 방법을 사용하고 있다는 점에서 마귀의 진짜 자식들이었다. (2) 거짓. 또한, 그들은 또 한 가지, 즉 거짓말쟁이라는 점에 있어서도 마귀의 진정한 자식들이었다. 마귀 속에는 "진리"가 없고, 마귀는 진리에 거하지 않는다. 하나님께서는 천사들을 불의함이 없고 올바르고 정직한 모습으로 창조하셨지만, 그 천사들은 나중에 자신의 원래의 자리를 지키지 않고 타락하였다. 마찬가지로, 이 유대인들도 진리를 사랑하지 않았고, 진리에 거하지 않았으며, 완전히 거짓된 자들이 되고 거짓말쟁이들이 되었기 때문에, 진리에 거할 수 없었다.

45. 내가 진리를 말하므로 너희가 나를 믿지 아니하는도다.

너희는 진리를 극도로 증오하는 자들이기 때문에, 오직 내가 너희에게 진리인 내 아버지의 뜻을 계시한다는 바로 그 한 가지 이유로 인해서 나를 미워하는 것이다. 그런데 너희의 그런 짓은 너희가 진리를 극도로 미워한다는 것과 마귀를 그대로 빼닮았다는 것을 보여 주는 가장 분명한 증거이다. 어떤 사람이 진리를 말하는 자들을 단지 진리를 말한다는 이유만으로 미워한다면, 바로 그것이야말로 그 사람이 진리를 미워한다는 것을 아주 극명하게 보여 주는 움직일 수 없는 증거가 된다.

46. 너희 중에 누가 나를 죄로 책잡겠느냐 내가 진리를 말하는데도 어찌하여 나를 믿지 아니하느냐.

너희 중에서 내가 거짓된 것이나 내 아버지 하나님의 뜻과 부합하지 않는 것을 단한 가지라도 너희에게 말하였다는 것을 증명할 수 있는 자가 있다면, 그렇게 해 보라. 그러나 너희 중에서 내가 거짓된 것을 말하였다고 나를 고발할 수 있는 자는 아무도 없다. 이렇게 내가 거짓된 것을 너희에게 전혀 말하지 않았고, 오직 진리와 내아버지 하나님의 뜻만을 말하였다면, 너희는 마땅히 내 말을 믿고 나를 믿어야 한다. 그런데 왜 너희는 나를 믿지 않는 것인가? 왜냐하면, 이성이 있는 모든 심령은 진리를 인정하고 따라야 할 의무가 있기 때문이다.

47. 하나님께 속한 자는 하나님의 말씀을 듣나니 너희가 듣지 아니함은 하나님께 속하지 아니하였음이로다.

하나님께 속한 자는 하나님의 말씀을 듣나니. 여기에서 하나님께 속하였다는 것은 하나님께 속하지 아니하였다는 것의 반대이기 때문에, 택하심을 받아 거듭난 것을 의미하는 것으로 볼 수 있다. 그런 자들은 하나님의 말씀 속에 계시된 하나님의 뜻을 듣고 인정하고 믿으며 인내로써 순복한다. 너희가 하나님의 말씀을 귀로 듣기는 들어도 마음으로 받아들이지 않고 믿지 않고 순복하지 않는 이유는, 너희가 "하나님께 속하지 아니한" 자들, 즉 하나님의 택하심을 받아 구원의 빛의 조명 아래에서 거듭난 자들이 아니기 때문이다. 따라서 이 본문은 과연 우리가 거듭나서 하나님께 속하였는지의 여부를 확인해 보는 데 사용할 수 있는 분명한 기준을 우리에게 제공해 주는데, 그것은 우리가 하나님의 말씀 속에 계시된 하나님의 뜻을 믿고 순복하며 순종하는가 하는 것이다. 우리 구주께서는 이 말씀을 통해서, 자기가 지금까지 이 유대인들에게 빛을 비쳐 주어서 그들로 하여금 구원의 진리를 알게 하려고 온갖 애를 쓰고 수고해 왔는데도 불구하고, 고집 세고 완고한 그들이 끝까지 믿지 않는 것을 보시고서, 결국에는 그들이 하나님께 속하지 않은 자들이라는 것을 받아들이시는 것으로 보인다. 즉, 그들의 눈을 열어 보게 하고, 그들의 마음을 열어 깨닫게 하는 것은 아버지 하나님의 뜻이 아니었다는 것이다. 마찬가지로, 모든 참되고 충성된 복음의 사역자들도 자신들이 복음을 전하기 위하여 들인 수고와 힘이 결국에는 아무런 열매를 맺지 못하는 것을 보았을 때에는, 그것이 하나님의 뜻이라는 것을 인정하는 것으로 만족하여야 한다. 사역자들은 자신들이 할 수 있는 모든 것을 다하여 복음을 전하였지만, 사람들이 복음을 받아들이지 않을 때, 사람들을 변화시키는 것은 그들의 사역이 아니라 하나님의 역사이기 때문에, 오직 하나님께 속한 자들만이 그 심령이 변화를 받게 된다는 우리 구주의 이 말씀이 참되다는 것을 발견하게 될 것이다.

48. 유대인들이 대답하여 이르되 우리가 너를 사마리아 사람이라 또는 귀신이 들렸다 하는 말이 옳지 아니하냐.

유대인들에게 "사마리아 사람"은 사람들을 속이고 미혹하는 사기꾼이나 협잡꾼을 의미하였다. 왜냐하면, 유대인들은 사마리아 사람들을 그리심 산에서의 저 가증스럽고 끔찍한 미신을 통해서 하나님에 대한 예배를 타락시킨 가증스러운 자들로 여겼기 때문이다. 그리고 "귀신이 들렸다"는 것은 미쳤다는 뜻이다. 요한복음 7:20에 대한 설명을 보라.

49. 예수께서 대답하시되 나는 귀신 들린 것이 아니라 오직 내 아버지를 공경함이거늘 너희가 나를 무시하는도다.

나는 귀신 들린 것이 아니라. 너희가 나를 귀신 들렸다고 욕하고 모독하지만, 나는 악한 영에 사로잡혀 있는 것도 아니고, 미쳐서 제정신이 아닌 것도 아니다(유대인들은 미친 사람들은 모두 악한 영이나 귀신에 들렸다고 생각하였다). 나는 멀쩡한 정신으로 진리의 말씀들을 전하고 있을 뿐이다. 그리스도께서 귀신에 들리신 것이 아니라는 것은 이 두 가지 의미에서 모두 사실이었다. 주님께서는 오로지 자신의 아버지 하나님의 영광을 위한 일들만을 행하셨다. 따라서 그들이 주님께 귀신 들렸다고 중상모략을 한 것은 단지 주님을 비방하고 욕보이기 위한 것이었을 뿐이다. 그런데도 하나님의 어린 양께서는 자신을 향한 이러한 터무니없는 비방과 중상모략에 대하여 지극히 온유하게 대응하심으로써, 우리도 그러한 시험 아래에서 주님처럼 처신할 것을 가르치신다.

50. 나는 내 영광을 구하지 아니하나 구하고 판단하시는 이가 계시니라.

그리스도께서는 자기가 말하고 행한 모든 것들은 자신의 영광과 명성을 위한 것이 아니었다는 것을 아주 자주 그들에게 상기시켜 주신다. 따라서 그들은 아무런 합당한 명분도 없이 주님을 배척하는 일을 그만두고, 주님이 행하시는 일들이 참되고 진실하다는 것을 확신하는 것이 마땅한 일이었다. 주님께서는 이렇게 말씀하신다: 나는 내 자신의 영광을 구하지 않지만, 나를 영화롭게 하시고 존귀하게 하실 이는 따로 계신다. 너희는 나를 비방하고 중상모략해 왔던 너희의 온갖 악한 말들로 인하여 장차 그가 너희를 심판하시고 단죄하실 것을 알아야 한다.

51. 진실로 진실로 너희에게 이르노니 사람이 내 말을 지키면 영원히 죽음을 보지 아니하리라.

이 본문에서 "죽음을 본다"는 것은 죽는 것을 의미하기는 하지만, 이 어구는 누가복음 2:26("그가 주의 그리스도를 보기 전에는 죽지 아니하리라 하는 성령의 지시를 받았더니")에서 자연적인 죽음 또는 육신의 죽음을 의미하는 것과는 달리, 여기에서는 그런 의미로 사용된 것이 아니다. 왜냐하면, 자연적인 죽음은 아무리 거룩한 자들에게도 찾아오기 때문이다. 로마서 8:10에서는 "그리스도께서 너희 안에 계시면 몸은 죄로 말미암아 죽은 것이나 영은 의로 말미암아 살아 있는 것이니라"고 말한다. 따라서 우리는 여기에서 말하는 "죽음"은 영원한 죽음을 가리키는 것으로 이해하여야 한다. 그리고 이 어구를 그런 의미로 이해하는 경우에는, 주님이 여기에서 하신 말씀은 분명히 참되다. 즉, 그리스도의 말씀을 지키는 거룩한 자는 죽음을 보지 않게, 즉 영원한 생명을 얻게 되리라는 것이다. 이것은 우리가 앞에서 이미 여러 번 들었던 말씀, 즉 믿음과 성결에 대하여 영생을 약속하시는 말씀이다.

52. 유대인들이 이르되 지금 네가 귀신 들린 줄을 아노라 아브라함과 선지자들도 죽었거늘 네 말은 사람이 내 말을 지키면 영원히 죽음을 맛보지 아니하리라 하니.

지금 네가 귀신 들린 줄을 아노라. 우리는 이 형편없는 자들이 주님을 이런 식으로 모독하는 것을 이미 요한복음 7:20과 8:48에서 두 번이나 들었는데, 이제 여기에서는 세 번째로 그것을 듣는다. 여기에서 그들이 하는 말을 들으면, 우리는 그들은 "네가 귀신 들린 줄을 아노라"는 말을 통해서 단지 주님께서 귀신 들렸다고 말하고자 하는 것이 아니라는 강력한 인상을 받게 된다. 왜냐하면, 그들은 여기에서 주님께서 그들의 지각이나 인식과 반대되는 것을 말씀하신다는 것을 근거로, 자신들이 한 말이 맞는 것이 확증되었다고 단언하고 있기 때문이다. 아브라함은 비록 믿는 자들의 조상이 되긴 하였지만, 어쨌든 죽었고, 선지자들도 죽었다. 그러므로 사람이 죽음을 보지 않을 것이라고 말하는 것은 일상적인 경험과도 반대되는 것이고, 지금까지 살았던 가장 거룩한 자들의 경험과도 반대되는 것이다. 이렇게 주님께서 영혼과

육신이 해체되는 자연적인 죽음에 대하여 말씀하고 있는 것으로 이해한 그들에게
는, 주님의 그러한 말씀은 제정신이 아닌 미친 사람의 말 같이 들렸다. 그들이 주님
에 대하여 격분해서 주님을 모욕하기 위하여 이런 말을 한 것이 아니라면, 그들이
주님께 귀신 들렸다고 말한 것은 아마도 그러한 의미였을 가능성이 높다. 우리는
그 밖의 다른 식으로는 이 본문을 제대로 설명할 수 없다.

**53. 너는 이미 죽은 우리 조상 아브라함보다 크냐 또 선지자들도 죽었거늘 너는
너를 누구라 하느냐.**

그들은 주님께 이렇게 말한다: 네가 네 말을 지키는 자들을 죽지 않게 할 수 있다
면, 네 자신도 죽지 않고 영원히 살 수 있다는 말인데, 아브라함이나 선지자들도 그
들 자신을 죽음으로부터 구원할 수 없어서 다 죽었다. 그런데 도대체 네가 누구인
데, 아브라함이나 선지자들도 할 수 없었던 일을 네가 할 수 있다고 말하는 것이냐?
이것은 우리 구주에 대한 또 한 번의 비방이자 비난이었다. 왜냐하면, 유대인들은
주님께서 자기 자신을 아브라함이나 모세보다 더 높이는 말을 듣고서 도저히 참을
수 없어서, "네가 뭔데 그런 말을 하느냐"는 투로 이 말을 한 것이기 때문이다.

**54. 예수께서 대답하시되 내가 내게 영광을 돌리면 내 영광이 아무것도 아니거니
와 내게 영광을 돌리시는 이는 내 아버지시니 곧 너희가 너희 하나님이라 칭하는 그
이시라.**

내가 내게 영광을 돌리면 내 영광이 아무것도 아니거니와. 이것은 요한복음 8:14("내
가 나를 위하여 증언하여도 내 증언이 참되니")과 모순되는 것처럼 보였던 요한복
음 5:31("내가 만일 나를 위하여 증언하면 내 증언은 참되지 아니하되")의 말씀과
아주 흡사한 논법으로서, "내가 내 자신의 영광과 존귀를 구한다면"이라는 의미일
수도 있고, "내가 본래 내게 속하지 않은 영광을 마치 내 영광인 것처럼 말한다면"
이라는 의미일 수도 있으며, "오직 내 자신만이 영광을 받고자 하는 것이라면"이라
는 의미일 수도 있는데, 후반부의 내용을 볼 때, 마지막에 제시된 것이 이 어구의 참
된 의미인 것으로 보인다: 내게 영광을 돌리시고 나를 높이시는 분은 내 아버지 하
나님이시다. 내 아버지 하나님께서는 내가 그의 사랑하는 아들이라는 것을 하늘로
부터 증언하시고, 그의 일을 이루시기 위하여 나를 세상에 보내시고, 나를 통해서
많은 표적들과 기사들을 베푸심으로써, 나를 영화롭게 하셨다. 그리고 이 나의 아
버지를 너희는 "너희 하나님"이라고 부른다. 그러므로 너희가 나와 나의 증언은 믿지
않는다고 할지라도, 너희가 너희 하나님이라고 부르는 내 아버지는 믿는 것이 마땅

하다.

55. 너희는 그를 알지 못하되 나는 아노니 만일 내가 알지 못한다 하면 나도 너희 같이 거짓말쟁이가 되리라 나는 그를 알고 또 그의 말씀을 지키노라.

여기에서 하나님을 "안다"는 것은 하나님을 지식적으로 알거나, 우리의 타고난 능력 안에서 알고 이해하는 것 이상의 것, 즉 그렇게 아는 것에 걸맞은 감정과 행실이 수반되는 방식으로 하나님을 아는 것을 의미한다. 우리 구주께서는 이렇게 말씀하신다: 나는 하나님의 본성과 계획들과 뜻을 알고, 하나님께 온전히 순종한다는 점에서, 하나님을 온전히 완벽하게 안다.

56. 너희 조상 아브라함은 나의 때 볼 것을 즐거워하다가 보고 기뻐하였느니라.

너희는 아브라함이 너희의 조상인 것을 무척 자랑스러워한다. 너희 조상 아브라함은 내가 이 세상에 와서 십자가 위에서 죽게 될 것을 미리 보았고, 자신의 자손 안에서 땅의 모든 족속이 복을 받게 될 것이라고 하신 하나님의 약속이 나를 통해서 이루어지게 될 것임을 믿음의 눈으로 보았으며, 이삭을 하나님께 제물로 드렸다가 마치 "죽은 자 가운데서 도로 받은" 것처럼 다시 돌려받는 모형적인 체험을 통해서 (히 11:19), 내가 십자가 위에서 죽었다가 다시 살아나게 될 것을 보았다. 아브라함은 하나님의 계시의 빛 안에서 그것을 보았다. 그는 내가 육체로 이 땅에 올 것을 보았고, 내가 죄인들을 위하여 십자가 위에서 죽을 것을 보았으며, 나의 복음이 온 세상에 전파되어, 땅의 모든 족속이 이 복음을 통해서 자신의 자손 안에서 복을 받게 될 것을 보았다. 이렇게 아브라함은 하나님께서 자기에게 주신 약속이 장차 그대로 이루어지게 될 것을 믿음을 통해서 확실히 보고 알았기 때문에, 당시에는 그 약속이 이루어진 것이 아무것도 없었어도, 믿음으로 말미암아 기뻐하였다(히 11:1).

57. 유대인들이 이르되 네가 아직 오십 세도 못되었는데 아브라함을 보았느냐.

그리스도께서는 이 때에 서른세 살쯤 되셨다. 그들은 아브라함이 주님을 육안으로 보고, 주님이 육안으로 아브라함을 보았다고 주님께서 말씀하신 것으로 착각하고, 이렇게 말한 것이었지만, 주님께서는 그렇게 말씀하신 적이 없으셨다. 그리고 그리스도께서 육신을 입으시고 이 세상에 오시기 수백 년 전에 아브라함은 이미 죽었기 때문에, 그런 일은 실제로 불가능한 일이었다. 우리 구주께서는 자기가 아브라함을 보았다거나, 아브라함이 자기를 보았다고 말씀하신 것이 아니라, 아브라함이 주님의 날, 즉 주님이 육체로 이 땅에 오셔서 죽으실 것을 육안이 아니라 믿음의 눈으로 보았다고 말씀하신 것이었다.

58. 예수께서 이르시되 진실로 진실로 너희에게 이르노니 아브라함이 나기 전부터 내가 있느니라 하시니.

어떤 이들은 주님께서는 여기에서 자기가 아브라함 시대 이전에 이미 중보자로 세움을 받으셨다고 말씀하신 것이라고 생각한다. 실제로 요한계시록 13:8은 "죽임을 당한 어린 양의 생명책에 창세 이후로 이름이 기록되지 못하고 이 땅에 사는 자들은 다 그 짐승에게 경배하리라"고 말하고, 베드로전서 1:20은 "그는 창세 전부터 미리 알린 바 되신 이나 이 말세에 너희를 위하여 나타내신 바 되었으니"라고 말한다. 그러나 하나님께서 택하신 그 어떤 사람에 대해서도, 우리는 그 사람이 아브라함 이전에 택하심을 입었다고 말할 수 있다. 그러므로 우리는 여기에서 주님께서는 자신의 신성과 관련해서 자기가 영원 전부터 존재하셨다는 것을 말씀하신 것으로 이해하는 것이 마땅하다. 다른 논거들은 그만두고라도, 우리 구주께서 이 장에서 말씀하신 강론의 전체적인 취지가 자신의 신성과 자기가 아버지 하나님과 동등하다는 것을 단언하신 것임을 고려할 때, 그렇게 이해하는 것이 합당하다.

59. 그들이 돌을 들어 치려 하거늘 예수께서 숨어 성전에서 나가시니라.

그들이 돌을 들어 치려 하거늘. 그들은 요한복음 10:31에서도 그렇게 하였다. 당시의 현장이 성전 안이었는데, 그들이 어디에서 돌들을 구했는지를 묻는 것은 실없는 질문이다. 성전의 일부를 수리하기 위하여 쌓아놓은 돌들이 거기에 있었을 수도 있고, 성전에서 돌들이 깔려 있던 부분이 있었을 수도 있다. 어쨌든 성전 안에는 돌이 있었다. 주님께서는 이 소란의 와중에서 그들 사이를 헤치고 가신 것이 아니라, 일단 무리들 속으로 자신의 모습을 숨기셨다가 나중에 그들 사이로 빠져 나오셨다. 여기에서 어떤 이들은 주님께서 어떻게 그들 사이로 빠져 나오실 수 있었는지를 묻는다. 주님은 자신의 몸을 사람이 볼 수 없게 만드셔서 빠져 나오신 것인가(루터파는 이렇게 생각한다)? 주님께서는 자신의 원수들을 잠시 눈이 멀게 하시거나, 그들의 눈 앞에 짙은 연무를 뿌리셔서 자기를 보지 못하게 하신 것인가? 그러나 우리는 그러한 분분한 논쟁에 휘말려들 필요가 없다. 왜냐하면, 그 자리에 있던 무리들 중에서 일부는 격분하여 돌을 들어 주님을 치려고 하였지만, 대다수는 그렇지 않았을 것이 분명한 까닭에, 그 자리가 어지럽고 혼란한 틈을 타서, 주님께서 난동을 부리는 자들을 피하여 무리들 속으로 들어가셔서 그 자리를 빠져 나오시는 것은 그리 어려운 일이 아니었을 것이기 때문이다.

제9장

개요

1. 태어날 때부터 맹인이었던 사람을 고치심(1-7).
2. 그 사람이 자기가 어떻게 고침을 받게 되었는지를 이웃 사람들에게 말함(8-12).
3. 바리새인들이 이 일과 관련해서 그 사람을 자세히 심문하고, 그 사람이 주님을 하나님으로부터 오신 분이라고 인정한 것에 대하여 격분함(13-33).
4. 바리새인들이 그 사람을 출교시킴(34).
5. 예수께서 그 사람을 만나셨고, 그 사람이 예수께 신앙을 고백함(35-38).
6. 그리스도께서 바리새인들이 영적으로 눈이 멀었다고 책망하심(39-41).

1. 예수께서 길을 가실 때에 날 때부터 맹인 된 사람을 보신지라.

복음서 기자는 우리 구주께서 어디를 지나가고 계셨던 것인지를 우리에게 말해 주지 않고, 단지 주님께서 대로변을 지나가시다가, 처음부터 맹인으로 태어난 이 가련한 사람을 보셨다고만 말한다. 복음서 기자가 이 사람이 "날 때부터 맹인"이었다고 구체적으로 말한 이유는 이렇게 태어날 때부터 맹인이 된 사람은 고치는 것이 불가능한 것으로 알려져 있었기 때문이다.

2. 제자들이 물어 이르되 랍비여 이 사람이 맹인으로 난 것이 누구의 죄로 인함이니이까 자기니이까 그의 부모니이까.

제자들의 이 질문은 두 가지를 기정사실로 전제한 것이었다: (1) 사람들이 육신적으로 벌을 받거나 환난을 겪는 것은 모두 죄로 인한 것이다. (2) 그러한 벌이나 환난 중에서 어떤 것들은 그 사람 자신의 죄 때문에 오고, 어떤 것들은 그 사람의 부모 때문에 온다. 후자는 의심할 여지 없이 옳고, 전자도 옳기는 하지만, 모든 벌이나 괴로움이 다 죄 때문인 것은 아니다. 왜냐하면, 죄에 대한 벌로서 오는 환난들도 있고, 연단을 위한 환난들도 있기 때문이다.

3. 예수께서 대답하시되 이 사람이나 그 부모의 죄로 인한 것이 아니라 그에게서 하나님이 하시는 일을 나타내고자 하심이라.

우리 구주께서는 여기에서 이 맹인이나 그의 부모가 죄로부터 자유롭거나 그러한 벌을 받을 만한 죄를 짓지 않았다고 말씀하신 것이 아니라, 단지 자신의 제자들의 질문에 대답하시면서, 이 사람이 맹인이 된 것은, 이 사람 자신의 죄 때문도 아니고(그는 태어날 때부터 맹인이었기 때문에 실제로 죄를 지을 기회가 없었다는 점에서), 그의 부모가 지은 죄 때문도 아니며, 하나님께서 이 맹인에게 역사하셔서 자신의 영광을 드러내시기 위한 것이라고 말씀하신 것이다. 즉, 이 맹인을 통해서 하나님께서는 자신의 권능으로 이 사람을 날 때부터 맹인으로 만드실 수도 있으시고, 이 사람을 긍휼히 여기셔서 치료하실 수도 있으시다는 것을 보여 주시고자 하셨다는 것이다.

4. 때가 아직 낮이매 나를 보내신 이의 일을 우리가 하여야 하리라 밤이 오리니 그 때는 아무도 일할 수 없느니라.

때가 아직 낮이매. 아버지 하나님께서는 그리스도를 세상에 보내시면서 할 일을 주셨는데, 그 일은 인류의 속량을 이루어 내시면서, 하나님의 뜻을 사람들에게 드러내시고, 이적들을 베푸심으로써 하나님의 이름을 영화롭게 하시는 것이었다. 주님께서는 여기에서 "내가 이 땅에서 일할 시간은 정해져 있다"고 말씀하시면서, 그 정해진 시간을 "낮"으로 표현하신다. 즉, 그리스도께서 이 땅에 사시면서 공생애 사역을 감당하실 기간을 "낮"이라고 말씀하신 것이다. 밤이 오리니 그 때는 아무도 일할 수 없느니라. 나는 항상 여기에 있는 것이 아니다. 내가 이 땅에 있지 않게 될 때가 올 것이고, 그 때에는 내가 아무 일도 할 수 없게 될 것이다. 죽음의 밤이 찾아오면, 그 때에는 아무도 더 이상 구원의 일을 할 수 없다는 사실은 모든 그리스도인들이 이 땅에서 살아가는 동안에 온 힘을 다하여 일해야 한다는 것을 가르쳐 준다. 전도자는 "네 손이 일을 얻는 대로 힘을 다하여 할지어다 네가 장차 들어갈 스올에는 일도 없고 계획도 없고 지식도 없고 지혜도 없음이니라"(전 9:10)고 권면한다.

5. 내가 세상에 있는 동안에는 세상의 빛이로라.

"내가 세상에 있는 동안에는"이라는 말씀은, 우리 구주께서 4절에서 "낮"이라고 하신 것이 무엇을 의미하는지를 우리에게 알게 해 준다. 즉, 주님께서는 자기가 이 세상에 계시는 동안을 "낮"으로 표현하신 것이다. 주님은 이렇게 말씀하신다: 내가 세상에 있는 동안, 세상에 빛을 비추는 것이 내 일의 일부이다. 그리스도께서는 세상을 떠나 하늘로 가셨지만, 지금도 여전히 세상의 빛이시다. 그러나 주님께서 이 세상에 육체로 거하시는 동안에는, 이 세상의 일부를 구성하시는 가운데, 좀 더 특별한 의미에서 세상의 빛이셨다.

6. 이 말씀을 하시고 땅에 침을 뱉어 진흙을 이겨 그의 눈에 바르시고.

현란한 공상을 즐기는 사람들은 우리 구주께서 이 맹인을 고치신 방식과 관련해서 몇 가지 알레고리적이고 비의적인 해석들을 제시해 왔다. 어떤 이들은 우리 구주께서 자기가 태초에 사람을 흙으로 지으신 것처럼, 이제는 또다시 흙으로 사람을 치유하실 수 있으시다는 것을 보여 주시기 위하여, 여기에서 진흙을 사용하셔서 이 맹인을 고치신 것이고, "침"은 주님의 신성과 인격적으로 연합되어 있던 주님의 인성의 효능을 나타내는 것이라고 말한다. 어떤 이들은 유대인들 사이에서는 사람의 침이 병을 고치는 효능을 지니고 있다고 하는 속설이 꽤 퍼져 있었기 때문에, 주님께서 침을 사용하신 것인데, 유대인들은 안식일에 사람을 고치는 데 침을 사용하는 것을 금지하였는데도 불구하고, 주님은 안식일에 침을 사용하셔서 이 맹인을 고치시는 이적을 행하신 것이라고 말한다. 그러나 이런 주장들은 모두 다 성경에 그 어떤 근거도 없는 대단히 불확실한 것들이다. 우리 구주께서 이 이적을 행하실 때에 침을 사용하신 것은 가까운 곳에서 물을 구할 수 없으셨기 때문일 가능성이 높다. 그 곳은 열대 지방이어서 물이 대단히 희귀하였기 때문이다.

우리가 이 큰 이적과 관련해서 일차적으로 주목해야 할 것은, 그리스도께서 이 큰 이적을 행하신 것은 이 가련한 맹인을 불쌍히 여기셔서 자비를 베푸시기 위한 것임과 아울러서, 자기가 하나님과 동등한 존재라고 하신 말씀이 참되다는 것을 확증하심으로써, 자신의 신성을 나타내시기 위한 것이었다는 것이다. 따라서 주님께서는 그러한 목적을 이루시기 위하여 다음과 같이 행하셨다: (1) 주님은 자신의 신성을 보여 주실 이적의 대상으로 단지 맹인인 사람을 선택하신 것이 아니라, 인간의 힘으로는 도저히 고칠 수 없는 것으로 여겨진 날 때부터 맹인 된 사람을 선택하셨다. (2) 주님은 자연적인 효능을 그 속에 지니고 있지 않은 수단, 아니 눈 먼 맹인의 시력을 회복시켜 주기는커녕 도리어 잘 보는 사람의 눈까지도 못 보게 만들어 버릴 수 있는 그런 수단을 사용하셨다.

7. 이르시되 실로암 못에 가서 씻으라 하시니 (실로암은 번역하면 보냄을 받았다는 뜻이라) 이에 가서 씻고 밝은 눈으로 왔더라.

주님께서는 진흙에 침을 뱉어 개서 이 맹인의 눈에 바르셨을 뿐만 아니라, 이 맹인에게 "실로암 못에 가서 씻으라"고 명하신다. 이 못에 대한 얘기는 느헤미야 3:15에 나오는데, 거기에서는 이 못이 시온 산에서 흘러내려온 물로 형성되었다고 말한다. 이사야서 8:6("천천히 흐르는 실로아 물")을 보면, 예루살렘 도성의 일부에 물을 공급해 주던 동일한 이름의 시내가 있었던 것으로 보인다. 어떤 이들은 이 못의 이름인 실로암이 "보냄을 받았다"는 뜻이었다는 사실에서 어떤 신비를 찾아내서, 실로암 못은 창세기 49:10에서 메시야를 가리키는 표현으로 언급된 "실로"와 연결되어 있다고 생각한다. 내가 앞에서 이 못에 대한 얘기를 들려주는 느헤미야서 본문을 언급한 것에서 알 수 있듯이, 실로암이라는 이름은 오래된 이름이었음이 분명하다. 사람들은 시온 산으로부터 이 시내를 자신들에게 보내 주셔서 저 큰 도성에 물을 대 주신 하나님의 긍휼하심에 감사하는 마음으로, 또는 이 물이 늘 흐르는 것이 아니라, 하나님께서 보내 주실 때에만 간헐적으로 흐르는 것이라고 생각해서, 아주 옛적에 실로암이라는 이름을 붙인 것일 가능성이 높다. 우리는 성경의 그 어디에서도 이 물이 병을 고치는 효능을 지니고 있었다는 말을 듣지 못하기 때문에, 이 맹인이 실로암 못에 가서 씻고 시력을 회복하게 된 것은 그의 믿음과 순종으로 인한 것이었다고 할 수 있다. 옛적에 엘리사 선지자가 수리아의 나아만 장군을 요단 강으로 보내어 그 물에 씻게 하였던 것처럼, 우리 주님께서는 이 맹인을 실로암 못으로 보내서 그 물에 그의 눈을 씻게 하심으로써, 그의 믿음과 순종을 시험하셨다. 복음서 기자는 "가서 씻고"라는 말을 통해서는, 참된 믿음에는 반드시 순종이 수반된다는 것을 우리에게 알게 해 주고, "밝은 눈으로 왔더라"는 말을 통해서는, 하나님께서는 믿고 순종하는 자들을 결코 실망시키지 않으신다는 것을 우리에게 알게 해 준다.

8. 이웃 사람들과 전에 그가 걸인인 것을 보았던 사람들이 이르되 이는 앉아서 구걸하던 자가 아니냐.

복음서 기자는 이제 이 이적의 결말에 대해서 보도한다. 이 고침 받은 맹인은 이전부터 자신의 생활의 근거지였던 곳으로 돌아왔고, 지금까지 늘 거기에 앉아서 구걸을 하며 살아 왔기 때문에, 그 주변에 살고 있던 사람들은 이 맹인을 금방 알아보았는데, 자신들이 잘 알고 있던 맹인이 완전히 시력이 회복되어 볼 수 있게 된 것을 알고서는, 이 사람이 여기에 앉아서 구걸하던 맹인 거지가 아니냐고 서로 말하며, 반신반의하는 반응을 보였다.

9. 어떤 사람은 그 사람이라 하며 어떤 사람은 아니라 그와 비슷하다 하거늘 자기 말은 내가 그라 하니.

어떤 사람들은 바로 그 맹인 거지가 맞다고 한 반면에, 어떤 사람들은 그 맹인 거지가 눈을 떴다는 것은 있을 수 없는 일이라고 생각하여, 그 사람은 아니고 비슷한 사람일 것이라고 말하였다. 이렇게 설왕설래하는 와중에서, 맹인이었던 그 사람은 자기가 바로 그 사람이라고 확인해 줌으로써 모든 사람들의 의심을 불식시킨다.

10. 그들이 묻되 그러면 네 눈이 어떻게 떠졌느냐.

대부분의 사람들이 어떤 새롭고 신기한 일을 보았을 때에 보통 그러하듯이, 이 사람들도 그런 일이 어떻게 일어나게 된 것이고, 누가 이 맹인의 눈을 뜨게 해주었으며, 그 사람이 어디에 있는지를 알고 싶어 하였다. 맹인이었던 사람은 자기가 고침을 받았다고 그들에게 말한다.

11. 대답하되 예수라 하는 그 사람이 진흙을 이겨 내 눈에 바르고 나더러 실로암에 가서 씻으라 하기에 가서 씻었더니 보게 되었노라.

이 맹인이었던 사람이 "예수라 하는 그 사람"이라고 표현한 것은 아마도 다른 사람들이 주님을 그런 이름으로 부르는 것을 들어서 그가 그렇게 알고 있었기 때문일 것이다. 그는 예수께서 자기를 어떤 식으로 고쳐 주셨는지를 그들에게 설명해 준다.

12. 그들이 이르되 그가 어디 있느냐 이르되 알지 못하노라 하니라.

그들은 예수께서 어디에 계시는지를 알고 싶어 하였지만, 이 맹인이었던 사람은 예수께서 어디에 계시는지를 알지 못하였다.

13. 그들이 전에 맹인이었던 사람을 데리고 바리새인들에게 갔더라.

본문은 이 맹인이었던 사람을 바리새인들에게 데려간 사람들이 그의 이웃들이었는지, 아니면 가까운 친척들이었는지에 대해서 말하지 않고, 또한 이 바리새인들이 상주하고 있던 곳이 성전이었는지, 아니면 어떤 회당이었는지, 아니면 산헤드린이라 불린 최고법정이었는지에 대해서도 말하지 않는다. 하지만 그런 것들은 우리가 굳이 탐구할 필요가 없는 하찮은 문제들이다.

14. 예수께서 진흙을 이겨 눈을 뜨게 하신 날은 안식일이라.

우리는 그리스도께서 안식일에 많은 이적들을 행하셨다는 것을 이미 앞에서 살펴본 바 있다. 베데스다 못가에 누워 있던 서른여덟 해 동안 병으로 고생하던 사람을 고치셨던 것도 안식일이었고(요 5:10), 한 쪽 손 마른 사람을 고치신 것도 안식일이었는데(마 12:10), 지금 여기에서 날 때부터 맹인 된 사람을 고치신 것도 안식일이었다. 주님께서 이렇게 안식일을 택하셔서 병자들을 고치신 이유는, 아마도 주님이 사람들에게 저 하늘의 교훈을 전하시고 가르치신 때가 통상적으로 안식일이었고, 그 가르침을 확증하시기 위하여 이적들을 행하셨기 때문이었거나, 또는 안식일에 제자들이 밀밭을 지나다가 이삭을 잘라 먹은 사건에 대하여 보도한 마태복음 12:1-8이 분명하게 보여 주듯이, 안식일에는 긍휼을 베푸는 행위들조차도 불법이라고 미신적으로 생각하였던 유대인에게 안식일에 관한 참된 가르침을 베푸셔서 그 잘못된 생각과 인식을 바로잡아 주시기 위한 계기를 마련하고자 하셨기 때문이거나, 또는 안식일에 베데스다 못가에 누워 있던 병자를 고치신 이적을 보도한 요한복음 5:17에서 주님이 자신이 행하신 일을 변호하실 때에 그 근거로 제시하셨던 것처럼, 자기가 안식일의 주인이라는 것과, 아버지 하나님께서 섭리의 사역들을 통해서 지금도 여전히 안식일에도 일하고 계시듯이, 하나님과 동등하신 자기도 그렇게 일하고 있다는 것을 유대인들에게 보여 주고자 하셨기 때문일 것이다.

15. 그러므로 바리새인들도 그가 어떻게 보게 되었는지를 물으니 이르되 그 사람이 진흙을 내 눈에 바르매 내가 씻고 보나이다 하니.

바리새인들도 그가 어떻게 보게 되었는지를 물으니. 그들은 앞서 다른 사람들로부터 이 이야기를 전해 들었지만, 지금 여기에서는 당사자로부터 직접 그 이야기를 듣고 싶어 하였다. 그들이 이렇게 이 일에 많은 관심을 보인 것은 사건의 진상을 알고자 하거나 이 이적을 행하신 분이 하나님의 아들이시라는 것을 확인하고자 하는 선한 의도 때문이 아니라, 어떤 식으로든 그리스도를 반대하거나 안식일을 지키는 것과 관련해서 자신들의 전통에 의거하여 그리스도의 언행을 문제 삼을 만한 빌미를 얻고자 하였기 때문이었는데, 그 빌미가 된 것 중의 하나가 안식일에 침을 다른 사람의 눈에 바르는 행위는 불법이라는 것이었다. 왜냐하면, 그들은 침에는 병을 고치는 효능이 있다고 믿었던 까닭에, 침을 바르는 것을 의료행위로 보아서, 불법으로 규정하였기 때문이었다. 이 맹인이었던 사람은 하나님께서 예수를 통해서 자기에게 은혜를 베푸셨다는 것을 인정하고 시인하는 것을 부끄러워하지 않고, 자기가 앞서 다른 사람들에게 해 주었던 것과 동일한 이야기를 그대로 바리새인들에게도 들려준다.

16. 바리새인 중에 어떤 사람은 말하되 이 사람이 안식일을 지키지 아니하니 하나님께로부터 온 자가 아니라 하며 어떤 사람은 말하되 죄인으로서 어떻게 이러한 표적을 행하겠느냐 하여 그들 중에 분쟁이 있었더니.

그들은 예수를 하나님, 또는 하나님의 영원하신 아들이자 아버지 하나님과 동등하신 분으로 인정하는 것과는 거리가 멀었기 때문에, 예수께서 하나님께로부터 온 자임을 인정하지 않는 것은 물론이고, 하나님과 조금이라도 관계가 있다는 것 자체를 인정하고자 하지 않았다. 종종 여호와 하나님에 대한 신앙 전체를 안식일을 거룩하게 지키는 것이라는 관점에서 표현하기도 할 정도로(사 56:4, 6), 안식일을 거룩하게 지키는 것은 아주 중요한 신앙행위였기 때문에, 안식일을 거룩하게 지키는 일에 마음을 쓰지 않는 자는 하나님과 별 관계가 없거나 아무런 상관도 없는 자라고 말해도, 사실 틀린 말은 아니었다. 그러나 우리는 안식일을 거룩하게 지키는 것과 관련해서 하나님의 뜻이 무엇이었는지를 제대로 이해할 필요가 있다. 즉, 우리는 도덕적인 의무들은 소홀히 하거나 간과한 채로 몇몇 종교적인 의식들을 철저히 행하는 것이 안식일을 거룩하게 지키는 것이라고 생각해서는 안 된다는 말이다. 그리스도께서는 바리새파의 모든 전통을 따라 미신적으로 안식일을 지키시지는 않으셨지만, 사실은 안식일을 제대로 거룩하게 지키셨다.

한편, 바리새인들 중에서도 어떤 이들은 그리스도께서 행하신 이적들로 인해서 그리스도를 좀 더 호의적으로 평가하였다. 그들은 자신들의 분파에 속한 어떤 사람들이 주장하듯이, 만일 그리스도께서 그토록 악한 사람이었다면, 하나님께서는 그에게 권능을 주셔서 그로 하여금 이러한 이적들을 행하게 하지 않으셨을 것이라는 논리를 편다. 이렇게 지혜로우신 하나님께서는 그리스도의 원수들이 서로 간에 의견이 맞지 않아서 스스로 자중지란에 빠지게 하셨는데, 이것은 그리스도께서 하실 일이 아직 끝나지 않았고, 인류를 속량하시기 위하여 죽으실 때가 아직 도래하지 않았기 때문이었다.

17. 이에 맹인되었던 자에게 다시 묻되 그 사람이 네 눈을 뜨게 하였으니 너는 그를 어떠한 사람이라 하느냐 대답하되 선지자니이다 하니.

그 사람이 네 눈을 뜨게 하였으니 너는 그를 어떠한 사람이라 하느냐. 바리새인들은 이 맹인이었던 사람에게 "네 눈을 뜨게 한 이 사람에 대한 너의 생각은 어떠하냐"고 물었다. 해석자들은 그들이 그에게 이런 질문을 한 의도를 좀 더 분명하게 드러내기 위해서는 이 질문에 "안식일에"라는 어구를 보충해 넣어야 한다고 생각한다: 안식일에 진흙을 네 눈에 발라서 네 눈을 뜨게 한 일을 한 이 사람에 대하여 너는 어떻게 생각하느냐? 과연 그러한 행위가 용납될 수 있다고 보느냐? 이 맹인이었던 사람은 그들의 그러한 질문에 대하여, "선지자니이다"라고 대답한다. 유대인들은 자신들의 전통에 따라서 선지자의 명령으로 안식일을 범하는 것은 당연히 합법이라고 여겼다. 이것은 유대인들이 하나님께서 그들에게 율법을 주셨지만, 하나님 자신은 자신의 율법에 얽매이지 않으시고 자유롭게 행하실 수 있으시다는 것을 인정하였다는 것을 보여 주는 것이다. 또한, 그들은 선지자들은 하나님으로부터 특별한 사명을 부여받고서 하나님의 뜻을 그들에게 직접적으로 계시하는 자들이라고 생각하였기 때문에, 선지자들이 말한 것들은 곧 하나님 자신이 말씀하신 것들로 여겼다. 따라서 이 맹인이었던 사람은 자기는 그리스도께서 선지자이시고, 그의 언행은 하나님으로부터 특별한 보호를 받고 있다고 믿기 때문에, 율법의 통상적인 규정들에 의해서 판단해서는 안 된다고 분명하게 말한 것이었다.

18. 유대인들이 그가 맹인으로 있다가 보게 된 것을 믿지 아니하고 그 부모를 불러 묻되.

유대인들의 지도자들은 이 사람이 맹인이었다가 다시 눈을 뜨게 된 사람이라고 믿으려 들지를 않았다. 우리는 앞에서 많은 평범한 유대인도 이 맹인이었던 사람이 오랜 세월 동안 어느 특정한 장소에 앉아서 구걸하여 살아온 것을 보아 왔으면서도, 이 사람이 바로 그 맹인이라는 사실을 잘 믿으려 하지 않았다는 것을 본 바 있다. (유대인들은 자신들이 독립국가를 이루어 잘 살았을 때에는 가난한 자들에게 후하게 베풀었기 때문에, 이스라엘은 거지가 없었지만, 지금 로마의 속국이 되어 사람들의 삶이 어려워지자, 구걸하는 것을 허용하게 되었다.) 앞서 평범한 유대인들이 이 맹인이었던 사람으로부터 직접 증언을 듣고도 믿으려 하지 않았던 것처럼(9절), 여기에서 유대인들의 지도자들도 이 맹인이었던 사람의 말을 믿으려 하지 않았다. 그리고 거기에 있던 바리새인들은 이 맹인이었던 사람이 전에 구걸을 하던 모습을 직접 눈으로 목격하지 않았고, 단지 다른 사람들로부터 이 맹인이 그런 사람이었다는 것만을 전해 들어서 알고 있었기 때문에, 사람을 보내어, 이 맹인이었던 사람의 부모를 불러서 사실관계를 확인하고자 하였다.

19. 이는 너희 말에 맹인으로 났다 하는 너희 아들이냐 그러면 지금은 어떻게 해서 보느냐.

이 맹인이었던 사람의 부모는 여기에서 바리새인들의 물음에 대하여 대단히 사려깊고 지혜롭게 대답하는 모습을 보여 준다. 바리새인들은 그 부모에게 세 가지를 묻는다: (1) 이 사람이 그들의 아들이 맞느냐? (2) 이 아들이 날 때부터 맹인이었다는 것이 맞느냐? (3) 지금 이 아들이 어떻게 해서 보게 된 것이냐? 그들이 질문한 방식, 즉 그들이 "너희 말에 … 하는"이라는 표현을 사용해서 그 부모에게 질문한 것은, 그들이 그 부모에게서 얻고자 하는 대답이 무엇인지를 보여 주는 것이었다. 즉, 그들이 사람을 보내서 이 맹인이었던 사람의 부모를 오게 한 것은 이 사건의 명명백백한 진상을 알아내고자 한 것이 아니라, 이 부모를 겁박해서, 이 사람이 자신들의 아들이 아니라고 대답하지는 않더라도, 적어도 자신들의 아들인지 아닌지를 확인하기 어렵다는 대답이나, 이 사람이 자신들의 아들이기는 한데, 날 때부터 맹인이었던 것은 아니라는 대답을 얻어내고자 한 것이었다. 여기에서 만일 이 맹인이었던 사람의 부모가 바리새인들이 바라던 대로 애매모호한 대답으로 얼버무린다면, 하나님께서 자신의 섭리를 통해서 이 사람을 맹인으로 태어나게 하셔서, 구걸을 하여 생계를 유지하도록 하신 목적은 이루어지지 못하고 허망하게 실패하고 말 것이었다.

20-21. ²⁰그 부모가 대답하여 이르되 이 사람이 우리 아들인 것과 맹인으로 난 것을 아나이다 ²¹그러나 지금 어떻게 해서 보는지 또는 누가 그 눈을 뜨게 하였는지 우리는 알지 못하나이다 그에게 물어 보소서 그가 장성하였으니 자기 일을 말하리이다.

이 맹인이었던 사람의 부모는 바리새인들의 기대와는 달리 정직하고 심지가 굳은 사람들이었다. 그들은 이 사람이 자신들의 아들이라는 것과 날 때부터 맹인이었다는 것을 안다고 분명하게 단언한다. 그러면서도, 이 부모는 어떻게 해서 지금 자기 아들이 보게 되었느냐는 바리새인들의 세 번째 질문에 대해서는, 아마도 자신들은 그리스도께서 이 이적을 행하시는 것을 직접 목격한 사람들이 아니라는 이유를 들어서, 자신들이 그것에 대해서는 알지 못한다고 대답한 후에, 자기 아들이 갓난아이도 아니고 다 큰 성인이니 그 질문에 대해서 충분히 대답할 수 있을 것이기 때문에, 그들이 묻기만 하면, 이 일에 대해서 그들이 만족할 만한 가장 좋은 대답을 해줄 것이라고 하면서, 세 번째 질문에 대한 대답은 자기 아들에게 넘긴다.

22. 그 부모가 이렇게 말한 것은 이미 유대인들이 누구든지 예수를 그리스도로 시인하는 자는 출교하기로 결의하였으므로 그들을 무서워함이러라.

이 맹인이었던 사람의 부모가 이렇게 아주 극도로 조심스럽게 대답하는 가운데, 세 번째 질문에 대해서는 바리새인들에게 그 어떤 말도 하고자 하지 않은 이유는, 그리스도께서 자신들의 아들을 고치신 이적을 그들이 직접 보지 않았기 때문이기도 했지만, 유대인의 관원들이었던 이 바리새인들을 무서워하였기 때문이었다. 솔로몬은 "사람을 두려워하면 올무에 걸리게 되거니와 여호와를 의지하는 자는 안전하리라"고 말하였다. 사람들은 흔히 진리를 부인하거나, 하나님께서 많은 사람들 앞에서 공개적으로 진리를 시인하고 고백하라고 하실 때에 두려워서 그렇게 하지 않고자 하는 유혹을 받는다. 하지만 여기에서 맹인이었던 사람의 부모가 그런 경우에 해당하는 것으로 보이지는 않는다. 왜냐하면, 그리스도께서 이 큰 이적을 행하실 때, 이 부모는 그 자리에 있던 것으로 보이지 않기 때문이다. 그들이 그 현장에 있지 않았다면, 그들은 자신들이 소문을 통해서 다른 사람들로부터 들은 이야기를 바리새인들에게 말할 의무는 없었다. 따라서 그들의 대답은 급박한 위험을 피하기 위한 현명하고 지혜로운 대답이었던 것으로 보인다. 왜냐하면, 그들은 유대인들의 산헤드린이 예수를 그리스도라고 공개적으로 말하는 자들은 출교당할 것이라는 포고문을 내린 것을 알고 있었기 때문이다. 여기에서 "출교한다"는 것은 회당에 출석하는 것을 금지한다는 것을 의미한다.

23-24. [23]**이러므로 그 부모가 말하기를 그가 장성하였으니 그에게 물어 보소서 하였더라** [24]**이에 그들이 맹인이었던 사람을 두 번째 불러 이르되 너는 하나님께 영광을 돌리라 우리는 이 사람이 죄인인 줄 아노라.**

바리새인들은 맹인이었던 사람의 부모로부터 자신들이 의도했던 대답을 얻어낼 수 없게 되자, 다시 그 맹인이었던 사람을 불러서, 하나님께 영광을 돌리라고 충고한다. 만일 그들이 진심으로 그런 말을 한 것이었다면, 여기까지는 그들이 바른 말을 한 것이었다. 왜냐하면, 이 맹인이었던 사람은 하나님의 아들 예수 그리스도께서 베푸신 하나님의 권능으로 말미암아 눈을 뜨고 다시 보게 된 것이었던 까닭에, 실제로 그에게는 하나님께 영광을 돌려야 할 이유가 충분하였기 때문이다. 그러나 도덕적인 언행들은 어떤 목적과 의도를 가지고 하였느냐에 따라 그 선악이 결정된다. 우리는 이 형편없는 자들이 무슨 의도로 이 맹인이었던 사람에게 하나님께 영광을 돌리는 것이 그의 마땅한 의무라고 말한 것인지를 생각하면, 그들의 그러한 말은 진정으로 하나님으로 하여금 영광을 받으시게 하기 위한 생각과 마음이 아니라, 하나님의 아들을 중상모략하고 비방할 목적에서 나온 것임을 알게 된다. 하나님께서는 자기 아들에게 모든 것을 위임하셨기 때문에, 오직 자기 아들을 통해서만 영광을 받으셔야 했는데도 불구하고, 그들은 24절에서 하나님의 아들인 주님을 악의적으로 경멸하여 "이 사람"이라고 부를 뿐만 아니라, 극악무도하고 흉악한 "죄인"(여기에서 "죄인"으로 번역된 단어는 단순한 죄인이 아니라, 이런 죄인을 가리킨다)으로 단정해 버린다.

25. 대답하되 그가 죄인인지 내가 알지 못하나 한 가지 아는 것은 내가 맹인으로 있다가 지금 보는 그것이니이다.

이 맹인이었던 사람은 거지로 살 수밖에 없었던 것으로 보아서, 별로 교육을 받지 못했을 것임에 틀림없다. 하지만 그의 대답은 한편으로는 자기 자신을 안전하게 보호하면서도 다른 한편으로는 분명한 사실을 있는 그대로 단언하고 있다는 점에서, 대단한 명문가에서 태어나 교육을 제대로 받은 사람 못지않게 훌륭하다. 바리새인들이 우리 구주를 큰 죄인이라고 단정하자, 이 맹인이었던 사람은 자기는 그가 죄인인지에 대해서는 아무것도 알지 못하고, 그런 것을 알아보는 것은 자신의 관심사도 아니라고 말하면서, 자기는 모태로부터 맹인으로 태어났는데, 이제는 그가 자기에 대하여 큰 이적을 베풀어서 눈을 뜨고 보게 하였다는 것만을 자기는 알 뿐이라고 대답한다. 이렇게 바리새인들은 이 맹인이었던 사람을 위협하고 겁주었지만, 그로 하여금 주님이 자기에게 베푸신 이적을 부인하거나, 적어도 그 이적을 폄하하는 말을 하도록 만들 수 없었다.

26. 그들이 이르되 그 사람이 네게 무엇을 하였느냐 어떻게 네 눈을 뜨게 하였느냐.

그들이 이 맹인이었던 사람에게 겁을 주어서, 그리스도께서 그에게 이적을 행하여 그의 눈을 뜨게 해 주셨다는 것을 부인하도록 아무리 압박해도, 그가 자기는 날 때부터 맹인이었다는 것과 그리스도께서 자기의 눈을 뜨게 해 주셨다는 것을 단호하게 말하자, 그들은 이제 그에게 그 이야기를 다시 한 번 해 보라고 말하는데, 이것은 그의 이야기 속에서 꼬투리가 될 만하거나 그를 올무에 걸리게 할 만한 것이 없는지를 재차 확인해 보기 위한 것이었다. 또는, 이것은 그들이 그가 그 이야기를 되풀이하는 동안에, 그 이야기 속에서 어떤 허점을 발견해 내서, 그리스도께서 그에게 행하신 것은 단순한 속임수에 불과한 것이었고 진정한 이적은 없었다는 것을 그에게 설득하기 위한 것이었다.

27. 대답하되 내가 이미 일렀어도 듣지 아니하고 어찌하여 다시 듣고자 하나이까 당신들도 그의 제자가 되려 하나이까.

이 맹인이었던 사람이 점점 더 담대해지고 확신에 찬 모습을 보이게 된 것은 참으로 놀라운 일인데, 이것은 하나님께서 그들이 저항할 수 없는 지혜와 담대함을 그에게 주셨기 때문이다. 그래서 그는 자기는 이미 그 이야기를 충분히 그들에게 들려주었지만, 그들은 자기 말을 믿고자 하지 않았기 때문에, 만약 그들이 그리스도의 제자들이 되고자 하는 것이 아니라면, 자기가 그 이야기를 또다시 반복하는 것은 아무런 의미도 없다고 말하면서, 또다시 그 이야기를 반복하라는 그들의 요구에 응하기를 거부한다. 어떤 이들은 이 맹인이었던 사람의 화법은 바리새인들이 그리스도의 제자들이 되기를 그가 진심으로 원하고 바랐음을 보여 주는 것이라고 생각하지만, 어떤 이들은 그가 여기에서 반어법적으로 말한 것일 뿐이기 때문에, 사실 그는 이렇게 말한 것이나 다름없다고 생각한다: 당신들은 그리스도의 제자가 되기 는커녕 도리어 그리스도를 해치려고 단단히 마음을 먹고 있기 때문에, 나는 내가 그 이야기를 또다시 반복해서 당신들에게 들려준다고 해도, 당신들이 그리스도의 제 자들이 되지 않으리라는 것을 너무나 잘 알고 있다. 그런데도 왜 당신들은 내게 다 시 한 번 그 이야기를 반복할 것을 요구하며 쓸데없이 나를 괴롭히는 것인가? 그리 고 바리새인들이 28-29절에서 격노하여 한 대답은 이것이 이 맹인이었던 사람이 여 기에서 말한 것의 의미였음을 보여 준다.

28. 그들이 욕하여 이르되 너는 그의 제자이나 우리는 모세의 제자라.

만일 바리새인들이 이 맹인이었던 사람에게 "너는 그리스도의 제자"라고 말한 것 이 그들이 그에게 한 욕의 전부였다면, 그것은 욕치고는 아주 고맙게 받아들일 만 한 욕이었고, 이 맹인이었던 사람이 도리어 영광스럽게 생각해야 할 그런 욕이었다 고 할 수 있다. 그러나 하나님께서는 이 바리새인들이 한 말만을 근거로 해서가 아 니라(그들의 말만을 근거로 한다면, 그들이 한 말은 저 맹인이었던 사람에게 욕이 아니라 영광이 되는 것이었기 때문에), 그들이 어떠한 마음과 심령으로 그런 말을 한 것이었는가에 근거해서 그들의 욕한 죄를 판단하신다. "제자"는 어떤 사람을 따 라다니며 그에게서 배우는 자를 가리킨다. 그리스도의 제자라는 것은 사람으로서 가장 영광스러운 것이고 가장 자랑스러워해야 할 것이다. 그런데도 여기에서는 바 리새인들이 이 맹인이었던 사람을 그리스도의 제자라고 한 것을 욕이라고 부른다. 이것으로부터 우리가 알 수 있는 것은, 다른 사람을 욕한 죄는 그 사람이 한 말 자체 가 아니라, 그가 그렇게 말한 의도와 목적, 그리고 심령의 상태에 의거해서 판단되 어야 한다는 것이다. 어떤 사람이 다른 사람에 대하여 선하고 참된 것을 말하였다 고 할지라도, 그가 그 사람을 모욕하거나 해를 끼치거나 사람들로부터 미움을 받게 만들기 위하여 그런 말을 한 것이라면, 하나님께서는 그의 그 말을 욕으로 간주하 신다. 왜냐하면, 그는 자신의 형제인 그 사람을 미워하고 해칠 목적으로 그런 말을 한 것이기 때문이다. 그리스도의 제자라고 말하는 것이 욕이나 모욕이 되는 것은 아니었다고 할지라도, 이 바리새인들은 이 맹인이었던 사람을 모욕하고 사람들로 부터 미움을 받게 하기 위한 목적으로 그런 말을 하였다. 우리는 우리의 혀를 잘 통 제하여 조심해서 말을 해야 할 뿐만 아니라, 우리가 어떠한 마음으로, 그리고 어떤 의도와 목적으로 말하고 있는 지에도 주의를 기울이지 않으면 안 된다. 악한 의도는 아무리 훌륭하고 고상한 말도 비열한 욕으로 바꾸어 놓는다.

　게다가, 모세는 그리스도의 모형이었을 뿐인데도, 이 바리새인들은 그리스도와 모세를 대립시킨다. 모세는 그리스도에 대하여 예언하였고, 그리스도는 하나님께서 약속하신 모세와 같은 선지자이셨다. 모세는 단지 그들을 그리스도께로 인도한 "초등교사"였을 뿐이었다(갈 3:24-25).

29. 하나님이 모세에게는 말씀하신 줄을 우리가 알거니와 이 사람은 어디서 왔는지 알지 못하노라.

　이 바리새인들은 모세를 높여서, 하나님께서 모세에게 말씀하셨다는 것을 자기들이 안다고 말한다. 하지만 그들은 전해진 이야기를 통해서, 그리고 율법과 선지자들의 글 속에 계시된 하나님의 뜻을 통해서 그 사실을 알고 있을 뿐이었다. 반면에, 그들은 그리스도를 "이 사람"(τοῦτον – '투톤')이라고 부르며, 그가 어디서 왔는지에 대해서는 자기들이 알지 못한다고 말한다. 즉, 그리스도께서 하나님으로부터 받은 권세를 지니고 계신다는 것은 자기들은 알지 못하는 사항이라는 것이다. 그들은 악의와 편견으로 인해서 눈이 멀어 있었다. 실제로 그들은 인간으로서의 주님에 대해서는, 주님이 어디서 왔는지를 알고 있었다. 그들은 주님이 갈릴리 출신이고, 그의 아버지는 목수이며, 그의 어머니는 마리아라는 것을 알고 있었고, 그것이 그들에게 흔히 걸림돌이 되곤 하였었다. 그러나 그들은 주님께서 하나님으로부터 보내심을 받았다거나 하나님이 주신 권세를 지니고 계신다는 것에 대해서는 금시초문이라고 말한다. 하지만 그동안에 주님께서는 그 어떤 사람도 하지 못하였던 일들, 하나님의 권능이 아니고는 절대로 할 수 없는 일들을 행해 오셨기 때문에, 그들은 마음을 열기만 하였다면, 얼마든지 주님이 어디서 왔는지를 충분히 알 수 있었다. 그러나 그들은 하나님의 심판을 받아, 그들의 눈은 멀어 있었고, 그들의 마음은 완악해져 있었다. 그들은 참 빛이 자신들의 심령 속으로 들어오지 못하게 철저하게 차단하려고 자신들의 마음 문을 굳게 닫아걸었고, 주님이 어디서 왔는지를 알고 싶어 하지도 않았다.

30. 그 사람이 대답하여 이르되 이상하다 이 사람이 내 눈을 뜨게 하였으되 당신들은 그가 어디서 왔는지 알지 못하는도다.

　주님께서 누가 생각해도 눈을 뜨게 하는 효과가 있기는커녕 도리어 눈을 뜬 사람조차 멀게 하는 결과를 가져올 수도 있는 것으로 보였던 수단을 사용해서, 우연한 사고로 시력을 잃은 것이 아니라 모태에서 태어날 때부터 눈이 멀어 있었던 맹인을 눈 뜨게 하신 것은 하나님의 권능으로 된 것임은 삼척동자가 다 알 수 있을 만큼 명약관화한 사실이었기 때문에, 이 맹인이었던 사람은 이 바리새인들이 이 이적이 직접적으로든 간접적으로든 하나님의 권능에 의해서 이루어진 것임을 깨닫지 못하는 것을 이상하게 여겼다. 특히, 그리스도께서 세례 요한과 그의 제자들에게, 자기가 메시야라는 것을 확증하실 때(마 11:5), 이사야서 35:5-6에 나오는 메시야에 관한 예언에 의거해서 이러한 이적을 증거로 제시하셨다는 점에서, 이 바리새인들의 태도는 이상한 일일 수밖에 없었다.

31. 하나님이 죄인의 말을 듣지 아니하시고 경건하여 그의 뜻대로 행하는 자의 말은 들으시는 줄을 우리가 아나이다.

이 맹인은 그리스도께서 자기 눈을 뜨게 해 주셨기 때문에, 그는 하나님으로부터 보내심을 받으신 분이라고 말하기는 하였지만, 그리스도께서 하나님의 직접적인 권능을 힘입으셔서 이 이적을 행하셨다는 것과 큰 선지자로서 자기가 전한 말씀들을 확증하시기 위하여 하나님이 주신 그러한 권능을 사용하셨다는 것에 대해서는 알지 못하였다. 그는 "하나님이 죄인의 말을 듣지 아니하시고"라고 말하는데, 문제는 그가 한 이 말이 과연 참된 것이냐 하는 것이다. 하나님께서는 정말 죄인들의 말을 들어 주지 않으시는가? 만일 그렇다면, 하나님께서는 그 어떤 사람의 말도 들어 주지 않으시는 것이 된다. 왜냐하면, 인류 역사 속에서 하나님을 거슬러 범죄하지 않은 사람은 단 한 사람도 없기 때문이다. 하지만 하나님께서는 아합 같은 극악무도한 죄인들의 말도 들으셨다. 대답: (1) 우리는 여기에서 "죄인들"을 무지와 인간적인 연약함으로 말미암아 죄를 짓는 자들이 아니라, 완악한 심령으로 죄악에 물들어 살아가는 극악무도한 죄인들을 가리키는 것으로 이해하여야 한다. 즉, 여기에서 사용된 "죄인들"이라는 단어는 악의적으로 오만방자하고 뻔뻔스럽게 죄를 일삼는 죄인들을 가리킨다는 것이다. (2) 하나님은 죄인들의 말을 들으셔야 할 계약상의 의무가 없으시다. 따라서 죄인들은 하나님의 약속에 의거해서 그러한 은총을 요구할 수 없다. 그러나 하나님께서는 자신의 풍성하신 은혜로 말미암아 아합 같은 죄인들의 말을 들어 주신다. 하나님은 죄인들을 자신의 자녀로 여기시거나, 계약상의 어떤 의무로 인해서 죄인들의 말을 들으시는 것이 아니라, 자신의 피조물들인 그들이 곤경 속에서 부르짖을 때에 그들의 말을 들으시는 것일 뿐이다. (3) 여기에서 이 말은 구체적인 특별한 경우에 적용되고 있는 것으로 보인다. 즉, 이 맹인이었던 사람은 구체적으로 그리스도께서 자기에게 행하신 이적을 염두에 두고서, 그런 특별한 이적의 경우에만 제한해서 이 말을 적용하는 것으로 보인다는 것이다. 따라서 그가 여기에서 이 말을 한 취지는, 하나님께서는 흉악하고 파렴치한 죄인들에게 이적을 행하는 권능을 허락하셔서, 그들 자신이 말한 것들이 옳다는 것을 확증하는 데 사용하게 하시고, 그 죄인들을 높이시고 존귀하게 하시지 않으신다는 것이다. 이 맹인이었던 사람은 이러한 논거를 사용하여, 만일 그리스도께서 그들이 말한 것처럼 흉악한 죄인이라면, 하나님께서 그리스도에게 자기의 눈을 뜨게 할 수 있는 권능을 주셔서, 그리스도와 함께하심을 보여 주시고, 그리스도를 높이는 일을 하시는 것은 있을 수 없는 일이라는 논리로, 그리스도는 그런 흉악한 죄인이 아니라는 것을 증명하고자 한 것이었다.

　　이 맹인이었던 사람은 두 가지를 당연한 것으로 전제한다: (1) 우리가 엘리사의 경우에서 보았듯이(왕하 4:33), 기도를 통해서 하나님으로부터 권능을 얻지 않은 사람은 그 누구도 이적들을 행할 수 없다. (2) 그리스도께서는 이 이적을 하나의 인간으로서 행하셨다. 첫 번째 전제는 옳고, 두 번째 전제는 틀렸다. 이 맹인이었던 사람은 아직 그리스도의 신성을 알지 못하였고, 그리스도를 하나님의 보내심을 받아 하나님의 뜻을 사람들에게 나타내고 기도를 통해 세상에서 큰 일들을 행하는 선지자로 보았을 뿐이고, 이상의 존재로 보지는 않았다. 그는 이러한 확신을 바탕으로, 그들의 주장대로 만일 그리스도께서 흉악한 죄인이셨다면, 하나님께서는 그리스도의 말을 듣지 않으셨을 것이라고 단언한 것이다. 따라서 하나님께서는 어느 정도나 죄인들의 말을 들으시고, 그들이 구한 것들을 그들에게 공급해 주시는가 하는 것은 이 대목에서 다루기에 적절한 문제가 아닌 것으로 보인다. 물론, 시편 66:18("내가 나의 마음에 죄악을 품었더라면 주께서 듣지 아니하시리라")과 이사야 1:5 같은 성경 본문들은, 죄악된 삶 가운데 살아가는 자들은 하나님이 그들의 기도를 들으시거나 응답하실 것이라고 기대할 수 없다는 것을 분명하게 보여 주고, 설령 하나님께서 그런 죄인들이 구하는 세상적인 것들을 그들에게 주신다고 할지라도, 그것은 하나님이 그들에게 주신 어떤 약속 때문이 아니라, 단지 하나님의 차고 넘치는 은혜와 선하심 때문이라는 것을 보여 준다. 반면에, 어떤 사람이 하나님을 경외하고 의를 행하면, 하나님께서는 그의 말을 들으시고 열납하시며 응답해 주신다. 따라서 시편 25:14은 "여호와의 친밀하심이 그를 경외하는 자들에게 있음이여 그의 언약을 그들에게 보이시리로다"고 말하고, 잠언 3:32는 "대저 패역한 자는 여호와께서 미워하시나 정직한 자에게는 그의 교통하심이 있으며"라고 말한다.

32. 창세 이후로 맹인으로 난 자의 눈을 뜨게 하였다 함을 듣지 못하였으니.

맹인이었던 사람은 여전히 그리스도를 하나의 인간으로 보고 있기는 하지만(33절), 그리스도께서 행하신 이적의 성격을 근거로 해서, 그리스도가 하나님으로부터 보내심을 받은 분이라는 것을 증명한다. 왜냐하면, 주님께서 행하신 이적은 단순히 맹인의 시력을 회복시킨 것이 아니라, 날 때부터 맹인이었던 자의 눈을 뜨게 하여 볼 수 있게 한 것이었기 때문이다. 여기에서 그는 이런 일은 모세나 선지자들을 비롯해서 창세 이후로 그 누구도 행한 적이 없었던 것이라고 말한다. 사고 때문에, 또는 백내장 등과 같은 어떤 질병을 앓아서 시력을 잃게 된 사람들 중에는 나중에 시력을 되찾은 경우가 종종 있어 왔다. 그리고 하나님께서는 아마도 전능하시기 때문에, 날 때부터 맹인이었던 사람들을 고치실 수도 있으셨을 것이다. 그러나 우리는 우리가 그토록 칭송하고 공경하는 모세나 선지자들이 그런 일을 했다는 말을 단 한 번도 들어본 적이 없다.

33. 이 사람이 하나님께로부터 오지 아니하였으면 아무 일도 할 수 없으리이다.

맹인이었던 사람은 여전히 그리스도를 하나의 인간 이상으로 보지는 않으면서도, 그리스도께서 행하신 이적은 인간의 능력을 뛰어넘는 일이고, 하나님께서 사람들에게 맡기셨다고 하는 권세를 뛰어넘는 일이기 때문에, 만일 "이 사람"이 하나님으로부터 어떤 특별한 권세를 받지도 않았고, 하나님의 특별한 임재가 함께 하지 않았다면, 그는 이런 성격의 이적을 절대로 행할 수 없었을 것이라고 결론을 내리는 것으로 자신의 말을 마무리한다.

34. 그들이 대답하여 이르되 네가 온전히 죄 가운데서 나서 우리를 가르치느냐 하고 이에 쫓아내어 보내니라.

네가 온전히 죄 가운데서 나서. 바리새인들은 자신들이 무슨 수를 써서도 이 맹인이었던 사람을 회유하여, 그리스도께서 그에게 행하신 이적을 부인하거나 훼손시키는 증언을 얻어낼 수도 없고, 그리스도가 큰 죄인이라는 자신들의 주장에 동의하게 만들 수도 없다는 것을 알고서, 결국 "여기가 어디라고 너 같은 자가 감히 우리를 훈계하려 드느냐"고 격분하여 호통을 쳐서 그 맹인이었던 사람을 쫓아내 버린다. 그들은 그가 "온전히 죄 가운데서 났다"고 말하지만, 그 점에서는 그들도 모두 마찬가지였다. 다윗은 의인은 없고 단 한 명도 없다고 가르쳤고, 시편 51:5에서 자기 자신에 대하여 말하면서, 자기는 죄악 중에 잉태되었고, 자신의 어머니가 죄 가운데서 자기를 낳았다고 고백하였다. 또한, 그들은 욥을 통해서, 부정한 것에서 정한 것이 나올 수 없기 때문에(욥 14:4, "누가 깨끗한 것을 더러운 것 가운데에서 낼 수 있으리이까 하나도 없나이다"), 여자에게서 태어난 자는 아무도 정할 수 없다는 것을 배웠다.

따라서 바리새인들이 "네가 온전히 죄 가운데서 나서"라고 말한 것은 무엇인가 좀 더 특별한 의미를 지니고 있음에 틀림없는데, 아마도 "전부"를 의미하는 형용사 '홀로스'(ὅλος)가 그런 의미를 나타내고 있는 것으로 보인다(여기에서 우리는 이 형용사를 마치 '홀로스'[ὅλως]인 것처럼 취급하여 "온전히"로 번역하였다). 그들은 단지 이 맹인이었던 사람이 죄 가운데서 태어났다고 말하는 것이 아니라, "온전히" 죄 가운데 태어났다고 말한다. 즉, 그들은 단지 이 맹인이었던 사람도 아담의 타락으로 인해서 모든 인간이 하나님의 형상을 잃어버리고 부패한 인성을 지니고서 태어났다는 의미가 아니라, 어떤 극악무도하고 흉악한 죄 가운데서 태어났다는 의미로 이렇게 말한 것이었다. 그렇다면, 어떻게 그들은 이 사람이 태어나기도 전에 그런 극악무도하고 흉악한 죄를 지었다고 생각할 수 있었던 것일까? 대답: 이교도 철학자들 중의 한 사람이었던 피타고라스(Pythagoras)는, 사람이 죽으면, 그 영혼이 다른 육신을 입고 다시 태어나서, 이전의 육신을 입고 있었을 때에 저지른 흉악한 죄악들로 인한 벌을 받게 된다는 환생설을 믿었다. 그런데 헤롯이 세례 요한을 참수한 후에, 그리스도께서 큰 이적들을 행하신다는 말을 듣고서, "이는 세례 요한이라 그가 죽은 자 가운데서 살아났으니 그러므로 이런 능력이 그 속에서 역사하는도다"라고 말한 것을 보면(마 14:2; 막 6:14), 유대인들 가운데서도 피타고라스의 환생설을 믿은 사람들이 꽤 있었던 것으로 보인다. 최고의 해석자들은 헤롯의 이 말은 세례 요한의 영혼이 다른 육신으로 들어가서 다시 환생하였다는 이교적인 사상을 담고 있는 것으로 생각한다. 왜냐하면, 만일 헤롯이 세례 요한이 죽은 자 가운데서 육체로 부활하였다고 생각한 것이었다면, 그는 얼마든지 쉽게 세례 요한의 무덤을 파내어 그 시신이 있는지 없는지를 확인할 수 있었을 것이기 때문이다.

그러므로 우리는 여기에서 바리새인들도, 이 맹인이었던 사람이 전생에서 가증스럽고 사악한 죄악들을 행하여서, 그 영혼이 정말 더럽고 추악하였기 때문에, 하나님께서 그 영혼이 다른 몸으로 다시 태어날 때, 그 모태에서 이 사람의 눈을 멀게 하셔서, 날 때부터 맹인이 되게 하신 것이라는 뜻으로, "네가 온전히 죄 가운데서 나서"라고 말한 것이라고 볼 수 있다. 그렇지 않다면, 이 말은 바리새인들이 이 맹인이었던 사람의 말에 분노하여 이성을 잃고, 제대로 그 의미를 설명할 수도 없는 이런 말로 욕을 한 것이라고 할 수 있을 것이다. 분노한 사람들은 혈기가 충천하여 이성을 잃고 아무 말이나 되는 대로 욕을 쏟아내기 때문에, 그렇게 욕하는 말들은 그들 자신이나 다른 사람들이 이성적으로 제대로 설명할 수 없는 경우가 비일비재한 법이다.

우리를 가르치느냐. 너는 전생에 흉악한 죄인이어서 모태로부터 맹인이 되어 태어난 자이고, 아무것도 모르는 백치인 자인데, 그런 네가 하나님께 속한 참 선지자와 그렇지 않은 거짓 선지자를 어떻게 구별해야 하는지에 대해서 우리를 가르치는 것이 너의 처지에 합당하다고 생각하는 것이냐? 우리는 너의 선생들이 될 수 있지만, 네가 우리에게 선생 노릇을 할 수 없다는 것은 너무나 자명하다. 이에 쫓아내어 보내니라. 어떤 이들은 여기에서 "쫓아내었다"는 것은, 사도행전 7:58; 13:50 등에서 사용된 이 단어의 일반적인 용법처럼, 단순히 그들이 있던 자리에서 그를 쫓아내었다는 것을 의미하는 것이라고 생각한다. 하지만 어떤 이들은 이 단어가 여기에서는 이 바리새인들이 맹인이었던 사람을 유대 교회로부터 출교시켰다는 것을 의미하는 것으로 이해한다. 나중에 우리 구주께서 이 소식을 듣고서, 이 맹인이었던 사람을 만나신 것을 보면, 바리새인들이 이 사람을 "쫓아내었다"는 것은 후자였을 가능성이 많아 보인다. 왜냐하면, 만일 바리새인들이 단지 그 자리에서 이 사람을 쫓아낸 것이었다면, 이렇게 소동이 벌어져서, 이 소식이 주님의 귀에까지 들어갔을 가능성은 희박하였을 것이기 때문이다.

35. 예수께서 그들이 그 사람을 쫓아냈다 하는 말을 들으셨더니 그를 만나사 이르시되 네가 인자를 믿느냐.

"예수께서" 앞 절에서 말한 대로 "그들이 그 사람을 쫓아냈다 하는," 즉 출교시켰다는 "말을 들으셨더니," "그를 만나사" (우연히 만나신 것인지, 아니면 일부러 찾으신 것인지는 성경이 말하지 않는다) "이르시되 네가 인자를 믿느냐"고 하셨다. 너는 "인자"이실 뿐만 아니라 하나님의 아들이시기도 한 메시야이자 세상의 구주이신 이를 진심으로 영접할 준비가 되어 있느냐? 너는 그 메시야를 기꺼이 받아들이고 영접하여 가까이 하고, 네 모든 것을 다 바쳐서 온전히 그에게 순종하고자 하느냐?

36. 대답하여 이르되 주여 그가 누구시오니이까 내가 믿고자 하나이다.

이 맹인이었던 사람은 이렇게 말한 것이나 다름없었다: 주여, 누가 메시야이신지도 듣지 못하였는데, 내가 어떻게 그를 믿겠습니까? (바울이 에베소에서 어떤 제자

들을 만나서 성령을 받았느냐고 묻자, 그들은 "우리는 성령이 계심도 듣지 못하였
노라"[행 19:2]고 대답하였다.) 그러나 주여, 누가 메시야이신 줄을 알기만 한다면,
나는 기꺼이 그를 믿을 준비가 되어 있습니다. 우리 주님께서는 앞에서 이 맹인이
었던 사람이 자기를 받아들일 수 있도록 이미 그의 마음을 준비시켜 놓으신 후에, 여
기에서 이렇게 물으신 것이었기 때문에, 이제는 누가 메시야인지를 그에게 알려 주
시는 것만 남아 있었고, 다음 절에서 실제로 그렇게 하신다.

37. 예수께서 이르시되 네가 그를 보았거니와 지금 너와 말하는 자가 그이니라.

주님께서 "네가 그를 보았거니와 지금 너와 말하는 자가 그이니라"고 말씀하신
것은 "내가 그이니라"고 말씀하신 것이었다. 너는 육안으로 그를 보았을 뿐만 아니
라, 그가 날 때부터 맹인이었던 너의 눈을 뜨게 해 주실 때, 하나님으로서의 그의 권
세와 능력을 이미 맛보았다. 여기에서 "보았다"는 것은 요한복음 14:9에서 주님께서
서 "빌립아 내가 이렇게 오래 너희와 함께 있으되 네가 나를 알지 못하느냐 나를 본
자는 아버지를 보았거늘 어찌하여 아버지를 보이라 하느냐"고 말씀하셨을 때와 동
일한 의미이다. 여기서 극히 주목할 만한 것은 이적들은 믿음을 생성해 내는 것이
아니라 확증해 주는 것이라는 사실이다. 이 맹인이었던 사람은 주님께서 자기에게
베푸신 이적을 이미 경험하였지만, 주님이 오셔서 말씀으로 그에게 계시해 주실 때
까지는 믿음을 지니고 있지 않았다: "믿음은 들음에서 나며 들음은 그리스도의 말
씀으로 말미암았느니라"(롬 10:17). 그러나 이 말씀을 통해서 우리가 알아야 할 다
른 한 가지는, 이 말씀을 하실 때에 그리스도에게서 흘러나온 강력한 능력이 이 사
람의 내면을 조명해 주었고, 이 사람으로 하여금 주님이 하신 말씀이 참되다는 것
을 깨닫게 해 주었으며, 더욱더 자원해서 주님을 영접하여 주님과 동행하고자 하는
마음을 불러일으켰다는 것이다.

38. 이르되 주여 내가 믿나이다 하고 절하는지라.

이 맹인이었던 사람의 심령 속에서는 이제야 능력의 믿음의 역사가 일어나서, 그
는 이렇게 고백한다: 주여, 내가 당신을 하나님의 아들로 인정하고 영접합니다. 나
는 당신이 당신의 외적인 모습 이상의 존재이고, 단순한 사람 이상의 존재라는 것
을 온전히 확신하고서, 이렇게 내 자신을 당신께 전적으로 드려서, 당신의 다스리
심과 인도하심을 받고자 합니다. 그리고 그는 자신의 이러한 고백에 대한 외적인
증표로서, 주님 앞에서 엎드려 경배하는 모습을 보인다. 여기에서 "절한다"는 것은
엎드려 머리를 조아리는 것을 의미한다. 이 사람은 주님 앞에 무릎을 꿇거나 땅에

엎드렸다. 우리는 그가 주님을 경배하기 위하여 구체적으로 어떤 자세를 취하였는 지는 알 수 없지만, 그의 자세가 오직 하나님께만 합당한 경배와 예를 주님께 올리 기 위한 것이었다는 것은 두말할 필요가 없다. 왜냐하면, 그는 바로 앞에서 주님을 하나님으로 믿는다고 고백하였고, 지금 자신의 그러한 고백을 외적으로 표현하기 위하여 그런 경배의 자세를 취한 것이었기 때문이다. 따라서 여기에서 "절하다"로 번역된 헬라어는 윗사람에게 예를 갖추어 인사하는 것을 가리키는 데 종종 사용된 다고 하더라도, 전후맥락을 고려할 때, 우리는 이 본문에서는 이 단어를 그런 의미 로 해석해서는 안 된다.

39. 예수께서 이르시되 내가 심판하러 이 세상에 왔으니 보지 못하는 자들은 보 게 하고 보는 자들은 맹인이 되게 하려 함이라 하시니.

여기에서 "심판한다"는 것이 무엇을 의미하느냐를 놓고 해석자들 사이에서는 의 견이 분분하다. 어떤 이들은 하나님께서 작정하시고 계획하신 것들을 집행한다는 것을 의미하는 것이라고 생각한다: 나는 내 아버지의 의로우신 뜻과 계획과 기뻐하 시는 일을 수행하기 위하여 이 세상에 왔다. 그리고 그 결과는 "보지 못하는 자들" 은 보게 되고, "보는 자들"은 어떤 의미에서 맹인이 되는 것이다. 어떤 이들은 단죄 하는 것을 의미하는 것으로 본다: 나는 사람들을 단죄하여 심판하는 일을 수행하기 위하여 이 세상에 왔다. 그러나 "심판한다"는 것을 후자의 의미로 이해하는 경우에 는, 요한복음 3:17에서 "하나님이 그 아들을 세상에 보내신 것은 세상을 심판하려 하심이 아니요 그로 말미암아 세상이 구원을 받게 하려 하심이라"고 말한 것과 서 로 상충된다. 따라서 여기에서 "심판한다"는 것은 그리스도께서 하나님의 위임을 받아 온전히 정의롭고 공평하게 이 세상을 영적으로 다스리시는 것을 가리키는 것 으로 보는 견해가 최선의 해법이다.

그리고 그리스도께 위임된 이러한 영적인 다스림 가운데서 가장 두드러진 일 중 의 하나는 믿음의 법인 복음을 널리 전파하시는 것이었고, 그 결과, 영적으로 눈이 멀어서 영생으로 통하는 길을 도무지 볼 수 없었던 많은 사람들이, 날 때부터 맹인 이었던 이 사람이 지금은 그 눈이 떠여져서 밝게 볼 수 있게 되었듯이, 영적으로 눈 을 떠서 구원을 가져다주는 진리를 알게 될 것인 반면에, 자기가 본다고 생각하는 자들은 자신들의 완악함과 불신앙으로 인하여 태어날 때보다도 더 눈이 멀게 될 것 이다. 하지만 그들이 더욱더 눈이 멀게 되는 것은 내가 그들에게 악영향을 끼치기 때문이 아니라, 그들의 눈이 병들어 있기 때문이다. 나는 "세상의 빛"이다(요 9:5).

빛은 다른 물체들을 사람들의 눈에 보이게 해 주는 성질을 지니고 있고, 사람의 눈에 병이 나서 볼 수 없게 된 경우가 아니라면, 반드시 그러한 효과를 내는 것과 마찬가지로, 내가 나의 복음의 빛을 세상에 비출 때, 내 아버지께서 정하신 나로 말미암는 구원의 길(행 3:18, "하나님이 모든 선지자의 입을 통하여 자기의 그리스도께서 고난 받으실 일을 미리 알게 하신 것을 이와 같이 이루셨느니라")은 어둠과 사망의 그늘 아래 앉아 있던 많은 심령들에게 아주 분명하게 보여지게 된다. 이것이 당연한 일인데도, 사람들이 더욱더 눈이 멀게 되는 이유는, 사람들이 이 세상에 빛을 비추는 나와 내 복음에 대한 잘못된 편견들로 인하여, 지독한 무지와 악의와 증오로 나와 나의 가르침을 반대하고 배척함으로써, 결국 그들 자신의 패역함과 거기에 대한 하나님의 의로우신 심판으로 말미암아 미혹에 넘겨져서 어둠 속으로 더욱더 깊이 빠져들게 되기 때문이다. 그런 의미에서 이 본문은 이사야 선지자가 "그가 성소가 되시리라 그러나 이스라엘의 두 집에는 걸림돌과 걸려 넘어지는 반석이 되실 것이며 예루살렘 주민에게는 함정과 올무가 되시리니 많은 사람들이 그로 말미암아 걸려 넘어질 것이며 부러질 것이며 덫에 걸려 잡힐 것이니라"(사 8:14-15)고 예언한 말씀이나, 시므온이 성전에서 아기 예수를 만나서 "보라 이는 이스라엘 중 많은 사람을 패하거나 흥하게 하며 비방을 받는 표적이 되기 위하여 세움을 받았고"(눅 2:34)라고 말한 것이나, 로마서 9:33에서 바울이 "기록된 바 보라 내가 걸림돌과 거치는 바위를 시온에 두노니 그를 믿는 자는 부끄러움을 당하지 아니하리라 함과 같으니라"고 말한 것과 일치한다.

40. 바리새인 중에 예수와 함께 있던 자들이 이 말씀을 듣고 이르되 우리도 맹인인가.

바리새인들은 우리 구주를 고발할 빌미를 얻기 위하여, 주님께서 가시는 곳마다 거의 다 따라다녔는데, 주님께서 "내가 심판하러 이 세상에 왔으니 보지 못하는 자들은 보게 하고 보는 자들은 맹인이 되게 하려 함이라"고 말씀하시자, 그것이 날 때부터 맹인이었던 사람은 지금 육신적으로도 눈이 떠져서 잘 볼 수 있게 되었을 뿐만 아니라, 영적으로도 빛을 받아서, 그리스도께서 하나님의 아들이시고, 참 메시야이자 세상의 구주시라는 것도 분별하게 되었기 때문에, 보지 못하던 자들이 그리스도의 오심으로 말미암아 보게 된 자들의 한 예인 반면에, 그들 자신과 그들의 선생들은 보는 자들로 자처하지만 그리스도의 오심으로 맹인이 되어 버린 자들에 속한다는 의미라는 것을 알아차렸다. 왜냐하면, 우리 구주께서는 자주 그들을 맹인이라고 부르셨고, 무리들에게도 그들이 맹인이라고 말씀하셨기 때문이다: "그냥 두라 그들은 맹인이 되어 맹인을 인도하는 자로다 만일 맹인이 맹인을 인도하면 둘이 다 구덩이에 빠지리라"(마 15:14; 눅 6:39). 그러자, 그들은 그들 자신을 유대 교회의 지극히 큰 빛들인 존재로 자부하고 있었고, 그 자부심이 대단하였기 때문에, 그런 자신들을 주님이 맹인들이라고 부른 것에 대하여 격분하였다.

41. 예수께서 이르시되 너희가 맹인이 되었더라면 죄가 없으려니와 본다고 하니 너희 죄가 그대로 있느니라.

너희가 맹인이 되었더라면. 만일 너희가 무엇을 안다고 생각하지 않고, 무지하다는 것을 있는 그대로 인정하였다면, 너희는 너희가 눈 먼 것이 불치병이 아니고, 너희의 죄도 사함을 받을 수 있다는 것을 알았을 것이다. 이렇게 "너희가 맹인이 되었더라면"은 후반절에 나오는 "본다고 하니"와는 반대되는 의미이다. 실제로 그들은 눈이 멀어서, 그리스도를 제대로 보고 참된 구원을 얻지도 못하였고, 그리스도를 믿는 믿음으로 말미암은 구원의 참된 길도 보지 못하였던 반면에, 그리스도 없이 율법의 행위로 말미암은 구원의 길을 자신들이 제대로 보고 있다고 여겼고, 그들에게 비쳐진 복음의 영광스러운 빛에 대해서는 의도적으로 눈을 감아 버렸다. 죄가 없으려니와. 너희가 무지하다는 것을 스스로 볼 수 있었다면, 지금과 같이 이렇게 많은 죄가 너희에게 있지는 않았을 것이다. 너희의 무지도 죄인 것은 마찬가지였겠지만, 빛에 대하여 의도적으로 눈을 감아 버린 것보다는 훨씬 작은 죄였을 것이다.

본다고 하니. 그런데 너희는 지금 너희가 보고 있다고 생각하고서, 율법을 아는 지식을 자랑하며, 오직 너희만이 구원의 참된 길을 보고 있다고 여기고, 그러한 전제 위에서 구원의 교훈을 가르치는 복음을 배척하고 있다. 너희 죄가 그대로 있느니라. 너희는 사실은 보지 못하는 맹인인데도, 마치 너희 자신이 보고 있는 것처럼 착각하고 있기 때문에, 죄 아래 갇혀 있을 뿐만 아니라, 너희 죄가 사함을 받지 못하고 너희 위에 그대로 머물러 있다. 이것은 사람이 자신의 죄를 제대로 보고서, 자기를 자랑하거나 의지하는 것에서 벗어나서, 죄 사하심과 고쳐 주심을 바라고 그리스도께 자기 자신을 맡김이 없이는, 하나님 안에 있는 모든 긍휼하심으로부터 오는 죄 사하심과 용서하심을 기대할 수 없다는 것을 우리에게 가르쳐 준다.

제10장

개요

1. 그리스도께서 자기는 문이고 선한 목자라고 선언하심(1-18).

2. 그리스도에 관한 여러 견해들(19-21).

3. 예수께서 자기가 그리스도라는 것을 자신이 하신 일들을 통해서 유대인들에게 증명하시고, 자기는 아버지 하나님과 하나라는 것을 역설하심(22-30).

4. 유대인들이 그리스도를 돌로 치려 하고, 그리스도께서는 자신의 가르침이 옳다는 것을 보이심(31-38).

5. 그리스도께서 유대인들을 피하여 요단 강 너머로 가시고, 거기에서 많은 사람들이 그리스도를 믿음(39-42).

1. 내가 진실로 진실로 너희에게 이르노니 문을 통하여 양의 우리에 들어가지 아니하고 다른 데로 넘어가는 자는 절도며 강도요.

여기서부터 30절까지 이어지는 이 유명한 비유에서, 우리 구주께서는 크게 두 가지를 말씀하시고자 하시는 것으로 보인다: (1) 자기가 참된 목자라는 것을 증명하는 것. (2) 당시의 바리새인들과 랍비들은 절도이고 강도들이라는 것을 증명하는 것. 팔레스타인 지역에서는 양의 우리가 집의 형태로 되어 있어서, 그 우리 속으로 들어갈 때에는 "문"을 통해서 들어가야 했던 것으로 보인다. 하지만 여기에서 "양의 우리"는 하나님의 백성이 한데 모여 있는 하나님의 집을 가리키는 것임은 의심의 여지가 없다. 또한, 여기에서 "문"은 주님께서 9절에서 친히 말씀하시듯이, 그리스도 자신을 가리키는 것으로 보이지만, 좀 더 일반적으로 말해서, 하나님께서 자신의 교회를 담당할 자들이 들어가도록 정해 놓으신 길을 가리키는 것으로 볼 수도 있을 것이다. 그리스도는 참된 "목자"이심과 동시에 양의 우리의 "문"이시다. 하나님의 교회를 돌보고 이끌며 다스리시는 일이 그리스도께 속하고, 그의 어깨 위에 짊어져 있다는 점에서, 그리스도는 "목자"이시다. 아울러, 그리스도는 아버지 하나님께서 목자장으로 세우셨고, 하나님의 교회에서 양무리를 가르치거나 치리하는 모든 자들에게 주어진 권세와 능력의 원천이 바로 그리스도라는 의미에서, "문"이시다.

이제 우리 구주께서는 이렇게 말씀하신다: 하나님의 교회 속으로 들어가는 자는 누구든지 참된 "문"인 나를 통해서 들어가야 하기 때문에, 즉 하나님의 교회와 관련된 모든 권세와 능력을 목자장인 나로부터 받아야 하기 때문에, 내 아버지나 나의 부르심이나 보증 없이 교회를 돌보고 이끌며 치리하는 일에 뛰어드는 자들은 "절도며 강도"일 수밖에 없다. 왜냐하면, 양의 우리에 문으로 들어가지 않고 다른 데로 넘어가는 자는 그 자체가 그의 목적이 양들을 먹이는 데 있지 않고 자기 자신을 먹이는 데 있으며, 오직 사사로운 이득을 얻기 위한 목저으로 양의 우리 속으로 들어간다는 것을 보여 주는 것이기 때문이다.

2. 문으로 들어가는 이는 양의 목자라.

사도는 그리스도께서 참된 대제사장이시라는 것을 증명하는 데 바로 이 논거를 사용해서, "이 존귀는 아무도 스스로 취하지 못하고 오직 아론과 같이 하나님의 부르심을 받은 자라야 할 것이니라 또한 이와 같이 그리스도께서 대제사장 되심도 스스로 영광을 취하심이 아니요 오직 말씀하신 이가 그에게 이르시되 너는 내 아들이니 내가 오늘 너를 낳았다 하셨고"(히 5:4-5) "너는 멜기세덱의 서열을 따라 영원한 제사장이라"(시 110:4) 하셨기 때문에 된 것이라고 말한다. 양의 우리인 교회는 하나님의 "기업" 또는 하나님의 "소유가 된 백성"이라 불렸는데(벧전 2:9), 하나님은 그 양의 우리의 "문"이셨고, 목자장이신 그리스도께서는 바로 그 문이신 하나님을 통하여 양들 속으로 들어가셨다. 하나님께서는 그리스도를 "교회의 머리"(엡 5:23)로 삼으셨다. 성경에서는 이것을 위하여 하나님께서 그리스도를 이 땅에 보내셨다고 말하고, 그리스도께서는 자기는 아버지 하나님께서 보내신 자라는 것을 우리에게 자주 각인시켜 주신다. 그리고 목자들은 목자장이신 그리스도로부터 나와야 한다. 그리스도를 이 땅에 보내신 아버지 하나님의 뜻이 그리스도의 "문"이었던 것과 마찬가지로, 다른 목자들을 파송하심에 있어서 그리스도의 뜻은 그들의 "문," 즉 그들이 그리스도의 양 무리를 치는 일을 적법하게 해 주는 유일하게 참된 길이다.

주님께서는 요한복음 20:21에서 "아버지께서 나를 보내신 것 같이 나도 너희를 보내노라"고 말씀하신다. 두 종류의 파송이 존재하는데, 그 중 하나는 요한복음 20:21에 언급된 아주 특별한 것으로서, 그리스도께서 자신의 사도들을 파송하신 것이 여기에 해당한다. 사도들과 복음의 첫 일꾼들은 그런 식으로 파송을 받았다. 요한복음 20:22을 보면, 그리스도께서는 "그들을 향하사 숨을 내쉬며 이르시되 성령을 받으라"고 하셨다. 또한, 사도행전 2:17에는 주님께서 오순절 날에 이 첫 번째 목자들에게 약속하신 성령을 주셔서 파송하시는 장면이 한층 더 생생하게 묘사되어 있다. 다음으로는, 좀 더 통상적인 파송이 있다. 사도 바울은 이러한 파송과 관련된 하나님의 뜻을 전하면서, 디모데후서 2:2에서 디모데에게 "네가 많은 증인 앞에서 내게 들은 바를 충성된 사람들에게 부탁하라 그들이 또 다른 사람들을 가르칠 수 있으리라"고 말한다. 이러한 하나님의 뜻을 따라, 사도들은 "각 교회에서 장로들을 택하였다"(행 14:23). 또한, 바울은 디도에게 "내가 너를 그레데에 남겨 둔 이유는 남은 일을 정리하고 내가 명한 대로 각 성에 장로들을 세우게 하려 함"이라고 말하였다(딛 1:5). 하나님의 교회에 들어가서 어떤 직분을 담당하여 양들을 먹이고 치리하는 자들은, 하나님께서 정해 놓으신 문을 통과해서 양의 우리 속으로 들어갔을 때에만, 참된 목자들이다. 그리스도가 목자장이시고, 양의 우리 속으로 들어가는 문이자 길이시라는 것, 최초의 복음 전도자들을 그리스도께서 친히 오순절에 성령을 부어 주셔서 파송하셨다는 것은, 신구약성경을 믿는 사람이라면, 의문이 있을 수 없다.

이 본문은 하나님의 교회 속으로 적법하게 들어가서 참된 목자가 되고자 하는 자들은 누구든지 하나님 또는 그리스도로부터 부르심을 받고 "문"으로 들어가야 한다는 것을 잘 보여 준다. 즉, 교회의 사역자들은 하나님으로부터 특별한 부르심을 받거나, 그리스도께서 친히 자신의 입을 통해서, 또는 하늘로 올라가시면서 자신의 교회를 맡기신 사도들의 입을 통해서 말씀하신 방법과 질서를 따라 부르심을 받아야 한다는 것이다. 이것은 모든 사역자들이 반드시 가장 먼저 살펴보아야 하는 것이다. 우리는 하나님께서 자기 교회를 다루시는 전 과정을 통해서, 교회가 부패하고 타락하여 하나님이 정해 놓으신 규범으로부터 현저하게 이탈한 경우에는, 특별한 부르심을 통해서 어떤 사람들을 교회로 파송하여 들어보내셨다는 것을 본다. 성경의 일부가 된 글들을 쓴 선지자들이 그랬고, 사도들이 그랬으며, 최초의 복음의 일꾼들이 그랬다. 또한, 독일을 비롯한 여러 나라들에서 활동하였던 우리의 최초의 종교개혁자들이 그랬다고 할 수 있다. 우리는 그들이 그 어떤 이적도 행할 수 없었다고 해서, 색안경을 끼고 그들을 바라보아서는 안 된다. 옛적의 선지자들도 두셋을 제외하고는 대체로 그 어떤 이적도 행하지 않았다. 하지만 대부분의 사람들이 하나님을 떠나 현저하게 타락하고 부패하였던 때에, 그들이 하나님의 뜻을 충성되게 선포하고, 사람들에게 하나님의 율법으로 돌아오도록 호소하였으며, 담대한 심령으로 자신들의 그러한 사역을 감당하였다는 것 자체가, 하나님이 그들을 보내셨다는 것을 보여 주는 충분한 증거였다. 그러나 이 본문은 교회 속으로 들어오는 모든 참된 목자는 올바른 방식으로, 즉 문을 통해서 들어와야 한다는 일반적인 진리만을 선언하고 있을 뿐이다. 양들의 목자장이신 그리스도께서 아버지 하나님의 파송을 받아 하나님의 교회를 돌보셨듯이, 하나님의 교회의 모든 목자들도 아버지 하나님께서 양의 우리의 "문"으로 정하신 분이신 그리스도의 파송을 받아야 하고, 그리스도께서 지시하신 것들을 따라 교회의 모든 일들을 치리하여야 한다.

3. 문지기는 그를 위하여 문을 열고 양은 그의 음성을 듣나니 그가 자기 양의 이름을 각각 불러 인도하여 내느니라.

"문지기"는 하나님을 가리키는 것으로 이해되거나, 좀 더 구체적으로는 삼위일체 하나님의 역사에 있어서의 질서를 고려해서, 사람들의 마음 문을 열어 목자장이신 예수 그리스도를 영접하게 하시는 성령을 가리키는 것으로 이해된다. "양들"은 목자이신 그리스도의 음성을 절도와 강도의 음성과 구별할 수 있다. 아마도 팔레스타인 지역에서는 목자들이 양들이 알아들을 수 있는 특정한 단어들과 어구들을 사용하였고, 양들은 그러한 지시를 내리는 목자들의 음성을 따라 움직였던 것 같다. 어떤 이들은 우리가 우리의 개나 말을 이름으로 부르듯이, 목자들도 자신의 양들을 각각 다른 이름으로 불렀고, 각각의 양들도 목자들이 자신의 이름을 부르는 것을 알아들었을 것이라고 생각한다. 그렇지 않다면, 이것은 단지 그리스도께서 자신의 양에 속하는 모든 사람들을 일일이 다 구체적으로 알고 계신다는 것을 나타내는 것이다. "양은 그의 음성을 듣는다"는 것은 영들과 가르침들을 분별하는 은사를 의미하는 것으로서, 이 은사는 최초의 복음 사역자들에게 뚜렷하게 주어졌을 뿐만 아니라, 믿는 자들에게도 일정 정도 주어져서, 그들은 모든 일에서 하나님의 참된 뜻이 무엇인지를 완벽하고 틀림없이 분별할 수는 없었다고 할지라도, 상당한 정도로 그렇게 할 수 있어서, 위험천만하고 끔찍한 오류들 속으로 빠져들어서 자신의 영혼을 망치는 일을 통상적으로 피할 수 있었다. 우리 구주께서는 참된 목자는 양들을 "인도하여 낸다"고 말씀하신다. 즉, 양들을 초장으로 인도하여 좋은 꼴을 먹인다는 것이다.

이 본문은 목자장이신 그리스도를 기가 막히게 잘 묘사한 말씀이다: 주님께서 이 세상에 오셨을 때, 하나님께서는 자신의 교회의 문을 주님께 열어 주셨기 때문에, 주님은 많은 사람들, 특히 유대 교회의 건축자들과 지도자들에 의해서 배척을 받기는 하셨지만, 동시에 많은 사람들에 의해서 영접을 받으셨고, 큰 무리가 주님을 따랐으며, 많은 사람들이 진심으로 주님을 믿고 주님의 음성을 들었다. 주님께서는 진정으로 자신의 양인 자들을 일일이 다 구체적으로 알고 계셨기 때문에, 나다나엘이 무화과나무 아래에 있는 것도 아셨다. 주님은 자기 양들을 푸른 초장으로 이끌고 나가서, 그들에게 천국 복음을 전하시고, 생명과 구원의 길을 보여 주셨다. 이것은 진정으로 주님에 의해서 부르심을 받은 모든 목자들에게도 일정 정도 해당된다. 하나님께서는 그 목자들에게 문을 열어 주셔서 자기 백성에게 나아가게 하시고, 주님의 참된 양들은 그 목자들의 음성을 듣고, 그들이 전하는 진리를 받아들인다. 주님께서는 자신의 양들을 그 목자들에게 맡기셨기 때문에, 목자들은 그 양들을 주님께로 인도하고, 주님의 복음을 받아들이게 한다. 또한, 목자들은 거룩하고 참된 가르침을 전하는 것은 물론이고, 거룩한 삶과 행실을 보여, 양들을 이끌어야 한다.

4. 자기 양을 다 내놓은 후에 앞서 가면 양들이 그의 음성을 아는 고로 따라오되.

오늘날 우리나라에서는 일반적으로 양들이 먼저 앞서 가고 목자들은 뒤따라가는 것이 보통이다. 하지만 프랑스 같은 다른 나라들에서는 우리와는 정반대로, 목자들이 양들보다 앞서 가면서 양들에게 특정한 음성들로 신호를 보내면, 양들은 목자들을 뒤따라간다. 유대인들이 살던 당시의 팔레스타인 지역에서는 목자들이 양들보다 앞서 갈 때도 있고, 먼저 양들을 앞서 가게 한 후에 뒤따라가는 경우도 있었던 것으로 보인다. 다윗은 자기가 아버지의 양들을 따랐다고 말한다(삼하 7:8; 시 78:71). 반면에, 시편 80:1에서는 "요셉을 양 떼 같이 인도하시는 이스라엘의 목자여"라고 노래함으로써, 목자들이 양 떼를 인도하듯이, "이스라엘의 목자"이신 하나님이 요셉을 그런 식으로 인도하고 계신다고 말한다. 또한, 시편 기자는 하나님을 자신의 목자라고 말하면서, "그가 나를 푸른 풀밭에 누이시며 쉴 만한 물 가로 인도하시는도다"라고 노래한다(시 23:1-2).

그리스도께서는 여기에서 자기는 목자인데, 자기 양들보다 앞서 가면, 양들이 자기 뒤를 따라온다고 말씀하심으로써, 교회의 모든 신실한 목회자들의 의무가 무엇인지를 우리에게 알게 해 주신다. 즉, 목회자들은 자신에게 맡겨진 양 떼가 자기를 안전하게 따라올 수 있도록 앞서 가는 삶을 살아야 하는데, 그것은 목회자들이 먼저 그리스도를 따라가야만 가능한 일이다: "내가 그리스도를 본받는 자가 된 것 같이 너희는 나를 본받는 자가 되라"(고전 11:1). 우리 구주께서는 나의 참된 양인 자들은 내 음성을 안다고 말씀하신다. 이렇게 주님의 참된 양들이 주님의 음성을 아는 것은 주님께서 모든 참된 신자들에게 진리와 저주 받을 오류들을 분별할 수 있는 능력을 주시기 때문이다. 요한일서 2:26-27에서는 "너희를 미혹하는 자들에 관하여 내가 이것을 너희에게 썼노라 너희는 주께 받은 바 기름 부음이 너희 안에 거하나니 아무도 너희를 가르칠 필요가 없고 오직 그의 기름 부음이 모든 것을 너희에게 가르치며 또 참되고 거짓이 없으니 너희를 가르치신 그대로 주 안에 거하라"고 말한다.

5. 타인의 음성은 알지 못하는 고로 타인을 따르지 아니하고 도리어 도망하느니라.

주님께서는 앞 절에서 "양들이 그의 음성을 아는 고로 따라온다"는 말씀을 여기에서도 계속해서 좀 더 자세하게 설명하시면서, 자기 양들은 자신들을 진리의 길이 아니라 거짓된 길들로 인도하는 자들을 따라가지 않는데, 그것은 자기 양들이 그런 음성들을 알지 못하기 때문이라고 말씀하신다. 여기에서 한 가지 질문이 생겨난다: 하나님의 택함 받은 자들, 즉 진정으로 하나님의 부르심을 받아서 그리스도를 믿은 자들은 가장 엄격한 의미에서 그리스도의 양들이라고 할 수 있는데, 그런 자들은 미혹되어서 오류들 속으로 빠져들지도 않고 거짓 목자들에 의해서 잘못된 길들로 이끌려가지도 않는다는 것인가? 대답: 첫째로는, 신자 개개인과 신자 전체를 구별하여야 한다. 양무리가 함께 있으면서 참된 목자의 음성을 따르더라도, 그 중의 몇몇은 길을 잃고 헤매는 것과 마찬가지로, 신자들의 무리는 그리스도의 진리와 가르침을 지키며 살아가지만, 그 중의 몇몇은 미혹을 받을 수 있고 미혹하는 자들에게 이끌려서 거짓된 길들로 빠져들 수 있다. 둘째로는, 평범한 오류들과 저주 받을 오류들을 구별하여야 한다. 저주 받을 오류들이라는 것은 신자가 그 오류를 계속해서 끈질기게 붙잡고 있게 되면, 그 영혼이 그리스도로부터 떨어져 나가서 결국 멸망에 이르게 되는 오류들을 뜻한다. 그리스도의 양들은 참된 목자의 신령한 음성을 모방하여 흡사한 소리를 내는 미혹하는 자들을 잠시 따라갈 수는 있지만, 그런 자들을 계속해서 따라가서 저주 받을 오류들 속으로 빠져들어 영원한 멸망에 이르게 되지는 않는다. 셋째로, 그리스도의 양들도 저주 받을 거짓된 것들을 말하는 미혹하는 자들의 음성을 들을 수는 있지만, 그것은 어디까지나 잠시 동안일 뿐이고, 하나님께서는 그들을 다시 되돌려 놓으신다. "내가 그들에게 영생을 주노니 영원히 멸망하지 아니할 것이요 또 그들을 내 손에서 빼앗을 자가 없느니라"(28절).

6. 예수께서 이 비유로 그들에게 말씀하셨으나 그들은 그가 하신 말씀이 무엇인지 알지 못하니라.

우리 구주께서는 사람들이 이치를 따라 일반적으로 행하는 것들에 빗대어서 영적인 일들을 가르치시기 위하여, 하나님 나라의 신비들을 비유로 그들에게 가르치곤 하셨다. 왜냐하면, 주님께서는 그들로 하여금 이미 알고 있는 일들로부터 유추하여 하나님 나라의 신비들을 알 수 있게 하는 것이 그들을 가르치는 데 적절한 방법이라고 생각하셨기 때문이었다(마 13:10-13). 그들은 이 비유들을 문자적으로는 충분히 이해할 수 있었지만, 그 이면의 의미, 즉 주님께서 그러한 비유들을 통해서 표현하신 영적인 신비들을 깨달을 수는 없었다. 그들만이 아니라, 주님의 대부분의 제자들은 물론이고, 제자들 중에서 좀 더 낫다고 여겨지는 자들까지도 추가적인 설명을 듣기 전에는 이 비유들을 깨닫지 못하였다. 그래서 우리 주님께서는 이후의 절들에서 이 비유를 그들에게 자세하게 설명해 주신다.

7. 그러므로 예수께서 다시 이르시되 내가 진실로 진실로 너희에게 말하노니 나는 양의 문이라.

우리 구주께서는 앞에서 여기에서와는 다른 의미의 "문," 즉 목자의 문에 대해서 말씀하셨는데, 이제 여기에서는 "양의 문"에 대해서 말씀하신다. 앞에서 말씀하신 목자의 문이 참된 목자들이 되어 교회로 들어가서 양들을 돌보고 인도하며 치리하기 위해서 반드시 통과해야 하는 문을 의미한다면, 여기에서 말씀하시는 양의 문은 양들이 전투하는 교회만이 아니라 승리한 교회로 들어가기 위해서는 반드시 통과해야 하는 문을 의미한다. 또한, "양의 문"은 여기 이 땅에서 교회 속으로 들어가는 문을 가리키는 것일 수도 있다. 할례, 세례, 외적인 신앙 고백 같은 것들을 눈에 보이는 교회 속으로 들어가는 문들이라고 할 수도 있겠지만, 그리스도를 통하지 않고서는, 즉 그리스도의 영이 한 심령 속에서 역사하여 만들어내는 참되고 살아 있는 믿음으로 말미암지 않고서는, 아무도 여기 이 땅에서 눈에 보이는 그리스도의 교회의 참된 지체가 될 수 없고, 하늘에 있는 그리스도의 영광스러운 교회의 지체는 더더욱 될 수 없다.

8. 나보다 먼저 온 자는 다 절도요 강도니 양들이 듣지 아니하였느니라.

"나보다 먼저 온 자들"은 선지자들을 가리키는 것이 아니라, 그리스도보다 먼저 왔지만 그리스도에 의해서 보내심을 받지 않은 자들을 가리킨다. 인류의 구원을 위하여 나타나시기로 되어 있었던 메시야를 믿는 것 이외의 다른 방식으로 영생과 구원을 얻을 수 있다고 사람들에게 가르친 모든 자들이 그런 자들이다. 그런 자들은 사람들의 영혼이 잘되기를 구한 것이 아니라 그들 자신의 이익을 구하고, 사람들에게 유익을 끼친 것이 아니라 사람들의 영혼을 멸망으로 이끈 자들이다. 그러나 영원한 택정하심으로 말미암아, 또는 나의 특별한 은혜를 받아서 나의 양이 된 자들은 그런 자들의 말을 듣지 않았다.

9. 내가 문이니 누구든지 나로 말미암아 들어가면 구원을 받고 또는 들어가며 나오며 꼴을 얻으리라.

우리 구주께서는 앞 절에서 자기가 "문"이라고 하신 것이 바로 구원의 문을 의미한 것이었음을 여기에서 우리에게 알게 해 주신다. 주님이 말씀하신 "문"은 영원한 생명을 얻고자 하는 사람이라면 누구나 통과하여야 하는 문, 즉 모든 참된 목회자가 교회 속으로 들어가서 사역을 하기 위해서 반드시 통과하여야만 하는 문일 뿐만 아니라, 모든 심령이 구원을 받고 천국에 들어가기 위해서는 반드시 통과하여야만 하는 문이다. 이것은 주님께서 앞에서 이미 가르치셨던 것이다(요 3:16, 18, 36). 이렇게 해서 나를 믿게 된 자들은 인도하심과 다스리심과 가르치심을 받아 안전할 것이고, 이 세상에서 구원의 삶을 살아가는 데 아무 부족함이 없게 될 것이다. 주님께서는 여기에서 한 영혼이 구원의 삶을 살아가는 데 필요한 모든 선한 것들을 "꼴"이라는 단어로 표현하신다. 이것은 주님께서 요한복음 6:35에서 "나는 생명의 떡이니 내게 오는 자는 결코 주리지 아니할 터이요 나를 믿는 자는 영원히 목마르지 아니하리라"고 말씀하신 것이나, 시편 84:11에서 "여호와 하나님은 해요 방패이시라 여호와께서 은혜와 영화를 주시며 정직하게 행하는 자에게 좋은 것을 아끼지 아니하실 것임이니이다"라고 한 것이나, 시편 23편에 나오는 것과 동일한 약속의 말씀이다.

10. 도둑이 오는 것은 도둑질하고 죽이고 멸망시키려는 것뿐이요 내가 온 것은 양으로 생명을 얻게 하고 더 풍성히 얻게 하려는 것이라.

참된 목자는 그 양들이 자신의 양들이기 때문에, 낮에는 양들을 초장으로 인도하여 꼴을 먹이고, 밤에는 양들을 양의 우리에 들인 후에, 밤중에도 와서 자신의 양들이 잘 있는지를 정성껏 살피고 돌보아 준다. 그러나 도둑이나 강도는 담을 넘어 양의 우리 속으로 들어오는데, 그들이 그런 식으로 오는 것은 양들을 돌보아 주기 위한 것이 아니라, 오로지 자신들의 목적과 이익을 위하여 양들을 멸망시키고 죽이기 위한 것이다. 내가 보내지도 않았고, 나에게서 권세를 수여받지도 않은 채로, 하나님의 교회 속으로 들어가서, 나의 양들을 돌보고 인도하는 자들은 도둑이고 강도들이다. 그들이 양들을 돌보고 인도하는 것은 사람들의 영혼에 유익을 끼치기 위한

선한 목적이나 의도 때문이 아니라, 오로지 내 백성의 영혼을 멸망시켜서 자신들의
목적을 달성하고자 하는 것일 뿐이기 때문에, 양들에게 유익이 되는 방향으로 양들
을 돌보거나 인도하지 않는다. 그러나 그런 것은 내가 이 세상에 온 목적이 아니다.
나는 사람들을 멸망시키기 위해서가 아니라 구원하기 위해서 이 세상에 왔다. 내가
온 것은 사람들로 하여금 이 땅에서 영적인 생명을 얻어, 결국에는 영원한 생명으
로 들어갈 수 있도록 하기 위한 것이다. 즉, 나는 사람들이 현세에서 은혜의 삶을 살
다가 내세에서 영광의 삶을 살게 하기 위하여 왔다. 나의 양인 자들은 이 땅에서 겨
우 그럭저럭 살아가는 것이 아니라, 나의 거룩하고 은혜로운 성령이 그들을 붙잡아
주고 힘을 주며 위로하는 역사를 통해서 풍성한 삶을 살게 될 것이고, 내가 사랑하
는 자들은 단지 생명수를 마시는 것이 아니라 차고 넘치게 마실 것이며, 단순히 살
아가는 것이 아니라, 하늘로부터 내려오는 각양 은혜와 은사들로 말미암아 영적으
로 풍성하고 차고 넘치는 삶을 살게 될 것이다.

11. 나는 선한 목자라 선한 목자는 양들을 위하여 목숨을 버리거니와.

　이사야서 40:10-11에서는 "보라 주 여호와께서 장차 강한 자로 임하실 것이요 친
히 그의 팔로 다스리실 것이라 … 그는 목자 같이 양 떼를 먹이시며 어린 양을 그 팔
로 모아 품에 안으시며 젖먹이는 암컷들을 온순히 인도하시리로다"라고 예언하고
있는데, 주님께서 여기에서 자기가 "선한 목자"라고 하셨을 때, 그것은 바로 이 예
언에서 말한 그런 목자를 의미하는 것이었다. 어떤 이들은 그리스도께서 여기에서
메시야로서의 자신의 직임과 관련해서 자기가 "선한 목자"라고 말씀하신 것이 아
니라, 단지 앞서 언급하셨던 삯꾼과 대비된다는 의미에서 자신을 "선한 목자"라고
하신 것이라고 생각하지만, 나는 그런 견해에 동의할 수 없다. 전자와 후자의 두 가
지 의미에서 주님께서 자신을 "선한 목자"라고 하신 것이라고 한다면, 나는 거기에
동의할 수 있지만, 전자는 배제하고 오로지 후자의 의미로만 그렇게 말씀하신 것이
라는 주장에는 동의할 수 없다. 왜냐하면, 주님께서 후반절에서 "선한 목자는 양들
을 위하여 목숨을 버리거니와"라고 하신 말씀은 다니엘서 9:26에서 메시야와 관련
하여 예언한 것("예순두 이레 후에 기름 부음을 받은 자가 끊어져 없어질 것이며")
으로서 메시야에게만 적용되는 내용이기 때문이다. 물론, 다윗이 사자와 곰을 만났
을 때에 그랬듯이(삼상 17:34-35), 선한 목자는 자기 양들을 위하여 목숨을 건다는
것은 사실이기는 하지만, 사람의 목숨은 짐승의 목숨보다 훨씬 더 귀중하기 때문에,
최고로 선한 목자라도 자기 양들을 위하여 목숨을 버리는 것이 합당한 본분이라고

말할 수는 없다. 따라서 우리 구주께서는 여기에서 자기는 단지 자신의 목숨을 걸고 양들을 지켜내기 위해서 오신 것이 아니라, 자기 양들을 위하여 기꺼이 목숨을 버리려고 왔기 때문에, 세상에서 최고라고 하는 목자들보다도 훨씬 더 뛰어나고 그들과는 비교할 수조차 없는 참되고 선한 목자시라는 것을, 이 말씀을 통해서 보여주시고자 하신 것이다.

12. 삯꾼은 목자가 아니요 양도 제 양이 아니라 이리가 오는 것을 보면 양을 버리고 달아나나니 이리가 양을 물어 가고 또 헤치느니라.

양들을 키우는 자들은 직접 키우기도 하고, 야곱의 아들이나 다윗, 라반의 딸들 같이 자신의 혈육들을 시켜서 키우기도 하며, 따로 양들을 지킬 삯꾼들을 고용해서 키우기도 한다. 하지만 주인이 직접 양들을 돌보는 것과 삯꾼을 고용해서 양들을 돌보게 하는 것은 엄청난 차이가 있다. 주인은 양들을 잘 키워서 번성하게 하면 그 모든 이익이 자기에게로 돌아온다는 것을 알기 때문에 자연스럽게 온 힘과 정성을 다해서 부지런히 양들을 돌보게 되는 반면에, 고용된 삯꾼은 자기가 아무리 양들을 잘 키우고 번성하게 할지라도, 원래 정해진 삯만을 받을 뿐이라는 것을 알기 때문에, 적당한 선에서 양들을 돌볼 뿐이고, 주인이 돌보는 것만큼 양들을 돌보려고 하지는 않으며, 주인처럼 양들을 지키는 데 위험을 감수하고자 하지도 않는다. 따라서 우리 구주께서 여기에서 말씀하신 것은 대부분의 삯꾼들에게 그대로 적용된다. 즉, 삯꾼들은 자신들에게 별 위험이 없는 경우에는 맡겨진 양들을 어느 정도 돌보아 주지만, 이리가 출현해서 위험이 발생하는 경우에는 자신의 목숨을 구하기 위하여 양들이 이리에게 잡혀 먹든지 말든지 상관하지 않고 줄행랑을 친다.

13. 달아나는 것은 그가 삯꾼인 까닭에 양을 돌보지 아니함이나.

삯을 받고 고용된 삯꾼이 이리가 오는 것을 보았을 때에 양들을 지키려고 하는 것이 아니라 달아나는 이유는, 그 양들은 그의 소유가 아니고, 그는 돈을 받고 고용된 자로서, 단지 돈만을 위해서 일하는 것일 뿐이기 때문이다. 따라서 어떤 위험이 발생하였고, 자신의 삯과 비교해 보았을 때, 그 위험을 감수할 만한 가치가 없을 경우에는, 삯꾼은 결코 그 위험을 감수하려고 하지 않는다. 왜냐하면, 삯꾼에게는 그 양들에 대한 소유권도 없고, 그 양들을 사랑하는 마음도 없는 까닭에, 굳이 위험을 감수하면서까지 그 양들을 돌볼 이유가 없기 때문이다.

14. 나는 선한 목자라 나는 내 양을 알고 양도 나를 아는 것이.

나는 삯꾼이 아니고, 양들은 나의 양이다. 나는 양들에 대한 참된 사랑과 애정을 지니고 있기 때문에, 양들을 진심으로 정성껏 돌볼 수밖에 없다. 앞에서 이미 말했듯이, 나는 각각의 양들의 이름을 알고 있고, 각각의 양을 아주 구체적으로 속속들이 다 알고 있다. 또는, 나는 양들을 사랑하고 양들에 대하여 자애로운 마음을 지니고 있다. 내가 양들을 아는 것 같이, 양들도 나를 알고 시인하고 인정한다. 양들은 내 음성을 알고, 내 음성과 낯선 자들의 음성을 분별할 수 있기 때문에, 낯선 자들을 따라가지 않고, 앞서 가는 나를 따라온다. 이렇게 우리 구주께서는 이 비유를 통해서 우리에게 참되고 선한 목자들을 아는 방법을 가르쳐 주시고, 특히 자기가 참되시고 선하시며 지극히 훌륭한 목자시라는 것을 알게 해 주신다.

15. 아버지께서 나를 아시고 내가 아버지를 아는 것 같으니 나는 양을 위하여 목숨을 버리노라.

이 말씀을 통해서 우리 구주께서는 아버지 하나님께서 자기를 아시고, 자기가 아버지 하나님을 아시는 것을 빗대어서, 자기가 자신의 양들을 아시고, 자신의 양들이 자기를 안다는 것이 무엇인지를 설명해 주신다. 아버지 하나님과 그리스도께서는 이렇게 서로를 아시기 때문에, 서로를 온전히 사랑하시고 기뻐하신다. 마찬가지로, 우리 구주께서는 자신의 양인 자들을 각각 그 이름을 부르실 정도로 온전히 분명하게 아실 뿐만 아니라, 그들을 사랑하시고 기뻐하시기 때문에, 그들의 유익과 영원한 구원을 위하여 자신의 목숨을 기꺼이 내놓으실 준비가 되어 있으셨다. 그리스도께서는 자기 백성에 대한 자신의 사랑의 진실성만이 아니라 그 정도까지도 보여 주시기 위하여, 흔히 그 사랑을 자기 아버지 하나님께서 그를 사랑하신 그 사랑에 빗대어 말씀하신다(요 15:9; 17:23, 26): "아버지께서 나를 사랑하신 것 같이 나도 너희를 사랑하였으니 나의 사랑 안에 거하라"(요 15:9). 따라서 우리는 아버지 하나님께서 자신의 독생자이신 그리스도를 사랑하셨다는 것을 믿을 수 있다면, 아버지 하나님과 그리스도께서 진정으로 그리스도의 양인 자들을 사랑하신다는 것도 믿을 수 있다. 그리스도께서 자기 백성을 사랑하신다는 것은 아버지 하나님께서 그리스도를 사랑하시고 그리스도께서 아버지 하나님을 사랑하시는 것만큼이나 참되고 확실하다. 그리고 자기 백성에 대한 주님의 사랑은 주님이 자기 백성을 위하여 자신의 목숨을 내어놓으시는 것을 통해서 가장 극명하게 드러난다(요 15:13, "사람이 친구를 위하여 자기 목숨을 버리면 이보다 더 큰 사랑이 없나니"). 이제 주님께서는 이렇게 말씀하신다: 나는 양을 위하여 목숨을 버릴 준비가 되어 있고, 머지않아 그렇게 할 것이다. 여기에서 "양"이 이 세상에 태어난 모든 사람들을 가리킬 수 있는

지의 여부는 그렇다고 집요하게 주장하는 자들이 좀 더 치밀하게 연구해 볼 문제이
지만, 만일 그리스도께서 창세로부터 지금까지 태어난 모든 사람들을 위하여 죽으
셨다는 것이 사실이라면, 그리스도께서는 영원히 멸망 받게 될 자들도, 아버지 하
나님이 그를 사랑하시고, 그가 아버지 하나님을 사랑하는 것처럼, 그런 사랑으로 사
랑하셨다고 말해야 하는 어처구니없는 일이 벌어지게 된다.

**16. 또 이 우리에 들지 아니한 다른 양들이 내게 있어 내가 인도하여야 할 터이니
그들도 내 음성을 듣고 한 무리가 되어 한 목자에게 있으리라.**

이 우리에 들지 아니한 다른 양들이 내게 있어. 여기에서 우리 구주께서는 유대 나
라와 교회에 속하지 않아서 유대인들과 동일한 율법과 통치 아래 있지 않았던 이방
인들을 "이 우리에 들지 아니한 다른 양들"이라고 표현하신다. 왜냐하면, 요한일서
2:2에서는 "그는 우리 죄를 위한 화목 제물이니" 유대인들인 "우리만 위할 뿐 아니
요 온 세상의 죄를 위하심이라"고 말하고 있기 때문이다. 주님께서는 그들을 양들
이라고 부르신다. 왜냐하면, 주님께서는 영원 전부터 자신의 양인 자들을 알고 계
셨고, 그들은 하나님의 계획 속에서 주님의 양들이었으며, 머지않아 복음이 모든 민
족에게 전파될 때, 주님의 부르심을 받고 순식간에 주님의 양들이 될 것이었기 때
문이었다. 내가 인도하여야 할 터이니 그들도 내 음성을 듣고. 이방인들이 주님의 양
들이 될 것이라는 약속과 예언의 말씀들이 하나님의 책에 기록되어 있기 때문에, 그
말씀들은 반드시 이루어지게 되어 있다. 유대인들이 아닌 이 다른 양들은 내 복음
을 통해서 내 음성을 듣고, 그 기쁜 소리를 받아들여 믿게 될 것이다. 왜냐하면, 내
복음은 시온에서 시작될 것이지만, 결코 시온에서 끝나는 것이 아니라, 온 천하로
전파될 것이기 때문이다. 한 무리가 되어 한 목자에게 있으리라. 오직 하나의 교회만
이 존재하게 될 것이다. 목자가 오직 나 하나뿐이듯이, 양 무리도 오직 하나만 있게
될 것이다. 사도는 에베소서 4:4-6에서 "몸이 하나요 성령도 한 분이시니 이와 같이
너희가 부르심의 한 소망 안에서 부르심을 받았느니라 주도 한 분이시요 믿음도 하
나요 세례도 하나요 하나님도 한 분이시니 곧 만유의 아버지시라 만유 위에 계시고
만유를 통일하시고 만유 가운데 계시도다"라고 말한다.

**17. 내가 내 목숨을 버리는 것은 그것을 내가 다시 얻기 위함이니 이로 말미암아
아버지께서 나를 사랑하시느니라.**

그리스도께서는 여기에서 두 가지를 단언하신다: (1) 주님은 자기가 머지않아 자
신의 목숨을 버리게 될 것이지만, 다시 그 목숨을 되찾게 될 것이라고 말씀하신다.

즉, 사망은 자기를 주관할 수 없기 때문에, 자기는 죽기는 하겠지만, 다시 죽은 자
가운데서 살아나게 되리라는 것이다. 주님께서는 (a) 자기가 남들에 의해서 강제로
죽임을 당하는 것이 아니라, 스스로 자기 목숨을 내어 주시는 것이라는 것과 (b) 자
기는 무덤에서 영원히 썩게 되는 것이 아니라, 죽은 자 가운데서 다시 살아나게 되
시리라는 것을 선언하심으로써, 자신의 죽음과 관련해서 자기 제자들을 위로하신
다. (2) 주님은 자신의 목숨을 버리실 것이기 때문에, 아버지 하나님께서 자기를 사
랑하시는 것이라고 말씀하신다. (a) 주님께서는 자원하셔서 자기 목숨을 버리실 것
이고, 이것으로 말미암아 아버지 하나님께서는 자기 아들을 사랑하셔서 다시 살리
시고, 능력으로 하나님의 아들로 인정받게 하실 것이다. (b) 이것은 주님께서 "자기
를 낮추시고 죽기까지 복종하셨으니 곧 십자가에 죽으시는" 것이었기 때문에(빌
2:8), 아버지 하나님께서는 자기 아들을 사랑하실 수밖에 없으셨다. 주님께서 인류
를 속량하시고 구원하고자 하시는 아버지 하나님의 뜻을 이루시기 위하여 죽기까
지 복종하신 것, 게다가 십자가 위에서의 저주 받은 죽음을 감수하신 것은, 주님이
행하신 모든 일들 중에서 가장 큰 일이었다. 이렇게 주님께서 자기 목숨을 바쳐서
자기 백성을 자신의 피로 속량하시고 구원하신 것이기 때문에, 아버지 하나님께서
는 주님을 더욱더 극진히 사랑하실 수밖에 없으셨고, 아울러 주님의 양인 자들을 똑
같이 극진한 사랑으로 사랑하실 수밖에 없으시다.

**18. 이를 내게서 빼앗는 자가 있는 것이 아니라 내가 스스로 버리노라 나는 버릴
권세도 있고 다시 얻을 권세도 있으니 이 계명은 내 아버지에게서 받았노라 하시니
라.**

내가 원하고 동의하지 않는다면, 아무도 강제로 내 목숨을 내게서 빼앗을 수 없
다. 겉으로는 유대인들과 로마 총독 빌라도가 장차 내게서 내 목숨을 빼앗아 가는
것처럼 보일지라도, 사실 그것은 내가 자원해서 나의 목숨을 내어 주는 것일 뿐이
다. 그래서 우리는 사도행전 4:27-28에서 사도들이 "과연 헤롯과 본디오 빌라도는
이방인과 이스라엘 백성과 합세하여 하나님께서 기름 부으신 거룩한 종 예수를 거
슬러 하나님의 권능과 뜻대로 이루려고 예정하신 그것을 행하려고 이 성에 모였나
이다"라고 말하는 것을 듣는다. 주님께서는 여기에서 이 말씀을 통해서 자기가 하
나님으로서의 권능을 지니고 계신다는 것을 단언하심으로써, 앞으로 몇 달 후면 자
신의 수난과 죽음을 보면서 혼란스러워하고 당혹해할 자신의 제자들을 위로하시고
힘을 북돋워 주신다. 주님은 이렇게 말씀하신다: 내가 스스로 목숨을 버리는 것은

내 아버지의 뜻이고, 내 아버지께서 내게 행하라고 명령하신 일이다. 내 아버지께서는 그 일을 위하여 나를 이 세상에 보내셨다. 이렇게 주님께서는 자신의 죽음은 아버지 하나님의 계획을 이루는 것이고 아버지 하나님의 뜻에 순종하는 것이라고 분명하게 밝히신다. 사실, 그리스도의 죽음이 지닌 능력의 많은 부분은 그 죽음이 그리스도의 아버지이신 하나님께 순종하는 행위였다는 데서 나온다.

19. 이 말씀으로 말미암아 유대인 중에 다시 분쟁이 일어나니.

그리스도께서 하신 말씀들은 흔히 유대인들 가운데서 분쟁을 일으켰기 때문에, 유대인들은 그리스도를 비난하고 반대하는 사람들과 그렇지 않고 지지하는 사람들로 나뉘었는데, 이것은 그들 중에는 하나님을 진정으로 믿는 자들과 그렇지 않은 자들이 섞여 있었거나, 좀 더 분별 있게 깊이 생각하는 부류와 좀 더 야만적이고 비이성적이며 혈기를 앞세우는 부류가 뒤섞여 있었기 때문이었다. 우리는 요한복음 7:43과 9:16에서도 이러한 모습을 이미 보았다. 하나님께서 섭리를 통해서 자신의 종들을 비이성적인 자들로부터 건져 내시는 방법 중의 하나는 그런 자들이 스스로 자중지란을 일으켜서 일치된 견해를 가질 수 없게 만드시는 것이다.

20. 그 중에 많은 사람이 말하되 그가 귀신 들려 미쳤거늘 어찌하여 그 말을 듣느냐 하며.

이 유대인들 중에서 다수는 "그가 귀신 들려 미쳤다"고 말하였다. 앞에서 이미 말했듯이, 그들이 주님을 "귀신 들렸다"고 한 것은, 유대인들은 사람이 정신착란을 일으키거나 미치게 되는 것은 악한 영인 귀신에 붙잡혀서 그 영향 아래 놓여 있게 된 까닭이라고 믿고 있었기 때문이었다.

21. 어떤 사람은 말하되 이 말은 귀신 들린 자의 말이 아니라 귀신이 맹인의 눈을 뜨게 할 수 있느냐 하더라.

이 유대인들 중 일부, 즉 주님의 말씀에 대해서 혈기를 따라 되는 대로 야만적으로 반응한 것이 아니라, 좀 더 침착하게 이성적으로 깊이 생각한 사람들은 "이 말은 귀신 들린 자의 말이 아니다"라고 말하였다. 여기에서 "말"로 번역된 헬라어 '레마타' (ρήματα)는 "말들"을 의미하기도 하지만 "일들"을 의미하기도 하기 때문에, 후반절의 내용에 비추어 볼 때, 여기에서 "일들"이나 "사실들"로 번역하는 것이 더 적절할 수도 있다. 왜냐하면, 그들은 "귀신이" 날 때부터 "맹인"이었던 사람의 눈을 뜨게 할 수 있느냐"고 반문함으로써, 주님께서 하신 "말씀"이 아니라, 아주 최근에 주님께서 날 때부터 맹인이었던 사람에게 베푸셨던 이적과 관련된 "일"이나 "사실"

에 대해서 언급하고 있는 것임이 분명하기 때문이다.

22. 예루살렘에 수전절이 이르니 때는 겨울이라.

이 절은 해석자들에게 적지 않은 고민을 안겨 주어 왔던 두 가지 문제를 불러일으킨다. (1) 여기에서 말하는 수전절은 어떤 절기를 가리키는 것이었는가? (2) 오늘날 교황주의자들이 하는 식으로, 하나님을 예배하는 장소들을 봉헌하는 의식은 합당하다고 할 수 있는가, 아니면 합당하지 않은 일인 것인가?

첫 번째 문제와 관련해서 우리가 참조할 수 있는 성경 본문은 출애굽기 40:1-15이다. 거기에는 하나님께서는 성경에서 우리가 읽을 수 있는 하나님에 대한 공적인 예배 처소로 구별된 것들 중에서 최초의 것인 성막 또는 회막을 성별하거나 봉헌하라고 모세에게 명령하시고 지시하시는 장면이 나오고, 레위기 8장에는 모세가 하나님의 그러한 명령에 정확히 순종해서 행한 것을 구체적으로 자세하게 기록한 기사가 나온다. 또한, 성전이 지어졌을 때, 우리는 솔로몬이 그 성전을 봉헌하는 것을 본다. 하지만 이렇게 성막이나 성전을 봉헌할 때, 그들은 어떤 특별한 봉헌 의식을 행한 것은 아니었고, 단지 당시의 유대 교회에서 하나님을 예배할 때에 늘 그래 왔던 것처럼, 십사일에 걸쳐서 많은 희생제물들을 드렸을 뿐이었다. 또한, 하나님의 율법에는, 이렇게 성막이나 성전을 봉헌한 것을 매년 절기로 정하고 기념하라고 하나님이 명령하셨다는 말씀이 나오지도 않고, 이스라엘의 모든 남자들이 이 절기에 예루살렘으로 올라와서 하나님께 보여야 한다는 율법 규정도 나오지 않는다. 게다가, 하나님이 정하신 다른 절기들 중에서 그 기간이 가장 긴 것이 칠 일이나 팔 일이었다는 점을 감안하면(레 23장), 솔로몬이 성전을 봉헌하면서 이 봉헌을 기념하는 기간을, 다른 절기들을 지키는 기간의 두 배인 십사 일로 정한 것도, 다른 절기들과 다른 점이었다.

이 솔로몬 성전은 갈대아인들과 바벨론인들에 의해서 파괴되었다가, 스룹바벨과 에스라와 느헤미야에 의해서 재건되었는데, 그 재건과정은 에스라서와 느헤미야서에 자세하게 기록되어 있다. 솔로몬이 성전 건축을 끝내고서 십사 일에 걸쳐서 성전 봉헌을 행하고 기념한 것과 비슷하게, 유대인들은 또 다른 봉헌을 기념하는 절기를 지켰는데, 그것에 대한 이야기는 에스라서 6:16-18에 나온다: "이스라엘 자손과 제사장들과 레위 사람들과 기타 사로잡혔던 자의 자손이 즐거이 하나님의 성전 봉헌식을 행하니 하나님의 성전 봉헌식을 행할 때에 수소 백 마리와 숫양 이백 마리와 어린 양 사백 마리를 드리고 또 이스라엘 지파의 수를 따라 숫염소 열두 마리로 이스라엘 전체를 위하여 속죄제를 드리고 제사장을 그 분반대로, 레위 사람을 그 순차대로 세워 예루살렘에서 하나님을 섬기게 하되 모세의 책에 기록된 대로 하게 하니라." 그러나 이 봉헌식에서 유대인들은 많은 희생제물들을 하나님께 드리고, 하나님을 섬길 제사장들과 레위인들을 안배한 것 외에는 다른 어떤 특별한 의식을 행하지 않았다.

이 성전은 안티오코스(Antiochus)에 의해서 훼손되기는 하였지만, 완전히 파괴되지는 않았기 때문에, 나중에 유다 마카베오에 의해서 수리되고 정화되었는데, 우리는 이것에 대한 기사를 마카베오2서 2:23; 10:6-8과 마카베오1서 4:52, 58에서 읽을 수 있다. 이 마카베오서들은 정경은 아니지만, 교회사의 한 시기를 기록한 문서로서는 상당한 가치를 지닌다. 또한, 요세푸스(Josephus)도 『유대 고대사』에서 이 성전에 대한 얘기를 우리에게 들려준다. 이런 기사들 속에서 이 성전의 봉헌식과 관련해서 우리가 들을 수 있는 것은 그들이 모세 율법에 따라 희생제물들을 드리고, 성전이 제대로 돌아가도록 하기 위한 여러 가지 일들을 안배하였다는 것뿐이다. 요세푸스는 그들이 율법이 허용하는 한도 내에서 모든 것들을 행하며 성전의 봉헌을 기뻐하였다고 전한다.

이렇게 우리는 하나님께서 광야의 성막이나 솔로몬 성전이나 에스라에 의해 재건된 성전과 관련해서 해마다 성전 봉헌을 기념하는 "수전절"을 지키라고 명령하시고 그 절기를 제정하셨다는 내용을 성경에서 찾아볼 수 없고, 단지 유다 마카베오가 하나님께서 자신들에게 보여 주신 은혜를 기념하여 해마다 팔 일 동안 수전절을 지키도록 법을 만들었다는 이야기를 마카베오서들에서 두 번 들을 수 있고, 유대 역사를 쓴 요세푸스에게서도 들을 수 있을 뿐이다. 여기에 언급된 수전절이 바로 유다 마카베오가 법으로 정한 수전절을 가리킨다는 것은 의심의 여지가 없다. 왜냐하면, 이 수전절은 우리의 역법으로는 11월과 12월에 해당하는 키슬레우(Chisleu) 달 제25일에 시작되었는데, 이것은 본문에서 "예루살렘에 수전절이 이르니 때는 겨울이라"고 한 것과 일치하는 반면에, 솔로몬이 성전을 봉헌한 때는 가을이었고, 에스라가 성전을 봉헌할 때는 봄이었던 까닭에, 본문과 일치하지 않기 때문이다.

어떤 이들은 솔로몬이나 에스라가 행하지도 않았고, 이전에 전례가 없던 일을 유다 마카베오가 행하여, 이렇게 수전절을 해마다 지키도록 정한 것은 결코 합당하지 않은 일이었기 때문에, 우리 구주께서는 이 절기를 존중하지 않으셨고, 단지 많은 사람들이 이 절기에 모인다는 것을 단지 복음을 전하시는 데 활용하셨을 뿐이라고 말한다. 나로서는 그런 말을 하는 사람들을 옹호하거나 정죄할 마음은 없고, 단지 에스더서 9:27-28에서 유대인들이 부림절을 정한 것과 같은 이유로 유다 마카베오가 수전절을 정한 것이라는 말만을 할 수 있을 뿐이다. 분명한 것은 한 나라를 통치하는 자들에게는, 자신들이 큰 은혜를 받아서 결코 잊을 수 없는 일들에 감사하여 그 일들을 해마다 기념하기 위하여 국경일로 정하는 권한이 주어져 있다는 것이다. 하지만 그들은 그 날을 성일로 정할 수는 없다. 만일 그들이 어떤 날들을 임의적으로 안식일 같은 성일로 지정하고자 하고자 시도한다면, 그것은 하나님의 대권을 침해하는 죄가 될 것이다. 그들은 특정한 날들을 정하여 하나님께 공적으로 예배를 드리도록 명령하고, 백성들에게 힘이 닿는 대로 그 예배에 참석하도록 독려할 수 있지만, 그러한 기념일들을 지나치게 성대하거나 불경스럽게 지키지 않도록 조심하여야 하고, 그러한 기념일들을 너무 많이 지정하고 자주 거행해서, 그런 날들에 드려지는 예배가 형식적인 것으로 변질되지 않도록 조심하여야 한다. 여기에서 그리스도께서 예루살렘에 올라가신 것이 이 절기를 지키시기 위한 것이었는지, 아니면 많은 사람들이 모이는 기회를 활용해서 복음을 전하시기 위한 것이었는지는, 우리로서는 알 수 없다.

두 번째 질문은 하나님께서 복음 아래에서 정하신 예배 행위들, 즉 기도와 찬송, 성경 봉독과 설교, 말씀을 듣는 것 같은 행위들을 통해서 엄숙하고 경건하게 하나님에 대한 공적인 예배 처소를 봉헌해 드리는 것이 합당한가 하는 것이 아니라, 교황주의자들이 행하는 것과 같이 성경에 나오지 않는 그러한 예식들을 사용해서 예배 처소를 봉헌하는 것이 합당한가 하는 것이다. 왜냐하면, 전자에 대해서는, 그럴 필요가 없다고 말하는 사람들도 있기는 하겠지만, 사람들이 늘 함께 만나서 하나님을 예배하는 장소가 지어져서, 거기에서 처음으로 예배를 드릴 때에 하나님의 은혜를 감사하고 찬송하며, 나중에 그들이 거기에서 함께 모여 하나님을 예배하거나, 기도하고 찬송하며 말씀을 전하고 들을 때마다 하나님께서 그 자리에 임재하셔서 그들과 함께 해 주시기를 기원하는 것을 불필요한 일이라고 말하는 사람은 정신이 제대로 박혀 있는 사람 중에는 없을 것이기 때문이다.

그러나 교황주의자들은 하나님의 예배 처소를 그런 식으로 봉헌해 드리는 것으로 만족하지 않는다. 그들은 먼저 많은 미신적인 종교의식들을 행하고, 다음으로는 그렇게 봉헌된 곳을 거룩하게 해 달라고 하나님께 청원한다. 벨라르미누스(Bellarmine)는 그들이 봉헌식 때에 행하는 의식들을 여덟 가지로 정리해서 제시하였다. (1) 예배 처소의 곳곳에 열두 개의 십자가를 그려서 성별하고, 열두 사도가 십자가 군기를 짊어지고 세상 전체로 나아가는 것을 나타내기 위하여 각각의 십자가에 열두 개의 등불을 켠다. (2) 주교가 목자의 지팡이로 문을 두드리면서, 마귀에게는 물러가라고 명령하고, 하나님과 천사들과 성도들에게는 이 곳에 임재해 주시기를 간구함으로써, 사람들의 마음이 열려서 복음을 받아들일 수 있게 한다. (3) 예배 처소의 바닥에 재를 뿌린 후에, 거기에 주교기 리틴이와 헬리이의 알파벳을 십자가 모양으로 쓴다. (4) 예배 처소에 성수를 뿌리고 양초들을 켠다. (5) 앞에서 말한 벽들에 그려진 십자가들에 성유를 바른다. (6) 물에 포도주와 소금과 재를 섞어서 예배 처소에 뿌린다. (7) 성전과 제단에 성유를 바른다. (8) 봉헌을 기념하는 축제를 연다. 그들은 이러한 모든 의식들을 고안해 내서, 거기에 허무맹랑하기 짝이 없는 여러 가지 의미들을 부여하였다. 하지만 우리는 그러한 의식들과 거기에 부여된 의미들 중 어느 하나에 대해서도 성경에서 근거를 찾을 수 없고, 어떻게 해서 그들의 그러한 성별 의식들이 그 처소에 거룩성을 부여할 수 있는지, 또는 그들의 그러한 기도들이 그 처소를 하나님께 더 열납되게 할 수 있는지를 도무지 이해할 수 없다. 성전은 그리스도를 나타내는 탁월한 모형이었고, 성전에는 특별한 약속들이 주어져 있었기 때문에(왕상 9장), 유대인들은 성전을 봉헌할 때에는 여러 의식들을 행하였지만, 유대인들이 통상적으로 공적인 예배를 위하여 만나는 장소였던 회당들에까지 적용하지는 않았고, 앞에서 언급한 이유들로 인해서 오직 성전에만 그렇게 하였을 뿐이었다. 물론, 봉헌식과는 별개의 문제로, 하나님의 백성이 함께 모여 주의 이름을 부르며 공적인 예배를 드리는 것과 관련해서 약속된 천사들의 임재와 하나님의 특별하신 임재로 인하여, 우리는 예배 처소로 사용되는 모든 장소들은 경건하고 거룩한 방식으로 사용하는 것이 마땅하고, 거기에서 하나님에 대한 공적인 예배가 드려지는 동안에는 지극히 공경하는 마음으로 참석하는 것이 마땅하다.

23. 예수께서 성전 안 솔로몬 행각에서 거니시니.

"솔로몬 행각"에 대한 얘기는 열왕기상 6:3에 나오는데, "성전의 성소 앞 주랑," 즉 솔로몬 행각의 "길이는 성전의 너비와 같이 이십 규빗이요 그 너비는 성전 앞에서부터 십 규빗"이었다고 말한다. 이 행각은 겨울철에 사람들이 다니는 곳이었다. 이 솔로몬 행각은 예루살렘이 바벨론 사람들에 의해서 멸망할 때에 파괴되었지만, 유대인들은 나중에 그 원래의 것과 동일한 행각을 지어서 이름도 동일하게 붙인 것으로 보인다. 이 곳은 여름철에 사람들이 다니던 성전의 다른 부분들보다 날씨의 영향을 덜 받도록 지어졌던 것 같다.

24. 유대인들이 에워싸고 이르되 당신이 언제까지나 우리 마음을 의혹하게 하려 하나이까 그리스도이면 밝히 말씀하소서 하니.

이 때는 우리 구주께서 십자가에 못 박히실 때까지 세 달도 채 남지 않은 때였다. 주님께서는 앞서 자기는 세상의 빛이고 참 목자라는 것을 자주 말씀하셨고, 사람들이 그가 누구신지를 쉽게 추론해 낼 수 있는 내용의 말씀들을 자주 해 오셨으며, 하나님의 권능이 아니고는 행할 수 없는 일들을 행해 오셨지만, 자기가 메시야, 즉 "그리스도"시라는 것을 명시적으로 밝히시는 것에는 대단히 신중하셔서, 어떤 때에 자기가 누구인지를 자신의 제자들에게 밝히 말씀하시거나, 그들이 주님을 그리스도라고 고백하였을 때조차도, 아무에게도 자신의 신분에 대하여 말하지 말라고 그들에게 당부하시기까지 하셨다(마 16:20). 그래서 유대인들은 주님이 과연 그리스도가 맞는지에 대하여 긴가민가 하는 상태에 있었기 때문에, 이 때에 주님 앞에 와서, 주님을 에워싸고, 주님이 그리스도이시라면 당장 이 자리에서 명백히 밝히라고 요구하였다. 하지만 그것은 주님을 함정에 빠뜨리기 위한 질문이었다: 만일 주님께서 자기가 그리스도가 아니라고 하신다면, 주님은 진리를 증거하러 오셨으면서도 스스로 진리를 부정하신 것이 될 뿐만 아니라, 그들은 지금까지 주님을 그리스도로 믿고 따랐던 사람들이 실망하고 주님으로부터 떠나가게 되고, 주님이 백성들 사이에서 명성을 잃게 되는 성과를 거둘 수 있게 될 것이었다. 그리고 만일 주님께서 자기가 그리스도라고 명시적으로 밝히신다면, 그들은 주님을 로마 총독에게 반역죄로 고발하게 될 것이고, 결국 주님은 잡혀 가서 죽게 될 것이었다. 왜냐하면, 유대인들은 자신들의 원수들인 로마인들로부터 건져내 줄 그리스도를 기다리고 있었던 까닭에, 주님께서 자기가 그들이 기다리던 그리스도라고 명시적으로 밝히신다면, 그것은 주님에게 치명적인 것이 될 것이었기 때문이다. 그래서 주님께서는 늘 그러셨듯이 아주 지혜로우시고 신중하게 이 질문에 대답하신다.

25. 예수께서 대답하시되 내가 너희에게 말하였으되 믿지 아니하는도다 내가 내 아버지의 이름으로 행하는 일들이 나를 증거하는 것이거늘.

나는 실제로 내가 누구라는 것을 이미 너희에게 자주 말해 왔다. 지금까지 나는 내가 아버지 하나님으로부터 보내심을 받았다고 너희에게 말해 왔다. 나는 너희가 내 말을 듣고 확실한 결론을 이끌어 낼 수 있을 만큼 충분히 너희에게 말해 왔다. 그러나 너희는 내가 말한 것을 이해하고자 하지도 않았고, 받아들이려고 하지도 않았으며, 믿으려 하지도 않았다. 내가 너희에게 가르친 것들을 확증하기 위하여, 내가 하나님의 권능을 힘입어서 행해 온 일들, 즉 나와 내 아버지 하나님이 하나이기 때문에, 내 아버지 하나님이 내게 맡기신 저 권능과 권세로 행해 온 일들 외에 어떤 추가적인 증거를 너희에게 보여 줄 필요가 있는 것이냐?

26. 너희가 내 양이 아니므로 믿지 아니하는도다.

사도행전 13:48에서는 "영생을 주시기로 작정된 자는 다 믿더라"고 말한다. 마찬가지로, 여기에서 우리 구주께서는 유대인들이 자기 양들이 아니라는 것이 그들이 자기를 믿지 않는 한 이유라고 말씀하신다. 그들은 이스라엘 사람들이 아니던가? 그렇다. 그러나 이스라엘에게서 난 모든 사람들이 다 이스라엘인 것은 아니다. 여기에서 주님께서는 사실상 "너희는 가르침을 받고자 하지 않는 자들이고 내 양이 되기에 적합하지 않은 자들이기 때문에, 너희는 나를 믿지 않는 것이다"라고 말씀하시는 것이기 때문에, 어떤 사람들에게는 이것은 이해하기 어려운 말씀일 수 있다. "너희가 내 양이 아니므로"로 번역된 헬라어 본문은 '우 가르 에스테 에크 톤 프로바톤 톤 에몬'(οὐ γάρ ἐστε ἐκ τῶν προβάτων τῶν ἐμῶν)인데, 성경에는 이것과 병행되는 본문이 나오지 않는다. 여기에서 "양"이 교회의 지체를 의미한다는 것은 너무나 분명하다. 왜냐하면, 시편 기자가 시편 80:1에서 "요셉을 양 떼 같이 인도하시는 이스라엘의 목자여"라고 말하였듯이, 그들은 이스라엘 교회에 속한 자들로서, 여호와 하나님께서 이끄시는 양들이었기 때문이다. 마찬가지로, 그들이 "내 양," 즉 진정으로 부르심을 받아 거룩하게 된 신자들인 그리스도의 양이 아니라는 것도 너무나 분명하다. 따라서 이 말씀의 의미는 이런 것이다: 너희는 믿지 않기 때문에 믿지 않는 것이다. 게다가, 우리 구주께서는 앞에서 자기에게는 이 우리에 들지 않은 다른 양들("이방인들")이 있다고 말씀하셨고, 나중에 자기를 믿게 될 그 양들을 위해서 기도하신다(요 17:20). 따라서 여기에서 "내 양"은 분명히 사도행전 13:48이 말한 "영생을 주시기로 작정된" 자들을 의미한다. 그렇다고 해서, 이것은 하나님께서 그들에게 영생을 주시기로 작정하지 않으신 것이 그들이 믿지 않게 된 직접적인 원인이라고 말하고 있는 것은 아니다. 사실, 그들이 자신의 완악하고 뒤틀린 마음을 고집하고 회개하지 않고자 한 것이 그들의 불신앙의 직접적인 원인이었다. 그래서 우리 구주께서는 마태복음 21:32에서 "요한이 의의 도로 너희에게 왔거늘 너희는 그를 믿지 아니하였으되 세리와 창녀는 믿었으며 너희는 이것을 보고도 끝내 뉘우쳐 믿지 아니하였도다"라고 말씀하심으로써, 그들이 하나님의 일반 은총에 의지하여 죄악 된 길에서 돌이켜서, 세례 요한과 그리스도 자신이 전한 복음의 말씀을 받아들여야 했는데도, 그렇게 하지 않았기 때문에 믿지 않게 된 것이라고 설명하신다.

27. 내 양은 내 음성을 들으며 나는 그들을 알며 그들은 나를 따르느니라.

이것은 주님께서 4절에서 하신 말씀과 동일하다. 요한복음 10:4에 대한 설명을 보라.

28. 내가 그들에게 영생을 주노니 영원히 멸망하지 아니할 것이요 또 그들을 내 손에서 빼앗을 자가 없느니라.

나는 내 양들에게 영생을 줄 것이다. 그들은 내 음성을 듣고서 믿어 나를 따라오게 되자마자, 장차 영생을 받게 될 확실한 자격을 얻을 것이다. 내 아버지 하나님께서 자신의 섭리를 따라 그들을 세상에서 데려가실 때와 저 큰 날에, 그들은 하늘로 들어올려져서 실제로 영생을 향유하게 될 것이다. 왜냐하면, 그들은 "영원히 멸망하지 아니할" 것이고, 비록 넘어진다고 해도, 회개를 통해서 다시 일어서게 될 것이기 때문이다. 그들은 나의 수중에 있고, 나의 손은 그들을 붙잡고 있을 것이기 때문에, 아무도 그들을 내 손에서 빼앗지 못할 것이다. 그들은 믿음으로 말미암아 하나님의 권능에 의해서 끝까지 보호하심을 받아서 결국 영생과 구원으로 들어가게 될 것이다.

29. 그들을 주신 내 아버지는 만물보다 크시매 아무도 아버지 손에서 빼앗을 수 없느니라.

내 양인 모든 자들은 내 아버지가 내게 주셔서 내 양이 된 자들이기 때문에, 내 아버지는 나와 마찬가지로 그들을 끝까지 보존하여, 그들에게 주시기로 정하신 영생을 얻게 하실 것이다. 그러므로 그들을 내 손에서 빼앗아서, 내가 그들에게 주기로 한 영생을 그들로부터 빼앗고자 하는 자들은 오직 나만이 아니라 내 아버지보다도 더 강해야 하는데, 내 아버지는 전능하신 분이시기 때문에, 내 아버지보다 더 강한 자는 있을 수 없다.

30. 나와 아버지는 하나이니라 하신대.

주님께서는 이렇게 말씀하신다: 내 아버지와 나는 생각과 뜻에 있어서만 하나인 것이 아니라(이런 의미에서는 신자들도 서로 "하나"라고 말할 수 있다, 요 17:11, 22; 행 4:32), 본성과 능력과 본질에 있어서도 하나이다. 왜냐하면, 우리 구주께서는 여기에서 자신의 양들을 보존하시는 것을 아버지 하나님의 뜻이 아니라 능력에 돌리시고 있는 것이 분명하기 때문이다: "아무도 아버지 손에서 빼앗을 수 없느니라."
또한, 이하의 내용을 보면, 유대인들도 우리 구주의 이 말씀을 그런 식으로 이해하
였음이 분명하다. 일부 저명한 개신교 해석자들은 주님께서 여기에서 자기와 자신
의 아버지 하나님은 생각과 뜻에 있어서 하나여서, 동일한 의도로 동일한 일들을 행
하는 까닭에, 자기 양들을 영생하도록 보존하는 데 뜻이 같다고 말씀하시는 것이라
고 설명한다. 그러나 나는 그들이 설명한 것이 여기에서 배제되는 것은 아니지만,
문맥상으로 볼 때에 이 말씀은 그런 것 이상의 의미를 함축하고 있다고 생각한다.

31. 유대인들이 다시 돌을 들어 치려 하거늘.

앞에서도 주님께서 자기가 아브라함이 나기 전부터 있었다고 말씀하시자, 그들
이 돌을 들어 주님을 치려고 하였던 것처럼(요 8:59), 여기에서도 주님께서 자기와
아버지 하나님이 하나라고 말씀하시자, 그들은 돌을 들어 주님을 치려고 하였다.
24절을 통해서 우리는 그들이 어떤 의도로 그리스도께 왔는지를 이미 알고 있는데,
그것은 주님이 그리스도이신지 아니신지를 분명하게 밝히라고 압박하기 위한 것이
었다. 그런데 여기에서 주님께서 자기가 아버지와 동등한 그리스도라고 말씀하시
는 것을 들은 그들은 주님이 거짓 선지자라고 생각하여, 돌을 들어 주님을 치려고
하였다. 하나님의 율법에는 거짓 선지자는 돌로 쳐서 죽이도록 되어 있었기 때문이
었다. 그러나 하나님의 율법은 그렇게 돌로 치기 전에, 먼저 재판을 열어서, 거짓 선
지자라는 것이 확실한지를 확인하게 되어 있었다. 그런데도 그들은 그런 과정을 생
략하고 주님을 돌로 치려고 한 것이기 때문에, 이것은 격분한 무리가 한바탕 소동
을 벌인 것에 지나지 않았다.

32. 예수께서 대답하시되 내가 아버지로 말미암아 여러 가지 선한 일로 너희에게 보였거늘 그 중에 어떤 일로 나를 돌로 치려 하느냐.

여기에서 "선한"으로 번역된 단어는 "뛰어난, 유익한, 이익이 되는, 아름다운" 등
과 같이 일반적으로 선하거나 좋다는 개념으로 포괄될 수 있는 아주 다양한 것들을
의미한다. 우리 구주께서는 이렇게 말씀하신다: 나는 너희 중 누구에게도 단 한 번
도 해악을 끼친 적이 없고, 오로지 너희에게 좋은 것들만을 많이 행해 왔을 뿐이다.
나는 맹인의 눈을 뜨게 해 주었고, 귀 먹은 자로 하여금 들을 수 있게 해 주었으며,
각종 중병에 걸린 자들을 고쳐 주었고, 귀신 들린 자들에게서 많은 귀신들을 쫓아
내 주었다. 내가 지금까지 행한 이러한 일들 중에서 어떤 것이 내가 너희의 손에 돌
을 맞아야 할 일이란 말이냐? 도대체 너희는 내가 행한 일들 중에서 어떤 일 때문에

나에 대하여 이렇게 격분하는 것이냐?

33. 유대인들이 대답하되 선한 일로 말미암아 우리가 너를 돌로 치려는 것이 아니라 신성모독으로 인함이니 네가 사람이 되어 자칭 하나님이라 함이로라.

유대인들은 이렇게 대답한다: 네가 지금까지 행한 일들 때문에 우리가 너에 대하여 격분한 것이 아니다. 우리는 네가 우리 가운데서 많은 선한 일들을 행해 온 것을 인정하고, 거기에 대하여 감사한다. 다만, 너는 사람에 불과한 존재인데도 불구하고, 마치 네가 하나님과 동등한 존재인 양 말함으로써, "신성모독"을 범하고 있기 때문에, 우리는 너의 그런 말들에 대하여 참을 수 없어 하는 것이다. 너는 본성적이로나 도덕적으로나 불완전한 피조물의 속성들을 하나님께 돌리기도 하고, 오직 하나님께만 속한 것들이 마치 자신에게도 속한 것인 양 말하는 방식으로 신성모독죄를 저지르고 있다. 하나님의 율법에 의하면, 신성모독죄를 범한 자는 돌로 쳐 죽이게 되어 있다. 그들의 이러한 말을 통해서 우리가 분명하게 알 수 있는 것은, 유대인들은 우리 구주께서 단지 자신의 뜻이 아버지 하나님의 뜻과 동일할 뿐만 아니라, 자신의 본성도 아버지 하나님의 본성과 동일하다는 의미로, 자기와 자신의 아버지 하나님은 하나라고 단언한 것으로 이해하였다는 것이다.

34. 예수께서 이르시되 너희 율법에 기록된 바 내가 너희를 신이라 하였노라 하지 아니하였느냐.

주님께서 인용하신 말씀은 시편 82:6에 나온다: "내가 말하기를 너희는 신들이며." 구약성경에 나오는 모든 글들은 거룩한 사람들에 의해서 하나님의 감동을 따라 하나님과 사람 앞에서 어떻게 행하여야 하는지를 사람들에게 교훈하기 위하여 씌어진 것들이기 때문에 종종 포괄적으로 "율법"이라 불린다. 그래서 시편 19:7에서는 "여호와의 율법은 완전하여 영혼을 소성시키며"라고 말한다. 이런 의미에서의 "율법"은, 하나님의 대리인이 되어 하나님의 백성들을 대상으로 하나님의 판단들과 보응을 집행하는 소임을 맡은 방백들을 "신들"이라고 부르며, 그들에게 존귀와 위엄을 더해 주었다.

35. 성경은 폐하지 못하나니 하나님의 말씀을 받은 사람들을 신이라 하셨거든.

하나님께서 이렇게 방백들을 신들이라고 부르심으로써 그들을 높이신 것은, 그들 중에는 악하고 죄악된 자들이 많았음에도 불구하고, 그들이 하나님의 백성을 율법에 따라 다스리는 소임을 맡았기 때문이었다. 하나님께서 성경을 통해서 자신의 뜻을 계시하신 것들은 단 하나도 거짓이거나 잘못된 것일 수 없기 때문에, 그 누구도 하나님께서 말씀하신 것들을 틀렸다고 말해서는 안 된다. 따라서 하나님께서 방백들을 신들이라고 말씀하신 것은 그 누구도 이의를 제기할 수 없는 일이다.

36. 하물며 아버지께서 거룩하게 하사 세상에 보내신 자가 나는 하나님의 아들이라 하는 것으로 너희가 어찌 신성모독이라 하느냐.

설령 내가 너희의 말대로 단지 사람에 불과한 존재라고 가정해 보자. 그렇다고 하더라도, 나는 아버지 하나님께서 인류를 속량하는 특별한 일을 위하여 따로 구별하셔서 "거룩하게 하사" 하나님의 뜻을 계시하고 행하는 사명을 주어 이 세상에 보내신 자인데, 그런 내가 "하나님의 아들"이라고 말했다고 해서, 너희가 나를 신성모독죄를 저질렀다고 말한다면, 앞에서 하나님께서 방백들을 신들이라고 부르셨던 것에 비추어 보았을 때, 그것이 말이 되는 일이라고 생각하는 것이냐? 시편 82:6에서 하나님께서는 방백들에 대하여 "너희는 신들이며"라고 말씀하셨을 뿐만 아니라, "너희는 다 지존자의 아들이라"는 말씀을 덧붙이셨다. 그러므로 내가 하나님의 아들이라고 말했다고 할지라도, 너희는 내게 격분할 이유가 전혀 없다. 왜냐하면, 나는 아버지 하나님께서는 자신의 영원하신 계획 속에서 이 크고 특별한 일을 위하여 구별하시고, 실제로 자신의 섭리를 따라 그 일을 완성하시기 위하여 이 세상에 보내신 자이기 때문이다. 그러나 우리는 여기에서 우리 구주께서 자기가 이런 의미에서 하나님의 아들이라고 말씀하신 것으로 이해하지 않도록 조심하여야 한다. 왜냐하면, 주님께서는 여기에서는 자기를 사람에 불과한 존재로 보는 유대인들의 시각은 잘못된 것이지만, 설령 그들의 그런 견해를 그대로 따른다고 하여도, 그런 의미에서도 자기는 하나님의 아들로 불릴 충분한 자격을 갖추고 있다는 것을 말씀하시고자 하신 것일 뿐이기 때문이다.

37. 만일 내가 내 아버지의 일을 행하지 아니하거든 나를 믿지 말려니와.

우리 구주께서는 하나님이 자기를 보내셨고 자기가 하나님의 권능을 지니고 계신다는 것을 증명하시기 위해서, 흔히 자신이 행하는 일들을 그 근거로 드신다. 주님께서는 여기에서 그러한 일들을 "내 아버지의 일들"이라고 부르시는데, "내 아버지의 일들"은 단지 요한복음 6:28-29에서 "그들이 묻되 우리가 어떻게 하여야 하나님의 일을 하오리까 예수께서 대답하여 이르시되 하나님께서 보내신 이를 믿는 것이 하나님의 일이니라 하시니"라고 한 것처럼, 사람들이 하나님의 뜻에 순종하여 행한 것으로서 하나님께 열납되고 하나님을 기쁘시게 하는 일들을 의미하는 것도 아니고(요 6:28-29), 요한복음 17:4에서 "아버지께서 내게 하라고 주신 일을 내가 이

루어 아버지를 이 세상에서 영화롭게 하였사오니"라고 말씀하셨듯이, 하나님으로
부터 위임받은 것들을 하나님이 주신 권세로 행한 일들을 의미하는 것도 아니고, 오
병이어로 오천 명을 먹이신 이적(요 6장)이나 날 때부터 맹인이었던 사람을 고치신
일(요 9장) 같이, 오직 하나님만이 하실 수 있는 그런 일들을 의미한다. 우리 구주께
서는 이렇게 말씀하신다: 만일 내가 단순한 인간으로서 할 수 있는 일들만을 행하
고 있는 것이라면, 너희는 나를 믿지 말라. 그러나 내가 인간의 기술이나 힘으로는
행할 수 없는 일들을 행하고 있는 것이라면, 너희는 나를 믿어야 한다.

**38. 내가 행하거든 나를 믿지 아니할지라도 그 일은 믿으라 그러면 너희가 아버
지께서 내 안에 계시고 내가 아버지 안에 있음을 깨달아 알리라 하시니.**

내가 모든 피조물들의 힘과 능력을 뛰어넘어서 오직 하나님의 권능으로만 행할
수 있는 그런 일들을 행하고 있는 것이라면, 내가 하나님의 아들이라고 단언하는 것
이 너희에게 믿어지지 않는다고 할지라도, 내가 나의 말을 확증하기 위하여 행하고
있는 그런 일들이 오직 하나님으로부터 오는 권능을 힘입을 때에만 가능하다는 것
은 믿으라. 그러면, 모든 결과는 거기에 걸맞은 원인으로부터 생겨나는 것이기 때
문에, 너희는 오직 하나님만이 하실 수 있으신 일들을 행하는 자는 하나님이거나 하
나님으로부터 그런 일들을 행할 수 있는 권능을 수여받은 자라는 것을 깨달을 수 있
게 될 것이다. 따라서 이것이 아버지 하나님께서 자신의 전능하신 능력으로 내 안
에 계신다는 것을 너희가 알게 되고 확신하게 되고 믿게 되는 길이 될 것이다. 따라
서 주님께서는 요한복음 14:10에서 "내가 아버지 안에 거하고 아버지는 내 안에 계
신 것을 네가 믿지 아니하느냐 내가 너희에게 이르는 말은 스스로 하는 것이 아니
라 아버지께서 내 안에 계셔서 그의 일을 하시는 것이라"고 말씀하신다.

"아버지께서 내 안에 계시고 내가 아버지 안에 있다"는 말씀은 우리에게 그리스
도에 관하여 세 가지를 가르쳐 준다: (1) 그리스도는 본질과 본성에 있어서 아버지
하나님과 하나이다. (2) 그리스도와 아버지 하나님은 인격적으로 구별되어 있다.
그래서 여기에서 "아버지"와 "나"가 각각 따로 언급된다. 만일 둘이 인격적으로 구
별되어 있지 않다면, 어느 한 쪽이 다른 한 쪽 안에 있다고 하는 말은 성립될 수 없
다. (3) 삼위일체 하나님의 각 위격들 간의 내주는 지극히 완전하고 친밀하다.

39. 그들이 다시 예수를 잡고자 하였으나 그 손에서 벗어나 나가시니라.

그들이 다시 예수를 잡고자 하였으나. 그들은 주님께서 "아버지께서 내 안에 계시
고 내가 아버지 안에 있다"고 말씀하시는 것을 듣고서, 주님이 자기가 아버지 하나

님과 하나라고 여전히 단언하고 계신다는 것을 충분히 알았기 때문에, 이렇게 주님을 잡고자 한 것이었다. 하지만 주님께서는 그들이 자기에게 신성모독죄를 덮어씌우는 것이 가당치 않다는 것을 충분히 설명하셨기 때문에, 그들은 거기에 대해서는 더 이상 할 말이 없었기 때문에, 앞에서처럼 돌을 들어 주님을 치려고 하지는 않고, 단지 이런 일들을 관할하는 자신들의 최고법정인 산헤드린 앞으로 끌고 갈 심산으로 주님을 잡고자 하였다. 그러나 주님께서는 전에도 그러하셨듯이, 여기에서도 다시 한 번 그들의 손에서 벗어나신다. 주님께서 그들의 눈을 잠시 어둡게 하셨던 것인지, 또는 어떤 이들의 주장대로 자신의 신적인 권능을 사용하셔서 자신의 몸을 그들의 눈에 보이지 않게 하셨던 것인지, 또는 어떤 다른 방법을 사용하셨던 것인지에 대해서는 성경이 우리에게 말해 주지 않기 때문에, 우리는 어떻게 해서 그렇게 된 것인지를 알 수 없는데도, 굳이 거기에 대하여 단정적으로 말하고자 하는 것은 너무나 경솔한 짓이 될 것이다.

40. 다시 요단 강 저편 요한이 처음으로 세례 베풀던 곳에 가사 거기 거하시니.

그리스도께서 팔리셔서 십자가에 못 박히게 되실 때는 아직 오지 않았고, 세 달 정도 남아 있었다. 주님께서는 예루살렘에 가셨다가, 자신에 대한 유대인들의 분노와 광분함이 심한 것을 보셨기 때문에, 그 곳에 머무르실 수가 없어서, 요한이 "살렘 가까운 애논"(요 3:23)에서 세례를 주기 전에 맨처음에 사람들에게 세례를 주었던 "요단 강 건너편 베다니"(요 1:28)로 가셨다. 요한복음 1:28에 대한 설명을 보라. 아마도 주님께서 그 곳을 택하신 것은 세례 요한이 자신의 제자들에게 그리스도를 가리키며 세상 죄를 지고 가는 어린 양이라고 하면서, 어느 정도 사람들의 마음을 돌이켜 복음을 받아들일 수 있는 준비를 시켰던 곳이었기 때문인 것 같다. 거기 거하시니. 주님께서 거기에 얼마나 머물러 계셨는지는 우리가 알 수 없지만, 갈릴리에서 예루살렘으로의 마지막 여행을 하실 때까지 거기에 거하셨을 것이다. 이 마지막 여행에 대해서는 다른 복음서 기자들이 보도하고 있다(마 20:17; 막 10:32; 눅 18:31). 요한은 주님께서 이 세 달 동안 갈릴리에서 무엇을 하셨는지에 대해서는 보도하지 않고, 단지 41-42절에서 사람들의 반응만을 간략하게 보도할 뿐이다.

41. 많은 사람이 왔다가 말하되 요한은 아무 표적도 행하지 아니하였으나 요한이 이 사람을 가리켜 말한 것은 다 참이라 하더라.

하나님께서 자신의 섭리를 통해서 엘리야와 엘리사의 경우에는 율법 아래에서 이적들을 행하게 하셔서, 자신들이 하나님의 보내심을 받았다는 것을 확증하게 하신 반면에, 그리스도의 사자와 전령으로서 먼저 보내신 세례 요한의 경우에는 아무런 이적도 행하지 않게 하심으로써, 그 후에 그리스도께서 오셔서 이적들을 행하실 때에 그 영광이 더욱더 밝고 분명하게 드러나게 하신 것은 지혜로우신 것이었다. 하나님의 이러한 섭리로 인해서, 사람들은 갈릴리에 머물러 계시던 그리스도께로 와서는 자기들끼리 이렇게 말하였다: 우리는 세례 요한을 정말 지극히 공경하였지만, 그는 그리스도께서 행하신 이적들을 단 한 가지도 행하지 않았다. 그런데도 세례 요한이 이 사람에 대하여 우리에게 말한 것들은 다 사실로 증명되었다. 그리스도께서는 세례 요한이 행하였던 것보다 더 큰 일들을 행하셨고, 지금도 행하고 계시는데, 우리가 지각이 있는 사람이라면, 세례 요한보다 더 큰 분이신 그리스도를 어떻게 믿지 않을 수 있겠는가? 세례 요한은 그리스도가 "세상 죄를 지고 가는 하나님의 어린 양"(요 1:29)이라고 우리에게 말해 주었고, 그 외에도 그리스도에 대하여 많은 말들을 해 주었는데, 이제 우리는 세례 요한이 그리스도에 대하여 말한 것들이 다 참이라는 것을 이렇게 직접 눈으로 보고 확인하고 있다.

42. 그리하여 거기서 많은 사람이 예수를 믿으니라.

어떤 이들은 주님을 세례 요한이 그들에게 말해 준 그런 존재로 믿었을 것이지만, 어떤 이들은 요한복음 2:23에서 주님이 행하신 표적들을 보고 그 이름을 믿은 많은 사람들과 마찬가지로, 자신들의 영혼을 구원하실 구주가 아니라, 단지 하나님으로부터 보내심을 받은 큰 선지자인 비범한 인물로 믿었을 것이다. 이렇게 유대인들의 분노와 광분함은 복음의 진보를 방해할 수 없었다.

제11장

개요

1. 나사로가 병들어 죽었는데, 예수께서 죽은 지 나흘 된 그를 다시 살리셨기 때문에, 많은 유대인들이 믿음(1-46).
2. 바리새인들이 그리스도에 대하여 논의하기 위해 공회를 열었는데, 가야바는 그리스도께서 죽게 되실 것을 예언하였고, 예수께서는 사람들이 많이 모이는 곳들을 피하여 물러가심(47-54).
3. 유월절이 다가오자, 유대인들이 예수의 근황을 물었고, 고위 관리들은 예수를 체포하라는 명령을 내림(55-57).

1. 어떤 병자가 있으니 이는 마리아와 그 자매 마르다의 마을 베다니에 사는 나사로라.

"베다니"는 예루살렘으로부터 "한 오리쯤" 떨어져 있어서 예루살렘에서 가까운 곳이었다(18절). 하지만 이 때에 우리 구주께서는 유대에 계시지 않았고, 7절에서 주님께서 자신의 제자들에게 "유대로 다시 가자"고 하신 것에서 알 수 있듯이, 갈릴리 또는 베뢰아에 머물러 계셨다. 17절은 우리 구주께서 베다니에 도착하셨을 때는 나사로가 죽어 무덤에 있은 지 벌써 "나흘"이 된 때였다고 말한다. 따라서 우리는 그리스도께서 나사로가 병들었다는 소식을 전해 들으신 때부터 베다니에 도착하실 때까지 적어도 6일이나 7일은 걸렸을 것이라고 보아야 한다. 본문에서는 베다니가 마르다와 마리아와 살고 있거나 적어도 태어났던 곳이라고만 우리에게 말해 준다. 어떤 이들은 베다니는 단지 감람산의 일부였을 뿐이라고 생각하지만, 어떤 이들은 감람산 자락에 있던 한 작은 동네였을 것이라고 생각하는데, 후자의 견해가 더 유력한 것으로 보인다. 왜냐하면, 여기에서도 베다니를 "마을"이라고 부르고 있고, 누가복음 10:38-39에서도 베다니는 마리아와 마르다가 살고 있던 "마을"로 표현되고 있기 때문이다.

2. 이 마리아는 향유를 주께 붓고 머리털로 주의 발을 닦던 자요 병든 나사로는 그의 오라버니더라.

우리는 누가복음 7:37-38에서 우리 구주께서 바리새인 시몬의 집에서 식사를 하고 계실 때, 한 여자가 주님 뒤로 와서, 향유를 담은 옥합을 가지고 주님의 발치에서서 울며, 눈물로 주님의 발을 적시고, 머리털로 주님의 발을 닦은 후에, 거기에 향유를 부은 일에 관한 보도를 읽었는데, 그 이야기는 그녀가 전에 악명 높은 죄인이었음을 보여 준다. 또한, 우리는 마태복음 26:6-7과 마가복음 14:3에서도 주님께서 나병환자 시몬의 집에서 식사를 하실 때, 한 여자가 주님의 머리에 향유를 부은 일에 관한 보도를 접하는데, 이 두 복음서 기자의 보도에는, 그 여자가 눈물로 주님의 발을 씻었다든지, 머리털로 주님의 발을 닦았다는 말이 나오지 않는다. 그리고 요한복음 12:3에는 이 절에서 언급한 것과 그 이름이나 정황이 매우 흡사해서 서로 동일한 것이라고 단정할 수밖에 없는 이야기가 나오는데, 거기에는 마리아가 등장한다. 마리아는 당시에 아주 흔한 이름이긴 하였지만, 이 절에서 언급된 마리아는 요한복음 12:3에서 주님께 향유를 부은 마리아와 동일인물이고, 그녀의 오라버니인 나사로는 병들어 있었다.

3. 이에 그 누이들이 예수께 사람을 보내어 이르되 주여 보시옵소서 사랑하시는 자가 병들었나이다 하니.

앞에서 말하였듯이, 그리스도께서는 이 두 자매와 아주 가깝게 지내셨고, 자주 그 집에 가서 식사를 하셨던 것으로 보인다. 그리고 이 절은 주님께서 그 집을 방문할 때마다 이 두 자매의 오라버니인 나사로를 각별히 대해 주셨다는 것을 보여 준다. 그래서 나사로가 병들어 누워 있게 되자, 이 두 자매는 사람을 보내어 이 소식을 주님께 알리면서, 그녀들의 오라버니인 나사로를 "(당신이) 사랑하시는 자"라고 지칭한다. 이 자매들은 자신들이나 나사로가 주님께 잘해 드린 것들을 거론하며 도움을 청할 수 있는 처지가 아니었기 때문에, 그저 주님의 선하심과 사랑에만 호소할 뿐이었고, 또한 주님이 어떻게 해 주시기를 바란다는 식으로 구체적으로 무엇을 요청하지 않고, 단지 나사로가 어떤 상태인지만을 주님께 알릴 뿐이었다.

4. 예수께서 들으시고 이르시되 이 병은 죽을 병이 아니라 하나님의 영광을 위함이요 하나님의 아들이 이로 말미암아 영광을 받게 하려 함이라 하시더라.

하나님께서 나사로에게 이 병을 보내신 것은 이 땅에서의 그의 존재를 끝내시기 위한 것도 아니었고, 나사로의 영혼을 육신으로부터 분리하셔서, 모든 사람이 다 부활하게 될 때까지는 이 둘이 서로 재결합되지 못하게 하시기 위한 것도 아니었다(후자는 죽음에 대한 우리의 통상적인 개념이다). 하나님께서는 그런 목적에서가 아니라, 자기 아들로 하여금 죽은 나사로를 죽은 자 가운데서 다시 살리게 하심으로써 자기가 영광을 받으시기 위하여, 이 병을 그에게 보내신 것이었다. 하나님의 아들이 영광을 받으시면, 하나님께서도 동시에 영광을 받으시게 된다. 그리고 그리스도께서는 자신의 권능을 드러내셔서, 사람들이 그를 하나님의 아들로 인정하고 고백할 때, 영광을 받으신다.

5. 예수께서 본래 마르다와 그 동생과 나사로를 사랑하시더니.

마르다와 마리아와 나사로는, 하나님께서 창세 전에 그리스도 안에서 영생을 위하여 택하시고 영원히 그리스도께 주셔서, 그리스도께서 실효적인 부르심으로 부르심으로써, 그를 자신들의 구주로 고백하고 영접하게 하신 자들로서, 특별한 사랑을 받았음에 틀림없다. 그러나 이 본문은 주님께서 이 가족을 인간적인 사랑으로 사랑하셨고, 주님의 그러한 사랑의 대상이었던 그들은 거기에 만족하였다고 말하고 있는 것으로 보인다. 그들은 낮아지신 모습의 주님을 극진히 대하였고, 주님께서는 자기를 극진히 사랑한 그들을 사랑하셔서, 이 가족 전체에게 인자하심을 베푸셨다. 잠언 8:17은 "나를 사랑하는 자들이 나의 사랑을 입으며 나를 간절히 찾는 자가 나를 만날 것이니라"고 말한다.

6. 나사로가 병들었다 함을 들으시고 그 계시던 곳에 이틀을 더 유하시고.

주님께서는 자애로우신 사랑으로 나사로와 그의 두 누이들을 사랑하셨지만, 즉시 그들에게 가셔서 슬픔에 빠져 있는 마리아와 마르다를 위로하시거나, 나사로를 죽기 전에 고치시지도 않으셨다. 도리어, 주님은 자기가 계시던 곳에 이틀을 더 머무셨다. 왜냐하면, 주님께서는 마리아와 마르다와 나사로를 사랑하셨지만, 아버지 하나님을 더 사랑하셔서, 아버지 하나님께서 높임과 영광을 받으시기를 간절히 바라셨고, 자기가 죽은 나사로를 다시 살릴 때에 그러한 목적이 이루어질 수 있었기 때문이었다. 우리는 우리에 대한 그리스도의 사랑을 그의 외관상의 섭리에 의거해서 판단해서도 안 되고, 우리가 생각하기에 알맞은 시간과 방식과 방법으로 주님께서 우리를 도우러 오시지 않으셨다고 해서, 우리를 사랑하지 않으시는 것이라고 판단해서도 안 된다.

7. 그 후에 제자들에게 이르시되 유대로 다시 가자 하시니.

이 본문은 그리스도께서 나사로가 병들었다는 소식을 전해 들으셨을 때에 유대에 계시지 않으셨고 베뢰아나 갈릴리에 계셨다는 사실을 우리에게 알게 해 준다. 주님께서는 이 소식을 듣자마자 다시 유대로 돌아가야 하겠다고 생각하셨다. 그러나 사실 주님은 그 때쯤 해서 예루살렘으로의 자신의 마지막 여행을 준비하고 계셨을 것이다. 다만, 나사로가 병들었다는 소식을 들으시고, 죽은 나사로를 다시 살리는 것이 자신이 해야 할 일이라는 것을 아신 것이 이 여행을 더 빨리 진행하시게 된 한 계기가 되었을 것이다. 이렇게 주님께서 다시 유대로 가시려고 하자, 제자들은 그 것을 못마땅하게 생각하여 만류하였던 것 같다(8절).

8. 제자들이 말하되 랍비여 방금도 유대인들이 돌로 치려 하였는데 또 그리로 가 시려 하나이까.

요한복음 10:31에 대한 설명을 보라. 유대인들이 주님을 돌로 치려고 했던 일이 있은 지 석 달도 지나지 않았기 때문에, 주님께서 그들의 분노와 광분함이 어느 정 도 누그러졌을 것이라고 생각하실 근거는 없었다. 다른 복음서 기자들은 이 때에 제자들이 주님께서 예루살렘으로 가시려 하시는 것을 극구 말리려 하였다는 것을 보여 주는데, 특히 마태복음 16:22에서는 "베드로가 예수를 붙들고 항변하여 이르 되 주여 그리 마옵소서 이 일이 결코 주께 미치지 아니하리이다"라고 말한 것으로 보도한다. 그들은 자신들의 선생인 예수는 물론이고 그들 자신에게도 어떤 화가 미 치지는 않을까 하고 걱정하고 두려워하였다.

9. 예수께서 대답하시되 낮이 열두 시간이 아니냐 사람이 낮에 다니면 이 세상의 빛을 보므로 실족하지 아니하고.

낮은 열두 시간이고, 그동안에는 햇빛이 사람들의 길을 환히 비춰 주기 때문에, 사람들은 실족할 염려 없이 다닐 수 있다. 왜냐하면, 하나님께서는 사람들이 낮에 이 세상에서 안전하게 다닐 수 있도록 하시기 위하여, 그들에게 햇빛을 비춰 주시 기 때문이다.

10. 밤에 다니면 빛이 그 사람 안에 없는 고로 실족하느니라.

또한, 밤도 있는데, 사람이 밤에 다니면, 자신의 걸음을 인도해 줄 빛이 없고, 어 둠뿐이기 때문에, 실족하기 십상이다. 이렇게 사람이 하는 모든 일에는 정해진 때 가 있는 법이다. 평화롭고 자유롭게 살 수 있는 때가 있는가 하면, 고통과 괴로움 속 에서 지내야 하는 때도 있다. 하나님께서는 세상을 다스리시고 통치하신다. 사람이 하나님에 의해서 부르심 받은 곳에서, 하나님이 자기에게 맡겨 주신 일들을 충성되 게 감당하는 동안에는, 그가 고난 받는 것이 하나님께 영광이 되는 때는 오지 않기 때문에, 실족하지도 않을 것이고, 그를 해치기 위해 광분하는 원수들이 있다고 해 도 해를 당하지 않을 것이다. 그는 하나님이 부르신 곳에서 자기에게 맡겨진 일을 충성되게 행할 때에는, 하나님께서 그에게 낮의 빛이 되어 주시기 때문이다. 그러 나 그가 일하기로 되어 있는 때가 끝나고, 밤이 오면, 하나님께서 그에게서 자신의 빛을 거두어 가시기 때문에, 그는 실족하게 된다. 그 때에 그는 하나님의 빛 아래에서 하나님이 명령하신 일들을 다 행한 후여서, 하나님의 특별한 보호하심 아래에 있지 않다. 이것이 요한복음 8:20에서 복음서 기자가 "이 말씀은 성전에서 가르치실 때에 헌금함 앞에서 하셨으나 잡는 사람이 없으니 이는 그의 때가 아직 이르지 아니하였음이러라"고 말한 것과 동일한 의미이다. 주님께 주어진 낮의 열두 시간은 아직 다 지나가지 않았다. 이 말씀은 최악의 시간을 보내고 있는 하나님의 백성의 영혼에 평안을 가져다주는 데 너무나 유익하다. 각 사람에게는 이 세상이라는 무대 위에서 하나님께 영광을 돌리도록 낮의 열두 시간이라는 정해진 시간이 주어져 있고, 그 시간이 다하기 전에는 실족하거나 잘못되지 않을 것이고, 죽거나 자신의 본분을 다할 수 없게 되지도 않을 것이다. 왜냐하면, 하나님이 각 사람에게 이 세상에서 행하라고 명령하신 것이 있기 때문이다. 그러나 누구에게나 반드시 밤이 찾아오는데, 그 때에 각 사람은 이 세상에서 실족하지 않고 살아가게 될 것을 기대해서는 안 된다.

11. 이 말씀을 하신 후에 또 이르시되 우리 친구 나사로가 잠들었도다 그러나 내가 깨우러 가노라.

죽음과 잠자는 것은 서로 아주 비슷한 면이 많아서, 성경에서는 죽음을 잠자는 것으로 표현하는 경우가 비일비재하다. 신명기 31:16; 사무엘하 7:12; 열왕기상 1:21; 열왕기하 20:21; 욥기 7:21; 14:12; 다니엘서 12:2 등이 그런 경우이고, 그 밖에도 구약과 신약에는 그런 본문들이 많이 나온다. 따라서 우리 구주께서 여기에서 "우리 친구 나사로가 잠들었도다"라고 하신 말씀은 나사로가 죽었다는 것을 의미하는 것이었다. 주님께서는 나사로가 죽었다는 소식을 다른 사람들로부터 전해 들으신 것이 아니었기 때문에, 이것은 주님이 하나님으로서 그 사실을 아신 것이었다. 우리 구주께서 "내가 깨우러 가노라"고 말씀하신 것은 죽은 나사로를 다시 살리러 가신다는 것을 분명히 하신 것이다. 따라서 주님은 죽은 자를 다시 살리시는 것을 잠자는 자를 깨우시는 것에 빗대어 말씀하신 것이기 때문에, 여기에서도 또다시 죽음을 잠자는 것에 비유하신 것이다.

12. 제자들이 이르되 주여 잠들었으면 낫겠나이다 하더라.

대부분의 병자들에게서 잠을 잘 잔다는 것은 병과 관련된 좋은 예후였기 때문에, 주님께서 나사로가 잠들었다고 하시자, 제자들은 나사로의 병이 호전되어서 곧 낫게 될 것이라고 생각하여, 이렇게 말한 것이었다.

13. 예수는 그의 죽음을 가리켜 말씀하신 것이나 그들은 잠들어 쉬는 것을 가리켜 말씀하심인 줄 생각하는지라.

성경에서 죽음을 잠자는 것으로 표현하는 경우가 너무나 흔하다는 사실을 감안하면, 주님께서 나사로가 잠들었다고 말씀하신 것이 아니라 죽었다고 말씀하신 것임을 제자들이 깨닫지 못하였다는 것에 대해서 우리는 의아하게 생각할 수도 있다. 그러나 주님께서 이렇게 서둘러서 병든 나사로에게 가고 계시는 상황에서 그런 말씀을 하셨기 때문에, 제자들은 만일 나사로가 죽은 것이라면, 주님이 서둘러 가실 필요가 없으실 것인데, 이렇게 서둘러 가고 계시는 것을 볼 때, 나사로는 병이 호전되어 잠이 든 것임에 틀림없다고 생각한 것일 수 있다.

14. 이에 예수께서 밝히 이르시되 나사로가 죽었느니라.

너희는 내 말을 오해하였다. 내 말은 나사로가 병이 호전되고 편안해져서 잠이 들었다는 것이 아니라, 그의 영혼이 육신으로부터 떠나갔다는 것이다.

15. 내가 거기 있지 아니한 것을 너희를 위하여 기뻐하노니 이는 너희로 믿게 하려 함이라 그러나 그에게로 가자 하시니.

만일 내가 그 자리에 있었다면, 나는 나사로와 그의 누이들을 불쌍히 여겨서, 나사로의 병을 고쳐 죽지 않게 하였을 것이지만, 내가 거기에 있지 않아서, 그가 죽게 된 것이 적어도 너희를 위해서는 잘된 일이기 때문에, 나는 기뻐한다. 왜냐하면, 나사로가 죽음으로써, 이제 나는 나의 신적인 권능을 사용하여, 죽은 나사로를 다시 살림으로써, 나를 하나님의 아들이자 참된 메시야로 믿는 너희의 믿음을 더욱 견고하게 할 수 있는 기회를 얻게 되었기 때문이다. 그러므로 나사로는 이미 죽었지만, 우리는 "그에게로 가자."

16. 디두모라고도 하는 도마가 다른 제자들에게 말하되 우리도 주와 함께 죽으러 가자 하니라.

"디두모"와 "도마"는 동일한 의미를 지닌 이름들이었는데, "디두모"는 헬라식 이름이고, "도마"는 히브리식 이름이었다는 점만이 다를 뿐이었다. 여기에 나오는 도마는, 요한복음 20:25에서 다른 많은 제자들과는 달리 주님의 부활을 끝까지 믿지 않다가, 부활하신 주님의 손과 옆구리에 난 구멍자국에 자신의 손가락을 넣어 보고 나서야 믿은 바로 그 도마이다. 여기에서 그가 "우리도 주와 함께 죽으러 가자"고 한 말은 그의 대단한 경솔함과 불신앙을 보여 주는 것이었다. 왜냐하면, 그는 이렇게 말한 것이기 때문이다: 주님이 유대로 가시면, 주님을 죽이고자 하는 자들의 손에 죽을 위험이 아주 큰데도, 주님께서 기어이 유대로 가시겠다고 하시니, 그러면 우리도 주님과 함께 가서 같이 죽자.

　그러나 여기에서 도마는 "우리도 주와 함께 죽으러 가자"고 한 것이 아니라 "우리도 나사로와 함께 죽으러 가자"고 한 것일 가능성이 높다. 즉, 주님께서 나사로가 죽었다고 말씀하시자, 도마는 "나사로도 죽었는데, 우리가 목숨을 아낄 이유가 없으니, 목숨 걸고 한 번 부딪쳐 보자"는 의미로 이 말을 한 것이다. 이렇게 본다면, 도마가 한 이 말은 혈기에 가득한 말일 뿐만 아니라, 큰 불신앙을 표현한 말이기도 하다.

　우리는 우리의 친한 친구들이 죽었다고 해서, 거기에 감정이 격해져서, 우리 자신도 이 세상을 떠나고 싶어 해서는 안 된다. 왜냐하면, 우리는 하나님께서 우리를 이 세상으로부터 데려가실 때까지는, 하나님이 우리에게 정해 주신 자리를 끝까지 지키고 고수하는 것이 마땅하기 때문이다. 게다가, 도마는 우리 구주께서 제자들에게 하신 말씀, 즉 나사로는 죽음의 잠 속으로 빠져들었지만, 자기가 가서 그를 깨우겠다고 하신 말씀을 믿었어야 했다. 그것은 주님께서 이미 설명해 주셨듯이, 죽은 나사로를 죽음의 잠에서 깨우셔서 다시 일으키시겠다는 것을 의미하는 것이었기 때문이다. 우리의 혈기는 우리를 터무니없는 오류들에 팔아 넘겨 버린다!

17. 예수께서 와서 보시니 나사로가 무덤에 있은 지 이미 나흘이라.

　그리스도께서는 베다니에 도착하셨고, 나사로는 죽어서 무덤에 들어간 지 이미 "나흘"이나 되었다. 따라서 주님께서는 나사로가 죽고 나서 나흘이나 닷새째 되는 날에 베다니에 오신 것이었다. 그러나 30절에서 "예수는 아직 마을로 들어오지 아니하시고 마르다가 맞이했던 곳에 그대로 계시더라"고 말하고 있는 것으로 보아서, 어떤 이들은 그리스도께서는 아직 베다니로 들어오신 것이 아니었고, 단지 마르다가 마중 나온 곳에 도착하신 것이었다고 생각하는데, 아마도 그것이 맞는 것 같다. 유대인들의 모든 무덤은 그들이 사는 마을에서 가까운 곳에 있었다는 점에서, 마르다가 주님을 마중 나온 것은 나사로의 무덤에서 아주 가까운 곳이었을 것이다. 그리고 그 무덤이 있는 곳에서 주님은 마르다로부터 나사로가 무덤에 얼마 동안이나 있었는지를 들으셨을 것이다. 주님께서는 빨리 서두르기만 하셨다면 얼마든지 더 빨리 오실 수 있으셨다. 베다니는 유대의 경계로부터 벗어나서 요단 강 저편에 있기는 하였지만, 장소들을 연구하는 데 심혈을 기울여 온 사람들에 따르면, 예루살렘으로부터 6km밖에 떨어져 있지 않은 곳이었는데, 주님께서는 4일이나 5일보다 더 짧은 시간 안에 거기에 도착하실 수 있으셨으리라는 것이다. 어떤 이들은 그리스도께서 나사로가 병들었다는 소식을 받으신 바로 그 날에 나사로가 죽은 것이라고 생각한다. 하지만 주님께서는 이 소식을 들으신 후에 자기가 계시던 곳에 이틀을 더 머무셨고(6절), 그런 후에야 자신의 제자들에게 유대로 올라가자고 말씀하셨으며(7절), 그렇게 여정에 오르시고 나서 하루나 이틀이 지난 때에 자신의 제자들에게 나사로가 죽었다고 말씀하신 것으로 보여진다(14절). 이것은 우리 구주께서 나중에 자신이 행하실 이적이 더 두드러지고 돋보여서 사람들의 주목을 더 많이 끌 수 있도록 하시기 위하여, 일부러 더 여러 날이 걸려서 늦게 베다니에 도착하신 것임을 보여 준다.

18. 베다니는 예루살렘에서 가깝기가 한 오 리쯤 되매.

"오 리"는 우리식 계산으로는 3km 되는 거리이다.

19. 많은 유대인이 마르다와 마리아에게 그 오라비의 일로 위문하러 왔더니.

이 유대인들은 마르다와 마리아와 더불어서 그녀들의 죽은 오라비의 영혼을 위하여 기도하러 온 것이 아니었다. 죽은 영혼들이 살아 있는 사람들의 기도를 통해서 유익을 얻을 수 있다는 생각은 후대의 부패한 생각이다. 이 유대인들은 자신들의 지인이었던 죽은 나사로를 조문하고, 나사로의 죽음으로 슬픔에 빠져 있는 마르다와 마리아를 위로하기 위하여 온 것이었다. 옛날 사람들은 죽은 사람을 위하여 삼십 일 동안 조문하고 애곡하였는데, 야곱을 위해서는 사십 일 동안을 애곡하였고(창 50:3), 아론과 모세를 위해서는 각각 삼십 일 동안을 애곡하였다(민 20:29; 신 34:8). 죽은 사람이 신분이 미천한 경우에는 애도 기간이 좀 더 짧기도 했던 것으로 보이지만, 대체로 그 기간은 삼십 일이었다. 이 기간 동안에 이웃들과 친지들이 찾아와서 죽은 사람을 위하여 애곡하고 슬픔에 빠져 있는 고인의 유족들을 여러 가지 말로 위로하였다.

20. 마르다는 예수께서 오신다는 말을 듣고 곧 나가 맞이하되 마리아는 집에 앉았더라.

누가복음 10:41에서 주님께서 "마르다야 마르다야 네가 많은 일로 염려하고 근심하나"라고 말씀하신 것으로 보아, 집안일은 대체로 마르다가 거의 도맡아서 하였고, 마리아는 조금 뒤로 물러나 있었기 때문에, 그리스도께서 오신다는 소식은 마르다에게 먼저 전해졌던 것으로 보인다. 그 소식을 들은 마르다는 너무 기뻐서 한걸음에 달려가서 주님을 맞았다. 그녀가 어디까지 마중 나간 것인지에 대해서는 본문이 말해 주고 있지 않지만, 30절에서 "예수는 아직 마을로 들어오지 아니하시고 마르다가 맞이했던 곳에 그대로 계시더라"고 말하고 있는 것으로 보아서, 그녀는 마을 밖까지 나가서 주님을 맞이하였음이 분명하다.

21. 마르다가 예수께 여짜오되 주께서 여기 계셨더라면 내 오라버니가 죽지 아니하였겠나이다.

32절에서는 마리아도 여기에서 마르다가 말한 것과 똑같은 말을 한다. 이것은 마르다와 마리아가 두 사람 다 잘못 생각하고 있었음을 보여 준다. 왜냐하면, 나사로의 죽음은 하나님의 영원하신 계획에 따라 정해지고 결정된 일이었기 때문이다. 앞에서 4절이 이미 말해 주고 있듯이, 나사로가 병들어 죽게 된 것은 하나님의 아들이 그를 죽은 자 가운데서 다시 살리시는 이적을 행하심으로써 하나님과 그의 아들이 영광을 받으시기 위한 것이었다. 이것은 우리의 본성이 얼마나 허망하고 허탄한지를 잘 보여 준다. 그렇기 때문에, 우리는 우리가 아끼는 사람을 잃었을 때, 각 사람의 날들이 정해져 있어서 그 정해진 날수를 지나서 살 수 없다는 것은 전혀 생각하지 않고서, 단지 만일 이러저러하였더라면 그 사람을 잃지 않았을 것이라고 헛된 가정을 말하며 탄식하는 모습을 보인다. 만일 어떤 사람의 병이 빨리 발견되었거나, 의사가 그 병을 고칠 수 있는 다른 약을 조금만 더 빨리 썼더라면, 반드시 그 사람이 죽지 않고 더 살 수 있었다고 하더라도, 당시에 그 사람이 자신의 병을 일찍 발견하지 못한 것이나 의사가 적절한 약을 빨리 투약하지 못한 것 자체도 이 모든 일을 결정하시는 하나님의 계획 아래에 있었던 것임을 성경은 우리에게 말해 준다.

또한, 마르다와 마리아는 그 점에 있어서만 잘못을 범한 것이 아니라, 자신들의 오라버니가 죽지 않고 살기 위해서는, 주님께서 반드시 오셔야 하였다고 전제하지만, 그러한 전제 자체도 잘못된 것이었다. 왜냐하면, 주님께서는 비록 그 자리에 계시지 않으셨어도, 그렇게 하고자 하기만 하셨다면, 얼마든지 병든 나사로의 병을 고치셔서 죽지 않게 하실 수 있으셨을 것이기 때문이다.

22. 그러나 나는 이제라도 주께서 무엇이든지 하나님께 구하시는 것을 하나님이 주실 줄을 아나이다.

마르다는 자기가 앞서 한 말에서는 상당한 정도의 불신앙을 드러내 보였지만, 여기에서는 자신의 믿음을 보여 준다. 하지만 그녀의 믿음 속에는 여전히 일정 정도의 연약함이 섞여 있다. 왜냐하면, 이 말을 통해서 그녀는 신성의 모든 충만이 그리스도 안에 거하시고, 그리스도는 아버지 하나님과 동등하신 분이신 까닭에, 자신의

권능으로 얼마든지 죽은 자를 다시 살리실 수 있으시다는 믿음을 나타내 보인 것이
아니라, 단지 그리스도께서는 하나님의 지극한 은총을 받고 계시는 분이신 까닭에,
지금이라도 하나님께 간구하시면, 하나님께서는 자신의 오라버니인 나사로를 다시
살려 주실지도 모른다는 정도의 믿음만을 보이고 있기 때문이다. 여기에서 마르다
가 "주께서 무엇이든지 하나님께 구하시는 것"이라고 말한 것은 주님이 죽은 나사
로를 다시 살려 주시라고 하나님께 구하실 것임을 의미한다. 그녀는 자신의 죽은
오라버니를 다시 살려 주시라고 하나님께 기도해 달라고 주님께 간청할 생각이 목
구멍까지 올라왔지만, 죽은 자를 다시 살리는 일은 너무나 희귀하고 이례적인 일이
어서, 감히 직설적이고 단도직입적으로 말을 꺼내지 못한 것일 뿐이었다.

23. 예수께서 이르시되 네 오라비가 다시 살아나리라.

그리스도께서는 우리가 앞에서 말한 바 있는 마르다의 잘못들을 아랑곳하지 않
으시고(그는 자기 백성의 연약한 것들을 불쌍히 여기시는 마음을 지니고 계시기 때
문에), 단지 그녀의 괴롭고 슬픈 마음을 달래 주시는 말씀을 하신다. 주님은 그녀의
오라비가 당장 다시 살아날 것이라거나, 자기가 그렇게 하실 것이라고 그녀에게 말
씀하지 않으시고, 단지 "네 오라비가 다시 살아나리라"고만 말씀하신다. 이것은 우
리가 장차 모든 사람이 다 부활하게 될 것이라는 믿음만을 가지고 있어도, 주 안에
서 죽은 우리의 친구들을 위하여 지나치게 슬퍼하거나 괴로워하는 것을 억제할 수
있고, 또한 그러한 믿음으로 그 슬픔을 제어하는 것이 마땅하다는 것을 우리에게 알
게 해 준다.

24. 마르다가 이르되 마지막 날 부활 때에는 다시 살아날 줄을 내가 아나이다.

이것으로부터 우리가 알 수 있는 것은 모든 죽은 자들이 저 마지막 날 부활의 때
에 다 살아나게 될 것이라는 가르침은 당시에 결코 새로운 것이 아니었다는 것이
다. 욥도 그것을 믿었고(욥 19:26-27), 다니엘도 "땅의 티끌 가운데에서 자는 자 중
에서 많은 사람이 깨어나 영생을 받는 자도 있겠고 수치를 당하여서 영원히 부끄러
움을 당할 자도 있을 것이며"(단 12:2)라고 예언함으로써 이것을 알렸으며, 비록 사
두개인들은 그것을 부정하였지만, 바리새인들은 그것을 믿었다. 하지만 아마도 바
리새인들은 마지막 날의 부활에 대하여 혼란스러운 개념을 지니고 있었던 것 같다.
마르다는 여기에서 그것을 자신의 신앙의 한 신조로 삼고 있음을 보여 준다.

25. 예수께서 이르시되 나는 부활이요 생명이니 나를 믿는 자는 죽어도 살겠고.

마르다가 앞서 한 말은 그녀가 그리스도께서 어떤 존재이신지에 대하여 제대로

된 개념을 지니고 있지 않다는 것을 보여 주는 것이었다. 그녀는 마지막 날에 하나
님의 전능하신 권능으로 말미암아 모든 죽은 자들이 다 부활하게 될 것이라고만 믿
었고, 그 부활에 있어서 그리스도께서 어떤 역할을 하실 것인지, 즉 죽은 자들을 다
시 살리시는 일은 아버지 하나님께서 그리스도께 맡기신 일이라는 것과 아버지 하
나님이 그리스도를 세우셔서 산 자와 죽은 자의 심판주로 삼으셨다는 것에 대해서
는 제대로 알고 있지 못하였다. 그래서 그리스도께서는 여기에서 그녀를 깨우쳐 주
시기 위하여, 자기가 "부활"이라고 그녀에게 말씀해 주신다. 성경에서는 결과를 말
함으로써 원인을 나타내는 화법을 자주 사용하기 때문에, 주님께서 "나는 부활이
요"라고 말씀하신 것은 "나는 그 부활의 주된 원인이 될 것이다"라고 말씀하신 것
이나 마찬가지였다. 즉, 죽은 자들이 마지막 날에 하나님의 아들의 음성을 듣고 부
활하게 될 것이다: "이를 놀랍게 여기지 말라 무덤 속에 있는 자가 다 그의 음성을
들을 때가 오나니 선한 일을 행한 자는 생명의 부활로, 악한 일을 행한 자는 심판의
부활로 나오리라"(요 5:28-29).

　또한, 주님께서는 "생명이니"라는 말씀을 덧붙이신다. 즉, 자기가 생명의 원인이
라고 말씀하신 것이다: 나는 죽은 자들이 저 마지막 날에 부활해서 회복하게 될 저
생명과 그 후에 뒤따르게 될 저 영원한 생명의 원인이다. 그러한 개념 속에서 나를
바라보고 자기 자신을 내게 의탁하는 자는 누구든지 비록 죽는다고 하여도 다시 살
아나서 영원히 살게 될 것이다. 이 권능이 내 안에 있기 때문에, 나는 마지막 날만이
아니라 현재에 있어서도, 내가 원하기만 한다면, 죽은 자들을 다시 살리는 권능을
지니고 있다. 우리 구주의 대답 속에는, 단지 죽은 나사로와 관련된 현재의 경우에
만 적용되는 것이 아니라, 보편적이고 포괄적으로 적용되는 의미가 담겨 있다는 것
은 의심의 여지가 없지만, 주님의 말씀은 자기 백성의 마음을 들어올리셔서 더 고
귀하고 높은 일들을 바라보게 만드시는 경우가 비일비재하다는 점에서, 주님께서
는 여기에서도 저 마지막 날의 부활의 때에 자기 오라비의 몸이 다시 살아나게 될
것이라는 생각을 하고 있던 마르다의 마음을 들어올리셔서, 신령하고 영원한 생명
을 바라보게 하신다.

26. 무릇 살아서 나를 믿는 자는 영원히 죽지 아니하리니 이것을 네가 믿느냐.

　주님께서는 앞에서 자기가 "부활"이라는 것을 증명하셨기 때문에, 이제 여기에
서는 자기가 "생명"이라는 것을 증명하신다. 주님은 살아 있는 자, 타고난 목숨을
지니고서 살아가는 자가 나를 참된 메시야이자 세상의 구주로 영접하고, 자기 자신

과 자신의 영혼과 관련된 모든 것들을 내게 의탁한다면, 결코 죽지 않게 될 것이라고 말씀하신다. 그 사람의 몸은 죄로 인하여 죽게 되겠지만, 그의 영혼은 의로 말미암아 살게 될 것이다. 그리고 하나님께서는 저 큰 날에 그 사람 안에 거하는 성령으로 말미암아 그 사람의 죽은 몸도 다시 살리셔서 그 사람의 영혼과 하나가 되게 하실 것이다: "그리스도께서 너희 안에 계시면 몸은 죄로 말미암아 죽은 것이나 영은 의로 말미암아 살아 있는 것이니라 예수를 죽은 자 가운데서 살리신 이의 영이 너희 안에 거하시면 그리스도 예수를 죽은 자 가운데서 살리신 이가 너희 안에 거하시는 그의 영으로 말미암아 너희 죽을 몸도 살리시리라"(롬 8:10-11). 주님께서는 마르다에게 이것을 믿느냐고 물으신다. 우리 구주께서는 여기에서만이 아니라, 마태복음 9:22, 28에서도 열두 해 동안 혈루증을 앓던 여자나 두 맹인을 고치시는 이적들을 행하실 때에도, 먼저 그 사람들에게 선결요건으로서 믿음을 요구하셨고, 마태복음 13:58에서는 주님께서 자기 고향에서는 그들의 불신앙으로 인하여 많은 권능을 행하실 수 없으셨다고 말한다. 또한, 마태복음 17:20에서 주님은 자신의 제자들에게, 그들이 귀신 들린 자를 고칠 수 없었던 이유가 그들의 "믿음이 작은 까닭"이라고 말씀하신다. 이렇게 하나님께서는 사람들이 지닌 믿음을 대단히 소중하고 귀하게 여기셨고 높이 평가하셨다.

27. 이르되 주여 그러하외다 주는 그리스도시요 세상에 오시는 하나님의 아들이신 줄 내가 믿나이다.

우리 구주께서는 베드로가 "주는 그리스도시요 살아 계신 하나님의 아들이시니이다"(마 16:16)라고 고백하자, "내가 이 반석 위에 내 교회를 세우리니 음부의 권세가 이기지 못하리라"(마 16:18)고 말씀하셨는데, 성경에 나오는 신앙 고백들 중에서 베드로의 이러한 신앙 고백에 가장 근접한 것이 바로 이 마르다의 신앙 고백이다. 실제로 여기에서 마르다는 "세상에 오시는"이라는 어구를 첨가함으로써, 베드로보다 더 충실하게 신앙을 고백하고 있다. 요지는 마르다는 여기에서 우리 구주께서 이 세상에 오시기로 예표되고 예언되고 약속되신 메시야이자 하나님의 아들이시라는 것에 전적으로 동의하는 신앙 고백을 하였다는 것이다.

28. 이 말을 하고 돌아가서 가만히 그 자매 마리아를 불러 말하되 선생님이 오셔서 너를 부르신다 하니.

마르다가 그리스도를 맞으러 마을 밖으로 나간 사이에, 마리아는 집에 그대로 머물러 있었는데, 본문에는 그리스도께서 마르다에게 집에 가서 마리아를 불러 오게 하라고 부탁하셨다는 말이 나오지 않지만, 이 절은 그런 식으로 일이 진행되었다는 것을 보여 준다. 마르다는 "가만히" 마리아에게로 가서, "선생님"이 오셨다고 말해 준다. 이것은 이 자매들이 주님을 평소에 "선생님"으로 불렀다는 것을 보여 준다.

29. 마리아가 이 말을 듣고 급히 일어나 예수께 나아가매.

마리아가 그리스도를 사랑하고 얼마나 기꺼이 모시고자 하는 마음이 있었는기 하는 것은 누가복음 10:38-40에 기록되어 있는 그녀와 그녀의 언니인 마르다에 관한 이야기 속에 잘 나타나 있다. 게다가, 그녀는 그녀의 오라비의 죽음으로 인해 슬픔에 젖어 있는 와중에서, 그리스도께서 오셨으니 죽은 오라비가 다시 살아날 수도 있지 않을까 하는 소망이 더해져서, 주님께서 자기를 찾으신다는 말을 전해 듣고서는, 마치 날개를 단 듯이 한 걸음에 달려서 주님이 계신 곳으로 갔다. 그래서 복음서 기자는 마리아가 "급히 일어나 예수께 나아갔다"고 말한다.

30-32. [30]예수는 아직 마을로 들어오지 아니하시고 마르다가 맞이했던 곳에 그대로 계시더라 [31]마리아와 함께 집에 있어 위로하던 유대인들은 그가 급히 일어나 나가는 것을 보고 곡하러 무덤에 가는 줄로 생각하고 따라가더니 [32]마리아가 예수 계신 곳에 가서 뵈옵고 그 발 앞에 엎드리어 이르되 주께서 여기 계셨더라면 내 오라버니가 죽지 아니하였겠나이다 하더라.

마리아는 주님이 계신 곳으로 가서, "그 발 앞에 엎드렸는데," 우리가 앞에서 이미 보았듯이, 이것은 그 지역에서 왕이나 고관대작들에게 예를 갖추어 절하거나, 하나님을 예배할 때에(마 2:11) 통상적으로 사용되던 자세였다. 마리아가 전자와 후자 중에서 어느 의미로 주님 앞에 엎드린 것인지는 그녀가 당시에 주님의 신성을 제대로 알고 있었느냐에 달려 있는데, 사실 우리는 거기에 대해서는 알 수가 없지만, 다만 우리가 아는 것은 주님의 제자들 중에서 가장 믿음이 좋은 제자조차도, 주님께서 부활하시기 전에는, 주님의 신성에 대해서는 단지 희미하고 불확실한 믿음만을 지니고 있었을 뿐이라는 것이다. 마리아가 주님의 발 앞에 엎드려서 한 말은 마르다가 주님을 맞이하였을 때에 한 말과 같다. 요한복음 11:21에 대한 설명을 보라.

33. 예수께서 그가 우는 것과 또 함께 온 유대인들이 우는 것을 보시고 심령에 비통히 여기시고 불쌍히 여기사.

사도는 그리스도에 대하여, "우리에게 있는 대제사장은 우리의 연약함을 동정하지 못하실 이가 아니요 모든 일에 우리와 똑같이 시험을 받으신 이로되 죄는 없으시니라"(히 4:15)고 말하고, "그가 무식하고 미혹된 자를 능히 용납할 수 있는 것은 자기도 연약에 휩싸여 있음이라"(히 5:2)고 말한다. 마르다와 마리아가 그녀들의 죽은 오라비를 위하여 슬퍼하고 운 것은 그녀들의 연약함 때문이었다. 그들이 우는 것을 보시고, 그리스도께서는 "심령에 비통히 여기시고," 괴로워하셨는데, 이것은 그가 진정으로 사람이셨음을 보여 주는 것이다. 우리가 다른 사람들의 고통이나 괴로움을 보고 함께 고통하며, 우는 자들과 함께 우는 것은 자연스러운 일이다.

그러나 여기에서 한 가지 질문이 생긴다: 우리가 종종 다른 사람들이 통곡하며 우는 것을 보고서 우리 자신도 울음을 참을 수 없는 것과 마찬가지로, 과연 그리스도께서도 본성적인 반응으로 자동적으로 괴로워하신 것인가, 아니면 자신의 의지에 따라서 괴로워하신 것인가? 옛 교부들 중 몇몇은 이것은 주님의 선택에 의한 것이었다고 생각하고, 칼빈 목사님을 비롯한 다른 이들은 이것은 주님의 필연적이고 본성적인 반응이었다고 생각한다. 즉, 주님께서는 자신의 감정을 이성으로 통제하실 수 없으셨던 것이 아니라, 인간으로서 그런 감정을 억누르실 수 없으셨다는 것이다. 나는 이 두 견해 중에서 어느 쪽이 합당한지를 판단하지 않고, 칼빈 목사님이 라틴어로 이것에 대하여 말한 내용을 여기에 아주 신중하게 번역해 놓음으로써, 이 문제를 독자들의 판단에 맡겨두고자 한다.

그는 이렇게 말한다: "하나님의 아들이신 분이 이를 악물며 그 심령이 몹시 괴로워하신다는 것이 말이 되는 것인가?" 어떤 이들은 그리스도께서 우리 중의 하나처럼 인간의 감정에 종속되어 계신다고 말한다는 것은 너무나 터무니없는 것으로 보았기 때문에, 주님께서는 종종 은밀한 섭리 아래에서 합당하다고 여겨지는 경우에 자원하여 어떤 감정들을 표현하신 것일 뿐이고, 어느 때든지 본성적이고 필연적으로 괴로워하시거나 기뻐하신 것은 아니라고 생각한다. 아우구스티누스(Augustine)는 그리스도께서는 그런 의미에서 여기에서 비통히 여기셨고 괴로워하신 것인 반면에, 사람들은 그들 속에서 저절로 필연적으로 일어나는 감정들에 휩싸여서, 그 감정들의 포로가 되어, 그 생각과 마음이 어지러워지고 엉망진창이 되어 버린다고 생각하였다. 그래서 그는 이 본문은 그리스도께서는 보통 때에는 감정들로부터 자유로우셔서 침착하시고 평온하시지만, 종종 자원하셔서 그러한 감정들을 취하시고 표현하신다는 것을 보여 주는 것이라고 생각하였다. 그러나 나의 판단으로는, 이 본문은 훨씬 더 간단하고 단순한 의미를 지니고 있는 것으로 여겨진다. 즉, 하나님의 아들이신 그리스도께서는 우리의 본성을 입으셨기 때문에, 우리의 본성적인 연

약함들인 우리의 감정들도 입으셨고, 그런 점에서 우리와 다를 바가 없으셨지만, 단지 죄는 없으셨다는 것이다. 이것은 그리스도의 영광을 훼손하는 것이 전혀 아니다. 왜냐하면, 그리스도께서는 자원하셔서 우리의 본성을 입으셨고, 그렇게 하심으로써 인간의 감정들과 관련해서도 우리와 같이 되셨기 때문이다. 우리는 그리스도께서는 자원하셔서 우리의 본성을 온전히 입으시기는 하셨는데도, 우리의 본성에 내포되어 있는 감정들로부터 자유로우셨다고 생각하지 말아야 한다. 주님께서는 감정이라는 측면에서도 자기가 우리의 형제라는 것을 증명하신 것은, 그가 우리를 위한 중보자로서, 우리와 같은 연약함들을 스스로 경험하고 계시기 때문에, 우리의 연약함들을 쉽게 용서하실 수 있으시고, 그 점에서 우리를 기꺼이 도우실 준비가 되어 계신다는 것을 우리로 하여금 알게 하시기 위한 것이었다.

어떤 사람이 우리의 감정들을 죄악된 것들로 보고서, 하나님의 아들이신 분이 우리의 그러한 감정들을 공유하신다는 것은 그분의 본성과 부합하지 않는다는 반론을 제기한다면, 나는 그러한 감정들과 관련해서 우리와 그리스도 간에는 엄청난 차이가 존재한다고 대답할 것이다. 왜냐하면, 우리의 감정들은 무절제하고 한계를 지키지 않고 과도한 까닭에 잘못되고 죄악된 것인 반면에, 그리스도 안에 있는 감정들은 절제되고 조화로우며 하나님께 순종하는 감정들인 까닭에 잘못된 것도 아니고 죄악된 것도 아니기 때문이다.

사람들의 감정은 두 가지 이유에서 잘못된 것이다: (1) 그 감정들은 하나님의 법의 지배를 받아 절제된 것들이 아니기 때문에, 제멋대로 날뛰고 소동하며 소란을 피운다. (2) 그 감정들은 흔히 어떤 합당한 근거 없이 생겨나고, 지향점 자체도 올바르지 않다. 우리는 합당한 정도로 슬퍼하거나 기뻐하지 못하고, 하나님이 허락하신 정도를 지키지 못하기 때문에, 우리 안에 있는 감정들은 "질병"이다. 많은 사람들은 자신의 감정을 통제하거나 다스리지 못한다. 우리의 감정은 그런 식으로 제멋대로이기 때문에, 우리는 세상에 지나치게 집착해서 합당한 이유나 근거 없이 슬퍼하고 괴로워한다. 그리스도 안에는 그런 것이 전혀 존재하지 않기 때문에, 그리스도께서 지니신 감정들은 그 한계를 벗어나지도 않고, 합당한 이유나 근거 없이 생겨나지도 않는다. 이것을 한층 더 분명하게 이해하기 위해서는, 우리는 원래 창조되었던 모습 그대로의 인간과, 죄로 말미암아 타락하고 부패된 인간의 본성을 구별하여야 한다. 하나님께서는 처음에 인간을 창조하셨을 때, 본성적인 감정들을 지닌 모습으로 인간을 창조하셨지만, 그 감정들이 이성의 통제 아래 있게 하셨다. 하지만 타락한 이후의 인간의 감정들이 이성에 반란을 일으켜서 그 지배를 받지 않고 무절제하게 제멋대로 날뛰게 된 것은 우리의 본성에 필연적으로 수반된 속성이 아니라 단지 우연히 부가된 속성일 뿐이다. 그리스도께서는 우리의 감정들을 입으셨지만, 인간의 타락으로 인해서 우리의 감정들에 덧입혀진 저 무질서, 즉 우리의 감정들로 하여금 하나님께 불순종하게 만든 그러한 요소는 그리스도의 감정들 속에는 존재하지 않았다. 주님께서는 몹시 괴로워하셨지만, 그 괴로움에 사로잡히고 휘둘려서, 아버지 하나님께 불순종하게 되는 일은 주님께 일어나지 않았다.

요컨대, 우리의 감정과 그리스도의 감정 간의 큰 차이는 더럽게 오염된 시궁창의 물과 이물질이 하나도 없는 순수한 물 간의 차이라고 말할 수 있다. 우리는 단지 우리의 감정과 관련해서 최고로 완전한 규범을 우리가 그리스도에게서 찾을 수 없다면, 도대체 그 어디에서 찾을 수 있겠는지만을 생각해 보면, 스토아 철학자들처럼 그리스도를 아무런 감정도 없는 존재로 묘사하고자 하는 시도가 얼마나 잘못된 것인지를 금방 알 수 있다. 그러므로 우리는 우리의 감정이 빠져 있는 저 무질서를 바로잡고 길들여서, 그 감정을 정상으로 회복하고자 할 때, 그리스도를 우리의 인도자로 삼아, 그렇게 하려고 애를 써야 한다. 그래서 바울은 데살로니가전서 4:13에서 "형제들아 자는 자들에 관하여는 너희가 알지 못함을 우리가 원하지 아니하노니 이는 소망 없는 다른 이와 같이 슬퍼하지 않게 하려 함이라"고 말함으로써, 우리가 주 안에서 죽은 자들에 대해서 목석 같이 아무런 감정도 느끼지 않아야 한다고 말하는 것이 아니라, 그들을 위하여 슬퍼하기는 하되, 우리의 슬픈 감정을 절제하여, 소망 없는 자들처럼 무절제하게 슬퍼해서는 안 된다고 권면한다. 왜냐하면, 그리스도께서 우리와 같은 감정들을 입으신 것은 우리로 하여금 그의 은혜를 힘입어서 우리의 감정들 속에 들어 있는 악한 요소들을 다스릴 수 있게 하시기 위한 것이기 때문이다.

34-35. [34]이르시되 그를 어디 두었느냐 이르되 주여 와서 보옵소서 하니 [35]예수께서 눈물을 흘리시더라.

우는 것은 그 자체가 죄악된 것이 아니라 자연스러운 본성적인 감정이다. 우리가 앞에서 말하였듯이, 그리스도께서는 자원하셔서 우리의 본성을 입으셨고 우리의 본성적인 연약함들을 입으셨기 때문에, 이렇게 눈물을 흘리시며 우신 것은 자연스러운 일이다.

36. 이에 유대인들이 말하되 보라 그를 얼마나 사랑하셨는가 하며.

사랑은 사랑하는 대상을 향유하고 있는 동안에는 흡족하고 기뻐하는 것으로 표출되고, 그 대상을 박탈당한 경우에는 슬퍼하는 것으로 표출된다. 따라서 유대인들이 그리스도께서 죽은 나사로를 위하여 눈물을 흘리며 우시는 인간적인 감정을 드러내시는 것을 보고서, 그리스도께서 평소에 나사로를 많이 사랑하셨다고 생각한 것은 옳은 것이었다.

37. 그 중 어떤 이는 말하되 맹인의 눈을 뜨게 한 이 사람이 그 사람은 죽지 않게 할 수 없었더냐 하더라.

그리스도께서 나사로의 무덤 앞에서 눈물을 흘리신 것을 보고, 어떤 사람들은 그가 나사로를 무척 사랑하였던 것이라고만 생각하였던 반면에, 어떤 사람들은 그가 날 때부터 맹인이었던 사람의 눈을 뜨게 하신 이적을 베푸신 분이라는 것을 들어서 (요 9장), 그의 명성을 실추시키는 안 좋은 결론을 이끌어 낸다. 그들이 여기에서 한 말은 결국, 그리스도께서 날 때부터 맹인이었던 사람의 눈을 뜨게 할 수 있었다면, 그가 이렇게 눈물을 흘릴 정도까지 사랑한 나사로도 충분히 죽지 않게 할 수 있었을 것인데, 야속하게도 그렇게 하지는 않고, 뒤늦게 눈물만 흘리고 있는 것이 별로 보기 좋지 않다는 뜻이었다. 그래서 한 박식한 해석자는 이것을 마귀적인 냉소주의 (devilish sarcasm)라 부른다. 왜냐하면, 그들이 우리 구주께서 전에 날 때부터 맹인이었던 사람을 고치심으로써 자신의 신적인 권능을 나타내 보이셨는데도, 여기에서 자신의 친구를 죽지 않게 할 수 있는데도 그렇게 하지 않은 것으로 단정하고서, 그것을 빌미로 주님의 명성을 약화시키고자 한 것은, 나중에 주님께서 십자가에 달리셨을 때, 사람들이 "그가 남은 구원하였으되 자기는 구원할 수 없도다 그가 이스라엘의 왕이로다 지금 십자가에서 내려올지어다 그리하면 우리가 믿겠노라"(마 27:42)고 조롱하며 비웃었던 것과 흡사한 행태를 보인 것이기 때문이다.

또는, 그들은 우리가 앞에서 해석한 것과 같이 빈정거리며 조롱하는 의미로 이런 말을 한 것이 아니고, 주님께서 자신이 그토록 사랑하는 친구조차도 그 병을 고쳐서 죽지 않게 하지 않았는데도, 자기와는 일면식도 없는 타인에 지나지 않은 날 때부터 맹인이었던 사람의 눈을 뜨게 하신 것을 칭송하는 의미로 이렇게 말한 것일 수도 있다. 또는, 그들은 주님께서 늘 이적을 행하실 수 있으신 것인지 그렇지 않은지를 확실하게 알 수 없었기 때문에, 정작 이적이 필요할 때에 주님이 이적을 행하실 수 없으셨다는 의미로, 안타까운 마음에서 이런 말을 한 것일 수도 있다. 그러나 실제로 그들이 그런 식으로 추론하여 이런 말을 한 것이라면, 그들의 추론은 그리스도께서 하나님의 아들이시라면, 당연히 언제 어디서나 모든 경우에 자신의 신적인 권능을 행하실 수 있다는 논거 위에 서 있지 않은 것이어서 취약하기 짝이 없는 것이었을 수밖에 없다. 그들은 마치 하나님의 영광을 위하여 꼭 필요한 경우에는 하나님께서 반드시 이적을 행하여야 하는 것처럼 생각해서, 비록 그런 경우로 보일지라도, 하나님께는 자신의 지혜를 따라 자유롭게 이적을 행하실 수도 있으시고 행하지 않으실 수도 있으시다는 것을 인정하지 않은 것이다.

38. 이에 예수께서 다시 속으로 비통히 여기시며 무덤에 가시니 무덤이 굴이라 돌로 막았거늘.

주님께서는 33절에서와 마찬가지로 여기에서도 "비통히" 여기심으로써, 자기가 인간적인 감정이 있는 진정한 사람이라는 것을 다시 한 번 보여 주신다. 주님은 나사로의 시신이 놓여 있는 곳으로 가시는데, 복음서 기자는 그 무덤이 "굴," 즉 땅이나 바위 속에 만들어진 굴이었다고 우리에게 말해 준다. 나중에 아리마대 사람 요셉이 우리 구주의 시신을 매장할 때도 그랬듯이(마 27:66), 유대인들은 이렇게 굴을 파서 무덤으로 삼고서 큰 돌을 굴려서 그 입구를 막아 놓는 것이 관례였다.

39. 예수께서 이르시되 돌을 옮겨 놓으라 하시니 그 죽은 자의 누이 마르다가 이르되 주여 죽은 지가 나흘이 되었으매 벌써 냄새가 나나이다.

우리 주님께서는 나사로가 진짜로 다시 살아난 것을 누구나 다 분명하게 보도록 하시기 위하여, 나사로의 무덤 입구를 막고 있던 돌을 옮겨 놓으라고 명하신다. 왜냐하면, 만일 무덤 입구가 큰 돌로 굳게 막혀 있는 가운데, 나사로가 거기에서 스르르 나타난다면, 그것은 나사로가 진짜로 다시 살아난 것이 아니라 나사로의 유령처럼 보이기 십상이었을 것이기 때문이다. 마르다는 주님께서 나사로를 다시 살리시기 위해서가 아니라, 그의 시신을 보고자 하는 호기심에서, 무덤 입구의 돌을 치우라고 명령하신 것으로 생각했을 가능성이 높다. 그래서 그녀는 나사로의 시신에서 영혼이 떠난 지가 이미 나흘이나 되었기 때문에, 부패가 상당히 진행되어서, 주님께서 그 시신이 썩는 악취를 견뎌내기 어려우실 것이라고 생각하여, 주님께 무덤 속으로 들어가 보지 마시라는 뜻으로 이런 말을 한 것이었다.

40. 예수께서 이르시되 내 말이 네가 믿으면 하나님의 영광을 보리라 하지 아니하였느냐 하시니.

그리스도께서는 이제 마르다와 마리아를 비롯한 여러 사람들에게, 자기가 나사로를 죽은 자 가운데서 다시 살리고자 하신다는 것을 서서히 점진적으로 밝히시기 시작하신다. 주님께서는 우리에게 자신의 그런 뜻을 많은 말로 말씀하지는 않으시지만, 어쨌든 여기에서 자신의 말씀 가운데 그런 뜻을 내비치시고, 나중에 결과로서 더욱 분명하게 말씀하신다. 우리는 이 이야기 속에서 그리스도께서 많은 말로 자신의 그러한 뜻을 말씀하셨다는 것을 듣지 못하지만, 주님께서는 사실상 그렇게 말씀하셨다. 주님은 25절에서 자기가 "부활이요 생명"이라고 말씀하심으로써, 자기에게는 죽은 자들을 다시 살리실 수 있는 권능이 있으시기 때문에, 자기를 믿는 자들은 죽었어도 살게 될 것임을 분명히 하셨는데, 그런 일은 하나님의 영광이 크게 드러남이 없이는 있을 수 없는 일이었다. 하나님의 권능은 곧 하나님의 영광이다. 시편 기자는 "하나님이 한두 번 하신 말씀을 내가 들었나니 권능은 하나님께 속하였다 하셨도다"(시 62:11)라고 말하였다. 따라서 여기에서 주님은 이렇게 말씀하신 것이다: 너는 하나님이 자신의 전능하신 능력의 영광을 나타내시는 것을 나를 통해서 보게 될 것이다. 하나님께서는 그렇게 하심으로써, 자기 자신을 영화롭게 하시고, 동시에 자기 아들을 영화롭게 하실 것이다. 불신앙은 하나님을 제한하고 하나님의 손을 묶어 버리는 반면에, 믿음은 우리로 하여금 하나님을 경험하게 해 준다.

41. 돌을 옮겨 놓으니 예수께서 눈을 들어 우러러 보시고 이르시되 아버지여 내 말을 들으신 것을 감사하나이다.

무덤 가까이에 있던 종들 또는 친구들이 나사로의 시신이 놓여 있는 무덤 입구로부터 돌을 옮겨 놓자, 그리스도께서는 아버지 하나님께 감사기도를 하시기 전에 먼저 "눈을 들어 우러러 보셨는데," 이것은 사람들이 하나님께 기도할 때, 하늘이 하나님의 보좌라는 자신들의 믿음의 표시로서 흔히 사용하던 자세였다(시 121:1; 123:1). 물론, 하나님께서는 천지에 충만하시지만, 하늘은 하나님이 자신의 지극하신 영광을 드러내시는 하나님의 궁정이고, 땅은 하나님의 발등상이다.

우리는 이 이야기 속에서 그리스도께서 앞서 하나님께 어떤 말씀을 하셨다는 것에 대해서 전혀 듣지 못하지만, 주님께서는 여기에서 아버지 하나님이 자신의 말을 들어 주신 것에 대하여 감사를 드리신다. 이것은 하나님께서 주님이 원하시는 일을 허락하시고 들어주셨다는 의미이다. 그리스도께서는 사실 이러한 감사기도를 드리시기 전에 죽은 나사로를 다시 살리시는 일과 관련해서, 사람들이 들을 수 있는 말들로 아버지 하나님께 기도를 드리셨는데, 복음서 기자가 그것을 기록할 수 없었거나 기록하지 않은 것이었는지, 아니면 복음서 기자가 앞서 보도한 것처럼, 그리스도께서는 단지 심령 속에서만 비통히 여기셨고, 그러한 내면의 신음소리를 통해서 나사로의 죽음에 대한 자신의 비통한 심정을 표현하시고 마리아와 마르다의 고통에 동참하심과 아울러서, 자기가 나사로를 다시 살리기를 원하신다는 뜻을 아버지 하나님께 전달하신 것인지는 확실하게 결정하기가 대단히 어려운 문제이지만, 38절에서 주님께서 두 번째로 심령 속에서 비통히 여기시며 신음하신 것은 그런 성격을 띤 것이었음은 분명하다. 왜냐하면, 사도 바울은 성도들이 "마땅히 기도할 바를 알지 못하고" 속으로 신음할 때, "성령이 말할 수 없는 탄식으로 우리를 위하여 친히 간구하시고," "마음을 살피시는" 하나님께서 "하나님의 뜻대로 성도를 위하여 간구하시는" "성령의 생각"을 아시고, 그 기도에 응답하신다고 우리에게 가르치고 있는 것에 비추어 보면, 본성과 본질과 뜻에 있어서 아버지 하나님과 하나이신 성자 하나님께서 심령 속에서 탄식하시고 신음하시며 드리는 간구를 하나님께서 응답하지 않으실 리가 없으시기 때문이다.

하지만 우리는 이러한 사례를 들어서, 그리고 이것으로부터, 우리가 기도할 때에 굳이 말로 기도할 필요가 없다는 결론을 이끌어 내어서는 안 된다. 왜냐하면, 하나님께서는 우리의 마음을 감찰하시고, 우리가 무엇을 필요로 하고 원하는지를 아시는 분이신 까닭에(마 6:8), 우리가 필요하거나 원하는 것을 하나님께 아시게 해 드리기 위하여 반드시 말로 간구를 해야 할 필요가 있는 것은 아니지만, 우리는 기도할 때에 말로 하라는 하나님의 명령(호 14:2; 눅 11:2)에 순종해서, 말을 사용해서 기도하는 것이 마땅하기 때문이다. 하나님께서 그리스도를 들으시는 것과 우리를 들으시는 것 간에는 엄청난 차이가 있다. 그리스도와 아버지 하나님은 본질과 본성과 뜻이 하나이다.

42. 항상 내 말을 들으시는 줄을 내가 알았나이다 그러나 이 말씀 하옵는 것은 둘러선 무리를 위함이니 곧 아버지께서 나를 보내신 것을 그들로 믿게 하려 함이니이다.

나는 아버지께서는 늘 내가 원하는 일들을 나와 똑같이 원하신다는 것을 안다. 그리고 나는 아버지께서 원하셔서 나를 보내어 이 세상에서 하게 하시는 일들 외에는 그 어떤 것도 원하지 않는다. 그렇기 때문에, 내가 아버지께 구하는 일들을 아버지께서는 늘 들어주실 준비가 되어 있으시고, 그 일들을 들어주시지 않으신다는 것은 있을 수 없는 일이다. 아니, 나는 아버지께 어떤 것을 구할 필요조차 없는데도, 이렇게 내가 구한 것을 들어주신 것에 대하여 감사기도를 하는 것은, 단지 이 자리에 있는 무리들을 위한 것으로서, 그들로 하여금 내 아버지가 참 하나님이시고 전능하신 하나님이시라는 것을 믿게 하기 위한 것이다. 왜냐하면, 그들은 내가 아버지로부터 이 세상에 보내심을 받은 하나님의 아들로서, 내 아버지 하나님의 권능을 힘입어 일 하고 있다는 것을 아직도 믿지 않기 때문이다.

복음서들에서는 그리스도께서 이렇게 먼저 아버지 하나님께 기도하시지 않고, 오직 권세 있는 말씀만을 사용하셔서 이적들을 베푸신 것에 대하여 많이 보도하고 있기 때문에(마 8:3; 9:6; 막 5:41; 9:25; 눅 7:14), 주님께서는 여기에서도 굳이 그런 기도를 하실 필요가 없으셨지만, 오직 이 무리들이 자신들의 하나님으로 고백하는 바로 그 하나님이 자기를 보내셨다는 것을 그들에게 더욱더 확실하게 확신시키시기 위하여, 이렇게 그들 모두 앞에서 하나님께 감사기도를 하신 것이었다.

43. 이 말씀을 하시고 큰 소리로 나사로야 나오라 부르시니.

주님께서는 심령 속으로 비통히 여기시고, 자기 말을 들어주신 것에 대하여 소리를 내어 아버지 하나님께 감사하시며, 자기가 이런 기도를 하신 것은 자기가 원하는 것을 아버지 하나님이 들어주시지 않을까 의심해서가 아니라, 단지 자기가 하나님의 은총과 권능을 덧입고서 하나님으로부터 보내심을 받은 자라는 것을 사람들로 하여금 알게 하시기 위해서라고 말씀하신 후에, "큰 소리로 나사로야 나오라고 부르신다." 주님은 신접한 자와 마술사들처럼 속삭이거나 "주절거리며 속살거린"(사 8:19) 것이 아니라, 모든 사람들로 하여금 자신의 능력의 말씀이 어떤 역사를 일으키시는지를 똑똑히 들을 수 있도록 하시기 위하여 큰 소리로 말씀하셨다. 주님께서는 나사로의 이름을 부르시며, 그에게 나오라고 명령하신다. 나사로를 다시 살린 것은 이 말씀이 아니라, 이 말씀에 수반된 그리스도의 강력한 능력, 즉 죽은 자를 살리시는 그리스도의 능력이었다.

44. 죽은 자가 수족을 베로 동인 채로 나오는데 그 얼굴은 수건에 싸였더라 예수께서 이르시되 풀어 놓아 다니게 하라 하시니라.

죽은 사람의 시신을 천으로 싸는 방식은 나라마다 차이가 있는데, 이 본문은 유대인들의 경우에는 시신의 머리는 수건으로 싸고, 수족은 베로 동여맸다는 것을 보여 준다. 그들은 시신 전체를 향품과 함께 세마포로 쌌는데(요 19:40), 거기에서 말한 대로, 그것이 유대인들의 장례법이었다. 사도행전 5:6에서는 아나니아가 죽자, "젊은 사람들이 일어나 시신을 싸서 메고 나가 장사하였다"고 말한다. 따라서 여기에서 "수족을 베로 동인 채로"라는 표현은 분명히 그런 식의 장례법을 의미한다. 우리는 주님께서 죽은 나사로를 다시 살리신 이적과 아울러서, 여기에서 나사로가 살아나서 수족이 베로 동여매진 채로 움직여서 무덤 밖으로 나온 또 하나의 이적을 본다. 그리스도께서는 자신이 행한 이적이 온전히 이루어져서, 죽은 나사로가 진짜로 다시 살아난 것임을 보여 주시기 위하여, "풀어 놓아 다니게 하라"고 명하신다.

이 이적을 둘러싸고 두 가지 흥미로운 질문이 생겨난다: (1) 주님께서 나사로를 다시 살리신 것은 단지 자신의 신적인 권능을 통해서 행하신 일인가, 아니면 그의 신성과 인격적으로 연합되어 있던 그의 인성도 거기에 참여하는 방식으로 자신의 인격 전체를 통해서 행하신 일인가, 즉 신성과 인성 간에 속성의 교류가 일어나서 죽은 자를 다시 살리신 것인가? 나사로를 다시 살리신 것은 그리스도의 인격 전체였고, 그리스도께서 진정으로 사람이자 진정으로 하나님이신 인격으로서 그 일을 행하셨다는 것은 의심의 여지가 없다. 그러나 신성의 속성들이 인성으로 전달되었고, 인성도 이 일에 참여하였다는 것에 대해서는 부정하는 것이 옳고, 많은 위대한 신학자들도 거기에 의문을 제기하여 왔다. 하지만 이것은 우리에게 별 유익이 없는 문제이다. (2) 나사로가 무덤에 있던 나흘 동안, 그의 영혼은 육신으로부터 분리되어 있었던 것인가? 성경은 이것에 대하여 우리에게 아무 말도 해 주지 않기 때문에, 이런 문제를 제기하고 파헤치고자 하는 것은 지나친 호기심에서 생겨나는 것이다. 부자와 거지 나사로의 비유는 죽은 성도들의 영혼은 통상적으로 그 즉시 하늘로 올라가거나 아브라함의 품속으로 들어간다는 것을 우리에게 가르쳐 주기는 하지만, 이렇게 죽은 자들이 다시 살아나는 경우들에 있어서는, 죽은 사람의 영혼이 다시 그 육신으로 돌아오게 될 때까지, 하나님께서는 얼마든지 자신의 능력으로 그 영혼을 천사들의 보호 아래 있게 하실 수 있으시다.

45. 마리아에게 와서 예수께서 하신 일을 본 많은 유대인이 그를 믿었으나.

"마리아에게 와서 예수께서 하신 일을 본 많은 유대인들"은, 죽은 나사로를 조문하기 위하여 마르다와 마리아에게 왔다가, 그리스도를 만나기 위해 마리아를 따라 왔다가, 이 이적과 관련된 모든 과정들을 다 지켜 보게 된 자들을 가리키는데, 그들은 이 이적을 보고서, 예수를 참된 메시야로 진정으로 "믿었다"(요 12:11, 18).

또는, 우리는 그들의 믿음을 좀 더 폭넓은 의미로 이해해서, 사람에게 구원을 가져다주는 참된 믿음이 아니라 그런 믿음으로 나아가기 위한 준비단계의 믿음 정도로 생각할 수도 있을 것이다. 왜냐하면, 이적의 용도는 두 가지였기 때문이다. (1) 이적은 사람들에게 하나님으로부터 그토록 큰 능력을 수여받은 이의 말에 귀를 기울이고자 하는 마음을 불러일으켜서, 믿음을 가질 수 있도록 준비시키는 역할을 한다. 따라서 사람들은 이적을 본 후에는 말씀에 귀를 기울이고자 하고, 말씀을 믿고자 하는 쪽으로 기울게 된다. (2) 이적은 이미 믿은 자들의 믿음을 확증해 주고 견고하게 해 주는 역할을 한다. 따라서 그들은 자신들이 이미 들은 가르침들이 이적들을 통해서 확증되는 것을 보고서, 더욱더 견고한 믿음을 갖게 된다.

46. 그 중에 어떤 자는 바리새인들에게 가서 예수께서 하신 일을 알리니라.

이 유대인들에게는 앞에서 그리스도를 믿은 사람들에게 주어졌던 것과 동일한 믿음을 가질 기회가 주어졌고, 그리스도로부터 동일한 말씀들을 들었으며, 그리스도께서 행하신 동일한 이적을 목격하였다. 앞에 언급된 많은 유대인들은 여기에 언급된 사람들과는 다른 통로를 통해서 그리스도를 믿게 된 것이 결코 아니었다. 그런데 이 사람들은 주님을 믿기는커녕 고발하기 위하여 바리새인들에게로 달려갔다. 하나님께서는 자신의 기쁘신 뜻을 따라 자유롭게 은혜 주고자 하시는 자들에게 은혜를 주시는 것이라고 설명하는 것 외에, 우리는 이런 결과를 어떻게 다른 식으로 설명할 수 있겠는가? 물론, 이 사람들은 악하였기 때문에, 하나님께서 그들에게는 은혜를 주지 않으신 것이라고 말할 수도 있기는 하겠지만 말이다.

47. 이에 대제사장들과 바리새인들이 공회를 모으고 이르되 이 사람이 많은 표적을 행하니 우리가 어떻게 하겠느냐.

대제사장들과 바리새인들은 산헤드린이라는 이름으로 불렸던 유대인들의 공회에서 대다수를 차지하였는데, 그들이 소집한 것은 바로 이 공회였을 것이다. 왜냐하면, 49절은 산헤드린의 의장이었던 대제사장 가야바가 그들 중에 있었음을 보여주기 때문이다. 그리스도께서 행하신 이적들은 그들에게 골칫거리였고 그들을 당혹스럽게 만드는 일이었기 때문에, 그들은 이렇게 공회를 열어서, 그리스도께서 이렇게 백성들 사이에서 이적을 행하도록 가만히 두고 묵인하는 것이 과연 옳은 것인지를 논의한 것이었고, 주님께서 행하신 이적들로 말미암아 주님을 믿는 사람들이 날로 늘어나서, 어떤 불상사가 일어나게 될 것을 우려하였다.

48. 만일 그를 이대로 두면 모든 사람이 그를 믿을 것이요 그리고 로마인들이 와서 우리 땅과 민족을 빼앗아 가리라 하니.

그들이 우려한 것은, 그리스도가 계속해서 이적들을 행하는 것을 자신들이 방치한다면, 아주 많은 백성들이 그가 행한 이적들을 보고 그를 메시야로 인정하고 따르게 될 것이고, 그렇게 해서 메시야를 중심으로 불온한 세력이 걷잡을 수 없이 커지게 되면, 이미 자신들의 나라를 속국으로 삼아서 다스리고 있는 로마인들이 자신들에게 허용했던 저 작은 자치권마저도 완전히 박탈하게 되리라는 것이었다. 그들은 이렇게 말한다: 그렇게 되면, 로마인들이 군대를 이끌고 와서, 자신들 가운데 하나님이 임재하심을 보여 주는 증표이자 자신들이 하나님을 예배하는 데 사용하는 곳인 성전을 파괴할 것이고(이것은 그들에게 경악할 만한 일이 될 것이었다), 아울러 자신들의 나라를 짓밟아 완전히 초토화시킬 것이다. 이렇게 여기에서 "우리 땅"으로 번역된 것은 예루살렘 성전을 가리키고, "우리 민족"으로 번역된 것은 그들의 나라 전체를 가리킨다.

그들이 정말 이렇게 생각한 것이었는지, 아니면 단지 그리스도를 잡아 죽이는 일이 급하다는 것을 보여 주는 하나의 논거로 이렇게 말한 것인지를 아는 것은 우리에게 별로 중요하지 않지만, 그들이 진정으로 그렇게 생각했을 가능성은 충분하다. 왜냐하면, 유대인들은 자신들에게 대의명분을 주고 행동으로 이끌 지도자가 나타나기만 하면, 어떤 기회를 틈타서 언제라도 자신들의 자유를 되찾기 위하여 봉기하고자 하는 성향이 아주 강하였던 민족이었기 때문이었다. 또한, 유대인들은 유다로부터 규가 떠난 상태에서, 다니엘서 9:24에서 "네 백성과 네 거룩한 성을 위하여 일흔 이레를 기한으로 정하였나니 허물이 그치며 죄가 끝나며 죄악이 용서되며 영원한 의가 드러나며 환상과 예언이 응하며 또 지극히 거룩한 이가 기름 부음을 받으리라"고 말한 것을 따라 "일흔 이레"가 다 차서, 메시야를 기다리며 살아가고 있었기 때문에, 당시는 메시야에 대한 대망이 무르익어 가고 있었던 때였다.

게다가, 당시의 유대인들 사이에서는 잘못된 메시야 사상이 널리 퍼져 있어서, 그들은 메시야이신 하나님의 아들이 사람의 본성을 입고 오셔서, 인류를 속량하시기 위하여 죽으신 후에, 죽은 자 가운데서 다시 살아나셔서, 하늘에 오르실 것이라고 생각한 것이 아니라, 자신들의 모든 원수들을 다 정복하시고, 자신들을 모든 포로된 것과 종 된 것에서 건지셔서, 자신들이 전에 누렸던 자유들을 회복시켜 주실 세상의 왕으로서의 메시야를 생각하고 있었다. 마태복음 2:4에서 헤롯이 동방박사들에게 질문한 것이 보여 주듯이, 로마 총독들은 유대인들의 그러한 메시야 대망을 아주 잘 알고 있었고, 그런 까닭에 그들의 동향을 예의주시하고 있었는데, 헤롯이 메시야가 태어났다는 동방박사들의 말을 듣고서 베들레헴 근방의 어린 아기들을 죽인 잔인한 만행을 저지른 이유도 거기에 있었다. 따라서 여기에서 유대인들의 고위 관리들이 메시야에 대한 백성들의 당시의 사상과 대망에 의거해서, 백성들이 예수를 메시야로 여기고, 예수가 지금과 같이 많은 이적들을 계속해서 행함으로써, 자신이 메시야임을 확증한다면, 대다수의 백성들이 예수를 추종하게 될 것이고, 로마인들은 그러한 동향을 반란의 조짐으로 보고서, 신속하게 군대를 동원하여 유대 땅을 쳐서, 성전을 파괴하고 이 나라를 완전히 폐허로 만들어 버릴 것이라고 생각한 것은 충분히 일리가 있는 것이었다.

그렇다면, 그들은 이러한 사태를 어떻게 미연에 방지하고자 하였는가? 우리는 그들이 합의한 해법을 53절에서 보게 될 것인데, 그것은 예수를 죽이기로 결의한 것이었다. 그들이 어떻게 해서 그런 중대한 합의에 도달하게 되었는지에 대해서는, 우리는 다음 절 이하에서 듣게 될 것이다.

49. 그 중의 한 사람 그 해의 대제사장인 가야바가 그들에게 말하되 너희가 아무 것도 알지 못하는도다.

하나님의 율법에 의하면, 대제사장은 오직 한 명이어야 했고, 아론 가문의 장자가 그 직분을 맡게 되어 있었으며, 모세 오경의 많은 본문들이 보여 주듯이, 그 임기가 한 해 동안이 아니라 평생 동안 그 직무를 행하도록 되어 있었다. 그러나 당시의 유대 교회에서는 모든 것이 질서에서 벗어나 있었고, 유대인들은 로마인들의 권력 아래 놓여 있었기 때문에, 모든 직책에서 매관매직이 성행하였고, 특히 대제사장직이 그러하였다. 어떤 이들은 당시에 대제사장이 두 명이었다고 말하고, 어떤 이들은 두 명이 다 대제사장으로 불리고 동일한 대우를 받기는 하였지만, 어디까지나 한 명은 보조였을 뿐이라고 말한다. 헤롯 시대 이후로는 아론 가문이나 하스모네 가문에서 대제사장을 세우는 규례가 유명무실해졌고, 로마 당국은 자신들의 마음 내키는 인물을 대제사장으로 임명하였다. 그래서 요세푸스(Josephus)는 아론 시대부터 솔로몬 시대에 이르기까지 612년 동안에는 단지 13명의 대제사장이 있었고, 솔로몬 시대 이후부터 바벨론으로 포로로 잡혀갈 때까지 460년 동안에는 18명의 대제사장이 있었으며, 그 이후로 안티오코스 시대까지 414년 동안에는 15명의 대제사장이 있었던 반면에, 헤롯이 통치하기 시작한 때부터 예루살렘이 멸망할 때까지는 28명의 대제사장이 있었다고 말한다. 이 28명의 대제사장 중의 한 명이 여기에 나오는 가야바였는데, 이 때에 두 명의 대제사장이 있었다면, 분명히 그는 둘 중의 선임으로서, 모든 고위 관리들이 참여하였던 유대인들의 최고 의결기관인 산헤드린의 의장으로서, 다른 고위 관리들에게 막강한 영향력을 행사하고 있었음이 틀림없다.

50. 한 사람이 백성을 위하여 죽어서 온 민족이 망하지 않게 되는 것이 너희에게 유익한 줄을 생각하지 아니하는도다 하였으니.

대제사장이었던 가야바가 한 이 말보다 더 마귀적인 말은 없다. 그는 자신들이 마땅히 어떻게 해야 하고, 어떻게 하는 것이 합법적인 것인지를 생각하지 않고, 어떻게 해서라도 무죄한 피를 흘리고자 하고, 그것도 두루 다니시면서 오직 선한 일을 행하시며 살아오신 분의 피를 흘리고자, 지금 여기에서 이런 구실을 만들어 내고 있다. 마치 형편없는 정치가가 온갖 불법을 저지르면서도, 입만 벌리면, 자기는 오로지 백성의 안위만을 위하여 모든 일을 행한다는 듯이 말하듯이, 가야바는 "한 사람이" 아무리 선하고 무죄하고 의롭다고 할지라도 "백성을 위하여 죽어서 온 민족이 망하지 않게 되는 것이" 우리에게 "유익하다"고 말함으로써, 자신들이 하고자 하는 일이 합법인지 불법인지를 따지는 것이 아니라, 편의만을 따진다.

51. 이 말은 스스로 함이 아니요 그 해의 대제사장이므로 예수께서 그 민족을 위하시고.

복음서 기자는 대제사장 가야바가 한 말은 예언이라는 측면에서는, "이 말은 스스로 함이 아니요"라고 말한다. 분명히 가야바의 입장에서는 사악함과 비열함이 차고 넘치는 마음으로부터 그러한 추악하고 비열한 말을 한 것이었다. 즉, 어떤 사람이 아무리 선하고 의로우며 무죄하다고 할지라도, 그 한 사람이 죽어서 온 민족에게 재앙이 닥치지 않게 할 수 있다면, "모두가 죽는 것보다는 한 사람이 죽는 것이 낫다"(Melius pereat unus quam unitas)고 한 그의 말은 대제사장 가야바의 사악함과 비열함을 그대로 드러낸 말이었다는 것이다. 그러나 말이라는 것은 충분히 이중적인 의미를 지닐 수 있기 때문에, 다른 한편으로 가야바가 한 그 말은 그 자신도 전혀 모르는 가운데, "한 사람이 백성을 위하여 죽어야" 한다는 큰 진리, 즉 다니엘서 9:26에서 "예순두 이레 후에 기름 부음을 받은 자," 곧 메시야가 "끊어져 없어질 것"이라는 것을 예언한 것이었다. 물론, 이것은 발람의 나귀가 말한 것과 같이, 가야바의 의도나 목적과는 아무 상관이 없었다. 이렇게 예언의 영은 종종 악인들에게도 임한다. 하나님께서는 이교도들이었던 애굽 왕 바로와 느부갓네살에게 자신이 장차 행하고자 하시는 일들을 계시하셨다. 또한, 하나님으로부터 버림받은 자였던 사울도 한때는 예언을 하였다. 유다의 왕들 중에서 가장 악한 왕들도 우림과 둠밈을 사용하여 하나님의 뜻을 알았다. 마찬가지로 여기에서도, 가야바는 사악한 인물이었지만 하나님의 감동을 받아 예언을 한 것이다. 복음서 기자는 "그 해의 대제사장이므로"라는 말을 쓸데없이 괜히 덧붙여 놓은 것이 아니다. 하나님께서 종종 가장 악한 자들의 혀를 사용하셔서 자신의 뜻을 알리시는 것이 하나님의 거룩하심과 모순되지 않는 것과 마찬가지로, 사람들에게 가장 큰 영향을 미칠 수 있는 주요한 인물들을 사용하셔서 자신의 뜻을 알리시는 것도 하나님의 지혜와 부합한다.

교황주의자들은 이 본문을 근거로 해서, 교황은 여기에 나오는 대제사장과 같은 인물이기 때문에 무오하다고 주장한다. 그러나 그들이 자신들의 주장이 옳다는 것을 보이려면, 다음과 같은 것들을 증명하지 않으면 안 된다: (1) 그들은 교황이라는 직분이 하나님의 말씀 속에 근거가 있다는 것을 증명하여야 한다. (2) 그들은 대제사장이 언제나 무오하였다는 것을 증명하여야 한다. 여기 이 본문에서 말하고 있는 것은 특정한 때에 특정한 제사장에게 일어난 일에 대한 것이었다. 왜냐하면, 유대의 대제사장들은 평소에는 여느 사람들과 마찬가지로 많은 오류와 잘못을 저지르며 살아갔기 때문이다. 예컨대, 아론은 금송아지 우상을 만드는 오류를 저질렀고, 제사장 우리야는 다메섹에 있는 것과 같은 제단을 만드는 잘못을 저질렀다(왕하 16:10-11). 하나님께서는 가야바가 그 해의 대제사장이었기 때문에, 많은 사람들에 대한 그의 영향력을 고려하셔서, 그의 의도나 생각과는 상관없이 그의 혀를 주장하셔서, 자신이 머지않아 행하실 일에 대하여 예언하게 하신 것이기는 하지만, "대제사장"이라는 것이 가야바가 예언하게 된 이유였던 것은 아니었다. 가야바는 자신이 미리 생각하고서 의도적으로 예언한 것이 아니라, 자기가 한 말이 자신의 의도와는 무관하게 예언의 용도로 사용된 것에 불과하였다. 즉, 그가 그렇게 말한 의도와 목적은 육신적이고 야비한 책략가로서의 면모를 유감없이 보여 준 것이었지만, 그 말의 내용은 하나님의 계시로 사용되었다는 것이다. 하나님께서는 가야바의 의도와는 상관없이 그의 말을 예언으로 사용하셨다.

52. 또 그 민족만 위할 뿐 아니라 흩어진 하나님의 자녀를 모아 하나가 되게 하기 위하여 죽으실 것을 미리 말함이러라.

"그 민족만 위할 뿐 아니라"는 어구는 주님께서 머지않게 죽으시는 것은 오직 유대인들만을 위한 것이 아니라는 뜻이다. 가야바가 사용한 '라오스'(λαός, "백성")와 '에트노스'(ἔθνος, "민족")라는 단어들은 오직 유대인들만이 아니라 다른 민족도 의미하는 것이었다. 그리스도께서는 여기에서 "하나님의 자녀"로 표현된 하나님의 모든 택함 받은 자들을 모아 한 몸이 되게 하실 것이었다. 그들은 현재는 온 땅의 지면에 "흩어져" 있지만, 나중에 말씀이라는 썩지 않는 씨로 태어나고 물과 성령으로 거듭나서 하나님의 자녀들이 될 것이다. "하늘에 있는 것이나 땅에 있는 것이 다 그리스도 안에서 통일되게" 될 것이다(엡 1:10). 이렇게 복음서 기자는 요한일서 2:2에서 "그는 우리 죄를 위한 화목 제물이니 우리만 위할 뿐 아니요 온 세상의 죄를 위하심이라"고 말한 것을 따라서, 가야바의 예언의 의미를 유대인들만이 아니라 이방인들에게도 적용되는 것으로 확장시킨다.

53. 이 날부터는 그들이 예수를 죽이려고 모의하니라.

그들은 전에도 이런 모의를 해 왔었지만, 이제는 대제사장으로부터 한 사람이 죽어서 온 민족이 멸망당하는 것을 막는 것이 유익이라는 확실한 지침을 받아서, 백성들의 봉기와 반란을 막아야 한다는 좀 더 그럴 듯한 대의명분을 얻었기 때문에, 더욱더 적극적으로 주님을 죽일 계획을 세우기 시작하였다. 유대인들의 우두머리였던 대제사장이 그들의 양심을 충족시켜 주었기 때문에, 이제 그들은 주님을 죽이고자 하는 사악한 계획을 조금의 망설임이나 거리낌도 없이 아주 신속하게 추진해 나갈 수 있게 되었다.

54. 그러므로 예수께서 다시 유대인 가운데 드러나게 다니지 아니하시고 거기를 떠나 빈 들 가까운 곳인 에브라임이라는 동네에 가서 제자들과 함께 거기 머무르시니라.

그러므로 예수께서 다시 유대인 가운데 드러나게 다니지 아니하시고. 우리 구주께서는 참된 유월절 어린 양이셨기 때문에, 유월절에 죽임을 당하심으로써, 하나님에 의해서 유대인들에게 옛적에 주어졌던 유월절이라는 모형을 폐기하셔야 했던 까닭에, 그 때까지는 유대인들에게 잡히지 않으셔야 했는데, 이제 유월절은 점점 가까이 다가오고 있었다. 에브라임이라는 동네. 해석자들은 에브라임이라는 동네가 지금의 어디에 해당하는지를 알아내기 위하여 애를 쓰지만, 그것은 쓸데없는 것이다. 에브라임은 "빈 들 가까운 곳"에 있던 잘 알려지지 않은 한촌이었다. 어떤 이들은 이 동네가 베냐민 지파의 땅에 있었다고 생각하고, 어떤 이들은 이 동네가 에브라임 지파의 땅에 있었기 때문에, 그런 이름을 얻게 된 것이라고 생각한다. 에브라임이라는 동네는 성경의 다른 곳에서는 전혀 언급되지 않는다. 유대인들이 거주하던 팔레스타인 지역은 정세가 불안정해서 통치자들이 많이 바뀌었고, 그러는 와중에서 지명들도 많이 바뀌었기 때문에, 우리는 고대의 많은 지명들을 확인하는 데 애를 먹을 수밖에 없고, 어떤 경우에는 확인하는 것 자체가 불가능할 때도 있다. 이 동네가 어디에 있었든지 간에, 복음서 기자는 그리스도께서 자신의 제자들을 데리고 거기로 물러가셔서 한동안 머무시며, 많은 사람들 앞에 자신의 모습을 드러내지 않으셨다고 말한다.

55. 유대인의 유월절이 가까우매 많은 사람이 자기를 성결하게 하기 위하여 유월절 전에 시골에서 예루살렘으로 올라갔더니.

그리스도께서 자신의 공생애 사역을 시작하신 후로 네 번째로 맞이하시게 될 마지막 유월절이 다가오고 있었다. 복음서 기자는 모든 사람이 아니라 "많은 사람이 자기를 성결하게 하기 위하여 예루살렘으로 올라갔다"고 말한다. 왜냐하면, 유월절 식사를 하기 전에 율법의 결례를 통해 깨끗하게 하는 것은 모든 유대인들에게 반드시 요구된 것은 아니었고, 단지 율법에서 규정한 몇몇 부정함들이 있는 사람들만이 먼저 결례를 행하면 되었기 때문이었다. 그래서 그러한 결례를 통해 자신을 깨끗하게 할 필요가 있었던 사람들은, 율법이 그들에게 요구한 결례를 유월절 이전에 마치기 위하여, 다른 사람들보다 먼저 예루살렘으로 올라갔다.

56. 그들이 예수를 찾으며 성전에 서서 서로 말하되 너희 생각에는 어떠하냐 그가 명절에 오지 아니하겠느냐 하니.

훌륭한 해석자들은 이 절이 그리스도께 호감을 지니고 있던 사람들에 대하여 말하고 있는 것이라고 생각한다. 즉, 이 사람들은 명절 때마다 그리스도께서 말씀도 가르치시고 이적들을 행하시는 것을 보아 왔기 때문에, 이번 명절에도 그리스도께서 그 모습을 나타내실 것으로 기대하며, 선한 의도로 이렇게 서로 물으며 문의한 것이라고 본다. 그러나 이 본문은 그리스도의 원수들에 대하여 말하고 있는 것으로 보는 것도 가능하다. 물론, 그렇게 보는 경우에는, 유월절이 시작되려면, 아직 육칠 일이 더 남아 있었기 때문에, 그들이 이렇게 수소문하며 찾아다니는 것이 너무 이른 것일 수 있다는 약점이 있기는 하다.

57. 이는 대제사장들과 바리새인들이 누구든지 예수 있는 곳을 알거든 신고하여 잡게 하라 명령하였음이러라.

이 때에는 산헤드린이 예수가 어디 있는지를 아는 사람은 누구든지 신고하여, 발견하는 즉시 잡아들일 수 있게 하라는 포고령을 이미 내려놓은 상태였다. 이것은 우리가 53절에서 본 그들의 악한 회의에서 결정된 것을 따른 조치였다. 즉, 그들은 그 회의에서 예수를 잡아들이라는 포고령을 내리기로 의결한 것이었다. 따라서 이제 그들은 무죄한 자의 피를 흘리고자 하는 자신들의 계획을 이룰 때까지 쉬지 않

을 것이었고, 하나님께서는 머지않아 그들에게 그들의 계획을 이룰 기회를 주실 것
이었다.

제12장

개요

1. 마리아가 예수의 발에 향유를 붓고, 유다가 그것을 보고 불평함(1-8).
2. 무리들이 나사로를 보기 위해 몰려들고, 대제사장들은 예수를 죽이려고 모의함(9-11).
3. 예수께서 어린 나귀를 타고 예루살렘에 입성하심(12-19).
4. 몇몇 헬라인들이 예수를 뵙기를 청함(20-22).
5. 예수께서 자기가 죽는 것이 믿는 자들에게 유익함을 보이시고, 아버지께 기도하시자, 하늘로부터 들려온 소리로 응답을 받으심; 자기가 어떤 식으로 죽게 될 것인지를 말씀하시고, 지금 빛이 있을 동안에 잘 선용하라고 권면하심(23-36).
6. 대대수의 유대인들이 믿지 않음(37-41).
7. 많은 주요 관리들은 믿었지만, 감히 공개적으로 신앙 고백을 하지 못함(42-43).
8. 하나님이 자기를 보내셨음을 믿으라고 강권하심(44-50).

1. 유월절 엿새 전에 예수께서 베다니에 이르시니 이 곳은 예수께서 죽은 자 가운데서 살리신 나사로가 있는 곳이라.

주님께서는 "빈 들 가까운 곳인 에브라임이라는 동네"에서 "제자들과 함께 머무르시다가"(요 11:54), "유월절 엿새 전"인 안식일이나 그 전날 밤에 예루살렘에서 3km도 채 떨어져 있지 않은 "베다니에 이르렀는데," 우리가 앞 장에서 보았듯이, 베다니는 그리스도께서 나사로를 "죽은 자 가운데서 살리신" 곳이었다.

2. 거기서 예수를 위하여 잔치할새 마르다는 일을 하고 나사로는 예수와 함께 앉은 자 중에 있더라.

이 잔치가 베다니에서 열렸다는 것은 의문의 여지가 없지만, 누구의 집에서 열렸는지는 확실하지 않다. 어떤 이들은 이 잔치가 나병환자 시몬의 집에서 있었다고 생각한다. 실제로 마태복음 26:6-7과 마가복음 14:3은 주님께서 나병환자 시몬의 집에서 식사를 하셨고, 시몬은 베다니 사람이었다고 말한다. 다만 차이점이 있다면, 그것은 여기에서는 이 잔치가 유월절 엿새 전에 열렸다고 말하는 반면에, 마태와 누가는 유월절 이틀 전이었다고 말하고 있는 것으로 보인다(마 26:2; 막 14:1)는 것이다. 이 난해한 문제를 해결해 주는 것으로 보이는 것은 잔치에 대한 이야기와 그 정

황에 관한 묘사가 마태와 마가와 요한의 기사들에서 서로 거의 동일한 것으로 보인
다는 것이다. 한 가지 다른 점은 이 잔치가 열린 시점인데, 우리는 이 문제에 대해서
는, 마태와 마가는 시간적인 순서를 무시하고 얘기를 서술해 나가고 있는 것으로 보
이고, 요한은 원래의 시간적인 순서를 따라 서술해 나가고 있는 것으로 보인다고 말
할 수 있다. 즉, 마태와 마가는 이 잔치가 유월절 이틀 전에 열렸다고 명시적으로 말
하고 있는 것이 아니라(만일 그렇게 보도하였다면, 요한이 여기에서 보도한 것과
모순이 되었을 것이다), 그리스도께서 자신의 제자들에게 "이틀이 지나면 유월절
이라 인자가 십자가에 못 박히기 위하여 팔리리라"고 말씀하셨다는 것과 대제사장
들과 장로들이 주님을 죽이려고 의논을 하는 장면을 보도한 후에, 이미 앞서 시몬
의 집에서 있었던 이 잔치에 관한 이야기를 들려주는 반면에, 요한은 시간적인 순
서를 따라 유월절 엿새 전에 있었던 이 잔치에 관한 이야기를 먼저 우리에게 들려
주고 있다는 것이다.

3-8. ³마리아는 지극히 비싼 향유 곧 순전한 나드 한 근을 가져다가 예수의 발에
붓고 자기 머리털로 그의 발을 닦으니 향유 냄새가 집에 가득하더라 ⁴제자 중 하나
로서 예수를 잡아 줄 가룟 유다가 말하되 ⁵이 향유를 어찌하여 삼백 데나리온에 팔
아 가난한 자들에게 주지 아니하였느냐 하니 ⁶이렇게 말함은 가난한 자들을 생각함
이 아니요 그는 도둑이라 돈궤를 맡고 거기 넣는 것을 훔쳐 감이러라 ⁷예수께서 이
르시되 그를 가만 두어 나의 장례할 날을 위하여 그것을 간직하게 하라 ⁸가난한 자
들은 항상 너희와 함께 있거니와 나는 항상 있지 아니하리라 하시니라.

마태와 마가는 이 이야기를 여기에서와는 약간 다른 정황 속에서 들려주고 있는
데, 우리는 복음서 기자들의 보도들 간의 서로 다른 내용들에 대해서만이 아니라,
이 이야기의 모든 부분들을 그 본문들을 다룰 때에 이미 자세하게 살펴보았기 때문
에, 독자들은 마태복음 26:6-13과 마가복음 14:3-9에 대한 설명을 참조하면 될 것이
다.

9. 유대인의 큰 무리가 예수께서 여기 계신 줄을 알고 오니 이는 예수만 보기 위
함이 아니요 죽은 자 가운데서 살리신 나사로도 보려 함이러라.

베다니는 예루살렘에서 아주 가까웠기 때문에, 많은 유대인들은 그리스도도 보
고, 죽은 자 가운데서 다시 살아난 나사로도 볼 겸해서 그 곳을 찾았다. 이것은 그리
스도께서 수난을 당하시기 직전에 백성들 사이에서 더욱 그 이름이 알려지게 하시
기 위한 하나님의 특별한 섭리였다고 할 수 있다.

10. 대제사장들이 나사로까지 죽이려고 모의하니.

이것은 주님을 죽이려고 하는 자들이 얼마나 이성이 없이 미쳐서 광분하고 있는 지를 아주 잘 보여 주는 것으로서, 사도 바울이 데살로니가후서 3:2에서 복음의 원수들을 "부당하고 악한 사람들"이라고 부르면서, 그들이 이성이 없는 자들이라고 말한 것이 얼마나 옳은지를 증명해 주는 것이다. 설령 대제사장들과 바리새인들이 생각하듯이, 그리스도께서 안식일을 범하거나 신성모독죄를 범하였다고 하더라도, 나사로는 도대체 무슨 죄를 지었기에, 그들이 이렇게 나사로까지 죽이려고 모의를 할 수 있단 말인가?

11. 나사로 때문에 많은 유대인이 가서 예수를 믿음이러라.

아마도 나사로는 죽은 자 가운데서 다시 살아난 후에, 그 일로 인하여 하나님께 영광과 존귀를 돌리는 말을 사람들에게 하였을 것이고, 이것이 예루살렘의 고위 관리들이 그를 죽이고자 모의하게 된 계기가 되었다. 그들이 그를 죽이고자 한 유일한 이유는 "나사로 때문에 많은 유대인이 예수를 믿게" 되었다는 것이다.

12-15. [12]그 이튿날에는 명절에 온 큰 무리가 예수께서 예루살렘으로 오신다는 것을 듣고 [13]종려나무 가지를 가지고 맞으러 나가 외치되 호산나 찬송하리로다 주의 이름으로 오시는 이 곧 이스라엘의 왕이시여 하더라 [14]예수는 한 어린 나귀를 보고 타시니 [15]이는 기록된 바 시온 딸아 두려워하지 말라 보라 너의 왕이 나귀 새끼를 타고 오신다 함과 같더라.

이 이야기 전체는 다른 복음서 기자들이 훨씬 더 자세하게 보도하고 있다. 마태복음 21:1-16; 마가복음 11:1-10; 누가복음 19:29-40에 대한 설명을 보라.

16. 제자들은 처음에 이 일을 깨닫지 못하였다가 예수께서 영광을 얻으신 후에야 이것이 예수께 대하여 기록된 것임과 사람들이 예수께 이같이 한 것임이 생각났더라.

복음서 기자는 제자들이 처음에는 이것을 몰랐다가 나중에 주님이 부활하신 후에야 깨달았다고 말함으로써, 제자들이 무지했다는 것은 물론이고, 자신이 무지했다는 것도 아울러 고백한다. 제자들은 그리스도께서 나귀 새끼를 타시고 예루살렘 도성으로 입성하시고, 백성들은 그 길에 나뭇가지들을 깔고 자신들의 겉옷들을 던지는 모습을 보면서도, 이런 일들이 벌어지고 있는 이유나, 이런 일들을 통해서 옛적의 예언들이 성취되고 있는 것이라는 사실을, 그리스도께서 살아 계시는 동안에는 깨닫지 못하였다. 그들은 메시야가 세상을 다스릴 왕으로서 크고 대단한 영광과 위엄 가운데서 오시는 모습만을 고대하고 있었기 때문에, 주님이 나귀 새끼를 타시고 이렇게 입성하시는 것이 하나님의 진실하심과 신실하심을 이루시는 일이라는 것을 전혀 볼 수도 없었고 깨달을 수도 없었다. 하지만 그리스도께서 죽으셨다가 죽은 자 가운데서 다시 살아나셔서 하늘에 오르심으로써, 자기가 하나님의 아들이시라는 것을 능력으로 선포하시자, 그 때에야 그들은 이런 일들을 기억하고서, 이 일들이 하나님이 전에 약속하신 것들을 이루신 일들이었다는 것을 깨닫게 되었고, 이것은 예수가 하나님이 이 세상에 보내신 참된 메시야시라는 것을 믿는 그들의 믿음을 더욱 확증해 주고 견고하게 해 주었다.

이렇게 우리가 듣는 하나님의 말씀과 우리가 보는 하나님의 역사들은 종종 당장에는 우리에게 유익을 가져다주지 못하는 것처럼 보일지라도, 결국에는 나중에 우리에게 유익을 가져다준다. 그러므로 천사가 마리아를 찾아와서 수태를 고지할 때, 마리아가 천사가 한 말들을 마음에 깊이 새겨 두었듯이, 우리는 하나님의 말씀들과 역사들을 듣고 보는 대로, 그것들이 당장에는 아무런 열매나 효과도 없는 것처럼 보이지만, 언젠가는 결국 열매를 맺고 효과를 발휘하게 될 것임을 기대하고서, 마음 속에 잘 간직해 두는 것이 좋다.

17-19. [17]**나사로를 무덤에서 불러내어 죽은 자 가운데서 살리실 때에 함께 있던 무리가 증언한지라** [18]**이에 무리가 예수를 맞음은 이 표적 행하심을 들었음이러라** [19]**바리새인들이 서로 말하되 볼지어다 너희 하는 일이 쓸 데 없다 보라 온 세상이 그를 따르는도다 하니라.**

이 세 절은 많은 사람들이 그리스도의 입성하시는 모습을 보러 온 외적인 이유를 우리에게 알게 해주는데, 그것은 우리 구주께서 나사로에게 행하신 이적이 널리 알려져서 명성을 얻으셨기 때문이었다. 즉, 이 이적으로 인해서, 주님께서 나귀 새끼를 타고 예루살렘으로 입성하시는 모습을 보기 위하여 몰려든 사람들이 많이 늘어나게 되었다는 것이다. 그러나 주님께서 입성하실 때에 이렇게 많은 사람들이 몰려든 데에는 또 다른 이유가 있었는데, 그것은 하나님께서 수난 직전에 자기 아들로 하여금 영광을 받게 하시려고, 사람들의 마음을 감동시키셔서 그 자리로 나오게 하셨기 때문이었다. 이 모습을 본 바리새인들은 그리스도를 시인하는 자들은 회당에서 출교시킬 것이라는 자신들의 포고령이 아무런 효과가 없고, 도리어 더 많은 사람들이 그리스도를 시인하며 추종하는 것을 확인하고서 허탈감을 감추지 못하며 더욱더 적개심을 불태웠다. 여기에서 다시 한 번 우리는 주님의 입성 장면을 보기 위해 모여든 많은 사람들은 세상 사람들 중에서 단지 극히 일부에 불과하였는데도, 그들을 가리키는 데 "온 세상"이라는 표현이 사용되고 있는 것을 본다.

20. 명절에 예배하러 올라온 사람 중에 헬라인 몇이 있는데.

이 "헬라인들"이 어떤 사람들이었는지를 밝히는 것은 쉬운 일이 아니다. 여기에서 "헬라인들"로 불린 자들은, 알렉산더 대왕과 그의 후계자들이 유대 땅을 정복하고서 유대인들을 헬라 지역들로 끌고 갔기 때문에, 그 때 이후로 그 지역들에 흩어져서 여전히 살게 된 유대인들로서, 거기에 살면서도 계속해서 유대교 신앙을 지켜서 유월절을 맞아 예루살렘에 온 사람들을 가리키는 것일 수도 있고, 유대인들과 대비되는 의미로서 통상적으로 헬라인들이라 불렸던 이방인들을 가리키는 것일 수도 있다(행 14:1; 16:1; 18:17; 롬 1:16; 고전 1:23-24; 갈 3:28). 하지만 그들은 이방인들이었을 가능성이 대단히 높다. 왜냐하면, 어떤 이들은 유대인들은 이방인들이 예루살렘 성전으로 와서 예배를 드리는 것을 결코 허용하지 않았을 것이라고 말하지만, 사도행전 8:27이 "에디오피아 여왕 간다게의 모든 국고를 맡은 관리인 내시가 예배하러 예루살렘에 왔다"고 말하고 있는 것은 이방인들도 예루살렘에 와서 예배를 드렸다는 것을 반증해 주기 때문이다. 또한, 우리는 사도행전 17:4에서는 "경건한 헬라인의 큰 무리"에 대한 언급도 보게 되는데, 거기에서 "경건한"으로 번역된 헬라어는 '세보메논'(σεβομένων), 즉 "하나님을 예배하는" 헬라인들을 가리킨다. 따라서 처음부터 이스라엘 사람이 아니라 먼 나라에서 온 이방인들에게도 하나님을 예배하는 것이 허용되었음이 분명하다. 솔로몬은 성전을 봉헌할 때, "또 주의 백성 이스라엘에 속하지 아니한 자 곧 주의 이름을 위하여 먼 지방에서 온 이방인이라도 그들이 주의 크신 이름과 주의 능한 손과 주의 펴신 팔의 소문을 듣고 와서 이 성전을 향하여 기도하거든 주는 계신 곳 하늘에서 들으시고 이방인이 주께 부르짖는 대로 이루사 땅의 만민이 주의 이름을 알고 주의 백성 이스라엘처럼 경외하게 하시오며 또 내가 건축한 이 성전을 주의 이름으로 일컫는 줄을 알게 하옵소서"(왕상 8:41-43)라고 기도한다. 그리고 성전 내에는 그러한 용도로 사용하기 위하여 이방인의 뜰이 있었고, 그 뜰은 "성전 바깥 마당"이라 불렸다(계 11:2). 이방인들이 그 뜰에서 어떤 식으로 예배를 드렸는지는 큰 의문이다. 어떤 이들은 이방인들은 단지 기도만 드렸을 뿐이라고 생각하지만, 어떤 이들은 마카베오2서 3:35을 근거로, 이방인들도 그 뜰에서 희생제사를 드렸다고 생각한다. 그러나 확실한 것은, 다양한 부류의 경건한 이방인들은 예루살렘 성전에 대하여 듣고, 거기에서 명절 때마다 성대한 예배가 드려진다는 것을 듣고서, 일부는 이 놀라운 행사를 구경하기 위해서, 일부는 유대인들의 하나님을 진정으로 예배하기 위해서 명절에 예루살렘에 오곤 하였다는 것이다.

21. 그들이 갈릴리 벳새다 사람 빌립에게 가서 청하여 이르되 선생이여 우리가 예수를 뵈옵고자 하나이다 하니.

이 헬라인들이 수로보니게 사람들이었다면(그랬을 가능성이 크다), 그들이 살던 지역은 빌립의 고향이었던 갈릴리 벳새다에서 아주 가까워서, 그들은 빌립에 대해서 들어 알고 있었기 때문에, 빌립에게 부탁해서 주님을 만나뵙고자 하였던 것일 수 있다. 하지만 그들은 그저 "예수를 뵈옵고자" 한다고 말한 것으로 보아, 단순한 호기심을 만족시키고자 하는 것 이상의 목적을 가지고 주님을 찾아온 것은 아닌 것으로 보인다.

22. 빌립이 안드레에게 가서 말하고 안드레와 빌립이 예수께 가서 여쭈니.

그리스도께서는 헬라인 몇 사람이 자기를 만나보고자 한다는 것을 빌립과 안드레를 통해 전해 들으셨는데, 이 두 제자는 전에 주님께서 자신들에게 이방인들의 길로 가지 말라고 명하신 것을 들었고, 지금 주님을 만나보고자 한 사람들이 이방인들이었기 때문에, 이 헬라인들을 바로 주님 앞으로 데려가지를 않고, 먼저 헬라인들이 만나보기를 청한다는 것을 주님께 알렸다.

23. 예수께서 대답하여 이르시되 인자가 영광을 얻을 때가 왔도다.

그리스도께서는 하나님의 아들인 자기가 "영광을 얻을 때"가 왔다고 이 두 제자에게 대답하신다. 즉, 구약에 나오는 많은 예언들을 따라, 이방인들이 복음을 받아들임으로써, 인자가 영광을 얻게 될 때가 마침내 도래하였다는 것이다. 주님께서는 이렇게 말씀하시고 나서, 그렇게 되기 위해서는 자기가 먼저 죽어야 한다는 것을 계속해서 그들에게 말씀해 나가신다.

24. 내가 진실로 진실로 너희에게 이르노니 한 알의 밀이 땅에 떨어져 죽지 아니하면 한 알 그대로 있고 죽으면 많은 열매를 맺느니라.

너희가 잘 알고 있듯이, 사람들이 농사를 지을 때에 밭에 밀알을 뿌리면, 밀알이 싹이 나서 가지를 뻗고 열매를 맺기 위해서는, 먼저 땅 속에 들어가 죽어서 자신의 형체를 잃어야만 하는 것처럼, 나의 경우도 마찬가지여서, 내가 사람들을 내게로 이끌기 위해서는 먼저 들려야 한다. 즉, 나의 복음이 천하 만민에게 전파되어서, 이방인의 충만한 수가 들어오게 되기 위해서는, 먼저 내가 십자가에 못 박혀야 한다. 그러나 내가 그렇게 한 번 죽은 후에 죽은 자 가운데서 다시 살아나게 되면, 그 때에 너희는 "많은 열매," 곧 수많은 이방인들이 복음을 받아들이는 것을 보게 될 것이다.

25. 자기의 생명을 사랑하는 자는 잃어버릴 것이요 이 세상에서 자기의 생명을 미워하는 자는 영생하도록 보전하리라.

다른 복음서들에도 이것과 거의 동일한 말씀을 나온다(마 10:39; 눅 14:26). 어떤 이들은 우리 구주께서 자기가 먼저 고난을 당하신 후에 영광으로 들어가게 될 것임과 마찬가지로, 자신의 제자들도 고난을 통해서 영광으로 나아가는 토대를 놓아야 한다는 것을 보여 주시기 위하여, 여기에서 그 말씀을 다시 한 번 반복하시는 것이라고 생각한다. 사도 바울은 사도행전 14:22에서 "우리가 하나님의 나라에 들어가려면 많은 환난을 겪어야 할 것이라"고 말한다. 또는, 우리의 찬송 받으실 주님께서는 여기에서 자신의 제자들이 복음을 처음으로 전하게 될 때에 어떠한 고난을 받게 될지를 예언하시면서, 그들이 영원한 생명에 참여할 자신들의 분깃을 잃지 않기 위해서는, 이 세상과 이 세상이 주는 위로들을 사랑하지 말고 단호하게 거부하여야 한다는 것을 알게 해 주심으로써, 장차 그들이 사역을 감당하면서 그런 시험들을 당하였을 때에 영생의 소망을 바라보고 그런 것들을 미워할 수 있도록 격려하시는 것일 수 있다. 즉, 어떤 사람이 그리스도를 위하여, 그리고 그리스도를 섬기기 위하여, "자기의 생명"과 이 세상에서 자기에게 소중한 모든 것들을 미워한다면, 그 사람은 현세에서 원수들의 광분함에서 건짐을 받지 못한다고 할지라도, 장차 내세에서 영원한 생명으로 보상을 받게 되리라는 것이다.

26. 사람이 나를 섬기려면 나를 따르라 나 있는 곳에 나를 섬기는 자도 거기 있으리니 사람이 나를 섬기면 내 아버지께서 그를 귀히 여기시리라.

"사람이 나를 섬기려면 나를 따르라"는 말씀은 마태복음 16:24에서 주님께서 "누구든지 나를 따라오려거든 자기를 부인하고 자기 십자가를 지고 나를 따를 것이니라"고 하신 말씀과 거의 동일하다. 왜냐하면, 여기에서 "따른다"는 것은 좀 더 한정적으로 고난과 죽음을 가리키는 것으로 보아야 하는 까닭에, "나를 따르라"는 "나의 십자가에까지 나를 따라오라"는 의미이기 때문이다. 주님께서는 여기에서 "섬기는" 것과 "따르는" 것을 동일한 것으로 말씀하신다. 즉, 우리가 주님을 섬긴다면, 주님께서 우리를 십자가가 있는 곳으로 오라고 부르시는 경우에는, 주님을 따라 십자가에까지 가서 주님을 위하여 기꺼이 죽고자 하리라는 것이다. 그리고 그런 식으로 나를 섬기는 자는 "나 있는 곳"에 있게 될 것이다. 즉, 나와 함께 하늘에 있게 될 것이다. 그래서 사도 바울은 "우리가 그와 함께 영광을 받기 위하여 고난도 함께 받아야 할 것이니라"(롬 8:17)고 말한다. 왜냐하면, 본성과 본질에 있어서 나와 하나이신 내 아버지께서 나의 종인 자들을 높이실 것이기 때문이다. 따라서 하나님의 아들의 종이 된다는 것은 너무나 대단한 것이다. 장차 아버지 하나님께서는 자기 아들의 종으로 일하는 자들, 특히 그 중에서도 고난 가운데서 아들의 종으로서의 일을 감당하는 자들을 높이시고, 영원한 생명과 지극한 복을 주실 것이다.

27. 지금 내 마음이 괴로우니 무슨 말을 하리요 아버지여 나를 구원하여 이 때를 면하게 하여 주옵소서 그러나 내가 이를 위하여 이 때에 왔나이다.

지금 내 마음이 괴로우니. 우리는 여기에서 "마음"을 주님의 심령 중에서 감각을 느끼는 부분만이 아니라, 인간으로서의 주님의 심령 전체를 가리키는 것으로 이해하여야 한다. 따라서 우리는 요한복음 12:21에서 "예수께서 이 말씀을 하시고 심령이 괴로워 증언하여 이르시되 내가 진실로 진실로 너희에게 이르노니 너희 중 하나가 나를 팔리라 하시니"라고 하였을 때, 주님의 "심령이 괴로우셨다"는 것도 여기에서와 마찬가지의 의미로 이해하여야 한다. 우리의 내면의 괴로움은 우리가 느끼는 감정들 때문에 생겨나는데, 근심과 슬픔, 그리고 두려움은 우리의 내면의 괴로움의 주된 요인들이다. 두려움은 우리에게 장차 해악이 임할 것이라고 생각될 때에 느끼는 감정이고, 근심과 슬픔은 해악이 이미 우리에게 임하였거나, 아주 임박하여서 거의 임한 것이나 마찬가지일 때에 생겨나는 감정이다. 여기에서 "괴로우니"로 번역된 헬라어 '테타라크타이'(τετάρακται)는 평범하거나 통상적인 것이 아니라 이례적으로 큰 괴로움을 나타낸다. 우리는 너무나 괴로우면 종종 절망에 빠지고 말지만, 그리스도께서는 몹시 괴로워하셨지만, 절망에 빠지지는 않으신다. 주님이 겪으신 괴로움은 죄악된 괴로움이 아니었다. 여기에서 두 가지 질문이 생겨난다: (1) 그리스도의 심령은 무엇 때문에 괴로워하신 것인가? (2) 이렇게 몹시 괴로워하시는 것이 과연 주 예수 그리스도께 있을 수 있고 합당한 일인 것인가?

첫 번째 질문부터 살펴보자. 마태복음 26:38에서 주님께서는 "내 마음이 매우 고민하여 죽게 되었으니"라고 말씀하신 것에서 알 수 있듯이, 고민스러운 것, 즉 근심이나 슬픔은 주님의 괴로움의 한 부분이었다. 또한, 우리는 주님께서 바로 이어서 "아버지여 나를 구원하여 이 때를 면하게 하여 주옵소서"라고 말씀하신 것으로부터, 두려움이 주님의 괴로움의 또 다른 일부였다는 것을 알 수 있다. 주님께서는 몹시 슬퍼하시고 근심하셨으며, 두려워하시고 염려하셨다. 어떤 이들은 이것은 주님께서 자기가 곧 죽게 될 저 끔찍한 죽음을 생각하셨기 때문이라고 말하고, 어떤 이들은 주님께서 아직 사망을 이기신 것이 아닌 상태에서, 자기에게 장차 임할 하나님의 진노를 느끼시고서, 자기가 곧 감당하셔야 했던 인류의 죄에 대한 아버지 하나님의 진노와의 씨름 속에서 겪고 계시는 슬픔과 두려움 때문이었다고 말한다. 그리스도께서는 이 때에 아버지 하나님의 뜻에 지극히 온전히 순종하고 계셨고, 하나님이 더할 나위 없이 기뻐하시는 제사를 드리고 계셨지만, 자기 자신 때문이 아니라, 인류의 죄 때문에, 아버지 하나님의 진노와 씨름하셔야 했다. 이 때에 주님께서는 하나님이 보시기에 지극히 열납될 만한 일들을 행하고 계셨기 때문에, 자기 자신과 관련해서는 하나님의 진노가 개입될 여지가 없었다.

다음으로, 우리는 두 번째 질문에 대하여서는, 그리스도께서 이렇게 괴로워하신 것은 지극히 합당한 것이었다고 대답하여야 한다. 먼저, 주님께서는 우리의 본성 속에 내재해 있는 죄악성을 지니고 계시지는 않으셨지만, 우리와 동일한 본성적인 연약함들을 입으셨기 때문에, 주님이 몹시 괴로워하신 것은 주님의 인성과 관련하여 합당한 것이었다. 다음으로, 주님께서는 심령의 온갖 괴로움 속에 있는 자기 백성을 도우시고 건지시기 위하여, 우리의 모든 괴로움을 직접 겪으셔야 하였기 때문에, 주님이 그러한 목적과 의도로 우리의 괴로움을 짊어지신 것은 지극히 합당한 일이었다. 그래서 사도는 "자녀들은 혈과 육에 속하였으매 그도 또한 같은 모양으로 혈과 육을 함께 지니심은 죽음을 통하여 죽음의 세력을 잡은 자 곧 마귀를 멸하시며 또 죽기를 무서워하므로 한평생 매여 종노릇 하는 모든 자들을 놓아 주려 하심이니"(히 2:14-15)라고 말한다. 그러므로 주님의 심령이 이렇게 몹시 괴로워하신 것은 사람으로서나 중보자로서나 주님께 합당한 것이었다.

그러나 우리는 그리스도의 심령이 괴로워하신 것과 우리가 괴로워하는 것 간에는 엄청난 차이가 있다는 것을 유의하지 않으면 안 된다. 우리가 겪는 괴로움들은 우리 자신의 죄와 거기에 합당한 하나님의 진노를 생각하기 때문인 반면에, 주님이 겪으신 괴로움은 우리의 죄로 인하여 우리에게 합당한 하나님의 진노 때문이다. 우리의 괴로움들은 우리가 스스로 하나님을 근심하게 해 드렸기 때문인 반면에, 주님의 괴로움은 주님 자신이 아니라 주님께 주어진 자들이 하나님을 진노하시게 한 것 때문이었다. 우리는 우리가 영원한 정죄를 받게 될 것을 두려워하지만, 주님께서는 단지 우리가 죽는 그런 종류의 죽음 때문에 자연스럽게 높아지게 되는 죽음에 대한 자연스러운 두려움을 느끼실 뿐이다. 우리의 괴로움들은 절망과 불신과 죄악된 공포의 혼합물이지만, 주님의 괴로움 속에는 그런 것들이 없었다. 우리의 괴로움들은 본성적으로 우리를 죽이고 멸망시키는 성향을 지니고 있을 뿐이고, 그 괴로움들이 지닌 유익한 측면, 즉 우리를 강제로 내몰아서 우리의 괴로워하는 심령을 위한 유일한 치유책이신 주님께로 가게 만드는 효과는 단지 부수적이고 우연한 것으로서, 하나님의 지혜로우신 섭리의 안배하심 덕분일 뿐이다. 반면에, 주님의 괴로움은 본성적으로 순수하고 깨끗할 뿐만 아니라, 본질적으로 치유하는 성향을 지니고 있었다. 그러나 주님께서 자신의 심령 전체로 진정으로 괴로워하셨다는 것, 그리고 그렇게 괴로워하신 것이 주님이 입으셨던 인성만이 아니라, 우리를 위한 저 굉장한 평화와 평안과 대속의 토대였던 우리의 중보자와 구주로서의 주님의 직임과도 아주 잘 부합하는 것이었다는 것은 의문의 여지가 없다. 주님께서 이렇게 괴로움을 당하심으로써 우리가 평화를 얻었고, 주님께서 이렇게 채찍에 맞으심으로써 우리가 나음을 입은 것이었다. 주님께서는 "무슨 말을 하리요"라고 말씀하시는데, 이것은 심령이 괴로운 이에게서 자연스럽게 나오는 말이다.

　아버지여 나를 구원하여 이 때를 면하게 하여 주옵소서. 우리 구주께서는 "이 때," 곧 자신이 수난당하시게 되어 있는 이 시간으로부터 자기를 건져 주시라고 기도하신다. 이것은 주님께서 겟세마네 동산에서 "내 아버지여 만일 할 만하시거든 이 잔을 내게서 지나가게 하옵소서"(마 26:39)라고 기도하신 것과 동일한 의미이다. 그리고 우리는 주님께서 그 때에 "그러나 나의 원대로 마시옵고 아버지의 원대로 하옵소서"라는 단서를 덧붙이셨듯이, 여기에서도 그러한 단서가 전제되어 있는 것으로 이해하여야 한다. 이러한 모범을 통해서 주님께서는 우리의 심령이 괴로울 때, 어디로 피하고, 무엇을 해야 하는지를 우리에게 가르쳐 주신다. 다윗은 자신의 원수들에 대하여, "나는 사랑하나 그들은 도리어 나를 대적하니 나는 기도할 뿐이라"(시 109:4)고 말하고, 하나님께서는 "환난 날에 나를 부르라"(시 50:15)고 우리에게 명하시며, 야고보는 "너희 중에 고난당하는 자가 있느냐 그는 기도할 것이요"(약 5:13)라고 말한다. 그리스도께서 여기에서 이렇게 심령이 괴로우실 때에 아버지 하나님께 기도하시는 모범을 우리에게 보여 주신 것은 우리로 하여금 그의 발자취를 따라오게 하시기 위한 것이다.

　그러나 우리 구주께서는 곧이어서 "그러나 내가 이를 위하여 이 때에 왔나이다"라고 말씀하실 것이었는데, 어째서 "이 때를 면하게" 해 주시라고 기도하셨던 것인가? 이것은 그리스도 안에 육신(flesh)과 성령 간의 갈등과 싸움이 존재하였음을 보여 주는 것이었다. 그 싸움은 우리처럼 부패한 육과 영 간의 싸움이 아니라, 주님이 타고 나신 육신 및 그 본성적인 성정들과 주님의 영 간의 싸움이었고, 하나님의 뜻에 전적으로 합치하는 싸움이었다. 그 싸움에서 주님께서는 즉시 승리를 거두신 후에, "그러나 내가 이를 위하여 이 때에 왔나이다"라고 고백하심으로써 승리를 선언하신다. 이렇게 주님은 자기 자신을 억제하시고, 자신의 본성적인 육신의 언어를 바로잡으신 후에, 하나님의 뜻을 잠잠히 받아들이시며 기뻐하신다: 나는 강제적으로, 또는 억지로 이 때를 위하여 끌려 온 것이 아니라, 내 자신의 의지로 이 때를 위하여 왔다. 나는 내 백성을 위하여 죽기 위하여 왔다.

28. 아버지여, 아버지의 이름을 영광스럽게 하옵소서 하시니 이에 하늘에서 소리가 나서 이르되 내가 이미 영광스럽게 하였고 또다시 영광스럽게 하리라 하시니.

아버지여, 아버지의 이름을 영광스럽게 하옵소서. 주님께서는 아버지 하나님의 이름을 영화롭게 하시라고 기도한다. 즉, 아버지 하나님의 이름이 온 땅에 널 알려지게 하시라고 기도하신 것이다. 이것은 일반적인 기도이지만, 우리가 드리는 온갖 구체적인 기도들이 하나님의 뜻에 부합한 것이 되기 위해서는 반드시 이 일반적인 기도를 지향하고 이 기도로 귀결되지 않으면 안 된다. 따라서 주님께서는 "아버지여, 아버지의 뜻이 이루어지게 행하시옵소서"라고 기도하신 것이나 마찬가지이다. 왜냐하면, 하나님의 뜻이 이루어질 때, 하나님께서는 영광을 받으시기 때문이다. 그러나 주님의 이 기도는 그 이상의 것을 의미한다: 나의 뜻이 아니라, 아버지의 뜻이 이루어지게 하소서. 나의 육신은 아버지께서 나를 구원하여 이 때를 면하게 하여 주서야 한다고 말하나이다. 하지만 아버지여, 나에 대하여 아버지의 뜻이 이루어지게 하셔서, 아버지의 이름을 영광스럽게 하소서. 그와 같은 기도는 응답이 없는 법이 없다.

이에 하늘에서 소리가 나서 이르되 내가 이미 영광스럽게 하였고 또다시 영광스럽게 하리라. 주님께서 이렇게 기도하시자, 하나님께서는 그 기도에 응답하셔서, 하늘에서 나는 소리를 통해, "내가 이미 영광스럽게 하였고 또다시 영광스럽게 하리라"고 말씀하신다: 너의 전도와 네가 행한 이적들로 인해서, 나의 영광이 이미 세상에 널리 선포되고 알려졌으며, 이제 내가 시작한 역사를 온전히 이루어 또다시 내 이름을 영광스럽게 할 것이다. 너는 너의 죽음, 죽은 자 가운데서의 너의 부활, 너의 복음이 땅 끝까지 전파되는 것을 통해서 또다시 나를 영광스럽게 할 것이다.

29. 곁에 서서 들은 무리는 천둥이 울었다고도 하며 또 어떤 이들은 천사가 그에게 말하였다고도 하니.

곁에 서서 들은 무리는 천둥이 울었다고도 하며. 무리들은 아마도 어느 정도 거리가 떨어진 곳에 서 있었을 것이기 때문에, 하늘에서 들려오는 소리는 분명하게 들을 수 없었고, 단지 천둥치는 소리만을 들은 것이었을 수 있다. 왜냐하면, 하나님께서는 자기 백성에게 말씀하실 때에는 자신의 위엄을 더하시기 위하여 천둥과 번개를 동반하는 소리로 말씀하시는 것이 하나님의 방식이었기 때문이다. 시내 산에서 율법을 수여하실 때에도 그랬고, 요한이 밧모 섬에서 환상들을 보았을 때에도 하나님의 보좌로부터 "번개와 음성과 우렛소리"가 났다(계 4:5; 8:5).

어떤 이들은 천사가 그에게 말하였다고도 하니. 하나님께서 자기 백성에게 자신의 마음이나 뜻을 음성으로 계시하실 때에는 천사를 시켜서 그렇게 하신다는 것이 유대인들 사이에서 널리 알려진 통념이었다. 그래서 무리들 중에서 멀리 서 있던 사람들은 음성은 듣지 못하고, 단지 천둥소리가 났다고만 생각했던 반면에, 가까이 서 있던 사람들은 천둥소리 외에도 하늘로부터 들려온 음성을 들었기 때문에, 천사가 주님께 말한 것이라고 생각하였다.

30. 예수께서 대답하여 이르시되 이 소리가 난 것은 나를 위한 것이 아니요 너희를 위한 것이니라.

나는 하늘로부터 이 음성이 들려오기 전에도, 내 아버지께서 아버지의 이름을 영광스럽게 하셨고, 또다시 영광스럽게 하실 것임을 너무나 잘 알고 있었기 때문에, 아버지 하나님께서는 내게 그것을 알려 주시기 위하여 이 음성을 들려주신 것이 아니다. 이 음성은 나를 위한 것이 아니라, 너희에게 이 큰 진리, 즉 내가 하나님의 아들이고, 하나님이 나를 이 세상에서 자신의 큰 이름을 영광스럽게 하실 목적으로 나를 보내셨다는 것을 확증해 주시기 위한 것이다.

31. 이제 이 세상에 대한 심판이 이르렀으니 이 세상의 임금이 쫓겨나리라.

"심판"과 "세상"이라는 단어들은 신약성경에서, 그 중에서도 특히 이 복음에서 아주 다양한 의미로 사용되기 때문에, 해석자들은 이 본문에 대해서도 아주 다양한 해석을 제시해 왔지만, 우리 구주께서는 앞에 나온 하늘에서 들려온 음성, 즉 아버지 하나님께서 이미 자기 이름을 영광스럽게 하셨고, 앞으로도 또다시 그 이름을 영광스럽게 하실 것이라는 음성을 이 절에서 설명하시는 것이라고 보는 것은 별 무리가 없어 보인다.

어떤 이들은 주님께서는 하나님이 이제 이 세상을 심판하심으로써, 즉 세상에 있는 악인들을 단죄하심으로써 자신의 이름을 영광스럽게 하실 것이라고 말씀하고 계신다고 생각한다. 실제로 "세상"이라는 단어가 종종 그런 의미로 사용되고 있다는 것은 분명하다(요 15:19; 17:6, 9; 고전 6:2; 11:32). 그러나 그러한 해석은 요한복음 3:17에서 그리스도께서 "하나님이 그 아들을 세상에 보내신 것은 세상을 심판하려 하심이 아니요 그로 말미암아 세상이 구원을 받게 하려 하심이라"고 말씀하신 것과 맞지 않는 것으로 보인다. 그래서 어떤 이들은 여기에 언급된 "심판"은 하나님께서 자신의 섭리를 베푸셔서, "만물을 회복하시는"(행 3:21) 일의 시작으로서 이 세상을 개혁하심으로써 이 세상에 큰 변화 또는 재난을 불러일으키실 것임을 의미하는 것으로 이해하는 것이 더 좋을 것이라고 생각한다.

그러나 여기에서 "심판"은 인류를 부당하게 노예로 삼아서 오랜 세월 동안 묶어 두고 있던 마귀의 권세로부터 하나님이 인류를 건져내시고 신원해 주시는 것을 가리키는 것으로 이해하는 것이 가장 좋을 것으로 보인다. 마귀는 아담의 타락을 빌미로 삼아서 인류를 장악하여 지배하며, 오랜 세월 동안 지독한 압제와 폭정을 행하고, 우상 숭배를 통해서 대부분의 세상 사람들을 노예로 묶어 두었으며, 대놓고 우상 숭배를 하지 않은 사람들조차도 자신의 뜻에 굴복하여 살아갈 수밖에 없게 만들어 왔다. 여기에서 우리 구주께서는 이제 하나님께서 그러한 상황을 바꾸실 때가 왔다고 말씀하신다: 사탄은 결박될 것이고, 내가 세상의 많은 사람들에게서 우상 숭배의 멍에를 벗겨 줄 것이고, 그들을 죄의 권세와 지배로부터 벗어나게 해 줄 것이다. 지금까지 마귀는 실제로 합법적으로 "이 세상의 임금"이 아닌데도, 마치 자기가 세상의 임금인 것처럼 자랑하며, 심지어 주님에게조차도 "만일 내게 엎드려 경배하면 이 모든 것을 네게 주리라"(마 4:9)고 시험하였을 뿐만 아니라, "불순종의 아들들 가운데서" 강력하게 역사하고(엡 2:2), "이 세상의 신"으로 행세하며 사람들의 심령을 눈멀게 하였으며(고후 4:4), "강한 자"로서 이 세상을 자신의 집으로 삼아 왔지만(마 12:29), 이제는 나의 속량 받은 자들에게서 쫓겨나게 될 것이다. 따라서 마귀는 계속해서 우는 사자처럼 삼킬 자를 찾아 돌아다니며, 신앙이 아주 좋은 사람들까지도 여러 가지 시험들로 괴롭히겠지만, 이제는 그들을 이기지 못할 것이고, 하나님께서는 그들의 발 아래에서 마귀를 상하게 하실 것이다. 하나님께서는 사망 권세를 지니고 있던 마귀를 멸하시고 그 지배를 무너뜨리실 것이기 때문에, 죽음이 무서워서 종노릇하던 자들은 그 지배에서 벗어나게 될 것이고(히 2:14-15), "시험 받는 자들"은 하나님의 도우심에 의해 능히 시험을 이기고(히 2:18) 복된 열매를 맺게 될 것이다. 또한, 우상 숭배를 통해 유지되어 왔던 마귀의 나라도 이 세상에서 상당한 정도로 멸해져서, 그 우상 숭배 아래에 있던 많은 족속들이 이제 우상들을 버리고 복음을 받아들이게 될 것이다.

32-33. ³²**내가 땅에서 들리면 모든 사람을 내게로 이끌겠노라 하시니** ³³**이렇게 말씀하심은 자기가 어떠한 죽음으로 죽을 것을 보이심이러라.**

　그리스도께서 "들리신다"는 표현이 다른 본문들에서는 어떤 의미로 사용되었든, 이 본문에서 복음서 기자는 그리스도의 죽음에 관하여 설명하는 맥락 속에서 이 표현을 사용하고 있는 것이기 때문에, 다른 식으로 해석할 여지는 전혀 없다. 이 표현이 그리스도와 관련된 성경 본문들 외에는 그 어디에서도 죽는다는 것을 의미하는 예를 거의 찾아볼 수 없지만, 그리스도께서 십자가에 매달려 땅에서 공중으로 들어 올려져 죽으시게 될 것을 보여 주는 데에는 아주 적절한 것이었다. 또한, 이것은 그리스도의 죽음이 그의 이름을 들어올리시는 것이라는 사실을 우리에게 알게 해 준다. 그리스도께서는 스스로 지극히 낮아지셨지만, 하나님께서는 이제 그리스도를 지극히 높이실 것이었다. 그리스도의 죽음은 아버지 하나님의 뜻에 절대적으로 순종하신 일이었기 때문에, 하나님께서는 "그를 지극히 높여 모든 이름 위에 뛰어난 이름을 주셨고"(빌 2:9), 복음의 전파를 통해서 그의 이름이 온 세상에 널리 알려지게 하셨다. 왜냐하면, 사도들은 물론이고, 그 이후에도 복음의 모든 일꾼들은 십자가에 못 박히신 그리스도를 전하였고, 지금도 전하고 있기 때문이다.

　우리 구주께서는 이렇게 말씀하신다: 내가 유대인들의 손에 의해서 하늘과 땅 사이에서 십자가에 높이 들려 죽임을 당하게 될지라도, 그것은 내 아버지께서 나를 통해서 영광을 받으시는 것을 방해하지 못할 것이다. 십자가 위에서의 나의 죽음은 내 아버지의 영광을 가리는 것이 아니라, 도리어 그 일로 인해서 내 아버지께서는 한층 더 큰 영광을 받으시게 될 것이다. 왜냐하면, 나의 십자가 죽음과 내 복음이 천하 만민에게 전파되고, 그 복음이 전파되는 곳마다 성령이 강력하게 역사할 때, 즉 나의 사도들을 비롯해서 여러 복음의 일꾼들이 내가 죽었다가 죽은 자 가운데서 다시 살아났다는 것을 전할 때마다, 내가 모든 사람은 아닐지라도 많은 사람들을 내게로 이끌어서, 그들로 하여금 나와 내 복음을 받아들여 믿음으로써, 영생과 구원을 얻게 할 것이기 때문이다.

　복음서 기자는 주님께서 자기가 들릴 것이라고 표현하신 것은 주님이 십자가에 못 박히시는 방식으로 죽으실 것임을 구체적으로 보여 주신 것이라고 말한다. 왜냐하면, 십자가형을 통해 죽을 때에는, 돌로 쳐서 죽임을 당하거나, 교수형이나 참수형을 당하는 경우와는 달리, 십자가에 못 박힌 자의 육신은 운명할 때까지 땅 위에 있지 않고, 땅에서 들려서 십자가 형틀에 못 박힌 채로 있게 되기 때문이다.

34. 이에 무리가 대답하되 우리는 율법에서 그리스도가 영원히 계신다 함을 들었거늘 너는 어찌하여 인자가 들려야 하리라 하느냐 이 인자는 누구냐.

성경의 다른 본문들에서 "율법"은 선지자들의 글이나 성문서와 대비되는 것으로서의 모세 오경만을 가리키는 것이 보통이지만, 여기에서는 요한복음 10:34에서 시편을 "율법"이라고 한 것과 마찬가지로 좀 더 넓은 의미로 사용되고 있다. 왜냐하면, 이 무리들이 "그리스도가 영원히 계신다"고 되어 있다고 한 성경 본문은, 그리스도를 "영원한 제사장"이라고 한 시편 110:4이나, 메시야의 "권세는 소멸되지 아니하는 영원한 권세요 그의 나라는 멸망하지 아니할 것"이라고 말한 다니엘서 7:14, 또는 "이 여러 왕들의 시대에 하늘의 하나님이 한 나라를 세우시리니 이것은 영원히 망하지도 아니할 것이요 그 국권이 다른 백성에게로 돌아가지도 아니할 것이요 도리어 이 모든 나라를 쳐서 멸망시키고 영원히 설 것이라"고 말한 다니엘서 2:44이나, "나 여호와가 시온 산에서 이제부터 영원까지 그들을 다스리리라"고 말한 미가서 4:7 같이 선지자들의 글이나 성문서에 나오는 본문을 가리키는 것으로 보이기 때문이다. 이 무리들은 메시야에 관한 그러한 옛적의 예언들을, 우리 구주께서 여기에서 메시야인 자기가 죽어야 한다고 말씀하신 것과 서로 조화시킬 수 없었는데, 그 이유는 그들은 메시야와 그의 나라에 대하여 제대로 알지 못하고, 그 나라가 영적인 영원한 나라가 아니라, 이 땅에 속한 세상 나라로 오해하였기 때문이었다. 그래서 주님께서 인자가 죽어야 한다고 말씀하시자, 그들은 만일 인자가 메시야를 의미하는 것이라면, 주님이 하신 말씀은 옛적의 예언들과 부합하지 않는다고 생각해서, 도대체 "인자가 누구냐"고 반문한 것이었다. 왜냐하면, 그들은 주님께서 인자가 "들려야" 한다고 하신 것이 그가 십자가에 못 박혀 죽을 것임을 말씀하신 것임을 아주 분명하게 이해하였던 까닭에, "인자"가 메시야가 아니라면 누구냐고 물을 수밖에 없었기 때문이다.

35. 예수께서 이르시되 아직 잠시 동안 빛이 너희 중에 있으니 빛이 있을 동안에 다녀 어둠에 붙잡히지 않게 하라 어둠에 다니는 자는 그 가는 곳을 알지 못하느니라.

우리 구주께서는 이 무리들의 반문과 관련해서 메시야가 누구신지와 자신의 신성에 대하여 더 이상 자세하게 설명하시는 것은 합당하지 않다고 생각하셔서, 자기가 "세상의 빛"이시라는 것만을 선언하시지만, 만일 그들의 질문에 대하여 직접적으로 대답하고자 하셨다면, 자신의 신성에 대하여 분명하게 말씀하셨을 것임에 틀림없다. 즉, 우리 구주께서 자신의 한 인격 안에 신성과 인성이라는 두 본성이 각각 구별되어 연합되어 있어서, 자기는 인성으로는 죽을 것이지만, 신성으로는 죽지 않을 것이고, 자신의 죽음과 부활 후에 신성과 인성이 연합된 자신의 인격 전체가 영원히 있을 것이라고 말씀하셨다면, 그들의 반론은 쉽게 반박될 수 있었으리라는 것이다. 그러나 주님께서는 이것을 그들에게 자세하게 설명하시는 것이 합당하지 않다고 생각하셨기 때문에, 세례 요한이 전에 그들에게 말하였고(요 1:9), 주님 자신도 말씀하신 적이 있었던(요 9:5) 것으로 돌아가셔서, 자기는 "세상의 빛"이시라는 것만을 선언하신다. 하지만 여기에서 주님께서 말씀하시는 "빛"은 빛의 원천이신 주님 자신이라기보다는 그런 주님으로부터 나가는 복음의 교훈이라는 빛줄기들을 의미하는 것으로 보인다.

주님께서는 이렇게 말씀하신다: 세상의 큰 빛이자 참 빛인 나는 잠시 동안 너희 중에 있을 것이다. 또는, 너희를 천국 가는 길로 이끌어 줄 빛인 복음이 잠시 동안 너희 중에 있을 것이다. 왜냐하면, 이 때로부터 40년 내에 그들의 도성은 파괴되었고, 그들의 나라는 멸망당하였기 때문이다. 그 때가 이르기 전에, 사도들은 유대 민족을 떠나서 이방인들에게로 향하였다(행 13:46; 19:9). 주님께서는 다음 절에서 "빛이 있을 동안에 다닌다"는 것은 믿는 것을 의미한다는 것을 직접 설명하신다: 이 빛이 있는 동안에, 너희는 이 빛을 너희의 인도자로 사용해서 어떻게 다녀야 하는지를 제대로 깨닫고 분별하여야 한다. 세상에서 사람들은 햇빛의 인도를 받아서, 어느 쪽으로 가야 하고 어디에 발을 디뎌야 하는지를 알지 않느냐. 그러나 일단 햇빛이 사라지고 어두워지면, 사람들은 어느 길로 가야 할지를 알지 못해서, 길을 잘못 들어 헤매거나, 발을 잘못 디뎌서 넘어지고 실족한다. 너희도 마찬가지이다. "내가 이 세상에 있는 동안에는," 나는 "세상의 빛"이지만(요 9:5), 내가 이 세상을 떠나게 되면, 너희로부터 나만 사라지는 것이 아니라, 내가 떠날 때에 이 세상에 남겨둘 빛인 복음도 너희에게서 사라지게 될 것이다. 왜냐하면, 바울과 바나바가 "하나님의 말씀을 마땅히 먼저 너희에게 전할 것이로되 너희가 그것을 버리고 영생을 얻기에 합당하지 않은 자로 자처하기로 우리가 이방인에게로 향하노라"(행 13:46; 19:9)고 말한 것처럼, 나의 사도들이 너희가 완악하게 복음과 그 구원을 거부하는 것을 보고 너희를 떠나 이방인들에게 향하게 될 것이기 때문이다. 장차 너희의 도성이 멸망하고 완전히 파괴될 때에는, 너희에게는 구원의 방편이 전혀 남아 있지 않게 되어, 너희는 캄캄한 어둠에 다니게 될 것이다.

36. 너희에게 아직 빛이 있을 동안에 빛을 믿으라 그리하면 빛의 아들이 되리라 예수께서 이 말씀을 하시고 그들을 떠나가서 숨으시니라.

이것은 주님께서 앞에서 "빛이 있을 동안에 다니라"고 하신 것이 무엇을 의미하는지, 즉 세상의 참 빛이자 큰 빛이신 그를 믿으라는 뜻이라는 것을 설명하시는 말씀일 수도 있고, 전에 자주 역설하셨듯이, 그를 믿는 것이야말로 그에게 순종하는 것과 마찬가지로 그들의 본분이라고 선언하시는 말씀일 수도 있다: 내가 너희 가운데 있을 동안에, 그리고 내가 너희에게서 떠나고 나서는, 복음의 빛이 너희 가운데 있는 동안에, 너희는 나를 너희의 구주로 영접하고 받아들여서, 내 복음에서 명한 것들에 순종하라. 이것이 너희가 "빛의 아들이 되는" 길이다. 사도는 에베소서 5:8-11에서 이것을 좀 더 자세하게 풀어서 설명한다: "너희가 전에는 어둠이더니 이제는 주 안에서 빛이라 빛의 자녀들처럼 행하라 빛의 열매는 모든 착함과 의로움과 진실함에 있느니라 주를 기쁘시게 할 것이 무엇인가 시험하여 보라 너희는 열매 없는 어둠의 일에 참여하지 말고 도리어 책망하라." 그리스도께서는 예루살렘에서 이 말씀을 하신 후에, 베다니로 가서서, 자신의 원수들의 눈에 띄지 않게 은신해 계셨다.

37. 이렇게 많은 표적을 그들 앞에서 행하셨으나 그를 믿지 아니하니.

주님께서 행하신 이적들은 사람들 속에서 믿음을 만들어 내는 역할을 하는 것은 아니었지만, 주님 안에 신적인 권능이 있어서 이러한 권능 있는 일들을 행하신다는 것을 증명해 줌으로써, 사람들로 하여금 주님이 전하신 복음의 진리의 말씀들에 동의하고, 주님을 참 메시야이자 세상의 구주로 영접할 수 있게 준비시키는 데에는 충분한 역할을 하였다. 그렇지만 대다수의 유대인들은 그 이적들을 직접 보고서도 주님을 믿지 않았다.

38. 이는 선지자 이사야의 말씀을 이루려 하심이라 이르되 주여 우리에게서 들은 바를 누가 믿었으며 주의 팔이 누구에게 나타났나이까 하였더라.

대다수의 유대인들이 주님을 믿지 않음으로써, 선지자 이사야가 "우리가 전한 것을 누가 믿었느냐 여호와의 팔이 누구에게 나타났느냐"(사 53:1)라고 예언한 것이 그대로 성취되었다. 이 본문은 "이는 … 이루려 하심이라"고 목적절로 번역되고 있지만, 접속사 '히나'(ἵνα)가 이끄는 절은 성경에서 언제나 하나님의 계획과 의도를 나타내는 목적절인 것은 아니고, 종종 결과를 나타내기도 한다. 요한복음 5:20; 로마서 5:20; 고린도후서 1:17을 보라. "주의 팔"은 "구원을 주시는 하나님의 능력"(롬 1:16; 고전 1:18)이라 불리는 복음을 가리키는 것일 수도 있고, 사람이 자신의 팔로 일하듯이, 아버지 하나님께서 메시야를 통해서 일하신다는 의미에서(사 1:3, 14), 이사야 선지자가 그런 의미로 사용하고 있다고 생각되는 메시야를 가리키는 것일 수도 있다(사 51:5; 52:10; 59:16; 63:12).

39. 그들이 능히 믿지 못한 것은 이 때문이니 곧 이사야가 다시 일렀으되.

어떤 이들은 "그들이 믿지 않은 것은"이라고 번역하기도 하지만, 그것은 "그들이 능히 믿지 못한 것은"이라는 번역과 동일한 의미이다. 그러한 예로는, 마가복음 6:5이 있는데, 거기에서는 주님께서 나사렛에서는 "아무 권능도 행하실 수 없으셨다"고 말하지만, 그것은 "아무 권능도 행하지 않으셨다"는 의미이다. 또한, 창세기 19:22에서 소돔을 멸망시키러 온 천사는 롯에게 "그리로 속히 도망하라 네가 거기 이르기까지는 내가 아무 일도 행할 수 없노라"고 말하였는데, 거기에서 "내가 아무 일도 행할 수 없노라"는 말은 "내가 아무 일도 행하지 않을 것이다"라는 의미이다. 여기에서 "능히 … 못하였다"로 번역된 '우크 에뒤난토'(οὐκ ἠδύναντο)는 번역하기가 난해한 어구이다. "그들이 능히 믿지 못하였다"는 것은 그들 모두에게는 근본적으로 그리스도나 복음을 믿을 수 없는 어떤 성향이나 소질이 존재하였다는 것을 가리키고 있다는 것은 거의 분명한 것으로 보이지만, 이 구절은 그런 것 외에 그들이 믿을 수 없었던 추가적인 요인, 즉 그들이 의도적으로 스스로 완악하게 행한 것과 하나님이 그들에 대한 심판으로 그들을 완악하게 하신 것에 대해서도 말하고 있는 것으로 보인다. 또한, 여기에서는 우리의 번역자들이 "그들이 능히 믿지 못한 것은 이 때문이니"라고 번역함으로써, 마치 이사야 선지자의 예언이 원인이 되어서, 그들이 믿지 못하게 된 것인 것처럼 되어 있지만, 여기에서 사용된 불변화사는 그 예언이 그들에게 영향을 미쳐서 그들이 믿을 수 없게 되었다는 식으로 "원인"을 말하고자 하는 것이 아니라, 그들이 믿지 않음으로써 이 예언이 성취되었다는 식으로 "결과"를 말하고자 하는 것이다. 즉, 복음서 기자가 여기에서 말하고자 하는 것은, 하나님의 말씀은 반드시 이루어지게 되어 있는데, 이사야 선지자는 지금 이루어진 일을 이미 옛적에 미리 예언하였다는 것이다.

40. 그들의 눈을 멀게 하시고 그들의 마음을 완고하게 하셨으니 이는 그들로 하

여금 눈으로 보고 마음으로 깨닫고 돌이켜 내게 고침을 받지 못하게 하려 함이라 하였음이더라.

하나님의 책 전체에서 가장 끔찍한 본문 중의 하나인 이 이사야서 본문은 신약성경에 적어도 여섯 번 인용되고 있고, 언제나 유대인들이 주 예수 그리스도를 믿지 않은 이유로서 제시되고 있다(마 13:14-15; 막 4:12; 눅 8:10; 행 28:26-27; 롬 11:8). 이 본문은 모든 곳에서 똑같은 표현이나 형태로 인용되고 있지는 않지만, 그 요지는 동일하다. 이러한 인용문들의 원래의 출처는 이사야서 6:9-10이다. 이 본문들을 비교해 봄으로써, 우리는 이 끔찍하고 무시무시한 일이 일어나게 된 원인들을 찾아내게 될 것이다. 원래의 예언에서는 선지자 이사야가 도구적인 원인이 된다: "여호와께서 이르시되 가서 이 백성에게 이르기를 너희가 듣기는 들어도 깨닫지 못할 것이요 보기는 보아도 알지 못하리라 하여 이 백성의 마음을 둔하게 하며 그들의 귀가 막히고 그들의 눈이 감기게 하라 염려하건대 그들이 눈으로 보고 귀로 듣고 마음으로 깨닫고 다시 돌아와 고침을 받을까 하노라 하시기로." 반면에, 마태와 누가와 사도 바울은 유대인들 자신이 원인이라고 말한다. 즉, 마태는 "이 백성들의 마음이 완악하여져서 그 귀는 듣기에 둔하고 눈은 감았으니"라고 말하고, 사도 바울도 "이 백성들의 마음이 우둔하여져서 그 귀로는 둔하게 듣고 그 눈은 감았으니"(행 28:27)라고 말한다. 그 밖의 다른 본문들은 이 일을 하나님이 행하신 일이라고 말한다.

따라서 이 모든 것을 종합해 보면, 다음과 같이 된다: 하나님께서는 유대인들에게 자신의 선지자들을 보내서서, 그들로 하여금 구원받을 수 있게 해 줄 방편 또는 수단을 주셨다. 하나님의 성령의 내적인 역사 없이는 그들이 구원의 믿음을 가질 수 없었을 것이라는 것은 사실이지만, 그들은 하나님의 일반 은총을 통해서 그들에게 주신 능력으로 충분히 행할 수 있는 것들조차도 행하지 않았고, 도리어 하나님의 선지자들을 멸시하고 단죄하며 죽였고, 하나님이 그들에게 보내신 자들을 돌로 쳐 죽였다. 이렇게 그들은 먼저 자신들의 눈을 감아 버렸고, 자신들의 마음을 완악하게 하였다. 유대인들의 조상들이 자신들의 세대에서 그렇게 행하였듯이, 우리 구주 그리스도께서 행하시던 때의 유대인도 마찬가지로 자신들의 세대에서 그들에게 계시된 복음을 제대로 보지 않기 위해서 자신들의 눈을 감아 버렸다. 그들이 이런 식으로 행하자, 하나님께서는 그들을 그들 자신의 정욕에 내어 주시는 심판을 실행하심으로써, 그들의 마음이 완악하게 되는 것을 허락하셨고, 그들이 자신들의 눈을 감아 버리도록 내버려 두셨기 때문에, 그들은 회개하거나 돌이켜서 믿고 구원을 받을 수 없게 되었다. 하나님께서는 그들의 마음속에 어떤 악의를 주입하신 것이 아니라, 그들이 하나님에 대한 도발을 멈추지 않고 끝내 회개하지 않자, 자신의 은혜를 그들로부터 거두어들이신 것이었다. 조상들의 때에 선지자들이 그들을 돌이키기 위하여 온갖 애를 썼지만 아무 소용이 없었고, 선지자들의 모든 사역은 도리어 그들을 더욱 완악하게 만들고 악하게 만드는 결과만을 가져왔던 것과 마찬가지로, 그리스도께서 이 때에 그들 가운데서 행하셨던 사역과 이적들도, 그들로 하여금 영생과 구원의 거룩한 방편들을 악의적으로 거부하고 배척함으로써 자신들의 죄를 더욱 극대화시켜서 그들에 대한 심판의 때가 무르익게 만드는 결과만을 가져왔다.

그들에 대한 하나님의 심판은 단 한 가지였는데, 그것은 그들의 마음을 완악하게 하신 것이었다. 그러나 이러한 심판은 선지자들과 신약의 기자들에 의해서 아주 다양하게 표현되었다. 이 심판에 대하여, 이사야 선지자는 "이 백성의 마음을 둔하게 하며 그들의 귀가 막히고 그들의 눈이 감기게 하라"고 말하고, 마태는 "이 백성들의 마음이 완악하여져서 그 귀는 듣기에 둔하고 눈은 감았으니"라고 말하며, 요한은 여기에서 "그들의 눈을 멀게 하시고 그들의 마음을 완고하게 하셨으니"라고 말하고, 사도행전에서 사도 바울은 마태와 마찬가지로 "이 백성들의 마음이 우둔하여져서 그 귀로는 둔하게 듣고 그 눈은 감았으니"라고 말하며, 로마서 11:8에서는 "하나님이 오늘까지 그들에게 혼미한 심령과 보지 못할 눈과 듣지 못할 귀를 주셨다"고 말한다. 이 모든 본문들은 한결같이 하나님의 무시무시한 심판을 말하고 있지만, 이 무시무시한 심판이라는 하나의 동일한 재앙이 어떤 사람들에게 임하였을 때, 그 재앙으로 파생된 여러 가지 구체적인 현상들, 즉 마음이 눈멀게 되는 것, 의지가 완악해지는 것, 성정이 사악해지는 것, 생각이 부패하게 되는 것 등등을 다양한 표현들을 사용해서 나타내고 있다.

41. 이사야가 이렇게 말한 것은 주의 영광을 보고 주를 가리켜 말한 것이라.

복음서 기자는 "이사야가 이렇게 말한 것은 주의 영광을 보고 주를 가리켜 말한 것이라"고 설명한다. 이사야 선지자는 자기가 하나님의 영광을 본 것에 대하여 이렇게 묘사한다: "웃시야 왕이 죽던 해에 내가 본즉 주께서 높이 들린 보좌에 앉으셨는데 그의 옷자락은 성전에 가득하였고 스랍들이 모시고 섰는데 각기 여섯 날개가 있어 그 둘로는 자기의 얼굴을 가리었고 그 둘로는 자기의 발을 가리었고 그 둘로는 날며 서로 불러 이르되 거룩하다 거룩하다 거룩하다 만군의 여호와여 그의 영광

이 온 땅에 충만하도다 하더라 이같이 화답하는 자의 소리로 말미암아 문지방의 터
가 요동하며 성전에 연기가 충만한지라"(사 6:1-4). 복음서 기자는 이것이 "주를 가
리켜 말한 것"이라고 함으로써 그리스도의 신성을 분명하게 증언한다. 왜냐하면,
이사야 선지자가 본 것은 만군의 여호와였는데, 복음서 기자는 이 여호와가 그리스
도였다고 말하고 있기 때문이다. 그리고 하나님의 저 무시무시한 진노에 대한 계시
는 단지 이사야가 살았던 시대에만 국한된 것이 아니었고, 대대로 유대인들에게도
해당되는 것이었는데, 이사야 선지자는 예언의 눈으로 이후 세대의 유대인도 자
신들의 조상과 동일한 전철을 밟아서, 각 시대마다 일어난 선지자들을 박해하고 죽
일 뿐만 아니라, 결국에는 하나님의 아들이신 그리스도까지 죽이게 될 것을 미리 본
것이었다.

**42. 그러나 관리 중에도 그를 믿는 자가 많되 바리새인들 때문에 드러나게 말하
지 못하니 이는 출교를 당할까 두려워함이라.**

바리새인들은 산헤드린의 대부분을 차지하고 있었지만, 그 외에도 여러 다양한
부류의 사람들이 거기에 섞여 있었는데, 그들 중에는 바리새인보다 더 나은 성정을
지닌 사람들이 꽤 있었다. 하지만 여기에서 "관리들"로 번역된 '아르콘
톤'(ἀρχόντων)은 산헤드린의 의원들이 아니라, 일반적인 고위 관리들을 가리키는
것일 수도 있다. 많은 관리들이 "믿었다"고 해서, 우리는 그것을 그들이 구원의 믿
음을 지니고 있었던 것으로 이해해서는 안 된다. 왜냐하면, 복음서 기자가 그들에
대하여 우리에게 말해 주는 내용을 보면, 그렇지 않았다는 것이 분명하게 드러나기
때문이다. 따라서 그들이 믿었다는 것은 그들이 주님께서 말씀하신 것들이 진리이
고, 주님이 참된 메시야일 가능성에 대하여 어느 정도 확신을 지니고 있었다는 것
을 의미한다. 그러나 그들은 그들 자신이 속으로 옳다고 어느 정도 확신한 것들을
공개적으로 드러내거나, 주님이 메시야라는 것을 대놓고 고백하거나 시인하고
싶었어도, 그렇게 하지 못하였다. 왜냐하면, 우리가 요한복음 9:22에서 보았듯이,
그리스도의 불구대천의 원수들이었던 바리새인들이 "예수를 그리스도로 시인하는
자는 출교하기로 결의하고서" 그런 내용의 포고령을 이미 내려 놓았고, 그들은 그
런 화를 당하게 될 것을 두려워하였기 때문이었다.

43. 그들은 사람의 영광을 하나님의 영광보다 더 사랑하였더라.

유대인의 많은 관리들이 주님을 믿으면서도 감히 시인하지 못한 것은 그들에게
사람들로부터의 존경과 명예와 박수갈채를 가져다주었던 자신들의 높은 직책들을

잃고 싶지 않았기 때문이었다. 그들은 하나님으로부터 높임과 칭찬을 받는 것보다 사람들로부터 그런 식으로 높임을 받는 것을 더 소중히 여겼다. 이 세상에서 부귀영화를 누리는 고관대작들이 하나님의 나라에 들어가는 것은 정말 지극히 어려운 일이다!

44. 예수께서 외쳐 이르시되 나를 믿는 자는 나를 믿는 것이 아니요 나를 보내신 이를 믿는 것이며.

"나를 믿는 자는 나를 믿는 것이 아니요"라는 주님의 이 말씀은, 어떤 사람이 주님을 믿고 있는데, 그것은 주님을 믿는 것이 아니라고 하시는 것으로 들리기 때문에, 얼핏 들으면 모순을 내포하고 있는 것으로 보이지만, 사실은 거기에는 모순이 전혀 존재하지 않는다. 하나님께서는 바로 이것과 동일한 비유적인 화법을 사용하셔서 선지자 사무엘에게, 이스라엘 백성이 왕을 요구한 것은 단지 사무엘만을 배척한 것이 아니라, 여호와 하나님을 배척한 것이라는 것을 말씀하실 때, "그들이 너를 버림이 아니요 나를 버려 자기들의 왕이 되지 못하게 함이니라"(삼상 8:7)고 말씀하신다. 마가복음 9:37에서도 주님께서는 여기에서와 동일한 화법을 구사하셔서, "누구든지 나를 영접하면 나를 영접함이 아니요 나를 보내신 이를 영접함이니라"고 말씀하시는데, 이것은 "누구든지 나를 영접하면 단지 나만을 영접하는 것이 아니라 나를 보내신 이를 영접하는 것이다"라는 의미이다. 이러한 예는 "그러므로 저버리는 자는 사람을 저버림이 아니요 너희에게 그의 성령을 주신 하나님을 저버림이니라"고 말하고 있는 데살로니가전서 4:8에서도 볼 수 있다.

또는, 이것은 이런 의미일 수도 있다: 나를 믿는 자는, 이 세상에 와서 지금 너희 앞에 있는 사람으로서의 나를 믿는 것이 아니라, 나를 보내신 하나님을 믿는 것이다. 유대인들은 한 분 아버지 하나님을 인정하였고, 그 하나님을 그들의 믿음의 유일한 대상으로 고백하였을 뿐이고(요 14:1, "너희는 하나님을 믿으니"), 사람의 모습을 한 그리스도를 자신들의 믿음의 대상으로 삼는다는 것은 상상도 할 수 없는 일이었다. 그래서 이 말씀을 통해서 우리 구주께서는 자신의 신성, 그리고 자기는 아버지 하나님과 하나이고 동등하기 때문에, 아버지 하나님만이 아니라 자기도 그들의 믿음의 대상이라는 것을 다시 한 번 역설하시는 것이다.

45. 나를 보는 자는 나를 보내신 이를 보는 것이니라.

지금까지 하나님을 본 사람은 아무도 없었지만, 마음의 눈으로 나를 알고 깨닫고 믿는 자는 나를 보내신 이를 보는 것이다. 또는, 내가 행하는 역사들 속에서 나를 보는 자는 나를 보내서 이 권능의 역사들을 행하게 하시는 이를 보는 것이다. 그래서 나중에 주님께서는 빌립에게 "나를 본 자는 아버지를 보았거늘 어찌하여 아버지를 보이라 하느냐"(요 14:9)고 말씀하신다. 나를 본 자는 하나님의 본성과 본질을 본 것은 아니지만, 아버지 하나님과 하나인 자를 본 것이다. 사도는 그리스도를 "하나님의 영광의 광채시요 그 본체의 형상이시라"고 말한다(히 1:3).

46. 나는 빛으로 세상에 왔나니 무릇 나를 믿는 자로 어둠에 거하지 않게 하려 함이로라.

나는 빛으로 세상에 왔나니. 이것은 우리 구주께서 요한복음 3:19("빛이 세상에 왔으되")이나 9:5("내가 세상에 있는 동안에는 세상의 빛이로라") 등에서 자주 말씀하셨던 것이고, 이사야 선지자가 그리스도에 대하여 "나 여호와가 의로 너를 불렀은즉 내가 네 손을 잡아 너를 보호하며 너를 세워 백성의 언약과 이방의 빛이 되게 하리니"(사 42:6)라고 예언한 것과 일치하는 것이었다. 무릇 나를 믿는 자로 어둠에 거하지 않게 하려 함이로라. 나를 자신의 제사장이자 선지자로 영접하는 자는, 비록 "전에는 어둠"이었을지라도 "이제는 주 안에서 빛"이기 때문에(엡 5:8), 무지와 죄와 죄책에 거하지 않게 될 것이다(요 3:36; 8:31). 사람들은 그리스도를 믿기 전에는 어둠 속에 있지만, 믿는 순간에 어둠에서 이끌려나와서 기이한 빛 속으로 옮겨져서, 더 이상 어둠에 거하지 않게 된다.

47. 사람이 내 말을 듣고 지키지 아니할지라도 내가 그를 심판하지 아니하노라 내가 온 것은 세상을 심판하려 함이 아니요 세상을 구원하려 함이로라.

내가 그를 심판하지 아니하노라. 내 말을 듣고 지키지 않는 사람이 있다고 할지라도, 오직 나만이 혼자 그 사람을 심판하는 것이 아니다. 또는, 그 사람을 단죄하고 심판을 선고하는 것은 지금 내가 하고 있는 일이 아니다. 왜냐하면, 지금 나는 심판주의 일이 아니라, 구속주와 구주의 일을 하고 있기 때문이다. 내 말을 듣고 지키지 않는 사람은 "하나님의 독생자의 이름을 믿지 아니하므로 벌써 심판을 받은 것"이고(요 3:18), 그 사람을 고발하고 단죄할 이는 따로 있다. 주님께서 "내가 너희를 아버지께 고발할까 생각하지 말라 너희를 고발하는 이가 있으니 곧 너희가 바라는 자 모세니라"(요 5:45)고 말씀하셨듯이, 유대인들은 모세가 고발하게 될 것임과 마찬가지로, 내 말을 듣고 지키지 않는 자에 대해서는 내 아버지께서 재판장이 되실 것이고, "내가 한 말들"이 그 사람을 고발하게 될 것이다. 나도 언젠가는 그 사람을 단죄하겠지만, 그것은 내가 지금 하고 있는 일은 아니다. 왜냐하면, 지금 나는 사람들을 심판하기 위하여 이 세상에 온 것이 아니기 때문이다. 나는 세상 사람들에게 구원의 방편을 제시하고, 구원의 길을 보여 주기 위하여 왔다. 그들이 망한다면, 그들의 피는 그들 자신의 머리로 돌아갈 것이다. 그들을 단죄하는 것은 나의 일이 아니다.

48. 나를 저버리고 내 말을 받지 아니하는 자를 심판할 이가 있으니 곧 내가 한 그 말이 마지막 날에 그를 심판하리라.

"내 말을 받지 아니하는"이라는 어구는 바로 앞에 나온 "나를 저버리고"라는 어구를 보충설명하고 있다. 복음 안에서 선포되는 그리스도의 말씀들을 마음으로 받아들여서 믿고 꼭 붙잡지 않는 것은 그리스도를 저버리는 것이다. 누가복음 10:16에서도 주님께서는 "너희 말을 듣는 자는 곧 내 말을 듣는 것이요 너희를 저버리는 자는 곧 나를 저버리는 것이요 나를 저버리는 자는" 나를 이 세상에 보내셨고 나중에 나를 신원하셔서 지극히 높이실 "나 보내신 이를 저버리는 것이라"고 말씀하신다. 그리고 "내가 한 그 말"이 마지막 날에 바로 그런 자를 대적하여 일어나 심판하면서, 그 자가 스스로 자신을 영생에 합당하지 않은 자로 판단했다는 것을 증명할 것이다.

49. 내가 내 자의로 말한 것이 아니요 나를 보내신 아버지께서 내가 말할 것과 이를 것을 친히 명령하여 주셨으니.

나는 단순한 사람으로서 말하는 것도 아니고, 내 아버지의 뜻이 아닌 것을 말하는 것도 아니다. 나는 오직 나와 하나이시고 나를 보내신 이의 말씀을 받아 너희에게 전할 뿐이다. 나는 내 아버지께서 이 세상에 자신의 뜻으로 드러내기를 원하신 것 외에는 아무것도 말하지 않았다.

50. 나는 그의 명령이 영생인 줄 아노라 그러므로 내가 이르는 것은 내 아버지께서 내게 말씀하신 그대로니라 하시니라.

나는 영생의 길은 하나님의 명령들에 순종하는 것임을 알고, 그것이 나로 하여금 "내 아버지께서 내게 말씀하신 그대로"를 너희에게 전하고, 그 외에는 전혀 말하지 않게 한 것이다. 그러므로 너희는 나를 배척하는 것이 너희가 너희의 하나님으로 인정하고 고백하는 내 아버지를 배척하는 것이고, 나에게 불순종하는 것은 너희가 너희 아버지로 인정하고 고백하는 내 아버지 하나님에게 불순종하는 것임을 알아야 한다.

제13장

개요

　1. 예수께서 제자들의 발을 씻겨 주시며, 자신이 보인 겸손과 사랑의 본을 따르라고
　　 권면하심(1-17).

　2. 주님께서 유다가 자기를 팔 것임을 예고하시고, 자기를 팔 자가 누구인지를 요한
　　 에게 구체적인 표시를 통해 알려 주심(18-30).

　3. 자기가 영광 받으실 때가 가까웠음을 말씀하시고, 자신의 제자들에게 서로 사랑하
　　 라고 명하심(31-35).

　4. 베드로가 자기를 세 번 부인하게 될 것이라고 미리 경고하심(36-38).

1. 유월절 전에 예수께서 자기가 세상을 떠나 아버지께로 돌아가실 때가 이른 줄 아시고 세상에 있는 자기 사람들을 사랑하시되 끝까지 사랑하시니라.

　이것이 주님께서 공생애 사역을 시작하신 후로 마지막으로 보내시게 될 네 번째 유월절이었다는 것은 의심의 여지가 없다. 우리는 이 복음서 기자가 나머지 세 번의 유월절에 대해서도 언급하였다는 것을 이미 살펴보았다. 그러나 복음서 기자는 자기가 아래에서 보도하게 될 일이 "유월절 전에" 있었던 일이라고만 말하고 있기 때문에, 주님께서 마지막 유월절을 맞이하시기 얼마 전에 이렇게 하신지는 확실하지 않다. 어떤 이들은 이 일이 유월절 당일에 있었던 일이라고 생각하고, 어떤 이들은 누가복음 11:38의 "잡수시기 전에"와 누가복음 22:15의 "고난을 받기 전에"라는 어구들에서 사용된 전치사 '프로'(πρό)가 여기에서도 사용되고 있다는 것을 들어서, 이 일이 유월절 직전에 있었다고 생각한다. 이 문제에 대한 대답은 또 하나의 어려운 문제, 즉 3절에 "저녁"이라고 언급된 식사가 어떤 성격의 식사였는가 하는 문제와 연결되어 있다. 이 문제에 흥미가 있는 독자들은, 내가 쓴 『주석집요』라는 책에서 마태복음 26장을 다루면서, 많은 훌륭한 해석자들이 이 문제에 대하여 어떻게 말하고 있는지를 모아서 수록해 놓은 것을 참조하면 도움이 될 것이다. 성경에는 이렇게 풀기 어려운 난제들이 종종 등장하지만, 그런 난제들이 우리의 구원과 별 상관 없는 내용에 관한 것들이어서, 그 난제들에 대한 정확한 대답을 모르더라도, 우리의 영혼에 위험이나 해가 되지 않는다는 것은 다행스러운 일이다.

　그리스도께서는 자기가 죽어서 부활하여 얼마 후에 아버지 하나님께로 올라가서

야 할 때가 이제 도래하였다는 것을 아셨고, 변덕스럽지 않고 변함없는 사랑으로 자신의 제자들을 사랑하셨기 때문에, 그 사랑의 표현으로 그들의 발을 씻겨 주시기로 결심하신다.

2. 마귀가 벌써 시몬의 아들 가룟 유다의 마음에 예수를 팔려는 생각을 넣었더라.

마귀가 유다를 사로잡아서 그의 마음속에 주님을 팔려는 생각을 집어넣었다는 것에 대해서는 누가복음 22:3-4에 대한 설명을 보라.

3. 저녁 먹는 중 예수는 아버지께서 모든 것을 자기 손에 맡기신 것과 또 자기가 하나님께로부터 오셨다가 하나님께로 돌아가실 것을 아시고.

저녁 먹는 중. '테이프누 기노메누'($\delta\epsilon\acute{\iota}\pi\nu o\upsilon\ \gamma\iota\nu o\mu\acute{\epsilon}\nu o\upsilon$)는 저녁 식사를 하는 중간을 의미하는데, 여기에서 문제가 되는 것은 이 저녁 식사의 성격이다. 우리의 지극히 박식한 라이트푸트(Lightfoot)는 이것은 유월절 식사가 아니었다고 아주 단호하게 말하지만, 고대와 현대의 대부분의 해석자들은 다른 생각을 지니고 있는 것으로 보인다. 하지만 이것은 주님께서 자신의 제자들과 함께 유월절 전에 하신 평범한 저녁 식사 자리였을 수도 있다. 어떤 이들은 이것이 마태복음 26:6에서 언급한 것처럼 주님께서 나병환자 시몬의 집에서 하신 식사였다고 생각하지만, 이 본문에서 바로 그 식사 자리였음을 보여 주는 믿을 만한 정황을 발견할 수 없고, 복음서 기자는 이 식사 후에 그리스도께서 나귀를 타고 예루살렘으로 입성하셨다가 다시 거기에서 나오셔서 몸을 숨기셨다고 보도하고서(요 12:36), 이 장에서 이 일을 그 후에 일어난 일로 보도하고 있는 까닭에, 이것이 나병환자의 집에서 있었던 식사일 수 없다는 것은 내게는 너무나 분명해 보인다.

흠정역 번역자들이 헬라어 분사 '에이도스'($\epsilon\acute{\iota}\delta\omega\varsigma$)를 "아시고"로 번역한 것은, "아버지께서 모든 것을 자기 손에 맡기신 것"을 주님께서 아신 것이 자신의 제자들의 발을 씻어 주고자 한 이후의 행위의 원인 또는 동기라고 본 것인데, 여기에서 그런 식으로 해석한 것이 과연 옳은가 하는 어려운 문제가 생겨난다. 왜냐하면, 여기에서 '에이도스'라는 분사는 "아셨지만"이라는 양보의 의미로 해석되어야 한다는 것이 분명하기 때문이다. 따라서 주님께서 "아버지께서 모든 것을 자기 손에 맡기신 것"을 아신 것은 주님의 이후의 행위의 원인이었던 것이 아니라, 단지 주님이 자기 자신을 철저하게 낮아지셔서 섬기셨음을 부각시키는 역할만을 할 뿐이다. 주님께서는 마태복음 28:18에서 말하고 있는 것처럼, "하늘과 땅의 모든 권세"가 자기에게 주어졌다는 것과, 자기가 자신의 제자들의 주로서 하나님으로부터 왔고, 이제는 다시 하나님께로 돌아갈 것임을 잘 알고 계셨지만, 제자들의 발을 씻겨 주심으로써, 자기가 제자들을 얼마나 많이 사랑하는지를 보여 주시고, 그들에게 겸손의 모범을 보이시며 형제 사랑을 가르치시고, "인자가 온 것은 섬김을 받으려 함이 아니라 도리어 섬기려"(마 20:28) 왔다는 것을 보여 주시고자 하셨다.

4. 저녁 잡수시던 자리에서 일어나 겉옷을 벗고 수건을 가져다가 허리에 두르시고.

저녁 잡수시던 자리에서 일어나. 여기에서는 이것이 어떤 식사였느냐가 문제이다. 유대인들은 니산월 제14일이었던 유월절 저녁에는 두 번의 식사를 하였다고 한다. 첫 번째 식사는 율법에 따른 종교의식으로서의 유월절 식사였고, 두 번째 식사는 다른 평범한 날들과 같은 일반적인 저녁 식사였는데, 우리 구주께서는 거기에 세 번째 식사인 성찬을 추가하셨다. 베자(Beza), 헤인시우스(Heinsius), 타르노비우스(Tarnovius) 등은 주님께서는 자신의 제자들과 함께 먼저 일반적인 저녁 식사를 하셨고, 그런 후에 유월절 식사를 하셨던 것으로 보이는데, 그리스도께서 이렇게 식사 도중에 일어나서서 제자들의 발을 씻기신 것은 처음 일반적인 저녁 식사를 하실 때였다고 말하고, 어떤 이들은 이 일이 유월절 식사 도중에 있었다고 생각하지만, 내가 보기에는 전자의 견해가 훨씬 더 가능성이 높아 보인다. 복음서 기자가 어떤 식사를 말한 것이든, 그리스도께서는 식사가 끝나기 전에 자리에서 일어나셨다. 이 밤에 유월절 식사와 성찬 외에도 일반적인 식사가 있었다고 생각하는 해석자들로는, 개신교 쪽에는 칼빈(Calvin), 파레우스(Pareus), 베자(Beza), 페타르구스(Petargus), 토사누스(Tossanus) 등이 있고, 가톨릭 쪽에는 톨레트(Tolet), 말도나테(Maldonate), 얀세니우스(Jansenius) 등이 있다. 따라서 그리스도께서는 일반적인 식사를 하시는 도중에 자리에서 일어나서서 겉옷을 벗으신 후에, 종들이 식탁 시중을 들 때에 곁에 걸치는(눅 17:8) 옷을 입으시고 수건을 가져다가 허리에 두르셨다.

5. 이에 대야에 물을 떠서 제자들의 발을 씻으시고 그 두르신 수건으로 닦기를 시작하여.

주님께서는 대야에 물을 떠서, 먼저 제자들의 발을 씻기신 후에, 다음으로 자신의 허리에 두르신 수건을 꺼내 그 발을 닦으시는 것을 반복하셨는데, 주님이 행하시는 이 모든 것은 영락없이 종의 모습이었다. 종들은 자신의 주인과 함께 식사를 하기 위해 찾아온 손님들에게 그렇게 하곤 하였다.

6. 시몬 베드로에게 이르시니 베드로가 이르되 주여 주께서 내 발을 씻으시나이

까.

그리스도께서 자신의 제자들에게 차례로 이 의식을 다 행하시고서, 이제 마지막으로 시몬 베드로의 차례가 된 것인지, 아니면 가장 먼저 시몬 베드로에게서부터 시작하려고 하신 것인지에 대해서는 본문이 말해 주지 않는다. 따라서 교황주의자들이 이 본문을 근거로 해서, 다른 모든 사도들에 대한 베드로의 수장권(primacy)을 증명하고자 하는 것은 잘못된 것이다. 베드로는 주님께서 자기 발을 씻기려 하시는 것을 보고서, 그것은 있을 수 없는 일이라는 듯이 약간 화를 내는데, 베드로의 이런 반응은 잘못된 공경심에서 기인한 것으로 죄악된 것이었다. 옛적에 사무엘은 하나님께 순종하는 것이 제사보다 낫다고 단호하게 말하였다. 분명한 것은 순종하는 것이 아첨하는 것보다 더 낫다는 것이다. 따라서 베드로는 여기에서 마치 주님을 높이고 위한 것처럼, 주님이 이런 일을 해서는 안 된다는 듯이 화를 내는 것이 아니라, 주님께서 이 섬김의 일을 계속해 나가시도록 해 드렸어야 하였다. 아무리 자원해서 스스로를 낮추고 겸손해하며, 그리스도를 높이고 공경하는 태도를 보인다고 하여도, 그것이 하나님의 계시된 뜻을 거슬러서 행해진 것이라면, 그러한 태도는 잘못된 공경심일 수밖에 없다.

7. 예수께서 대답하여 이르시되 내가 하는 것을 네가 지금은 알지 못하나 이 후에는 알리라.

우리 주님께서는, 베드로가 이런 반응을 보인 것은 잘못한 것이었지만, 전체적으로 선한 의도로 그렇게 한 것임을 아셨기 때문에, "내가 이렇게 하는 목적과 의도를 네가 지금은 알 수 없겠지만, 나중에는 좀 더 분명하게 이해하게 될 것"이라고 말씀해 주신다. 실제로 주님은 13-16절에서 자기가 왜 이렇게 스스로를 낮추시고서 제자들의 발을 씻어 주는 일을 하셨는지를 자세하게 설명해 주심으로써, 베드로로 하여금 이 일을 더 잘 이해할 수 있게 해 주신다.

8. 베드로가 이르되 내 발을 절대로 씻지 못하시리이다 예수께서 대답하시되 내가 너를 씻어 주지 아니하면 네가 나와 상관이 없느니라.

베드로는 여기에서 성급하고 경솔하게 "내 발을 절대로 씻지 못하시리이다"라고 말한다. 이것을 얼핏 보면 주님을 대단히 공경하는 태도 같아 보이지만, 사도 바울이 로마서 10:2에서 유대인들의 열심에 대하여 말한 것과 마찬가지로, "올바른 지식을 따른 것이 아니었다." 그리스도께서는 베드로에게, 자기가 그를 씻어 주지 않으면, 그가 자기와 상관이 없게 될 것이라고, 즉 그가 결코 구원을 받지 못하게 될 것이라고 말씀해 주신다.

주님의 이러한 반응에 대해서, 어떤 이들은 이렇게 말할 것이다: 베드로는 주님께서 자기 발을 씻으시는 것을 차마 받아들이지 못해서 온건하게 거절한 것인데, 주님이 베드로에게 천국에서 자기와 함께 유업을 받지 못하게 될 것이라고 위협하시는 것은 너무 심하신 것이 아니냐? 대답: (1) 아무리 작은 불순종이라고 하더라도, 회개하지 않는다면, 그 영혼은 천국에서 얼마든지 배제될 수 있다. (2) 여기에서 그리스도께서는 자기가 지금 제자들의 발을 씻어 주는 이 의식을 행하는 기회를 이용하셔서, 그들의 심령이 자신의 피로 씻음을 받아 죄와 부패의 더러운 것에서 깨끗하게 되지 않으면 안 된다는 것을 말씀하시고자 하신 것으로 보인다는 것이다. 따라서 그리스도께서는 여기에서 성경에서 아주 자주 반복해서 역설해 온 것, 즉 사람들이 주님의 피로 씻음을 받아야 한다는 것을 말씀하신 것임에 틀림없고, 지금 제자들의 발을 씻어 주시는 것과 관련시켜서 이 말씀을 하신 것이 아니었다.

9. 시몬 베드로가 이르되 주여 내 발뿐 아니라 손과 머리도 씻어 주옵소서.

베드로는 우리 구주께서 말씀하신 씻음이 어떤 것인지를 이제 비로소 이해하고, 주님의 뜻에 온전히 순복하면서도, 자기는 온전히 더러워서 발뿐만 아니라 몸 전체를 씻을 필요가 있다고 생각해서, "주여 내 발뿐 아니라 손과 머리도 씻어 주옵소서"라고 말한다.

10. 예수께서 이르시되 이미 목욕한 자는 발밖에 씻을 필요가 없느니라 온 몸이 깨끗하니라 너희가 깨끗하나 다는 아니니라 하시니.

이미 목욕한 자는 발밖에 씻을 필요가 없느니라. 사람들이 전체적으로 목욕을 하고 난 후에는, 맨발로 또는 신발을 신고 집 밖으로 나가 걸어 다녀서, 그들의 발이 또다시 더러워졌다면, 발만을 다시 씻으면 되고, 목욕한 지 얼마 되지도 않았는데, 굳이 또다시 목욕을 할 필요는 없는 것과 마찬가지로, 내 피로 씻음을 받은 심령들도 그러하다. 즉, 사도 바울이 말한 대로, 어떤 사람들이 "주 예수 그리스도의 이름과 우리 하나님의 성령 안에서 씻음과 거룩함과 의롭다 하심을 받았다면"(고전 6:11), 그들은 또다시 두 번째로 새롭게 되거나 의롭다 하심을 받을 필요는 없고, 단지 그들 속에 남아 있는 죄 및 욕심과 관련해서 자주 발을 씻으면 된다. 그들은 이 세상에 사는 동안에는 끊임없이 올무들과 시험들에 걸려서 반복해서 죄를 지어 그 발이 더러워질 수밖에 없기 때문에, 그 때마다 회개를 통해서 날마다 발을 씻고, 믿음을 의지해서 내 보혈의 능력이 자신들의 심령에 새롭게 적용되게 하기만 하면 된다.

너희가 깨끗하나 다는 아니니라. 나의 사도들인 너희는 깨끗하다. 너희는 씻음을 받았고, 의롭다 하심을 받았다. 나는 너희의 죄를 사해 주었고, 이미 너희를 받았다. 하지만 너희가 다 그런 것은 아니다.

11. 이는 자기를 팔 자가 누구인지 아심이라 그러므로 다는 깨끗하지 아니하다 하시니라.

여기에서 복음서 기자는 우리 구주께서 앞 절에서 그들이 모두 다 깨끗한 것은 아니라고 하신 말씀이 무슨 뜻이었는지를 우리에게 설명해 준다. 제자들은 자신들 가운데 배신자가 있다는 사실을 아직 모르고 있었지만, 사탄은 이 일 이전에 이미 주님을 팔 생각을 유다의 마음속에 집어넣었고(2절), 모든 사람의 마음을 아시는 그리스도께서는 유다의 마음속에 어떤 생각이 들어 있는지를 알고 계셨다. 그리고 우리가 이 장을 계속해서 읽어 나가면 알 수 있듯이, 30절에서 유다는 자신의 정체를 드러내고, 자신의 계획을 실행에 옮긴다. 하지만 주님께서는 지금까지 그러한 사실을 자신의 제자들에게 밝히지 않고 계시다가, 이제 그들 중의 대다수는 의롭다 하심을 얻고 거룩함을 입어서 깨끗하지만, 그들 모두가 그런 것은 아니라고 말씀하심으로써, 그 사실을 드러내기 시작하신다.

12. 그들의 발을 씻으신 후에 옷을 입으시고 다시 앉아 그들에게 이르시되 내가 너희에게 행한 것을 너희가 아느냐.

우리 구주께서는 제자들의 발을 씻어 주시는 이 의식을 다 마치신 후에(어떤 이들은 주님이 모든 제자들의 발을 씻어 주신 것이 아니라 대표로 한두 제자의 발만 씻겨 주셨을 것이라고 생각하지만, 나는 그렇게 생각할 이유나 근거가 전혀 없다고 본다), 다시 식사 자리로 돌아와 앉으셨는데, 아마도 그 때쯤에 식사는 거의 끝나가고 있었을 것이다. 이 식사는 유월절 저녁에 유대인들이 유월절 식사 외에 따로 가진 일반적인 식사였으리라는 것에 대해서는 우리가 앞에서 이미 살펴본 바 있다. 그리고 어떤 이들은 유대인들이 유월절 식사 이후에 이러한 일반적인 식사 시간을 가졌다고 주장하기도 하지만, 아마도 이 일반적인 식사는 유월절 식사 이전에 행해졌을 것이다. 주님께서는 자신의 제자들에게, 자기가 그들에게 방금 행한 일의 의미를 아느냐고 물으신 후에, 그들이 온전히 깨닫도록 하시기 위하여, 이후의 강론을 통해서 그들에게 이 일의 의미를 자세하게 설명해 주신다.

13. 너희가 나를 선생이라 또는 주라 하니 너희 말이 옳도다 내가 그러하다.

제자들은 자신들의 통상적인 대화 속에서 그리스도를 "선생이라 또는 주라"고 불렀는데, 이것은 그리스도에게 부적절한 호칭은 아니었다. 왜냐하면, 예수께서는 그들을 가르치시는 "선생"이셨고, 그들을 다스리고 인도하시며 주관하시는 "주"이셨기 때문이다. 이제 우리 구주께서는 이렇게 말씀하신다: 제자들은 자신들의 선생에게 순종하여야 하고, 종들은 자신들의 주에게 순종하여야 하며, 또한 제자들은 자신들의 선생을 본받아야 한다.

14. 내가 주와 또는 선생이 되어 너희 발을 씻었으니 너희도 서로 발을 씻어 주는 것이 옳으니라.

주님께서는 여기에서 이렇게 말씀하신 것이다: 나는 내가 방금 행한 일을 통해서 너희에게 서로를 사랑하고 기꺼이 섬기되, 상대방에게 유익이 되고 좋은 일이라면, 그 일이 아무리 천하고 궂은 일이라고 할지라도, 망설이거나 주저함 없이 즉시 행하여 서로를 섬길 것을 가르쳐 주었다. 왜냐하면, 우리는 여기에서 주님께서 모든 그리스도인들에게 문자 그대로 서로의 발을 씻어 줄 것을 명령하고 계시는 것으로 생각해서는 안 되고, 사무엘상 25:41에서 "아비가일이 일어나 몸을 굽혀 얼굴을 땅에 대고 이르되 내 주의 여종은 내 주의 전령들의 발 씻길 종이니이다"라고 말한 것이나, 디모데전서 5:10에서 사도 바울이 "선한 행실의 증거"로서 "자녀를 양육하며 혹은 나그네를 대접하며 혹은 성도들의 발을 씻으며 혹은 환난 당한 자들을 구제하며 혹은 모든 선한 일을 행한 자"를 예로 든 것과 마찬가지로, 여기에서도 주님은 우리가 다른 사람들을 섬겨 행할 수 있는 모든 일들을 서로의 발을 씻어 주는 것으로 표현하신 것으로 생각하여야 하기 때문이다.

옛 교부들 중의 일부는 주님께서 이렇게 제자들의 발을 씻어 주심으로써, 이 의식을 하나의 성례전으로 제정하신 것이라고 부적절한 판단을 하였던 것으로 보인다. 그래서 비록 벨라르미누스(Bellarmine), 말도나테(Maldonate) 등은 우리와 마찬가지로 이것이 성례전이라는 것을 부인하였는데도 불구하고, 교황주의자들은 옛 교부들의 그러한 판단을 근거로 삼아서, 부활절 전의 모든 목요일마다 몇몇 사람들의 발을 씻어 주는 관행을 정착시켰던 것 같다. 하지만 그것은 확고한 근거가 있는 유익한 관행이 아니라, 보여 주기 식의 연극 같은 의식이다. 우리 구주께서 "너희도 서로 발을 씻어 주는 것이 옳으니라"고 말씀하신 의도는, 너희는 너희 자신이 너무나 고결하고 대단하기 때문에, 지극히 비천한 일들로 나의 제자들을 섬기는 것은 너희에게 합당하지 않다고 생각하지 말고, 사랑을 베풀 수 있는 모든 일에서는 귀천을 가리지 말고 서로를 섬겨야 한다고 말씀하고자 하신 것임에 틀림없다. 따라서 주님께서는 자신의 제자들에게, 서로의 발을 씻어 주는 일 외에도 그것과 동일한 성격을 지닌 다른 일들에 있어서도, 자기가 모범을 보인 대로 그들도 행하여야 한다는 것을 그들에게 당부하신 것이다.

15-16. ¹⁵내가 너희에게 행한 것 같이 너희도 행하게 하려 하여 본을 보였노라 ¹⁶내가 진실로 진실로 너희에게 이르노니 종이 주인보다 크지 못하고 보냄을 받은 자가 보낸 자보다 크지 못하나니.

사도들은 복음 교회에서 매우 높은 직책을 차지하게 될 것이었는데, 사람의 마음이라는 것은 조금이라도 자기가 다른 사람들보다 뛰어나다거나, 스스로 생각할 때에 뛰어난 것으로 여겨지는 것이 있으면, 그것을 빌미로 삼아서, 자기 자신을 대단한 존재로 여기고 부풀어 올라서 자고해지는 성향이 대단히 농후하다. 그래서 우리 주님께서는 지금 신앙이 가장 좋은 자들에 속하는 자신의 사도들에게 말씀하고 계시는 것인데도, 그들도 엘리야처럼 다른 사람들과 똑같은 성정을 지닌 자들이라는 것을 잘 알고 계셨기 때문에, 그들로 하여금 교만이라는 시험을 철저히 경계하도록 하시기 위하여 여기에서 이 말씀을 더하신다: 너희는 내가 너희의 주인이고 너희는 나의 종들이라는 것을 시인한 자들이다. 그리고 너희는 방금 주인이 어떻게 행하는지를 보았다. 그러므로 너희는 장차 너희가 어떻게 행하여야 마땅한지를 알았을 것이다. 주님께서는 마태복음 10:24과 요한복음 15:20에서도 여기에 나온 속담 같은 표현을 사용하셔서, 자신의 제자들에게 박해에 대하여 경고하신 바 있는데, 이제 여기에서는 그들이 스스로 낮아져서 다른 형제들을 높이고 서로 사랑하라고 교훈하시는 데 이 속담 같은 표현을 사용하신다.

17. 너희가 이것을 알고 행하면 복이 있으리라.

주님께서는 그들이 이러한 것들을 머리로만 알고 있어서는 아무런 유익도 없을 것이고, 그들이 아는 것들을 실천해야만 그들에게 유익이 있을 것이라고 말씀하신다. 야고보서 4:17은 "사람이 선을 행할 줄 알고도 행하지 아니하면 죄니라"고 말한다. 행위가 없는 믿음은 죽은 것이고, 우리가 주님의 뜻을 알고서도 행하지 않는다면, 우리는 많은 매를 맞게 될 뿐이다.

18. 내가 너희 모두를 가리켜 말하는 것이 아니니라 나는 내가 택한 자들이 누구인지 앎이라 그러나 내 떡을 먹는 자가 내게 발꿈치를 들었다 한 성경을 응하게 하려는 것이니라.

나는 너희의 귀를 따갑게 만들 얘기를 지금부터 너희에게 하려고 한다. 그러나 안심해라. 내가 이제 하는 말은 너희 모두에게 해당되는 것이 아니라, 단지 너희 중의 한 사람에게만 해당되는 말이기 때문이다. 나는 내가 택해서 사도의 일을 맡긴 사람들이 어떤 사람들인지를 안다. 따라서 어떤 이들은 주님께서 여기에서 "나는 내가 택한 자들이 누구인지 앎이라"고 하신 말씀은 요한복음 6:70에서 "내가 너희 열둘을 택하지 아니하였느냐 그러나 너희 중의 한 사람은 마귀니라"고 하신 말씀과 동일한 것으로 해석한다. 그러나 대부분의 최고의 해석자들은 여기에서 "택하였다"는 것은 영생으로 택하였다는 것을 의미하는 것이고, 사도가 에베소서 1:4에서 "창세 전에 그리스도 안에서 우리를 택하사 우리로 사랑 안에서 그 앞에 거룩하고 흠이 없게 하시려고"라고 말한 것처럼, 여기에서 주님께서는 그들로 하여금 영생을 얻게 하시기 위하여 그들이 끝까지 하나님의 길로 행하도록 그들을 붙들어 주실 것임을 말씀하신 것이라고 생각해서, 이 말씀을 통해서 주님은 영원한 택정하심의 원천으로서의 그리스도의 신성을 증명하시는 좀 더 심오한 논증을 제시하신 것으로 이해한다: 너희 중의 한 사람은 마귀이고 배신자이지만, 나는 그 한 사람을 제외한 너희 모두를 영생으로 택하였다. 내가 그 한 사람을 사도로 부른 것은, 나의 모형이었던 다윗이 "내 떡을 먹는 자가 내게 발꿈치를 들었다"고 자기에게 일어난 일을 말하면서 동시에 장차 내게 일어날 일을 예언한 것이 성취되게 하기 위한 것이었다. 왜냐하면, 나에 대한 성경의 예언은 반드시 성취되어야 하기 때문이다. 그리고 그 예언은 지금 내게서 성취되었다.

19. 지금부터 일이 일어나기 전에 미리 너희에게 일러 둠은 일이 일어날 때에 내가 그인 줄 너희가 믿게 하려 함이로라.

지금 내가 너희에게 말한 일은 나에 대한 너희의 믿음에 해가 되기는커녕, 도리어 나를 참된 메시야로 믿는 너희의 믿음을 더욱 강화시키고 견고하게 해 줄 것이다. 왜냐하면, 내가 지금 너희에게 말한 일이 나중에 실제로 일어나게 될 때, 너희는 내가 사람의 마음의 은밀한 생각과 계획을 아는 이라는 것을 깨닫게 될 것이고, 너희가 오래 전에 메시야에 관하여 예언되었던 성경 말씀들이 그대로 다 성취되는 것을 볼 때, 그 옛적의 예언들이 말한 이가 바로 나라는 것을 깨닫게 될 것이기 때문이다.

20. 내가 진실로 진실로 너희에게 이르노니 내가 보낸 자를 영접하는 자는 나를 영접하는 것이요 나를 영접하는 자는 나를 보내신 이를 영접하는 것이니라.

마태복음 10:24에 대한 설명을 보라. 거기에 나온 말씀이 여기에서 그대로 반복되고 있는데, 주님께서 여기에서 이 말씀을 하신 것은 주님이 앞에서 자신의 제자들에게 서로의 발을 씻어 주라고 하시면서 역설하셨던 형제 사랑을 다시 한 번 강조하시기 위한 것일 수도 있고, 유다의 추악한 배신으로 말미암아 자신들이 온 세상이 미워하는 자들이 될 것이라고 생각할지도 모를 자신의 제자들을 위로하시고 힘 주시기 위한 것일 수도 있다. 우리 구주께서는 이렇게 말씀하신다: 아무 염려하지 말라. 너희는 나의 사자들, 내가 보낸 사람들이다. 나는 너희를 위해 모든 것을 준비해 놓고 안배해 놓을 것이기 때문에, 너희를 영접할 사람들이 있게 될 것이다. 내가 그런 사람들을 격려하기 위하여 온 세상에 똑똑히 말해 두고자 하는 것은, 그들이 마치 나를 영접하듯이 너희를 영접한다면, 나는 그것을 나를 영접한 것으로 계산할 것이고, 또한 그것은 그들이 나를 보내신 내 아버지를 영접한 것으로 계산되리라는 것이다. 어떤 이들은 주님께서 이 말씀을 통해서 유다의 배신은 그리스도만이 아니라 아버지 하나님을 배신하는 것이고, 그것은 그리스도의 보내심을 받은 지극히 존귀한 자로서의 사도의 본분을 철저하게 배신한 행위임을 보여 주심으로써, 유다의 죄를 더욱 가중시키고 계시는 것이라고 생각한다.

21. 예수께서 이 말씀을 하시고 심령이 괴로워 증언하여 이르시되 내가 진실로 진실로 너희에게 이르노니 너희 중 하나가 나를 팔리라 하시니.

그리스도께서 어떻게 그 심령이 괴로울 수 있으시고 어떤 의미에서 괴로워하신 것인지에 대해서는, 우리가 요한복음 12:27을 다룰 때에 이미 자세하게 설명한 바 있기 때문에, 거기에 나오는 설명을 참조하라. 여기에서 주님의 괴로움은 점차 다가오고 있는 죽음에 대한 두려움에서 생겨난 것이 아니라, 자기가 직접 택한 사도들 중의 한 명이 그토록 끔찍한 악행을 저지르게 될 것이라는 생각 때문에 슬픔과 괴로움이 몰려온 것이라고 보아야 할 것으로 보인다. 왜냐하면, 주님께서는 앞에서 자기가 팔릴 것이고, 자기와 함께 떡을 먹었던 자가 자기를 팔 것이라고 이미 말씀하셨는데도 불구하고, 여기에서 이렇게 괴로워하시면서, 자신의 사도들 중에서 한 사람이 자기를 팔게 될 것임을 또다시 말씀하고 계시기 때문이다. 그러나 주님은 여기에서 이전보다 더 구체적으로 거기에 대하여 언급하시면서, 그들 중의 한 사람, 즉 열두 사도 중의 한 사람이 자기를 팔 것이라고 말씀하시는데, 이것은 앞서 하셨던 말씀들보다 훨씬 더 구체적인 것이었다.

22. 제자들이 서로 보며 누구에게 대하여 말씀하시는지 의심하더라.

주님의 제자들은 유다가 배신자일 것이라고는 전혀 생각하지 않고 있었기 때문에, 주님께서 그들 중의 한 사람이 자기를 팔 것이라고 말씀하시자, 서로를 둘러보며, 누구일지를 의심하기 시작하였다. 다른 사람들에게 의심가는 행동을 전혀 않고 살아 온 신앙인들에게도 그들의 마음속에는 수많은 엄청난 악이 자리잡고 있을 수 있다. 그러나 그리스도의 참된 제자들은 형제를 사랑하는 마음과 정직한 마음이 깊어서, 자신의 형제들을 함부로 판단하거나 비판하려고 하지 않는 법이다.

23. 예수의 제자 중 하나 곧 그가 사랑하시는 자가 예수의 품에 의지하여 누웠는지라.

여기에서 한 제자가 "예수의 품에 의지하여 누웠다"고 한 것이나, 25절에서 "예수의 가슴에 의지하였다"고 말하고 있는 것은, 유대인들이 식사할 때, 특히 유월절 식사를 할 때에 취한 통상적인 자세를 알지 않고서는 제대로 이해할 수 없는데, 그것에 대해서는 우리가 마태복음 26:20을 다룰 때에 자세하게 살펴보았기 때문에, 거기에 나오는 설명을 보라. 여기에서도 주님과 제자들은 무릎을 꿇은 상태에서 다리를 뒤로 하고 몸을 비스듬히 한 채로 왼쪽 팔꿈치로 몸을 받치는 자세를 취했던 것으로 보인다. 이 자세를 하고서, 오른손으로는 음식을 집어서 먹어야 하였기 때문에, 서로의 간격이 아주 가깝지는 않았을 것이지만, 여기에서 주님 앞에 앉은 제자는 그 등이 주님께로 향하여, 마치 주님의 가슴이나 품에 안긴 것 같은 모양새가 되었을 것이고, 복음서 기자는 이것을 그 제자가 주님의 가슴이나 품에 의지하여 누웠다고 표현한 것이었다. 왜냐하면, 만일 실제로 한 제자가 주님의 가슴이나 품에 완전히 기대고 누워 있었다고 한다면, 주님께서는 오른손을 사용하여 음식을 드실 수 없으셨을 것이기 때문이다.

따라서 이 본문을 통해서 우리는 첫째로 이 식사 자리에는 오직 그리스도와 그의 제자들만이 있었다는 것, 둘째로는 그들이 비스듬히 기대어 앉는 자세를 취하고 식사를 하였다는 것을 알 수 있다. 그리고 이러한 두 가지 특징은 여기에서 언급된 식사가 유월절 식사였거나, 아니면 유월절 식사 직전이나 직후에 있었던 일반적인 식사였을 가능성이 대단히 높다는 것을 보여 주는데, 그 이유는 다음과 같다: (1) 우리는 복음서들에서 오직 그리스도와 열두 제자들만이 함께 식사한 장면이 보도된 것을 이것 외에는 보지 못한다. (2) 유대인 저술가들은 유대인들은 일반적인 식사를 할 때에는 통상적으로 무릎을 꿇고 다리를 뒤로 뻗고 몸을 비스듬히 하는 자세를 취하였다고 말하고 있기는 하지만, 실제로 꼭 그런 자세를 취한 것은 아니었고, 다만 유월절 식사를 할 때에는 자신들의 자유인으로서의 신분, 즉 자신들이 이제 애굽 땅에서의 종살이에서 벗어나 지금은 종이 아니라는 것을 증언하기 위해서, 반드시 그렇게 비스듬히 기대어 먹는 자세를 취하였다. 이 본문에서 주님의 옆자리에 앉아서 주님의 가슴이나 품에 거의 기댄 것 같은 모습으로 식사를 하였던 제자는, 복음서에서 흔히 "사랑하시는 제자"라는 영광스러운 호칭으로 불리곤 한 요한이었다(요 19:26; 20:2; 21:7, 20).

24. 시몬 베드로가 머릿짓을 하여 말하되 말씀하신 자가 누구인지 말하라 하니.

베드로는 그리스도께서 요한을 특별히 사랑하신다는 것을 알고 있었기 때문에, 요한에게 머릿짓을 해서, 주님이 구체적으로 누구를 가리켜서 "너희 중 하나가 나를 팔리라"고 말씀하신 것인지를 한 번 여쭈어 보라고 말한다.

25. 그가 예수의 가슴에 그대로 의지하여 말하되 주여 누구니이까.

요한은 베드로가 머릿짓으로 말한 것을 알아듣고서, 그리스도께 누가 배신자냐고 묻는다.

26. 예수께서 대답하시되 내가 떡 한 조각을 적셔다 주는 자가 그니라 하시고 곧 한 조각을 적셔서 가룟 시몬의 아들 유다에게 주시니.

예수께서 대답하시되 내가 떡 한 조각을 적셔다 주는 자가 그니라 하시고. 이 말씀은 마태복음 26:23과 누가복음 22:21에도 나오지만, 거기에는 주님께서 특히 요한에게 이 말씀을 하셨다는 말은 나오지 않고, 그리스도께서 직접 떡 한 조각을 적셨다는 말도 나오지 않으며, 단지 마태는 "나와 함께 그릇에 손을 넣는 그가 나를 팔리라"고 대답하셨다고 말하고, 누가는 "보라 나를 파는 자의 손이 나와 함께 상 위에 있도다"라고 말씀하셨다고 말한다. 모든 복음서 기자들이 주님께서 동일한 때에 이런 말씀을 하신 것으로 보도하고 있다는 것은 의심의 여지가 없다. 왜냐하면, 주님께서 자기를 팔 자가 누구인지를 드러내셨고, 유다가 그 자리를 빠져나갔는데도, 나중에 유다가 다시 돌아와서 유월절 식사를 하였다고 생각하는 것은 무리이기 때문이다. 이것은 주님께서 제자들의 발을 씻어 주신 일은 유월절 식사 전에 있었던 일반적인 저녁 식사 도중에 일어난 일이었고, 지금 이 일은 유월절 식사를 하는 도중에 일어나고 있는 일이었을 가능성이 대단히 높다는 것을 보여 주는데, 그 이유는 다음과 같다: (1) 이 식사 자리에는 오직 주님과 열두 제자만이 있었다. (2) 그들은 일반적인 식사 자리에서는 사용되지 않았고, 유월절 식사 자리에서만 사용되었던 비스듬히 기대어 앉는 자세를 취하고 있었다는 것이 분명하다(이것은 라이트푸트 박사가 유대인들의 글들을 인용해서 우리에게 보여 주었다). (3) 이 식사 자리에서 주님과 제자들 간에 오고 간 대화는 마태와 누가가 유월절 식사 때에 오고 간 대화로 기록하고 있는 것과 축자적으로 동일한 것은 아니지만 그 내용과 의미는 동일하다. (4) 그리스도께서 자기를 팔 자가 누구인지를 밝히신 후에, 유다가 자리를 떠났다가 다시 왔고, 그러자 주님께서는 배신자로 유다를 또다시 지목하셨다고 생각하는 것은 무리이다.

한 조각을 적셔서 기룟 시몬의 아들 유다에게 주시니. 여기에서 "떡 한 조각"으로 번역된 것이 무엇을 가리키는 것인지에 대해서는 계속해서 의문이 제기되어 왔다. 그리고 우리 시대의 한 박식한 저술가는 여기에서 사용된 헬라어 '프소미온' (φωμίον)은 한 조각의 떡 또는 떡 부스러기를 가리키는 것이라고 단언함으로써 어려움을 더욱 가중시켰다. 왜냐하면, 그는 헤시키오스(Hesychius: 주후 5세기 헬라의 문법학자)의 사전을 인용해서 자신의 주장을 펼쳤는데, 실제로 헤시키오스는 '프소미온' 이 아니라 '프소티온' (φωθίον)에 대해서 그렇게 말한 것이기 때문이었다. 이 박식한 주석자는 헤시키오스가 실수로 '프소미온' 을 '프소티온' 으로 잘못 적은 것이라고 생각했지만, 다음과 같은 이유로 그의 그러한 생각은 틀린 것이었다: (1) 헤시키오스의 사전에는 '프소티온' 이라는 항목과 '프소미온' 이 들어갔을 자리 사이에 여러 단어들에 대한 설명이 열거되어 있기 때문에, 그가 실수로 잘못 적었을 가능성은 전혀 없다. (2) 헤시키오스의 사전에는 '프소미온' 이라는 항목은 없지만, '프소메' (φωμὴ)라는 항목은 있고, 그는 '프소메' 가 '타 메레' (τα μέρη), 즉 부분들을 의미한다고 설명해 놓고 있다. 지금은 모든 해석자들이 '프소미온' 은 '프소모스' (φωμος) 또는 "프소메' (φωμη)의 축소사로서, 그것이 무엇이든지 간에, 어떤 것의 작은 부분을 뜻한다는 것을 알고 있다. 왜냐하면, 호메로스(Homer)는 키클로프스(Cyclops: 외눈박이 거인)들의 입에서 나온 사람의 살점을 표현할 때에 이 단어와 형용사를 결합해서 사용하였기 때문이다. 따라서 이 본문은 "내가 떡 한 조각을 적셔다 주는 자가 그니라 하시고 곧 한 조각을 적셔서 가룟 시몬의 아들 유다에게 주셨다"로 번역된다. 이 유다는 요한복음 14:22에 언급된 유다서를 쓴 유다가 아니라, "가룟"에서 살았다고 해서 가룟 유다로 불렸던 시몬의 아들 유다였다. 주님께서는 이렇게 하심으로써, 마치 자기를 팔 자의 이름을 말씀하신 것이나 다름없을 정도로 분명하게 배신자가 누구인지를 보여 주셨다.

27. 조각을 받은 후 곧 사탄이 그 속에 들어간지라 이에 예수께서 유다에게 이르시되 네가 하는 일을 속히 하라 하시니.

　　마귀가 유다 속에 들어갔다는 것은, 우리가 성경에서 귀신 들린 많은 자들에게서 흔히 보듯이, 유다가 귀신이 들려서, 귀신의 지시에 따라 난폭하게 행동하게 되었다는 것을 의미하는 것이 아니라, 유다가 자기 자신을 기꺼이 자원해서 마귀에게 넘겨주어서, 마귀의 지시와 명령을 따라 적극적으로 행하게 되었음을 의미하는 것이다. 이런 의미에 마귀는 이 때 이전에도 유다에게 들어갔다: "열둘 중의 하나인 가룟인이라 부르는 유다에게 사탄이 들어가니 이에 유다가 대제사장들과 성전 경비 대장들에게 가서 예수를 넘겨 줄 방도를 의논하매 그들이 기뻐하여 돈을 주기로 언약하는지라"(눅 22:3-5). 거룩한 사람들이 전에 이미 성령을 받았더라도, 그 후에 성령이 그들에게 좀 더 강력하고 충만하게 임하였을 때, 성령으로 충만하게 되었다고 말하는 것과 마찬가지로, 마귀는 이전에도 유다의 동의 하에서 유다를 움직여서 이러한 사악한 행위를 하게 해 왔지만, 유다가 주님으로부터 적신 떡 한 조각을 받은 후에는, 유다를 더욱더 강력하게 사로잡아서 자신의 뜻을 따라 생각하고 움직이게 만들었다. 그렇게 해서 마귀는 이제 유다의 양심을 완전히 장악하고 그의 마음을 더욱 완악하게 하였기 때문에, 유다는 자기가 이전에 생각하였던 것, 즉 주님을 팔려고 하였던 저 극악무도한 짓을 실제로 실행에 옮길 모든 준비를 갖추게 된 것이었다. 유다는 믿지도 않고 감사하지도 않는 마음으로 그리스도의 모형이었던 유월절 식사를 다 마친 후에, 양심이 완전히 마비된 상태에서, 주님을 팔아 넘겨 해치고자 하는 생각으로 악취가 풍기는 사악한 마음으로, 자기가 하고자 하였던 일을 하기로 결심한다. 마귀가 유다 속으로 들어갔을 때에 어떤 일이 벌어지게 되었는지를 보라. 그의 마음은 이전보다 더욱 사악해졌고, 더욱더 속이는 자가 되었으며, 더욱더 무죄한 자의 피를 흘리고자 하는 자가 되었다. 그는 이전보다 갑절이나 더 마귀의 종이 되었다. 주님께서 그에게 적신 떡 한 조각을 주신 것은 단지 갑절이나 더 마귀의 종이 되어 가고 있던 유다를 촉발시키는 하나의 우연한 계기가 되었을 뿐이었다. 마귀는 유다의 심령이 점점 더 완악해지고 대담해지는 것을 틈타서, 그의 속으로 들어가, 그를 이전보다 갑절이나 더 마귀의 자식이 되게 만들어 버린다. 이것을 아신 그리스도께서는 유다에게, 그가 행하기로 결심한 일을 속히 하라고 말씀하신다. 이것은 주님께서 권면이나 충고를 하신 것이 아니라, 유다가 곧 어떤 일을 하겠다고 결심하였고, 그 결심이 확고하다는 것을 알고 있으니, 이왕 할 것이면 어서 속히 하라고, 역겨워하시는 심정으로 그에게 명령하신 것임과 아울러, 유다의 마음속에 무슨 생각이 있는지를 아신다는 것과 그의 악의적인 음모를 기꺼이 받으실 준비가 되어 있으시다는 것을 그에게 알게 하신 것이었다.

28-29. ²⁸이 말씀을 무슨 뜻으로 하셨는지 그 앉은 자 중에 아는 자가 없고 ²⁹어떤 이들은 유다가 돈궤를 맡았으므로 명절에 우리가 쓸 물건을 사라 하시는지 혹은 가난한 자들에게 무엇을 주라 하시는 줄로 생각하더라.

정직한 마음은 얼마나 순진한지를 보라! 사도 바울은 "사랑은 악한 것을 생각하지 아니하며"(고전 13:5)라고 말한다. 우리 구주께서는 자기가 적신 떡 한 조각을 주는 자가 자기를 팔 자라고 말씀하시고서, 그렇게 떡 한 조각을 적셔서 유다에게 주심으로써, 유다가 바로 자기를 팔 자라는 것을 충분히 알려 주셨는데도, 제자들은 주님께서 요한에게 하신 말씀을 듣지 못했던 것인지, 아니면 그런 일이 당장에 일어날 것이라고 생각하지 않았기 때문이었는지는 몰라도, 유다가 자신이 결행하기로 한 저 극악무도한 짓을 행동에 옮길 때가 다가왔다는 것을 전혀 생각하지 못하였다. 그래서 우리 주님께서 유다에게 "이제 나가서 네가 하고자 하는 일을 속히 하라"고 명하시는 것을 들었을 때, 그들은 유다가 주님께서 가지고 계셨던 얼마 안 되는 돈을 맡아 관리하고 있다는 것을 알고 있었기 때문에(요 12:6), 주님께서 칠 일에 걸친 무교절 기간 동안에 필요한 것들, 즉 그들이 먹을 양식이나 하나님께 드릴 희생제물들을 사라고 미리 유다에게 명해 두셨거나, 어떤 것들을 사서 가난한 자들에게 얼마간이라도 나누어 주기로 미리 유다와 함께 계획하시고서는, 지금 그 일을 속히 행하라고 명하신 것이라고 생각하였고, 유다가 마음속에 품고 있던 일, 즉 주님을 팔아넘길 계획을 지금 실행하라고 명하신 것이라고는 생각하지 못하였다.

30. 유다가 그 조각을 받고 곧 나가니 밤이러라.

이 본문은 다음과 같은 것들을 보여 준다: (1) 우리 구주께서 성찬을 제정하시고 거행하실 때, 유다가 그 자리에 있었다는 것을 증명하는 것은 불가능하다. 설령 유다가 그 자리에 있었다고 하더라도, 그것은 거리낌이 있는 자들이 성찬에 참여해도 괜찮다거나, 복음의 일꾼들이 그런 자들이 성찬 자리에 있다는 것을 알면서도 그런 자들에게 성찬을 주는 것이 합법이라는 것을 증명해 주는 것은 결코 아니다. 왜냐하면, 주님께서는 유다의 마음을 아셨지만, 모든 것을 아시는 자신의 신성의 판단을 따라 행하신 것이 아니라, 복음의 최초의 일꾼으로서, 사역자들은 마음의 은밀한 일들을 판단하지 말고, 오직 드러난 일들만을 판단해야 한다는 모범을 보여 주신 것이기 때문이다. (2) 이 식사가 유월절 식사 이외의 다른 식사였을 가능성은 희박하다. 왜냐하면, 만일 이 식사가 유월절 식사가 아니었다면, 이 식사는 유월절 식사 전에 있었던 일반적인 식사였다는 것이 될 것이고, 우리의 유명한 라이트푸트 (Lightfoot) 박사의 주장대로, 예루살렘에서 3km 정도 떨어진 베다니에서 있었던 식사였을 것인데, 그렇다면, 다음과 같은 이상한 결론들이 도출되기 때문이다: (a) 요한은 유월절 식사나 성찬에 대해서는 전혀 보도하고 있지 않다. (b) 유다는 이 일반적인 식사 도중에 자신의 정체가 탄로나자 자리를 떠났다가, 나중에 다시 돌아와서, 주님 및 다른 제자들과 함께 유월절 식사를 하였다(이것은 내게는 거의 있을 수 없는 일로 여겨진다). 게다가, 내가 앞에서 이미 말했듯이, 요한복음 기자가 이 식사와 관련해서 보도한 것들, 즉 이 식사 자리에는 주님과 열두 제자만이 있었다는 것, 이 때에 사용된 식사 자세, 특히 기대어 앉아서 먹는 것은 유월절 식사에 특유한 자세였다는 것, 이 식사 도중에 주님께서 자기를 팔 자가 누구인지를 밝히셨다는 것은 마태와 누가가 주님과 열두 제자들이 유월절 식사를 하는 장면을 보도한 내용과 일치한다. 따라서 이 모든 것들을 종합해 볼 때, 요한이 여기에서 보도하고 있는 것은 유월절 식사임에 틀림없다.

유다가 유월절 식사 직후에 있었던 성찬에 참석하였는지의 여부는 여기에서 "곧"으로 번역된 불변화사 '유테오스'(εὐθέως)의 의미에 달려 있다. 왜냐하면, 이 불변화사는 반드시 유다가 주님으로부터 떡 한 조각을 받고 나서 즉시 그 자리를 떠났다는 것을 의미하는 것이 아니라, 성찬이 끝나고 나서 유다가 나갔다는 것을 의미할 수도 있기 때문이다. 물론, 본문에서 "유다가 그 조각을 받고 곧 나가니"라고 말하고 있는 것을 엄격하게 해석해서, 유다가 그 즉시 나갔다고 보는 것이 더 합당해 보이기도 하고, 자신의 의도와 정체가 드러나서 몹시 당혹스럽고 두려울 수밖에 없었을 유다가 이 식사가 다 끝날 때까지 그 자리에 머물러 있었을 것이라고 보는 것은 무리일 것이기 때문에도, 유다는 주님에게서 떡 한 조각을 받은 후에 시간을 끌지 않고 즉시 나갔을 가능성이 높다. 하지만 앞에서 이미 말했듯이, 설령 유다가 성찬에 참여하였다고 할지라도, 그것이 마음에 거리낌이 있는 자가 성찬에 참여하거나, 성찬 집례자가 그런 자가 있는 것을 알면서도 성찬에 참여하는 것을 허락하는 것이 옳다는 것을 의미하는 것은 결코 아니다.

31. 그가 나간 후에 예수께서 이르시되 지금 인자가 영광을 받았고 하나님도 인자로 말미암아 영광을 받으셨도다.

주님께서는 여기에서 머지않아 이루어질 일을 마치 이미 이루어진 일처럼 말씀하시는데, 그 의미는 이런 것이다: 인자가 하나님께서 행하라고 하신 일을 마치고,

죽은 자 가운데서 다시 살아나서, 능력으로 하나님의 아들이라는 것을 선언하고, 하늘에 올라서, 창세 전에 아버지 하나님과 함께 소유하였던 것과 동일한 영광으로 영화롭게 될 때가 머지않아 올 것이다. 그리고 인자가 하나님께서 행하라고 하신 일을 마쳐서, 하나님의 이름을 사람들에게 나타내고, 인자의 죽음과 부활의 때에 하나님이 많은 표적들과 기사들을 보여 주시고, 장차 성령께서 강림하시는 것을 통해서, 하나님께서도 인자로 말미암아 영광을 받으시게 되실 것이다.

32. 만일 하나님이 그로 말미암아 영광을 받으셨으면 하나님도 자기로 말미암아 그에게 영광을 주시리니 곧 주시리라.

그리스도께서 아버지 하나님의 뜻에 순종하셔서 십자가 위에서 죽으심으로써, 하나님께서는 영광을 받으셨다. 이런 의미에서 복음서 기자는 요한복음 21:19에서 베드로의 죽음이 "하나님께 영광을 돌리는" 것이라고 말할 수 있었다. 하나님의 아들이신 그리스도께서는 하늘에 속한 신령한 가르침을 베푸시고 이적들을 행하셔서, 세상으로 하여금 하나님을 알게 하셨다. 그러자 하나님께서는 그리스도를 죽은 자 가운데서 다시 살리시고 능력으로 하나님의 아들임을 드러내심으로써, "자기로 말미암아" 그리스도에게 영광을 주셨다. 여기에서 주님께서는 바로 그러한 일들이 곧 일어나게 될 것이라고 말씀하신다. 즉, 하나님께서 그리스도로 말미암아 온전히 영광을 받게 되실 것이고, 그리스도도 하나님으로 말미암아 영광을 받게 되시리라는 것이다. 이렇게 아버지와 아들의 영광은 동일하고, 서로를 통해서 영광을 받으신다. 아들이 영광을 받으시면, 아버지도 영광을 받으신다. 역으로, 아버지께서 영광을 받으시면, 아들도 영광을 받으신다. 아버지와 아들은 상호적으로 서로를 통해서 영광을 받으신다. 주님께서는 아버지께서 짧은 시간 안에 곧 자기를 하늘로 들어올리셔서 중보자로서의 자신의 인격 전체를 하늘에서 영화롭게 하실 것이라고 말씀하신다.

33. 작은 자들아 내가 아직 잠시 너희와 함께 있겠노라 너희가 나를 찾을 것이나 일찍이 내가 유대인들에게 너희는 내가 가는 곳에 올 수 없다고 말한 것과 같이 지금 너희에게도 이르노라.

작은 자들아 내가 아직 잠시 너희와 함께 있겠노라. 주님께서는 자기가 죽을 때가 다음날로 아주 가까이 다가오자, 자신의 제자들에게 자신의 죽음에 대하여 좀 더 분명하고 자유롭게 말씀하기 시작하시고, 자기는 이제 곧 죽게 되겠지만, 그들에 대하여 아버지로서의 자애로운 사랑을 지니고 있음을 그들에게 알게 하시려고, 그들을 "작은 자들아"라고 부르신다. 부모들은 자신의 자녀들에 대하여 본성적인 사랑을 지니고 있는데, 그 자녀들이 작고 어릴 때에는, 스스로 살아갈 수 있는 힘도 없고 아는 것도 없으며 연약하기 때문에, 어리고 작은 자녀들에 대한 부모들의 사랑은 더욱더 클 수밖에 없다. 우리는 주님의 사도들도 신자들에게 이 호칭을 사용하고 있는 것을 본다. 사도 바울은 "나의 자녀들아 너희 속에 그리스도의 형상을 이루기까지 다시 너희를 위하여 해산하는 수고를 하노니"(갈 4:19)라고 말함으로써 "나의 자녀들"이라는 표현을 사용하고 있고, 요한도 "나의 자녀들아 내가 이것을 너희에게 씀은 너희로 죄를 범하지 않게 하려 함이라"거나 "자녀들아 이제 그의 안에 거하라"고 함으로써(요일 2:1, 28) 신자들을 "자녀들"이라고 부른다. 주님께서는 자신의 제자들에게, 자기가 죽기 전에 그들과 함께 있을 시간이 별로 없고, 부활 후에도 그들과 그리 오래 함께 하지 못할 것이라고 말씀하시는데, 이러한 말씀은 주님이 지금까지 말씀해 오셨던 것과는 다른 것이었다.

너희는 내가 가는 곳에 올 수 없다. 주님께서는 요한복음 7:31에서 유대인들에게 이 말씀을 하셨는데, 이제는 자신의 제자들에게도 동일한 말씀을 하신다. 즉, 그가 가고 난 후에, 그들은 그를 못 잊어하며 찾고자 할 것이지만, 그의 제자들이라고 해도, 그가 곧 가게 될 하늘까지 좇아오지 못하리라는 것이다. 믿지 않는 유대인들이 그를 좇아 하늘까지 오지 못할 것은 당연한 일이지만, 심지어 거듭나서, 부모의 사랑을 듬뿍 받는 어린 자녀들 같은 제자들까지도 그를 좇아, 그가 가게 될 곳으로 오지는 못할 것이다. 주님께서 이 세상에서 하실 일은 이제 곧 끝나게 될 것이었지만, 그의 제자들은 앞으로 이 세상에서 할 일이 많이 남아 있었다.

34. 새 계명을 너희에게 주노니 서로 사랑하라 내가 너희를 사랑한 것 같이 너희도 서로 사랑하라.

서로 사랑하라는 계명은 모세 율법에도 나오는 것이기 때문에(레 19:18, "네 이웃 사랑하기를 네 자신과 같이 사랑하라 나는 여호와이니라"), 엄밀하게 말한다면, "새 계명"이 아니다. 실제로 신약성경의 여러 본문들에서는 "서로 사랑하라"고 자주 역설하고 있지만(요 15:17; 엡 5:2; 요일 4:21; 요이 1:6), 요한일서 2:7은 "사랑하는 자들아 내가 새 계명을 너희에게 쓰는 것이 아니라 너희가 처음부터 가진 옛 계명이니"라고 말한다. 따라서 주님께서 여기에서 이 계명을 "새 계명"이라고 하신 것은, 이 계명이 그 어떤 계명보다도 더 탁월하고 으뜸가는 계명이기 때문일 수도 있고, 이 계명이 복음에서 새로운 논거들을 위에서 새로운 방식으로 좀 더 분명하게 설명되

고, 주님의 새로운 모범을 통해서 예시되었기 때문일 수도 있는데, 전자의 경우에
"새롭다"는 것이 그런 의미로 사용된 예로는 시편 33:3("새 노래로 그를 노래하며
즐거운 소리로 아름답게 연주할지어다"); 이사야서 65:17("보라 내가 새 하늘과 새
땅을 창조하나니 이전 것은 기억되거나 마음에 생각나지 아니할 것이라"); 마태복
음 26:29("내가 포도나무에서 난 것을 이제부터 내 아버지의 나라에서 새것으로 너
희와 함께 마시는 날까지 마시지 아니하리라") 등이 있다.

35. 너희가 서로 사랑하면 이로써 모든 사람이 너희가 내 제자인 줄 알리라.

"제자"라는 이름이 붙은 자는 자신의 선생으로부터 배우거나, 자신의 선생의 발
자취를 따르는 사람이다. 어느 쪽의 의미로든, 서로를 사랑하는 것은 그리스도의
제자라는 것을 보여 주는 확실한 증표가 된다. 왜냐하면, 그리스도께서는 자신의
가르침들을 통해서 끊임없이 이것을 강조하고 역설해 오셨을 뿐만 아니라, 자신의
제자들을 지극히 사랑하시는 모습을 통해서 친히 그들에게 모범을 보여 주셨기 때
문이다.

**36. 시몬 베드로가 이르되 주여 어디로 가시나이까 예수께서 대답하시되 내가 가
는 곳에 네가 지금은 따라올 수 없으나 후에는 따라오리라.**

베드로는 주님이 하신 말씀을 아직 제대로 이해를 하지 못해서, 주님께 어디로 가
시는 것이냐고 묻는다. 주님께서는 자기가 십자가 위에서 죽음을 겪으신 후에 하늘
로 올라가게 될 것이라고 앞에서 말씀하셨는데, 이제 여기에서는 베드로에게, 그가
지금은 거기로 자기를 따라올 수 없지만, 나중에는 따라오게 될 것이라고 말씀해 주
신다. 믿는 자들은 영원히 주님과 함께 있게 될 것이지만, 주님께서 정하신 때를 기
다리면서, 먼저 주님이 그들에게 이 땅에서 행하라고 하신 일을 끝마쳐야 한다.

**37. 베드로가 이르되 주여 내가 지금은 어찌하여 따라갈 수 없나이까 주를 위하
여 내 목숨을 버리겠나이다.**

베드로는 주님께서 말씀하신 것을 여전히 제대로 이해하지 못하고서, 주님께서
이 땅의 어딘가로 가실 모양이라고 제멋대로 상상하고 있다. 그러나 이후에 전개되
는 내용을 보면, 베드로는 주님이 목숨이 위험한 곳으로 곧 가게 될 것이라고 말씀
하신 것으로 생각하였던 것으로 보인다. 그래서 그는 그 자신의 특유의 물불을 안
가리는 성격과 호언장담하는 기질을 따라, 어떤 일이 생기더라도 "주를 위하여 내
목숨을 버리겠나이다"라는 말을 덧붙인다. 우리는 마태복음 26:33, 35에서도 베드
로가 "모두 주를 버릴지라도 나는 결코 버리지 않겠나이다"라거나, "내가 주와 함

께 죽을지언정 주를 부인하지 않겠나이다"라고 말하며, 여기에서와 마찬가지로 호언장담하는 모습을 본다.

38. 예수께서 대답하시되 네가 나를 위하여 네 목숨을 버리겠느냐 내가 진실로 진실로 네게 이르노니 닭 울기 전에 네가 세 번 나를 부인하리라.

마가는 "닭이 두 번 울기 전에"(막 14:30)라고 말하고 있는 반면에, 다른 세 복음서 기자들은 횟수는 언급하지 않고 단지 "닭 울기 전에"라고 말하고 있기 때문에, 우리는 이 문제를 해결해야 하지만, 이 이야기 전체를 살펴보면, 주님께서는 원래 마가의 보도대로 말씀하신 것을 다른 복음서 기자들이 생략한 것임을 알 수 있다. 왜냐하면, 베드로는 닭이 두 번째로 울고 나서야 "밖에 나가서 심히 통곡하였기" 때문이다(마 26:75; 눅 22:62).

제14장

개요

1. 하늘의 거처를 약속하시며 제자들을 위로하심(1-4).
2. 자기가 길과 진리와 생명이라고 말씀하심(5-7).
3. 자기는 아버지 하나님과 하나라고 말씀하심(8-11).
4. 제자들에게 자기보다 더 큰 일들을 할 수 있는 능력을 받게 될 것이고, 그의 이름
   으로 구하는 모든 것을 행하겠다고 약속하심(12-14).
5. 제자들에게 그에 대한 사랑의 증거로서 순종할 것을 요구하시고, 보혜사 성령을
   보내 주시겠다고 약속하심(15-26).
6. 제자들에게 평안을 주심(27-31).

요한복음 14장부터 16장까지는 주님께서 유월절 식사를 하신 방에서 자신의 제
자들에게 행하신 것으로 보이는 한 번 또는 그 이상의 위로의 강론을 담고 있는데,
적어도 14장에 나오는 것은 바로 그 방에서 하신 것이다. 왜냐하면, 우리는 이 장의
마지막 절에 이를 때까지, 주님께서 다른 곳으로 이동하셨다는 말을 듣지 못하기 때
문이다. 이것이 위로의 말씀이라는 것은 요한복음 14:1이 잘 보여 준다. 제자들이
근심하게 된 것은 주님께서 앞 장의 마지막 부분에서 자기가 그들을 떠나가게 되실
것이라고 말씀하셨기 때문이었다. 우리 주님께서 이 장과 이후의 두 장에서 하신
강론의 말씀을 보면, 제자들을 근심하게 만든 것은 세 가지였던 것으로 보인다. (1)
주님께서 육체로 그들과 함께 더 이상 계시지 못하신다는 말씀으로 인한 그들의 상
실감. (2) 그들은 그동안 주님으로부터 영적인 감화를 통해서 자신들의 심령에 힘
을 받으며 살아 왔는데, 이제 그러한 감화를 받을 수 없게 될 것이라는 것에 대한 걱
정과 두려움. (3) 주님께서 그들을 떠나가신 후에 환난과 박해의 폭풍이 닥쳐올 것
이라는 예감. 주님께서 이 세 장에서 말씀하시는 것을 지혜롭게 잘 들어보면, 그 말
씀들은 모두 이 세 가지로 인하여 제자들의 심령 속에서 일어날 수 있는 괴로움이
나 근심을 가라앉혀 주고 위로해 주고자 하는 경향을 띠고 있다. 주님께서는 이 세
장에 걸친 강론의 주제를 그 들어가는 초입인 요한복음 14:1에서 제시하신다.

1. 너희는 마음에 근심하지 말라 하나님을 믿으니 또 나를 믿으라.

너희는 마음에 근심하지 말라. 우리의 마음을 어지럽히고 괴롭히는 두 개의 감정

은 통상적으로 슬픔 또는 근심과 두려움이다. 우리 구주께서도 근심하시고 괴로워 하셨지만, 죄를 범하지는 않으셨다. 주님의 근심은 불신앙으로부터 생겨난 것도 아 니었고, 그 정도가 지나치지도 않으셨다. 어떤 사람은 이것을 그 밑바닥에 불순물 들이 전혀 가라앉아 있지 않은 맑은 물이 단순히 휘저어지는 것과 같은 것이었다고 표현하였는데, 그것은 아주 적절한 표현이다. 그러나 우리의 근심이나 괴로움은 그 밑바닥에 엄청나게 많은 불순물들이 가라앉아 있는 물이 휘저어져서, 그릇에 있는 물 전체로 퍼지고 올라와서, 그 물이 온통 구정물이 되어 버리는 것과 같다. 우리 주 님께서 여기에서 자신의 제자들에게 경고하시는 것은, 바로 그러한 죄악된 근심과 괴로움, 즉 슬픔과 두려움으로부터 생겨나서, 정도가 지나치게 치솟아 오르고, 하 나님에 대한 엄청난 불신앙과 불신이 거기에 뒤섞여 있는 그러한 근심이다.

하나님을 믿으니 또 나를 믿으라. 그리고 주님께서 그러한 근심과 괴로움에 대하 여 처방해 주시는 치료제는 하나님을 믿고 그리스도를 믿는 것이다. 여기에서 우리 는 "하나님을 믿으니 또 나를 믿으라"로 번역된 헬라어 본문을 네 가지로 읽을 수 있다. 왜냐하면, 이 본문에서 두 번 반복되고 있는 "믿다"라는 동사는 각각 직설법 이나 명령법 중 어느 쪽으로도 읽을 수 있기 때문이다. 그 중 첫 번째 독법은 "너희 는 하나님을 믿고 또 나를 믿는다"로 읽는 것이다. 이렇게 읽었을 때, 이 본문은 내 면의 근심이나 괴로움에는 하나님을 믿고 예수 그리스도를 믿는 것만이 진정한 치 료제라는 것을 우리에게 가르쳐 주는 것이 된다. 그리고 그렇게 하는 자들은 그 마 음에 크게 근심하거나 괴로워할 이유가 없다는 것이다. 두 번째 독법은 "하나님을 믿고 나를 믿으라"로 읽는 것이고, 세 번째 독법은 "너희는 하나님을 믿으니 또 나 를 믿으라"(이것이 흠정역과 한글개역개정에서 채택한 번역이다 — 역주)가 될 것이며, 네 번째 독법은 "하나님을 믿으라 너희는 나를 믿는다"가 될 것이다. 그리스도를 하나 님이자 사람이신 분으로 믿고 중보자로 믿는 제자들의 믿음은 아직 연약하였고, 우 리 구주께서는 제자들의 믿음의 그러한 연약함을 통상적으로 칭찬하지 않으시고 책망하셨다는 것을 감안할 때, 최고의 해석자들은 흠정역 번역자들이 제시한 번역 이 최선의 것이라고 판단하고서, 우리 구주께서 여기에서 또다시 자신의 제자들에 게 자신의 신성을 역설하시고, 자기가 그들의 믿음의 고유한 대상이 되어야 한다는 것을 강조하고 계신 것이라고 생각한다. 주님께서는 이렇게 말씀하신다: 너희는 하 나님을 너희를 지으신 분이자 너희에게 모든 것을 공급해 주시는 분으로 믿는 것이 너희의 도리이고 본분이라고 여긴다. 마찬가지로, 이제 너희는 내 아버지 하나님과 동등한 나, 메시야이자 너희의 중보자이며 구속주인 나를 믿으라. 너희의 육신과 영혼을 모두 다 돌보아 줄 분은 내 아버지 하나님만 계시는 것이 아니라, 여기 나도 있다. 그러므로 너희는 모든 일에서 불안해하며 정도가 지나치게 근심하거나 괴로워할 이유가 없다. 따라서 "너희는 마음에 근심하지 말라." 믿지 못해 하지도 말고, 염려하지도 말고, 오직 너희 자신을 내게 맡기라.

2. 내 아버지 집에 거할 곳이 많도다 그렇지 않으면 너희에게 일렀으리라 내가 너희를 위하여 거처를 예비하러 가노니.

내 아버지 집에 거할 곳이 많도다 그렇지 않으면 너희에게 일렀으리라. 우리 주님께서 자신의 제자들을 위로하실 때에 첫 번째로 드시는 근거는 자기가 어디로 가는 것인지와 거기로 가는 목적에 관한 것이었다. 주님께서 가시는 곳은 자신의 "아버지 집"이어서, 단지 본향으로 가시는 것이기 때문에, 그들은 주님을 위해 근심할 필요가 전혀 없었다. 게다가, 주님께서 나중에 "내가 내 아버지 곧 너희 아버지, 내 하나님 곧 너희 하나님께로 올라간다"(요 20:17)고 말씀하신 것처럼, 하나님은 단지 주님의 아버지이실 뿐만 아니라, 그들의 아버지이기도 하셨다. 그리고 여기에서 주님께서는 아버지의 집에는 "거할 곳," 즉 거처가 있을 뿐만 아니라, 거할 곳이 "많다"고 말씀하신다. 다윗은 "세상에 있는 날이 그림자 같아서 거할 곳[한글개역개정에는 '희망']이 없나이다"(대상 29:15)라고 말하였지만, 천국에는 "거할 곳"(μοναί – '모나이')이 많다. 사도 바울은 "우리가 항상 주와 함께 있으리라"(살전 4:17)고 말한다. 거기에는 모든 신자들이 다 거하기에 충분할 정도로 거할 곳이 많다. 나는 너희를 속이고자 하는 것이 결코 아니다. 만일 천국에 내가 거할 곳만 있고 너희가 거할 곳이 없다면, 나는 너희에게 그렇게 말하였을 것이다. 그런데 사실은 거기에는 거할 곳이 많다.

내가 너희를 위하여 거처를 예비하러 가노니. 그 곳은 옛적부터 준비되어 있었고, 장차 구원받게 될 자들도 옛적부터 영생으로 예정되어 있었다. 그 나라는 창세전부터, 즉 하나님의 변치 않는 계획과 의도 속에서 그들을 위해 준비되어 있었다. 하지만 천국에 있는 신자들을 위한 이 거할 곳들은 "피가 뿌려져야" 하였는데, "피를 장막과 섬기는 일에 쓰는 모든 그릇에 뿌린"(히 9:21) 것은 그것을 보여 주는 모형이었다. "하늘에 있는 것들의 모형은 이런 것들로써 정결하게 할 필요가 있었으나 하늘에 있는 그것들은 이런 것들보다 더 좋은 제물로"(히 9:23) 해야 하였다고 사도는 말한다. 그래서 주님께서는 죽은 자 가운데서 부활하셔서 잠자는 자들의 첫 열매가 되시고, 우리보다 "앞서" 천국에 "들어 가서서"(히 6:20) 하나님의 오른편에 앉아 우리를 위하여 대언하시는 방식으로, 우리를 위해 천국에 거할 곳을 마련하실 것이다. 이렇게 주님께서는 자기가 가게 되실 곳이 어떤 곳인지를 말씀해 주시는 것은 물론이고, 아울러 자신이 거기로 가시는 목적도 말씀해 주심으로써, 머지않아 자기가 육체로 그들과 함께하지 못하게 될 것으로 인하여 근심하고 두려워하는 자신의 제자들을 위로하신다. 즉, 주님이 그들을 떠나 하늘로 가시는 것은, 창세 전부터 그들을 위하여 준비되어 있는 천국의 저 복된 거할 곳들을 자신의 제자들이 유업으로 받을 수 있도록 하는 데 꼭 필요한 일이라는 것이다.

3. 가서 너희를 위하여 거처를 예비하면 내가 다시 와서 너희를 내게로 영접하여 나 있는 곳에 너희도 있게 하리라.

주님께서 여기에서 내가 "가서 너희를 위하여 거처를 예비하면"이라고 말씀하신 것은 주님이 앞에서 그들에게 확정적으로 약속하셨던 것 속에 어떤 불확실성이 있다는 것을 보여 주는 것이 아니고, "가서 너희를 위하여 거처를 예비할지라도" 또는 "예비한 후에"를 의미한다: 내가 죽고 부활하여 승천하여 하나님의 오른편에 앉아 너희를 위하여 대언하게 됨으로써, 천국에 너희의 거처들을 온전히 예비하였을 때, 또는 예비한 후에, 나는 마지막 날에 산 자와 죽은 자의 심판주로서 이 땅에 다시 돌아와서, 너희를 천국으로 데려가서(살전 4:16-17), 나의 영광에 참여하는 자들이 되게 할 것이다(요 17:22). 이것을 사도 바울은 로마서 8:17에서는 "우리가 그와 함께 영광을 받는" 것이라고 말하고, 다른 곳에서는 "그와 함께 다스리게 되는" 것이라고 말한다. 따라서 우리 구주께서 머지않아 자기가 육체적으로 자신의 제자들과 함께하지 못하게 될 것으로 인하여 그들이 근심하고 두려워하는 것을 위로하시기 위하여 세 번째로 제시하시는 근거는, 자기가 반드시 그들에게 다시 돌아오시리라는 것과 그가 돌아오시고자 하시는 목적 및 그 결과와 관련된 것이었다. 즉, 주님이 다시 돌아오시는 목적은 그들을 자기에게로 데려가시기 위한 것이고, 그 결과는 그들이 그리스도께서 계신 곳에서 그리스도와 함께 영원히 거하게 되리라는 것이다.

4. 내가 어디로 가는지 그 길을 너희가 아느니라.

그리스도께서는 앞 장에서 "작은 자들아"라는 깊은 사랑이 담긴 친밀한 호칭을 통해서 자신의 제자들에게 존귀함을 더하셨는데, 이제 여기에서도 마치 길 떠날 준비를 하는 어머니가 자신의 그런 모습을 보고 우는 어린 자녀를 달래는 것 같은 어투로, 주님께서 그들에게 말씀을 계속해 나가시는 모습을 보는 것은 즐거운 일이다. 아이는 울고, 어머니는 잠시 친구 집에 다녀오는 것일 뿐이니 울음을 그치라고 말한다. 그래도 아이가 계속해서 울자, 어머니는 지금의 집보다 훨씬 더 행복한 거처를 마련하기 위해서 가는 것이니 염려하지 말라고 말한다. 그래도 아이가 울음을 그치지 않자, 어머니는 자기는 갔다가 다시 와서, 그 아이를 데리고 그 곳으로 가게 될 것이고, 이제는 영원히 헤어지지 않게 될 것이라고 말한다. 그래도 아이가 가지 말라고 울며 보채자, 어머니는 자기가 어디에 가는지, 그리고 어떤 길로 거기에 올 수 있는지를 아이에게 알려 주고, 필요한 경우에는 거기로 오라고 말해 줌으로써, 아이를 달랜다.

5. 도마가 이르되 주여 주께서 어디로 가시는지 우리가 알지 못하거늘 그 길을 어찌 알겠사옵나이까.

이성적으로 생각해 볼 때, 어떤 사람이 어디로 가는지를 모르는 사람은 그 사람이 어떤 길로 가는지도 알지 못할 것임은 너무나 당연하다. 우리 구주께서는 자기가 어디로 가는지와 거기로 가는 길을 이미 자신의 제자들에게 아주 분명하게 말씀해 주셨는데도(2절), 도마를 비롯한 여러 사도들은 아직도 여전히 주님께서 이 땅의 다른 어느 곳으로 가고자 하시는 것이라고 제멋대로 상상했기 때문에, 이런 질문이 나온 것에 틀림없다. 이렇게 우리는 영적인 일들을 아는 데 너무나 둔하고, 영적인 일들을 깨닫는 것이 쉽지가 않다. 여기에서 어떤 이들은 이렇게 말할 것이다: 주님께서는 4절에서 이미 그들이 자기가 어디로 가는지도 알고 그 길도 안다고 말씀하셨는데도, 도마가 여기에서 이렇게 반문한 것은 주님의 말씀을 정면으로 반박하고 있는 것이 아닌가? 대답: 어떤 이들은 성경에서 능동의 동사들이 사용된 구절들은 흔히 당위 또는 가능을 나타낸다는 점을 들어서, 4절에서도 우리 구주께서는 자기가 어디로 가는지와 그 길을 자신의 제자들이 알았어야 하였다는 의미로 그렇게 말씀하신 것이라고 생각한다. 그러나 어떤 이들은 제자들은 주님이 어디로 가시는지와 그 길을 어느 정도는 알고 있었지만, 그들이 알고 있는 것은 분명하고 구체적이고 명료한 것이 아니었고, 일반적이고 추상적이면서도 틀린 것과 맞는 것이 서로 뒤섞여 있는 것이었다고 생각하는데, 나는 후자의 견해가 더 옳다고 본다.

6. 예수께서 이르시되 내가 곧 길이요 진리요 생명이니 나로 말미암지 않고는 아버지께로 올 자가 없느니라.

그리스도께서는 그 자신이 아버지 하나님께로 가는 "길"이셨다. 그래서 사도는 그리스도께서는 "염소와 송아지의 피로 하지 아니하고 오직 자기의 피로 영원한 속죄를 이루사 단번에 성소에 들어 가셨느니라"(히 9:12)고 말한다. 누가복음 24:26; 빌립보서 2:8을 보라. 그러나 도마가 앞에서 자신들이 어느 길로 가야 하느냐고 물은 것과 여기에서 주님께서 대답하신 말씀을 보면, 우리는 그리스도께서 여기에서 자기가 아니라 자신의 제자들이 아버지 하나님께로 가는 길에 대하여 말씀하고 계시는 것임을 알 수 있다. 주님께서는 자기가 가는 곳으로 그들이 올 때 어떤 길로 와야 하느냐 하는 그들의 질문에, "내가 길이다"라고 말씀하신다. 즉, 천국에 오고자 하는 자는 반드시 그리스도를 길로 삼아서 그 길로 와야 한다는 것이다. 우리는 주님을 길로 삼아서 주님께서 가르치신 교훈을 따라 갈 때에만 천국에 갈 수 있다. 주님은 자신의 죽음을 통해서 그 피로 우리를 위한 이 하늘의 유업을 사셨다. 주님은 거룩한 삶과 행실을 통해서, 우리가 따라야 할 모범을 보여 주셨다. 주님은 자신의 영의 감화를 통해서, 우리를 영광에 이르게 해 줄 저 거룩한 행위들을 우리로 행할 수 있도록 인도하시고 도우신다.

그리스도는 "진리," 즉 영생으로 가는 참된 길이시다. 그러나 주님은 자신의 가르침과 관련해서도 "진리"이시고, 복음은 "진리의 말씀"이다(엡 1:13). 모든 예언들과 약속들은 주님 안에서 성취될 때까지는 단지 말씀일 뿐인 반면에, "진리"는 그 말씀들이 성취된 실체를 가리킨다. 히브리서 8:2에서 "참 장막"이라고 말하고, 히브리서 9:24에서 "참 성소"(한글개역개정에는 "참 것")라고 말한 것은 그런 의미이다. 또는, "진리"는 거짓의 반대이다. 요한복음 8:44에서 "너희는 너희 아비 마귀에게서 났으니 너희 아비의 욕심대로 너희도 행하고자 하느니라 그는 처음부터 살인한 자요 진리가 그 속에 없으므로 진리에 서지 못하고 거짓을 말할 때마다 제 것으로 말하나니 이는 그가 거짓말쟁이요 거짓의 아비가 되었음이라"고 말한 것과 로마서 3:7에서 "그러나 나의 거짓말로 하나님의 참되심이 더 풍성하여 그의 영광이 되었다면 어찌 내가 죄인처럼 심판을 받으리요"라고 말한 것에서 사용된 "진리" 또는 "참되심"은 그런 의미이다.

그리스도는 "생명," 즉 영원한 생명의 원천이시자 수여자이시다(요 11:25; 요일 5:11). 또한, 주님께서는 자신의 죽음으로 생명을 사신 분이고, 자신의 가르침을 통해서 생명의 길을 보여 주신 분이며, 자신의 성령을 통해서 생명을 시작하시고 결국 완성하시는 분이다.

유대인들은 모세 율법이 생명으로 가는 길이라고 생각하였지만, 우리 구주께서는 자신의 제자들의 그러한 생각을 부수시고 허물어뜨리신다. 왜냐하면, 사도 바울이 논증하고 있듯이, 만일 율법이 그들에게 생명을 줄 수 있었다면, 그리스도께서는 헛되이 죽으신 것이기 때문이다. 그래서 주님께서는 이렇게 말씀하신다: "나로 말미암지 않고는 아버지께로 올 자가 없느니라." 너희에게나 다른 그 누구에게나, 나를 영접하고 받아들이고 믿는 것을 통해서가 아니고는, 천국으로 갈 수 있는 길은 그 어디에도 없다.

7. 너희가 나를 알았더라면 내 아버지도 알았으리로다 이제부터는 너희가 그를 알았고 또 보았느니라.

내가 진실로 하나님의 영원하신 아들이고, 내 아버지께서 나를 이 세상에 보내신 것을 너희가 알았어야 했는데, 만일 너희가 실제로 그것을 알았더라면, 너희는 내 아버지도 알게 되었을 것이다. 왜냐하면, 나는 내 아버지와 동등한 한 분 동일한 하나님인 까닭에, 너희가 나와 내 아버지 중에서 한 쪽을 알았다면, 반드시 둘 다를 알게 되었을 것이기 때문이다. 그러나 너희는 사람의 모양으로 너희에게 나타난 나의 겉모습에만 집착하고, 메시야가 이 세상의 왕으로 오실 것이라는 너희의 잘못된 메시야 대망만을 고집하였기 때문에, 그런 것들이 너희의 눈을 멀게 하여, 나의 인성과 인격적으로 연합되어 있는 나의 신성을 보지 못하게 만들어서, 너희는 내가 하나님이라는 것을 전혀 보지 못하였다. 그러나 내가 하나님이라는 것을 너희가 알고 믿었더라면, 너희는 내 아버지를 알지 못한다고 당혹스러워하지 않았을 것이다. 왜냐하면, 비록 내 영광은 나의 인성에 가려져 있기는 하지만, 나는 "하나님의 영광의 광채"이고, 하나님의 "본체의 형상"이기 때문이다(히 1:3). 하지만 너희가 이제부터라도 지금 내가 말한 것을 믿는다면, 너희는 아버지 하나님을 알게 될 것이다. 너희는 나를 보았기 때문에, 아버지 하나님도 본 것이다.

8. 빌립이 이르되 주여 아버지를 우리에게 보여 주옵소서 그리하면 족하겠나이다.

빌립은 아직도 여전히 우리 구주께서 하신 말씀을 깨닫지 못하고, 옛적에 하나님께서 모세에게 "네가 내 얼굴을 보지 못하리니 나를 보고 살 자가 없음이니라"(출 33:20)이라고 분명히 말씀하셨는데도, 마치 인간의 육신의 눈으로 하나님을 볼 수 있다는 듯이 너무나 터무니없는 생각과 인식을 또다시 드러낸다. 구원에 이르게 하는 은혜를 받은 사람에 있어서, 하나님에 대한 무지가 어느 정도나 허용될 수 있는지를 말하기는 어려운 일이고, 그 문제는 그 사람에게 주어진 계시와 지식의 정도에 달려 있다.

9. 예수께서 이르시되 빌립아 내가 이렇게 오래 너희와 함께 있으되 네가 나를 알지 못하느냐 나를 본 자는 아버지를 보았거늘 어찌하여 아버지를 보이라 하느냐.

우리 구주께서는 계속해서 자기가 아버지 하나님과 하나이고, 자신 속에는 신성과 인성이 인격적으로 연합되어 있다고 역설하신다. 만일 그렇지 않다면, 사도들은 오랜 시간 동안 그리스도와 함께 있었을지라도, 아버지를 보지도 못하였을 것이고 알지도 못하였을 것이다. 그러나 주님께서 말씀하신 대로, 그리스도를 본 자는 아버지 하나님을 본 것이 사실이라면, 그것은 오직 한 분 하나님이 존재한다는 것을 보여 주는 것이다.

10. 내가 아버지 안에 거하고 아버지는 내 안에 계신 것을 네가 믿지 아니하느냐 내가 너희에게 이르는 말은 스스로 하는 것이 아니라 아버지께서 내 안에 계셔서 그의 일을 하시는 것이라.

내가 아버지 안에 거하고 아버지는 내 안에 계신 것을 네가 믿지 아니하느냐. 칼빈 목사님은 그리스도의 신성이나 하나님 되심은 아버지 하나님의 경우만큼이나 제자들에게 알려져 있지 않기 때문에, 그리스도께서는 여기에서 자신의 신성이나 자기가 하나님이시라는 것을 말씀하시는 것이 아니라, 자기가 하나님을 나타내고 계시하시는 방식을 말씀하시는 것이라고 생각하지만, 그리스도의 신성은 이 말씀으로부터 온전히 증명된다. 어떤 이들은 이 말씀은, 그 어떤 것도 자기가 자신 안에 거하는 것은 불가능하다는 점에서, 성부와 성자라는 두 위격의 구별을 보여 줌과 동시에, 한 분 유일하신 하나님 안에서의 위격들의 연합을 보여 준다고 판단한다. 내가 너희에게 이르는 말은 스스로 하는 것이 아니라 아버지께서 내 안에 계셔서 그의 일을 하시는 것이라. 주님께서는 자기가 하는 말씀들은 자기 스스로 하시는 말씀들이 아니고, 단지 아버지의 뜻을 계시하고, 아버지의 생각을 선포하는 것이며, 자기가 행한 일들도 자신의 힘으로 하신 것이 아니라 아버지의 능력을 힘입어 하신 것이라고 하심으로써, 자기가 아버지와 하나라는 것을 증명하신다.

11. 내가 아버지 안에 거하고 아버지께서 내 안에 계심을 믿으라 그렇지 못하겠거든 행하는 그 일로 말미암아 나를 믿으라.

내 말을 믿으라. 사실 그렇게 하는 것이 너희의 마땅한 본분이다. 그러나 내가 내 아버지와 하나라는 나의 말을 너희가 믿지 못하겠다면, 너희는 지금까지 오직 하나님 외에는 그 누구도 할 수 없는 일들을 내가 행해 온 것을 보았으니, 그 일들을 보고서 나를 믿으라. 선지자들과 사도들이 사람들에게 그들 자신의 말이 아니라 하나님의 말씀을 전하였고, 하나님의 능력을 덧입어 수많은 크고 권능 있는 일들을 한 것은 사실이지만, 그들의 모든 가르침은 오직 하나의 목표, 즉 그리스도로 귀결되는 것들이었다. 그리고 그들이 행한 이적들도 그들 자신의 이름이 아니라, 그리스도의 이름으로 행해진 것이다. 엘리야는 하나님께 기도함으로써 수넴 여자의 죽은 아들을 다시 살리는 이적을 행하였고, 사도들은 걷지 못하던 자를 향하여 주 예수 그리스도의 이름으로 일어나 걸으라고 명하였다. 반면에, 그리스도께서는 사람들에게 자기를 믿으라고 선포하셨고, 자신의 권능으로 이적들을 행하셨다. 그리고 그리스도와 아버지 하나님은 동일본질이셨기 때문에, 그리스도에게서 나온 권능은 그대로 곧 아버지 하나님의 권능이기도 하였다.

12. 내가 진실로 진실로 너희에게 이르노니 나를 믿는 자는 내가 하는 일을 그도 할 것이요 또한 그보다 큰 일도 하리니 이는 내가 아버지께로 감이라.

나를 믿는 자는. 나를 믿는 모든 자가 아니라, 특히 나의 사도들인 너희를 비롯한 몇몇 사람들은 오순절에 성령의 충만함을 받아, 복음을 전하는 일을 하게 될 것이고, 복음의 교훈이 참되다는 것을 확증하기 위한 이적들을 행하게 될 것인데, 그 때에 너희는 내가 행해 온 것보다 더 "큰 일들"도 행하게 될 것이다. 여기에서 충분히 이런 질문이 제기될 수 있다: 주님께서는 죽은 나사로를 다시 살리셨는데, 사도들이 행한 이적들 중에서 그것보다 더 큰 이적이 있었던가? 이러한 반문에 대한 대답으로, 나는 주님께서 여기에서 말씀하신 "큰 일들"을, 주님이 행하셨던 것들보다 더 큰 이적들을 가리키거나, 여러 방언으로 말하는 것을 가리키는 것으로 이해해서는 안 되고, 오히려 사도들이 복음을 이방인들에게 성공적으로 전해서, 거의 온 세상이 그리스도를 믿어 복종하게 된 것을 가리키는 것으로 이해해야 한다고 본다. 실제로 신약성경에서 우리는 베드로가 한 번의 설교에 삼천 명을 회심시켰다는 이야기에 대해서는 들을 수 있지만, 그리스도께서 그렇게 하셨다는 이야기는 들을 수 없다.

이는 내가 아버지께로 감이라. 주님께서는 나중에 이 말씀이 무슨 의미를 설명해 주시면서, 자기가 그들을 떠나 아버지께로 가지 않는다면, 보혜사가 그들에게 오지 못하게 될 것이라고 말씀하신다. 그들로 하여금 "큰 일들"을 행할 수 있게 해 준 가장 직접적인 원인은 오순절의 성령 강림이었다. 그런데 지금 그리스도께서는 자기가 아버지께로 가야만 성령이 오실 수 있다고 말씀하신다.

13. 너희가 내 이름으로 무엇을 구하든지 내가 행하리니 이는 아버지로 하여금

아들로 말미암아 영광을 받으시게 하려 함이라.

너희가 내 이름으로 무엇을 구하든지 내가 행하리니. 본문에서 주님께서는 "무엇을 구하든지"라고 말씀하셨지만, 우리의 기도의 대상은 하나님께서 다른 본문들에서 자신의 뜻이라고 밝히시고 계시하신 것들, 즉 우리에게 유익이 되는 것들로 제한되어야 한다. 그러한 것들이 우리에게 필요할 때, 하나님께서는 그런 것들을 구할 자유를 우리에게 주셨다. 하지만 그런 것들을 제외한 다른 것들에 대해서는, 우리는 주 예수 그리스도의 이름을 구해서는 안 된다. 왜냐하면, 그리스도의 이름으로 구한다는 것은 단지 우리의 기도 속에서 주님의 거룩하신 이름을 사용하는 것을 의미할 뿐만 아니라(교회에서 끊임없이 행해진 기도는 이것이 주님이 이 말씀을 하신 의미 중의 일부라고 본 신학자들의 일반적인 견해를 증명해 왔다), 주님의 공로로 인한 은혜를 간구하거나, 주님의 뜻에 합치하고 주님의 영광을 위한 일들을 구하는 데에도 그 거룩하신 이름을 사용하는 것을 의미하기 때문이다. 주님께서는 "너희가 그런 성격의 것들을 구하면 무엇이든지, 내가 행할 것이다"라고 말씀하신다. 여기에서 주님은 "내 아버지께서 행하실 것이다"라고 말씀하시는 것이 아니라, "내가 행할 것이다"라고 말씀하심으로써, 자신의 신성과 자기가 권능에 있어서 아버지와 하나라는 것을 증거하신다. 이는 아버지로 하여금 아들로 말미암아 영광을 받으시게 하려 함이라. 하나님께서는 그리스도께 모든 것을 맡기셨기 때문에, 그리스도 안에서 및 그리스도로 말미암아 영광을 받고자 하신다. 그래서 하나님은 그리스도에게 하늘과 땅의 모든 권세를 주셨다.

14. 내 이름으로 무엇이든지 내게 구하면 내가 행하리라.

주님께서는 바로 앞에서 하신 말씀을 여기에서 다시 한 번 말씀하셔서 그 말씀이 틀림없다는 것을 확증해 주시는 것은, 우리가 하나님의 뜻을 따라 주 예수 그리스도의 이름으로 하나님께 기도할 때, 그 기도가 응답될 것임을 의심하지 않도록 하시기 위한 것이다.

15. 너희가 나를 사랑하면 나의 계명을 지키리라.

너희는 내가 너희를 떠나간다고 해서 슬퍼하고 괴로워하는 것이 나에 대한 사랑의 표현이라고 생각하지 말고, 내가 너희에게 명령한 것들을 너희가 순종하는 것이야말로 나에 대한 너희의 진정한 사랑의 표현이라는 것을 알아야 한다. 내가 너희를 떠나는 것을 근심하고 못내 아쉬워하며 할 수만 있다면 나를 붙잡으려고 하는 것은 사랑을 가장한 일시적인 감정일 뿐이고, 참된 사랑은 내가 너희에게 가르친 하나님의 계명들을 너희가 엄격하게 지키는 것으로 드러난다.

16. 내가 아버지께 구하겠으니 그가 또 다른 보혜사를 너희에게 주사 영원토록 너희와 함께 있게 하리니.

이 절은 우리 구주께서 자기가 이제는 육체로 자신의 제자들과 함께 하지 못하게 될 것을 인하여 제자들이 근심하는 것을 달래 주시기 위한 또 하나의 새로운 근거로 제시하시는 것을 담고 있는데, 그것은 자기가 아버지께로 가게 되면, 여기에서 "또 다른 보혜사"로 표현된 성령을 보내 주시리라는 것이다. 주님께서는 이것을 위해서 "아버지께 구하겠다"고 말씀하심으로써, 성령께서 오시는 데 자기가 아무런 관여도 하지 않는 것이 아니라는 것을 분명히 하신다. 주님은 요한복음 16:7에서는 "내가 떠나가는 것이 너희에게 유익이라 내가 떠나가지 아니하면 보혜사가 너희에게로 오시지 아니할 것이요 가면 내가 그를 너희에게로 보내리니"라고 말씀하심으로써, 자기가 성령을 보내실 것이라고 하셨는데, 지금 여기에서는 자기가 아버지께 구하여서, 아버지께서 성령을 보내 주실 것이라고 말씀하신 것은, 첫째로 자신의 인성이라는 관점에서 말씀하신 것이고, 둘째로는 우리의 중보자로서의 자신의 신분을 염두에 두신 것이며, 셋째로 성령을 보내는 것은 자신의 관심사일 뿐만 아니라 아버지 하나님의 관심사이기도 하다는 것을 보여 주시기 위한 것이다. 그래서 주님은 여기에서 "내가 아버지께 구하겠으니 그가 또 다른 보혜사를 너희에게 주실" 것이라고 말씀하신다.

주님께서 성령을 지칭하실 때에 "또 다른 보혜사"라고 "또 다른"이라는 수식어를 붙이신 것은 삼위일체 하나님 안에서 제3위이신 성령이 제1위이신 성부나 제2위이신 성자로부터 인격적으로 구별되어 있다는 것을 보여 주신 것이다. 여기에서 주님이 성령을 지칭하시는 호칭인 '파라클레톤'(παράκλητον)은, 흠정역 번역자들은 그 의미를 지나치게 축소해서 "보혜사," 즉 "위로자"(comforter)라고 번역하지만, 사실은 하나님의 백성의 심령들 안에서 행하시는 성령의 모든 역사들을 나타내기에 지극히 적절한 단어이다. 사도는 요한일서 2:1에서 이 단어를 여기에서와는 달리 예수 그리스도에게 적용하고 있는데, 거기에서 이 단어의 가장 적절한 역어는 "변호자, 대언자"(Advocate)이다. 그런데 흠정역 번역자들이 여기에서 이 단어를 "위로자"라고 번역한 것은, 주님께서 지금 근심하고 있는 제자들을 위로해 주고 안심하게 해줄 하나의 근거로 성령을 약속하고 계신다는 것을 고려하였기 때문이었을 가능성이 높다. 이 단어가 파생된 동사는 단지 위로한다는 의미만이 아니라, 권면하고 대언하고 변호해 준다는 의미도 지니고 있다. 변호자의 역할 중의 하나는 자신의 고객에게 무엇이 그 고객에게 유익한 것인지를 조언해 주는 것인데, 이것도 성령의 직임이다. 변호자는 자신의 고객에게서 잘못된 점을 발견하면, 그 고객에게 그것을 책망하고 깨닫게 해 주는데, 이것도 성령의 일이다(요 16:8, "그가 와서 죄에 대하여, 의에 대하여, 심판에 대하여 세상을 책망하시리라"). 변호자는 자신의 고객이 약하고 낙심해 있는 것을 보면, 그 고객을 붙들어 주어서 힘과 용기를 내게 만드는데, 이것도 성령이 하는 일이다(엡 3:16, "그의 성령으로 말미암아 너희 속사람을 능력으로 강건하게 하시오며"). 또한, 변호자는 자신의 고객이 잘못된 곳으로 달려가면 그를 제지하고, 자신의 고객이 멍한 상태로 정신을 못 차리고 있으면 그를 깨우고, 자신의 고객이 무너져 내리면 그를 붙들어 일으켜 세워주고, 자신의 고객이 법정에 서게 되었을 때에는 그를 위하여 변호해 준다. 그 외에도 변호자가 하는 일들은 많이 있지만, 적어도 이 모든 일들은 변호자가 하는 일들이고, 여기에서 사용된 '파라클레톤'이라는 단어 속에 내포된 의미들이다.

우리 주님께서는 그 보혜사가 "영원토록 너희와 함께 있게" 될 것이라고 말씀하신다. 나는 잠시 동안만 너희와 함께 하였지만, 성령은 영원토록 너희와 함께 거할 것이다. 어떤 이들은 이 복음서 기자가 "영원토록"이라는 단어를 사용하고 있다는 것을 강조한다. 따라서 우리는 성령에 대한 이 약속은 단지 사도들이나 그 후계자들에게만 국한되거나, 사도들을 비롯한 최초의 복음 사역자들에게 주어진 저 놀라운 은사들만을 가리키는 것이 아니라, 그 이후의 모든 신자들과 그 이후에 주어진 모든 은사들에도 적용되는 것으로 이해하여야 한다. 은사와 은혜 양면에 있어서 사역자들이나 일반 신자들에 대한 성령의 감화와 역사가, 그리스도께서 승천하시고 오순절에 성령이 강림하신 이래로, 그 이전보다 훨씬 더 강력하고 풍성해졌다는 것은 의심의 여지가 없다. 다윗이나 솔로몬이나 엘리야 등과 같은 구약의 일부 개인들은 성령 강림 이후의 그 어떤 사람보다도 더 큰 성령의 은혜와 은사를 경험했을 수는 있지만, 사역자들과 일반 신자들을 전체적으로 놓고 볼 때에는, 성령의 은혜와 은사가 현저하게 풍성해졌다는 것은 틀림없는 사실이다. 오순절의 성령 강림 이래로, 성령의 은사들과 은혜들은, 그리스도의 승천 이전의 그 어느 세대보다도 더 풍성하게 주어졌고, 이것은 세상 끝날까지 계속될 것이라는 것은 의심의 여지가 없다. 이것은 이사야서 44:3과 요엘서 2:28에 예언된 것으로서, 이 예언은 오순절 사건에 적용되었지만(행 2:17), 이 예언을 따라 성령의 은혜와 은사가 풍성하게 주어진 것은 단지 그 때나 그 세대에 국한된 것이 아니었다. 왜냐하면, 교회사가들의 글을 어느 정도 신뢰할 수 있다면, 성령의 강력한 은혜와 은사는 사도 시대는 물론이고 그 이후에도, 사역자들과 일반 신자들(15절에 언급된 대로, 그리스도를 사랑하고 그 계명들을 지키는 자들)에게는, 지식이나 방언 같은 은사들과 내적인 은혜가 이전보다 훨씬 더 충만하게 주어져서, 교회에서 상시적으로 사용되었다는 것이 드러나기 때문이다.

17. 그는 진리의 영이라 세상은 능히 그를 받지 못하나니 이는 그를 보지도 못하고 알지도 못함이라 그러나 너희는 그를 아나니 그는 너희와 함께 거하심이요 또 너희 속에 계시겠음이라.

그는 진리의 영이라. 주님께서는 16절에서 말씀하셨던 "또 다른 보혜사"가 바로 성령을 가리킨다는 것을 친히 여기에서 설명해 주시면서, 성령을 "진리의 영"이라고 부르시는데, 그것은 요한일서 5:6에서 "증언하는 이는 성령이시니 성령은 진리니라"고 한 것처럼, 성령은 진리를 드러내고 계시하는 영이기 때문이거나, 요한일서 2:27에서 "너희는 주께 받은 바 기름 부음이 너희 안에 거하나니 아무도 너희를 가르칠 필요가 없고 오직 그의 기름 부음이 모든 것을 너희에게 가르치며 또 참되고 거짓이 없으니 너희를 가르치신 그대로 주 안에 거하라"고 하였고, 요한복음 16:13에서 "진리의 성령이 오시면 그가 너희를 모든 진리 가운데로 인도하시리니 그가 스스로 말하지 않고 오직 들은 것을 말하며 장래 일을 너희에게 알리시리라"고 한 것처럼, 성령은 우리에게 진리를 가르치고 우리를 모든 진리 가운데로 인도하시기 때문일 수 있고, "거짓말하는 영"(왕상 22:22)인 마귀와 반대된다는 의미로 그렇게 말씀하신 것일 수도 있다. 우리 주님께서는 성령이 진리를 드러내는 힘을 지니고 있기 때문에, 여기에서 성령을 "진리의 영"이라고 말씀하신 것일 가능성이 대단히 높다. 성령은 성경에 들어 있던 모든 진리들을 세상에 계시하신다. 성경의 기자들은 성령의 감동을 받아서 글들을 썼고(행 1:16; 벧후 1:21), 특정한 심령에게 성경의 진리를 구체적으로 계시하시는 분도 성령이시다(고전 2:12). 그래서 히브리서 6:4에서는 성령의 조명을 받은 사람들을 "성령에 참여한 바 된" 자들이라고 말한다. 성령은 하나님의 백성을 진리 가운데로 인도하시고, 그 심령에 진리를 인치시고 확증하신다. 그래서 사도 바울은 "내 말과 내 전도함이 설득력 있는 지혜의 말로 하지 아니하고 다만 성령의 나타나심과 능력으로 하여"(고전 2:4)라고 말한다.

세상은 능히 그를 받지 못하나니 이는 그를 보지도 못하고 알지도 못함이라. 여기에서 "세상"은 세상에 속하여 육적인 마음을 지니고서 세상적인 욕심들의 지배를 받고 있는 자들을 가리킨다(요일 2:16; 요 17:9). 이 세상은 본성적인 무능력(고전 2:14, "육에 속한 사람은 하나님의 성령의 일들을 받지 아니하나니 이는 그것들이 그에게는 어리석게 보임이요, 또 그는 그것들을 알 수도 없나니 그러한 일은 영적으로 분별되기 때문이라"), 세상적인 지혜(고전 1:21, "하나님의 지혜에 있어서는 이 세상이 자기 지혜로 하나님을 알지 못하므로 하나님께서 전도의 미련한 것으로 믿는 자들을 구원하시기를 기뻐하셨도다"), 욕심들과 정욕들로 인해서, 이 진리의 영을 "받지 못한다." 즉, 성령에 참여하는 자가 될 수 없다. 왜냐하면, 성령은 육안으로는 볼 수 없고, 감각이나 경험으로는 알 수 없는 까닭에, 그런 사람들은 성령을 보지도 못하고 알지도 못하기 때문이다. 따라서 그 마음이 육신적이고 정욕으로 가득한 자들은 성령을 알 수 없다. 그러나 너희는 그를 아나니 그는 너희와 함께 거하심이요 또 너희 속에 계시겠음이라. 너희는 성령을 믿음으로도 알고 경험적으로도 알며 정서적으로도 알고 구원의 지식으로도 안다. 왜냐하면, 성령은 신비적 연합을 통해서 "너희 속에 계시고"(롬 8:11; 고전 6:17, "주와 합하는 자는 한 영이니라"), 너희 속에 계셔서 너희에게 감화를 주심으로써 "너희와 함께 거하실" 것이기 때문이다.

18. 내가 너희를 고아와 같이 버려두지 아니하고 너희에게로 오리라.

"고아와 같이"는 거기에 해당하는 헬라어를 직역한 것인데, "고아"는 부모가 없어서 세상에서 의지할 사람이 아무도 없고 위로받을 데가 그 어디에도 없는 존재이다. 그래서 이 단어는 "위로받지 못하는"을 의미하고, 흠정역에서는 그렇게 번역되어 있다. 그리스도께서는 이렇게 자기 사람들이 구원과 생명만이 아니라, 그들이 이 세상에 사는 동안에 받아야 할 위로들에 대해서도 관심을 갖고 계시기 때문에, 그들이 비록 이 세상에서 많은 환난과 괴로움들을 겪는다고 할지라도, 그런 그들을 내버려 두시는 것이 아니라, 그러한 괴로움을 넉넉히 이길 만한 위로도 차고 넘치게 베풀어 주신다.

너희에게로 오리라. 이 구절은 이렇게 미래 시제로 번역되어 있지만, 헬라어 본문에서는, 주님께서 자신의 제자들을 떠나가셨다가, 언제 가셨는가 싶게 속히, 그리고 확실하게 오실 것임을 강조하기 위해서, 현재 시제로 되어 있다. "너희에게로 오리라"는 주님의 말씀은 두 가지로 이해할 수 있는데, 하나는 주님의 부활을 가리키는 것으로 이해하는 것이다. 우리가 알고 있듯이, 이 경우에 주님의 부재 기간은 단 사흘이 될 것이다. 좀 더 유력한 해석인 다른 하나는 성령 강림을 가리키는 것으로 이해하는 것이다(성령은 그리스도의 영으로도 불린다는 점에서). 주님께서는 부활하신 후에 사십 일을 자신의 제자들과 함께 계시다가 승천하셨고, 승천하신 지 얼마 되지 않아서, 오순절에 성령께서 그들에게 임하셔서 그들과 함께 영원히 거하시게 되었다. 한편, 이 말씀은 주님께서 앞에서 말씀하신 것처럼, 산 자와 죽은 자를 심판하시러 다시 오셔서, 자기 사람들을 자기에게로 이끄시고, 자기와 영원히 함께 살게 하시게 될 것을 가리키는 것으로 이해할 수도 있기는 하지만, 앞에서 말한 두 가지 해석이, 주님께서 이제 곧 그들을 떠나실 것이라는 말씀에 근심하고 괴로워하고 있는 제자들의 현재의 상황과 좀 더 잘 부합하는 것으로 보인다.

19. 조금 있으면 세상은 다시 나를 보지 못할 것이로되 너희는 나를 보리니 이는 내가 살아 있고 너희도 살아 있겠음이라.

조금 있으면 세상은 다시 나를 보지 못할 것이로되. 세상은 지금 나를 오로지 육안으로만 보고 있는데, 그들이 나를 그런 식으로 볼 수 있는 것도 이제 얼마 남지 않았다. 머지않아 세상 사람들은 더 이상 나를 보지 못할 것이다. 곧 나는 십자가에 못박혀 죽게 될 것이고, 무덤에 안치될 것이다. 물론, 나는 다시 살아날 것이지만, 그들은 부활한 나를 보지 못할 것이다(복음서들에서는 주님께서 부활하셔서 오직 자신의 제자들에게만 나타나셨다는 것만을 보도할 뿐이고, 세상 사람들에게 나타나셨다는 말을 전혀 하지 않는다). 너희는 나를 보리니. 주님의 이 약속대로, 그들은 부활하신 주님을 자신들의 육안으로 자주 보았다. 또는, 이것은 그들이 믿음의 눈으로 영적으로 보게 되거나, 체험을 통해서 보게 될 것을 말씀하신 것일 수도 있다. 성경에서 "본다"는 것은 흔히 "누린다, 향유한다"를 의미한다. 이는 내가 살아 있고 너희도 살아 있겠음이라. 나는 죽은 자 가운데서 부활하여 하늘로 올라가 영광의 삶을 살게 될 것이고, 너희도 여기에서 은혜의 삶을 살게 될 것이다. 너희의 육신은 죄로 인하여 죽을 수밖에 없지만, 너희의 영혼은 육신이 죽은 후에도 여전히 살아 있을 것이고, 부활의 때에 너희의 영혼과 육신이 모두 살아서 나와 함께 영광을 받게 될 것이다. 이 모든 은혜와 긍휼은 중보자로서의 나로부터 너희에게로 흘러갈 것이다. 이렇게 내가 살아 있을 것이기 때문에, 너희도 살아 있게 될 것이다.

20. 그 날에는 내가 아버지 안에, 너희가 내 안에, 내가 너희 안에 있는 것을 너희가 알리라.

어떤 이들은 우리 구주께서 여기에서 자신의 부활의 날에 대하여 말씀하고 계시는 것으로 이해하고, 어떤 이들은 여기에서 "그 날"은 성령이 강림하시게 될 오순절

날을 의미하는 것으로 이해한다. 그러나 주님께서 계속해서 하시는 말씀을 보면, 우리는 "그 날"은 심판의 날, 즉 모두가 부활하는 날을 가리키는 것으로 이해하는 것이 가장 합당하다는 것을 알 수 있다. 왜냐하면, 주님은 계속해서 두 가지 큰 신비, 즉 한편으로는 그리스도와 아버지 하나님 간의 인격적인 연합, 다른 한편으로는 신자들과 그리스도 간의 신비적 연합에 대하여 말씀하시면서, 여기에서 언급하신 "그 날에" 자신의 제자들이 그 신비들을 알게 될 것이라고 말씀하시는데, 사도들과 신자들은 그리스도의 부활과 오순절에 있은 성령 강림 이후에는 이 신비들에 대하여 그 이전보다 훨씬 더 많은 것을 알게 되기는 하였지만, 그러한 신비적 연합들에 대하여 여전히 불완전한 지식을 갖고 있고, 오직 그들 모두가 부활하게 될 그 날에 가서야, 이러한 신비들을 분명하게 알게 될 것이기 때문이다.

21. 나의 계명을 지키는 자라야 나를 사랑하는 자니 나를 사랑하는 자는 내 아버지께 사랑을 받을 것이요 나도 그를 사랑하여 그에게 나를 나타내리라.

나의 계명을 지키는 자라야 나를 사랑하는 자니. 우리 주님께서는 앞의 15절에서 이미 하신 말씀을 여기에서 또다시 반복하시면서, 그리스도에 대한 우리의 사랑이 참되다는 것을 보여 주는 가장 틀림없는 증표는 순종이라고 선언하시고, 순종을 두 가지로 표현하신다: 그리스도의 계명들을 받아서 지키는 것. 그리스도에 대한 우리의 사랑이 참되다는 것을 나타내는 증표가 되기 위해서는, 이 두 가지가 다 있어야 한다. 사람들은 그리스도의 계명들을 귀로 듣고 머리에 담아 두고 입으로 말하면서도, 그 계명들을 지키지 않을 수 있다. 그들은 그 계명들을 들었고, 알고 기억하며, 그 계명들에 대하여 말하지만, 그 계명들을 지키지는 않는다. 왜냐하면, 여기에서 "지킨다"는 것은 그 계명들을 모두 다 늘 부지런히 꾸준하고 변함없이 온 힘을 다해 순종한다는 것을 의미하기 때문이다. 오직 이것만이 그리스도에 대한 우리의 사랑이 참되다는 증표가 될 수 있다.

나를 사랑하는 자는 내 아버지께 사랑을 받을 것이요 나도 그를 사랑하여 그에게 나를 나타내리라. 그리스도께서는 어떤 사람이 이런 식으로 그리스도에 대한 자신의 사랑을 나타내면, 그리스도 자신과 아버지 하나님께서는 두 분 다 그 사람을 기뻐하시며 선대하실 것이라고 분명하게 말씀하신다. 그래서 그 사람은 자신에 대한 그리스도와 하나님이라는 실제적인 은택 아래에서 살아갈 뿐만 아니라, 그 사랑이 현실로 느껴지게 나타나는 것들 아래에서도 살아가게 될 것이다. 여기에서 주님께서 성부와 성자에 대해서만 언급하시고 성령에 대해서는 언급하지 않으신 것은 성자는 우리 안에 성령을 통해서 거하시기 때문이다.

22. 가룟인 아닌 유다가 이르되 주여 어찌하여 자기를 우리에게는 나타내시고 세상에는 아니하려 하시나이까.

"가룟인 아닌 유다"는 "야고보의 형제"(유 1:1)이자 알패오의 아들이었던 유다를 가리킨다. 반면에, 주님을 판 시몬의 아들 유다는 자신의 고향 이름을 따서 가룟 유다로 불렸다. 이 유다는 우리 구주께 어찌하여 제자들인 그들에게는 나타내시면서 세상에는 나타내지 않으려고 하시느냐고 물었는데, 이러한 질문은 그리스도께서 여기에서 자기를 나타내시는 것에 대하여 말씀하신 것을 제대로 이해하지 못해서 무슨 말씀인지를 알지 못해서 나온 것이었거나, 세상 사람들이 누구나 다 그들과 동일한 은혜에 참여하는 자들이 되었으면 하는 경건한 소원에서 나온 것이었거나, 유다 자신을 비롯한 사도들이 세상 사람들과 비교해서 특별히 더 나을 것도 없다고 여겨서, 주님의 사랑을 특별히 자신들에게는 나타내시고 세상 사람들에게는 나타내지 않으시는 까닭을 알지 못하겠다고 생각한 데서 나온 것이었거나, 세상의 지혜롭고 현명한 자들에게는 자신을 숨기시고, 오직 어린아이 같은 자신들을 택하셔서 그렇게 특별한 사랑으로 자신들에게 존귀함을 더하시는 하나님의 측량할 길 없는 공평하심을 깊이 찬양하는 마음에서 나온 것이었다.

23. 예수께서 대답하여 이르시되 사람이 나를 사랑하면 내 말을 지키리니 내 아버지께서 그를 사랑하실 것이요 우리가 그에게 가서 거처를 그와 함께 하리라.

사람이 나를 사랑하면 내 말을 지키리니. 주님을 사랑하는 자는 누구든지 주님의 말씀을 지킬 것이다. 즉, 그런 사람은 주님의 계명들을 지키려고 애쓰고 힘쓸 것이다. 왜냐하면, 오직 주님의 뜻에 온전히 순종하는 것만이 주님에 대한 참된 사랑을 증명해 주는 것이라면, 주님을 진정으로 사랑하는 자는 순종하려고 애쓸 수밖에 없기 때문이다. 따라서 주님을 사랑하는 자는 무엇보다도 먼저 주님이 명령하신 일들이면서 자기가 할 수 있는 일들을 행함으로써 주님께 순종하는 것을 자신의 일로 삼고자 할 것이다.

내 아버지께서 그를 사랑하실 것이요 우리가 그에게 가서 거처를 그와 함께 하리라. 내 아버지께서 더욱더 은혜를 많이 베푸셔서, 그 사람에 대한 자신의 사랑을 나타내실 것이다. 왜냐하면, 사람이 의롭다 하심을 얻고 거듭날 때까지는, 결코 하나님의 뜻에 순종하려고 애쓰고 힘쓰지 않을 것인 까닭에, 우리는 주님의 이 말씀이 하나님의 영원하신 사랑이나 그 사람을 의롭다 하시고 거듭나게 하신 것을 통해 드러난 하나님의 사랑을 의미하는 것이라고 해석할 수는 없을 것이기 때문이다. 하나님의 그러한 사랑은 우리의 순종의 결과가 아니라 원인이다. 하지만 이 절에 언급된 아버지 하나님의 "사랑"은, 앞 절에서처럼 우리의 순종의 결과로서, 아버지께서 우리에게 구체적으로 나타내시는 사랑을 가리킨다. 우리의 영혼에 대한 하나님의 사랑의 "나타남들"은 우리가 하나님과 동행하느냐의 여부에 달려 있다. 마찬가지로, 주님을 사랑하고 주님의 계명들을 지키는 자들에게로 아버지 하나님과 그리스도께서 가시겠다는 것도 하나님의 사랑의 "나타남들"을 의미한다. 즉, 그 사람의 여러 가지 필요에 맞춰서 거기에 합당한 하나님의 구체적이고 달콤한 은혜가 주어지리라는 것이다. 아니, 우리 주님께서는 주님을 사랑하고 주님의 계명들을 지키는 자에게 자기와 아버지 하나님이 가실 뿐만 아니라, 거처도 함께 하시겠다고 약속하신다. 여기에는 삼위일체 하나님의 제1위와 제2위께서 믿는 자들과 함께 거하시겠다는 약속이 나오고, 16절에서는 제3위인 성령께서 믿는 자들 속에 거하실 것이라는 약속이 이미 나왔다. 이렇게 해서, 성경에서 아주 자주 약속되었던 것, 즉 하나님께서 자기 백성 가운데 임재하시겠다는 약속이 성취될 것이었다. 우리 구주께서는 유다가 앞서 "어찌하여 자기를 우리에게는 나타내시고 세상에는 아니하려 하시나이까"라고 물었던 것의 첫 번째 부분을 이런 식으로 대답하신 것이다: 그것은 너희가 나를 사랑하고 내 말을 지키기 때문이다. 주님에 대한 우리의 사랑이나 행위들은 하나님의 영원하신 사랑이나 최초의 은혜의 원인은 아니지만, 추가적인 은혜, 특히 그 은혜의 구체적인 나타남들의 원인이 되기 때문에, 주님을 사랑하고 그 말씀을 지키지 않는 자들은 그러한 은혜를 기대하지 말아야 한다. 또한, 주님께서는 유다가 물었던 것의 두 번째 부분, 즉 "어찌하여 … 세상에는 아니하려 하시나이까"에 대해서도 계속해서 그 이유를 말씀해 주신다.

24. 나를 사랑하지 아니하는 자는 내 말을 지키지 아니하나니 너희가 듣는 말은 내 말이 아니요 나를 보내신 아버지의 말씀이니라.

주님께서 자기를 세상에 나타내지 않으시는 이유는 그들이 주님을 사랑하지도 않고 주님의 말씀들을 지키지도 않으며 도리어 자신들의 죄악을 더욱더 쌓아가고 있기 때문이고, 주님이 하신 말씀들은 자신의 뜻으로 자의적으로 하신 것들이 아니라, 인생들에게 아버지의 뜻을 계시하도록 하시기 위하여 주님을 이 세상에 보내신 아버지 하나님의 뜻이기 때문이다.

25. 내가 아직 너희와 함께 있어서 이 말을 너희에게 하였거니와.

주님께서는 이렇게 말씀하신다: 나는 내가 이 땅에 삼 년 넘게 육체로 거하는 동안 너희 가운데서 공생애 사역을 하면서, 많은 것들을 너희에게 말해 주었다.

26. 보혜사 곧 아버지께서 내 이름으로 보내실 성령 그가 너희에게 모든 것을 가르치고 내가 너희에게 말한 모든 것을 생각나게 하리라.

보혜사 곧 아버지께서 내 이름으로 보내실 성령. 여기에서 "보혜사"로 번역된 헬라어는 앞에서 그렇게 번역된 것과 동일한 단어이다. 이 단어의 의미에 대해서는 요한복음 14:16, 17에 대한 설명을 보라. 주님께서는 앞에서는 "보혜사"(즉, "위로자")와 "진리의 영"이라고 하신 것을 이제 여기에서는 "성령"이라고 하신다. 주님은 아버지께서 주 예수 그리스도의 이름으로, 즉 주님의 권위와 중보를 통해서 그 성령을 보내실 것이라고 말씀하시면서, 위로의 역사 외에 성령의 다른 두 가지 역사를 여기에서 설명해 주신다.

그가 너희에게 모든 것을 가르치고. 성령은 너희에게 모든 것들을 좀 더 자세하게 온전하게 설명해 줄 것이다. 사도들 중에서 세 사람은 이미 이 장에서 삼위일체에 관한 가르침, 즉 그리스도께서 아버지 하나님과 하나라는 것에 대한 대단한 무지를 드러내었었다. 성령은 너희가 그러한 무지 가운데 계속해서 있도록 내버려 두지 않을 것이다. 왜냐하면, 성령이 오면, 내가 이미 너희에게 가르친 모든 것들, 너희의 영원한 행복을 위하여 너희에게 꼭 필요한 모든 것들을 더 온전하게 너희에게 가르쳐 줄 것이기 때문이다.

내가 너희에게 말한 모든 것을 생각나게 하리라. 성령은 내가 가르쳐 온 것들을 너희에게 생각나게 해서, 너희는 내 말들을 좀 더 온전하고 분명하게 이해하게 될 것이다. 너희가 내 말들을 잊어버렸을지라도, 성령은 내 말들을 너희의 기억 속에 되살려 줄 것이다. 나의 말들은 땅 위에 엎질러서 다시 주워 담을 수 없는 물이 아니라, 땅 속에 심겨진 씨와 같을 것이기 때문에, 지금은 흙덩이 아래에서 썩거나 죽어서 싹이 올라오지 않는 것처럼 보여도, 결국에는 싹을 틔우고 열매를 맺게 될 것이다.

성령이 하시는 큰 일 중의 하나는, 성경의 계시들을 우리에게 기억나게 하셔서, 그 말씀들의 의미를 분명하게 깨닫게 하시고, 그 말씀들에 대한 우리의 믿음을 더욱 견고하게 해 주시며, 우리를 일깨워서 우리의 본분을 다할 수 있게 해 주시는 것이다. 그러나 우리가 유의해야 할 것은 성령께서는 새로운 말씀들을 계시해 주시지는 않고, 오직 주님께서 말씀하신 것들만을 기억나게 해 주시고, 전에 말씀을 통해 계시되었던 것인데도, 까맣게 모르고 있던 것들을 추가적으로 계시해 주시기만 한다는 것이다. 따라서 성령께서 우리에게 계시해 주시는 것은 얼핏 보면 새롭게 계시해 주시는 것들인 것처럼 보여도, 사실은 이미 말씀 속에서 계시된 것들이다. 새로운 진리라는 것은 없고, 오직 각 사람이 이전에 알지 못하였거나 잘못 알고 있던 옛 진리들을 새롭게 발견하는 것들만이 있을 뿐이다.

27. 평안을 너희에게 끼치노니 곧 나의 평안을 너희에게 주노라 내가 너희에게 주는 것은 세상이 주는 것과 같지 아니하니라 너희는 마음에 근심하지도 말고 두려워하지도 말라.

평안을 너희에게 끼치노니 곧 나의 평안을 너희에게 주노라. "평안이 너와 함께 하기를" 또는 "평안이 너에게 있기를"이라는 말은 유대인들의 평소의 인사말이었다(삼상 25:6). 그들은 온갖 좋은 것들을 "평안"이라는 이 한 단어에 다 담아서, 친구들을 만났을 때나 헤어질 때, 그런 인사로 상대방이 잘되기를 바랐다. 그리스도께서는 지금 한동안 자신의 제자들과 헤어지게 될 것을 생각하시면서, 그들의 "평안"을 비신다. 아니, 주님께서는 그들의 "평안"을 비실 뿐만 아니라, 그들에게 "평안을 끼치신다."

내가 너희에게 주는 것은 세상이 주는 것과 같지 아니하니라. 주님은 그들에게 평안을 유산으로 주시는데, 그것은 일반적이고 통상적인 평안과는 다른 종류의 평안이었고 다른 방식의 평안이었다. 그래서 사도는 그것을 복음 안에서 계시되고 주님의 피로 사신 평안이라고 부르며(엡 6:15; 롬 5:1), 주님께서는 성령으로 말미암아 우리를 구속의 날까지 인치시고, 그 성령을 통해서 우리의 심령에 평안을 주셨다고 말한다. 그리스도께서 주시는 평안은 그 사람으로 하여금 하나님과 하나 되거나 화목을 이루게 하여서, 그 양심이 쉼을 얻고 하나님의 사랑을 확신하게 해 주는 것이거나, 주님께서 그토록 자주 권하시고 역설하신 형제 사랑을 통해서 사람들과 하나가 되게 해 주는 것이다. 또한, 주님께서는 세상 사람들이 주는 것 같은 그런 평안을 주시는 것이 아니다. 세상 사람들은 진지하게 평안을 빌어 준다고 해도, 자신들이 말하는 평안이 무엇인지를 알지 못하고, 마음속으로 미워하거나 별 관심이 없는 사람들에게 거짓으로 또는 형식적으로 평안을 비는 경우도 흔하며, 어떤 사람에게 아무리 진짜로 평안을 주고 싶어도 줄 수가 없다. 하지만 그리스도께서는 하나의 유산으로서 자신의 제자들에게 평안을 끼치시고, 하나의 선물로 평안을 그들에게 주신다.

그런데도 그들에게 평안이 없다면, 그것은 그들 자신의 잘못이고 책임이다. 그래서 주님께서는 첫 번째 절에서와 마찬가지로 여기에서도 또다시 "너희는 마음에 근심하지도 말고"라고 말씀하시고, 거기에 "두려워하지도 말라"는 말씀을 덧붙이신다. 두려움은 사람들의 마음과 생각을 너무나 일상적으로, 그리고 강력하게 어지럽히고 괴롭게 만드는 그러한 감정들 중의 하나이다. 그러나 주님께서는 자신의 제자들에게 평안을 유산으로 물려 주셨고, 하나님은 한 번 주신 것들에 대해서는 후회하심이 없는 까닭에, 그들은 두려움으로 인하여 악영향을 받을 이유가 없었다. 사도 바울은 "만일 하나님이 우리를 위하시면 누가 우리를 대적하리요"(롬 8:31)라고 말한다.

28. 내가 갔다가 너희에게로 온다 하는 말을 너희가 들었나니 나를 사랑하였더라면 내가 아버지께로 감을 기뻐하였으리라 아버지는 나보다 크심이라.

내가 갔다가 너희에게로 온다 하는 말을 너희가 들었나니 나를 사랑하였더라면 내가 아버지께로 감을 기뻐하였으리라. 그들은 우리 구주께서 이렇게 말씀하시는 것을 이미 들었었다(3절). 자기가 사랑하는 사람이 잘되는 것을 마치 자기 일인 것처럼, 아니 자기가 잘되는 것보다 더 좋아하고 기뻐하는 것이 참된 사랑의 본질이다. 주님께서는 이렇게 말씀하신다: 너희가 "나를 사랑하였더라면," 즉 너희가 나를 사랑하고 있기 때문에(주님은 앞에서 그들이 그를 사랑하기 때문에, 자신을 세상에는 나타내지 않으시지만 그들에게는 나타내시는 것이라고 말씀하시면서, 이것을 이미 인정하신 바 있다, 23절), 너희는 내가 너희를 떠나게 될 것이라는 말을 들었을 때, 그렇게 분별 없이 근심하고 걱정하지 않았어야 했다. 왜냐하면, 나는 너희에게 다시 돌아올 것이라고 말하였을 뿐만 아니라, 내 아버지께로 가는 것이라고 분명히 말하였고(2절), 나는 영원히 찬송 받을 만유의 하나님인 까닭에, 아버지 하나님과 한순간이라도 떨어진 적은 없지만, 나의 인성이 아직 영광을 받지 않은 상태여서, 너희를 떠나서 영광을 받고 지극히 높임을 받아 "모든 이름 위에 뛰어난 이름"(빌 2:9)을 수여받는 것이 여기에 있는 것보다 더 훨씬 더 행복할 것이기 때문이다.

아버지는 나보다 크심이라. 아리우스파와 소키누스파가 주장하는 것과는 달리, 아버지 하나님이 성자 그리스도보다 본질에 있어서 더 크신 것은 아니고, 주님께서는 이것을 앞에서 여러 번 단언하셨다. 따라서 이 말씀은 다음 세 가지 중 하나를 의미할 수 있다: (1) 아버지 하나님은 삼위일체 하나님 안에서의 질서와 관련해서는 그리스도보다 더 크시다. 왜냐하면, 성자께서는 성부로부터 출생하셨기 때문이다. 성부께서는 영원한 출생을 통해 성자를 낳으셨다. 아타나시우스(Athanasius), 키릴로스(Cyril), 아우구스티누스(Augustine)를 비롯한 여러 교부들과 현대의 몇몇 해석자들은 이 구절을 그런 의미로 이해한다. (2) 그리스도는 아버지 하나님으로부터 중보자로 보내심을 받으셨다는 의미에서, 아버지 하나님은 그리스도보다 더 크시다. (3) 그리스도께서는 지극히 낮아지신 상태에서 지금 종의 형체로 이 땅에 계시기 때문에, 아버지는 그리스도보다 더 크시다. 주님께서 바로 앞에서 "내가 아버지께로 감을 기뻐하였으리라"고 말씀하셨다는 것을 고려하면, 세 번째 해석이 가장 합당한 것으로 보인다. 왜냐하면, 주님께서는 이 땅에서 낮아지신 모습 속에서는 사람들로부터 비웃음과 모욕과 상처를 받으시고 사탄으로부터 많은 시험을 받으셨지만, 이제 높임을 받으셔서 영광스러운 모습이 되셨을 때에는 훨씬 더 행복하실 것이었기 때문이다.

29. 이제 일이 일어나기 전에 너희에게 말한 것은 일이 일어날 때에 너희로 믿게 하려 함이라.

어떤 해악들이 우리가 예상하지도 못했는데 느닷없이 엄습했을 때, 우리의 심령은 가장 힘들어 하고 감당하기 어려워하는 법이다. 우리 구주께서는 이렇게 말씀하신다: 이러한 일들이 일어나기 전에 내가 너희에게 이 일들을 미리 알게 하는 것은, 너희가 나중에 그런 일들이 실제로 일어나는 것을 보았을 때, 깊은 슬픔과 괴로움에 압도되어서, 나에 대한 너희의 믿음이 손상을 입는 것을 막고, 도리어 이 일들이 있기 전에 내가 너희에게 이 일들에 대하여 말한 것을 기억하고서, 내가 단순한 사람이 아니라 진정으로 하나님이라는 것을 확신하고서, 나를 너희의 구주로 받아들이고 영접하여 내게 의지하도록 하기 위한 것이다.

30. 이 후에는 내가 너희와 말을 많이 하지 아니하리니 이 세상의 임금이 오겠음이라 그러나 그는 내게 관계할 것이 없으니.

나의 고난의 때가 아주 가까이 다가오고 있기 때문에, 이후에는 내가 나의 마음을 너희에게 밝힐 시간이 별로 없을 것이다. "이 세상의 임금"(이것에 대해서는 요한복음 12:31; 16:11; 엡 6:12에 대한 설명을 보라)인 마귀가 악한 천사들, 아니 자신의 도구들인 사악한 자들, 곧 유다와 군사들을 내세워서 올 것이다. 주님께서는 마귀가 왜 오는지를 여기에서 말씀하고 계시지 않지만, 우리는 그것을 쉽게 알 수 있다. "그는 내게 관계할 것이 없으니"라는 말씀은 이런 의미이다: 내게는 내가 잘못한 것이나 나를 고소할 빌미나 꼬투리가 될 만한 것들이 없기 때문에, 마귀는 내게

서 나를 해할 빌미가 될 수 있는 것은 단 하나도 찾아낼 수 없다. 나는 무죄한 자로
서 죽어서 이 땅에서 끊어지게 될 것이지만, 그것은 메시야에 대하여 예언된 대로
(단 9:26), 내 자신을 위한 것이 아니라, "허물이 그치며 죄가 끝나며 죄악이 용서되
며 영원한 의가 드러나게"(단 9:24) 하기 위한 것이다.

**31. 오직 내가 아버지를 사랑하는 것과 아버지께서 명하신 대로 행하는 것을 세
상이 알게 하려 함이로라 일어나라 여기를 떠나자 하시니라.**

나는 내 자신의 죄 때문에 죽는 것이 아니다. 사도가 그리스도에 대하여 "사람의
모양으로 나타나사 자기를 낮추시고 죽기까지 복종하셨으니 곧 십자가에 죽으심이
라"(빌 2:8)고 말한 것처럼, 내가 죽는 것은, 내가 아버지 하나님을 사랑하고 순종하
여 아버지 하나님이 내게 명하신 것들을 하나도 남김없이 다 행하였음을 세상으로
하여금 알게 하기 위한 것이다. 일어나라 여기를 떠나자. 주님께서는 식사 후에 종종
자신의 제자들에게 길게 강론을 하시곤 하셨는데, 여기에서 강론을 마치신 후에, 이
제 식사 자리에서 일어나서 가자고 말씀하신다. 어떤 이들은 이 식사가 베다니에서
있었던 것이라고 생각하지만, 나는 앞에서 말하였듯이, 이 식사는 유월절 식사와 그
직후에 있던 성찬이었을 가능성이 높다고 본다. 유월절 식사는 객실에서 행해졌고,
주님은 이제 "여기를 떠나자"고 말씀하셨기 때문에, 15장과 16장에 기록된 주님의
강론들은 주님 일행이 감람산으로 가는 도중에 말씀하신 것일 가능성이 대단히 높
다. 지금까지 우리가 살펴본 14장에 나오는 주님의 강론은 대체로 주님이 머지않아
떠나게 될 것이라는 말씀으로 인해서 근심하게 된 제자들을 달래기 위한 것이었다.

제15장

개요

1. 그리스도께서는 포도나무 비유를 통해서, 하나님이 자기 교회를 다스리신다는 것을 보여 주시고, 제자들에게 그를 믿는 믿음과 그의 가르침에 거하라고 권면하심 (1-11).
2. 자기가 지금까지 그들에게 큰 사랑을 보여 주셨던 것처럼, 그들도 서로 사랑하라고 명하심(12-17).
3. 세상이 그들을 미워하고 박해하게 될 것이라고 미리 경고하심(18-25).
4. 성령과 자신의 제자들이 자기를 증언할 것이라고 말씀하심(26-27).

우리 구주께서는 앞 장에서 자기가 앞으로 육체적으로 자신의 제자들과 함께 못할 것이라는 말씀에 근심하고 괴로워하는 제자들을 달래기 위한 말씀을 주로 하셨던 것과 마찬가지로, 이 장에서도 근심 가운데 있는 제자들을 위로하시는 말씀을 주로 전하시는데, 그들이 자신의 육체적인 부재로 인하여 위로를 받지 못할 뿐만 아니라, 영적인 감화까지 받지 못하게 되는 일이 일어나지 않도록 미연에 방지하기 위하여, 자신을 포도나무에, 그들을 가지들에 비유하셔서, 자신과 그들의 관계가 그 정도로 밀접하기 때문에, 그들이 그 안에 거하는 한, 영적인 감화를 끊임없이 받게 될 것임을 보여 주신다. 또한, 주님께서는 18절부터 27절까지는 세상으로부터 자신의 제자들이 받게 될 미움과 박해와 관련해서 그들을 위로하시는 말씀을 해 주신다. 주님은 이전부터 자기가 그들을 떠난 후에 그들에게 박해의 검은 폭풍이 몰려올 것이고, 세상의 악한 자들, 곧 그리스도의 십자가의 원수들인 유대인들과 이방인들로부터 미움을 받게 될 것이라고 자주 말씀해 오셨는데, 이제 여기에서는 여러 가지 근거를 드셔서 그들을 위로하신다. 이 위로의 성격을 띤 말씀은 이 장의 끝까지 계속되고, 아울러 다음 장까지 이어진다.

1. 나는 참포도나무요 내 아버지는 농부라.

그리스도께서는 이 말씀을 하시기 조금 전에 자신의 마지막 식사 자리에서, 포도나무의 열매를 거룩하게 구별해서 성찬의 한 요소로 삼으시고서, 하나님 나라가 도래할 때까지는 포도나무의 열매를 더 이상 마시지 않으시겠다고 말씀하셨었는데 (눅 22:18), 어떤 이들은 그것이 주님께서 포도나무에 관한 이 비유 또는 강론을 하시게 된 계기가 된 것이라고 생각한다. 어떤 이들은 주님께서는 그 때마다 우연히 보시게 된 어떤 물체나 대상을 자신의 영적인 강론에 접목시키셔서 그 소재로 삼으시는 것이 비일비재하셨다는 점에서, 예루살렘에 있는 객실에서 유월절 식사와 성찬을 마치시고, 제자들과 함께 감람산으로 가시는 도중에 포도나무를 보시고서, 이 강론을 하신 것이라고 생각한다. 실제로 주님께서는 요한복음 4장에서는 야곱의 우물의 물과 그 물에 대한 사마리아 여자의 말을 들으시고, 생수에 관한 강론을 행하셨고, 요한복음 6장에서는 오병이어의 이적을 계기로 생명의 떡에 관한 강론을 행하셨다.

주님께서 포도나무에 관한 이 강론을 행하신 계기가 무엇이었는지에 대해서는 우리가 확실하게 말할 수 있는 것은 아무것도 없지만, 우리는 주님께서 확실하게 말할 수 있는 것은, 자신과 제자들을 포도나무에 비유하셔서, 자신을 그 나무의 뿌리와 본체에, 제자들을 가지에 비유하신 것은 너무나 적절하였다는 것이다. 왜냐하면, 주님께서 지극히 낮아지셔서 이 세상에서 초라한 모습으로 살아가셨지만, 열매는 지극히 풍성하게 맺으셨다는 것이, 포도나무가 대부분의 식물보다 볼품은 없지만 많은 열매를 맺는다는 것과 서로 상통한다는 점에서나, 포도나무의 가지들은 그 뿌리와 본체에 꼭 붙어서 하나가 되어야만 살 수 있고 잘 자라나서 열매를 풍성하게 맺을 수 있는 것과 같이, 주님의 제자들도 주님을 토대로 삼고 거기에 꼭 붙어 있어야만 살 수 있고 형통할 수 있다는 점에서나(여기에서는 주로 이 점이 강조되고 있는 것으로 보인다), 포도나무 비유는 주님과 그의 제자들 간의 관계를 표현하는 데 아주 적절한 것이었기 때문이다.

우리 구주께서 이 비유를 통해서 우리에게 주로 가르치고자 하시는 것은 다음과 같이 세 가지이다: (1) 우리는 그리스도를 떠나서는 그 어떤 선한 일도 행할 수 없다. (2) 믿는 자들은 주 예수와 진정으로 하나가 되어 연합되어 있다. 따라서 믿는 자들이 믿음과 거룩한 삶을 통해서 그리스도를 붙잡고 있는 한, 주님의 감화와 아버지 하나님의 돌보심이 그들에게 있어서, 하나님께서는 끊임없이 그들에게 가지치기를 하셔서, 많은 열매를 맺게 하신다. (3) 주님을 믿는다고 하면서도 열매를 맺지 못하는 자들이라는 것이 증명되는 경우에는, 하나님께서는 그들을 잘라내 버리실 것이고, 그들은 시들어 말라서 불에 던져져 태워지게 된다.

주님께서 자신을 "참포도나무"라고 부르시는 것은, 그들의 열매는 그들 스스로 맺는 것이 아니라, 주님 안에서 맺어지는 것임을 보여 주기 위한 것이거나, 그들의 열매는 모세가 그들에게 준 제의법이나 도덕법을 지키는 것을 통해서는 맺어질 수 없고, 오직 주님과의 영적인 연합으로부터 흘러나오는 은혜의 감화력에 의해서만 맺어질 수 있다는 것을 보여 주기 위한 것이거나, 성경에서 종종 그러하듯이, 여기에서 "참"은 극히 탁월하다는 것을 의미하는 것일 수 있다. 주님께서는 자신을 "참 포도나무"에 비유하심으로써, 그가 우리의 영적인 삶과 열매의 참된 뿌리이자 지지대라는 것을 보여 주셨듯이, 아버지 하나님을 "농부"에 비유하심으로써, 자기 백성은 자신의 돌보심 아래 있을 뿐만 아니라, 아버지 하나님의 돌보심 아래에 있다는 것을 우리에게 알게 해 주시는데, 이것에 대해서는 나중에 좀 더 구체적으로 설명하신다. 또한, 주님께서는 2절에서 믿는 자들, 또는 교회의 지체들을 포도나무에 붙어 있는 가지들에 비유하신다.

2. 무릇 내게 붙어 있어 열매를 맺지 아니하는 가지는 아버지께서 그것을 제거해 버리시고 무릇 열매를 맺는 가지는 더 열매를 맺게 하려 하여 그것을 깨끗하게 하시느니라.

무릇 내게 붙어 있어 열매를 맺지 아니하는 가지는 아버지께서 그것을 제거해 버리시고. 주님께서는 앞에서 아버지 하나님의 돌보심에 대하여 잠깐 말씀하셨는데, 이제 여기에서는 그것을 좀 더 구체적으로 설명하시면서, 포도나무를 돌보는 농부가 열매를 맺지 못하는 가지들을 잘라내 버리듯이, 아버지 하나님께서도 주님께 붙어 있으면서도 열매를 맺지 못하는 가지들을 잘라내 버리실 것이라고 말씀하신다. 그러나 여기에서 이런 의문이 생긴다: 어떤 가지들이 그리스도 안에 있으면서도, 열매를 맺지 못하는 일이 과연 있을 수 있는 일인가? 그리고 어떻게 그런 일이 일어날 수 있는 것인가? 대답: (1) 어떤 이들은 이 구절을 그런 식으로 번역할 필요가 없고, "무릇 내 안에서 열매를 맺지 아니하는 가지"라고 번역하는 것이 더 적절하다고 말한다. 사실, 그리스도 안에 있지 않으면, 참된 열매를 맺는 것은 불가능하다. 그러나 그리스도와 진정으로 영적인 연합을 이룸이 없이도, 참된 열매와 아주 흡사하거나, 사람들이 열매라고 부를 수 있는 그런 열매들을 맺는 것은 얼마든지 가능하다. 훈련을 통해 습득된 온갖 도덕적인 행위들이나, 형식적으로 신앙을 고백하는 모든 행위들은 그리스도 안에 진정으로 뿌리를 내리고 그 토대 위에 서 있지 않아도 얼마든지 가능하다. 하지만 그런 경우에 하나님께서는 그런 열매들만을 맺고 참된 열매를 맺지 않는 자들을 결국 찾아내서서 잘라내실 것이다. (2) 사람들은 주님을 믿는다고 고백하고 세례를 받아(롬 6:3) 눈에 보이는 교회의 지체들이 되어 주기적으로 예배를 참석하게 되면, 자기가 포도나무이신 주님께 붙어 있게 된 가지들이 되었다고 스스로 확신하게 되지만, 실제로는 주님과 영적으로 하나가 되어 진정으로 참포도나무의 가지가 된 것은 아닌 경우가 있다. 그러나 그런 자들은 주님 안에 있는 것이 아니기 때문에 참된 열매를 맺을 수 없다. 따라서 하나님께서는 그들에게서 자신의 억제하시는 은혜를 거두시거나, 그들에게 강력한 미혹들을 보내서서 거짓말들을 믿게 하시거나, 그들을 자신들의 상실한 마음과 시악한 욕심들과 육정들 속에 내버려 두시거나, 그들의 은사들을 거두어 가시거나, 그 밖의 이런저런 방식으로 그들을 잘라내 버리실 것이고, 그들은 영광 중에 계신 하나님과 영원한 사귐을 결코 갖지 못하게 된다.

무릇 열매를 맺는 가지는 더 열매를 맺게 하려 하여 그것을 깨끗하게 하시느니라. 그러나 어떤 사람이 그리스도 안에서 참된 영적인 열매를 맺는 경우에는, 아버지 하나님께서는 그리스도의 피를 그 사람의 양심에 추가적으로 뿌리시거나(히 10:22, "우리가 마음에 뿌림을 받아 악한 양심으로부터 벗어나고 몸은 맑은 물로 씻음을 받았으니"), 자신의 성령으로 그 사람 안에서 불로 역사하여 그 사람의 찌꺼기들을 정화하게 하시고 물로 역사하여 그 사람의 더러운 것들을 씻어내게 하시거나, 자신의 말씀을 통해서(벧전 1:22, "너희가 진리를 순종함으로 너희 영혼을 깨끗하게 하여 거짓이 없이 형제를 사랑하기에 이르렀으니"), 또는 믿음을 통해서(행 15:9, "믿음으로 그들의 마음을 깨끗이 하사"), 또는 십자가들과 환난들을 통해서(사 1:25; 27:9) 그 사람을 깨끗하게 하심으로써, 그 사람으로 하여금 거룩하고 의로운 일들이라는 열매를 더 많이 맺을 수 있게 하신다.

3. 너희는 내가 일러준 말로 이미 깨끗하여졌으니.

이제 배신자가 너희에게서 나갔기 때문에, 너희는 모두 깨끗하지만, 그것은 너희가 어떤 공로가 되는 일들을 행하였기 때문도 아니고, 결례를 비롯한 율법의 온갖 예식들을 지켰기 때문은 더더욱 아니며, 오직 너희가 내 말을 믿고 순종하였기 때문이다(엡 5:26; 벧전 1:22). 성경에서는 우리가 깨끗하게 된 원인을 그리스도의 피 덕분으로 돌리기도 하고, 성령 덕분으로 돌리기도 하며, 말씀 덕분으로 돌리기도 한다. 왜냐하면, 우리는 그리스도의 피로 씻음을 받아 깨끗하게 되어 의롭다 하심을 얻지만, 죄악된 세상에 발을 딛고 살아가다 보면, 매일매일 더러워지는 까닭에, 우리에게서 더러운 찌꺼기들을 제거하셔서, 하나님의 뜻에 순종하게 만드는 말씀과 성령의 정화하시는 역사를 통해서 우리의 더러워진 발을 씻을 필요가 있게 되기 때문이다.

4. 내 안에 거하라 나도 너희 안에 거하리라 가지가 포도나무에 붙어 있지 아니하면 스스로 열매를 맺을 수 없음 같이 너희도 내 안에 있지 아니하면 그러하리라.

우리가 그리스도 안에 거한다는 것은 주님의 말씀에 거하는 것(7절), 주님의 사랑 안에 거하는 것(10절), 주님의 성령 안에 거하는 것(요일 2:27), 주님께서 행하신 대로 행하는 것(요일 2:6), 빛에 거하는 것(10절), 범죄하지 않는 것(요일 3:6)이다. 주님께서 여기에서 권면하시는 것이 거룩한 삶과 행실이라는 것은 의심의 여지가 없다. 왜냐하면, 그러한 삶 자체가 그리스도의 사랑 안에 거하는 것임과 동시에, 그리스도와의 연합과 교제를 유지시켜 주는 것이기 때문이다. 우리와 그리스도 간의 연합은 해소될 수 없고, 우리와 그리스도 간의 교제는 완전히 끊어질 수 없지만, 주님께서 이런 권면을 하시는 데에는 그럴 만한 충분한 이유가 있다. (1) 주님과 우리의 연합과 교제는 우리 편에서 믿음과 성결한 삶이 있어야만 유지될 수 있기 때문이다. (2) 시편 기자가 "내 하나님이여 내 하나님이여 어찌 나를 버리셨나이까 어찌 나를 멀리 하여 돕지 아니하시오며 내 신음 소리를 듣지 아니하시나이까"(시 22:1)라고 부르짖은 것에서 알 수 있듯이, 우리 편에서 믿음과 성결한 삶이 있지 않으면, 우리가 주님과 연합되어 있고 교제하고 있다는 의식이 우리의 심령 속에서 희미해지거나 완전히 사라질 수 있기 때문이다. (3) 믿는 자 속에는 하나님의 씨가 거하기 때문에, 우리가 완전히 떨어져 나가거나(루터파의 입장) 최종적으로 떨어져 나가는(교황주의자들의 입장) 일은 없지만, 우리는 상당한 정도로는 주님과의 교제로부터 멀어지고 떨어져 나갈 수 있기 때문이다.

따라서 주님께서는 우리가 주님 안에 거할 수 있도록 하시기 위하여, 온갖 근거들을 제시하시며, 우리가 할 수 있는 것들은 무엇이든지 다 행하라고 간곡하게 권면하실 필요가 있으셨고, "나도 너희 안에 거하리라"는 약속을 덧붙여서서, 우리로 하여금 하나님의 사랑 안에 거하기 위하여 모든 노력을 다하여야 한다는 것을 아주 적극적으로 설득하실 필요가 있으셨다: 너희가 내 안에 거하려고 애를 쓰기만 한다면, 나는 너희를 도와서, 너희가 내 안에 거할 수 있게 해 줄 것이다. 너희가 내 안에 거하는 것을 방해하는 모든 것들과 있는 힘을 다해 싸우고자 하기만 한다면, 나는 너희를 도와서, 너희가 그 모든 장애들을 이기고 내 안에 거하게 해 줄 것이다. 너희가 내 안에 거하려고 하기만 한다면, 나는 계속해서 너희에게 은혜를 공급해 줄 것이고, 너희는 그 은혜 안에 서 있게 될 것이며(롬 5:2), "믿음으로 말미암아 하나님의 능력으로 보호하심을 받아" "말세에 나타내기로 예비하신 구원을 얻게" 될 것이다(벧전 1:5). 그러나 가지는 스스로 열매를 맺을 수 없다는 것을 명심하라. 가지가 일단 포도나무에서 분리되면 시들어 말라 죽게 되는 것과 마찬가지로, 너희도 내 안에 거하지 않으면 열매를 맺을 수 없다.

5. 나는 포도나무요 너희는 가지라 그가 내 안에, 내가 그 안에 거하면 사람이 열매를 많이 맺나니 나를 떠나서는 너희가 아무 것도 할 수 없음이라.

나는 포도나무요 너희는 가지라. 내가 포도나무라면, 너희는 그 가지들이다. 가지들은 포도나무로부터 끊임없이 수액을 공급받지 않으면, 열매를 맺을 수 없다. 그러나 포도나무로부터 끊임없이 수액을 공급받기만 하면, 포도나무 가지들처럼 열매를 풍성하게 맺는 나무도 없다. 마찬가지로, 나의 은혜의 성령의 끊임없는 감화와 역사가 너희에게 없다면, 너희는 완전히 메말라서 아무런 열매도 맺지 못하게 될 것이지만, 성령의 감화와 역사가 너희에게 끊임없이 공급되기만 한다면, 너희는 열매를 맺게 될 뿐만 아니라, 많은 열매를 맺게 될 것이다. 왜냐하면, 나의 그러한 지속적인 감화와 역사가 없이는, 너희는 거의 아무것도 할 수 없게 될 뿐만 아니라, 하나님이 보시기에 진정으로 선하고 받으실 만한 것들은 전혀 할 수 없게 될 것이기 때문이다.

6. 사람이 내 안에 거하지 아니하면 가지처럼 밖에 버려져 마르나니 사람들이 그것을 모아다가 불에 던져 사르느니라.

우리 주님께서는 포도나무, 가지들, 농부의 비유를 계속해 나가신다: 너희가 알다시피, 포도나무를 가지치기 해 줄 때가 오면, 포도원지기는 열매는 맺지 못하면서 무성하게만 자란 가지들을 잘라내어 땅에 버리는데, 그렇게 버려진 가지들은 즉시 푸르른 생기를 잃어가다가 결국 마르고, 얼마 후에는 사람이 와서 땔감으로 쓰기 위해 그 마른 가지들을 모아다가 불에 던져 넣으면, 거기에서 다 타 버리고 만다. 너희의 경우도 마찬가지여서, 너희가 열매를 맺지 않으면, 하나님께서는 너희에게서 자신의 은혜를 거두어 가 버리시고, 그런 후에는 너희에게는 허울만 남아서, 너희의 신앙 고백이나 너희에게 주어진 은혜와 은사들은 시들어 소멸되어 가게 된다. 그러면, 심판 날에 하나님께서 천사들을 시켜서 너희를 모아다가 지옥에 던져 넣게 하실 것이고(마 13:40-41), 거기에서 너희는, 불에 태워지는 마른 나무가지들은 비교가 되지 않을 정도로 극심한 고통을 당하며 영원히 불살라지게 될 것이다.

7. 너희가 내 안에 거하고 내 말이 너희 안에 거하면 무엇이든지 원하는 대로 구

하라 그리하면 이루리라.

우리 주님께서는 앞에서 그들에게 "내 안에 거하라"고 말씀하셨는데, 이제 여기에서는 그 말씀이 무슨 의미인지를 다른 식의 표현을 사용하셔서 설명하신다: "내 안에 거하라"는 것은 "내 말," 곧 내 교훈들과 약속들이 "너희 안에 거하게" 하라는 것이다. 따라서 너희는 나의 약속들을 믿음으로 받아들여서 간직하고, 내가 너희에게 준 교훈들과 계명들에 순종하여 살아야 한다. 왜냐하면, 만일 너희가 그렇게 하지 않는다면, 복음 설교를 통해서 나의 말들이 너희의 귀에 들려온다고 할지라도, 너희의 귀는 그 소리만을 받아들이게 될 뿐이고, 나의 말들은 너희의 심령 속에 거할 수 없게 될 것이기 때문이다. 그러나 나의 말이 너희 속에 거하는 경우에는, 너희가 성경의 다른 곳들에서 말하는 여러 조건들과 제한들을 지켜, 하나님의 뜻을 따라(요일 5:14) 믿음으로(마 21:22) 하나님의 영광과 존귀를 위하여(우리의 모든 행위의 목적은 이것이 되어야 하기 때문에) 그리스도의 이름으로(요 14:13-14) 무엇이든지 구하면, 너희가 구한 것들은 그대로 이루어지게 될 것이다.

8. 너희가 열매를 많이 맺으면 내 아버지께서 영광을 받으실 것이요 너희는 내 제자가 되리라.

너희가 열매를 많이 맺으면. 주님께서는 여기에서 자신의 제자들에게, 자기 안에 거해서 많은 열매를 맺어야 할 필요성을 두 가지 근거 위에서 역설하신다. 내 아버지께서 영광을 받으실 것이요. 하나님이 영광을 받으시게 하는 것은 우리의 삶의 목적이다: "너희가 먹든지 마시든지 무엇을 하든지 다 하나님의 영광을 위하여 하라"(고전 10:31). 사람들이 열매, 곧 "거룩함에 이르는 열매"(롬 6:22)를 많이 맺게 되면, 하나님께서는 영광을 받게 되신다: "이같이 너희 빛이 사람 앞에 비치게 하여 그들로 너희 착한 행실을 보고 하늘에 계신 너희 아버지께 영광을 돌리게 하라"(마 5:16). 나무는 자신 속에 있는 원래의 수액을 잘 흡수하고, 나무가 서 있는 곳의 땅의 자양분을 잘 공급받으며, 따뜻한 햇볕을 받게 될 때, 각각의 나무의 본성에 제각각 열매를 맺게 된다. 나무들은 서로 다른 본성을 지니고 있기 때문에, 그 열매도 각기 다르다(마 7:16-18). 그래서 성경에서는 죄의 열매는 사망이라고 말하고, 의의 열매는 생명이라고 말한다. 사망은 모든 사람이 그리스도에게 접붙임될 때까지 본성적으로 자연스럽게 맺는 열매이다. 그러나 어떤 영혼이 그리스도께 접붙임이 되었을 때에는, 성령으로 말미암아 거듭나고 새로워져서 새로운 본성을 얻게 되기 때문에, 더 이상 자신의 옛 본성을 따라 그 옛 본성으로부터 사망의 열매를 맺지 않게 되고, 자신의 새로운 본성을 따라 새로운 본성으로부터 생명의 열매를 맺게 된다. 쟁기질과 써레질을 해서 잘 개간한 땅이 자신의 본성을 따라 잡초들이나 일반적인 풀들을 내지 않고, 하늘로부터 내리는 촉촉한 이슬과 따뜻한 햇빛의 힘을 빌려서, 거기에 뿌려진 씨앗의 종류에 따라 열매를 내는 것과 마찬가지로, 사람들의 마음 밭도 회개와 중생을 통해서 잘 개간되고 거기에 의의 씨가 뿌려지면, 더 이상 타락하고 부패한 정욕과 욕심들이라는 잡초를 내지 않게 되고, 단지 인간의 본성에 부합하는 일반적인 풀들만을 내는 것이 아니라, 거기에 뿌려져서 거하는 말씀이라는 새로운 씨의 새로운 본성에 따라 의와 생명의 열매들을 내게 된다. 따라서 사람들의 심령이 하나님에 의해서 새로워지고, 하나님이 주시는 은혜로 말미암아 비료가 뿌려져서 비옥하게 되면, 의와 거룩함의 열매를 많이 맺게 되어서, 하나님께 존귀와 영광을 돌리게 된다.

너희는 내 제자가 되리라. 사람들이 열매를 맺기 위해서는 먼저 그리스도의 제자가 되어야 하지만, 그들이 그리스도의 참된 제자라는 것을 보여 주는 유일한 증거는 열매를 많이 맺는 것이다. 따라서 그들은 열매를 많이 맺을 때, 그리스도의 제자로 나타나게 된다. 이렇게 성경에서는 "~이다"나 "되다"가 "나타나다, 발견되다"라는 의미로 사용되는 경우가 흔하다. 예를 들면, 요한복음 8:31의 "너희가 내 말에 거하면 참으로 내 제자가 되고"는 "내 제자로 나타나고" 또는 "내 제자로 발견되고"라는 의미이고, 로마서 3:4의 "사람은 다 거짓되되 오직 하나님은 참되시다 할지어다"는 "하나님은 참되신 것으로 나타나다" 또는 "하나님은 참되신 것으로 발견되다"라는 의미이다.

9. 아버지께서 나를 사랑하신 것 같이 나도 너희를 사랑하였으니 나의 사랑 안에 거하라.

우리 구주께서는 앞에서 자기 안에 거하고, 자기 말이 우리 안에 거하게 하여, 많은 열매를 맺으라고 명하셨는데, 여기에서는 자신의 사랑 안에 거하라고 명하신다. 주님께서 "나의 사랑 안에 거하라"는 말씀은 그들에 대한 하나님과 그리스도의 사랑, 즉 주님께서 자신의 참된 제자들에게 보여 주신 바로 그 사랑 안에 거하라는 말씀으로 해석될 수도 있기는 하지만, 나는 그들에 대한 그리스도의 사랑이 아니라, 그리스도에 대한 그들의 사랑을 가리키는 것으로 이 말씀을 해석하고자 한다. 이렇게 후자로 해석하게 되면, 주님께서는 자신의 제자들에게, 자기가 그들을 사랑하였고 사랑하고 있다는 것을 마음에 두고서, 자신의 말들과 계명들을 지켜서 거룩한 삶을 살아감으로써, 예수 그리스도에 대한 그들의 참된 사랑을 나타내 보이라고 권면하시는 것이 되기 때문에, "아버지께서 나를 사랑하신 것 같이 나도 너희를 사랑하였으니"는 "나의 사랑 안에 거하라," 즉 너희의 성결한 삶을 통해서 나에 대한 사랑을 계속해서 보이라는 것의 근거가 된다. 여기에서 불변화사 "같이"는 단지 비교의 의미로 사용된 것이기 때문에, 두 사랑이 서로 동등하다는 것을 나타내지는 않고, 단지 둘 다 크고 참되다는 것만을 나타낸다. 즉, 그것은 "아버지께서 나를 진정으로 사랑하시는 것 같이 그렇게 진정으로"를 뜻하거나, "내 아버지께서 나를 사랑하신 그 사랑과 어느 정도 비례해서, 나도 그렇게 큰 사랑으로 너희를 사랑하였다"는 것을 뜻한다. 그리스도에 대한 아버지 하나님의 사랑은 영원하고 불변하며 꾸준하고 온전하며 완벽하고 지혜로우며 의롭고 자유롭다. 이 모든 점에서, 그리스도께서는 아버지 하나님께서 그를 사랑하시는 것 같이 그렇게 자기 백성을 사랑하신다. 그렇기 때문에, 주님의 백성들은 주님을 사랑해서, 그 말씀을 지켜 성결의 삶을 살아감으로써, 주님에 대한 자신들의 사랑을 드러내고, 이러한 사랑의 상태가 지속되게 하여야 한다.

10. 내가 아버지의 계명을 지켜 그의 사랑 안에 거하는 것 같이 너희도 내 계명을 지키면 내 사랑 안에 거하리라.

이 절에 나오는 "내 사랑 안에 거하리라"는 말씀도 앞에서처럼 두 가지로 해석될 수 있다. 첫 번째는 능동의 의미로 읽어서, 요한복음 14:15에서 주님께서 "너희가 나를 사랑하면 나의 계명을 지키리라"고 하신 말씀을 따라, "나에 대한 너희의 사랑을 지속해 나가라"는 뜻으로 해석하는 것이다. 그리스도의 계명들에 순종하는 것은 그리스도에 대한 우리의 사랑이 참되다는 것을 보여 줄 수 있는 유일한 길이다. 두 번째는 수동의 의미로 읽어서, 다음과 같이 해석하는 것이다: 너희는 내 은총 안에 거하게 될 것이고, 나는 너희를 사랑할 것이다. 그런 식으로 나도 내 아버지의 사랑 안에 거하고 있다. 나는 단지 나의 말과 표현을 통해서나, 내 아버지께서 요구하신 종교예식들을 지키는 것을 통해서가 아니라, 내게 맡겨진 아버지의 모든 뜻과 계획을 그대로 행하고, 모든 일에서 아버지께 순종함을 통해서, 내 아버지에 대한 나의 사랑을 나타내 보이고 있다. 내 아버지께서 나를 사랑하시는 것 같이, 나도 너희를 사랑한다. 그러므로 너희는 내가 내 아버지의 사랑 안에 거하는 것과 동일한 방식과 수단으로 내 사랑 안에 거하여야 한다. 제자가 그 선생을 뛰어넘지 못하고, 종이 그 주인을 뛰어넘지 못하는 법이다.

11. 내가 이것을 너희에게 이름은 내 기쁨이 너희 안에 있어 너희 기쁨을 충만하게 하려 함이라.

내가 너희에게 내 안에 거하고, 내 사랑 안에 거하며, 내 말 안에 거하여, 많은 열매를 맺어야 한다는 표현을 통해서, 너희에게 성결의 삶을 살도록 이처럼 역설하는 목적은, 너희가 지속적으로 나의 기쁨의 원인이 되게 하고, 내가 너희를 계속해서 기뻐하기 위한 것이다. "기쁨"은 이성이 있는 심령이 자기가 사랑하고 원하는 대상과의 연합 속에서 만족하는 것 외에 다른 것이 아니다. 그리스도께서는 자신의 제자들이 자신들의 인간 본성이 제대로 작동함으로써 온전하게 되기를 바라시기 때문에, 그들이 자신의 계명들에 순종하여 그들 가운데 자신의 뜻이 이루어지는 것을 기뻐하신다고 말씀하시는 것은 당연하다. 성경에서 하나님께서 기뻐하신다고 할 때, 그것은 그런 의미인 경우가 많다. 또한, 그리스도께서 이렇게 자신들의 계명을 지켜 성결한 삶을 살라고 자신의 제자들에게 이렇게 강권하시는 이유는 단지 그들을 통하여 주님이 기쁨을 얻으시기 위한 것이 아니라, 그들의 기쁨이 충만해져서, 그들로 하여금 믿음에 수반되는 "모든 기쁨과 평강"(롬 15:13), "그리스도의 평강"(골 3:15), "모든 지각에 뛰어난 하나님의 평강"(빌 4:7)을 충만히 누리게 하시기 위한 것이다. 그리스도를 기쁘시게 하는 사람은 누구든지 스스로도 이루 말할 수 없는 기쁨과 평강을 누리게 되고, 성령을 근심하게 하는 자는 누구든지 스스로도 근심과 슬픔에 빠지게 된다.

12. 내 계명은 곧 내가 너희를 사랑한 것 같이 너희도 서로 사랑하라 하는 이것이니라.

이것은 요한복음 13:34에서 우리 주님께서 "새 계명"이라고 부르신 것이다. 자세한 것은 거기에 나오는 설명을 보라. 주님께서는 앞에서도 이미, 자기 말을 지키고, 자기 말에 거하며, 자신의 계명들을 지키라고 말씀하셨었는데, 여기에서는 자신의 계명이 무엇인지를 그들에게 말씀해 주신다. 이 계명은 물론 주님의 유일한 계명은 아니지만, 주님이 무척 강조하고 역설하시는 계명이었고, 자신의 교회를 이 세상에서 유지하고 한데 결속시키는 데 꼭 필요한 것임과 동시에(사랑은 어떤 모임을 한데 묶는 아주 강력한 요소라는 점에서), 주님께서 바리새인들의 율법 해석을 바로잡아 주시는 말씀(마 5장)을 통해서 알 수 있듯이, 다른 어떤 계명들보다도 더 순종하기가 어려운 계명이었기 때문에, 강조해서 말씀하실 수밖에 없으셨던 계명이었다. 주님께서는 자기 제자들을 사랑하셨기 때문에, 그만큼 더 이것을 한층 역설하신다. 우리의 형제들에 대한 우리의 사랑은 우리에 대한 그리스도의 사랑과 비교가 되지 않을 정도로 작기 때문에, 주님께서는 우리가 우리에 대한 주님의 사랑을 하나의 푯대로 삼아서, 그러한 사랑으로 우리의 형제들을 사랑하기 위하여 애를 쓰라고 하신다. 여기에서 사용된 "같이"도 앞에서와 마찬가지로 동등의 의미는 지니지 않고, 오직 비교의 의미만을 지닌다: 내가 너희를 진심으로 사랑하고 가장 높은 수준의 사랑으로 너희를 사랑하였듯이, 너희도 서로를 그런 사랑으로 사랑하려고 애써야 한다.

13. 사람이 친구를 위하여 자기 목숨을 버리면 이보다 더 큰 사랑이 없나니.

친구를 위하여 목숨을 버리는 사랑이 최고의 사랑인 이유는 이 세상의 통상적인 상황에서는 사람들에게 가장 소중한 것은 "목숨"이기 때문이다: "가죽으로 가죽을 바꾸오니 사람이 그의 모든 소유물로 자기의 생명을 바꿀지라"(욥 2:4). 사람이 자기가 소유하고 있는 것들 중에서 가장 소중한 것을 친구를 위하여 버린다면, 그 사랑보다 더 큰 사랑은 존재할 수 없다. 그래서 우리 구주께서는 자기가 이제 머지 않아 사람들이 일반적으로 가장 소중한 것으로 여기는 자신의 "목숨"을 그들을 위하여 내어놓으실 것이었기 때문에, 바로 그러한 사실을 근거로 삼아서, 자기가 그들을 얼마나 지극한 사랑으로 사랑해 오셨고, 지금도 사랑하고 계시는지를 증명하신다. 성경에서는 흔히 이 사실을 근거로 들어서, 우리에 대한 그리스도의 사랑이 지극히 크셨음을 우리에게 역설하고, 우리가 형제들을 그런 사랑으로 사랑하여야 한다고 역설한다(엡 5:2; 요일 3:16).

그러나 성경은 그리스도께서 "단번에 죄를 위하여 죽으사 의인으로서 불의한 자를 대신하셨으니"(벧전 3:18)라고 말하거나, "우리가 원수 되었을 때에 그의 아들의 죽으심으로 말미암아 하나님과 화목하게 되었다"(롬 5:10)고 말하는데, 그리스도께서는 왜 여기에서 자기가 친구들을 위하여 자기 목숨을 버리신 것이라고 말씀하신 것인가? 대답: 첫 번째로, 우리는 여기에 언급된 "친구들"을 관계를 나타내는 단어로 해석하지 말고, 단지 사랑의 대상들을 의미하는 것으로 해석할 수 있다는 것이다. 즉, 여기에서 "친구들"은 쌍방적인 것이든 일방적인 것이든 우리의 사랑이 머무는 대상인 사람들을 의미한다. 그런 의미에서 "세상"은 하나님의 사랑의 대상이었기 때문에, 하나님은 세상을 위하여 자신의 독생자를 보내셨다: "하나님이 세상을 이처럼 사랑하사 독생자를 주셨으니"(요 3:16). 두 번째로, 우리는 그리스도께서는 그 악한 행실들로 인하여 자신의 원수들이었던 자들을 위하여 죽으셨지만, 그들은 그리스도의 죽으심으로 말미암아 하나님과 화목을 이루고 그리스도의 친구들이 되었기 때문이라는 것이다. 그러나 첫 번째 대답이 더 나은 것으로 보인다. 왜냐하면, 사람들은 하나님의 원수들이고, 오직 화해의 말씀을 받아들이고 그리스도를 믿게 되었을 때에만, 하나님과 화목하게 될 수 있는데, 그리스도께서는 그런 것과는 상관없이 모든 사람들에게 화목의 길을 열어 주시기 위하여 죽으신 것이기 때문이다.

14. 너희는 내가 명하는 대로 행하면 곧 나의 친구라.

우리 주님께서는 자신의 계명들을 순종하는 것이야말로 그리스도에 대한 우리의 사랑을 증명할 수 있는 유일한 수단이라고 말씀하시며 순종을 역설해 오셨는데, 이제 여기에서는 그들이 주님의 계명들에 순종하여야 할 새로운 이유를 제시하신다. 즉, 그들이 주님이 명하시는 대로 행하면, 그들은 주님의 "친구"라는 존귀한 신분이 되리라는 것이다.

15. 이제부터는 너희를 종이라 하지 아니하리니 종은 주인이 하는 것을 알지 못함이라 너희를 친구라 하였노니 내가 내 아버지께 들은 것을 다 너희에게 알게 하였음이라.

주님께서 자신의 제자들에게 "이제부터는 너희를 종이라 하지 아니하리니"라고 말씀하셨다고 해서, 그것이 주님에 대한 그들의 의무와 섬김으로부터 그들을 해방시켜 주시는 것은 아니다. 왜냐하면, 주님께서는 앞에서 그들에게 자신의 계명들에 순종하라고 역설하시면서, 그들이 자기에게 그런 의무가 있다는 것을 이미 분명하게 선언하셨고, 그런 전제 아래에서 이렇게 말씀하신 것이기 때문이다. 따라서 주님은 여기에서 단지 그들은 평범한 종들이 아니라, 그러한 종들을 훨씬 뛰어넘는 존귀함과 은총과 친밀함을 지닌 자들이기 때문에, 자기가 그들을 종이 아니라 친밀하고 친근한 친구로 대해 왔다는 것을 보여 주고 계시는 것이다. 왜냐하면, 세상에서 일반적인 주인들은 자신의 생각이나 마음을 자기 친구들에게는 알려 주고, 특히 자신의 그러한 생각이나 마음이 그들이 알아야 할 필요가 있는 경우에는 더욱더 그렇게 하지만, 종들에게는 그런 것들을 알려 주지 않고, 오직 그 종들이 주인을 섬겨서 일을 하는 데 필요한 것들만을 지시하는 것과 마찬가지로, 주님께서는 자신의 제자들에게, 그들이 자기를 섬겨 해야 할 일들만을 알려 주시고 지시하신 것이 아니라, 그들에게 "천국의 비밀을 알게" 해 주시고(마 13:11), 그들에 대한 아버지 하나님의 계획이나, 아버지 하나님의 뜻으로서 그들에게 전해 주어야 할 것들이나, 자신의 계명들에 순종하여 그들이 행해야 할 것들을 포함해서, 그들과 관계가 있거나 그들에게 유익이 될 것들은 무엇이든지 다 말씀해 주셨기 때문이다.

16. 너희가 나를 택한 것이 아니요 내가 너희를 택하여 세웠나니 이는 너희로 가서 열매를 맺게 하고 또 너희 열매가 항상 있게 하여 내 이름으로 아버지께 무엇을 구하든지 다 받게 하려 함이라.

흠정역 번역자들은 "너희가 나를" 너희의 주와 선생과 구주로 "택한 것이 아니요 내가 너희를 택하여 세웠나니"라고 번역하였는데, 여기에서 "세웠다"로 번역된 헬라어 '에테카'(ἔθηκα)는 "내가 너희를 어떤 신분이나 지위에 두었다"는 것을 의미한다. 주님께서 여기에서 "택하였다"고 하셨는데, 이것이 어떤 택하심을 의미하는지에 대해서 신학자들 간에 논란이 있다. 어떤 이들은 우리 구주께서 그들을 사도로 택하신 것(눅 6:13; 요 6:70)에 대하여 말씀하고 계시는 것이라고 생각한다. "택하였다"는 것을 이런 식으로 이해하는 사람들은 "가서 열매를 맺는다"는 말씀은 사도들이 나가서 복음을 전하여 모든 족속에게 세례를 주고 이방인들 가운데서 열매를 맺는 것을 의미하는 것이라고 본다. 그러나 어떤 이들은 우리 구주께서 그들에 대한 자신의 지극히 큰 사랑의 근거로서 자기가 그들을 "택하였다"는 것을 제시하고 계시는데, 유다는 사도로 택하심을 받았으면서도 주님의 그러한 사랑을 받지는 못했다는 점에서, 여기에서 "택하셨다"는 것은 영생으로의 택하심을 의미하는 것이라고 생각한다. 또한, 요한복음 13:18에서 주님께서 "내가 너희 모두를 가리켜 말하는 것이 아니니라 나는 내가 택한 자들이 누구인지 앎이라"고 말씀하신 것도 이 견해에 유리하게 작용하는 것으로 보인다. 아우구스티누스(Augustine)를 비롯한 몇몇 교부들은 주님의 이 말씀을 근거로 삼아서, 택하심 및 특별 은총과 관련된 하나님의 절대주권을 증명하였다. 우리는 이 두 가지 해석을 하나로 결합시킬 수 있을 것이다. 왜냐하면, 지금 주님께서 이 말씀을 하고 계시는 대상들인 열한 제자들은 이 두 가지 모두의 의미에서 택하심을 받은 자들이었기 때문이다. 즉, 그들은 이방인들 가운데서 "열매를 맺고" 많은 사람들을 의로 돌아오도록 하기 위하여 택하심을 받은 것이기도 하고, 동시에 그리스도의 복음에 순종하여 거룩함의 열매를 맺도록 하기 위하여 택하심을 받은 것이기도 하다. 주님께서 이렇게 그들을 택하신 것은, 그들로 하여금 열매를 맺을 뿐만 아니라, 그들의 열매가 항상 있게 하시고, 그렇게 하심으로써 그들이 언제든지 은혜의 보좌 앞으로 나아가서, 주 예수 그리스도의 이름과 공로와 중보를 통해서 아버지 하나님께 구하는 것들을 다 얻게 하시기 위한 것이었다. 요한복음 14:13-14에 대한 설명을 보라.

17. 내가 이것을 너희에게 명함은 너희로 서로 사랑하게 하려 함이라.

이것은 우리가 앞에서 이미 들은 것과 동일한 명령이지만, 우리는 여기에서 이것을 복음의 사역자들인 그들에 대한 주님의 좀 더 특별한 당부로 이해할 수도 있을 것이다. 왜냐하면, 하나님이 교회에 세우신 사역자들 간의 상호적인 사랑은 하나님의 교회의 유익과 평안을 위하여 그 필요성이 절실하기 때문이다.

18. 세상이 너희를 미워하면 너희보다 먼저 나를 미워한 줄을 알라.

이 장의 후반부에서 우리 주님께서는, 자기가 자신의 제자들에게서 떠나가자마자, 세상이 그들에게 퍼부을 저 미움을 예상하고서, 그들이 느끼는 근심 및 두려움과 관련해서, 자신의 참된 제자들을 위로하신다. 미움은 마음속에 뿌리를 두고 있고 마음으로부터 생겨나는 것으로서, 원래는 특정한 사람을 못마땅하게 생각하는 것이다. 이 미움은 마음속에서 부글부글 끓어올라서, 그 특정한 사람에 대한 혐오감과 분노와 악의, 그 사람에게 해악을 가하고 멸하고자 하는 욕구를 길러내고, 입술을 통해서는 거짓말과 비방과 중상모략, 저주와 악담과 욕을 통해 표출되며, 손을 통해서는 자신의 힘이 할 수 있는 한 그 사람에게 온갖 해악을 가하고 해코지를 하는 것으로 나타난다. 여기에서 "미워한다"는 것은 이 모든 것들을 포괄한다. 또한, 여기에서 "세상"은 선한 사람들과 대비되는 악인들을 가리키는 것임에 틀림없다. 악인들은 땅에 속한 자들로서, 오직 세상적인 것들 외에는 맛이나 흥미를 느끼지 못해서, 오직 세상적인 것들만을 추구하는 자들이기 때문에, 성경에서는 흔히 악인들을 "세상"이라고 부른다. 주님께서 자신의 제자들에 대한 악인들의 미움과 관련해서 제자들을 위로하시기 위하여 가장 먼저 하신 것은, 세상은 그들을 미워하기 전에 이미 자기를 미워하였다는 것을 상기시켜 주시는 것이었다. 그런데 그들은 주님의 제자들이라는 이유로 미움을 받게 될 것이었기 때문에, 이것은 사실 당연한 것이었다.

19. 너희가 세상에 속하였으면 세상이 자기의 것을 사랑할 것이나 너희는 세상에 속한 자가 아니요 도리어 내가 너희를 세상에서 택하였기 때문에 세상이 너희를 미워하느니라.

사람들은 세상에 있으면서도 세상에 속하지 않을 수 있다. 여기에서 "세상에 속한 자들"은 궁리하는 것이나 의도하는 것이나 계획하는 것이나 좋아하는 것이 세상 사람들과 같은 육신적인 사람들을 의미하는데, 요한복음 8:44, 47에 나오는 "마귀에게서 난" 자와 "하나님께 속한 자"도 그런 맥락 속에서 정의된다. 만일 너희가 좋아

하는 것이나 추구하는 것이나 관심을 갖는 것이 세상에 속한 자들과 같고, 너희가 행하고자 하는 것들이 세상에 속한 자들이 행하고자 하는 것들과 같다면, 생각과 행동이 자신과 같은 사람들을 사랑하는 것이 모든 사람의 본성이기 때문에, 세상에 속한 자들은 너희를 사랑하고 기뻐하며 너희를 선대하고 너희에게 온갖 좋은 것들을 베풀어 주고자 할 것이다. 그러나 너희는 내가 택하여 세상으로부터 불러내어, 그들과 정반대되는 새로운 마음과 새로운 성정과 새로운 성향과 취향을 준 자들이어서, 너희의 기질과 성정과 취향과 성향은 세상에 속한 자들과 같지 않기 때문에, 세상은 너희를 미워하고, 너희의 삶의 원리들이 자신들과는 정반대인 것을 보고서, 너희를 미워하고 혐오하며, 기회만 있으면 너희에게 온갖 해악을 가하고자 할 것인데, 그들의 이러한 생각과 행동은 그들의 마음속에 뿌리 깊이 자리 잡고 있는 미움과 악의로부터 나오는 것들이다. 이렇게 우리 주님께서는 세상이 자신의 제자들을 미워하는 근본적인 원인은 자기가 그들을 택하였기 때문이라는 것을, 그들을 위로하시는 두 번째 근거로 사용하신다. 즉, 그들이 세상으로부터 미움을 받는 것은, 그들의 잘못이나 죄 때문이 아니라, 그들이 그리스도의 사랑의 대상들이 되어서, 성령으로 말미암아 그들의 마음속에 그리스도의 사랑이 부어지고, 거룩한 성정들과 성향들이 생겨나서, 세상에 속한 자들과는 완전히 다른 사람들이 되었기 때문이라는 것이다.

20. 내가 너희에게 종이 주인보다 더 크지 못하다 한 말을 기억하라 사람들이 나를 박해하였은즉 너희도 박해할 것이요 내 말을 지켰은즉 너희 말도 지킬 것이라.

나는 요한복음 13:16에서는 너희에게 자기를 낮추고 스스로 낮아져서 사랑 가운데서 서로를 섬기라고 역설하기 위해서, "종이 주인보다 더 크지 못하다"는 격언적인 표현을 사용하였고, 마태복음 10:24에서는 너희를 처음으로 전도를 위하여 파송할 때, 여기에서 말한 것과 동일한 취지로 "사람들이 나를 박해하였은즉 너희도 박해할 것"이라는 근거로 그 표현을 사용한 바 있다. 세상이 너희의 주인인 나를 곱게 보지 않았듯이, 나의 종들인 너희도 결코 곱게 보아주지 않을 것이다. 너희는 그들이 나를 미워하였다는 것을 알고 있으니, 그들이 너희도 박해하리라는 것을 예상하고 있어야 한다. 하지만 하나님께서 그 마음을 여셔서 내 말을 지키게 하실 사람들은 너희의 말도 지킬 것이다. 왜냐하면, 너희는 내가 한 말들을 그들에게 설명해 주고 간곡하게 권하는 일을 하게 될 것이기 때문이다.

21. 그러나 사람들이 내 이름으로 말미암아 이 모든 일을 너희에게 하리니 이는

나를 보내신 이를 알지 못함이라.

여기에서 "내 이름으로 말미암아"는, 마태복음 10:22에 나오는 "너희가 내 이름으로 말미암아 모든 사람에게 미움을 받을 것"이라는 말씀과 마찬가지로, "나로 인하여" 또는 "나 때문에"를 의미한다: 너희는 나와 내 복음을 전하고 시인하며 고백한다는 이유로 박해를 받게 될 것이다. 만일 그들이 나를 보내신 이를 진심으로 믿어서 알고 사랑한다면, 너희를 그렇게 대하지 않을 것이다. 성경, 특히 이 복음서에서 "안다"는 것은 단순히 우리의 지각으로 어떤 대상을 인식하는 것을 의미하는 것이 아니라, 그러한 지식이나 인식에 걸맞은 온갖 열매들이 현실 속에서 나타나는 방식으로 아는 것을 의미한다. 따라서 이 본문은 주님께서 세상의 미움에 대비하여 자신의 제자들을 무장시키기 위한 두 가지 추가적인 근거를 담고 있다. 즉, 주님께서는 그들이 박해받는 것은 첫 번째로는 그들 자신의 잘못 때문이 아니라 그리스도의 이름 때문이고, 두 번째로는 세상에 속한 자들이 무지하고 눈멀어 있기 때문이라고 말씀하심으로써, 그들에 대한 박해가 그리스도의 이름이라는 고귀한 원인과 사람들의 무지로 인한 것임을 보여 주시면서, 그들을 위로하신다.

22. 내가 와서 그들에게 말하지 아니하였더라면 죄가 없었으려니와 지금은 그 죄를 핑계할 수 없느니라.

내가 와서 이런 말을 하지 않았더라면, 그들은 적어도 나를 보내신 이를 알아 보지 못한 이 죄는 짓지 않았을 것이다. 또는, 그들에게는 지금과 같은 그런 정도의 죄는 없었을 것이다. 또는, 그들은 자신의 죄에 대하여 변명하거나 핑계할 수 있는 여지가 있었을 것이다. 하나님의 뜻을 몰랐다는 것은 죄인들에게 그들의 죄를 완전히 면해 주는 구실이 되지는 않지만, 그들의 죄를 논할 때에 부분적으로 참작될 수 있는 사항이다. 여기에서 세 번째로 제시된 해석은 이 절의 후반부에 나오는 말씀의 의미인 것으로 보인다. 왜냐하면, 그러한 해석은 "죄가 없었으려니와"라는 구절을 핑계할 구실이 있었을 것이라는 의미로 해석함으로써, 후반부에 나오는 "그 죄를 핑계할 수 없느니라"와 직접적으로 반대되는 말씀으로 보는 것이기 때문이다. 그들이 그리스도를 대적하고 기어코 죽인 것은 그들이 지은 죄들 중에서 가장 큰 죄였는데, 만일 그리스도께서 육신을 입으시고 이 땅에 오셔서 복음을 전하지 않으셨다면, 그들은 적어도 그리스도에 대하여 적대감과 악의를 보이는 죄를 저지르지는 않았을 것이고, 나중에 심판 날에 "주여 우리가 어느 때에 주께서 주리신 것이나 목마르신 것이나 나그네 되신 것이나 헐벗으신 것이나 병드신 것이나 옥에 갇히신 것을 보고 공양하지 아니하더이까"(마 25:44)라고 말하며, 그리스도가 누구이신지를 알지 못하였다고 변명할 수 있었을 것이다. 우리 구주께서는 이렇게 말씀하신다: 그러나 이제 그들은 나와 내 아버지 하나님을 알아보지 못한 것에 대하여 그 어떤 변명이나 핑계도 댈 수 없다. 왜냐하면, 내가 와서, 그 어떤 사람도 할 수 없고 오직 하나님의 권능으로만 할 수 있는 그런 일들을 그들 앞에서 행하면서, 내 아버지의 마음과 뜻을 그들에게 나타내었는데도, 그들은 끝까지 나를 영접하지 않았기 때문이다.

23. 나를 미워하는 자는 또 내 아버지를 미워하느니라.

이 말씀은 요한복음 5:23에서 "아들을 공경하지 아니하는 자는 그를 보내신 아버지도 공경하지 아니하느니라"고 말씀하신 것과 동일하다. 사람들은 그리스도와 그의 복음을 미워하는 분명한 원수들이면서도, 자신들이 하나님을 사랑한다고 착각하는 경우가 많다. 우리 구주께서는 그런 일은 불가능하다고 말씀하신다. 보내심을 받은 자를 미워하는 자는 그를 보내신 자도 미워하는 것이다. 아버지 하나님과 그리스도는 하나이시기 때문에, 그리스도를 미워하거나 그리스도의 원수이면서, 아버지 하나님의 원수가 되지 않는 것은 불가능하다. 주님의 이 말씀은 유대인들의 죄를 더욱 가중시키는 것이었고, 동시에 자신의 원수들인 자들이 실제로는 하나님의 원수들이라는 사실은 그리스도의 제자들에게 큰 위로가 되는 것이었다.

24. 내가 아무도 못한 일을 그들 중에서 하지 아니하였더라면 그들에게 죄가 없었으려니와 지금은 그들이 나와 내 아버지를 보았고 또 미워하였도다.

우리 구주께서는 자기가 하나님의 보내심을 받은 자라는 것을 선언하시고, 유대인들이 주님을 받아들이지 않은 것은 변명할 여지가 없다는 것을 증명하시기 위하여, 흔히 자신이 행하신 일들을 근거로 제시하시는데, 여기에서는 후자의 목적을 위하여, 자신의 일들을 근거로 제시하시면서, 자기는 그 어떤 사람도 행하지 못한 일들을 자신의 권능과 힘으로 행하였다고 말씀하신다. 그리스도께서는 오병이어로 오천 명을 먹이신 이적, 날 때부터 맹인이었던 사람의 눈을 뜨게 해 주신 이적, 불치병에 걸린 수많은 병자들을 고쳐 주신 것 등과 같이, 인류 역사상 그 누구도 할 수 없었던 그런 일들을 행하셨다. 또한, 선지자들이나 사도들은 하나님께서 주신 권능을 힘입어서 여러 이적들을 행하였던 반면에, 주님께서 그런 이적들을 행하신 방식은 선지자들이나 사도들과는 전혀 달라서, 순전히 자신의 권능과 힘으로 그런 일들을 행하셨다. 엘리사는 수넴 여인의 아들을 다시 살렸지만, 그것은 기도를 통해서였고, 베드로는 나면서부터 못 걷게 된 사람을 고쳤지만, 그것은 "나사렛 예수 그리스도의 이름으로 일어나 걸으라"고 명령한 것이었다(행 3:6). 물론, 그리스도께서도 나사로를 다시 살리실 때에는 기도를 사용하셨지만, 주님께서 이적들을 행하실 때에 통상적으로 사용하셨던 방식은 말씀으로 명령하시는 것이었고, 이것은 선지자들이나 사도들이 이적들을 행할 때에 사용하였던 방식과는 전혀 다른 것이었다. 유대인들 중에는 그리스도를 하나님으로부터 보내심을 받은 분으로 여긴 자들이 많았지만, 여전히 대다수는 그렇게 여기지 않았고, 그리스도께서 행하신 이적들은 옛적에 엘리야나 엘리사, 또는 그 밖의 다른 선지자들이 행하였던 이적들과 별반 다를 게 없다고 여겼다. 하지만 주님께서 하나님의 권능으로 오직 하나님만이 행하실수 있으신 일들을 행하신 것은 주님이 하나님으로부터 위임받으신 일을 하시기 위하여 하나님의 권세를 덧입으시고서 하나님에게서 보내심을 받으셨다는 것을 확증해 주기에 충분한 것이었다. 이제 우리 구주께서는 이렇게 말씀하신다: 만일 내가그 어떤 사람도 행할 수 없고 오직 하나님으로부터 나온 권능을 힘입어야만 행할 수있고 하나님으로부터 권세를 수여받지 않고는 행할 수 없는 그런 일들을 그들의 면전에서 행하지 않았더라면, 그들의 죄가 지금처럼 이 정도로 크지는 않았을 것이지만, 지금은 내가 내 아버지 하나님으로부터 보내심을 받았다는 것을 그들은 이미 알고 있다. 그런데도 그들이 나에 대하여 지독한 악의를 가지고서 계속해서 나를 죽이고자 한다는 것은, 그들이 아버지 하나님으로부터 보내심을 받은 나만이 아니라, 나를 보내신 내 아버지에 대해서도 동일한 증오와 악의를 지니고 있다는 것을 분명하게 보여 주는 것이다.

25. 그러나 이는 그들의 율법에 기록된 바 그들이 이유 없이 나를 미워하였다 한 말을 응하게 하려 함이라.

여기에 나오는 불변화사 '히나'(ἵνα)는 목적과 원인을 가리키는 것이 아니라 단지 결과를 가리키는 용법으로 사용된 것이기 때문에, 이 구절은 "이는 … 한 말을 응하게 하려 함이라"로 번역하기보다는 "그러나 이렇게 해서 … 한 말이 응하게 되었느니라"로 번역하는 것이 더 나을 것이다. "율법"은 엄밀한 의미에서의 율법, 즉 모세 율법을 가리키는 것이 아니라, 우리가 앞에서 이 단어가 나왔을 때에 설명하였듯이, 성경 전체를 가리킨다. 우리 구주께서는 이렇게 말씀하신다: 하지만 이 일은 선지자 다윗이 나에 대하여 예언한 대로 이루어진 것일 뿐이다. 또는, 이 일은 나의 모형으로서의 다윗에게 먼저 이루어졌고, 다음으로는 내게서 온전히 성취된 것일 뿐이다. 주님의 이 말씀도 장차 세상으로부터 미움과 박해를 받게 될 제자들을 붙들어 주고 격려해 주시기 위한 또 하나의 근거로서의 의미를 지닌다. 왜냐하면, 제자들이 장차 박해를 받게 되는 것은 성경에 미리 예고된 예언들이 성취되는 것일 뿐이라는 사실은 이 모든 것이 하나님의 주관하심 아래에서 진행되는 것임을 보여 주는 것이기 때문이다.

26. 내가 아버지께로부터 너희에게 보낼 보혜사 곧 아버지께로부터 나오시는 진리의 성령이 오실 때에 그가 나를 증언하실 것이요.

보혜사로서의 성령, 성령이 아버지 하나님과 성자로부터 보내심을 받으리라는 것, 성령은 진리의 영이라는 것 등에 관한 것은 우리가 요한복음 14:16, 26에서 이미 자세하게 살펴보았기 때문에, 거기에 나오는 설명들을 참조하라. 신학자들은 여기에서 성령이 "아버지께로부터 나오신다"는 것이 무엇을 의미하는지에 대하여 의문을 제기하였는데, 어떤 이들은 이것은 단지 성령께서 아버지 하나님으로부터 나와서 오순절에 제자들에게 부어졌다는 것을 의미할 뿐이라고 이해하지만, 어떤 이들은 성령의 영원한 유출을 의미한다고 이해한다. 첫 번째 해석을 지지하는 이들은 여기에서 하나님께서 어떤 외적인 표징을 통해서 자기 자신을 나타내시는 것을 가리키는 데 사용된 헬라어 단어가 칠십인역에서도 동일한 용법으로 사용되고 있다는 것을 증거로 제시하고, 요한복음 8:42("이는 내가 하나님께로부터 나와서 왔음이라 나는 스스로 온 것이 아니요 아버지께서 나를 보내신 것이니라")과 16:28("내가 아버지에게서 나와 세상에 왔고 다시 세상을 떠나 아버지께로 가노라")에서도 이 단어가 동일한 의미로 사용되고 있다고 주장한다. 그러나 대다수의 최고의 해석자들은 이것이 성령의 영원한 발출(the eternal procession)을 가리키는 것으로 이해한다: (1) 주님께서는 여기에서 성령이 아버지로부터 나오시는 것과 아버지께서 성령을 보내시는 것을 구별한다. (2) 주님께서는 성령을 보내시겠다고 약속하신 후에, 추가적으로 여기에서는 성령이 아버지로부터 나오시는 분이라고 설명하고 있는 것으로 보인다. (3) 여기에서 사용된 "나온다"는 헬라어는 신약성경에서 일시적으로 보낸다는 의미로 사용된 예가 전혀 없다.

어떤 이들은 이렇게 말할 것이다: 그러나 성령은 아들로부터 나오시는 것이 아닌가? 대답: 그리스도 정교회는 후대에 이 본문을 주된 증거로 삼아서, 성령이 아들로부터 나온다는 것을 부정하였지만, 좀 더 정통적인 교회들은 다음과 같은 이유들을 들어서, 성령이 아들로부터도 나온다는 것을 변함없이 긍정하고 천명해 왔다: (1)

주님께서는 여기에서 자기가 성령을 보낼 것이라고 말씀하신다. (2) 성령은 흔히 "그리스도의 영"(롬 8:9; 갈 4:6)으로 불린다. (3) 그렇지 않다면, 그리스도와 성령 간에는 인격적인 관계가 존재하지 않게 된다. 우리 구주께서는 여기에서 먼저 자기가 성령을 보낼 것이라고 말씀하신 후에, 자신의 제자들이 혹시라도 자신의 증언을 의심하거나, 자기가 주제넘게 말씀한 것이라고 생각하지 않도록 하시기 위하여, 추가적으로 성령은 아버지께로부터 나오시는 것이라고 덧붙이신 것이다. 그가 나를 증언하실 것이요. 주님께서는 성령은 사도들에게 은사들을 충만하게 부어 주어서, 또는 하나님의 백성의 심령에 대고 주님을 증언하실 것이라고 말씀하신다.

27. 너희도 처음부터 나와 함께 있었으므로 증언하느니라.

또한, 주님께서는 사도들과 그들의 후계자들도 복음을 전함으로써 자기를 증언하게 될 것이라는 말씀을 덧붙이신다. 주님을 증언하는 일은 특히 "미리 택하신 증인들"(행 10:41)인 사도들의 몫이다: "우리는 유대인의 땅과 예루살렘에서 그가 행하신 모든 일에 증인이라"(행 10:39); "이 생명이 나타내신 바 된지라 이 영원한 생명을 우리가 보았고 증언하여 너희에게 전하노니 이는 아버지와 함께 계시다가 우리에게 나타내신 바 된 이시니라 우리가 보고 들은 바를 너희에게도 전함은 너희로 우리와 사귐이 있게 하려 함이니"(요일 1:2-3). 사도들은 그리스도께서 공생애 사역을 시작하실 때부터 계속해서 그리스도와 함께 하였기 때문에, 누구보다도 그리스도를 제대로 잘 증언할 수 있는 자들이었다. 우리는 나중에 주님의 사도들과 성령이 합력하여 그리스도를 증언하는 모습을 보게 될 것이다(행 5:32, "우리는 이 일에 증인이요 하나님이 자기에게 순종하는 사람들에게 주신 성령도 그러하니라").

제16장

개요

1. 내가 이것을 너희에게 이름은 너희로 실족하지 않게 하려 함이니.

내가 너희에게 이런 말을 한 것은, 너희가 그러한 박해의 폭풍들이 일어나서 너희에게 거세게 몰아닥치는 것을 보겠지만, 그럴지라도 그 박해의 폭풍들이 너희로 하여금 너희가 마땅히 해야 할 본분들로부터 손을 떼게 만들거나, 나와 내 복음을 시인하고 고백하는 것을 두려워하거나 부끄러워하게 만드는 빌미나 시험이 되지 못하도록 하기 위한 것이다. 우리가 생각하지도 못하고 준비하지도 못한 해악들이 갑자기 닥치면, 우리는 더욱더 큰 타격을 입게 된다. 따라서 여기에서 "실족한다"는 것은, 지나치게 근심하고 괴로워하게 되거나, 배교하거나 자신의 본분을 내팽개치고자 하는 유혹을 받게 되는 것을 의미한다.

2. 사람들이 너희를 출교할 뿐 아니라 때가 이르면 무릇 너희를 죽이는 자가 생각하기를 이것이 하나님을 섬기는 일이라 하리라.

성경에서 흔히 도시들의 여러 구역들이나 마을들에서 공적인 예배를 드리기 위한 곳들을 가리키는 데 사용되는 "회당"이라는 용어는 유대인들에게 특유한 것이었지만, 이 단어가 어느 곳에서나 사람들이 함께 모이는 모임을 의미할 때에는, 유대인들만이 아니라 어느 민족에 대해서도 사용될 수 있었다. 우리 주님은 자신이 요한복음 15:18에서 "세상이 너희를 미워하면 너희보다 먼저 나를 미워한 줄을 알라"고 이미 경고하신 것과 동일한 맥락 속에서, 여기에서도 자기가 그들로부터 떠나게 되면, 유대인들이 먼저 그들을 이단자들이나 분리주의자로 몰아서 출교시킬 것이라고, 자신의 제자들에게 미리 경고하신다. 나는 우리 구주께서 여기에서 말씀하신 것은 그 때 이후로 일어나 왔고, 지금도 교황의 폭정 아래에서 일어나고 있는 일에 대한 예언으로 보지 못할 이유가 없다고 생각한다. 또한, 후반부에 나오는 "무릇 너희를 죽이는 자가 생각하기를 이것이 하나님을 섬기는 일이라 하리라"는 말씀도, 일차적으로는 유대인들이 스데반을 신성모독으로 단죄하고 돌로 쳐 죽인 것을 비롯해서 다른 많은 그리스도인들을 죽이면서, 그렇게 하는 것이 하나님을 잘 섬기는 것이라고 생각한 것에 적용될 수 있지만, 세상 끝날에 이르기까지 그런 동일한 착각 속에서 그런 동일한 짓을 자행하는 다른 모든 자들에게도 그대로 적용된다는 것은 분명하다.

3. 그들이 이런 일을 할 것은 아버지와 나를 알지 못함이라.

이것은 우리 주님께서 요한복음 15:21에서 "사람들이 내 이름으로 말미암아 이모든 일을 너희에게 하리니 이는 나를 보내신 이를 알지 못함이라"고 하신 말씀과 동일한 것으로서(거기에 나오는 설명을 보라), 선한 자들에 대한 모든 박해는 박해자들이 아버지 하나님과 그리스도를 모르는 데서 기인한다는 것을 우리에게 가르쳐 준다. 따라서 그리스도를 믿는다고 고백하고 세례를 받아 복음의 빛 아래 있으면서도 여전히 아버지 하나님과 그리스도를 모르는 상태로 살아가는 자들은 누구든지 박해자로 돌변할 가능성을 날마다 안고 있는 것이다. 왜냐하면, 주님께서는 여기에서 박해의 원인이 무지라고 말씀하시기 때문이다. 사람들이 하나님의 백성을 괴롭히고 박해하는 것이 그들이 아버지 하나님과 예수 그리스도를 알지 못하기 때문이라는 사실은 고난 받고 박해 받는 하나님의 백성들의 고통을 어느 정도 덜어 주는 것이 될 수 있다. 왜냐하면, 그들이 하나님을 알지 못한다면, 하나님의 백성을 알거나 사랑하거나 인정해 줄 것을 그들에게 바라는 것은 무리이기 때문이다.

4. 오직 너희에게 이 말을 한 것은 너희로 그 때를 당하면 내가 너희에게 말한 이것을 기억나게 하려 함이요 처음부터 이 말을 하지 아니한 것은 내가 너희와 함께 있었음이라.

나는 내가 내 아버지께로 간다는 것, 성령이 오시리라는 것, 너희가 세상으로부터 고난을 당하게 되리라는 것 등과 같은 것들을 너희에게 이미 밝혔는데, 이렇게 내가 앞에서 너희에게 말한 모든 것들이 장차 반드시 일어나는 것을 너희는 보게 될 것이다. 그리고 그 때에 너희는 그것들이 내가 이렇게 너희에게 말하였던 것들이라는 것을 기억하게 될 것이다. 내가 너희에게 장차 일어날 그런 일들을 이렇게 미리 너희에게 말해 준 것은, 그 일들이 실제로 일어났을 때, 너희가 내가 한 말들을 기억 하고서, 내가 사람의 모양으로 이 땅에 왔지만, 사실은 영원히 찬송 받으실 하나님 이어서, 장차 일어날 일들을 다 알고서, 너희에게 다 말해 주었다는 것을 알게 하기 위한 것이다. 내가 너희와 꽤 오랜 시간 동안 함께 있어 왔는데도, 처음부터 너희에 게 이러한 일들, 즉 세상이 너희를 미워하고 박해하리라는 것(주님은 이것을 마태 복음 10:16에서 그들에게 말씀해 주시기는 하셨지만, 그 때는 이미 그들과 함께 한 지 상당 기간이 지난 후였다), 내가 죽어야 하고, 죽은 후에는 다시 부활하여 승천하 리라는 것 등을 말해 주지 않은 것은, 그 때에는 내가 너희와 함께 있어서, 유대인들 의 모든 미움이 내게로 집중적으로 부어져서, 내가 너희의 방패막이가 되어 줄 수 있었고, 너희는 그들의 미움의 예봉을 피할 수 있었기 때문이었다. 또한, 나는 너희 들에게 천국에 관한 다른 가르침들을 베풀어서, 너희가 나의 죽음과 승천에 대한 계 시를 받을 준비가 될 때까지는, 나에 관한 그러한 일들을 일부러 숨겼다가, 너희가 준비된 후에야 그 일들을 너희에게 조금씩 알려 주었고, 이제 내가 이 세상을 떠날 때가 가까워졌기 때문에, 그것 때문에 근심하는 너희를 위로하기 위하여 보혜사 성 령께서 오시리라는 약속을 너희에게 해 주게 된 것이다.

5. 지금 내가 나를 보내신 이에게로 가는데 너희 중에서 나더러 어디로 가는지 묻 는 자가 없고.

나는 이렇게 많은 지혜로운 이유들로 인해서 처음부터 너희에게 이런 일들을 말 해 주지 않았지만, 이제는 내가 죽어야 한다는 것을 너희에게 드러내 놓고 말하지 않으면 안 되는 때가 왔다. 이제 나는 죽겠지만, 죽은 자 가운데서 다시 살아나서, 내가 지금까지 행해 온 일을 수행하도록 나를 이 세상에 보내신 내 아버지께로 돌 아가서, 내가 원래 있었던 곳으로 다시 돌아가게 될 것이다. 그런데 너희는 내가 어 디로 가는지에 대하여 대충 물어보는 시늉만 하였을 뿐이고(요한복음 13:36에서 베 드로는 "주여 어디로 가시나이까"라고 물었었다), 내가 어디로 가는지를 제대로 알 지도 못하면서, 그것에 대하여 진지하게 생각하거나 물어보는 자가 없다.

6. 도리어 내가 이 말을 하므로 너희 마음에 근심이 가득하였도다.

너희는 내가 너희를 떠나서 육체적으로 너희와 함께 하지 못하게 될 때, 너희는 어떻게 될 것인가를 생각하는 것에만 온통 사로잡혀서, 나의 죽음과 부활과 승천이 나와 너희에게 어떤 유익이 있는지에 대해서는 찬찬히 제대로 생각해 보지도 않고,

너희의 마음속에는 앞으로의 일에 대한 근심과 걱정만이 가득하다.

7. 그러나 내가 너희에게 실상을 말하노니 내가 떠나가는 것이 너희에게 유익이라 내가 떠나가지 아니하면 보혜사가 너희에게로 오시지 아니할 것이요 가면 내가 그를 너희에게로 보내리니.

주님께서는 자신이 그들을 떠나가는 것이 사실은 자기에게도 유익이었지만, 지금 여기에서는 그렇게 말씀하시지는 않으신다. 왜냐하면, 주님께서 요한복음 17:5에서 "아버지여 창세 전에 내가 아버지와 함께 가졌던 영화로써 지금도 아버지와 함께 나를 영화롭게 하옵소서"라고 말씀하셨듯이, 주님의 인성은 승천 때까지는 영광을 받지 않았기 때문이었다. 그래서 주님은 자기가 떠나가는 것이 자신의 제자들에게 유익이라고만 말씀하신다. 성도들도 자기가 죽기를 원할 수 있지만, 그것은 그들 자신의 유익을 위한 것이다. 사도 바울도 "내가 그 둘 사이에 끼었으니 차라리 세상을 떠나서 그리스도와 함께 있는 것이 훨씬 더 좋은 일이라 그렇게 하고 싶으나 내가 육신으로 있는 것이 너희를 위하여 더 유익하리라"(빌 1:23-24)고 말한다. 반면에, 그리스도께서는 자신의 제자들의 유익을 위하여 죽고자 하신다. 왜냐하면, 주님께서 자신의 죽음을 통해서 인류의 죄악을 속량하시고, 인류를 하나님과 화목하게 하시는 길을 여시는 사역을 끝마치실 때까지는, 오순절에 성령이 그들에게 임하실 수 없기 때문이었다. 그리스도께서 먼저 죽으셨다가 다시 살아나셔서 하늘에 오르신 후에, 그리스도의 죽으심과 수난이 가져다준 한 탁월한 열매로서, 자신의 성령을 모든 육체에 부어 주시고자 하신 것은 하나님이 세워 놓으신 영원한 계획이었다(행 2:32, 33; 엡 4:11). 우리는 하나님의 계획들에 대하여, 하나님이 왜 그런 식으로 계획하셨는지에 대한 확실한 이유들을 다 알 수 있거나 제시할 수 있는 것은 아니지만, 바로 이 계획과 관련해서는 그 이유를 쉽게 추측해 볼 수 있다. 즉, 하나님께서 그리스도의 죽으심과 성령의 보내심을 그런 식으로 안배하신 이유는, 하나님이 성령을 보내시는 것이 그리스도의 죽음의 열매라는 것을 보여 주심과 동시에, 성령을 보내시는 일에는 그리스도께서 아버지 하나님과 함께 관여하고 계신다는 것을 보여 주시기 위한 것이다. 따라서 성령은 영광을 받으신 그리스도로부터 보내심을 받게 되어 있었고(요 7:39), 성령이 이 땅에 오셔서 하실 일은 그리스도의 영광을 나타내는 것이었다(요 16:14). 요한복음 16:14에서 주님께서는 "그가 내 영광을 나타내리니 내 것을 가지고 너희에게 알리시겠음이라"고 말씀하시는데, 성령이 그렇게 하시는 것은 세상으로 하여금 삼위일체의 신비를 더 잘 이해하도록 하기 위한 것이다. 모든 사람이 고백하듯이, 성부는 하늘에 계신다. 성자는 많은 증인들이 보는 앞에서 하늘로 올라가셨다. 앞으로 보게 되겠지만, 성령은 큰 위엄과 영광 가운데 하늘로부터 강림하셨다(행 2:2-3).

8. 그가 와서 죄에 대하여, 의에 대하여, 심판에 대하여 세상을 책망하시리라.

성령께서 오순절에 오시면, 사람들의 마음속에서의 내적인 역사를 통해서, 그리고 사도들인 너희에게 주신 은사들을 통해서 세상을 책망하실 것이다. 여기에서 "세상"은 몇몇 본문들에서 사용되고 있는 용례처럼 모든 사람들을 의미하고, 여기에서 언급된 성령의 역사는 육신적이고 악한 자들에게만 국한되지 않는다. (1) "책망하다"로 번역된 단어는 여기에서 성령은 요한복음 14:16에 나오는 "보혜사"라는 개념이 아니라, "대언자, 변호자"라는 좀 더 넓은 개념으로 사용되고 있다는 것을 우리에게 알게 해 준다. 따라서 흠정역 번역자들은 7절에 나온 이 단어를 "보혜사"로 번역하였지만, "대언자"로 번역하는 쪽이 더 나았을 것이라고 생각된다. 왜냐하면, 책망하시는 역사는 보혜사로서의 성령의 역사라기보다는 대언자로서의 역사라고 보는 것이 더 합당하기 때문이다. (2) 여기에서 "책망하다"로 번역된 단어는 흔히 꾸짖는 것을 의미하고 그런 식으로 번역된다(눅 3:19; 요 3:20; 엡 5:11, 13). 그것은 정색을 하고 꾸짖는 것을 의미한다(히 12:5, "그에게 꾸지람을 받을 때에 낙심하지 말라"; 계 3:19, "무릇 내가 사랑하는 자를 책망하여 징계하노니"). 그러나 이 단어는 죄 등을 깨닫게 해 주는 것을 의미하기도 한다(요 8:9, 46; 고전 14:24; 딤후 4:2; 딛 1:9 등). 하지만 우리의 심령은 총체적으로 부패하고 타락해 있기 때문에, 우리가 어떤 것이 진리라고 고백하거나 가장 선한 것임을 알고 있다고 해도, 그것을 마음으로 받아들이려고 하는 것이 아니라, 도리어 우리의 의지의 완악함으로 인해서, 우리의 지각을 통해서 깨달은 것들을 인정하지도 않고 진리의 빛도 거부해 버리는 까닭에, 우리의 죄를 깨닫게 해 주고 분별할 수 있게 해 주는 것과 우리의 의지를 압박하여 우리의 죄를 인정하게 하는 것은 별개의 것이다. 따라서 주님께서는 여기에서 성령이 오시면 조명의 역사를 통해서 사람들을 진리 가운데로 인도할 뿐만 아니라(이것에 대해서는 이미 앞에서 말씀하셨다), 사람들의 마음과 의지를 꾸짖어 압박해서, 그들 중 일부는 진리를 받아들여 거기에 합당한 삶을 살게 하고, 그들 중 일부는 변명할 여지가 없게 만드실 것이라고 약속하고 계시는 것이다. 성령이 세상에게 깨우쳐 주는 것들은 죄와 의와 심판인데, 주님께서는 이후의 절들에서 이 각각의 것들을 좀 더 자세하게 설명하신다.

9. 죄에 대하여라 함은 그들이 나를 믿지 아니함이요.

여기에서 한 가지 의문이 생기는데, 그것은 이 말씀이 성령께서 세상에게 일반적인 죄를 깨우쳐 줄 것이라는 의미인가, 아니면 주 예수 그리스도를 믿지 않는 저 특정한 죄를 깨우쳐 줄 것이라는 의미인가 하는 것이다. 전자의 견해는 8절에 나오는 "죄"는 여기에서와는 달리 "그들이 나를 믿지 아니함이요"라는 말씀이 첨가되어 있지 않기 때문에, 전자의 의미로 사용되고 있는 것으로 보인다는 장점이 있고, 성령은 세상에게 오직 한 가지 죄만을 깨우쳐 주는 것이 아니라는 점에서, 성령의 역사라는 측면에서도 더 적절해 보인다. 후자의 견해는 이 절에서 "그들이 나를 믿지 아니함이요"라는 말씀이 첨가되어 있다는 점에서 이 절에 나오는 "죄"의 의미로 적절해 보이는 장점이 있지만, 사실 주님께서 이 말씀을 첨가하신 것은 단지 성령이 세상에게 깨우쳐 주시는 모든 죄들 중에서 특히 중대한 죄를 하나의 예로 드신 것으로 볼 수도 있다. 실제로 그리스도께서 당시에 세상에 오셨고, 자기가 아버지 하나님에게서 보내심을 받은 분이라는 아주 분명한 증거들을 보여 주셨는데도 불구하고, 그가 오신 세상의 그 지역에 살던 대부분의 사람들이 그를 참 메시야로 영접하지 않은 것은, 당대의 가장 큰 죄였다. 이제 우리 구주께서는 이렇게 말씀하신다: 내가 내 아버지께로 가면, 성령을 보낼 것인데, 성령께서는 나의 사도들에게 은사들을 주어, 세상 사람들의 상당수를 깨우치셔서, 그들이 나를 참 메시야이자 세상의 구주로 영접하지 않는 것에 대하여 아무 말도 할 수 없게 만들고 단 한 마디도 변명할 말이 없게 만드실 것이다. 또한, 성령께서는 사람들의 심령에 내적으로 역사하셔서, 나를 믿지 않는 것이 죄라는 것을 깨우쳐 주어서, 그들로 하여금 나를 믿고 구원을 받게 하실 것이다.

10. 의에 대하여라 함은 내가 아버지께로 가니 너희가 다시 나를 보지 못함이요.

주님께서는 성령이 오셔서 세상을 깨우치실 때에 그 주제가 될 두 번째의 것으로 "의"를 말씀하시는데, 거의 모든 해석자들은 이 "의"가 그리스도께서 이루신 의를 가리킨다고 보고, 오직 일부 해석자들만이 그리스도 안에 내재되어 있던 의를 가리키는 것으로 보면서, 이런 이유로 그리스도는 "의로우신 이"라 불린다고 말한다. 따라서 후자의 견해에 의하면, 이 말씀의 의미는 이런 것이 된다: 유대인들은 지금 내가 귀신들렸다고 하면서, 바알세불을 힘입어서 귀신들을 쫓아낸다고 말한다. 그들은 나를 메시야를 참칭하는 자이자 백성들을 미혹하는 자라고 비난하고, 세리들과 죄인들의 친구라고 부른다. 그러나 내가 보낼 성령께서 오시면, 내가 그들이 욕하고 비방하였던 그런 이가 아니라, 의롭고 공의로운 이였다는 것을 세상에게 깨우쳐 줄 것이다. 이것은 사도행전 2장과 3장에서 수많은 사람들이 회심하여 교회에 합류함으로써 상당 부분 성취되었다.

그러나 최고의 해석자들은 여기에 언급된 "의"는, 이사야서 53:11; 56:1; 예레미야서 23:6; 다니엘서 9:24를 비롯한 성경의 많은 본문들에서 아주 많이 말하고 있는 의, 즉 사람들이 하나님에 의해서 의롭다 하심을 받게 될 때에 사람들에게 전가되는 그리스도의 의를 가리키는 것이라고 이해한다. 따라서 이 견해에 의하면, 여기에서 주님께서는 성령이 오시면, 사람들로 하여금 의롭다 하심을 얻게 해 줄 수 있는 바로 저 참된 의, 곧 사람들이 덧입어야 하는 그리스도의 의를 세상에게 가르치고 깨우쳐 주실 것이라고 약속하신 것이 된다. 즉, 성령께서는 세상 사람들에게 오직 그리스도의 의를 믿음으로 받아들여야만, 그것이 그들에게 의로 여김을 받게 해 줄 것이고, 그 밖의 다른 의로는 그들이 결코 의로워질 수 없다는 것을 보여 주심으로써, 본성의 빛이 천국 가는 길을 충분히 보여 주고 있다고 생각해 온 이교 세계의 잘못을 바로잡아 주실 것이고, 율법의 의로 충분하다고 생각해 온 유대 세계의 잘못도 바로잡아 주시리라는 것이다.

그리스도께서 아버지 하나님께로 가신다는 것 자체가 한편으로는 주님이 의로우시고 공의로우신 분이라는 것을 증명해 주는 것이다. 왜냐하면, 세상의 악인들이 아무리 주님을 비방하고 중상모략하였다고 할지라도, 만일 주님이 그들이 비방한 것 같은 그런 인물이었다면, 하나님께서는 주님을 받아 주지 않으셨을 것이기 때문이다. 또한, 다른 한편으로, 그것은 다니엘이 메시야에 관하여 예언하였듯이(단 9:24), 주님께서 사람들의 죄악을 대속하시고 끝내셔서, 사람들로 하여금 하나님과 화목하게 하시고, 영원한 의를 가져다주셨다는 것을 증명해 주는 것이었다. 왜냐하면, 만일 주님께서 아버지께서 그에게 행하라고 하신 일을 다 끝내지도 않으셨는데, 아버지께로 다시 돌아가고자 하신 것은 있을 수 없는 일이기 때문이다(요 17:4, "아버지께서 내게 하라고 주신 일을 내가 이루어 아버지를 이 세상에서 영화롭게 하였사오니"). 우리 구주께서는 이렇게 말씀하신다: 너희는 다시 나를 보지 못할 것이다. 즉, 내가 승천한 후에는, 너희는 나를 더 이상 보지 못하게 될 것이다. 또는, 내가 죽은 후에는, 너희는 지금까지와는 달리 이렇게 나를 보며 나와 일상적으로 대화를 나누지 못하게 될 것이다. 왜냐하면, 나는 너희에게 다시 돌아오지 않고, 승천하여, 마지막 심판 날에 다시 돌아올 때까지, 내 아버지의 오른편에 앉아 있게 될 것이기 때문이다.

11. 심판에 대하여라 함은 이 세상 임금이 심판을 받았음이라.

주님께서 성령이 오셔서 세상에게 깨우쳐 주실 세 번째의 것은 "심판"이라고 말씀하신다. 이 본문에 언급된 "심판"이 무엇을 의미하느냐에 대해서는 해석자들 사이에서 의견이 분분하다. 칼빈 목사님은 여기서의 "심판"은 만물의 올바른 질서를 가리키는 것으로 이해하여야 한다고 생각한다. "세상 임금"인 마귀는 모든 질서를 파괴하고 어지럽혀서 이 세상을 혼돈과 혼란 속에 빠뜨려 놓았는데, 그리스도께서는 마귀를 심판하시고, 만물을 새롭게 하심으로써, 세상의 질서를 다시 회복시켜 놓으셨다는 것이다. 어떤 이들은 그리스도께서 하늘에 오르셔서, 하나님께서 "내가 네 원수들로 네 발판이 되게 하기까지 너는 내 오른쪽에 앉아 있으라"(시 110:1; 행 2:34-35)라고 말씀하셨을 때에 얻으셨던 심판의 권세를 가리키는 것으로 이해한다. 어떤 이들은 그리스도께서 죽기까지 순종하셔서 사탄의 권세로부터 건져내신 자기 백성의 영혼들에 대하여 행사하시는 통치권을 의미하는 것으로 이해한다. 어떤 이들은 마태복음 28:18; 빌립보서 2:9-10에서 말하고 있듯이, 그리스도께 주어진 "하늘과 땅의 모든 권세"를 가리키는 것으로 이해한다. 어떤 이들은 그리스도와 그의 사도들에 대한 세상의 뒤틀리고 부패한 판단을 가리키는 것으로 이해한다. 어떤 이들은 정죄의 심판을 가리키는 것으로 이해하고서, 주님께서는 여기에서 성령께서 세상이 죄악 가운데 놓여 있다는 것을 깨닫게 하시고, 세상 임금을 참칭하고 세상 사람들에 대하여 폭정을 일삼던 불순종하는 자들의 아비 마귀가 그리스도에 의해서 내쫓긴 것을 보여 주시며, 그들이 영원한 정죄를 당할 위험에 처해 있다는 것을 깨우쳐 주실 것임을 자신의 제자들에게 약속하고 계시는 것이라고 말한다.

12. 내가 아직도 너희에게 이를 것이 많으나 지금은 너희가 감당하지 못하리라.

주님께서는 요한복음 15:15에서 "내가 내 아버지께 들은 것을 다 너희에게 알게 하였음이라"고 이미 말씀하셨기 때문에, 여기에서 "내가 아직도 너희에게 이를 것이 많다"고 하셨지만, 그것들은 구원의 진리와 관련된 새로운 신조들이 아니라, 사도들로서의 그들의 직분이나 교회의 창설과 치리 등과 관련된 것들을 염두에 두시고 그런 말씀을 하셨을 것이다. 주님은 그들의 현재의 성정이나 불완전한 상태로 볼 때, 그런 말들을 그들이 지금은 감당할 수 없을 것이라고 말씀하신다.

13. 그러나 진리의 성령이 오시면 그가 너희를 모든 진리 가운데로 인도하시리니 그가 스스로 말하지 않고 오직 들은 것을 말하며 장래 일을 너희에게 알리시리라.

　여기에서 "인도하다"로 번역된 헬라어 '호데게세이'(ὁδηγήσει)는 대단히 강조된 단어이다. 이 단어는 길을 안내하는 것을 의미하는데, 단지 지각의 대상으로서의 진리를 드러내는 것만이 아니라, 의지를 굴복시켜서 진리에 순종하게 하는 것까지 의미한다. 주님께서는 성령이 사도들을 "모든 진리 가운데로," 즉 그리스도께서 그들에게 지금까지 계시해 주셨던 온갖 필수적인 진리는 물론이고, 현재 상태의 제자들이 감당할 수 없어서 말씀해 주시지 않으셨지만, 나중에 그들이 하나님의 교회를 세우고 질서를 잡고 다스리는 데 필요한 것들까지 포함한 모든 진리 가운데로 "인도하실" 것이라고 말씀하신다. 따라서 사도들은 오순절에 성령으로 충만함을 입고 그 감화를 받아서, 그러한 일들과 관련된 모든 진리를 깨닫고 하나님의 뜻을 충분히 이해하고서, 사람들에게 전하였을 것이기 때문에, 우리는 사도들이 당시에 사람들에게 전한 것들을 그리스도의 마음이자 생각으로 여기는 것이 마땅하다. 왜냐하면, 성령께서는 "스스로 말하지 않고," 본질적으로 하나인 그리스도와 아버지 하나님으로부터 들은 것들을 사도들에게 말해 주셨을 것이고, 성부와 성자께서 사도들에게 전해 주고자 하신 것들은 무엇이든지 다 그들에게 계시해 주셨을 것이기 때문이다. 또한, 성령께서는 너희 안에 계시는 예언의 영이시기 때문에, "장래 일," 즉 장래에 일어날 일들을 너희에게 계시해 주실 것이다. 실제로 사도들은 서신들과 요한계시록을 통해서, 장래에 일어날 모든 일들은 아니지만 많은 일들을 보여 주었다.

14. 그가 내 영광을 나타내리니 내 것을 가지고 너희에게 알리시겠음이라.

　성령께서는 너희에게 놀라운 은사들을 나누어 주기도 하고, 특히 너희에게 장래 일들을 보여 주심으로써, 너희를 통하여 이 세상에서 나의 이름이 널리 알려지게 하실 것이다. 왜냐하면, 성령은 너희를 진리 가운데로 인도하실 것이지만, 내가 이미 계시한 진리를 가지고 너희를 이끌 것이고, 나의 뜻을 너희에게 알게 하고 계시하실 것이기 때문이다.

15. 무릇 아버지께 있는 것은 다 내 것이라 그러므로 내가 말하기를 그가 내 것을 가지고 너희에게 알리시리라 하였노라.

　아버지 하나님 안에 있는 모든 신적인 본질과 지혜와 권능은 나의 것이다. 나는 신성과 관련된 모든 것들에서 아버지 하나님과 하나이고 동등하다. 바로 그것이 성령께서 "내 것을 가지고 너희에게 알리실" 것이라고 내가 말한 이유이다. 따라서 나는 성령께서 내 아버지의 것을 가지고 너희에게 알리실 것이라고 말한 것이나 같다. 왜냐하면, 아버지 하나님의 것은 모두 나의 것이기도 하기 때문이다. 나와 내 아버지는 본질과 지혜와 권능에 있어서 하나이다.

16. 조금 있으면 너희가 나를 보지 못하겠고 또 조금 있으면 나를 보리라 하시니.

내가 죽으면, 너희는 이틀이나 사흘 동안 나를 보지 못하게 될 것이지만, 그 후에 내가 다시 죽은 자 가운데서 다시 살아날 것이기 때문에, 너희는 다시 나를 보게 될 것이다. 그러나 주님께서 "내가 아버지께로 감이라"(17절)는 말씀을 덧붙이신 것으로 보아서, 첫 번째로 언급된 "조금 있으면"은 주님께서 이 말씀을 하신 때로부터 승천하실 때까지 대략 6주간을 염두에 두시고 그렇게 말씀하신 것으로 보이고, 두 번째로 언급된 "조금 있으면"은 주님께서 승천하신 때로부터 심판하시기 위하여 다시 오실 때까지를 염두에 두시고 그렇게 말씀하신 것으로 보인다. 왜냐하면, 주님께서는 "조금 있으면 너희가 나를 보지 못하겠고 또 조금 있으면 나를 보리라"는 말씀의 근거이자 이유로서, "내가 아버지께로 감이라"고 말씀하신 것이기 때문이다. 성경에서는 하나님께서 주님의 모든 원수들을 그의 발등상이 되게 하실 때까지, 주님께서는 하늘에 오르셔서 하나님의 오른편에 앉아 계셔야 한다고 말하고, 사도 바울은 멸망받게 될 최후의 원수는 사망이라고 말하며, 사도행전 3:21에서는 "하나님이 영원 전부터 거룩한 선지자들의 입을 통하여 말씀하신 바 만물을 회복하실 때까지는 하늘이 마땅히 그를 받아 두리라"고 말한다.

17. 제자 중에서 서로 말하되 우리에게 말씀하신 바 조금 있으면 나를 보지 못하겠고 또 조금 있으면 나를 보리라 하시며 또 내가 아버지께로 감이라 하신 것이 무슨 말씀이냐 하고.

그리스도께서는 앞에서 유대인들에게도 거의 동일한 말씀을 하신 적이 있으셨고 (요 7:33, "예수께서 이르시되 내가 너희와 함께 조금 더 있다가 나를 보내신 이에게로 돌아가겠노라"), 자신의 제자들에게도 동일한 말씀을 하신 적이 있으셨다(요 13:33). 하지만 이 절은 제자들이 주님의 말씀을 이해하지 못하였다는 것을 분명하게 보여 준다. 이것을 통해서 우리는 우리 중에 아무리 믿음이 좋은 사람이라고 할지라도, 신령한 일들을 이해하고 깨닫는 것은 성령의 조명 없이는 불가능하다는 것을 다시 한 번 깨닫는다! 우리 주님께서는 자신의 죽음, 부활, 승천, 그리고 심판을 위한 재림에 관한 이러한 말씀들을 방금 언급한 두 본문 외에도 요한복음 8:21; 12:33, 36; 14:2, 4, 12, 28; 16:5, 7에서도 거듭거듭 자신의 제자들에게 반복해서 가르치셨지만, 그들은 제대로 깨달을 수 없었다.

18. 또 말하되 조금 있으면이라 하신 말씀이 무슨 말씀이냐 무엇을 말씀하시는지

알지 못하노라 하거늘.

　제자들은 여전히 주님께서 말씀하신 것이 무엇을 의미하는지를 이해하지 못한다. 그런데도 누가 감히 사람의 이성이나 지각이 영적인 신비들을 이해하고 깨달을 수 있는 능력을 지니고 있다고 우길 수 있겠는가? 주님의 사도들은 이성이나 분별력을 지니고 있지 않았던 사람들이었겠는가? 사도들에게는 그런 것들을 이해할 만한 총명이 없었다고 누가 말할 수 있겠는가? 분명히 그 누구도 그렇게 말할 수 없다는 것이다. 어떤 이들은 제자들이 주님의 말씀을 이해하지 못한 것은 주님께서 비유적인 표현들을 사용하셔서 모호하게 말씀하셨기 때문이라고 말하고, 어떤 이들은 주님이 죽은 자 가운데서 부활하실 것이라고는 그들이 전혀 상상할 수 없었기 때문이라고 말하며, 어떤 이들은 그들이 시대 상황을 제대로 이해하지 못했기 때문이라고 말한다. 제자들이 주님의 이러한 말씀들을 깨달을 수 없었던 이유는, 그들에게는 그런 신령한 것들을 깨달을 수 있는 능력이 본래부터 없었고, 게다가 유대인들은 메시야가 장차 와서 영적인 나라가 아니라 세상 나라를 건설할 것이라고 잘못된 선입견을 지니고 있었기 때문이었다는 것은 분명하다. 그러나 그런 것들을 감안하더라도, 당시에 제자들이 지니고 있던 연약함이 가장 믿음이 좋고 훌륭한 사람들이 지니고 있는 연약함보다 더 컸을 것이라고 생각하기는 어렵다. 제자들이 신령한 일들을 깨닫는 데 그토록 둔하였다면, 우리도 마찬가지로 그들과 동일한 연약함과 둔함을 지니고 있다고 보는 것이 합당하다.

19. 예수께서 그 묻고자 함을 아시고 이르시되 내 말이 조금 있으면 나를 보지 못하겠고 또 조금 있으면 나를 보리라 하므로 서로 문의하느냐.

　이 절에 나오는 단어들이나 표현들 중에는 어려운 것이 전혀 없지만, 이 절의 내용은 우리에게 많은 것을 가르쳐 준다. 이 절에서 우리는 다음과 같은 것들을 배운다: (1) 선한 사람들은 어떤 경우에는 하나님의 마음과 뜻에 대하여 무지할 수 있지만, 그럼에도 불구하고 그것을 알고자 하고 가르침 받고자 한다는 것이다. 구원의 은혜가 어떤 사람의 심령 속에 뿌리를 내리고 있다면, 그 사람은 하나님의 마음과 뜻을 의도적으로 알려고 하지 않고, 무지해도 아무렇지도 않으며, 도리어 만족하며 살아갈 수가 없는 법이다. (2) 우리가 입술을 열어 우리의 마음이나 생각을 주님께 말씀드리기 전에, 이미 주님께서는 우리의 마음이 원하는 것들을 아신다. 하지만 그렇다고 해서, 우리가 우리 마음의 내밀한 소원들을 마음속으로만 간직해 두고, 입을 열어 주님께 고하지 않아도 된다는 말은 결코 아니다. 왜냐하면, 하나님께서는 우리 속사람의 소원들과 신음소리들까지 알아들으시기는 하지만 우리의 입술로 드리는 제사를 원하시기 때문이다. (3) 주님께서는 주님으로부터 배우고자 하는 심령들을 아주 기꺼이 가르쳐 주고자 하시기 때문에, 여기에서도 이렇게 말씀하신다: 너희가 "서로 문의하느냐." 너희가 질문하고 싶은 것이 있느냐? 내가 너희를 기꺼이 가르치고 교훈할 것이다.

20. 내가 진실로 진실로 너희에게 이르노니 너희는 곡하고 애통하겠으나 세상은 기뻐하리라 너희는 근심하겠으나 너희 근심이 도리어 기쁨이 되리라.

우리 구주의 대답은 그들의 질문에 대한 직접적인 대답도 아니었고, 그들이 이해하기가 너무 어려워 보였던 단어나 표현에 대한 설명도 아니었지만, 거기에 대한 실질적인 대답이었다. 이러한 대답을 통해서 주님께서는 이미 전에 그들이 신랑을 빼앗기게 될 때가 올 것인데, 그 때에는 그들이 애곡하게 될 것이라고 말씀하셨듯이, 자기가 그들에게서 잠시 떠나 있는 동안이 그들에게는 애곡하는 시간이 될 것이지만, 세상의 악인들에게는 뛸 듯이 기뻐하고 즐거워하는 시간이 될 것임을 그들에게 알게 해 주신다. 아울러, 주님께서는 자기가 부활하였을 때와 장차 모든 사람이 부활하게 될 때, 그들은 다시 그를 보게 될 것이고, 그 때에 그들의 근심은 기쁨으로 바뀌게 될 것이라고 말씀하신다. 이 세상에서 사는 동안은 세상에 속한 자들의 시간이고, 하나님을 사랑하고 경외하는 자들에게는 대체로 "어둠의 권세"가 지배하는 시간이다(눅 22:53). 그러나 세상에 속한 자들의 기쁨이 마침내 근심으로 변하게 될 것임과 마찬가지로("너희가 다 불꽃 가운데로 걸어가며 너희가 피운 횃불 가운데로 걸어갈지어다 너희가 내 손에서 얻을 것이 이것이라 너희가 고통이 있는 곳에 누우리라," 사 50:11), 경건한 자들의 근심은 마침내 기쁨으로 바뀌게 될 것이다. 장차 그리스도께서는 "잘하였도다 착하고 충성된 종아 … 네 주인의 즐거움에 참여할지어다"(마 25:23)라고 말씀하실 것이다.

21. 여자가 해산하게 되면 그 때가 이르렀으므로 근심하나 아기를 낳으면 세상에 사람 난 기쁨으로 말미암아 그 고통을 다시 기억하지 아니하느니라.

우리 주님께서는 현세의 교회, 특히 최초의 좀 더 혹독한 시대에서 살아가게 될 교회의 상태를 아기를 가져 배가 부른 상태에서 산고를 겪는 여자의 상태에 비유하신다. 하나님께서는 하와의 범죄로 인하여 여자를 저주하셔서 산고를 겪게 하셨다: "내가 네게 임신하는 고통을 크게 더하리니 네가 수고하고 자식을 낳을 것이며"(창 3:16). 따라서 아기를 해산할 날이 다가오면, 첫 번째 여자의 범죄에 대한 하나님의 저주의 효과를 느낄 때도 가까워오기 때문에, 출산을 앞둔 여자는 산고를 생각하고 근심한다. 그러나 일단 아기를 낳자마자, 아기가 세상에 태어난 기쁨으로 인해서, 여자는 해산의 모든 지독한 고통을 다 잊어버린다. 우리 구주께서는 자신의 제자들에게 이렇게 말씀하신다: 너희의 상태도 마찬가지이다. 너희는 산고를 겪는 여자와 같고, 세상 끝날에 이르기까지 나를 믿는 모든 자들도 그러할 것이다.

22. 지금은 너희가 근심하나 내가 다시 너희를 보리니 너희 마음이 기쁠 것이요 너희 기쁨을 빼앗을 자가 없으리라.

온 교회는 "아기를 배어 해산하게 되어 아파서 애를 쓰며 부르짖는 여자"에 비유된다(계 12:1-2). 너희가 이렇게 산고를 겪는 기간 동안에는, 너희는 근심할 수밖에 없다. "무릇 그리스도 예수 안에서 경건하게 살고자 하는 자는 박해를 받으리라"(딤후 3:12). "한 번 죽는 것은 사람에게 정해진 것"이다(히 9:27). 사도 바울은 로마서 8:36에서 당시의 그리스도인들의 상태를 시편 44:22을 인용해서, "우리가 종일 주를 위하여 죽임을 당하게 되며 도살당할 양 같이 여김을 받았나이다"라고 말하는데, 이것은 구약시대에도 교회의 상태는 신약 시대와 동일하였음을 보여 준다. 하나님의 백성은 특히 어떤 시기들에는 종일 죽임을 당하는 것 같은 상태가 된다는 것이다. 그 상태에 있을 때에는 지독한 고통을 겪게 되겠지만, 산고를 겪는 여자와 같이 그 상태는 오래 가지 않고 짧게 끝날 것이다. 왜냐하면, "내가 다시 너희를 보리니 너희 마음이 기쁠" 것이기 때문이다. 우리는 여기서 주님께서 그들을 다시 보실 것이라는 말씀을 주님이 부활 후에 그들을 다시 보게 될 것을 가리키는 것으로 이해할 수는 없다. 왜냐하면, 우리는 사도들이나 그 밖의 제자들이 주님의 부활 이전에 고난을 받았다는 말을 성경에서 읽을 수 없기 때문이다. 따라서 주님께서 그들을 다시 보게 되리라는 것은, 성령께서 오셔서, 또는 주님의 섭리를 통해서 그들의 마음이 기쁨과 평안으로 충만하게 될 것, 또는 주님께서 최후의 심판을 위해 이 땅에 다시 오실 때, 주님을 믿은 모든 자들이 주님을 보고 이루 말할 수 없이 기뻐하게 될 것을 가리키는 것으로 이해하여야 하는데, 후자일 가능성이 높다. 그 때에는 주님께서 그들의 눈에서 모든 눈물을 닦아 주실 것이고, 그들은 자신들의 주님의 기쁨 속으로 들어가게 될 것이기 때문에, 한숨과 근심은 사라지게 될 것이고, 그들의 원수들이 다시는 그들에게서 기쁨을 빼앗아갈 수 없을 것이다.

23. 그 날에는 너희가 아무 것도 내게 묻지 아니하리라 내가 진실로 진실로 너희에게 이르노니 너희가 무엇이든지 아버지께 구하는 것을 내 이름으로 주시리라.

여기에 언급된 "그 날"은, 주님께서 앞 절에서 자기가 그들을 다시 보게 될 것이고, 그들의 마음이 기뻐하게 될 것이라고 하신 바로 그 날을 가리킨다는 것은 의심의 여지가 없다. 그러나 우리가 앞에서 이미 보았듯이, 그 날이 언제인가에 대해서는 해석자들 사이에서 견해가 서로 일치하지 않는다. 어떤 이들은 그리스도께서 이 세상을 심판하러 오셔서, 모든 사람들이 다 부활하게 되는 날을 가리키는 것으로 이해한다. 그 때에는 우리가 그동안 의심하였거나 궁금하였던 것들이 다 드러나게 되어서, 더 이상 물을 필요가 없게 될 것이다. 그 때에는 너희가 온전하게 되어서, 아무것도 부족한 것이 없게 될 것이기 때문에, 너희는 아무것도 묻지 않게 될 것이다. 이것은 얼핏 보면 가장 분명한 해법인 것으로 보인다.

그러나 주님께서 이 절의 후반부에서 하신 말씀은 분명히 현세의 때와 연관된 것이기 때문에, 어떤 이들은 여기에서 "구하다"로 번역된 '아이테세테'(αἰτήσετε)와 "묻다"로 번역된 '에로테세테'(ἐρωτήσετε)를 구별해서, 전자는 기도를 통해서 무엇인가를 공급해 주시라고 요청하고 구하는 것을 의미하는 반면에, 후자는 무엇인가가 의심스러운 경우에 좀 더 온전한 정보를 얻어서 그것을 해결하기 위해 묻는 것을 의미한다고 보는데, 실제로 헬라어 단어들도 이 해석을 밑받침해 준다. 따라서 심판의 날에는 우리가 그리스도와 하나님을 있는 그대로 보게 되어서, 더 이상 그 어떤 질문도 할 필요가 없게 되리라는 것은 사실이지만, 주님께서 이 절의 후반부에서 자신의 제자들에게 하나님께 기도로 구하라고 하신 말씀은 오직 현세의 삶과만 관련되어 있음이 분명하기 때문에, 여기에 언급된 "그 날"은 최후의 심판 이전의 어느 때를 가리키는 것으로 보인다. 구체적으로 그 날이 언제를 가리키는지는 여전히 확실하지 않기는 하지만, 오순절에 성령이 강림하신 이후의 때를 가리키는 것으로 보는 것이 가장 좋을 것임은 분명하다. 이 때에 대하여, 요엘 선지자는 하나님께서 "내가 내 영을 모든 육체에 부어 주리니 너희의 자녀들은 예언할 것이요 너희의 젊은이들은 환상을 보고 너희의 늙은이들은 꿈을 꾸리라"(행 2:17; 욜 2:28)고 예언하였고, 선지자 이사야는 "물이 바다를 덮음 같이 여호와를 아는 지식이 세상에 충만할 것"(사 11:9)이라고 예언하였다.

따라서 "그 날에는 너희가 아무 것도 내게 묻지 아니하리라"는 말씀은, 오순절에 성령께서 강림하셔서, 그들의 심령에 큰 빛을 비추어 주실 때, 그들은 지금 그들이 품고 있던 것 같은 의심들을 더 이상 갖지 않게 될 것임을 의미한다. 이것은 사도가 요한일서 2:27에서 "너희는 주께 받은 바 기름 부음이 너희 안에 거하나니 아무도 너희를 가르칠 필요가 없고 오직 그의 기름 부음이 모든 것을 너희에게 가르치며"라고 말한 것과 거의 동일한 의미라고 할 수 있다.

우리는 여기에서 주님께서 "그 날에는 너희가 아무 것도 내게 묻지 아니하리라"고 하신 말씀을 지나치게 엄격하게 해석해서, 마치 당시 또는 이후의 주님의 제자들은 신령한 지식으로 충만하여, 신령한 것들에 대하여 잘 모르는 것이나 질문할 것이 하나도 없는 그런 삶을 현세에서 살아가게 될 것으로 말씀하신 것으로 이해해서는 안 된다. 여기에서 우리 구주께서는 단지 신령한 지식에 있어서 자신의 제자들의 현재의 상태와 성령 강림 이후의 상태가 현저하게 달라져서 상대적으로 큰 차이가 있게 될 것인 까닭에, 자기가 그들에게 "조금 있으면 나를 보지 못하겠고 또 조금 있으면 나를 보리라 내가 아버지께로 감이라"고 말한 것이 무엇을 의미하는지를 온전히 깨닫게 될 것이기 때문에, 예레미야 선지자가 "그들이 다시는 각기 이웃과 형제를 가리켜 이르기를 너는 여호와를 알라 하지 아니하리니 이는 작은 자로부터 큰 자까지 다 나를 알기 때문이라"(렘 31:34)고 예언하였듯이, 그런 질문을 비롯해서, 그들이 지금은 잘 몰라서 어리둥절해하는 다른 많은 것들에 대해서도 더 이상 묻지 않게 될 것이라고 말씀하신 것일 뿐이다. 따라서 우리는 어떤 이들처럼 주님의 이 말씀을 목회적인 가르침조차 필요 없게 될 것임을 의미하는 것으로 해석하거나, 주님께 다시는 그 어떤 것도 물을 필요가 없다는 것을 의미하는 것으로 해석해서는 안 되고, 단지 오순절의 성령 강림 이전과 이후는 지식의 정도에 있어서 확연한 차이가 있을 것임을 의미하는 것으로 해석하여야 한다.

이 절의 후반부에서 주님께서 "너희가 무엇이든지 아버지께 구하는 것을 내 이름으로 주시리라"고 말씀하실 때에 사용하신 단어는 전반부에 나온 '에로테세테'(ἐρωτήσετε)가 아니라 '아이테세테'(αἰτήσετε, "구하다")이기 때문에, 전반부와는 달리 여기에서는 기도를 통해서 구하는 것에 대하여 말씀하고 계시는 것이 분명하다. 따라서 주님께서는 이 말씀을 통해서, 그들이 어떤 신령한 지식에 있어서 부족함을 느끼거나 잘 알지 못할 때에는 아버지 하나님께 기도를 통해서 구함으로써, 예언 사역을 감당하는 데 필요한 지식은 무엇이든지 다 얻게 될 것이라고 약속하신다. 이것에 대해서는 마태복음 7:7; 15:7; 16:24에 대한 설명을 보라.

24. 지금까지는 너희가 내 이름으로 아무 것도 구하지 아니하였으나 구하라 그리하면 받으리니 너희 기쁨이 충만하리라.

구약 시대의 신자들의 모든 기도는, 하나님이 공식적으로 예배 처소로 지정하셨던 성전과 법궤 같은 모형들을 통해 나타내진 중보자로 말미암아, 하나님께 받아들여진 것이었다. 당시에 그들이 하나님께 기도할 때에는 통상적으로 중보자의 이름을 명시적으로 밝히며 기도하지는 않았고, 실제로 선지자 다니엘은 하나님이 약속하신 중보자, 곧 메시야에 관한 간구를 여호와 하나님의 이름으로 드렸다. 우리 구주께서도 자신의 제자들에게 어떻게 기도해야 하는지를 가르쳐 주시면서, 주기도문을 가르쳐 주실 때, 그 주기도문을 자신의 이름으로 하나님께 드리라고 명하지는 않으셨다. 그러나 주님께서 자신을 인류의 죄를 위한 화목제물로 드림으로써, 사람들을 하나님과 화목하게 하는 길을 열어서, 아버지 하나님의 뜻을 이루실 때가 가까웠고, 자신의 중보기도의 효력은 그러한 화목제사로서의 자신의 죽음에 달려 있었기 때문에, 이제는 제자들에게 자신의 이름을 겸손하게 의지하여 그들에게 필요한 온갖 복을 하나님께 구하라고 명하시고 권하신다. 그리고 그들이 하나님의 은혜를 조금이라도 받을 만한 자격이 전혀 없는데도 불구하고, 주님의 이름으로 간구한 것들을 하나님으로부터 받을 수 있다는 것은 정말 너무나 기쁜 일이었다. 왜냐하면, 아버지 하나님께서는 주님이 자원해서 죽기까지 자신의 뜻에 순종하셔서 십자가에 죽으신 것을 기뻐하셔서, 주님의 제자들이 그 어떤 복이라도 주님의 이름으로 겸손히 간구하면, 그 간구를 기꺼이 들어 주시고자 하시기 때문이다.

25. 이것을 비유로 너희에게 일렀거니와 때가 이르면 다시는 비유로 너희에게 이르지 않고 아버지에 대한 것을 밝히 이르리라.

여기에서 "비유"가 알아듣기 힘든 애매모호한 말들을 의미한다는 것은 이 본문 속에서 그것과 대비되는 의미로 "밝히"가 사용되고 있다는 사실로부터 분명하다. 그리스도께서는 지금까지 자신의 제자들에게 모든 것은 아니지만 많은 것들을 애매모호하고 비유적인 표현들로 말씀해 오셨지만, 이제 여기에서는 "때가 이르면 아버지에 대한 것을 밝히 이르리라"고 말씀하신다. 주님께서 언급하신 "때"는 주님이 다시 오실 재림의 때를 가리키는 것일 수도 있고, 성령 강림의 때를 가리키는 것일 수도 있지만, 여기에서 주님의 의도는 성령 강림의 때와 그 이후에 지금까지와는 비교할 수 없을 정도로 엄청난 정도의 지식이 자신의 제자들에게 주어질 것임을 말씀하시고자 하시는 것이기 때문에, 후자일 가능성이 대단히 높다. 주님께서는 전에도 자신의 제자들에게는 다른 사람들보다 훨씬 더 "천국의 비밀을 알게" 해 주셨지만(마 13:11), 요한복음 14:1-6을 비롯한 복음서의 많은 본문들은 그들이 삼위일체, 그리스도께서 아버지 하나님과 하나시라는 것, 그리스도와 아버지 하나님 간의 서로에 대한 인격적인 관계에 대해서 매우 혼란스럽고 불완전한 지식을 갖고 있었음을 보여 준다.

26. 그 날에 너희가 내 이름으로 구할 것이요 내가 너희를 위하여 아버지께 구하겠다 하는 말이 아니니.

성령께서 오시면, 너희는 아버지 하나님께 내 이름으로 어떻게 기도해야 할지를 온전히 분명하게 알게 될 것이다. 지금까지 너희는 너희가 무엇을 하는지도 제대로 알지 못하고 불완전하게 하나님께 기도해 왔다. 하지만 내가 너희에게 나의 성령을 부어주면, 너희는 나의 이름으로 기도한다는 것이 무엇인지를 온전히 알고서, 그렇게 기도하게 될 것이다. 주님께서는 여기에서 "내가 너희를 위하여 아버지께 구하겠다 하는 말이 아니니"라고 말씀하시지만, 이 말씀은 주님이 아버지 하나님께 그들을 위하여 구하실 것임을 부인하시는 것은 아니다. 왜냐하면, 성경은 다른 곳에서 분명히 그렇게 말씀하시기 때문이다. 로마서 8:34에서는 "그는 하나님 우편에 계신 자요 우리를 위하여 간구하시는 자시니라"고 말하고, 히브리서 7:25에서는 "자기를 힘입어 하나님께 나아가는 자들을 온전히 구원하실 수 있으니 이는 그가 항상 살아 계셔서 그들을 위하여 간구하심이라"고 말한다. 따라서 주님께서는 그 날에는 지금처럼 주님만이 그들을 위하여 하나님께 구하고, 그들에게 자기가 직접 말씀해 주시는 것이 아니라, 그들도 직접 하나님께 주님의 이름으로 구하게 될 것이고, 그들의 기도에 하나님이 직접 응답해 주실 것이라고 말씀하신 것이다. 이렇게 주님께서 자신의 제자들에게 직접 하나님께 구하라고 하신 이유에 대해서는 다음 절에서 말씀하신다.

27. 이는 너희가 나를 사랑하고 또 내가 하나님께로부터 온 줄 믿었으므로 아버지께서 친히 너희를 사랑하심이라.

그 날에는 내가 너희를 위하여 아버지 하나님께 기도해서 응답받은 것들을 너희에게 다시 말해 줄 필요가 없다. 왜냐하면, 아버지 하나님께서는 친히 너희를 지극히 사랑하시는 까닭에, 너희는 그 사랑으로 인하여 너희의 기도가 하나님께 열납되고 응답될 것임을 알고 확신하게 될 것이기 때문이다. 너희에 대한 내 아버지 하나님의 사랑은 너희에게 있는 그 어떤 것으로 인한 것이 아니라 오로지 아버지 하나님의 은혜와 긍휼에 기인하는 것이어서, 너희가 어떻게 하느냐와는 아무 상관이 없는 것이기는 하지만, 그 사랑의 구체적인 나타남들은 너희가 하기에 달려 있는 것이기 때문에, 내가 인류를 속량하는 일을 하기 위하여 하나님으로부터 보내심을 받아 이 땅에 온 메시야인 것을 믿고 나를 영접하여 사랑한 너희에게 하나님께서는 자신의 사랑을 구체적으로 풍성하게 나타내실 것이다.

28. 내가 아버지에게서 나와 세상에 왔고 다시 세상을 떠나 아버지께로 가노라 하시니.

나는 세상에 있기는 하지만, 세상으로부터 난 것이 아니기 때문에, 나의 근원은 세상이 아니다. 나는 내 아버지 하나님과 하나이고 동등한 영원히 찬송 받을 하나님이다. 나는 내 아버지에게서 왔다. 내 아버지 하나님께서는 때가 차매 메시야의 직임을 수행하도록 하시기 위하여 나를 이 세상에 보내셨다. 세상이라 불리는 곳은 내가 원래 있던 곳도 아니고 나의 본향도 아니다. 그러므로 나는 머지않아 다시 세상을 떠나 내 아버지께로 갈 것이다.

29. 제자들이 말하되 지금은 밝히 말씀하시고 아무 비유로도 하지 아니하시니.

우리 구주께서는 이제 자기가 세상을 떠날 것임을 자신의 제자들에게 "밝히" 말씀하셔서, 앞에서 "조금 있으면 나를 보지 못하겠고"라고 하신 말씀이 이 땅의 어떤 가로 가실 것이라는 말씀이 아니라는 것을 분명하게 보여 주심으로써, 주님이 어디로 가시는 것이냐고 물었던 그들의 의문이나 궁금증을 다 풀어 주신다. 그래서 그들은 주님이 지금 하신 말씀에는 애매모호한 것이 전혀 없다고 말한다. 즉, 주님께서 지금 하신 말씀은 자신들이 충분히 다 알아들을 수 있는 것이어서, 그 말씀의 의미에 대해서 주님께 물을 것이 전혀 없다는 것이다.

30. 우리가 지금에야 주께서 모든 것을 아시고 또 사람의 물음을 기다리시지 않는 줄 아나이다 이로써 하나님께로부터 나오심을 우리가 믿사옵나이다.

제자들은 여기에서 "우리는 주님께서 하나님으로부터 오셨다는 것을, 전에도 비록 약한 믿음이긴 하지만 믿고 있었는데, 이제 주님이 그렇게 밝히 말씀하시는 것을 들으니, 우리의 그런 믿음이 옳았다는 것을 더욱 확신하게 되었다"고 고백한다.

31. 예수께서 대답하시되 이제는 너희가 믿느냐.

어떤 이들은 이 말씀을 의문문이 아니라 서술문으로 읽어서, "이제는 너희가 믿는도다"로 번역한다: 너희는 진작 그렇게 믿었어야 했는데, 어쨌든 이제라도 믿게 되었으니, 잘된 일이다.

32. 보라 너희가 다 각각 제 곳으로 흩어지고 나를 혼자 둘 때가 오나니 벌써 왔도다 그러나 내가 혼자 있는 것이 아니라 아버지께서 나와 함께 계시느니라.

너희는 이제 너희가 믿는다고 고백하지만, 너희의 믿음이 어느 정도인지를 살펴

볼 필요가 있다. 머지않아 시련의 때가 너희에게 닥쳐올 것이고, 그 때가 되면, 너희가 비록 나를 오랫동안 따라다녔을지라도, 너희의 믿음은 흔들려서, 나를 혼자 두고서, 각각 뿔뿔이 흩어지게 될 것인데(마 26:56), 이미 그 때가 벌써 왔다. 자신이 서 있다고 생각하는 자들은 넘어질까 조심하여야 한다. 자신의 믿음이 아주 강하다고 생각하는 자들은 혹독한 시련의 날에 자기가 과연 어떻게 행동할 것이고 믿음에 제대로 서 있을 수 있을지를 잘 생각해 보아야 한다. 평온한 날에는 많은 사람들이 진정으로 신앙을 고백하고 주님을 믿는 자들처럼 보이지만, 복음으로 말미암아 환난과 박해가 일어나면, 주님만 혼자 내버려 두고, 도망쳐 버린다. 우리 구주께서는 "그러나 내가 혼자 있는 것이 아니라 아버지께서 나와 함께 계시느니라"고 말씀하신다. 하나님이 함께 하시는 자는 혼자 있는 것이 아니다. 그리스도께서는 자신의 모든 고난 가운데서, 하늘에 계신 아버지의 임재와 도우심이 자기와 함께 하신다는 것을 알고 계셨다.

33. 이것을 너희에게 이르는 것은 너희로 내 안에서 평안을 누리게 하려 함이라 세상에서는 너희가 환난을 당하나 담대하라 내가 세상을 이기었노라.

여기에서 "평안"은 하나님과의 사이에서 이룬 화평을 의미하는 것이 아니다. 물론, 우리는 그리스도로 말미암아, 그리고 그리스도로부터 그러한 화평을 얻는다: "우리가 믿음으로 의롭다 하심을 받았으니 우리 주 예수 그리스도로 말미암아 하나님과 화평을 누리자"(롬 5:1). 또한, 이 "평안"은 우리가 하나님과 화평을 이룸으로써 얻게 되는 양심의 평안을 의미하는 것도 아니다. 이 "평안"은 앞에서 말한 그러한 평안들이 원인이 되어서 그 결과로 생겨나는 마음의 평안, 고요하고 차분하며 잔잔한 성정을 의미한다. 주님께서는 이렇게 말씀하신다: 내가 지금까지 이런 말들을 한 것은, 너희로 하여금 나와 너희 자신 때문에 괴로워하거나 심난해하지 않고, 고요하고 잔잔한 마음의 평안을 누리게 하려고 한 것이다. 세상이 너희를 미워해서, 너희는 세상에서 반드시 환난들을 만나게 될 것이지만, "담대하라 내가 세상을 이기었노라." 주님께서 "세상"을 이기셨다고 말씀하실 때, 거기에서 "세상"은 세상의 유혹하는 것들이나 핍박하고 괴롭히는 일들을 통해서 오는 온갖 시험들을 가리킨다. 우리가 앞에서 이미 들었듯이, 그리스도께서는 세상 임금을 이기셨고 쫓아내셨기 때문에, 우리는 우리의 구원의 대장이신 그리스도의 휘하에서 군사들로 싸울 때에 세상을 이길 수 있고, 그럴 때에 그리스도의 승리는 곧 우리의 승리가 된다: "무릇 하나님께로부터 난 자마다 세상을 이기느니라 세상을 이기는 승리는 이것이니 우리의 믿음이니라 예수께서 하나님의 아들이심을 믿는 자가 아니면 세상을 이기는 자가 누구냐"(요일 5:4-5). 그리스도께서는 죄를 이기셨기 때문에, 우리는 모든 환난 가운데서 "우리를 사랑하시는 이로 말미암아 넉넉히 이기게" 된다(롬 8:37). 이상은 성경에 기록된 우리 구주의 마지막 설교이다.

제17장

개요

1. 그리스도께서 아버지께 자기를 영화롭게 해 주시기를 기도하심(1-5).
2. 자신의 사도들을 믿음 안에서 하나가 되게 해 주시기를 기도하심(6-14).
3. 그들을 모든 악에서 건져 주시기를 기도하심(15-16).
4. 그들을 진리의 말씀으로 거룩하게 해주시기를 기도하심(17-19).
5. 모든 믿는 자들을 온전히 하나가 되게 해 주시고, 하늘에서의 자신의 영광에 함께 하게 해 주시기를 기도하심(20-26).

1. 예수께서 이 말씀을 하시고 눈을 들어 하늘을 우러러 이르시되 아버지여 때가 이르렀사오니 아들을 영화롭게 하사 아들로 아버지를 영화롭게 하게 하옵소서.

우리 주님께서는 14장부터 16장까지에 걸쳐 자세하게 기록되어 있는 긴 강론들을 마치신 후에 기도로 들어가신다. 주님께서는 앞에서 우리가 아버지 하나님께 기도를 드려야 한다고 가르치셨는데, 이제 여기에서는 친히 그 기도의 모범을 우리에게 보여 주신다. 주님은 기도하시기 전에, 먼저 "눈을 들어" 하나님의 거처가 있는 "하늘을 우러러" 보시는데, 이것은 하나님은 하늘과 땅을 채우고 계시는 분이시지만, 하늘에서 하나님의 영광이 가장 분명하게 나타나기 때문이다. 그래서 주님께서는 하나님은 오로지 하늘에만 계시고, 땅에는 계시지 않는 것이 아니지만, 우리가 기도할 때에, 하나님의 영광이 가장 뚜렷하게 드러나는 곳인 하늘을 지칭해서, "하늘에 계신 우리 아버지여"라고 말할 것을 가르치셨다. 눈을 드는 것은 기도할 때에 통상적으로 취하는 몸짓이었고, 자신의 영혼을 들어올리는 것을 나타내는 것이었지만(시 121:1; 123:1), 기도할 때에 꼭 필요한 몸짓은 아니었다. 왜냐하면, 우리는 주님께서 어떤 때에는 "얼굴을 땅에 대시고 엎드려" 기도하시는 모습도 보기 때문이다(마 26:39; 막 14:35). 기도의 주된 영적인 부분은 우리의 영혼을 하나님께 드는 것이고, 눈을 드는 것은 반드시 요구되는 것은 아니다. 주님께서 말씀하신 한 세리는 하나님을 우러러 볼 면목조차 없어서, 눈으로 땅을 쳐다보고 기도를 올렸다. 우리 주님께서는 눈을 들어 하늘을 우러러 보시고, 이렇게 기도하신다: "아버지여," 내가 고난을 받고 죽어야 할 때로 아버지께서 정하신 "때가 이르렀사오니," 내게 힘을 주셔서, 내가 감당해야 할 일, 곧 이 쓴 잔을 마실 수 있게 하시고, 그 후에 나를 죽은 자 가운데서 다시 살리시고, 하늘로 끌어 올리셔서, "아들을 영화롭게 하사," 이 복음이 전파되어, 아버지의 의와 선하심과 참되심이 천하 만민에게 알려져서, 아버지의 이름이 모든 사람들 가운데서 "영화롭게" 하옵소서.

2. 아버지께서 아들에게 주신 모든 사람에게 영생을 주게 하시려고 만민을 다스리는 권세를 아들에게 주셨음이로소이다.

나는 여기에 언급된 "만민"을 오직 영원히 구원받게 될 택함 받은 자들만을 가리키는 것으로 이해하여야 한다고 주장할 근거가 전혀 없다고 본다. 그리스도의 권능은 택함 받은 자들에게 역사하여 구원을 가져다주기는 하지만, 단지 택함 받은 자들만이 아니라 모든 사람에게 미친다는 것은 의심의 여지가 없다. 그리스도의 권능은 버림받은 자들과 믿지 않는 자들에게 역사하여 정죄를 낳고, 자신의 택함 받은 자들에게 역사하여 영생과 구원을 낳는다. "아버지께서 만민을 다스리는 권세를 아들에게 주셨다"는 것은 아버지 하나님께서 좀 더 일반적인 권세와 능력을 주님께 주셔서, 주님으로 하여금 만물을 그의 발 아래에 두게 하시고, 모든 무릎을 그의 이름 앞에서 꿇게 하심으로써, 주님을 이미 영화롭게 하셨다는 것을 말하는데, 이것을 고린도전서 15:27에서는 "만물을 그의 발 아래에 두셨다 하셨으니 만물을 아래에 둔다 말씀하실 때에 만물을 그의 아래에 두신 이가 그 중에 들지 아니한 것이 분명하도다"라고 표현하고, 빌립보서 2:10-11에서는 "하늘에 있는 자들과 땅에 있는 자들과 땅 아래에 있는 자들로 모든 무릎을 예수의 이름에 꿇게 하시고 모든 입으로 예수 그리스도를 주라 시인하여 하나님 아버지께 영광을 돌리게 하셨느니라"고 표현한다. 우리 구주께서는 사람들의 믿음이나 불신앙과 관련해서 이 일반적인 권세를 하나님의 계획을 따라 사용하신다.

아버지 하나님이 주님에게 주신 자들에 대해서는, 주님은 그들을 대신하여 죽으실 것이었고, 자신의 핏값으로 그들을 사서 그들에게 영생을 주실 것이었다. 이렇게 주님께서는 그들에게 영생을 주시는 데 자신의 권세를 사용하신다. 다른 많은 본문들이 보여 주듯이, 영원한 생명과 영원한 행복이라는 최종 결과만이 아니라, 그러한 결과에 이르게 하기 위해 필요한 모든 수단들까지도 그러한 개념 아래 포괄된다. 이것으로부터 알 수 있는 것은, 영생은 아버지께서 영원하신 계획에 따라 아들에게 주신 자들만이 아들로부터 거저 값없이 받는 선물이라는 것이다. 따라서 모든 사람이 구원을 받게 되는 것은 아니다. 본문에서도 "아버지께서 아들에게 주신 모든 사람"이라고 말함으로써, 구원의 선물은 일부 사람들에게만 제한적으로 주어지는 선물이라는 것은 분명하게 보여 준다. 그리고 우리가 과연 "아버지께서 아들에게 주신 모든 사람"에 속하는지를 살펴 보기 위해서, 우리는 굳이 하늘로 올라가서, 하나님의 영원하신 계획을 적어 놓은 두루마리를 조사해 볼 필요가 없다. 왜냐하면, 아버지께서 주님께 주신 모든 사람들은 주님께로 나아와서, 주님을 자신의 대제사장으로 영접할 뿐만 아니라, 주님의 다스리심과 인도하심에 그들 자신을 맡기고서, 주님의 은혜의 성령의 역사를 따라 행할 것이기 때문이다. 따라서 우리는 우리가 그리스도를 우리의 구주로 영접하여, 주님의 인도하심과 다스리심에 우리 자신을 맡기고 있는지를 살펴봄으로써, 우리가 하나님이 그리스도께 주신 사람들에 속한 자들인지를 알 수 있다. 우리가 진정으로 그렇게 하고 있음을 확인할 때까지는, 우리는 우리 자신이 아버지께서 그리스도께 주신 사람들에 속한 자라는 것이 아직 확인되지 않은 것으로 생각하는 것이 마땅하다.

3. 영생은 곧 유일하신 참 하나님과 그가 보내신 자 예수 그리스도를 아는 것이니이다.

그리스도의 신성을 부인하는 자들은, 그리스도께서 아버지 하나님에 대하여 "유일하신 참 하나님"이라고 부르고 계시는 이 본문이 자신들의 주장을 강력하게 밑받침해 주고 있다고 생각한다. 그러나 신학자들은 여기에서 "유일하신"은 "당신"이 아니라 "하나님"에 걸리는 것이기 때문에(한글개역개정에 "유일하신 참 하나님"이라고 번역되어 있는 부분은 헬라어 본문에는 "당신이 유일하신 참 하나님이라는 것"으로 되어 있다 — 역주), 이 본문의 의미는 다음과 같은 것이라고 말한다: "영생은 당신이 유일하신 참 하나님이신 그런 하나님이라는 것과 당신이 보내신 예수 그리스도를 아는 것이니이다." 요한일서 5:20은 "또 아는 것은 하나님의 아들이 이르러 우리에게 지각을 주사 우리로 참된 자를 알게 하신 것과 또한 우리가 참된 자 곧 그의 아들 예수 그리스도 안에 있는 것이니 그는 참 하나님이시요 영생이시라"고 말함으로써, 이러한 설명이 옳다는 것을 잘 보여 준다. 왜냐하면, 만일 아버지 하나님만이 유일하신 참 하나님이시라면, 성자를 "참 하나님"이라고 말하는 것은 잘못된 것이 될 것이기 때문이다. 따라서 "유일하신"이라는 단어는 삼위일체 하나님 중에서 성자와 성령을 배제하는 것이 아니라, 오직 전혀 신들이 아닌 이교의 신들, 즉 우상들만을 배제하는 수식어이다. 그런 의미에서, 디모데전서 6:15-16에서는 "하나님은 복되시고 유일하신 주권자이시며 만왕의 왕이시며 만주의 주시요 오직 그에게만 죽지 아니함이 있

고 가까이 가지 못할 빛에 거하시고 어떤 사람도 보지 못하였고 또 볼 수 없는 이시
니 그에게 존귀와 영원한 권능을 돌릴지어다"라고 말하고, 다른 많은 성경 본문들
도 마찬가지이다. 그리고 마태복음 11:27에서 "내 아버지께서 모든 것을 내게 주셨
으니 아버지 외에는 아들을 아는 자가 없고 아들과 또 아들의 소원대로 계시를 받
는 자 외에는 아버지를 아는 자가 없느니라"고 말하고 있지만, 거기에서 성령을 배
제하고 있는 것은 아니다. 또한, 우리가 유의할 것은, 마가복음 6:47에서 "저물매 배
는 바다 가운데 있고 예수께서는 홀로 뭍에 계시다가"라고 말하고 있는 것에서 알
수 있듯이, 성경에서 "홀로, 유일하게, 오직" 등의 표현은 언제나 다른 모든 것들을
배제하는 의미로 사용되는 것은 아니라는 것이다. 우리 구주께서는 유일하신 참 하
나님이신 분을 아는 것이 영생이라고 말씀하신 후에(여기에서 "영생"은 성경에서
영생으로 통하는 길을 나타내는 데 통상적으로 사용되는 비유적 표현이다), "그가
보내신 자 예수 그리스도"라는 어구를 덧붙이심으로써, 아들 안에서 및 아들을 통
해서 아버지를 알지 않는다면, 그것은 구원에 이르는 지식이 될 수 없다는 것을 우
리에게 알게 해 주신다. 이 절에서 "안다"는 것은 하나님과 그리스도를 인간의 머릿
속에서 단지 개념적으로만 인식하는 것을 의미하는 것이 아니라, 하나님과 그리스
도를 영접하며 믿고 사랑하며 순종하는 것을 의미한다.

**4. 아버지께서 내게 하라고 주신 일을 내가 이루어 아버지를 이 세상에서 영화롭
게 하였사오니.**

내가 아버지를 이 세상에서 영화롭게 하였사오니. 주님께서는 "나는 복음을 전하
고, 주의 법을 따라 살아가며, 이적들을 베푸는 것을 통해서 이 땅에서 아버지를 영
화롭게 하였다"고 말씀하신다. 하나님이 본성적으로 가지고 계시는 영광에 어떤 것
을 더하여서, 하나님을 영화롭게 한다는 것은 불가능하기 때문에, 주님께서는 단지
아버지 하나님의 선하심과 공의와 긍휼과 참되심과 지혜 등과 같은 속성들을 세상
에 나타내시는 것을 통해서 아버지를 영화롭게 하실 수 있으셨다. 여기에서 주님께
서는 자기가 아버지 하나님을 영화롭게 하신 한 가지 방식을 보여 주시는데, 그것
은 아버지 하나님께서 자기에게 맡기신 일을 이루어서 아버지를 영화롭게 해 드렸
다고 말씀하신다. 하지만 그리스도께서는 자신이 이 땅에 오신 주된 목적인 일, 즉
사람들의 죄를 위하여 죽으시는 일을 아직 행하지 않으셨는데, 어떻게 이런 식으로
말씀하실 수 있으신 것인가 하는 질문이 여기에서 생겨날 수 있다. 대답: 주님께서
는 이 세상에 아직 얼마 동안 더 계실 것이었는데도, 요한복음 17:11에서 "나는 세

상에 더 있지 아니하오나"라고 말씀하신 것과 마찬가지로, 여기에서도 그 일을 이루실 때가 아주 가까웠기 때문에, 이미 이루어진 일처럼 말씀하신 것이다. 또한, 주님께서는 자기가 그 일을 이루기로 온전히 결심하셨기 때문에, 마치 그 일이 이미 이루어진 것처럼 말씀하실 수 있으셨다.

5. 아버지여 창세 전에 내가 아버지와 함께 가졌던 영화로써 지금도 아버지와 함께 나를 영화롭게 하옵소서.

주님께서는 여기에서 "아버지여, 나의 신성과 관련해서 내가 창세 전에 아버지와 함께 가졌던 그 영화를 이제 나의 인성도 덧입게 하셔서, 나의 온 인격이 영화롭게 되게 하옵소서"라고 기도하신다. 이 말씀으로부터 우리는 그리스도의 신성을 부인하는 자들의 주장과는 달리, 그리스도께서는 세상이 존재하기 전부터 아버지 하나님과 함께 영광을 누리셨고, 이것은 만일 그리스도께서 영원하신 하나님이 아니셨다면, 있을 수 없는 일이었을 것이라는 결론을 쉽게 이끌어낼 수 있다. 주님께서는 여기에서 이제 중보자로서의 자신의 인격도 바로 그 영광을 향유하여 누릴 수 있게 해 주실 것을 아버지 하나님께 간구하신다.

6. 세상 중에서 내게 주신 사람들에게 내가 아버지의 이름을 나타내었나이다 그들은 아버지의 것이었는데 내게 주셨으며 그들은 아버지의 말씀을 지키었나이다.

세상 중에서 내게 주신 사람들에게 내가 아버지의 이름을 나타내었나이다. 주님께서는 4절에서 "아버지를 이 세상에서 영화롭게 하였사오니"라고 말씀하신 것이 무엇을 의미하는지를 여기에서 좀 더 자세하게 풀어 설명하신다. 즉, 주님은 자기가 아버지의 선하심과 긍휼을 선포하고, 아버지의 뜻을 널리 전하며, 모든 것들을 활용해서 사람들로 하여금 하나님을 알게 만들어서, "아버지의 이름을 나타낸" 것이, "아버지를 이 세상에서 영화롭게" 하신 것이라고 말씀하신다. 그리스도께서는 자신의 말씀들과 행위들을 통해서 그 일을 하셨다. 주님께서는 아버지께서 자기에게 주신 모든 사람들, 즉 아버지께서 영원하신 계획을 따라 자기에게 주시고, 그 마음을 여셔서, 자기를 하나님이 세상에 보내신 이로 시인하고 영접하게 하신 모든 사람들을 상대로 그 일을 하였다고 말씀하신다. 그들은 아버지의 것이었는데 내게 주셨으며. 또한, 주님은 그들은 아버지가 택하신 자들로서 아버지의 것이었는데, 아버지께서 자기에게 주신 자들이고, 자기는 자신의 피로 그들을 속량하여 끝까지 지켜 구원을 얻게 하실 것이라고 말씀하신다. 그들은 아버지의 말씀을 지키었나이다. 내가 와서, 그들에게 아버지의 뜻을 계시하였을 때, 대부분의 유대인들은 빛에 대하여 눈을 감고, 완악하고 완고하게 버티며, 아버지의 계시된 뜻에 반기를 들었지만, 그들은 그렇게 하지 않고, 아버지의 말씀을 듣고 받아들여 순종하였다.

7. 지금 그들은 아버지께서 내게 주신 것이 다 아버지로부터 온 것인 줄 알았나이다.

주님께서는 아버지 하나님께 계속해서 기도하시는 가운데, 여기에서 이렇게 말씀하신다: 그들은 이제 내가 지금까지 그들에게 가르쳐 온 교훈을 몸에 잘 익혔기 때문에, 바리새인들은 내가 "귀신의 왕 바알세불을 힘입어서 귀신을 쫓아낸다"(눅 11:15)고 비방하지만, 그들은 내가 그들에게 가르친 교훈이 아버지께로부터 왔다는 것과 내가 하나님의 권능을 힘입어 이적들을 행하였다는 것을 믿고 확신한다. 이렇게 나는 아버지의 이름을 그들에게 나타내었고, 그들은 내가 그들에게 나타내고 계시한 아버지의 이름을 받아들였다.

8. 나는 아버지께서 내게 주신 말씀들을 그들에게 주었사오며 그들은 이것을 받고 내가 아버지께로부터 나온 줄을 참으로 아오며 아버지께서 나를 보내신 줄도 믿었사옵나이다.

우리 주님께서는 여기에서 자신이 의롭게 행하셨음을 보이시고, 아울러 자신의 기도의 이 전반부에서 아버지께서 자기에게 맡겨 주셨다고 말한 그 사람들을 칭찬하신다. 나는 아버지께서 내게 주신 말씀들을 그들에게 주었사오며. 먼저, 주님은 자기가 아버지께서 주신 것들 외에는 그 어떤 것도 그들에게 전하지 않았다고 말씀하심으로써, 자신이 행한 것에 흠이 없었음을 보여 주시고, 자신의 이러한 모범을 통해서, 그리스도의 일꾼으로 부르심을 받은 모든 사람들은 하나님이 그들에게 주신 말씀 외에는 그 어떤 것도 청중들에게 전해서는 안 된다는 것을 가르쳐 주신다. 그리스도께서 오직 아버지가 자기에게 주신 말씀들만을 전하셨다면, 우리도 그렇게 해야 하는 것은 당연하다. 우리는 우리의 마음에 드는 내용들을 말하거나, 사람들이 우리에게서 듣고 싶어 하는 것들을 말해서는 안 되고, 철저하게 하나님의 말씀에만 국한해서 전해야 한다.

그들은 이것을 받고 내가 아버지께로부터 나온 줄을 참으로 아오며 아버지께서 나를 보내신 줄도 믿었사옵나이다. 주님께서는 아버지께서 자기에게 주신 사람들, 즉 자신의 제자들이 자기가 전한 하나님의 말씀들을 "받았다"고 칭찬하신다. 즉, 그들은 하나님의 말씀들을 단지 그 소리만을 귀로 듣고 흘려 버리거나, 머리로 듣고 개념적으로만 이해하거나 하지 않고, 진정으로 마음으로 받아 믿었다는 것이다. 또한, 그들은 주님께서 전하신 말씀들이 지닌 힘과 권세를 통해서, 주님이 "아버지께 로부터 나온" 참 메시야시라는 것을 믿었다. 그들은 비록 아직까지는 주님을 하나 님의 영원하신 아들로 믿는 온전한 믿음에 이르지는 않았지만, 주님이 하나님이 약 속하신 메시야로서, 하나님으로부터 오셨고, 하나님의 보내심을 받았다는 것을 믿 었다. 주님께서 자신의 제자들과 함께 계시면서, 그들에게 전하신 복음과 강론들, 그들이 보는 앞에서 행하신 많은 이적들은, 주님이 아버지 하나님과 하나라는 것과 하나님의 영원하신 아들이시라는 것을 충분히 증명해 주는 것이었고, 제자들도 어 느 정도는 약하게나마 그것을 믿었지만, 주님께서는 자기가 죽은 자 가운데서 부활 하여 능력으로 하나님의 아들임이 드러나게 될 때까지는, 자신의 제자들이 적어도 자기가 하나님이 보내신 참 메시야라는 것을 믿는 정도의 믿음을 가지기를 간절히 바라셨던 것으로 보인다.

9. 내가 그들을 위하여 비옵나니 내가 비옵는 것은 세상을 위함이 아니요 내게 주 신 자들을 위함이니이다 그들은 아버지의 것이로소이다.

여기에서 "세상"은 온 인류를 가리키는 것으로 보인다. 그리스도께서 여기에서 아버지 하나님께 드리고 계시는 기도는 온 인류를 위한 것이 아니다. 어떤 이들은 여기에 언급된 "세상"이 버림 받은 자들을 가리키는 것으로 해석하기도 하고, 어떤 이들은 믿지 않는 자들을 가리키는 것으로 해석하기도 한다. 그리스도께서는 나중 에 20절에 가서는, 세상, 즉 지금은 믿지 않는 자들이지만, 장차 사도들의 사역을 통 해서 믿게 될 자들을 위해서 기도하신다. 그러나 우리 구주께서는 여기에서 여러 부류의 사람들을 구별하셔서, 여기에서는 특별히 다른 사람들에게는 해당되지 않 고, 오직 택하심을 받은 자들에게만 해당되는 것들을 기도하심으로써, 우리도 기도 할 때에 그런 식으로 구별해서 기도해야 한다는 것을 가르쳐 주신다. 주님은 자기 가 여기에서 아버지께서 영원한 작정하심을 따라 택하셔서, 또는 그들 속에서 역사 하여 믿음을 갖게 하셔서, 자기에게 주신 자들을 위해서만 기도하신다는 사실을 분 명히 하신다.

10. 내 것은 다 아버지의 것이요 아버지의 것은 내 것이온데 내가 그들로 말미암 아 영광을 받았나이다.

내 것은 다 아버지의 것이요 아버지의 것은 내 것이온데. 여기에서 "내 것"과 "아버 지의 것"으로 번역된 헬라어 형용사들은 모두 중성으로 되어 있기 때문에, 이 본문 은 "나의 모든 친구들 또는 나의 모든 제자들은 다 아버지의 친구들이나 제자들이

기도 하다"는 의미가 아니라, "나의 모든 것들은 다 아버지의 것이고, 아버지의 모든 것들은 다 내 것이다"라는 의미이다. 이것은 주님께서 앞에서 자주 하신 말씀이다. 그리스도와 그의 아버지는 모든 것을 공동으로 가지고 계시기 때문에, 어느 한쪽만이 가지고 계시는 것은 없다. 두 분은 하나이시고, 모든 것에서 일치하신다. 두 분은 동일한 본질, 동일한 의지, 동일한 속성들, 동일한 친구들을 가지고 계신다. 내가 그들로 말미암아 영광을 받았나이다. 주님께서는 "그들이 나를 자신들의 구주로 시인하고 영접함으로써, 나를 영화롭게 하였다"고 말씀하신다. 따라서 이 절에는 주님께서 자신의 택함 받은 자들을 위하여 기도하셔야 하는 두 가지 이유 또는 근거가 추가로 제시되고 있다: (1) 그들은 그리스도의 것임과 동시에 아버지 하나님의 것이다. (2) 그들은 그리스도에 대한 믿음과 사랑, 그리고 성결한 삶을 통해서 그리스도께 영광을 돌렸다.

11. 나는 세상에 더 있지 아니하오나 그들은 세상에 있사옵고 나는 아버지께로 가옵나니 거룩하신 아버지여 내게 주신 아버지의 이름으로 그들을 보전하사 우리와 같이 그들도 하나가 되게 하옵소서.

이 절에서 "세상"은 세상 사람들이나 그 중의 특정한 일부를 가리키는 것이 아니라(이 단어는 이런 의미들로 자주 사용된다), 사람들이 거주하는 곳으로서의 이 땅을 가리킨다. 우리 구주께서는 자기가 이 땅에 있을 시간이 이제 얼마 남지 않았기 때문에, "나는 세상에 더 있지 아니하오나"라고 말씀하신다: 그러나 내가 떠난 후에도, 나의 제자들은 이 세상에 계속해서 있을 것이기 때문에, 그들이 세상으로부터 겪게 될 온갖 시험들에 맞서기 위해서는, 도움을 받는 것이 절실하나이다. 나는 이제 아버지께로 갈 것이기 때문에, 그들을 아버지께 맡기고 부탁하는 것이니, 아버지께서는 나와 아버지께 자신들을 맡긴 그들을 당신의 권능으로 지켜 주시기를 비옵나이다. "여호와의 이름은 견고한 망대라 의인은 그리로 달려가서 안전함을 얻느니라"(잠 18:10)고 말씀하신 것처럼, 아버지께서 당신의 이름을 부르는 그들이 이 세상에서 살아가면서 만나게 될 모든 시험과 위험들로부터 그들을 보전해 주심으로써, 그들도 한 성령 안에서 한 몸이 되어, 한 주를 한 믿음으로 영접하여 한 세례를 받아 고백하며, 사랑 안에서 "우리와 같이," 즉 아버지와 내가 하나된 것과 똑같이는 아닐지라도 어느 정도는 "하나가 되게 하옵소서." 우리 구주의 이러한 기도는 진실하게 그리스도를 고백하는 모든 자들이 생각과 뜻과 감정에 있어서 하나가 되려고 애써야 하는 것이 우리의 본분임을 가르쳐 주고, 우리는 비록 비참하게 분열

된 시대 속에서 살아 왔고 지금도 그렇게 살고 있지만, 언젠가는 우리가 지금보다
는 상당히 더 하나가 되는 때가 올 것이라는 소망을 품게 해 준다.

**12. 내가 그들과 함께 있을 때에 내게 주신 아버지의 이름으로 그들을 보전하고
지키었나이다 그 중의 하나도 멸망하지 않고 다만 멸망의 자식뿐이오니 이는 성경
을 응하게 함이니이다.**

내가 그들과 함께 있을 때에 내게 주신 아버지의 이름으로 그들을 보전하고 지키었
나이다. 그리스도께서는 지금 죽어서 부활하여 승천하신 것이 아니었지만, 그런 일
들이 곧 일어나게 될 것이었기 때문에, 마치 이미 자기가 그런 일들을 다 겪고 난 자
인 것처럼 여기에서 말씀하신다: 나는 이 세상에 거하여 그들과 함께 있던 모든 시
간 동안에 "아버지의 이름으로" 또는 "아버지의 이름 안에서 그들을 보전하고 지키
었나이다." 이것은 전자로 읽는 경우에는 "내가 아버지의 권능과 은혜의 감화를 통
해서 그들을 지켰다"는 것을 의미하고, 후자로 읽는 경우에는 "내가 그들을 지켜서
아버지의 참되심을 변함없이 시인하고 고백하게 하였다"는 것을 의미한다. 하지만
나는 내가 하는 말을 들으려고 온 모든 자들을 보전하고 지킨 것이 아니라, 오직 아
버지께서 자신의 영원하신 계획을 따라 내게 주신 모든 자들, 또는 아버지께서 내
게 주셔서 나의 사도들이 되게 하신 모든 자들만을 보전하고 지키었나이다.

그 중의 하나도 멸망하지 않고 다만 멸망의 자식뿐이오니. 그들 중에는 배교자가 된
자가 아무도 없고, 오직 "멸망의 자식"만이 배교자가 되었나이다. 아버지께서 영원
한 작정하심을 따라 내게 주신 자들, 곧 아버지께서 내게 주셔서 나의 사도들이 되
게 하신 자들은 내가 한 사람도 잃지 않았고, 오직 한 사람, 즉 나의 사도였다는 의
미에서는 아버지께서 내게 주신 자이지만, 아버지의 영원한 작정하심에 따라 내게
주신 자는 아니어서, 나에 의해 속량함을 받고 영생과 구원을 얻도록 작정되지 않
은 "멸망의 자식"만이 나를 떠나 멸망의 길로 갔나이다. 데살로니가후서 2:3에서는
"누가 어떻게 하여도 너희가 미혹되지 말라 먼저 배교하는 일이 있고 저 불법의 사
람 곧 멸망의 아들이 나타나기 전에는 그 날이 이르지 아니하리니"라고 말함으로
써, 적그리스도를 "멸망의 자식" 또는 "멸망의 아들"로 부른다. 사무엘하 12:5에서
"죽음의 아들"이 죽게 되어 있는 자, 또는 죽어 마땅한 자를 의미하고, 마태복음
23:15에서 "지옥 자식"이 마땅히 지옥에 갈 자를 의미하는 것과 마찬가지로, 여기에
서 "멸망의 자식"은 멸망받기로 작정된 자, 또는 멸망으로 이어지는 탄탄대로로 행
하는 자, 또는 이 둘 모두를 합쳐서, 하나님의 영원하신 계획 속에서 구원받을 자로

작정되지 않았을 뿐만 아니라, 자신의 악의적인 배교를 통해서 자기 자신을 영원한 멸망 또는 자신을 파멸시킬 죄악으로 몰아넣은 자를 의미한다.

　이는 성경을 응하게 함이니이다. 주님께서는 멸망의 자식이 스스로 멸망의 길을 택하게 됨으로써, 성경의 예언이 이루어졌다고 말씀한다. 사도행전 1:20에서 베드로가 가룟 유다와 관련해서, "시편에 기록하였으되 그의 거처를 황폐하게 하시며 거기 거하는 자가 없게 하소서 하였고 또 일렀으되 그의 직분을 타인이 취하게 하소서 하였도다"라고 말한 것으로 보아서, 주님께서 여기에서 염두에 두신 성경 본문은 "그의 직분을 타인이 빼앗게 하시며"라고 한 시편 109:8이다. 또한, 요한복음 13:18에서 주님께서 "내 떡을 먹는 자가 내게 발꿈치를 들었다 한 성경을 응하게 하려는 것이니라"고 말씀하셨다는 점에서, "내가 신뢰하여 내 떡을 나눠 먹던 나의 가까운 친구도 나를 대적하여 그의 발꿈치를 들었나이다"라고 예언한 시편 41:9도 이 멸망의 자식이 멸망하는 길로 간 것을 통해서 성취되었다.

13. 지금 내가 아버지께로 가오니 내가 세상에서 이 말을 하옵는 것은 그들로 내 기쁨을 그들 안에 충만히 가지게 하려 함이니이다.

　주님께서는 여기에서도 "지금 내가 아버지께로 가오니"라고, 여전히 현재 시제로 말씀하신다. 하지만 실제로는 이 말씀은 6주 후에나 이루어질 일이었다. 왜냐하면, 주님께서는 부활하신 후에도 자신의 제자들과 40일을 함께 계셨기 때문이다(행 1:3). 그러나 그리스도께서는 곧 머지않아 아버지께로 가실 것이었기 때문에, "지금 내가 간다"고 현재 시제로 말씀하신다. 주님께서는 자기가 머지않아 아버지께로 가기에 앞서 세상에 계시는 동안 "이 말을 하옵는" 것, 즉 이 기도를 아버지께 드리는 이유는, 자기가 자기 백성을 떠나감으로써, 그들의 기쁨이 줄어드는 것이 아니라, 반대로 그들이 더 이상 자신의 육체적인 임재를 누리며 즐거워할 수는 없게 되더라도, 이 마지막 기도를 통해서 자기가 아버지 하나님께 그들을 부탁함으로써, 앞으로는 그들이 아버지 하나님의 전적인 돌보심과 보호하심을 받게 되어, 자기가 아버지께로 가서 그렇게 된 것을 기뻐할 수 있게 하기 위한 것이라고 말씀하신다.

14. 내가 아버지의 말씀을 그들에게 주었사오매 세상이 그들을 미워하였사오니 이는 내가 세상에 속하지 아니함 같이 그들도 세상에 속하지 아니함으로 인함이니이다.

　내가 아버지의 말씀을 그들에게 주었사오매. 나는 여기에서 주님께서 자신의 제자들에게 아버지의 말씀을 주셨다고 하신 것을, 주님이 그들의 귀에 복음을 들려주셨다는 것 이상의 의미를 지닌 것으로 이해하여야 한다고 본다. 왜냐하면, 만일 그런 식으로 이해하지 않는다면, 주님께서는 자신의 제자들에게만이 아니라, 아직 세상에 있으면서 세상으로부터 미움을 받지 않았던 다른 수많은 사람들에게도 복음을 전하셨기 때문에, 주님의 이 말씀은 여기에서 특별한 의미를 지닐 수 없게 되기 때문이다. 따라서 이 구절의 의미는 이런 것이다: 나는 그들의 귀에 아버지의 말씀을 들려주었을 뿐만 아니라, 그들의 마음을 열어서, 그 말씀을 받아들여 믿고 거기에 순종하여 살게 하였나이다. 그래서 아버지의 말씀은 지금 그들의 마음에 거하고, 그들에게 접붙인 바 되어서, 그들은 말씀을 따라 변화를 받았나이다. 여기에서 주목할 것은, 아버지께서 그리스도께 어떤 영혼을 주셨을 때, 그리스도께서는 언젠가는 반드시 그 영혼에게 아버지의 말씀을 주셔서, 그 영혼으로 하여금 말씀을 받아 믿고 거기에 따라 변화되게 하신다는 것이다.

그런 이유 때문에, "세상이 그들을 미워하였나이다." 즉, 아버지의 말씀이 그들을 육신적이고 방탕하며 세상적인 사람들과는 다른 영에 속한 자로 변화시켰기 때문에, 세상은 그들을 미워하였나이다. 그들은 이제 세상 사람들과는 다른 성정, 다른 기호, 다른 의도, 다른 열심을 지니고 있나이다. 나는 원래부터 세상에 속하지 않았고, 그들은 "땅에 속한" 자들이었지만, 적어도 그 점에서는 "내가 세상에 속하지 아니함 같이 그들도 세상에 속하지" 아니하였나이다.

15. 내가 비옵는 것은 그들을 세상에서 데려가시기를 위함이 아니요 다만 악에 빠지지 않게 보전하시기를 위함이니이다.

주님께서는 아버지 하나님께서 그의 성도들을 이 죄악되고 괴로움 많은 세상에서 빼내셔서 천국으로 데려가실 것을 기도하고 계시는 것이 아니다. 왜냐하면, 그들은 이 세상에서 아직 주님을 위해 해야 할 일들이 있었기 때문이다. 따라서 주님은 하나님께서 그들을 "악한 자"(여기에서 "악"으로 번역된 단어는 이렇게 번역할 수도 있다) 또는 "악"으로부터 지키시기를 기도하신다. 우리는 여기에 언급된 "악"을 우리를 괴롭게 하는 것들을 가리키는 것이 아니라, 오직 죄악만을 가리키는 것으로 이해하여야 한다. 주님께서는 이 모범을 통해서, 우리가 무엇을 기도하여야 하는지를 가르쳐 주신다. 즉, 우리는 죽음이나, 현세의 괴롭고 슬픈 일들로부터가 아니라, 수많은 혹독한 시련들과 환난들로 인해서 죄를 범하고자 하는 유혹을 받게 되는 그런 시험들로부터 우리를 건져 주실 것을 아버지 하나님께 기도하는 것이 마땅하다는 것이다.

16. 내가 세상에 속하지 아니함 같이 그들도 세상에 속하지 아니하였사옵나이다.

이 말씀은 주님께서 14절에서 하신 말씀과 동일한데, 여기에서 다시 한 번 반복하신 것은, 그들로 하여금 자신들의 기억 속에 단단히 담아 두고서, 늘 이 말씀을 되새기며, 거기에 따라 삶을 살아가게 하시기 위한 것이거나, 이 말씀을 요새로 삼아서 세상의 미움과 악의를 넉넉히 이겨낼 수 있게 하시기 위한 것이다. 주님께서는 그러한 목적을 위해서 요한복음 15:19에서 이것과 동일한 말씀을 하셨고, 앞의 14절에서도 또다시 그런 말씀을 하셨다. 14절에 대한 설명을 보라.

17. 그들을 진리로 거룩하게 하옵소서 아버지의 말씀은 진리니이다.

그들을 진리로 거룩하게 하옵소서. 이 대목에 나오는 "거룩하게 한다"는 것이, 하나님께서 예레미야에게 "내가 너를 모태에 짓기 전에 너를 알았고 네가 배에서 나오기 전에 너를 성별하였고 너를 여러 나라의 선지자로 세웠노라"(렘 1:5)고 말씀하신 것처럼, 그들을 사도들로 따로 구별하시고 사도직을 위하여 준비시키시는 것을 의미하는 것인지, 또는 하나님이 그들의 은혜의 성품을 강화시키고 견고하게 하셔서, 그들로 하여금 세상의 미움과 반대를 겪으면서 오게 될 시험들을 이길 수 있게 하시는 것을 의미하는 것인지, 또는 그들을 온전히 성결하게 하시는 것을 의미하는 것인지에 대해서는, 해석자들 사이에서 견해가 분분하다. 칼빈 목사님은 우리 구주께서는 여기에서 하나님이 그들을 자신의 소유로 삼으실 것을 기도하시면서, 그것이 "진리로" 또는 "아버지의 진리로" 된다는 것을 보여 주신 것이라고 말한다. 어떤 이들은 그들을 모든 진리 가운데로 인도할 것이라고 약속된(요 16:13) 성령을 통해서 아버지 하나님의 진리를 그들의 마음에 새겨 주실 것을 기도하신 것이라고 말하고, 어떤 이들은 거룩하게 하는 자이자 "진리의 영"(요 14:17)이신 성령을 통해서 그들을 거룩하게 하실 것을 기도하신 것이라고 말하며, 어떤 이들은 "그들을 진리로 거룩하게 하옵소서"라고 하신 것은, 출애굽기와 레위기에서 제사장들을 율법 예식을 통하여 거룩하게 성별하는 것과는 반대로, 진정으로 사도들을 거룩하게 해 주시라고 하신 것이라고 말한다. 어떤 이들은 그들을 성별하셔서 아버지의 진리, 즉 복음을 전할 수 있게 해 주실 것을 기도한 것이라고 말한다. 그러나 사도행전 15:9에서 베드로가 이방인들에 대하여 "믿음으로 그들의 마음을 깨끗이 하사"라고 말한 것과 마찬가지로, 여기에서도 "그들을 아버지의 진리로 거룩하게 하옵소서"라는 흠정역의 번역이 이 말씀의 원래의 의도에 가장 가까운 것으로 보인다.

아버지의 말씀은 진리니이다. 주님께서는 "그들을 진리로 거룩하게 하옵소서"라고 기도하신 후에, "진리"가 무엇을 의미하는지를 보충설명하시기 위하여, "아버지의 말씀은 진리니이다"라는 말씀을 덧붙이신다. 즉, 내가 그들에게 지금까지 전해온 아버지의 말씀과 복음이 진리라는 것이다. 어떤 이들은 여기에서 주님께서는 "진리"라는 추상 명사는 "진리의 말씀들"이라는 구상 명사 대신에 사용하신 것이라고 생각한다. 거짓 선지자들이나 바리새인들의 가르침은 부분적으로는 참되고 부분적으로는 거짓되지만, 아버지의 말씀은 진리 그 자체이다. 사람들의 심령을 깨끗하게 하고 정화시키는 것은 그리스도의 피이지만, 거룩하게 하시는 자이신 성령께서 사람들의 심령에 전해지는 하나님의 말씀을 통해서 그리스도의 피를 사람들의 양심에 적용하신다.

18. 아버지께서 나를 세상에 보내신 것 같이 나도 그들을 세상에 보내었고.

내 아버지여, 그들은 자기 멋대로 이 일에 뛰어든 것도 아니고, 보내심을 받지도 않았는데 달음질친 것도 아닙니다. 왜냐하면, 내가 아버지의 사도이고, 아버지로부터 보내심을 받은 것과 마찬가지로, 그들은 내가 보낸 자들이기 때문입니다. 물론, 사도들은 그리스도께서 이 땅에 보내심을 받으신 것과 동일한 목적으로 보내심을 받은 것은 아니었다. 그리스도께서는 복음을 전하심과 아울러, 인류의 죄를 속량하시기 위하여 보내심을 받으셨던 반면에, 사도들은 그리스도께서 이루신 그 대속의 복음을 전하여 사람들로 하여금 구원 받게 하기 위하여 보내심을 받았다. 하지만 그들은 그들을 보내실 권세를 지니신 분에 의해서 보내심을 받았다. 따라서 왕들이 자기가 대사들로 보낸 자들을 보호하는 것이 당연하듯이, 하나님께서 자기 아들이 대사들로 보낸 자들을 보호하고 지키시는 것은 당연한 일이었다.

19. 또 그들을 위하여 내가 나를 거룩하게 하오니 이는 그들도 진리로 거룩함을 얻게 하려 함이니이다.

여기에서 "내가 나를 거룩하게 하오니"라는 말씀은 주님께서 자기 자신을 하나님께서 받으실 만하고 기뻐하시는 제물로 거룩하게 구별하셨다는 것을 의미한다. 실제로 율법 아래에서의 옛적의 개념에 의하면, "거룩하게 한다" 또는 "성별한다"는 것은 통상적으로 사람이나 물건을 오로지 하나님께 드리거나 하나님을 섬기는 데 사용하기 위하여 따로 구별하는 것을 의미하였다. 그렇게 거룩하게 하는 것은 율법에 정해진 예식들을 통해서 이루어졌는데, 신약시대에는 거듭남과 성령의 실효적인 역사에 의해서 사람들의 마음을 새롭게 하는 것을 통해서 내적으로 및 영적으로 이루어진다. 주님께서는 자기 제자들을 위하여 자기 자신을 제사장과 희생제물로 성별하셨다고 말씀하신다. 이렇게 그리스도께서 자신을 자기 백성을 위한 희생제물로 성별하신 것은, 자신의 핏값으로 말미암아 하나님의 계획 안에서 그들에게 영원한 생명과 영원한 복을 얻게 해 줄 온갖 방편들이 주어져서, 그들로 영원한 생명과 복을 얻게 하실 뿐만 아니라, "그들도 진리로 거룩함을 얻게 하려" 하기 위한 것이었다. 그래서 사도는 하나님께서 "창세 전에 그리스도 안에서 우리를 택하시 우리로 사랑 안에서 그 앞에 거룩하고 흠이 없게 하시려고"(엡 1:4)라고 말하고, "그리스도께서 교회를 사랑하시고 그 교회를 위하여 자신을 주심 같이 하라 이는 곧 물로 씻어 말씀으로 깨끗하게 하사 거룩하게 하시고"(엡 5:25-26)라고 말한다. 우리 구주께서는 자신을 우리 죄를 위한 희생제물로 성별하신 것은, 자기 백성이 "진리로 거룩함을 얻게 하려," 즉 그들이 진리를 귀로만이 아니라 마음으로 받아들여서, 진리를 사랑하고, 모든 거룩한 삶과 행실이라는 열매를 맺게 하시기 위한 것이라고 말씀하신다.

20. 내가 비옵는 것은 이 사람들만 위함이 아니요 또 그들의 말로 말미암아 나를 믿는 사람들도 위함이니.

이 절은 두 가지를 분명하게 보여 준다. (1) 그리스도께서는 버림받은 자들이나 결국 믿지 않고 죽는 자들을 위해서는 기도하지 않으셨다. 왜냐하면, 주님은 앞에서는 당시에 이미 믿음을 지닌 자들을 위해서 기도하셨고, 여기에서는 앞으로 믿게 될 자들을 위하여 기도하고 계시지만, 우리는 그 어디에서도 주님께서 그 밖의 다른 사람들을 위해서 기도하셨다는 말은 듣지 못하기 때문이다. 주님이 자기가 기도하지도 않은 자들을 위하여 자기 목숨을 내어 주신 것인가, 그렇지 않은가 하는 문제는, 주님께서 모든 사람을 위하여 죽으셨다고 자신만만하게 주장하는 자들이 풀어야 할 문제이다. (2) 우리는 이미 믿은 자들만이 아니라 앞으로 믿게 될 자들까지도 아버지 하나님께서 그리스도께 주신 자들에 포함되는 것으로 이해하여야 한다. 왜냐하면, 주님께서는 여기에서 당시에 이미 믿은 자들이 아니라 앞으로 믿게 될 자들을 위하여 기도하시기 때문이다. 믿음은 들음에서 오는데, 그리스도께서는 여기에서 "그들의 말로 말미암아," 즉 사도들이 전하는 복음을 듣고 믿게 될 자들을 위하여 기도하신다.

21. 아버지여, 아버지께서 내 안에, 내가 아버지 안에 있는 것 같이 그들도 다 하나가 되어 우리 안에 있게 하사 세상으로 아버지께서 나를 보내신 것을 믿게 하옵소서.

　우리 구주께서는 여기에서 앞으로 자기를 믿게 될 자들을 위하여 기도하시면서, 그들이 믿음 안에서 하나가 되고 형제 사랑 안에서 하나가 되게 해 주시라고 아버지께 기도하신다. 이것이 그리스도께서 믿는 자들을 위하여 기도하신 것의 일부라고 생각하는 사람들, 사도 바울이 최초의 사도 교회들에 서신을 쓸 때마다 거의 예외 없이 가장 강력한 근거와 이유를 들며 이것을 역설하였다고 생각하는 사람들은, (그렇게 되는 것이 현재에 있어서는 아무리 불가능해 보일지라도) 그리스도의 모든 참된 제자들이 언젠가는 평안의 매는 줄 안에서 성령의 하나 되게 하신 것을 지켜 나가고, 그들에게는 그러한 하나 됨을 지켜 나가기 위해 애쓸 의무가 있다는 것을 명심하게 될 것이라는 소망을 품을 수밖에 없을 것이다. 사도행전 15:28에서 사도들과 장로들이 보여 준 모범처럼, 교회의 윗사람들이 아랫사람들에게 "요긴한 것들," 즉 꼭 필요한 것들만을 요구하고, 서로 대등한 신자들끼리는 사랑 안에서 진리를 행하기 위하여 다투면서, 자신들이 어디까지 성장하였든지 그 모습을 가지고 형제들과 함께 동행하며, 꼭 필요한 진리 외의 다른 것들에 대해서는 사랑 안에서 서로를 용납하는 법을 배우고, 어떤 형제가 다른 생각을 가지고 있는 경우에는, 하나님이 그 형제에게 무엇이 옳은 것인지를 보여 주실 때까지 기다려 준다면(빌 3:15), 그리스도인들은 머지않아 그러한 하나 됨에 도달할 수 있을 것이다.

　그러나 이것이 그리스도께서 여기에서 기도하신 하나 됨의 전부가 아니다. 주님은 그들이 아버지와 아들 안에서 하나가 되게 해 달라고 기도하신다. 어떤 이들은 그들이 아버지와 아들 안에서 하나가 되어 그 안에 있다는 것은 "순종"을 의미하는 것이라고 해석하기도 하지만, 이것은 그들로 하여금 아버지와 아들을 믿게 해 달라고 기도하시는 것이다. 왜냐하면, 믿음은 우리를 하나님 및 그리스도와 하나 되게 하는 은혜이기 때문이다. 영생으로 작정된 자들은 모두 장차 믿음을 갖게 될 것이기는 하지만, 그들로 하여금 믿음을 갖게 해 달라고 기도하는 것은 우리의 본분이다. 우리 구주께서 이것을 위해 기도하시는 것은 하나님으로 하여금 더 영광을 받으시게 하기 위한 것이었는데, 여기에서 "세상으로 아버지께서 나를 보내신 것을 믿게 하옵소서"라고 하신 것이 바로 그러한 의미이다. 주님께서 온 세상에 전하신 복음의 교훈을 많은 사람들이 받아들이는 것이야말로, 주님이 참 메시야시라는 것을 가장 큰 소리로 외치는 것이다. 왜냐하면, 만일 복음을 가장 먼저 사람들에게 전하신 주님이 처음부터 하나님의 보내심을 받아 세상에 오신 것이 아니고, 그의 사도들이 주님께서 승천하신 후에 복음을 전파할 때에 하나님의 이례적인 감화와 도우심을 받지 않았다면, 인간적으로 볼 때에 세상에서 미미한 자에 불과하였던 주님과 어부 같은 미천한 출신의 사도들에 의해서 전파된 새로운 가르침이 세상의 대부분의 지역에서 받아들여지게 될 것이라고는 도무지 상상할 수 없는 일이었을 것이기 때문이다.

22. 내게 주신 영광을 내가 그들에게 주었사오니 이는 우리가 하나가 된 것 같이 그들도 하나가 되게 하려 함이니이다.

내게 주신 영광을 내가 그들에게 주었사오니. 어떤 이들은 여기에서 "영광"이 하늘의 영광을 가리키는 것으로 이해하지만, 그럴 경우에는 이 절의 후반부에서 언급되고 있는 하나 됨은 성도들이 내세에서 영광 중에 계신 그리스도 및 아버지 하나님과 함께 하나가 되는 것을 가리키는 것으로 이해하여야 한다. 어떤 이들은 사도가 베드로후서 1:4에서 "이로써 그 보배롭고 지극히 큰 약속을 우리에게 주사 이 약속으로 말미암아 너희가 정욕 때문에 세상에서 썩어질 것을 피하여 신성한 성품에 참여하는 자가 되게 하셨느니라"고 말한 것처럼, 여기에 언급된 "영광"은 "신성한 성품"을 가리키는 것이라고 생각한다. 후자의 견해는 여기에서 "영광"의 의미에 좀 더 근접한 것으로 보인다. 왜냐하면, 사람들이 신성한 성품에 더 깊이 참여할수록, 성령의 하나 되게 하신 것을 지키려고 애쓰게 될 것이기 때문이다. 어떤 이들은 복음서 기자가 그리스도께서 이적을 행하심으로써 "그의 영광을 나타내셨다"고 말한 것(요 2:11)과 주님께서 이적의 결과를 "하나님의 영광"이라고 부르신 것(요 11:40)을 들어서, 여기서 "영광"은 이적들을 행하는 권능을 가리키는 것으로 이해한다. 어떤 이들은 사도 바울이 "영의 직분은 더욱 영광이 있지 아니하겠느냐"(고후 3:8)라고 말한 것과 복음의 충성된 일꾼들을 "그리스도의 영광"(고후 8:23)이라고 말한 것을 근거로, 여기에 언급된 "영광"은 복음을 전하는 것을 가리키는 것이라고 생각한다.

이는 우리가 하나가 된 것 같이 그들도 하나가 되게 하려 함이니이다. 우리 구주께서는 여기에서 그들이 하나가 되게 해 주시라고 한 자신의 기도를 다시 한 번 반복하고 계시는 것일 수도 있고, 자기와 아버지가 하나인 것 같이 그들도 하나가 되게 하기 위하여 자기가 그들에게 자신의 권능과 영광을 전해 주었다고 선언하신 것일 수도 있다.

23. 곧 내가 그들 안에 있고 아버지께서 내 안에 계시어 그들로 온전함을 이루어 하나가 되게 하려 함은 아버지께서 나를 보내신 것과 또 나를 사랑하심 같이 그들

도 사랑하신 것을 세상으로 알게 하려 함이로소이다.

내가 그들 안에 있고. 단지 나의 신성이 그들의 육신과 연합되어 있는 것이 아니라, 나는 그들을 나의 영, 즉 나의 신성에 참여하는 자들이 되게 하였다. 왜냐하면, 나는 그들을 특별한 사랑으로 사랑하였기 때문이다. 나는 머리이고, 그들은 지체들이다. 나는 포도나무이고, 그들은 가지들이다. 아버지께서 내 안에 계시어. 신성의 충만이 내 안에 육체로 거한다. 나는 아버지의 영광의 광채이고, 아버지의 본체의 나타난 형상이다. 내가 "아버지께서 내 안에 계셔서 그의 일을 하시는 것"(요 14:10)이라고 말한 것처럼, 내가 하는 일은 모두 아버지께서 하시는 일이기 때문에, 아버지께서는 내가 하는 모든 일들을 인정하시고 열납하신다. 그들로 온전함을 이루어 하나가 되게 하려 함은. 여기에서 "하나가 되게 하려"로 번역된 헬라어는 '에이스 헨'(εἰς ἕν)이다. 주님께서는 그들을 자기를 머리로 한 "한 몸"이 되게 하려고 하신다고 말씀하신다. 이 몸은 믿음으로 하나 된 것을 지켜 나가는 교회를 가리킨다. 그들은 모두 동일한 것들을 믿고, 아버지께서 내게 계시해 주셔서 내가 그들에게 가르친 것들만을 믿는다. 아버지께서 나를 보내신 것과 또 나를 사랑하심 같이 그들도 사랑하신 것을 세상으로 알게 하려 함이로소이다. 아버지여, 그들이 믿음으로 하나가 되고, 세상이 아버지께서 그들의 마음을 복종시켜서 복음의 진리에 순종하게 하신 것을 본다면, 그것은 아버지께서 나를 보내셨다는 것과 아버지께서 나를 사랑하신 것과 같은 그러한 자애로우시고 영원하신 사랑으로 그들을 사랑하셨다는 것을 보여 주는 대단한 증거가 될 것입니다.

24. 아버지여 내게 주신 자도 나 있는 곳에 나와 함께 있어 아버지께서 창세 전부터 나를 사랑하시므로 내게 주신 나의 영광을 그들로 보게 하시기를 원하옵나이다.

아버지여 내게 주신 자도 나 있는 곳에 나와 함께 있어. 여기에서 우리 구주께서는 자신의 제자들이 영생을 얻게 되기를 원하신다는 마음을 강력하게 피력하시는 것이거나, 자신의 제자들을 끝까지 지켜 주셔서, 그들이 결국 영생과 구원을 얻게 해 주시기를 아버지께 기도하시는 것이다. 따라서 "내게 주신 자"는 사도들로만 국한되는 것이 아니고, 은혜로 택정하심을 받아 나중에 영광의 상속자들이 되어 영원한 생명과 영원한 행복을 얻게 될 자들까지 포함한다. 이것을 주님께서는 요한복음 14:3 "가서 너희를 위하여 거처를 예비하면 내가 다시 와서 너희를 내게로 영접하여 나 있는 곳에 너희도 있게 하리라"고 말씀하신 것처럼, 여기에서도 그들을 "나 있는 곳에 나와 함께 있게" 할 것이라는 개념으로 표현하시는데, 사도 바울은 이것을 "우리가 항상 주와 함께 있으리라"(살전 4:17)는 말로 표현한다. 하나님의 아들이 계신 곳에 함께 있는 것이 최고의 행복이라는 것은 분명하다.

아버지께서 창세 전부터 나를 사랑하시므로 내게 주신 나의 영광을 그들로 보게 하시기를 원하옵나이다. 주님의 영광을 본다는 것은 주님의 영광에 참여하는 자가 된다는 것과 동일하다. 성경에서 죽음을 본다는 것이 죽는다는 것을 의미하고, 생명을 본다는 것이 산다는 것을 의미하는 것과 마찬가지로, 하나님의 영광을 본다는 것은 그 영광에 참여하여 영화롭게 된다는 것을 의미한다. 주님께서는 이 "영광"을 "아버지께서 창세 전부터 나를 사랑하시므로 내게 주신 나의 영광"이라고 말씀하신다. 즉, 주님의 영광은 아버지의 독생자의 영광이고, 아버지께서 하나님과 사람 간의 중보자로 따로 세우시고 성별하셔서 아들 안에서 자기 백성을 택하심으로써 그 아들이 받게 되신 영광이다. 그래서 주님께서는 이렇게 기도하신다: 그러므로 나는 아버지께서 나를 영화롭게 하시고, 이 일에서 나의 기도들을 들으시며, 아버지께서 내게 주셔서 나의 피로 대속하게 하신 자들을 영화롭게 하실 것을 압니다.

25. 의로우신 아버지여 세상이 아버지를 알지 못하여도 나는 아버지를 알았사옵고 그들도 아버지께서 나를 보내신 줄 알았사옵나이다.

의로우신 아버지여. 우리가 주목할 것은 성경에서 하나님의 종들은 자신들의 기도 가운데서, 그 기도가 응답되게 하기 위하여, 구체적으로 그 기도 속에서 자기가 하나님께 구하는 것들과 하나님에 대한 자신의 믿음을 표현하는 데 적절한 호칭으로 하나님을 불렀다는 것이다. 마찬가지로, 그리스도께서도 여기에서 아버지께서 자신의 제자들로 하여금 자기와 아버지를 알게 하신 것이 의로우신 일이었다는 의미에서 "의로우신 아버지"라는 호칭을 사용하신다. 제자들이 주님을 알았다는 것은, 앞에서도 자주 그런 의미로 사용되었듯이, 그들이 주님을 받아들여서 믿고 사랑하였다는 것을 의미한다. 주님은 "아버지여, 당신은 의로우십니다"라고 말씀하신다. "사람의 행위를 따라 갚으사 각각 그의 행위대로 받게 하시는" 것(욥 34:11; 시 62:12; 잠 24:12)은 아버지 하나님의 의로우심의 일부이다. 세상이 아버지를 알지 못하여도 나는 아버지를 알았사옵고 그들도 아버지께서 나를 보내신 줄 알았사옵나이다. 세상 사람들은 아버지를 미워하고, 아버지를 알지 못하며, 아버지를 거슬러 반역하지만, 나는 아버지를 알았고, 아버지를 세상에 알렸으며, 아버지의 뜻에 순종하였습니다. 그리고 나의 제자들도 나를 알았습니다. 즉, 그들은 아버지께서 나를 메시야로 보내신 것을 알았고 받아들였으며 믿었습니다.

26. 내가 아버지의 이름을 그들에게 알게 하였고 또 알게 하리니 이는 나를 사랑하신 사랑이 그들 안에 있고 나도 그들 안에 있게 하려 함이니이다.

하나님의 "이름"은 하나님 자신, 하나님이 자신의 말씀과 복음을 통해서 자신을 알리신 모든 것, 하나님의 속성들과 온전하심들을 의미한다. 나는 그들에게 아버지를 알게 하였습니다. 그러나 그들은 아직 아버지에 대하여 잘 알지 못하는 것이 많고 아는 것이 많이 불완전하기 때문에, 나는 부활 후에 그들에게 아버지를 더 잘 알게 하겠습니다. 내가 이렇게 그들에게 아버지를 알게 하고자 하는 것은, 아버지께서 나를 사랑하신 그 사랑이 그들에게도 전해져서, 그들 안에 영원히 있게 하고, "나도 그들 안에 있게" 하고자 하기 때문입니다. 어떤 이들은 여기에서 "나도 그들 안에 있게 하려 한다"로 번역된 '카고'(καγὼ)를 "나도 그들 안에 있기 때문이다"로 읽기도 한다. 이 말씀은 단지 주님께서 자주 말씀하셨고, 요한복음 15:9에서는 포도나무와 그 가지에 관한 비유를 통해서 예시하기도 하셨던 것의 반복이지만, 주님이 그 심령 속에 계시는 자들만이 아버지께서 주님을 사랑하신 그 사랑에 참여할 수 있다는 것을 우리에게 가르쳐 준다. 따라서 사도 바울은 "너희는 믿음 안에 있는가 너희 자신을 시험하고 너희 자신을 확증하라 예수 그리스도께서 너희 안에 계신 줄을 너희가 스스로 알지 못하느냐 그렇지 않으면 너희는 버림 받은 자니라"고 말한다.

제18장

개요

1. 유다가 예수를 팔고, 그리스도께서 말씀하시자, 관리들과 군인들이 땅에 엎드러짐 (1-9).
2. 베드로가 말고의 귀를 칼로 베어버림(10-11).
3. 예수께서 결박당하신 채로 안나스와 가야바 앞으로 끌려가심(12-14).
4. 베드로가 그리스도를 부인함(15-18).
5. 예수께서 대제사장의 심문을 받으시고, 한 관리가 그리스도를 때림(19-24).
6. 베드로가 두 번째와 세 번째로 그리스도를 부인함(25-27).
7. 예수께서 빌라도 앞에 끌려가 심문을 받으시고, 자신의 나라는 이 세상에 속하지 않았다고 말씀하시고, 빌라도는 그리스도의 무죄를 확신하고 놓아 주려고 하지만, 유대인들은 바나바를 택함(28-40).

우리 구주의 수난에 관한 이야기는 우리가 마태복음 26장과 27장을 다룰 때에 이미 아주 자세하게 살펴보았기 때문에, 거기에 나오는 설명을 보라. 우리는 거기에서 이 이야기를 전체적으로 이해하기 위해서, 다른 복음서 기자들이 보도하고 있는 내용들까지 모두 다 포함해서 다루었기 때문에, 독자들은 자세한 것은 그 두 장에 관한 설명을 참조하기 바라고, 여기에서는 이 장을 비롯해서 이후의 장들을 단지 짤막하게 살펴보고자 한다.

1. 예수께서 이 말씀을 하시고 제자들과 함께 기드론 시내 건너편으로 나가시니 그 곳에 동산이 있는데 제자들과 함께 들어가시니라.

마태는 우리가 앞에서 살펴본 이 복음서의 네 장에 나오는 주님의 강론들과 기도를 전혀 보도하지 않는다. 마찬가지로, 다른 복음서 기자들도 주님께서 최후의 만찬을 행하신 후에 제자들과 함께 감람산으로 가셨다는 것만을 보도한다(마 26:30; 막 14:26; 눅 22:39). 우리의 복음서 기자는 주님께서 "기드론 시내"를 건너 "동산"으로 들어가셨다고 말하지만, 다른 복음서 기자들은 동산에 대해서는 말하지 않고, 주님이 겟세마네라 불리는 곳으로 가셨다는 말만을 한다. 아마도 그 마을은 감람산 자락에 있었을 것이고, 여기에 언급된 "동산"은 그 마을 가까이에 있었고, 그 마을에 속한 동산이었을 가능성이 높다. 왜냐하면, 유대 땅에서는 동산들이 마을이나 성읍 안이 아니라 바깥에 있었기 때문이다. 이제 주님께서는 제자들과 함께 그 동산으로 가시기 위하여 "기드론 시내"를 건너셨는데, 사무엘하 15:23에서는 압살롬의 반란을 피하여 다윗이 이 시내를 건너갔다고 말하고("온 땅 사람이 큰 소리로 울며 모든 백성이 앞서 건너가매 왕도 기드론 시내를 건너가니 건너간 모든 백성이 광야 길로 향하니라"), 열왕기상 2:37에는 솔로몬 왕이 시므이에게 "너는 분명히 알라 네가 나가서 기드론 시내를 건너는 날에는 반드시 죽임을 당하리니 네 피가 네 머리로 돌아가리라"고 경고할 때에 이 시내가 언급된다. 이 시내는 감람산으로 가는 길에 있었기 때문에, 주님께서는 제자들과 함께 이 시내를 건너서, 겟세마네라는 마을에 속한 동산으로 들어가신다.

2. 그 곳은 가끔 예수께서 제자들과 모이시는 곳이므로 예수를 파는 유다도 그 곳을 알더라.

그리스도께서는 예루살렘에 계실 때에 밤이 되면 감람산으로 물러나 쉬시곤 하셨고(눅 21:37; 22:39), 이 동산에서 제자들과 함께 모임을 갖곤 하셨기 때문에, 유다도 어디에 가야 주님을 찾을 수 있는지, 그 구체적인 장소를 알고 있었다.

3. 유다가 군대와 대제사장들과 바리새인들에게서 얻은 아랫사람들을 데리고 등과 횃불과 무기를 가지고 그리로 오는지라.

다른 복음서 기자들은 유다가 대제사장에게 가서, 그들과 계약을 맺은 것을 보도하지만, 우리의 복음서 기자는 여기에서 그런 것들을 다 생략하고, 단지 유다가 대제사장들과 바리새인들에게서 얻은 한 무리의 사람들을 이끌고 주님을 잡으러 왔다는 것만을 보도한다. 여기에서 "군대"로 번역된 헬라어는 300명에서 600명 정도의 군사로 이루어진 로마의 보병대를 의미하지만, 우리는 그들이 다 온 것이 아니라, 유월절에 성전을 경비하기 위하여 동원된 군대 중에서, 주님을 잡는 데 필요한 정도의 인원만이 온 것으로 이해하여야 한다. 이 밤은 보름달이 뜰 때였을 것이지만, 이 무리들은 샅샅이 수색하기 위해서 "등과 횃불"을 가지고 왔고, 그들의 안내자였던 유다가 주님과 함께 감람산에 있을 인원이 그렇게 많지 않을 것이라고 그들에게 알려 주었을 것이기 때문에, 굳이 중무장을 하고 올 필요가 없었는데도, 무엇이 두려워서인지 "무기"도 가지고 왔다.

4. 예수께서 그 당할 일을 다 아시고 나아가 이르시되 너희가 누구를 찾느냐.

다른 복음서 기자들은 유다가 그들에게 누가 주님이신 줄을 알려 주는 신호를 정하였다는 것, 유다가 주님께 입맞춤을 하였다는 것, 주님께서 그런 유다에게 하신 말씀을 보도하고 있는 반면에, 우리의 복음서 기자는 그런 것들을 일체 언급하지 않는다. (요한은 자신의 복음서에서 내내 다른 복음서 기자들이 이미 기록한 것들에 대해서는 거의 언급하지 않는다.) 유다가 주님께 입맞춤을 하자, 주님께서는 즉시 앞으로 나오셔서, 그들이 누구를 찾는 것이냐고 물으셨을 것이다. 이것은 주님께서 타의에 의해서 다른 사람에게 죽임을 당하신 것이 아니라, 자발적으로 자신의 목숨을 내어 놓으신 것임을 보여 준다. 왜냐하면, 주님께서는 전에도 여러 차례 그러셨던 것처럼, 이번에도 얼마든지 그들의 손아귀에서 아주 쉽게 빠져나오실 수 있으셨는데도, 그렇게 하지 않으셨기 때문이다. 그들은 주님께서 스스로 죽음을 택하신 것이 아니라, 유다 덕분에 주님을 잡을 수 있었다고 생각하였겠지만, 사실은 주님께서는 자신의 때가 이르른 것을 아시고서, 자신을 원수들의 손에 자원하여 넘겨 주시기 위하여, 그들에게 "너희가 누구를 찾느냐"고 물으신 것이었다.

5. 대답하되 나사렛 예수라 하거늘 이르시되 내가 그니라 하시니라 그를 파는 유다도 그들과 함께 섰더라.

그들은 "나사렛 예수"를 잡으러 왔다고 대답한다. 주님께서는 "유대 베들레헴"(마 2:1)에서 나셨지만, 그의 아버지와 어머니는 "갈릴리 나사렛 동네"(눅 2:4, 39)에서 살았고, 주님은 부모와 함께 거기에 사셨기 때문에(눅 2:51), 어떤 사람을 그 사람이 사는 동네 이름을 따라 부르던 유대인들의 관행을 따라 "나사렛 예수"로 불리셨다(마 21:11; 26:71; 막 1:24; 10:47; 14:67; 16:6). 그러자 주님께서는 자기가 그 사람이라고 대답하신다. 복음서 기자는 유다가 이 무장한 무리와 함께 있었다는 것을 여기에서 특별히 지적한다.

6. 예수께서 그들에게 내가 그니라 하실 때에 그들이 물러가서 땅에 엎드러지는지라.

그리스도가 영원하신 아버지 하나님의 아들이시라는 것을 세상에 증거하시기 위해서, 하나님께서는 주님의 공생애 기간 동안에 내내, 주님으로 하여금 자신의 신적인 권능을 보여 주는 일들을 행하게 하셨다. 도대체 주님께서는 여기에서 무엇을 말씀하시거나 행하셨기에, 주님을 잡으러 무장하고 온 자신의 대적들은 두려워 땅에 엎드러졌던 것인가? 주님께서는 단지 그들에게 누구를 찾느냐고 물으셨고, 그들의 대답을 들으신 후에, 자기가 바로 그 사람이라고 대답하신 것일 뿐이었다. 그런데도 그들은 그 말씀 한 마디에 공포에 사로잡혀서, 주님을 붙잡으려고 한 것이 아니라, 도리어 뒤로 물러나서 땅에 엎드러졌다. 그리스도께서 지극히 낮아져 계신 상태에서 말씀하신 한 마디 음성에도 이렇게 무장한 무리들을 대경실색하게 하여 땅에 엎드러지게 한 위엄이 있었다고 한다면, 장차 그리스도께서 이 세상을 심판하시기 위하여 심판주로 영광 중에 다시 오셔서 죄인들을 향하여 말씀하실 때에 그 음성의 위엄은 어떠하겠으며, 그 음성을 들은 원수들은 어떻게 되겠는가! 이렇게 주님의 한 마디 음성에, 원수들이 땅에 엎드러질 수밖에 없었다는 것은, 주님께서 얼마든지 그들의 손아귀에서 아주 쉽게 벗어나실 수 있으셨다는 것을 반증해 준다. 그런데 주님께서는 그들이 다시 일어나서 자기를 붙잡아 끌고 가도록 하셨다는 것은, 주님이 자신의 목숨을 자원해서 그들에게 내어 주신 것임을 잘 보여 준다.

7-8. ⁷이에 다시 누구를 찾느냐고 물으신대 그들이 말하되 나사렛 예수라 하거늘 ⁸예수께서 대답하시되 너희에게 내가 그니라 하였으니 나를 찾거든 이 사람들이 가는 것은 용납하라 하시니.

주님께서 재차 물으신 것이나 그들이 다시 대답한 내용은 우리가 앞에서 본 것과 동일하다. 그들은 주님의 음성 앞에서 땅에 엎드러졌지만, 다시 일어나서, 자신들의 악한 목적을 계속해서 진행해 나간다. 이것은 모든 죄인들의 본능이자 특성이다. 그들은 자신들의 죄를 깨닫고 두려움에 사로잡힐 수 있지만, 하나님께서 자신의 성령을 통해서 그들에게 역사하셔서, 그들의 마음을 철저하게 변화시켜 놓지 않으시는 한, 죄에 대한 자각과 두려움으로부터 곧 벗어난다. 주님께서 "이 사람들이 가는 것은 용납하라"고 말씀하신 것은, 대제사장들이 보낸 아랫사람들과 무장한 군인들이 자신들의 일을 하도록 내버려 두라고 자신의 제자들에게 말씀하신 것으로 이해할 수도 있지만(사실 무장한 군인들까지 올 필요는 없었던 것으로 보이기는 하지만), 9절에서 계속해서 하신 말씀을 보면, 자기를 붙잡으러 온 것이니, 자신의 제자들은 그냥 보내 달라고 이 무리들에게 말씀하신 것으로 보는 것이 합당하다. 즉, 주님께서는 자신의 제자들이 자기와 함께 고난을 겪지 않도록 그들을 배려하신 것이다.

9. 이는 아버지께서 내게 주신 자 중에서 하나도 잃지 아니하였사옵나이다 하신 말씀을 응하게 하려 함이러라.

주님께서 "아버지께서 내게 주신 자 중에서 하나도 잃지 아니하였사옵나이다"라고 하신 말씀은, 일시적으로 잃는 것을 가리키신 것으로 이해해야 하는가, 아니면 영원한 멸망을 가리키는 것으로 이해해야 하는가? 몇몇 교부들은 그들이 영적이고 영원한 신분을 잃는 것에 대하여 말씀하신 것으로 이해하였지만, 이 말씀은 그들의 목숨을 잃는 것을 가리키는 것일 수도 있다. 나는 이 말씀이 둘 모두에 적용될 수 있지만, 이 본문에서는 일차적으로 이 땅에서 목숨을 잃고 죽는 것을 가리키는 것이라고 생각한다. 왜냐하면, 주님께서는 열두 사도 중의 열한 명이 자기보다 더 오래 살아남아서, 아버지 하나님께서 약속하신 성령을 받아, 복음을 온 세상에 전하는 자들이 되게 하고자 하셨는데, 그렇게 되려면, 그들이 이 때에 죽어서는 안 되었기 때문이다. 그래서 주님께서는 그들에 대한 자신의 목적과 계획을 위해서, 그들이 여기에서 자기와 함께 붙잡혀서 죽게 되는 일이 일어나지 않게 하고, 그들의 목숨을 부지할 수 있게 하셔야 하였기 때문에, 이 무리들에게 다음과 같이 말씀하신 것이었다: 너희가 찾는 사람은 여기 있고, 나의 제자들인 이 사람들은 너희가 해칠 이유가 없으니, 이 사람들이 가는 것은 용납해 달라. 주님께서는 이렇게 말씀하시면서, 자신의 제자들의 마음을 움직이셔서, 그들로 하여금 자기를 버리고, 각자 자신들의 목숨을 부지하기 위하여 도망치게 하셨다.

10. 이에 시몬 베드로가 칼을 가졌는데 그것을 빼어 대제사장의 종을 쳐서 오른편 귀를 베어버리니 그 종의 이름은 말고라.

우리의 복음서 기자가 보도하고 있는 것처럼, 베드로는 주님께서 잡히실 것을 알고 나서 잡히시기 전에 이렇게 한 것으로 생각된다. 왜냐하면, 마태복음 26:56과 마가복음 14:50은 둘 다 주님께서 잡히시자, 제자들이 다 도망하였다고 보도하고 있고, 베드로가 주님이 이미 잡히신 것을 보고서도, 이렇게 무모하고 도발적인 행동을 했을 것이라고는 거의 생각할 수 없으며, 주님께서도 이미 결박당한 상태였다면, 손을 뻗어 말고의 귀를 만져 고쳐 주실 수는 없으셨을 것이기 때문이다. 베드로가 어떻게 칼을 지니고 있게 되었는지에 대하여 의아해하는 사람들은 누가복음 22:38을 읽어 보면 될 것이다. 거기에서는 제자들이 갈릴리를 떠날 때에 칼 두 자루를 준비하였다는 것을 보여 주는데, 그들은 아마도 갈릴리에서 유다로 오는 먼 여행길에서 강도들로부터 습격을 받을 것에 대비하여 그들 자신과 주님을 지키려고 칼 두 자루를 준비하였던 것으로 보인다.

11. 예수께서 베드로더러 이르시되 칼을 칼집에 꽂으라 아버지께서 주신 잔을 내가 마시지 아니하겠느냐 하시니라.

다른 복음서 기자들은 주님의 수난 이야기 중에서 이 부분을 보도하면서, 여기에서보다 많은 정황들을 묘사하는데, 거기에는 주님께서 말고의 귀를 다시 고쳐 주시는 이적을 베푸신 것도 포함되어 있다. 마태복음 26:51-54; 마가복음 14:47-49; 누가

복음 22:50-51에 대한 설명을 보라. 고대와 현대의 여러 저술가들은 여러 가지 구실을 대면서, 베드로가 한 이 행위는 죄가 아니었다고 극구 변명하고 있지만, 우리의 복음서 기자가 보도하듯이, 주님께서 베드로에게 "칼을 칼집에 꽂으라"고 명하셨을 뿐만 아니라, 마태도 주님께서 "네 칼을 도로 칼집에 꽂으라"고 명하신 것은 물론이고, 하나님으로부터의 위임 없이 "칼을 가지는 자는 다 칼로 망하느니라"(마 26:52)고 경고하셨다고 보도하고 있다는 것을 감안할 때, 나는 왜 그들이 베드로를 그렇게 감싸는지, 그 이유를 알지 못하겠다. 다른 복음서 기자들은 주님께서 칼을 가진 자는 칼로 망한다는 것을 근거로 해서 베드로를 책망하신 것으로 보도하지만, 우리의 복음서 기자는 "아버지께서 주신 잔을 내가 마시지 아니하겠느냐"고 말씀하심으로서, 그것과는 다른 근거를 제시하신 것으로 보도한다: 하나님께서 내게 이렇게 잡혀서 죽게 되기를 원하시는데, 내가 하나님의 그러한 뜻에 기꺼이 기쁜 마음으로 순종해야 하지 않겠느냐? 성경에서 "잔"이라는 표현은 흔히 하나님이 사람들에게 정해 주시거나 할당해 주신 환난과 고난의 분량을 가리키는 데 사용된다. (이 비유는 아마도 특정 부류의 흉악범들에게 사약을 내려서 죽게 한 일부 나라들의 관습에서 유래한 것으로 보인다.) 마태복음 20:22; 26:39에 대한 설명을 보라. 우리가 환난이나 고난들을 겪을 때, 그것들은 단지 아버지 하나님께서 우리에게 주신 "잔"일 뿐이라고 여기는 것은 고난의 섭리들에 의해서 착잡하고 심난해진 우리의 심령을 가라앉힐 수 있는 좋은 수단이다.

12. 이에 군대와 천부장과 유대인의 아랫사람들이 예수를 잡아 결박하여.

큰 죄를 저지른 통상적인 흉악범들을 다루는 관리들이 보통 그러한 것처럼, 그들은 흉포한 강도나 살인범들을 다루듯이, 그리스도에 대해서도 예외 없이 그렇게 다룬다. 다음 절에서 말하고 있듯이, "그 해의 대제사장"은 가야바였는데도, 이 무리들이 그리스도를 먼저 안나스에게로 끌고 간 이유에 대해서는 해석이 분분하다. 그 이유가 안나스의 집이 현장에서 아주 가까웠고 가야바의 집으로 가는 길목에 있었기 때문이었는지, 아니면 안나스가 자신의 사위인 가야바와 같은 집에 살고 있었기 때문이었는지, 아니면 현직 대제사장의 장인이었던 안나스를 대우해 주기 위한 것이었는지, 아니면 소문으로만 듣던 그리스도를 까탈스러운 노인에게 먼저 보여 주어 기쁘게 해 주기 위한 것이었는지, 아니면 이런 식으로 안나스를 그리스도에 대한 재판에 끌어들이기 위한 것이었는지, 아니면 안나스가 그리스도를 잡는 데 상당한 공을 세웠기 때문이었는지, 아니면 안나스로부터 그리스도의 처리에 관한 어떤 지시를 듣기 위한 것이었는지는, 우리로서는 알 길이 없다. 우리는 이 무리들이 주님을 결박해서 안나스에게로 끌고 간 이유에 대해서는 확실히 알 수가 없고, 단지 다음 절이 말해 주듯이, 그들이 주님을 현직 대제사장인 가야바 앞으로 끌고 가지 않고 그의 장인이었던 안나스에게로 끌고 갔다는 것만을 확실히 알 수 있을 뿐이다.

13. 먼저 안나스에게로 끌고 가니 안나스는 그 해의 대제사장인 가야바의 장인이라.

안나스의 사위였던 가야바가 "그 해의 대제사장"이었다는 것은 우리가 요한복음 11:51에서 이미 보았고, 거기에서 우리는 극심하게 타락하고 부패하였던 당시에는 유대인들의 질서는 완전히 무너져서, 원래 율법에서는 아론의 가문의 장자만이 대제사장직을 맡을 수 있었고, 대제사장직은 죽을 때까지 수행하는 평생직이었지만, 그런 것들은 다 무시되고, 정복자인 로마인들에 의해서 매관매직이 이루어지고 있었다는 것에 대해서 자세하게 살펴보았다. 요한복음 11:51에 대한 설명을 보라.

14. 가야바는 유대인들에게 한 사람이 백성을 위하여 죽는 것이 유익하다고 권고하던 자러라.

가야바가 산헤드린에서 이러한 권고를 하였다는 것, 그 권고가 악한 것이었다는 것, 그럼에도 불구하고 그가 그 해의 대제사장으로서 한 말은 그의 의도와는 상관없이 하나님이 그의 입을 빌려 하신 예언이었다는 것 등에 대해서는, 우리가 이미 앞에서 자세하게 살펴보았다. 요한복음 11:51에 대한 설명을 보라. 대제사장 가야바가 한 말의 취지는, 그리스도를 유죄로 고발하여 죽게 하는 것이 옳은 일이든 아니든, 만일 그가 죽지 않으면, 백성들 가운데서 폭동과 반란이 일어날 것이기 때문에, 그러한 폭동과 반란을 막아서, 로마로 하여금 개입할 빌미를 주지 않기 위해서는, 그를 죽일 수밖에 없고, 그렇게 하는 것이 현명한 처사라는 것이다.

15. 시몬 베드로와 또 다른 제자 한 사람이 예수를 따르니 이 제자는 대제사장과 아는 사람이라 예수와 함께 대제사장의 집 뜰에 들어가고.

다른 복음서 기자들은, 주님께서 잡히시자, "제자들이 다 예수를 버리고 도망하였다"(마 26:56; 막 14:50)고 우리에게 말해 준다. 그러나 복음서에서 내내 다른 어느 제자보다도 더 적극적으로 나서기를 좋아하고 당돌하고 무모한 모습을 보였던 베드로는 다른 제자들과 함께 도망갔다가 다시 돌아왔던 것으로 보인다. 그러나 베드로와 함께 하였던 "또 다른 제자"가 누구였는지에 대해서는, 본문은 "대제사장과 아는 사람"이라고만 말하고, 그 제자 덕분에 베드로도 대제사장의 집에 들어갈 수 있었다고 말할 뿐이다. 어떤 이들은 이 제자가 요한이었다고 생각하지만, 그것은 그저 추측일 뿐이다. 왜냐하면, 요한은 베드로와 마찬가지로 갈릴리 사람이어서, 대제사장과 아는 사이도 아니었을 것이고, 베드로와 마찬가지로 대제사장의 집에서 일하던 종들에게 의심을 받았을 것이기 때문이다. 따라서 이 제자는 주님께서 제자들과 함께 유월절 식사를 하셨던 그 집의 주인이었거나, 아니면 유대인들의 눈에 보기에 미천한 자들에 불과하였던 사도들보다도 대제사장의 집에 훨씬 더 쉽게 들어갈 수 있었을 예루살렘의 어떤 유명인사였을 것이라는 주장이 좀 더 유력해 보인다. 이 제자가 누구였든지 간에, 그는 대제사장 가야바와 어느 정도 친분이 있거나 아는 사람이었는데, 요한이나 사도들이 대제사장과 친분이 있었을 가능성은 희박하다.

16. 베드로는 문 밖에 서 있는지라 대제사장을 아는 그 다른 제자가 나가서 문 지키는 여자에게 말하여 베드로를 데리고 들어오니.

이것은 이 다른 제자가 사도들 중의 한 사람이 아니라, 예루살렘에 살면서 재산이나 지위로 인해서 어느 정도 유명하였던 사람으로서 그리스도에 대한 호감을 지니고 있던 사람이었을 것이라는 견해를 한층 더 뒷받침해 준다. 왜냐하면, 이 본문은 그가 단지 대제사장과만 알고 지냈던 것이 아니라, 대제사장의 권속과도 안면이 있어서, "문 지키는 여자"에게 말해서, 자기만이 아니라 베드로도 대제사장의 관저로 들어올 수 있게 해 주었다는 것을 보여 주기 때문이다.

17. 문 지키는 여종이 베드로에게 말하되 너도 이 사람의 제자 중 하나가 아니냐 하니 그가 말하되 나는 아니라 하고.

여기에서 베드로는 주님을 처음으로 부인한다. 우리의 복음서 기자는 이 첫 번째 부인과 26절에서 언급하게 될 두 번째 부인 사이에, 다른 복음서 기자들이 보도하지 않은 많은 내용들을 끼워 넣는다.

18. 그 때가 추운 고로 종과 아랫사람들이 불을 피우고 서서 쬐니 베드로도 함께 서서 쬐더라.

이 절에서 다른 것들은 특별한 설명이 따로 필요하지 않을 것이지만, 다음과 같은 한 가지 질문이 제기될 수 있다: 일 년 중의 이 때는 우리의 역법상으로 대략 4월 14일일 것이고, 게다가 그 때는 그 나라에서 추수할 때였을 것인데, 어떻게 날씨가 추울 수 있는가? 하지만 우리는 이 문제를 쉽게 풀 수 있다. 주님께서 잡혀 온 때는 새벽 3시쯤이었고, 우리는 여름(특히, 봄)에도 밤이 되면 쌀쌀해진다는 것을 알고 있다. 게다가 이 나라는 적도에 더 가까이 있어서, 밤이 더 길기 때문에, 새벽이 될수록, 공기가 더 차가워져서 더 추워졌다.

19. 대제사장이 예수에게 그의 제자들과 그의 교훈에 대하여 물으니.

유대인은 지금 로마에 조공을 바치는 속국 신세로 전락해 있었기 때문에, 폭동이나 반란에 관한 것들은 산헤드린에서 재판할 사안이 아니라, 로마 총독의 소관이었다. 로마인들은 비록 그들 자신이 이교도들이었지만, 유대인들에게 종교에 대해서는 자유를 허용하였고, 거기에 따라 민사나 형사 문제가 아닌 종교 문제에 대한 재판은 유대인들의 소관이었다. 그래서 대제사장은 그리스도께서 스스로를 왕으로 자처했는지에 대해서는 일체 묻지 않고, 오직 그리스도께서 무엇을 가르치셨는지에 대해서만 물었다. 본문에서는 대제사장이 우리 주님께 구체적으로 어떤 질문들을 했는지에 대해서는 말해 주지 않고, 다만 주님이 전파한 가르침과 파송한 제자들에 관하여 물었다고만 개략적으로 말해 준다. 이 두 가지는 주님이 거짓 선지자 노릇을 했는지의 여부를 가리는 데 중요한 것이었다. 신명기 13장은 거짓 선지자, 신성모독, 우상 숭배가 이 법정이 다루는 세 가지 주된 사건들이었다는 것을 보여 준다.

20. 예수께서 대답하시되 내가 드러내 놓고 세상에 말하였노라 모든 유대인들이 모이는 회당과 성전에서 항상 가르쳤고 은밀하게는 아무 것도 말하지 아니하였거늘.

나는 나의 친구들에게는 물론이고 나의 원수들까지 포함해서 온갖 부류의 사람들에게 숨김없이 "드러내 놓고" 지금까지 공개적으로 말해 왔고, "모든 유대인들이 모이는 회당과 성전에서 항상 가르쳤다." 성전은 예루살렘에 있었고, 일 년에 세 차례 절기를 지키러 유대인인 모든 남자들이 전국 각지에서 예루살렘으로 올라왔기 때문에, 유대인들을 가르치는 데 사용되곤 하였고, 회당은 유대인들이 평소에 만나 예배드리고 가르침을 받는 곳이었다. 따라서 주님께서는 유대인들이 전국에서 모여 드는 큰 성회와 평소에 모이는 회당에서 공개적으로 가르침을 베푸셨다고 말씀하고 있는 것이다. 주님은 계속해서 "은밀하게는 아무것도 말하지 아니하였다"고 말씀하신다: 나는 내가 공개적으로 가르친 것과 반대되는 것을 은밀하게 따로 가르치지도 않았다. 나는 다른 곳들에서도 가르치기는 했지만, 그것은 내가 많은 사람들 앞에서 공개적으로 가르친 것과 동일한 것이었다.

21. 어찌하여 내게 묻느냐 내가 무슨 말을 하였는지 들은 자들에게 물어 보라 그들이 내가 하던 말을 아느니라.

유대인들의 법정에서의 재판 절차에 대하여 글을 쓴 사람들은, 그들은 사형에 해당하는 사안들을 심리할 때에는 언제나 피고를 변호하는 것으로부터 시작하였고, 어떤 사람이 하루 온 종일 피고를 변호하는 것도 합법이었으며(그들은 그리스도에 관한 재판에서는 이것을 지키지 않았다), 그들의 심문 원칙은 피고가 아니라 피고의 죄를 증언하는 증인들을 심문하는 것이었다고 말한다. 그래서 우리 구주께서는 유대인들의 심문 원칙을 근거로, "어찌하여 내게 묻느냐"고 항변하신 것이다. 주님께서는 이렇게 말씀하신다: 나는 은밀하고 비밀스럽게 가르치지 않았고, 많은 사람들이 보는 앞에서 공개적으로 말을 하였기 때문에, 내가 말하는 것을 들은 사람들에게 물어 보라. 그들은 내가 무엇을 말하고 가르쳤는지를 알기 때문에, 만일 내가 거짓된 가르침을 사람들에게 전하였다면, 그들이 나를 고발할 수 있을 것이다.

22. 이 말씀을 하시매 곁에 섰던 아랫사람 하나가 손으로 예수를 쳐 이르되 네가 대제사장에게 이같이 대답하느냐 하니.

범죄 혐의가 있는 피고가 법정에 서서, 법에서 정한 규칙과 방법을 따라 자신을 변호하고 있는데, 하급관리가 그 피고를 손으로 쳤다는 것은, 당시 유대인들의 통치 체제가 얼마나 어지러웠고 엉망이었는지를 잘 보여 준다. 우리 구주께서는 유대인들의 율법이 허용하고 있는 대로, 자기 자신에게 불리한 진술을 하지 않고, 그들이 고소한 것을 그들 자신이 증명해야 한다고 항변하신 것일 뿐이어서, 잘못한 것이 전혀 없으셨다. 그런데도 우리는 본문에서 거기에 있던 대제사장이 이 하급 관리에게 주의를 주었다는 말을 듣지 못한다.

23. 예수께서 대답하시되 내가 말을 잘못하였으면 그 잘못한 것을 증언하라 바른 말을 하였으면 네가 어찌하여 나를 치느냐 하시더라.

우리 구주께서는 이 하급 관리에게 얼마든지 쉽게 보복하실 수 있으셨지만, 단지 그 관리를 온유하게 책망하시고, 만일 자기가 말을 잘못한 것이 있다면, 이 곳은 재판정이어서, 자기를 고소할 기회가 주어져 있기 때문에, 그렇게 했어야 마땅한 것이고, 만일 자기가 바른 말을 한 것이라면, 자기를 칠 이유가 전혀 없는데도, 이렇게 자기를 친 것은 잘못임을 그 사람에게 알게 해 주심으로써, 우리에게 그런 경우에 어떻게 행하는 것이 마땅한지를 가르쳐 주신다.

24. 안나스가 예수를 결박한 그대로 대제사장 가야바에게 보내니라.

이 본문을 통해서 우리는 앞에서 보도된 심문이 안나스가 아니라, 원래 이 재판을 적법하게 주관할 권한이 있던 대제사장 가야바 앞에서 행해진 것임을 알게 된다. 즉, 주님께서는 잡히셔서 결박되어 처음에는 안나스 앞에 끌려가셨다가, 또다시 결박되신 그대로 가야바에게 보내져서 심문을 받으신 것이었다.

25-27. [25]**시몬 베드로가 서서 불을 쬐더니 사람들이 묻되 너도 그 제자 중 하나가 아니냐 베드로가 부인하여 이르되 나는 아니라 하니** [26]**대제사장의 종 하나는 베드로에게 귀를 잘린 사람의 친척이라 이르되 네가 그 사람과 함께 동산에 있는 것을 내가 보지 아니하였느냐** [27]**이에 베드로가 또 부인하니 곧 닭이 울더라.**

베드로가 주님을 두 번째로 부인한 것에 관한 이 이야기는 우리가 마태복음 26:71-72; 마가복음 14:69-70; 누가복음 22:58-59을 다룰 때, 요한이 보도하지 않은 여러 정황들에 관한 묘사들과 더불어 이미 자세하게 살펴본 바 있다. 특히, 마태복음 26:69-70에 대한 설명을 보라.

28. 그들이 예수를 가야바에게서 관정으로 끌고 가니 새벽이라 그들은 더럽힘을 받지 아니하고 유월절 잔치를 먹고자 하여 관정에 들어가지 아니하더라.

대제사장들이 유대인들의 산헤드린에서 우리 구주에 대한 재판을 열고서, 그 죄가 사형에 해당하다고 판결하였다는 것은 마태복음 26:66과 마가복음 14:64에 나오는데, 거기에서 두 복음서 기자는 누가와 더불어서, 산헤드린 앞에서 그리스도께서 재판을 받으신 것에 관한 이야기를, 요한이 여기에서 보도한 것보다 훨씬 더 많은 정황들에 관한 묘사를 더하여 자세하게 보도하고 있다. 이제 그들은 주님을 교회 법정에서 끌어내어 시민 법정으로 끌고 갔는데, 이 법정은 당시 유대 속주를 다스리던 로마 총독이었던 빌라도의 관저, 또는 그가 재판장으로 앉아 있던 모처에서 열렸고, 본문은 그 곳을 "관정," 즉 재판정이라고 지칭한다. 새벽이라. 이 때가 정확히 얼마나 이른 시간이었는지는 우리가 알 수 없지만, 아마도 새벽 5시나 6시쯤 되었던 것으로 보인다. 유대인들은 부정하게 될까봐, 이 재판정에 들어가려고 하지 않았다. 왜냐하면, 그들은 이교도의 집에 들어가거나, 이교도가 만진 것을 만지면 율법적으로 부정하게 된다고 여겼기 때문이었다. 그리고 복음서 기자는 그들이 율법적으로 부정하게 되지 않고자 했던 이유를 한 가지 더 말해 주는데, 그것은 유월절 식사를 먹기 위해서였다는 것이다.

반론: 그들은 이미 전날 밤에 유월절 식사를 먹었던 것이 아니던가? 유월절 식사를 언제 먹느냐 하는 것은 율법에 규정되어 있어서, 우리 구주께서는 율법에서 정

한 때를 엄격하게 지키셨으리라는 것은 의심의 여지가 없다. 대답: 어떤 이들은, 그 해에 유월절 식사를 해야 할 날은 안식일 전날이어서, 유대인들은 두 번의 중요한 날을 연속적으로 지키지 않고, 그 다음날에 한꺼번에 지켰던 반면에, 우리 구주께서는 율법에서 정한 날에 유월절 식사를 하신 것이라고 말한다. 그러나 다른 매우 박식한 사람들은 유대인들은 그 다음날이 안식일이라는 이유나, 그 밖의 다른 어떤 이유로도 유월절 식사를 하는 날을 바꾸지 않고 율법에서 정한 그대로 지켰다고 말하며, 그러한 주장을 일축하고, 이 절에 언급된 "유월절 잔치"는 민수기 28:17-18에서 첫째 달 열다섯째 날 아침부터 저녁까지 성회로 모여서 하나님께 제사를 드리라고 한 것을 가리키는 것으로 이해해야 한다고 말한다. 또한, 그들은 열다섯째 날부터 칠일에 걸친 유월절 기간의 모든 날들에도 하나님께 다양한 제사들을 드렸다. 따라서 여기에 나오는 "유월절"은 신명기 16:2에서 "여호와께서 자기의 이름을 두시려고 택하신 곳에서 소와 양으로 네 하나님 여호와께 유월절 제사를 드리되"라고 한 바로 그 유월절 제사를 가리키는 것으로 보인다. 이 견해에 의하면, "유월절 잔치를 먹고자 하여" 관정에 들어가지 않았다는 말은, 그들이 율법에 따라 유월절을 지키기 위해서 관정에 들어가지 않았다는 의미가 된다.

이 위선자들은 이렇게 자신들이 율법적으로 부정하게 되는 일은 철저하게 피하고자 하면서도, 이 때가 유월절 식사를 하기 직전이었든, 아니면 직후였든, 자신들의 큰 명절에 무죄한 피를 흘리는 죄로 그들 자신을 더럽히고 부정하게 하는 것에 대해서는 전혀 개의치 않음으로써, 자신들이 얼마나 위선적인 자들인지를 극명하게 드러내었다. 설령 그리스도께서 그들이 주장한 것과 같은 흉악범이셨다고 할지라도, 주님을 재판에 부쳐서 심문하고 단죄할 뿐만 아니라, 십자가에 못 박도록 총독을 압박하는 일은, 일 년 중에 가장 큰 명절이라 할 수 있는 유월절 식사 직후 또는 유월절 성회 직전에 할 일은 결코 아니었다. 하지만 종교 의식들에 열심을 내며 꼼꼼히 지키는 사람들이 도덕적인 의무들에 대해서는 소홀히 하는 것은 너무나 비일비재하게 일어나는 일이기 때문에, 이것은 별로 이상한 일도 아니었다.

29. 그러므로 빌라도가 밖으로 나가서 그들에게 말하되 너희가 무슨 일로 이 사람을 고발하느냐.

로마인들은 유대인들에게 종교의 자유를 허용하였기 때문에, 로마 총독은 그들의 미신을 받아들이고 거기에 맞춰서, 그들이 재판정으로 들어오려고 하지 않자, 자기가 밖으로 나가서, 통상적인 재판 절차를 따라, 그들이 그리스도를 무엇 때문에

"고발"하는지를 묻는다.

30. 대답하여 이르되 이 사람이 행악자가 아니었더라면 우리가 당신에게 넘기지 아니하였겠나이다.

그들은 앞서 주님을 신성모독죄를 범한 것으로 단죄하였지만(마 26:65), 그런 말을 했다가는, 빌라도가 자기는 유대인들의 율법 문제에는 상관하지 않겠다고 말하며, 그들의 고발을 기각할 것을 염려해서, 그런 말을 일체 하지 않는다. 대신에, 그들은 주님이 무슨 죄를 지었는지에 대해서는 말하지 않고, 주님이 흉악범이어서 고발한 것이라고만 말한다. 아마도 그들은 빌라도가 이 사건에 대하여 자세한 것을 듣지 않고, 그저 교회가 단죄한 것을 공적인 권위로 확증해 주고 집행해 주기를 바랐던 것으로 보인다(이런 일은 오늘날에도 가톨릭 국가들에서 자주 일어난다). 그러나 빌라도는 그들보다 더 공평한 재판관이었다.

31. 빌라도가 이르되 너희가 그를 데려다가 너희 법대로 재판하라 유대인들이 이르되 우리에게는 사람을 죽이는 권한이 없나이다 하니.

너희가 그를 데려다가 너희 법대로 재판하라. 나는 고발된 사람에 대해서 먼저 말을 들어 보고, 그 사람이 과연 죄를 지었는지를 확인해 보기 전에는, 그 누구에 대해서도 판결을 내리지 않는다. 너희에게는 너희들만의 법이 있고, 너희의 율법과 관련해서 사람들을 심문하고 재판할 권한이 있으니, 그 사람에 대해서도 너희의 율법을 따라 재판하면 될 것이다. 그러자 그들은 "우리에게는 사람을 죽이는 권한이 없나이다"라고 대답한다. 우리는 유대인들이 쓴 글들에서, 유대인들은 사람들에게 사형을 선고하고 집행하는 권한을 예루살렘이 멸망하기 40년 전에 박탈당하였다는 것을 확인할 수 있다. 어떤 이들은 그러한 권한은 로마인들이 박탈한 것이 아니라, 유대인들의 법정이 스스로 포기한 것이었다고 말한다. 그들의 법정은 이스라엘 사람을 사형에 처하는 것은 너무나 끔찍한 일이라고 생각해서, 자신들의 정당한 권한을 집행하지 않았는데, 그 결과 너무나 가벼운 처벌 때문에 온갖 종류의 흉악범들이 그들 가운데서 들끓게 되자, 사람들을 사형에 처하는 권한을 스스로 포기하기로 결정하였고, 공식적으로는 사형을 선고하거나 집행되는 일이 없었다고 한다. 단지 그들의 법정이 어떤 사람을 신성모독죄나 그 밖의 다른 사형에 해당하는 죄를 범한 것으로 선고하였을 때에는, 군중들이 들고 일어나서 그 사람을 처단하는 경우가 있었는데, 스데반이 바로 그런 경우였던 것으로 보인다(행 7장).

32. 이는 예수께서 자기가 어떠한 죽음으로 죽을 것을 가리켜 하신 말씀을 응하

게 하려 함이러라.

그리스도께서는 이 때 이전에 이미 자기가 십자가 위에서 죽게 될 것임을 자신의 제자들에게 말씀하셨다는 것을 우리는 마태복음 20:19에서 읽을 수 있는데, 하나님께서는 자신의 섭리를 통해서 그 계획대로 일이 이루어지도록 모든 것을 안배하셨다. 이것은 성경이 일점일획까지도 다 성취될 것임을 알게 해 준다. 십자가에 못 박아 죽이는 것은 유대식이 아니라 로마식의 사형 방법이었다. 만일 유대인들이 주님을 사형에 처하였더라면, 그들은 주님을 돌로 쳐 죽이는 방식을 택하였을 것이다. 그러나 그리스도께서는 "율법의 저주에서 우리를 속량하시기" 위해서는 "우리를 위하여 저주를 받은 바" 되셔야 하였기 때문에 "나무에 달리셔야" 했다. 왜냐하면, 성경에서는 "나무에 달린 자마다 저주 아래에 있는 자"라고 하였기 때문이다(갈 3:13). 그래서 유대인들 지도자들은 아마도 백성들이 선지자로 여기는 주님을 자신들의 손으로 죽여서 비난과 오명을 뒤집어쓰지 않기 위해서였겠지만, 하나님의 그러한 계획을 전혀 알지 못한 채로, 그들이 주님을 죽이라는 빌라도의 제안을 거부하고, 그 일을 빌라도에게 떠넘겼다. 이렇게 하나님께서는 사람들의 분노를 자신의 영광을 위하여 사용하신다.

33. 이에 빌라도가 다시 관정에 들어가 예수를 불러 이르되 네가 유대인의 왕이냐.

빌라도는 앞서 유대인들이 자신들의 미신에 따라서 명절에 재판정에 들어오기를 꺼려하자, 그들을 배려해서, 자기가 직접 밖으로 나가서 그들에게 무슨 일인지를 물어보았는데, 이제 다시 재판정으로 돌아와서, 예수를 불러, 주님이 스스로 "유대인의 왕"으로 자처한 것이 맞느냐고 묻는다. 앞서 빌라도는 밖으로 나가서 유대인 지도자들과 얘기했을 때, 그들은 주님이 그렇게 말하였다고 고발했지만, 그것을 증명하지는 못했기 때문에, 이것을 확인하기 위해서 주님을 불러 이렇게 물은 것이었다는 것은 의심의 여지가 없다. 그런데 이 질문에 대해서 주님께서 그렇다고 대답하신다면, 그 순간 이 사건은 빌라도의 관할에 속하게 될 것이었다. 왜냐하면, 빌라도는 로마의 총독이었던 까닭에, 어떤 인물이 자신들의 속국의 왕으로 자처하였다면, 그 일을 문제삼지 않고 그냥 넘길 수는 없었기 때문이었다.

34. 예수께서 대답하시되 이는 네가 스스로 하는 말이냐 다른 사람들이 나에 대하여 네게 한 말이냐.

우리 구주께서는 빌라도의 그러한 질문에 긍정도 부정도 하지 않으신다. 우리는 말을 할 때마다 진실을 말해야 하지만, 그렇다고 해서 언제나 모든 진실을 다 말할 필요는 없다. 주님께서는 빌라도에게 한 사람의 개인으로서 호기심에서 그런 질문을 자기에게 한 것인가, 아니면 자신에 대한 다른 사람들의 고발을 받고서 재판장으로 그렇게 질문한 것인가를 물으신다. 왜냐하면, 빌라도가 다른 사람들의 고발에 근거해서 재판장으로 주님께 이렇게 질문한 것이라면, 그는 주님을 고발한 자들에게 주님의 죄를 증명해 줄 증거를 요구하는 것이 마땅한 일이었기 때문이다.

35. 빌라도가 대답하되 내가 유대인이냐 네 나라 사람과 대제사장들이 너를 내게 넘겼으니 네가 무엇을 하였느냐.

빌라도의 이 대답의 취지는, 자기는 유대인도 아니고 율법과 선지자들의 글에 씌어 있는 것들에 대해서 관심도 없는 사람인데, 굳이 그런 질문을 만들어 내었을 것이라고 생각하는 것은 터무니없는 것이고, 다만 주님 자신의 나라 사람들과 지도자들이 주님을 그런 식으로 고발해 왔기 때문에, 자기는 주님이 도대체 무슨 일을 행하였는지를 알아서, 진실을 밝혀내기 위하여 그런 질문을 한 것일 뿐이라는 것이다.

36. 예수께서 대답하시되 내 나라는 이 세상에 속한 것이 아니니라 만일 내 나라가 이 세상에 속한 것이었더라면 내 종들이 싸워 나로 유대인들에게 넘겨지지 않게 하였으리라 이제 내 나라는 여기에 속한 것이 아니니라.

내 나라는 이 세상에 속한 것이 아니니라. 나는 내가 "유대인의 왕"이라는 것을 부정할 수는 없지만, 그들이 나를 고발한 그런 의미에서의 왕도 아니고, 그들이 기다리고 있는 메시야 같은 그런 왕도 아니다. 나의 나라는 이 세상과 이 땅에 속한 나라가 아니라, 사람들의 마음과 심령을 다스리는 영적인 나라이다. 이 세상의 왕이 잡혀 간다면, 그의 수하들이 무기를 들고 거기에 맞서서 왕을 구해 내는 것이 당연한 일인데, 나의 경우에는 그런 일이 전혀 일어나지 않은 것이 바로 내가 말하는 것이 참되다는 것을 보여 주는 증거이기 때문에, 당신은 나의 말을 믿을 수 있다. 내가 잡혔을 때, 나의 제자들은 나를 위해 무기를 들고 저항하거나 싸우지 않았는데, 이것은 내가 로마 정부를 어지럽히는 그런 왕이 아님을 보여 주는 분명한 증거이다.

37. 빌라도가 이르되 그러면 네가 왕이 아니냐 예수께서 대답하시되 네 말과 같이 내가 왕이니라 내가 이를 위하여 태어났으며 이를 위하여 세상에 왔나니 곧 진리에 대하여 증언하려 함이로라 무릇 진리에 속한 자는 내 음성을 듣느니라 하신대.

빌라도는 주님의 말씀을 듣고 나서, "그렇다면, 네가 왕이냐"고 반문하는데(한글 개역개정에는 "그러면 네가 왕이 아니냐"로 번역되어 있지만, 헬라어 본문은 "그러면, 네가 왕이냐"로 되어 있다 — 역주), 이것은 주님의 말꼬투리를 잡아서 시비를 걸려는 의도에서 한 말이라기보다는 다소 조롱하고 비웃는 투로 한 말인 것으로 보인다. 주님께서는 자기가 왕이라는 것을 시인도 부인도 하지 않으시고(한글개역개정에서는 "네 말과 같이 내가 왕이니라"고, 주님이 시인하신 것으로 번역하고 있는데, 이것은 해석의 문제이다 — 역주), 빌라도가 그를 왕이라고 말했지만, 자기는 "진리에 대하여 증언하기" 위하여 이 땅에 태어났고 세상에 온 것이라고 말씀하신다. 즉, 나는 내게 영적인 나라가 있다는 것을 부인할 수 없다. 그것은 진리이고, 나는 그 진리를 세상에 증언하기 위한 목적으로 이 땅에 왔다. 그리고 하나님의 은혜로 말미암아 그 진리를 믿고 사랑하게 되어 있는 사람들은 누구나 나의 가르침에 순종할 것이다.

38. 빌라도가 이르되 진리가 무엇이냐 하더라 이 말을 하고 다시 유대인들에게 나가서 이르되 나는 그에게서 아무 죄도 찾지 못하였노라.

주님께서 진리와 영적인 나라에 대해서 말씀하시자, 속된 자들이 흔히 그러하듯이, 빌라도는 주님이 위선적으로 경건한 말들을 늘어놓는 것이라고 생각해서, "진리가 무엇이냐"고 반문하며, 지금 무슨 진리 타령이냐는 듯이 비아냥거리며, 주님으로부터의 대답도 기다리지 않고, 다시 밖으로 나가서, 재판정 밖에서 여전히 기다리고 있던 유대인들에게, 자기는 주님에게서 그 어떤 잘못도 찾아내지 못하였다고 말한다. 빌라도는 주님께서 말씀하신 나라가 도대체 어떤 나라인지는 알 수 없기는 하지만, 주님이 그런 나라에 대해서 말씀하신 것들은 황제의 권위나 나라의 안위에 아무런 해악도 되지 않는다고 여기고서, 유대인들이 주님을 부당하게 고발한 것이라고 판단하여, 주님을 풀어 주고자 한 것이었다.

39. 유월절이면 내가 너희에게 한 사람을 놓아 주는 전례가 있으니 그러면 너희는 내가 유대인의 왕을 너희에게 놓아 주기를 원하느냐 하니.

이 관례가 어디에서 유래하였는지는 확실하지 않지만, 아마도 로마인들은 자신들도 유대인들의 이 큰 명절을 기리고 함께 동참한다는 의미에서 유대인들의 환심을 사기 위해서, 그들이 원하는 죄수 한 명을 풀어 주는 관례를 만들었을 것이 거의 확실하다. 빌라도는 주님이 어떤 정당한 이유가 있어서가 아니라 단지 악의에 의해서 고발된 것이라고 생각하고서, 주님을 풀어 주기 위하여, 이 때에 이런 제안을 한다.

**40. 그들이 또 소리 질러 이르되 이 사람이 아니라 바라바라 하니 바라바는 강도
였더라.**

그러나 주님의 대적들은 빌라도의 제안을 거부하고, 주님이 아니라, 봉기를 일으
켜 살인을 저지른 바라바를 풀어 달라고 요구함으로써, 주님에 대한 자신들의 악의
가 어느 정도인지를 드러낸다. 마태복음 27:15-18에 대한 설명을 보라.

제19장

개요

1. 군인들이 예수를 채찍질하고 가시 면류관을 씌우고 조롱하며 희롱함(1-4).
2. 빌라도는 예수의 무죄를 선언하지만, 유대인들은 예수께서 하나님의 아들을 참칭하였다고 말함(5-7).
3. 빌라도는 추가적인 심문을 통해 계속해서 예수를 놓아 주고자 하지만, 유대인들의 아우성을 못 이기고, 예수를 그들에게 넘겨주어 십자가에 못 박게 함(8-16).
4. 예수께서 골고다로 끌려가셔서, 두 사형수 사이에서 십자가에 못 박히심(17-18).
5. 빌라도가 예수의 십자가 위에 쓴 죄패(19-22).
6. 군인들이 예수의 옷을 나누어 가짐(23-24).
7. 예수께서 자기 어머니를 요한에게 부탁하심(25-27).
8. 신포도주를 마시고 운명하심(28-30).
9. 군인들이 두 사형수의 다리를 꺾고, 예수의 옆구리를 창으로 찌름(31-37).
10. 아리마대 사람 요셉이 예수의 시신을 가져다가, 니고데모의 도움을 받아 장사함 (38-42).

1. 이에 빌라도가 예수를 데려다가 채찍질하더라.

어떤 사람에게 십자가형이 선고된 후에, 그 사람을 데려다가 먼저 채찍질하는 것이 로마인들의 관례였지만, 빌라도는 유대인들이 아우성을 치는 것을 보고, 자기가 주님을 그냥 풀어주는 것은 통하지 않을 것을 알고, 좀 더 가벼운 처벌을 해서 주님을 놓아 준다면, 그들이 만족할지도 모른다고 생각해서, 군인들에게 주님을 데려다가 채찍질하라고 명령한 것으로 보인다. 빌라도는 유대인들의 거센 반발과 반대에도 불구하고, 자기가 옳다고 생각한 대로 밀어붙여 행할 용기는 없었지만, 어떤 식으로든 유대인들의 협조 하에 주님을 놓아주고자 하였다는 것은 분명해 보인다(4, 12절).

2. 군인들이 가시나무로 관을 엮어 그의 머리에 씌우고 자색 옷을 입히고.

다른 복음서 기자들은 군인들이 주님의 오른손에 갈대를 쥐어 주었다는 말도 덧붙인다. 면류관, 자색옷, 규는 모두 왕의 증표들이었다. 이런 식으로, 군인들은 주님께서 자신의 나라가 있지만, 그 나라는 이 세상에 속한 것이 아니라고 하신 말씀을 조롱하였다. 왜냐하면, 세상의 왕들은 면류관을 쓰지만, 가시나무로 엮은 것이 아니라 금으로 된 것을 쓰고, 규를 손에 쥐고 있지만, 갈대가 아니라 금으로 된 것을 쥐고 있기 때문이다.

3. 앞에 가서 이르되 유대인의 왕이여 평안할지어다 하며 손으로 때리더라.

그들은 "유대인의 왕이여 평안할지어다"라고 말하며, 주님을 조롱하였지만, 그럼에도 불구하고, 그것은 그들의 의도와는 상관없이 위대한 진리를 자신들의 입으로 말한 것이었다. 다른 복음서 기자들은 군인들이 주님을 향해 말한 더 많은 모욕적인 언사들을 보도한다. 마가복음 15:19에 대한 설명을 보라.

4. 빌라도가 다시 밖에 나가 말하되 보라 이 사람을 데리고 너희에게 나오나니 이는 내가 그에게서 아무 죄도 찾지 못한 것을 너희로 알게 하려 함이로라 하더라.

빌라도는 그리스도께서 사형이나 징역형에 처해질 만한 일을 하지 않았다는 것을 자신의 양심 속에서 확신하고서, 자기가 유대인들에게 밉보여서, 그들이 로마 황제에게 자기를 성토하는 탄원서라도 내는 날에는 자신의 입지가 흔들리고 어려워진다는 것을 잘 알고 있었기 때문에, 어떻게 해서라도 유대인들의 환심을 사야 한다는 강력한 압박감을 받고 있는 상황 속에서도, 유대인들을 설득해서 주님을 놓아주려고 한참 동안 애를 썼던 것으로 보인다.

5. 이에 예수께서 가시관을 쓰고 자색 옷을 입고 나오시니 빌라도가 그들에게 말하되 보라 이 사람이로다 하매.

그래서 빌라도는 군인들에게 명하여, 주님을 채찍질하게 하고 나서, 주님에게 가시면류관을 씌우고 자색 옷을 입히게 하여, 우스꽝스러운 행색을 한 주님을 다시 백성들 앞으로 끌고 나와서, 그들의 동정심을 불러일으키려고 하였다.

6. 대제사장들과 아랫사람들이 예수를 보고 소리 질러 이르되 십자가에 못 박으소서 십자가에 못 박으소서 하는지라 빌라도가 이르되 너희가 친히 데려다가 십자가에 못 박으라 나는 그에게서 죄를 찾지 못하였노라.

우리는 여기에서 주님의 동족인 유대인들과 그들의 대제사장이라고 하는 자들은 주님을 끈질기게 죽이려고 하는 반면에, 도리어 이교도였던 빌라도는 주님의 처지를 딱하게 여겨서 어떻게든 살려 보려고 애를 쓰는 모습을 본다. 하지만 유대인들은 주님을 죽이라고 아우성을 쳤다. 빌라도는 유대인들의 심기를 건드리지 않기 위해서는, 자기가 더 이상 버텨서는 안 되고, 그들의 요구를 들어줄 수밖에 없다는 것을 알고서, 자기는 주님에게서 그 어떤 죄도 찾지 못했기 때문에, 주님을 죽이는 것은 자신의 양심의 확신을 거스르는 것임을 다시 한 번 그들에게 확인시켜 주고, 무 죄한 자의 피를 흘린 죄는 자기가 아니라 그들이 받아야 할 것이라고 분명하게 선 언한다.

7. 유대인들이 대답하되 우리에게 법이 있으니 그 법대로 하면 그가 당연히 죽을 것은 그가 자기를 하나님의 아들이라 함이니이다.

유대인들이 여기에서 거론한 "법"은 거짓 선지자들을 죽이라고 명한 신명기 18:20이다: "만일 어떤 선지자가 내가 전하라고 명령하지 아니한 말을 제 마음대로 내 이름으로 전하든지 다른 신들의 이름으로 말하면 그 선지자는 죽임을 당하리 라." 또한, 여기에서 그들이 말한 "하나님의 아들"은 모든 면에서 아버지 하나님과 동등한 하나님의 영원하신 아들을 의미한다. 만일 그런 뜻이 아니라면, 하나님께서 는 이스라엘 백성들을 자신의 장자라고 하셨기 때문에, "하나님의 아들"이라는 말 은 그들에게 적용될 것이다. 따라서 어떤 사람이 모든 점에서 하나님과 동등하다는 의미에서 "하나님의 아들"로 자처한다면, 그것은 극악무도한 신성모독죄를 저지른 것이 되고, 그 사람은 영락없이 거짓 선지자로 낙인찍힐 수밖에 없었다. 그러나 그 들이 이러한 죄를 그리스도께 적용한 것은 한참이나 잘못된 일이었다. 왜냐하면, 주님께서 요한에게 세례를 받으셨을 때와 변화산 위에서, 주님이 하나님의 아들이 시라는 것을 직접 증거하신 분은 바로 하나님이셨고, 아울러 주님께서는 사람이 할 수 없는 이적들을 베풀어 보이심으로써, 자신이 지닌 신적인 권능을 분명하게 나타 내셨던 까닭에, 주님이 자기가 아버지 하나님과 동등하다고 하신 것은 전혀 거짓이 아니었기 때문이다.

8. 빌라도가 이 말을 듣고 더욱 두려워하여.

로마인들은 유대인이 자신들의 율법을 따라 재판하는 것을 허용하였고, 로마 총 독은 그것이 제대로 집행되는지를 감시할 의무가 있었기 때문에, 자기가 이 사건을 제대로 살펴본 것인지에 대하여 새삼 염려하게 되었거나, 또는 유대인들의 무리가 이렇게 아우성을 치며 광분하는 모습을 보고서, 무슨 일이 벌어지지는 않을까 하고 두려워하였던 것으로 보인다.

9. 다시 관정에 들어가서 예수께 말하되 너는 어디로부터냐 하되 예수께서 대답 하여 주지 아니하시는지라.

우리 주님께서는 모든 사람의 마음의 은밀한 것들을 아시는 분이셨기 때문에, 빌 라도가 유대인들의 요구를 거부하고 한동안은 버티겠지만, 결국에는 그들의 요구에 응해줄 수밖에 없게 될 것임을 아주 잘 알고 계셨고, 아울러 자신의 죽음은 하나님이 정하신 것이기 때문에, 기꺼이 자신의 목숨을 내어 주실 준비가 되어 있으셨다. 그래서 주님은 비록 진실이 받아들여지지 않더라도 진실을 어느 정도 밝혀서 자신을 변호하신 후에는, 더 이상 계속해서 진실을 얘기하거나 자신을 변호하는 것은 합당하지 않다고 생각해서, 빌라도의 질문에 대답을 하지 않으셨다.

10. 빌라도가 이르되 내게 말하지 아니하느냐 내가 너를 놓을 권한도 있고 십자가에 못 박을 권한도 있는 줄 알지 못하느냐.

빌라도는 자기의 질문에 주님이 대답하지 않으시자, 기분이 상해서, 이런 말을 한 것으로 보인다. 세상 권력을 지닌 자들은 그 권력이 누구로부터 나온 것인지를 너무나 쉽게 망각해 버리는 경향이 있다.

11. 예수께서 대답하시되 위에서 주지 아니하셨더라면 나를 해할 권한이 없었으리니 그러므로 나를 네게 넘겨 준 자의 죄는 더 크다 하시니라.

빌라도가 재판장인 자기에게는 주님을 무죄방면할 수도 있고 사형을 선고할 수도 있는 권한이 있다고 자랑하자, 주님께서는 그가 가진 모든 권한은 하나님으로부터 온 것이고, 이 일은 하나님이 영원하신 계획 가운데서 작정하신 대로 일어나는 것이지, 그의 선택에 달려 있는 것이 아니라고 선언하심으로써, 그의 그런 자랑은 가당치 않다고 완곡하게 나무라시고 바로잡아 주시면서, 아울러 그렇다고 해서 하나님의 계획을 이루는 도구들이 되어서, 주님을 죽이는 일에 앞장선 유대인들은 말할 것도 없고, 거기에 관여하게 된 빌라도도 그 죄를 피할 수 없을 것이라고 경고하신다. 주님은 빌라도가 하나님의 비밀한 계획을 알 수는 없을 것이기 때문에, 하나님의 계시된 뜻을 잘 살폈어야 하지만, 유대인들의 고발에 따라 단지 재판장으로서 행한 것인 까닭에, 무엇보다도 자기를 빌라도에게 넘겨 준 유대인들에게 더 큰 죄가 돌아갈 것이라고 말씀하신다. 왜냐하면, 유대인들은 이교도인 빌라도보다 훨씬 더 많은 빛을 받고서도, 거짓 증인들을 동원해서 기어코 주님을 죽일 때까지 만족하지 않고, 무죄한 자의 피를 흘리는 죄를 저질렀기 때문이다.

12. 이러하므로 빌라도가 예수를 놓으려고 힘썼으나 유대인들이 소리 질러 이르되 이 사람을 놓으면 가이사의 충신이 아니니이다 무릇 자기를 왕이라 하는 자는 가이사를 반역하는 것이니이다.

빌라도는 주님에게 죄가 없다는 것을 자신의 양심 속에서 확신하고서, 모든 가능한 정당한 수단들을 동원해서 "예수를 놓으려고 힘썼다." 그러나 유대인들은 교활

한 자들이 늘 그러하듯이, 주님에 대한 그들의 모든 악의의 진정한 원인은 종교적
인 문제였는데도, 그 문제에 대해서는 함구하고서, 오직 주님에 대한 죄목을 로마
총독의 고유한 관할 사항인 폭동이나 반란과 연루시켜, 주님을 죽여야 한다고 이전
보다 더욱더 아우성을 치면서, 왕으로 자처하는 자가 있는데도, 그런 자를 반역죄
로 처벌하지 않는다면, 그것은 로마 총독으로서 로마 황제에 대하여 반역을 저지르
는 것이라는 논리를 펴며, 만약 주님을 놓아 준다면, 빌라도는 자신의 직무를 배신
한 가이사의 반역자가 될 것이라고 협박한다.

**13. 빌라도가 이 말을 듣고 예수를 끌고 나가서 돌을 깐 뜰(히브리 말로 가바다)
에 있는 재판석에 앉아 있더라.**

여기에서 "이 말"은 빌라도가 예수를 놓아 준다면 가이사의 친구가 아니라 반역
자가 되는 것이라고 한 유대인들의 말을 가리킨다. 빌라도는 하나님으로부터 오는
영광과 칭찬이 아니라, 사람들로부터 오는 영광과 칭찬을 더 사랑한 인물이었기 때
문에, 자신의 영혼을 잃는 것보다 자신의 직위를 잃는 것을 더 두려워하여, 자신이
당한 시험을 더 이상 버틸 수 없었다. 빌라도는 "예수를 끌고 나가서 돌을 깐 뜰에
있는 재판석에 앉았는데," 이 재판석이 있는 곳은 돌이 깔려 있는 뜰이었기 때문에,
"히브리 말로," 즉 아람어로 높은 곳을 뜻하는 "가바다"로 불렸다. 재판석이 있는 곳
은 피고를 비롯한 다른 사람들이 있는 곳보다 더 높게 하는 것이 그들의 관례였다.

**14. 이 날은 유월절의 준비일이요 때는 제육시라 빌라도가 유대인들에게 이르되
보라 너희 왕이로다.**

어느 명절이든 "준비일"은 해당 명절의 전날을 가리킨다. 이런 명칭이 유래한 것
은, 유대인들은 율법에 따라 명절을 거룩하게 지키는 데 필요한 것들을 명절 전날
에 준비하였기 때문이었다. 어떤 이들은 이 대목에 언급된 "유월절"이 엄밀하게 유
월절 식사를 의미하는 것인지를 의심한다. 유대인들이 이 해에 율법을 엄격하게 지
켰다면, 그것은 불가능하다. 왜냐하면, 주님께서는 자신의 제자들과 함께 전날 밤
에 유월절 식사를 하셨는데, 그것은 율법에 정해진 대로 니산월 제14일 저녁에 그
렇게 하신 것이 거의 틀림없을 것이기 때문이다. 따라서 여기에서 "유월절"은 제15
일에 시작되는 그들의 큰 명절인 유월절을 의미하는 것일 가능성이 높다. 요한복음
18:28에 대한 설명을 보라. 복음서 기자는 이 때가 "제육시 쯤"(헬라어 본문에는 이렇
게 되어 있는데, 한글개역개정에는 "제육시"라고만 되어 있다 — 역주), 즉 아침 9시부터 12
시 사이의 후반의 어느 시간이었다고 말한다. 유대인들은 낮을 네 부분으로 구분하

였는데, 첫 번째 구간은 해 뜰 때부터 제3시라 불린 아침 9시까지였고, 두 번째 구간은 제3시부터 제6시, 즉 정오인 12시까지였으며, 세 번째 구간은 제6시부터 제9시, 즉 오후 3시까지였으며, 네 번째 구간은 제9시부터 해질 때인 저녁 6시까지였다. 그들은 낮을 이런 식으로 4등분해 놓고서, 어느 시가 시작될 때부터 끝날 때까지에 해당하는 모든 시간을 그 시의 명칭으로 불렀다. 예를 들면, 제3시는 아침 9시에 시작되어서 12시에 끝났기 때문에, 거기에 해당하는 모든 시간은 제3시라 불렸고, 제6시는 정오인 12시부터 시작되어서 오후 3시에 끝났기 때문에, 거기에 해당하는 모든 시간은 제6시라 불렀다. 따라서 우리 구주께서 십자가형을 선고받으시고 실제로 십자가에 못 박히신 때는 정오인 12시가 조금 덜 된 시간이었기 때문에, 요한은 여기에서 정오인 12시부터 시작되는 "제육시쯤"이라고 한 반면에, 마가는 아침 9시부터 시작된 제삼시가 거의 끝나가고 있기는 하였지만, 아직 완전히 끝나지는 않았기 때문에, "제삼시"라고 한 것이었다. 그러므로 요한의 보도와 마가의 보도는 정확히 일치한다.

15. 그들이 소리 지르되 없이 하소서 없이 하소서 그를 십자가에 못 박게 하소서 빌라도가 이르되 내가 너희 왕을 십자가에 못 박으랴 대제사장들이 대답하되 가이사 외에는 우리에게 왕이 없나이다 하니.

빌라도는 유대인 무리들을 잠잠하게 하고자 하였지만, 그럴수록 유대인들은 이성을 잃고 더욱더 고함을 지르며 광분하였는데, 그 이유는 이 일이 하나님이 정하신 일이었고, 하나님께서 모든 것이 합력해서 이 일이 이루어지도록 안배하셨기 때문이었다. 빌라도가 "내가 너희 왕을 십자가에 못 박으랴"고 말한 것은 그들을 조롱하는 말이었지만, 그리스도를 죽이고자 하는 그들의 악의는 너무나 극렬하였기 때문에, 그들은 세상에서 그 어느 민족보다 더 자유를 갈망하고 이방인의 멍에를 메는 것을 참을 수 없어 하였던 민족이었지만, 그들을 정복하여 다스리고 있던 로마 황제 "가이사 외에는 우리에게 왕이 없나이다"라고 큰 소리로 합창하는 것도 마다하지 않는 가운데, 주님을 십자가에 못 박아 죽이라고 로마 총독인 빌라도를 더욱 거세게 압박하고 몰아붙인다.

16. 이에 예수를 십자가에 못 박도록 그들에게 넘겨 주니라.

앞의 14절에서 "제육시쯤"이라고 한 것에 비추어 볼 때, 빌라도가 주님을 유대인들에게 넘겨 준 것은 정오가 가까워오고 있던 12시경이었을 것임에 틀림없다. 빌라도는 주님께 사형을 선고하고, 당시의 관례대로 주님을 사형집행인에게 넘겨 주어,

끌고 가게 하였다.

17. 그들이 예수를 맡으매 예수께서 자기의 십자가를 지시고 해골(히브리 말로 골고다)이라 하는 곳에 나가시니.

마태복음 27:31-33에 대한 설명을 보라. 우리는 이 절에서 설명이 필요한 모든 것들을 이미 거기에서 설명해 놓았다. 마태가 구레네 사람 시몬이 주님의 십자가를 대신 지고 갔다고 보도한 것이 요한의 이 본문과 어떤 식으로 조화되는지에 대해서도, 우리는 거기에서 이미 설명한 바 있다. 당시에 사형수들을 처형하던 곳은 우리의 경우와 마찬가지로 성 밖에 있었다.

18. 그들이 거기서 예수를 십자가에 못 박을새 다른 두 사람도 그와 함께 좌우편에 못 박으니 예수는 가운데 있더라.

마태복음 27:38에 대한 설명을 보라.

19. 빌라도가 패를 써서 십자가 위에 붙이니 나사렛 예수 유대인의 왕이라 기록되었더라.

마태복음 27:37에 대한 설명을 보라.

20. 예수께서 못 박히신 곳이 성에서 가까운 고로 많은 유대인이 이 패를 읽는데 히브리와 로마와 헬라 말로 기록되었더라.

예수께서 못 박히신 곳이 성에서 가까운 고로. 로마의 모든 처형장은 성에서 400미터 되는 거리 내에 있었다. 많은 유대인이 이 패를 읽는데 히브리와 로마와 헬라 말로 기록되었더라. 죄패가 이렇게 당시에 통용되던 세 개의 언어로 기록된 것은, 유대인들만이 아니라, 명절을 맞아 각 나라에서 온 모든 사람들도 알 수 있게 하기 위한 것이었다.

21. 유대인의 대제사장들이 빌라도에게 이르되 유대인의 왕이라 쓰지 말고 자칭 유대인의 왕이라 쓰라 하니.

유대인들은 죄패에 그리스도를 그들의 왕이라고 써서, 이것을 널리 알리는 것은, 그들에게 큰 수치라고 생각하였기 때문에, "유대인의 왕"이 아니라 "자칭 유대인의 왕"이라고 써줄 것을 빌라도에게 요구하였다.

22. 빌라도가 대답하되 내가 쓸 것을 썼다 하니라.

빌라도는 그들의 요구를 들어주어서 그들을 흡족하게 해주기를 거절한다. 이것은 그가 그리스도의 죄패에 어떤 내용을 쓸 것인지를 스스로 결정하기를 원하였고, 그래서 그들의 요구대로 바꾼 것이 아니라 원래 자기가 원하던 대로 썼다는 것을 보여 준다.

23. 군인들이 예수를 십자가에 못 박고 그의 옷을 취하여 네 깃에 나눠 각각 한 깃씩 얻고 속옷도 취하니 이 속옷은 호지 아니하고 위에서부터 통으로 짠 것이라.

마태와 마가도 군인들이 그리스도의 옷을 나누어 가진 것을 보도하는데, 여기에서 옷은 "속옷"을 가리키는 것으로 이해하여야 한다. 어떤 이들은 유대인들의 속옷은 네 부분으로 이루어져 있었기 때문에, 쉽게 네 명의 군인이 각각 한 부분씩 쉽게 나눌 수 있었을 것이라고 말한다. 그러나 여기에서 흠정역이 "외투"로 번역한 "겉옷"은 "호지 아니하고 위에서부터 통으로 짠 것"이었다(한글개역개정에는 "속옷"으로 되어 있다 — 역주).

24. 군인들이 서로 말하되 이것을 찢지 말고 누가 얻나 제비 뽑자 하니 이는 성경에 그들이 내 옷을 나누고 내 옷을 제비 뽑나이다 한 것을 응하게 하려 함이러라 군인들은 이런 일을 하고.

군인들은 처음에 주님의 속옷은 네 부분으로 나누어서 각각 한 깃을 가졌지만, 이 겉옷은 통으로 짠 것이어서, 찢지 않고 제비를 뽑아, 누가 가질지를 정하기로 하였다. 이것은 이 군인들이 자의적으로 결정한 것처럼 보이지만, 사실은 거기에는 하나님의 계획과 섭리가 작용하고 있었다. 다윗은 시편 22:18에서 자기 자신에 대하여, "그들이 내 옷을 나누고 내 옷을 제비 뽑나이다"라고 말하였는데, 이 일을 통해서 그리스도는 자신의 모형이었던 다윗의 진정한 원형임을 증명하셨다. 이 시편 본문은 다윗이 자신의 원수들이 자신의 노략물들을 차지하게 된 것을 비유적으로 표현한 것이었지만, 그리스도에게는 문자 그대로 이루어졌다. 이렇게 사악한 자들은 자신들의 생각이나 의도와는 상관없이 성경의 예언들을 성취시켜 나간다.

25. 예수의 십자가 곁에는 그 어머니와 이모와 글로바의 아내 마리아와 막달라 마리아가 섰는지라.

여기에서 "글로바의 아내"로 번역된 어구에서 "아내"라는 말은 헬라어 본문에는 나오지 않는데, 흠정역 번역자들이 이 어구의 뜻이 통하게 하기 위하여 보충해 넣은 것이다. 따라서 마리아가 글로바의 아내였는지, 아니면 어머니였는지, 아니면 딸이었는지는 확실하지 않다.

26. 예수께서 자기의 어머니와 사랑하시는 제자가 곁에 서 있는 것을 보시고 자기 어머니께 말씀하시되 여자여 보소서 아들이니이다 하시고.

우리는 요한복음에서 요한을 "사랑하시는 자"(요 13:23), "예수께서 사랑하시던 그 다른 제자"(요 20:2), "예수께서 사랑하시는 그 제자"(요 21:7; 21:20)로 지칭하는 것을 자주 보아 왔기 때문에, 여기에서도 "사랑하시는 제자"는 요한을 가리킨다. 우리 주님께서는 자기 어머니에게 요한을 "아들"이라고 하시면서, 요한에게 자기 어머니를 돌보아 줄 것을 부탁하신다. 이것은 요셉이 이 때에 이미 죽고 없었다는 것을 우리에게 알게 해 준다. 왜냐하면, 만일 그렇지 않다면, 주님께서 이렇게 자기 어머니를 요셉 외의 다른 보호자에게 돌보아 줄 것을 부탁했을 가능성은 희박하기 때문이다.

27. 또 그 제자에게 이르시되 보라 네 어머니라 하신대 그 때부터 그 제자가 자기 집에 모시니라.

주님께서는 요한에게 자기 어머니를 부탁하시면서, 마치 친어머니처럼 모셔 주기를 당부하신다. 이 때부터 마리아는 요한의 집에 가서 요한과 함께 살게 되었다.

28-29. [28]그 후에 예수께서 모든 일이 이미 이루어진 줄 아시고 성경을 응하게 하려 하사 이르시되 내가 목마르다 하시니 [29]거기 신 포도주가 가득히 담긴 그릇이 있는지라 사람들이 신 포도주를 적신 해면을 우슬초에 매어 예수의 입에 대니.

다윗은 시편 69:21에서 자신의 원수들이 자기에게 환난에 환난을 더하는 것을 비유적으로 표현하여, "그들이 쓸개를 나의 음식물로 주며 목마를 때에는 초를 마시게 하였사오니"라고 말하였는데, 이 말씀의 일부는 다윗의 자손이었던 그리스도 안에서 비유가 아니라 문자 그대로 성취되었다. 왜냐하면, 주님께서 십자가 위에서 목마르다고 소리치시자, 사람들이 거기에 신 포도주가 가득 담긴 그릇이 있는 것을 보고서, 신포도주를 해면에 적셔, 주님에게 드려서 마시게 하였기 때문이었다. 아마도 신 포도주는 사형수에게 주기 위하여 관례대로 미리 준비되어 있었던 것으로 보이는데, 그 용도가 사형수의 감각을 마비시키기 위한 것이었는지, 아니면 사형수의 목숨을 더 연장시켜서 더 많은 고통을 당하게 하려고 한 것이었는지, 아니면 단지 사형수의 갈증을 해소시켜 주기 위한 것이었는지는 확실하지 않기 때문에, 그 세부적인 용도는 정확히 알 수 없지만, 어쨌든 사형수들로 하여금 마시고 정신을 차리고 힘을 내게 하기 위한 것이었을 가능성이 높다.

30. 예수께서 신 포도주를 받으신 후에 이르시되 다 이루었다 하시고 머리를 숙이니 영혼이 떠나가시니라.

주님께서는 신 포도주를 받으신 후에, "다 이루었다"고 말씀하셨다: 나는 이 세상에서 내가 살아 있는 동안에 내게 맡겨진 모든 일을 이제 다 끝마치고 이루어내었다. 주님은 이 말씀을 하시고 나서, "머리를 숙이니 영혼이 떠나가셨다." 이것은 죽음을 표현하는 말들이다. 우리 구주께서는 자원해서 자신의 목숨을 아버지 하나님께 내어 드리셨다.

31. 이 날은 준비일이라 유대인들은 그 안식일이 큰 날이므로 그 안식일에 시체들을 십자가에 두지 아니하려 하여 빌라도에게 그들의 다리를 꺾어 시체를 치워 달라 하니.

이 날은 준비일이라. 그들은 유월절 식사는 이미 간밤에 하였기 때문에, 이 날은 유월절이 아니라 한 주간의 안식일을 준비하는 날이었다. 그들은 신명기 21:23에 나오는 율법에 따라서, 처형된 사람들의 시신을 그 날에 매장하지 않고, 나무에 밤새도록 그대로 놓아두면, 자신들의 땅이 더럽혀져서 부정하게 된다고 생각하였고, 특히 이 날의 해가 질 때부터 안식일이 시작될 것이었기 때문에, 더더욱 시체들을 나무 위에 그대로 두지 않으려고 하였다. 이제 곧 시작될 안식일은 단지 한 주간의 안식일이었던 것이 아니라, 무교절의 첫째 날이기도 하였기 때문에, 결코 평범하지 않은 중요한 안식일이었다. 레위기 23장에서 알 수 있듯이, 무교절의 첫째 날과 마지막 날에는 유대인들이 성회로 모이게 되어 있었다. 그래서 그들은 빌라도에게 가서, 시체들을 십자가에서 내려서, 혹시 그들이 아직도 목숨이 붙어 있더라도 달아나지 못하게 하기 위하여, "그들의 다리를 꺾어 시체를 치워 달라"고 요청하였다.

32-33. [32]군인들이 가서 예수와 함께 못 박힌 첫째 사람과 또 그 다른 사람의 다리를 꺾고 [33]예수께 이르러서는 이미 죽으신 것을 보고 다리를 꺾지 아니하고.

군인들은 다른 두 명의 사형수의 다리를 꺾었지만, 주님은 이미 죽으신 것을 보고, 그 다리를 꺾지 않았다. 세 사람이 동일한 방식으로 죽었다고 할지라도, 그 중에는 빨리 죽는 사람도 있고 늦게 죽는 사람도 있는 것은 얼마든지 있을 수 있는 자연스러운 일이기는 하지만, 우리 구주께서 좀 더 빨리 죽으신 이유는 그 영혼이 늦게까지 버티지 못하셨기 때문이 아니라, 자원해서 자신의 목숨을 내어 주셨기 때문이었을 것이라고 생각하는 것도 일리가 있을 것이다.

34. 그 중 한 군인이 창으로 옆구리를 찌르니 곧 피와 물이 나오더라.

군인들은 주님이 이미 죽으신 것을 확인하였지만, "그 중 한 군인이" 다시 한 번 확실하게 해 두기 위하여 "창으로" 주님의 "옆구리를 찌르니," 거기에서 "곧 피와 물이 나왔다." 피가 나왔다는 것은 이상한 일이 아니지만, 물이 나왔다는 것도 이상한 일이 아니다. 피를 그릇에 넣어 응고시키면, 우리는 흔히 그릇의 윗부분에서 물을 볼 수 있다. 또한, 해부학자들은 심장을 둘러싼 판막에는 피와 함께 물도 있어서, 흉곽의 비어 있는 부분을 창으로 찌르는 경우에는, 물이 밖으로 빠져 나오고, 살아 있는 생물은 반드시 죽게 된다고 말한다. 그러나 다음 절에서 복음서 기자가 "이를 본 자가 증언하였으니 그 증언이 참이라 그가 자기의 말하는 것이 참인 줄 알고 너희로 믿게 하려 함이니라"고 말하고 있는 것으로 보아서, 대부분의 신학자들은 창에 찔리신 그리스도의 옆구리에서 나온 이 물과 피에는 어떤 신비가 있었다고 생각한다. 어떤 이들은 복음의 두 성례전을 이 물과 피로 표현하려고 하고, 사도는 "이는 물과 피로 임하신 이시니 곧 예수 그리스도시라 물로만 아니요 물과 피로 임하셨고"(요일 5:6)라고 말한다. 따라서 해석자들은 이것은 예수 그리스도께서 자신의 피와 중생의 물로 인류의 죄를 진정으로 속하시고 그들의 심령에서 죄의 더러움을 씻어내셨다는 것을 의미하는 것이고, 이렇게 해서 예수 그리스도께서 드리신 참된 희생제사가 율법을 통해서 유대인들에게 주어진 모든 희생제사들과 여러 결례들을 성취한 진정한 원형이라는 것을 증명하신 것이라고 생각한다.

35. 이를 본 자가 증언하였으니 그 증언이 참이라 그가 자기의 말하는 것이 참인 줄 알고 너희로 믿게 하려 함이니라.

요한은 이것이 꾸며낸 이야기가 아니라고 말한다. 그는 이것을 보았고, 이것이 참인 줄을 알기 때문에, 기록하였다. 그는 자기가 이것을 기록하여 널리 알리는 것은, 율법의 모든 모형들과 예표들이 그리스도 안에서 성취되었다는 것을 사람들로 하여금 믿게 하기 위한 것이라고 말한다.

36. 이 일이 일어난 것은 그 뼈가 하나도 꺾이지 아니하리라 한 성경을 응하게 하려 함이라.

주님께 일어난 이 일은 성경의 예언을 성취한 것이었다. 왜냐하면, 출애굽기 12:46에서 "한 집에서 먹되 그 고기를 조금도 집 밖으로 내지 말고 뼈도 꺾지 말지며"라고 한 것이나 민수기 9:12에서 "아침까지 그것을 조금도 남겨두지 말며 그 뼈를 하나도 꺾지 말아서 유월절 모든 율례대로 지킬 것이니라"고 한 것은 모두 하나님께서 유월절 및 유월절의 어린 양(이것은 그리스도의 모형이었다, 요 1:29; 고전 5:7)과 관련해서 정하신 율법이었기 때문이다. 따라서 그리스도의 뼈가 꺾이지 않은 이 일을 통해서도, 유대인들은 유월절의 어린 양이 그리스도의 예표라는 것을 깨달았어야 하였다.

37. 또 다른 성경에 그들이 그 찌른 자를 보리라 하였느니라.

또한, 유대인들은 그리스도의 옆구리가 창에 찔리신 것을 보고서(이것은 희귀한 일이었기 때문에), 그리스도가 스가랴서 12:10에서 "내가 다윗의 집과 예루살렘 주민에게 은총과 간구하는 심령을 부어 주리니 그들이 그 찌른 바 그를 바라보고 그를 위하여 애통하기를 독자를 위하여 애통하듯 하며 그를 위하여 통곡하기를 장자를 위하여 통곡하듯 하리로다"라고 한 바로 그분임을 알아차렸어야 하였다.

38. 아리마대 사람 요셉은 예수의 제자이나 유대인이 두려워 그것을 숨기더니 이 일 후에 빌라도에게 예수의 시체를 가져가기를 구하매 빌라도가 허락하는지라 이에 가서 예수의 시체를 가져가니라.

마태복음 27:57-59에 대한 설명을 보라.

39. 일찍이 예수께 밤에 찾아왔던 니고데모도 몰약과 침향 섞은 것을 백 리트라쯤 가지고 온지라.

우리는 니고데모가 밤중에 우리 구주를 찾아와서 함께 대화를 나눈 일에 대해서는 요한복음 3장에서 보았고, 요한복음 7:50에서는 그가 산헤드린에서 그리스도를 옹호하는 말을 하는 것을 들은 후로는, 지금까지 그에 대해서 듣지 못하다가, 이제 여기에서 그가 주님을 장사지내는 것과 관련해서 주님에 대한 자신의 사랑을 나타내 보이는 것을 보게 된다. 그는 몰약과 침향을 백 파운드쯤 가져왔는데, 시편 45:8에서 "왕의 모든 옷은 몰약과 침향과 육계의 향기가 있으며"라고 말하고 있는 것처럼, 이 두 향품은 일반적으로 향을 내는 데 사용되었지만, 시신을 방부처리하는 데도 사용되었다.

40. 이에 예수의 시체를 가져다가 유대인의 장례 법대로 그 향품과 함께 세마포로 쌌더라.

"유대인의 장례 법대로"는 "당시의 유대인들이 하던 방식대로"를 의미한다.

41. 예수께서 십자가에 못 박히신 곳에 동산이 있고 동산 안에 아직 사람을 장사한 일이 없는 새 무덤이 있는지라.

유대인들의 모든 동산은 성 밖에 있었던 것과 마찬가지로, 통상적으로 땅이나 바위의 굴로 되어 있던 그들의 매장지도 성 밖에 있었다.

42. 이 날은 유대인의 준비일이요 또 무덤이 가까운 고로 예수를 거기 두니라.

"유대인의 준비일"이라 불리는 날(이 날 전체가 그렇게 불렸다)이 가까이 다가왔기 때문에, 그들은 처형장과 가까웠던 동산 안에 있는 새 무덤에 그리스도의 시신을 두었다. 우리 구주의 수난과 죽음, 매장에 관한 이야기에 관한 자세한 것은 마태복음 27장에 대한 설명을 보라. 거기에서 우리는 모든 복음서 기자들이 보도한 것들을 한데 모아, 이 이야기를 종합적으로 살펴서, 하나의 온전한 기사로 재구성하고, 그 세부적인 부분을 자세하게 살펴보았다.

제20장

개요

1. 막달라 마리아는 돌이 무덤에서 굴려져 있는 것을 보고서, 베드로와 요한에게 달려가서 말하고, 그 말을 들은 이 두 제자는 무덤에 가보지만, 시신을 발견하지 못함(1-10).
2. 마리아는 두 천사가 무덤 안에 앉아 있는 것을 보고, 예수께서는 친히 그녀에게 나타나심(11-18).
3. 예수께서 자신의 제자들에게 나타나심(19-23).
4. 도마가 제자들의 말을 들었지만, 예수의 부활을 믿지 않음(24-25).
5. 예수께서 다시 제자들에게 나타나셔서, 도마의 의심을 풀어 주시고, 도마는 신앙을 고백함(26-29).
6. 구원에 필요한 것만 기록되었음을 말함(30-31).

복음서 기자인 요한은 그리스도께서 부활하신 때로부터 승천하실 때까지 이 땅에 사십일을 계시는 동안에 보이신 행적에 대하여 다른 복음서 기자들보다 더 자세하게 보도하고 있고, 다른 복음서 기자들은 이 부분을 짤막하게 보도하고 있어서, 우리는 다른 복음서들을 다룰 때, 이 부분에 대해서는 요한복음의 마지막 두 장을 다룰 때에 자세하게 살펴보기로 한 바 있다.

1. 안식 후 첫날 일찍이 아직 어두울 때에 막달라 마리아가 무덤에 와서 돌이 무덤에서 옮겨진 것을 보고.

요한은 여기에서 막달라 마리아만을 언급하지만, 마태는 "안식일이 다 지나고 안식 후 첫날이 되려는 새벽에 막달라 마리아와 다른 마리아가 무덤을 보려고 갔더니"(마 28:1)라고 보도함으로써, 막달라 마리아 외에도 "다른 마리아"도 함께 무덤에 간 것으로 말하고 있고, 마가는 이 "다른 마리아"가 "야고보와 살로메의 어머니"였음을 우리에게 말해 주며(막 16:1, 한글개역개정에는 "야고보의 어머니 마리아와 또 살로메"로 되어 있다 ─ 역주), 누가는 그녀들이 "갈릴리에서 예수와 함께 온 여자들"(눅 23:55)이었다고 말한다.

또한, 이 여자들이 무덤에 간 때에 대해서는, 누가는 "안식 후 첫날 새벽에"(눅

24:1)라고 말하고, 마가는 "안식일이 지나매"(막 16:1)라고 말하며, 요한은 "안식 후 첫날 일찍이"라고 말한다. 따라서 "안식일이 다 지나고"로 번역된 마태 본문의 '옵세 데 삽바톤'(ὀψὲ δὲ σαββάτων)은 마가 본문에서 말한 "안식일이 지나매"를 의미하는 것으로 해석되어야 한다. 실제로, 마태는 "안식 후 첫날이 되려는 새벽에"라는 말을 덧붙여서, '옵세 데 삽바톤'이 무엇을 의미하는지를 스스로 분명하게 부연설명한다. 따라서 전날 해가 진 후에 밤이 되면서 시작되었던 유대인의 안식일은 새벽에 동이 트면서 끝났기 때문에, 여자들이 무덤에 온 때는 아침 7시나 8시쯤이었을 것임에 틀림없다. 다른 복음서 기자들은 이 여자들이 이렇게 무덤에 온 목적은 주님의 시신에 향유를 바르고 향품으로 방부처리를 함으로써, 주님에 대한 자신들의 사랑을 마지막으로 표현하기 위한 것이었다고 우리에게 말해 준다. 이 여자들은 그렇게 하기 위하여, 주님께서 십자가에 못 박히셨던 날 밤에 향품을 샀지만, 그 다음날은 안식일이었기 때문에 쉬고, 해가 지고 안식일이 끝나자, 몇 시간 잠을 자고 나서, 새벽 여명에 일찍이 향품을 들고 주님의 무덤을 찾았다. 이것은 이 여자들이 주님의 무덤에 온 시간에 관한 네 복음서 기자들의 보도가 서로 모순되지 않는다는 것을 보여 준다. 왜냐하면, 마태는 안식 후 첫날 동틀 무렵이라고 말하고, 마가는 안식일이 지난 때였다고 말하며, 누가는 안식 후 첫날이었다고 말하고, 요한은 안식 후 첫날 일찍 아직 어두울 때였다고 말하기 때문이다. 이것은 놀랍게도 실제로는 이 본문 속에는 풀리지 않은 매듭이 없었는데도, 신학자들은 그러한 매듭이 있다고 생각해서, 그 매듭을 풀기 위해 엄청난 시간과 힘을 낭비해 왔음을 보여 준다.

    요한은 주님을 장사지내는 것과 관련해서 그 무덤 입구를 돌을 굴려 막아 놓았다는 것에 대하여 전혀 언급하고 있지 않은 반면에, 마태는 유대인들이 빌라도에게 요청해서 "경비병과 함께 가서 돌을 인봉하고 무덤을 굳게 지켰다"고 말하고(마 27:64-66), 마가도 이 여자들이 무덤으로 가면서, "누가 우리를 위하여 무덤 문에서 돌을 굴려 주리요"(막 16:3)라고 걱정하였다고 말한다. 또한, 마태는 천사가 이 돌을 굴려 놓은 것이라고 우리에게 말해 주지만, 요한은 이 돌이 무덤으로부터 굴려져 있었다는 것 외의 다른 내용에 대해서는 전혀 언급하지 않는다.

    따라서 우리는 이 이야기의 경과가 다음과 같이 진행된 것임을 알 수 있다: 안식 후 첫날, 즉 한 주간이 시작되는 날 일찍이, 천사가 흰 옷을 입은 광채 나는 모습으로(마가의 묘사에 의하면) 내려와서, 주님의 무덤 입구를 막고 있던 큰 돌을 굴려 놓고, 주님께서는 다시 살아나신다. 얼마 후에, 막달라 마리아를 비롯한 여자들이 자신들이 무덤에 도착했을 때, 누가 무덤에서 돌을 굴려 줄지를 걱정하며, 향품을 들고서 무덤으로 향한다. 그러나 무덤에 도착한 이 여자들은 돌이 무덤에서 이미 굴려져 있는 것을 보고서, 자신들이 쓸데없는 걱정을 했다는 것을 발견한다.

2. 시몬 베드로와 예수께서 사랑하시던 그 다른 제자에게 달려가서 말하되 사람들이 주님을 무덤에서 가져다가 어디 두었는지 우리가 알지 못하겠다 하니.

막달라 마리아는 베드로에게 이 사실을 알리기 위해서 성내로 달려갔다. 여기에서 누가는 "이 여자들은 막달라 마리아와 요안나와 야고보의 모친 마리아라 또 그들과 함께 한 다른 여자들도 이것을 사도들에게 알리니라"(눅 24:10)고 말하는 반면에, 요한은 주님의 무덤에 간 여자들 중에서 오직 막달라 마리아만을 언급한 이유가 드러나는 것으로 보이는데, 그것은 이 때에 무덤에 간 여자들 중에서 사도들에게 달려가서 이 사실을 가장 먼저 알린 사람이 바로 막달라 마리아였기 때문이라는 것이다. 누가복음 24:9에 의하면, 그녀는 열한 제자를 비롯한 모든 제자들에게 이 모든 사실을 알렸지만, 주로 얘기를 나눈 상대는 시몬 베드로와 "사랑하시는 제자"인 요한이었던 것 같다. 그녀는 이 두 제자에게, 누가 우리 주님의 시신을 무덤에서 가져가서 다른 곳으로 옮긴 것 같은데, 누가 어디로 가져갔는지를 알지를 못하겠다고 하소연한다. 하지만 막달라 마리아는 주님의 시신이 없어졌다는 것을 어떻게 알았을까? 마가는 이 여자들이 무덤 속으로 들어갔다고 말하고 있다(막 16:5). 또는, 요한복음 20:11이 보여 주듯이, 이 여자들이 무덤 속으로 들어갔다고 한 마가의 보도가 이후에 두 번째로 갔을 때에 관한 것이라면, 이 여자들은 무덤 입구에 있던 큰 돌이 굴려져 있는 것을 보고서, 주님의 시신이 어디론가 옮겨진 것이라고 추측하였을 것이다.

3-4. ³베드로와 그 다른 제자가 나가서 무덤으로 갈새 ⁴둘이 같이 달음질하더니 그 다른 제자가 베드로보다 더 빨리 달려가서 먼저 무덤에 이르러.

누가는 막달라 마리아가 전한 말을 듣고서, 베드로가 무덤에 간 것만을 보도하지만, 우리의 복음서 기자가 베드로와 요한이 함께 갔는데, 요한이 베드로보다 더 빨리 달려서 무덤에 먼저 도착했다고 말한다.

5. 구부려 세마포 놓인 것을 보았으나 들어가지는 아니하였더니.

요한은 허리를 굽혀서 무덤 속을 들여다보고서, 세마포가 놓여 있는 것을 보았지만, 무덤 안으로 들어가지는 않았다.

6-7. ⁶시몬 베드로는 따라와서 무덤에 들어가 보니 세마포가 놓였고 ⁷또 머리를 쌌

던 수건은 세마포와 함께 놓이지 않고 딴 곳에 쌌던 대로 놓여 있더라.

무덤 안으로 들어가지 않았던 요한과는 달리, 복음서에서 늘 가장 대담한 모습을 보여 주었던 베드로는 조금 늦게 도착해서 무덤 안으로 들어갔고, 거기에 세마포가 놓여 있는 것을 보았을 뿐만 아니라, 주님의 시신의 머리를 쌌던 수건도 다른 곳에 놓여 있는 것을 보았다.

8. 그 때에야 무덤에 먼저 갔던 그 다른 제자도 들어가 보고 믿더라.

요한은 베드로가 무덤 안으로 들어가는 것을 보고, 자기도 들어가서, 동일한 상황을 직접 눈으로 보고, "믿었다." 요한이 "믿었다"는 것은 그리스도께서 죽은 자 가운데서 다시 살아나신 것을 믿었다는 의미일 수도 있고, 무덤에 먼저 왔던 여자들에게서 전해들은 말대로, 누군가가 주님의 시신을 다른 곳으로 가져갔다고 믿은 것일 수도 있다.

9. (그들은 성경에 그가 죽은 자 가운데서 다시 살아나야 하리라 하신 말씀을 아직 알지 못하더라).

구약성경은 여러 본문들(시 2:2; 16:10; 110:1-7)과 모형들을 통해서 그리스도의 부활을 예언하고 예표하였지만, 그들은 그러한 것들을 제대로 이해하지 못하고 있었다.

10. 이에 두 제자가 자기들의 집으로 돌아가니라.

베드로와 요한은 무덤 안으로 들어가서 주님의 시신이 거기에 없다는 것을 확인하고서 집으로 돌아왔다. 그들은 여자들이 앞서 자신들에게 전해 준 대로, 누군가가 주님의 시신을 무덤에서 가져갔다는 것은 믿었지만, 누가 어디로 가져갔는지에 대해서는 알 수가 없었다.

11. 마리아는 무덤 밖에 서서 울고 있더니 울면서 구부려 무덤 안을 들여다보니.

14절은 여기에 언급된 마리아가 막달라 마리아였다는 것을 보여 주는데, 마가복음 16:9은 부활하신 주님께서 막달라 마리아에게 가장 먼저 나타나셨다고 말한다.

12-13. 12흰 옷 입은 두 천사가 예수의 시체 뉘었던 곳에 하나는 머리 편에, 하나는 발 편에 앉았더라 13천사들이 이르되 여자여 어찌하여 우느냐 이르되 사람들이 내 주님을 옮겨다가 어디 두었는지 내가 알지 못함이니이다.

다른 복음서 기자들은 이 대목을 다르게 보도하고 있다는 것은 우리가 쉽게 풀 수 없는 몇 가지 문제들을 불러일으켜 왔다. 마태는 이렇게 보도한다: "큰 지진이 나며 주의 천사가 하늘로부터 내려와 돌을 굴려 내고 그 위에 앉았는데 그 형상이 번개

같고 그 옷은 눈 같이 희거늘 지키던 자들이 그를 무서워하여 떨며 죽은 사람과 같이 되었더라 천사가 여자들에게 말하여 이르되 너희는 무서워하지 말라 십자가에 못 박히신 예수를 너희가 찾는 줄을 내가 아노라 그가 여기 계시지 않고 그가 말씀하시던 대로 살아나셨느니라 와서 그가 누우셨던 곳을 보라 또 빨리 가서 그의 제자들에게 이르되 그가 죽은 자 가운데서 살아나셨고 너희보다 먼저 갈릴리로 가시나니 거기서 너희가 뵈오리라 하라 보라 내가 너희에게 일렀느니라 하거늘 그 여자들이 무서움과 큰 기쁨으로 빨리 무덤을 떠나 제자들에게 알리려고 달음질할새 예수께서 그들을 만나 이르시되 평안하냐 하시거늘 여자들이 나아가 그 발을 붙잡고 경배하니"(마 28:2-9).

마가는 이렇게 보도한다: "안식 후 첫날 매우 일찍이 해 돋을 때에 그 무덤으로 가며 서로 말하되 누가 우리를 위하여 무덤 문에서 돌을 굴려 주리요 하더니 눈을 들어본즉 벌써 돌이 굴려져 있는데 그 돌이 심히 크더라 무덤에 들어가서 흰 옷을 입은 한 청년이 우편에 앉은 것을 보고 놀라매 청년이 이르되 놀라지 말라 너희가 십자가에 못 박히신 나사렛 예수를 찾는구나 그가 살아나셨고 여기 계시지 아니하니라 보라 그를 두었던 곳이니라 가서 그의 제자들과 베드로에게 이르기를 예수께서 너희보다 먼저 갈릴리로 가시나니 전에 너희에게 말씀하신 대로 너희가 거기서 뵈오리라 하라 하는지라 여자들이 몹시 놀라 떨며 나와 무덤에서 도망하고 무서워하여 아무에게 아무 말도 하지 못하더라"(막 16:2-8). 여기에서 마가복음 16:2에 나오는 "해 돋을 때에"라는 어구는 해가 지평선 위로 떠오르는 것을 의미하는 것이 아니라, 박식한 카조봉(Casaubon, 주후 1559-1614, 프랑스의 고전학자)이 설명한 대로, 해와 별들이 뜨기 시작한 때를 의미하는 것으로 이해하여야 한다.

누가는 부활 이야기의 이 대목을 다음과 같이 보도한다: "안식 후 첫날 새벽에 이 여자들이 그 준비한 향품을 가지고 무덤에 가서 돌이 무덤에서 굴려 옮겨진 것을 보고 들어가니 주 예수의 시체가 보이지 아니하더라 이로 인하여 근심할 때에 문득 찬란한 옷을 입은 두 사람이 곁에 섰는지라 여자들이 두려워 얼굴을 땅에 대니 두 사람이 이르되 어찌하여 살아 있는 자를 죽은 자 가운데서 찾느냐 여기 계시지 않고 살아나셨느니라 갈릴리에 계실 때에 너희에게 어떻게 말씀하셨는지를 기억하라 이르시기를 인자가 죄인의 손에 넘겨져 십자가에 못 박히고 제삼일에 다시 살아나야 하리라 하셨느니라 한대 그들이 예수의 말씀을 기억하고 무덤에서 돌아가 이 모든 것을 열한 사도와 다른 모든 이에게 알리니 (이 여자들은 막달라 마리아와 요안나와 야고보의 모친 마리아라 또 그들과 함께 한 다른 여자들도 이것을 사도들에게 알리니라) 사도들은 그들의 말이 허탄한 듯이 들려 믿지 아니하나 베드로는 일어나 무덤에 달려가서 구부려 들여다보니 세마포만 보이는지라 그 된 일을 놀랍게 여기며 집으로 돌아가니라"(눅 24:1-12).

우리가 앞에서 이미 살펴보았듯이, 어떤 사람들이 주님의 무덤에 처음으로 갔는지, 그리고 그들이 간 때는 언제였는가와 관련해서는, 복음서 기자들의 보도들을 서로 조화시키는 것은 그리 어렵지 않다. 그들의 보도들이 보여 주는 가장 큰 차이점은 마리아가 본 천사들과 관련된 것이다: 마리아는 한 천사를 두 번 본 것인가, 아니면 한 천사를 본 것인가, 아니면 두 천사를 본 것인가? 마리아가 천사를 본 때는 베드로와 요한이 무덤에 와서 머물기 전이었는가, 아니면 무덤에서 떠난 후였는가? 마태는 무덤 앞의 돌이 굴려져 있었고, 천사가 그 돌 위에 앉아 있었다고 말한다. 따라서 천사는 무덤 밖에 있었다는 것이 된다. 반면에, 마가는 여자들이 "무덤에 들어가서 흰 옷을 입은 한 청년(의 모습을 한 천사)이 우편에 앉은 것"을 보았다고 말하고, 누가와 요한은 두 천사가 무덤 밖이 아니라 무덤 안에 있었다고 말한다. 따라서 두 천사가 나타났다는 것은 의심의 여지가 없다. 한 천사는 여자들에게 자기가 그 돌을 굴려 놓았다는 것을 알려 주기 위하여, 처음에는 무덤 밖의 돌 위에 앉아 있다가, 나중에는 무덤 안으로 들어왔고, 이렇게 해서 한 천사는 주님의 시신이 놓여 있는 곳의 머리 쪽에, 다른 한 천사는 발치에 앉아 있었다.

그러나 가장 큰 문제는 막달라 마리아가 천사들을 본 때는 베드로와 요한이 무덤에 있기 이전이었는가, 아니면 무덤에서 떠난 후였는가 하는 것이다. 어떤 이들은 "이전"이었다고 생각하지만, 그것은 거의 불가능하다. 왜냐하면, 만일 여자들이 처음에 무덤에 왔을 때에 천사를 본 것이었다면, 열한 제자, 또는 적어도 베드로와 요한에게는 그 얘기를 했을 것이고, 또한 천사들이 그녀들에게 주님이 다시 살아나셨다는 것을 알려 주었던 까닭에, 그녀들은 베드로와 요한에게, 사람들이 주님의 시신을 다른 곳으로 가져갔는데, 누가 어디로 가져갔는지는 알지 못하겠다는 말(2절)도 하지 않았을 것이기 때문이다. 따라서 어떤 복음서 기자들은 베드로와 요한이 주님의 무덤에 온 사실을 생략하고 보도하고 있지 않아서, 마치 여자들이 그들이 오기 전에 천사를 본 것 같이 보도하고 있는 것처럼 보이지만, 사실은 막달라 마리아가 천사를 본 것은 베드로와 요한이 주님의 무덤에 다녀간 후였다. 먼저 안식 후 첫날에 일찍 여자들이 가장 먼저 주님의 무덤에 갔다가, 무덤 입구를 막고 있던 돌이 굴려져 있고, 무덤 입구가 열려 있는 것을 보고서, 깜짝 놀라서 다시 성내로 달려가서 제자들에게 이 사실을 알렸다. 여자들의 말을 전해들은 베드로와 요한은 직접 무덤으로 와서, 그 말이 사실인 것을 확인하고서 돌아갔고, 막달라 마리아는 여전히 무덤 앞에 서서 울고 있었다. 그러다가 그녀는 몸을 구푸려서 무덤 안을 들여다 보다가, 돌 위에 앉아 있는 한 천사와 무덤 안에 있는 두 천사를 보았고, 천사는 그녀에게 주님의 부활에 관한 소식을 알려 주었다.

14. 이 말을 하고 뒤로 돌이켜 예수께서 서 계신 것을 보았으나 예수이신 줄은 알지 못하더라.

그리스도께서는 이미 그녀에게 나타나 계셨지만, 그녀는 처음에는 주님을 알아보지 못하였다.

15. 예수께서 이르시되 여자여 어찌하여 울며 누구를 찾느냐 하시니 마리아는 그가 동산지기인 줄 알고 이르되 주여 당신이 옮겼거든 어디 두었는지 내게 이르소서 그리하면 내가 가져가리이다.

막달라 마리아가 이런 반응을 보인 것은, 천사들로부터 주님이 부활하셨다는 말을 듣기 전에, 주님으로부터 이 말씀을 들었기 때문이거나(막 16:6; 눅 24:5-6), 천사들이 그녀에게 방금 전에 주님이 다시 살아나셨다고 알려 준 말을 거의 믿지 못 하였기 때문일 것인데, 후자일 가능성이 높다. 그녀가 무덤에서 나오자마자, 주님께서는 그녀에게 나타나셨고, 그녀는 주님을 알아보지 못하고, 그 사람이 주님이 매장되신 동산의 관리를 맡은 "동산지기"인 줄로 알고, 그 동산지기가 자신의 편의대로 주님의 시신을 다른 곳으로 옮긴 것이라고 생각해서, 자기가 주님의 시신을 좋은 곳으로 모시고자 하니, 주님의 시신을 어디로 옮겼는지를 알려 달라고 말한 것이었다.

16. 예수께서 마리아야 하시거늘 마리아가 돌이켜 히브리 말로 랍오니 하니 (이는 선생님이라는 말이라).

부활하신 주님께서 막달라 마리아의 이름을 부르셨고, 그 이름을 부르시는 주님의 음성은 그녀에게 아주 친숙한 것이었기 때문에, 그녀는 그 때에서야 주님을 알아보고 "랍오니"라고 대답한다. "랍오니"는 "나의 선생님"이라는 뜻이다.

17. 예수께서 이르시되 나를 붙들지 말라 내가 아직 아버지께로 올라가지 아니하였노라 너는 내 형제들에게 가서 이르되 내가 내 아버지 곧 너희 아버지, 내 하나님 곧 너희 하나님께로 올라간다 하라 하시니.

이 절에는 두 가지 꽤 어려운 문제를 불러일으킨다. 그 중 하나는 주님께서 막달라 마리아에게 "나를 붙들지 말라"고 하신 것이 무슨 의미인가 하는 것이다. 왜냐하면, 주님께서는 부활하신 후에 "여자들이 나아가 그 발을 붙잡고 경배하는"(마 28:9) 것도 허용하셨고, 도마에게는 "네 손을 내밀어 내 옆구리에 넣어 보라"(요 20:27)고 말씀하시기까지 하셨기 때문이다. 이 문제에 대해서는 많은 견해들이 제시되어 왔지만, 가장 좋은 견해는 주님께서는 마리아가 자기가 다시 살아난 것을 뛸 듯이 기뻐하고 너무나 좋아하면서, 이제 자기가 마치 죽기 이전으로 되돌아가서 그들과 함께 생활하며 교제할 수 있게 된 것처럼 생각하는 것을 보시고서, 그녀의 그러한 잘못된 생각을 제지하시기 위하여 이 말씀을 하신 것일 뿐이고, 그녀가 문자 그대로 자기를 만지거나 붙드는 것을 금지하신 것은 아니라는 것이다.

이 절이 제기하는 또 다른 문제는 주님께서는 그녀가 자기를 만져서는 안 되는 이유를 자기가 "아직 아버지께로 올라가지 아니하였기" 때문이라고 말씀하신 것이 무엇을 의미하느냐 하는 것이다. 그러나 이 문제는 첫 번째 문제에 대한 앞에서의 대답에 의해서 어느 정도 해결된다. 즉, 주님께서는 자기는 아직 아버지께로 올라가지 않았지만, 머지않아 그렇게 해야 하기 때문에, 자기가 이 땅에 살면서 사역하던 때처럼 그렇게 아무런 제약 없이 자신의 제자들과 어울릴 수 없다는 것을 마리아에게 일깨워 주신 것이다. 그런 후에, 주님은 자신의 제자들을 "내 형제들"이라고 부르시면서, 마리아에게 "내 형제들에게 가서" 다음과 같은 말을 전하라고 말씀하시는데, 사도는 주님께서는 우리를 형제들이라고 부르시는 것을 부끄러워하지 않으신다는 것을 우리에게 말해 준다(히 2:11-12): "내가 내 아버지 곧 너희 아버지, 내 하나님 곧 너희 하나님께로 올라간다." 나는 머지않아 그들을 떠나겠지만, 내 아버지이자 너희 아버지이시고, 내 하나님이자 너희 하나님이신 분께로 올라가는 것이다.

18. 막달라 마리아가 가서 제자들에게 내가 주를 보았다 하고 또 주께서 자기에게 이렇게 말씀하셨다 이르니라.

우리 주님께서는 죽은 자 가운데서 다시 살아나신 후에, 막달라 마리아에게 가장 먼저 자신의 부활하신 모습을 보이셨고(막 16:9-10), 마리아는 이 사실을 제자들에게 알렸다. 그러나 마가는 제자들이 그녀의 말을 믿지 않았다고 말한다(막 16:11). 한편, 마태는 부활하신 주님께서 무덤을 찾아온 여자들에게 또다시 나타나셨고, 그녀들은 "나아가 그 발을 붙잡고 경배하였다"(마 28:9)고 말하고, 누가는 부활하신 주님께서 엠마오로 가던 두 제자에게 세 번째로 나타나신 것에 대하여 자세하게 보도하고 있다. 마가복음 16:12-13은 이 나타나심에 대하여 짤막하게 보도하면서, 엠마오로 가던 제자들이 다시 예루살렘으로 돌아와서 제자들에게 이 사실을 알렸지만, 다른 제자들이 이 두 제자의 말을 믿지 않았다고 보도한다. 요한은 이 나타나심과 관련된 이 두 가지 일에 대해서 전혀 언급하지 않는다. 이 모든 일들은 주님께서 부활하신 바로 그 날에 일어난 일들이었고, 우리의 복음서 기자가 이후의 절들에서 보도한 일도 마찬가지로 그 날에 일어난 일이었다.

19. 이 날 곧 안식 후 첫날 저녁 때에 제자들이 유대인들을 두려워하여 모인 곳의 문들을 닫았더니 예수께서 오사 가운데 서서 이르시되 너희에게 평강이 있을지어다.

누가복음 24:29에서 엠마오로 가던 두 제자가 부활하신 주님을 알아 보지못한 채로 주님을 향하여, "우리와 함께 유하사이다 때가 저물어가고 날이 이미 기울었나이다"라고 말하였다고 보도하고 있는 것은 이 절에서 "저녁 때에"라는 어구를 이해하는 데 도움이 된다. 즉, 유대인들은 해가 진 후의 시간만이 아니라 늦은 오후도 "저녁"이라고 불렀다. 여기에서 요한은 이 때가 "안식 후 첫날"이었다고 말함으로써, 그 점을 분명하게 보여 준다. 따라서 부활하신 주님의 나타나심에 대한 이 보도는, 누가복음 24:36에서 보도한 것, 즉 엠마오로 가던 두 제자가 부활하신 주님을 만나고서 즉시 다시 예루살렘으로 올라와서, "열한 제자 및 그들과 함께 한 자들이 모여 있는" 곳으로 갔더니, 제자들이 부활하신 주님이 그들에게 나타나신 것을 서로 얘기하고 있어서, 자신들도 부활하신 주님을 만났다고 말하고 있을 때, "예수께서 친히 그들 가운데 서서 이르시되 너희에게 평강이 있을지어다"라고 하셨다고 보도한 것과 동일한 기사이다.

제자들은 "유대인들을 두려워하여" 자신들이 모인 곳의 문들을 다 꼭꼭 닫아 걸어 놓은 상태였는데, 여기에서 루터파와 칼빈파 사이에 큰 논쟁이 된 문제가 제기된다: 문들이 다 닫혀 있었는데, 부활하신 주님께서는 어떻게 그들 가운데로 오실 수 있으셨는가? 루터파는 성찬의 요소들 안에, 또는 그 요소들과 함께, 또는 그 요소들 아래에 그리스도의 몸이 실제로 임재하시는 것이라고 자신들의 공재설과 동일한 맥락에서, 주님은 닫혀 있는 문들을 통과하셔서 들어오신 것이라고 말한다. 그런 견해에 대하여 우리가 제기하는 반론은, 그것은 부활하신 주님의 몸이 우리가 만질 수도 없고 볼 수도 없으며 사물들을 관통하는 속성을 지니고 있어서 어떤 장소에 갇히지도 않는다고 말하는 것이고, 그런 것은 몸에 대한 우리의 개념에 어긋나는 것이기 때문에, 실제로는 부활하신 주님의 몸은 현실의 몸이 아니었다고 말하는 것이나 다름없다는 것이다.

이러한 반론에 대해서, 루터파는 다음과 같이 반박한다: (1) 이 본문에서는 문들이 다 닫혀 있다고 명시적으로 분명하게 언급하고 있다. (2) 이 본문에는 문이 하나라도 열려 있었다는 언급이 없다. (3) 부활하신 주님은 사람들이 집으로 들어올 때에 사용할 수 있는 방법들, 즉 문이나 창문을 열거나, 지붕을 걷어 올리거나, 벽을 뚫는 것 같은 방법들을 사용해서 들어오신 것이 아니었다. (4) 만일 주님께서 그런 방법으로 들어오셨다면, 거기에 모여 있던 제자들은 자신들 가운데 서 계신 주님을 "영"으로 생각하지 않았을 것인데, 실제로는 분명히 "영"으로 생각하였다(눅 24:37). 한편, 칼빈파는 이렇게 주장한다: (1) 본문은 부활하신 주님이 닫힌 문들을 통과해서 들어오셨다고 말하지 않는다. (2) 만일 주님께서 닫힌 문들을 통과해서 들어오신 것이었다면, 주님은 그들에게 자신의 상처들을 보이시고 만져 보라고 하지 않으셨을 것이다. 이것은 부활하신 주님의 몸이 우리와 동일한 차원의 몸이었고, 따라서 닫힌 문들을 통과할 수 없었다는 것을 보여 주는 증거이다. 루터파의 주장들 중에서는 네 번째의 논거만이 의미가 있고, 처음 세 가지 논거는 별 의미가 없다. 왜냐하면, 성경에는 어떤 일과 관련된 모든 정황이 다 기록되어 있는 것은 아니기 때문이다. 게다가, 주님께서는 자신의 이적적인 능력을 사용하셔서, 얼마든지 닫힌 문을 여시고 들어오셔서, 그들 가운데 서서, "너희에게 평강이 있을지어다"라고 유대인들의 통상적인 인사말을 그들에게 건네신 것일 수도 있기 때문에, 루터파의 네 번째 논거가 사실은 큰 의미가 없다.

20. 이 말씀을 하시고 손과 옆구리를 보이시니 제자들이 주를 보고 기뻐하더라.

손과 옆구리를 보이시니. 누가는 주님께서 "내 손과 발을 보고 나인 줄 알라 또 나를 만져 보라 영은 살과 뼈가 없으되 너희 보는 바와 같이 나는 있느니라"(눅 24:39)고 말씀하신 것으로 보도함으로써, 여기에 "발"을 추가한다. 주님의 부활하신 몸에 나 있던 "손과 옆구리"와 "발"의 상처는 주님이 십자가 위에서 입으셨던 것들이었기 때문에, 죽으신 주님임을 확인해 주는 부인할 수 없는 증거들이었다. 그 때에야 지금까지 막달라 마리아와 다른 여자, 엠마오로 가다가 다시 돌아온 두 제자가 전한 말들을 거의 믿지 않았던 제자들은 주님의 부활을 믿었고, 부활하신 주님을 보고서, 자신들의 믿음이 확증된 것을 확인하고서 뛸 듯이 기뻐하였다.

**21. 예수께서 또 이르시되 너희에게 평강이 있을지어다 아버지께서 나를 보내신
것 같이 나도 너희를 보내노라.**

너희에게 평강이 있을지어다. 주님께서 이 인사말을 또다시 반복하신 것은 이것이
단순한 인사말이 아니라는 것을 보여 준다. 즉, 주님은 그들이 자기를 버리고 도망
한 잘못을 저질렀음에도 불구하고, 자기가 그들과 이미 화해하셨다는 것을 보여 주
심으로써, 그들로 하여금 자기가 지금부터 그들에게 말씀하시고자 하는 큰 일에 집
중할 수 있게 하신 것이다. 또한, 이것은 이제부터 천하 만민에게 평안의 복음이 전
파될 것임을 보여 주신 것이기도 하다. 아버지께서 나를 보내신 것 같이 나도 너희를
보내노라. 나는 아버지 하나님께서 나를 이 땅에 보내서서 내게 하라고 명하신 일을
이제 다 마치고, 나를 보내셨던 아버지께로 다시 돌아간다. 이제 나는 하나님이 나
를 보내신 것과 같은 그 동일한 권위로써 너희를 보낸다. 내가 너희를 보내는 것이
기 때문에, 너희는 내가 덧입은 것과 동일한 권위를 덧입게 될 것이고, 그러한 권위
를 힘입어서 나의 교회를 모으고 가르치며 다스리게 될 것이다.

22. 이 말씀을 하시고 그들을 향하사 숨을 내쉬며 이르시되 성령을 받으라.

주님께서 아버지 하나님이 자기를 보내신 것 같이, 자기도 그들을 보내어 온 세
상에 복음을 전하게 하실 것이라고 말씀하셨기 때문에, 제자들은 주님이 그들에게
맡기신 일이 얼마나 엄청난 일인지를 생각하고서, 염려하고 두려워하지 않을 수 없
었을 것이다. 나중에 사도 바울은 복음을 전하는 일에 대하여, "누가 이 일을 감당
하리요"(고후 2:16)라고 말한다. 그래서 우리 주님께서는 자신의 제자들이 나중에
오순절에 성령으로 충만함을 받게 될 것에 대한 일종의 맛보기로서, 여기에서 성령
을 그들에게 불어넣어 주셔서, 그들의 심령을 강하게 만드신다. 이 때에 주님께서
그들에게 성령을 불어넣어 주시기 이전에도, 그들은 거룩하게 하시는 영으로서의
성령을 받았고, 이적들을 행할 수 있는 능력도 받았었다. 방언의 은사 같은 성령의
여러 은사들은 오순절의 성령 강림 때에 그들에게 나타날 것이었지만, 주님께서는
여기에서 그들이 교회를 가르치고 다스리는 좀 더 통상적인 사역을 감당할 때, 성
령께서 그들과 함께 하실 것임을 확신시켜 주신다. 아울러, 주님은 그들을 향하여
숨을 내쉬는 외적인 증표 또는 상징을 통해서, 그들에게 성령이 수여되었다는 사실
을 확인시켜 주신다. 실제로 "성령"은 "숨"을 의미한다. 창세기 2:7에서는 창조 때
에 하나님께서는 아담의 코에 "생기를 불어넣으시니" 아담이 "생령"이 되었다고 말
하는데, 여기에서는 주님께서 자신의 사도들을 향하여 숨을 내쉬며 "성령을 받으

라"고 말씀하신다. 이것은 어떤 사람의 "숨"이 그 사람에게서 나오듯이, 성령이 아버지 하나님으로부터만이 아니라 그리스도로부터도 나온다는 것을 보여 준다. 또한, 주님께서는 자신의 제자들을 향하여 숨을 내쉬시면서, "성령을 받으라"고 말씀하심으로서, 권세 있는 말씀 한 마디로 그들에게 성령을 수여하신다.

23. 너희가 누구의 죄든지 사하면 사하여질 것이요 누구의 죄든지 그대로 두면 그대로 있으리라 하시니라.

어떤 이들은 마태복음 18:18에서 주님께서 "진실로 너희에게 이르노니 무엇이든지 너희가 땅에서 매면 하늘에서도 매일 것이요 무엇이든지 땅에서 풀면 하늘에서도 풀리리라"고 하신 말씀이 여기에 나오는 것과 병행이 되는 말씀이라고 생각하지만, 나는 그렇지 않다고 본다. 자세한 것은 마태복음 18:18에 대한 설명을 보라. 주님께서 여기에서는 "누구의 죄든지"라고 말씀하신 것에서 볼 수 있듯이, 사람들의 죄에 대하여 말씀하시는 반면에, 거기에서는 "너희가 땅에서 매면 … 땅에서 풀면"이라는 말씀이 보여 주듯이, "매고 푸는" 것에 대하여 말씀하신다. 이 본문은 상당한 논란을 불러일으켜 왔다. 죄를 사하는 것은 오직 하나님께만 속한 권한이다. 하나님 외에는 아무도 죄를 사할 수 없다는 것은 지극히 참되다. 왜냐하면, 성경이 그것을 증명해 줄 뿐만 아니라, 우리의 이성은 채권자 외에는 채무자의 빚을 탕감해 줄 수 없다는 것을 우리에게 말해 주기 때문이다. 하지만 하나님께서 죄를 사하실 수 있는 자신의 고유한 권한을 어떤 사람에게 위임하였다면, 그 사람은 자신이 위임받은 범위 내에서 다른 사람의 죄를 사해 줄 수 있다. 따라서 신학자들 간에 논란이 되고 있는 문제는 이런 것이다: 주님께서는 이 본문에서 자신의 사역자들에게 사람들의 죄를 사할 수 있는 권세를 주신 것인가, 아니면 단지 사람들이 진정으로 회개하고 믿은 경우에, 그 사람들의 죄가 사하여졌음을 선언할 수 있는 권세를 주신 것인가?

전자의 견해는 많은 사람들의 지지를 받고 있기는 하지만, 다음과 같은 이유들 때문에 받아들이기 어려운 것으로 보인다: (1) 하나님께서 사람들에게 자신의 대권의 일부, 즉 사람들의 죄를 사하는 권한을 맡기셨다는 것은 납득하기 어렵다. (2) 하나님께서는 사람들의 마음이 얼마나 거짓된지를 아시고, 아무리 훌륭한 사역자들이라고 할지라도, 혈기의 영향을 받지 않을 수 없고, 특정한 사람의 믿음이나 회개가 참된 것인지를 제대로 판단하거나 알 수 없다는 것을 아시는데도, 자신에게 속한 대권, 즉 특정한 사람의 죄를 하나님의 이름으로 사할 수 있는 권한을 사람들에게 맡기셨다는 것은 이치에 맞지 않아 보인다. 왜냐하면, 참된 회개와 그리스도를 믿는 참된 믿음 없이는 아무도 죄 사함을 받을 수 없다는 것은 너무나 분명한 사실인데, 그 어떤 사역자도 사람들의 마음을 제대로 알 수 없는 까닭에, 어떤 사람이 진정으로 회개하고 주님을 믿었는지를 확인해서, 그 사람의 죄를 사해 주는 것은 불가능한 일이기 때문이다. 사도들이 분별의 영이신 성령을 힘입어서, 사람들의 마음을 어느 정도까지 알 수 있었는지에 대해서는 우리가 알 수 없지만, 확실한 것은 어떤 사람의 회개와 믿음이 참된 것인지를 백퍼센트 확실하게 알 수 있는 사람은 아무도 없다는 것이다. 따라서 사도들이 어떤 사람이 진심으로 회개하고 주님을 믿었을 때, 그 사람의 죄가 사해졌다는 것을 선언하는 것 이상의 어떤 권한이나 권세를 주님으로부터 받지 않았다는 것은 내게는 분명해 보인다. 주님의 대사인 사역자들은 주님의 뜻을 좀 더 정확하게 말해 줄 수 있기 때문에, 비록 백퍼센트 확실하고 오류가 없는 것은 아니지만, 사람들의 회개와 믿음이 참된 것인지를 적어도 좀 더 잘 판단할 수 있기 때문에, 죄 사함과 관련해서, 그러한 자격을 갖춘 신실한 사역자들의 선언은 상당한 정도의 무게와 권위를 지닐 수 있다. 이것이 내가 이 문제에 대해서 사도들이나 사역자들에게 호의적으로 말할 수 있는 최대한의 것이다. 만약 주님께서 이 말씀을 통해서 사도들에게 우리가 앞에서 말한 것 이상의 권한이나 권세를 수여하신 것이라고 하더라도, 그것은 그들에게 주어진 "영들 분별함"(고전 12:10)의 은사로 말미암은 것이라고 할 수 있는데, 이 은사는 사도 시대 이후의 통상적인 사역자들에게나 이후 세대들에게는 주어지지 않았기 때문에, 그 말씀은 모든 사역자들에게 적용되는 것이라고 할 수는 없다.

24. 열두 제자 중의 하나로서 디두모라 불리는 도마는 예수께서 오셨을 때에 함께 있지 아니한지라.

주님의 제자들이 동산에서 주님이 잡히시던 때에 다 도망을 친 후에, 도마가 다시 돌아와서 나머지 제자들과 합류하였던 것인지, 아니면 어떤 사정으로 인해서 다른 제자들과 함께 하지 못했던 것인지에 대해서는, 본문이 우리에게 말해 주지 않지만, 어떤 이들은 이 본문을 근거로, 도마는 부활하신 주님이 나타나셨을 때에 다른 제자들과 함께 있지 않았기 때문에, 다른 제자들과는 달리 주님으로부터 성령을 받지 못한 것이 아닌가 하는 의문을 제기해 왔다. 어떤 이들은 도마가 자신의 불신앙 때문에 성령을 받지 못한 것이라고 생각하지만, 일부 옛 교부들은 하나님이 칠십 인의 장로들에게 성령을 주셨을 때, 엘닷과 메닷은 그 자리에 없었지만, 다른 장로들과 동일하게 성령을 받았다는 사실을 들어서, 도마도 성령을 받았을 것이라고 생각한다: "여호와께서 구름 가운데 강림하사 모세에게 말씀하시고 그에게 임한 영을 칠십 장로에게도 임하게 하시니 영이 임하신 때에 그들이 예언을 하다가 다시는 하지 아니하였더라 그 기명된 자 중 엘닷이라 하는 자와 메닷이라 하는 자 두 사람이 진영에 머물고 장막에 나아가지 아니하였으나 그들에게도 영이 임하였으므로 진영에서 예언한지라"(민 11:26-27). 하지만 이 문제는 그리 중요하지 않다.

25. 다른 제자들이 그에게 이르되 우리가 주를 보았노라 하니 도마가 이르되 내가 그의 손의 못 자국을 보며 내 손가락을 그 못 자국에 넣으며 내 손을 그 옆구리에 넣어 보지 않고는 믿지 아니하겠노라 하니라.

여기에서 도마에게 부활하신 주님께서 자신들에게 나타나셨다고 도마에게 말해 준 "다른 제자들"이 사도들이었던 것인지, 아니면 그 밖의 다른 제자들이었는지는 본문에 나와 있지 않다. 도마는 다른 제자들의 증언을 똑똑히 들었으면서도, 자기는 주님의 부활을 믿지 못하겠다고 아주 단정적으로 선언한다. 이것은 그가 그리스도의 신성에 대해서 전혀 알지 못하고 있었고, 그리스도께서 자기가 제삼일에 다시 살아날 것이라고 하신 말씀을 한 귀로 듣고 한 귀로 흘려 버렸었다는 것을 보여 준다.

26. 여드레를 지나서 제자들이 다시 집 안에 있을 때에 도마도 함께 있고 문들이 닫혔는데 예수께서 오사 가운데 서서 이르시되 너희에게 평강이 있을지어다 하시고.

"여드레를 지나"는 여기에서 주님께서 부활하신 그 날을 첫째 날로 계산해서 팔일째가 되는 날이었다는 것을 의미한다. 이런 식의 계산을 따라, 셋째 날은 어떤 날을 기점으로 해서 하루가 지난 때를 가리키고, 넷째 날은 어떤 날을 기점으로 해서 이틀이 지난 때를 가리킨다. 그래서 마가복음 8:31에서는 주님께서 자기가 "사흘 만에," 즉 죽은 날을 첫째 날로 계산해서 삼일 째가 되는 날에 다시 살아나실 것이라고 자신의 제자들에게 가르치셨다고 보도한다. 그러므로 "여드레를 지나서"라는 어구의 의미는 이런 것일 가능성이 높다: 제자들은 부활하신 주님께서 또다시 자신들의 모임에 함께 해 주시기를 바라는 마음에서, 주님이 부활하신 날로부터 팔일 째 되는 날, 즉 일곱 밤을 보낸 후인 안식 후 첫날에 다시 함께 만났던 것 같고, 그들의 기대는 헛되지 않았다. 또한, 사도행전 20:7과 고린도전서 16:2은 그리스도인들이 통상적으로 한 주간의 첫날에 함께 모여서 예배를 드리곤 하였다는 것을 보여 주는

데, 이 날은 주님이 부활하신 날이었기 때문이었는지, 아니면 주님께서 안식일 대신에 이 날을 자기 백성이 모이는 날로 제정하셨기 때문이었는지는 확실하지 않지만, "주의 날"(계 1:10)로 불렸다. 실제로 우리는 성경이 보도한 그리스도인들의 모든 모임이 유대인들의 안식일이 아니라 바로 이 주의 날에 있었다는 것을 본다. 사도들(아마도 다른 그리스도인들도 마찬가지였을 것이다)은 안식일에 회당에서 유대인들과 함께 예배를 드리기는 하였지만, 주님께서 부활하신 후에 오직 그리스도인들만이 모인 모임이 유대인들의 안식일에 있은 예는 하나도 없다. 이번 모임에는 도마도 다른 제자들과 함께 있었다. 이 번에도 복음서 기자는 "문들이 닫혔는데" 주님께서 오셔서 그들 가운데 서셨다고 보도한다. 이것에 대해서는 19절에 대한 설명을 보라.

27. 도마에게 이르시되 네 손가락을 이리 내밀어 내 손을 보고 네 손을 내밀어 내 옆구리에 넣어 보라 그리하여 믿음 없는 자가 되지 말고 믿는 자가 되라.

우리는 어디에 있든지 말하는 것을 조심하고 주의할 필요가 있다. 주님께서는 부활하신 후에는 이전처럼 자신의 제자들과 자주 일상적으로 교제를 갖지 않으셨다. 이번은 주님이 부활하신 후에 다섯 번째로 자신의 제자들에게 나타나신 때였다. 주님께서는 도마가 어떠한 불신앙의 말을 했었는지는 알고 계셨기 때문에, 놀라울 정도로 자신을 낮추시고 그의 연약함에 맞추어, 그의 요구를 들어주신다. 주님은 도마에게 그의 손가락을 내밀어 자신의 손을 보고, 그의 손을 자신의 옆구리에 넣어 보라고 명하신다. 이렇게 우리 주님께서는 긍휼이 풍성하셔서, 자기 백성의 연약함들을 긍휼히 여긴다.

28. 도마가 대답하여 이르되 나의 주님이시요 나의 하나님이시니이다.

도마는 부활하신 주님에게 "내가 당신이 '나의 주님' 이심을 고백하여 온전히 순복하고 내 자신을 온전히 맡기며, '나의 하나님' 으로 고백하여 온전히 믿습니다"라고 말하며, 자신의 신앙을 고백한다. 우리가 주목할 것은 이번이 복음서에서 "하나님" 이라는 명칭이 그리스도께 최초로 주어진 때라는 것이다. 주님께서는 이제 죽은 자들 가운데서 부활하셔서 "하나님의 아들로 선포되셨다"(롬 1:4). 따라서 도마는 처음에는 자신의 연약함으로 인하여 불신앙을 보였지만, 끝까지 불신앙으로 일관하지 않고, 결국에는 자신의 믿음을 나타내 보였기 때문에, 부활 후에 그리스도를 "만물 위에 계셔서 세세에 찬양을 받으실 하나님"(롬 9:5), 즉 만민이 믿고 의뢰하여야 할 분이시라고 고백함과 아울러, 자기가 기쁜 마음으로 자신을 드려 종으로 섬

기고 그 인도하심과 지도하심을 받아 마땅한 자신의 "주님"으로 고백하는 최초의
인물이 되었다.

**29. 예수께서 이르시되 너는 나를 본 고로 믿느냐 보지 못하고 믿는 자들은 복되
도다 하시니라.**

주님께서는 도마에게 이렇게 말씀하신다: 너는 너의 눈으로 보고 손으로 만져 보
고 나서야, 너의 감각에 의한 증거에 의지해서, 내가 죽은 자 가운데서 다시 살아났
다는 것을 믿는구나. 그것도 잘한 것이기는 하지만, 그러한 감각의 증거 없이 믿는
것이 더 고귀한 믿음이다. 믿음이라는 것은 원래 계시의 증언에 의한 진리의 명제
에 동의하는 것인데, 사람이 인간적인 방식에 의지해서 믿는다면, 그것은 단지 인
간적인 믿음에 지나지 않게 되고, 우리가 우리의 눈으로 직접 보지 않았고, 우리의
귀로 직접 듣지 않았으며, 우리의 감각으로 느낀 적도 없지만, 우리 이웃이 우리에
게 말한 것을 믿는 것과 같은 그런 믿음에 불과한 것이 된다. 반면에, 우리의 동의를
요구하는 계시가 하나님으로부터 온 것이고, 우리가 그 계시에 동의한다면, 그것은
하나님이 주신 믿음이다. 따라서 우리의 감각적인 증거에 의지해서 어떤 것을 믿는
다면, 그것은 참된 믿음이 아니다. 왜냐하면, 우리의 감각적인 증거는 우리에게서
참된 믿음을 생겨나게 할 수 없고, 단지 우리가 그 이전에 이미 믿은 하나님의 계시
를 확증해 주는 역할만을 할 뿐이기 때문이다. 확실한 것은, 외적인 감각의 증거를
덜 필요로 하는 믿음일수록, 그 믿음은 강한 믿음이라는 것이다.

**30. 예수께서 제자들 앞에서 이 책에 기록되지 아니한 다른 표적도 많이 행하셨
으나.**

복음서 기자는 자기가 자신의 복음서에 기록한 표적들에 대하여, 여기에서 이렇
게 말하고 있는 것임은 두말할 필요도 없다. 즉, 그는 이 말을 통해서, 그리스도께서
이 땅에서 행하신 이적들은 이 복음서에 기록된 것보다 훨씬 많아서, 얼마든지 더
많이 얘기하고 들려줄 수 있다는 것을 우리에게 알게 해 준다.

**31. 오직 이것을 기록함은 너희로 예수께서 하나님의 아들 그리스도이심을 믿게
하려 함이요 또 너희로 믿고 그 이름을 힘입어 생명을 얻게 하려 함이니라.**

복음서 기자는 그렇게 수많은 이적들을 자신의 복음서에 모두 다 기록해 놓지 않
고 단지 일부만을 기록한 이유는, 예수께서 행하신 이적들을 모두 소개하는 것이 목
적이 아니라, "예수께서 하나님의 아들 그리스도이심을 믿게" 하는 것이 목적이었
기 때문이라고 밝힌다. 왜냐하면, 사도행전 4:12에서 "다른 이로써는 구원을 받을

수 없나니 천하 사람 중에 구원을 받을 만한 다른 이름을 우리에게 주신 일이 없음이라"고 한 것처럼, 사람은 오직 예수의 이름을 힘입어서만 영생을 얻을 수 있는 까닭에, 예수가 하나님의 아들 그리스도이시라는 것을 믿는 것은 사람들이 영생을 얻느냐 못 얻느냐의 여부가 달린 아주 중대한 문제이기 때문이다.

제21장

개요

1. 그리스도께서 디베랴 호수에서 제자들에게 나타나셔서, 그들로 하여금 물고기를 많이 잡게 하심으로써 자기를 알게 하심(1-11).
2. 부활하신 주님께서 제자들 앞에서 음식을 잡수심(12-14).
3. 베드로에게 자기 양을 치라고 세 번을 반복해서 당부하시고, 베드로가 어떻게 죽을지를 예고하시며, 요한의 장래에 대하여 알고자 하는 베드로의 호기심을 꾸짖으심(15-23).
4. 요한이 자신의 증언이 참됨을 단언하고, 예수께서 행하신 일들이 너무 많아서, 다 기록할 수 없다고 말함(24-25).

1. 그 후에 예수께서 디베랴 호수에서 또 제자들에게 자기를 나타내셨으니 나타내신 일은 이러하니라.

부활하신 주님께서는 지금까지 자신의 제자들에게 여러 번 나타나셨는데, 그 나타나심들은 모두 예루살렘에서 일어난 일이었다. 앞서 주님께서는 잡히시기 전에 "내가 살아난 후에 너희보다 먼저 갈릴리로 가리라"(마 26:32)고 말씀하셨고, 부활하신 후에도 천사가 "예수께서 너희보다 먼저 갈릴리로 가시나니 전에 너희에게 말씀하신 대로 너희가 거기서 뵈오리라"고 전하였듯이, 주님께서 이번에는 갈릴리에서 자신의 제자들에게 나타나셨다. 주님께서 이렇게 자신의 제자들에게 갈릴리에서 나타나신 것과 관련된 정황에 대해서는 요한이 우리에게 자세하게 들려준다.

2. 시몬 베드로와 디두모라 하는 도마와 갈릴리 가나 사람 나다나엘과 세베대의 아들들과 또 다른 제자 둘이 함께 있더니.

모든 제자들은 우리가 앞에서 언급한 주님의 지시에 따라서 갈릴리로 왔을 것이지만, 이 일곱 명의 제자들은 다른 제자들보다 먼저 왔거나, 아니면 한 곳 또는 가까운 곳에 기거하고 있었기 때문에, 오직 그들만이 갈릴리에서 처음으로 나타나신 주님을 뵈옵고, 주님이 곧 베푸실 이적의 목격자들이 될 수 있었던 것으로 보인다.

3. 시몬 베드로가 나는 물고기 잡으러 가노라 하니 그들이 우리도 함께 가겠다 하고 나가서 배에 올랐으나 그 날 밤에 아무 것도 잡지 못하였더니.

우리가 앞에서 보았듯이, 베드로를 비롯한 여러 제자들은 어부였기 때문에, 자신들이 사용하던 배들이 있었다. 그들은 복음 사역자들로 부르심을 받기는 하였지만, 아직 교회가 제대로 모이거나 구성되지 않아서, 교회에서 일하여 생계를 꾸려갈 수는 없었기 때문에, 최소한의 생계를 위하여 정직한 직업에 종사하는 것은 불법이 아니라고 판단하였는데, 나중에 바울은 전도의 사역을 감당하면서도 천막을 만들어 생계를 유지하는 일을 계속해서 병행하였다. 본문에서는 베드로가 물고기를 잡으러 가겠다고 말하자, 다른 제자들도 베드로를 따라 나섰다고 말한다. 이렇게 해서, 그들은 함께 배를 타고 물고기를 잡으러 갔지만, "그 날 밤에 아무것도 잡지 못하였는데," 이것은 이후에 주님께서 물고기들을 명하여 그들의 그물로 들어가도록 하심으로써, 주님의 신적인 권능을 그들에게 보여 주시기 위하여, 하나님이 안배하신 섭리에 의한 것이었다.

4. 날이 새어갈 때에 예수께서 바닷가에 서셨으나 제자들이 예수이신 줄 알지 못하는지라.

베드로를 비롯한 제자들이 주님께서 죽은 자 가운데서 부활하신 후에 여러 차례 주님을 뵈었음에도 불구하고, 이렇게 알아보지 못한 것은 아마도 그들과 주님 사이에 거리가 꽤 떨어져 있었기 때문인 것으로 보인다. 어떤 이들은 엠마오로 가던 두 제자처럼, 하나님의 섭리에 의해서 "그들의 눈이 가리어져서 그인 줄 알아보지 못한"(눅 24:16) 것이라고 생각한다.

5. 예수께서 이르시되 얘들아 너희에게 고기가 있느냐 대답하되 없나이다.

주님께서 자신의 제자들에게 고기가 있느냐고 물으신 것은, 그들에게 고기가 있는지 없는지를 모르셨기 때문이 아니라, 그들로 하여금 조금 후에 자기가 행하고자 하시는 이적에 더 주목하도록 하시기 위한 것이었다.

6. 이르시되 그물을 배 오른편에 던지라 그리하면 잡으리라 하시니 이에 던졌더니 물고기가 많아 그물을 들 수 없더라.

그들은 지난 밤에 내내 물고기를 잡으려고 애를 쓰고 수고만 했지, 결국에는 한 마리도 잡지 못했지만, 그들의 주님의 명령에 힘을 내어 다시 한 번 그물을 던졌고, 이내 엄청난 양의 물고기를 잡아 올리게 되었다. 어떤 이들은 이것은 주님께서 사도들에게, 장차 그들이 사람을 낚는 어부가 되어 많은 사람들을 낚아 올리게 될 것임을 하나의 전조로서 보여 주신 것이라고 말한다.

7. 예수께서 사랑하시는 그 제자가 베드로에게 이르되 주님이시라 하니 시몬 베드로가 벗고 있다가 주님이라 하는 말을 듣고 겉옷을 두른 후에 바다로 뛰어 내리

더라.

여기에서 베드로가 벗고 있다가 다시 두른 "겉옷"이 무엇이었느냐를 놓고, 해석자들 사이에서는 의견이 분분한데, 그들은 헐거운 겉옷이라고도 하고, 속옷이라고도 하며, 어부가 입는 헐거운 상의였을 것이라고 하기도 한다. 하지만 이것은 논란을 벌일 만한 가치가 없는 문제이다. 요한이 주님이시라고 하자, 상의를 벗고 있던 베드로는 주님께 가기 위해 예의를 갖추려고 간단하게 옷을 걸쳤던 것이고, 이 옷은 바다로 뛰어들어 헤엄을 치는 데 별로 방해가 되지 않는 옷이었을 것이다.

8. 다른 제자들은 육지에서 거리가 불과 한 오십 칸쯤 되므로 작은 배를 타고 물고기 든 그물을 끌고 와서.

베드로가 바다로 뛰어든 후에, 다른 제자들은 "작은 배"를 타고 물고기가 가득한 그물을 끌고서 육지로 나왔는데, 이것은 그물에 물고기가 너무 많고 무거워서 이 작은 배에 실을 수 없었기 때문이었던 것으로 보인다.

9. 육지에 올라보니 숯불이 있는데 그 위에 생선이 놓였고 떡도 있더라.

이 물고기가 어디에서 난 것이냐 하는 질문에 대해서는 세 가지 대답이 제시되어 왔다. 어떤 이들은 주님께서 이 물고기를 그물 없이 바다에서 직접 잡으셨거나, 물고기에게 바다에서 나오라고 명령하셨던 것이라고 생각하고, 어떤 이들은 이 이야기의 전개로 볼 때, 이 절은 원래 11절 다음에 와야 하는데 여기에 잘못 놓인 것이라고 생각한다. 하지만 가장 유력한 견해는 주님께서 자신의 신적인 권능으로 숯불과 떡과 생선을 만들어 내셨다는 것이다.

10-11. [10]예수께서 이르시되 지금 잡은 생선을 좀 가져오라 하시니 [11]시몬 베드로가 올라가서 그물을 육지에 끌어 올리니 가득히 찬 큰 물고기가 백쉰세 마리라 이같이 많으나 그물이 찢어지지 아니하였더라.

이 한 이적 속에는 여러 이적들이 결합되어 있다. (1) 그들은 밤새도록 그물을 던졌어도 물고기 한 마리 잡지 못했었는데, 주님께서 명하신 대로, 많은 물고기가 잡힐 가능성이 거의 없는 해변 가까운 곳의 배 옆에 그물을 던졌을 때에는 아주 많은 물고기를 잡을 수 있었다. (2) 그들은 잡은 물고기를 해변으로 가져오기 전에, 해변에 숯불이 피워져 있고, 그 위에 물고기와 떡이 놓여 있는 것을 발견하였다. (3) 잡은 물고기가 아주 많았는데도 불구하고, 그물이 찢어지지 않았다.

12. 예수께서 이르시되 와서 조반을 먹으라 하시니 제자들이 주님이신 줄 아는 고로 당신이 누구냐 감히 묻는 자가 없더라.

때는 아침이었기 때문에, 주님께서는 자신의 제자들에게 "와서 조반을 먹으라"고 말씀하신다. 그들이 주님을 알아본 것은 얼굴을 보았거나 목소리를 들었기 때문이 아니라, 방금 전에 엄청난 양의 물고기를 잡은 이 이적을 경험했기 때문이었다. 그리고 그들이 감히 주님께 물어볼 엄두를 내지 못했던 것은, 주님께서 이렇게 놀라운 이적을 통해서 자기가 그들의 주님이신 것을 알게 해 주실 때까지, 자신들이 주님을 알아보지 못한 것에 대하여 호되게 책망을 듣게 될 것을 염려하였기 때문이었다.

13. 예수께서 가셔서 떡을 가져다가 그들에게 주시고 생선도 그와 같이 하시니라.

우리 구주께서 제자들과 함께 음식을 잡수신 것인가 그렇지 않은가 하는 질문을 던지는 사람들은 사도행전 10:41을 제대로 읽어 보지 않은 것이다. 왜냐하면, 거기에서는 베드로가 나사렛 예수께서 "죽은 자 가운데서 부활하신 후 그를 모시고 음식을 먹은 우리"라고 분명하게 말하고 있기 때문이다. 주님께서는 이 때에 자기가 진정으로 죽은 자 가운데서 다시 살아나셨다는 것과 자신의 몸은 단지 사람의 몸처럼 보이지만 실제로는 유령 같은 존재인 것이 아니라, 이제는 영광을 받아서, 죽기 이전에 지니고 있던 연약한 것들을 입지 않았지만, 십자가에 못 박히셨을 때와 동일한 참된 몸이라는 것을 자신의 제자들에게 보여 주시기 위해서라도, 그들과 함께 음식을 잡수셨을 것임에 틀림없다. 이것으로부터 우리가 이끌어 낼 수 있는 결론은 주님께서는 이 때에 자신의 허기를 채우시기 위해서가 아니라, 단지 자신의 부활이 실제로 일어난 것임을 확증해 주시기 위해서 음식을 잡수셨다는 것이다. 이 일 이전에도 주님께서는 엠마오로 가던 두 제자와 함께 음식을 잡수셨다(눅 24:30).

14. 이것은 예수께서 죽은 자 가운데서 살아나신 후에 세 번째로 제자들에게 나타나신 것이라.

복음서 기자가 여기에서 이것이 부활하신 주님이 "세 번째로" 나타나신 것이라고 말한 것은, 주님이 나타나신 횟수를 얘기하는 것이 아니라, 날수를 얘기하는 것이다. 주님께서는 부활하신 당일에 (1) 막달라 마리아(요 20:14), (2) 엠마오로 가던 두 제자(눅 24:15, 31), (3) 무덤에 갔다가 제자들에게 알린 여자들(마 28:9), (4) 오후 늦게 모여 있던 제자들(요 20:19)에게 나타나셨다. 이렇게 주님께서 부활하신 당일에 네 번에 걸쳐 나타나셨지만, 그 나타나심들이 모두 한 동일한 날에 일어났기 때문에, 복음서 기자는 이 모든 것을 "첫 번째로" 나타나신 것으로 보았다. 그리고 주님께서 "두 번째로" 나타나신 것은 부활하신 날로부터 시작해서 팔일 째 되는 날에 모임을 갖고 있는 제자들에게 나타나신 것이었다(요 20:26). 따라서 이 장에 보도된 대로, 주님께서 "디베랴 호수에서" 나타나신 것은 "세 번째"에 해당하는 것이었다.

15. 그들이 조반 먹은 후에 예수께서 시몬 베드로에게 이르시되 요한의 아들 시몬아 네가 이 사람들보다 나를 더 사랑하느냐 하시니 이르되 주님 그러하나이다 내가 주님을 사랑하는 줄 주님께서 아시나이다 이르시되 내 어린 양을 먹이라 하시고.

네가 이 사람들보다 나를 더 사랑하느냐. 이것은 주님께서 베드로에게, 다른 제자들이 자기를 사랑하는 것보다 더 자기를 사랑하느냐고 물은 것이다. 베드로는 주님께서 잡히시던 밤에 "모두 주를 버릴지라도 나는 결코 버리지 않겠나이다"(마 26:33)라고 큰소리를 쳤지만, 그 밤에 주님을 세 번 부인하는 시험을 겪고 난 지금은 더 겸손하고 신중해져서, "주님 그러하나이다 내가 주님을 사랑하는 줄 주님께서 아시나이다"라고 대답한다. 즉, 그는 주님에 대한 자신의 사랑이 어느 정도인지를 말씀드리는 것이 아니라, 그 사랑이 진실하고 참되다는 것만을 강조한다. 그러자 주님께서는 "내 어린 양을 먹이라"고 명하신다. 여기에서 "어린 양들"은 주님의 백성, 주님의 교회를 가리키고, 교회의 목회자들을 가리키는 것이 아니기 때문에, 마치 주님이 베드로를 모든 사도들을 다스리는 최고의 목회자로 삼으신 것인 양 말하는 것은 잘못된 것이다. 그럼에도 불구하고, 교황주의자들은 이 본문을 근거로, 교회의 지체들만이 아니라 모든 사도들에 대한 베드로의 수장권(首長權)을 주장한다. 그러나 주님께서는 단지 베드로에게만이 아니라 열한 사도 모두에게, "너희는 온 천하에 다니며 만민에게 복음을 전파하라"(막 16:15; 마 28:19)고 말씀하셨고, "너희가 누구의 죄든지 사하면 사하여질 것이요 누구의 죄든지 그대로 두면 그대로 있으리라"(요 20:23)는 말씀도 단지 베드로만이 아니라 모든 사도들에게 하신 것이었다. 따라서 "먹이라"는 말씀이 단지 가르치는 것을 의미하는 것이든, 아니면 (대다수가 생각하듯이) 다스리는 것, 즉 사역자들이 교회를 전반적으로 담당하는 것을 의미하는 것이든, 주님께서 맡기신 이 책무는 베드로에게만이 아니라 다른 제자들에게도 맡기신 것이었다.

16-17. ¹⁶또 두 번째 이르시되 요한의 아들 시몬아 네가 나를 사랑하느냐 하시니 이르되 주님 그러하나이다 내가 주님을 사랑하는 줄 주님께서 아시나이다 이르시되 내 양을 치라 하시고 ¹⁷세 번째 이르시되 요한의 아들 시몬아 네가 나를 사랑하느

냐 하시니 주께서 세 번째 네가 나를 사랑하느냐 하시므로 베드로가 근심하여 이르
되 주님 모든 것을 아시오매 내가 주님을 사랑하는 줄을 주님께서 아시나이다 예수
께서 이르시되 내 양을 먹이라.

신학자들은 여기에서 주님께서 이 질문을 베드로에게 세 번씩이나 반복해서 하
신 이유가 무엇인가 하는 문제를 제기한다. 이것에 대해서, 대부분의 옛 교부들은
베드로가 주님을 세 번 부인하였기 때문이라고 대답한다. 어떤 이들은 주님께서는
자신의 교회를 너무나 사랑하셔서서, 교회의 주(主)인 자기를 진심으로 사랑하는지를
세 번에 걸쳐 물으셔서 확실하게 확인하시기 전에는, 베드로에게 교회를 맡기실 수
없으셨을 것이기 때문이라고 말한다. 어떤 이들은 주님께서 세 번 반복해서 물으신
것은 선한 목회자들이 교회를 먹일 때에 반드시 힘써야 할 세 가지, 즉 기도와 설교
와 거룩한 삶을 강조하시기 위한 것이었다고 말한다. 어떤 이들은 주님께서 세 번
에 걸쳐 "내 양을 치라" 또는 "내 양을 먹이라"고 하신 것은 베드로가 먹이거나 칠
양 무리가 유대 땅의 유대인들, 이방인들, 이방 땅에 흩어진 유대인들, 이렇게 세 부
류였기 때문이었다고 말한다.

18-19. [18]내가 진실로 진실로 네게 이르노니 네가 젊어서는 스스로 띠 띠고 원하
는 곳으로 다녔거니와 늙어서는 네 팔을 벌리리니 남이 네게 띠 띠우고 원하지 아
니하는 곳으로 데려가리라 [19]이 말씀을 하심은 베드로가 어떠한 죽음으로 하나님께
영광을 돌릴 것을 가리키심이러라 이 말씀을 하시고 베드로에게 이르시되 나를 따
르라 하시니.

19절은 복음서 기자가 주님께서 18절에서 하신 말씀이 전체적으로 무슨 의미인
지를 요약해서 보충설명한 것이다. 즉, 18절의 주님의 말씀은 베드로가 구체적으로
십자가형으로 죽게 될 것임을 예고하신 것이었다는 것이다. 왜냐하면, 십자가형을
집행하는 경우에는, 사형수의 "팔을 벌려서" 못을 박기 때문이다. 옛 사람들은 베드
로가 십자가 위에서 못 박혀 죽었다고 말하고 있지만, 우리가 그것을 어느 정도나
신뢰할 수 있을지는 의문이고, 다른 증거는 존재하지 않기 때문에, 베드로가 정말
십자가 위에서 죽은 것인지는 확실하게 단정할 수 없다. 그러나 복음서 기자는 우
리 구주께서 베드로가 십자가 위에서 순교함으로써 하나님께 영광을 돌리게 될 것
임을 보여 주시기 위하여 이 말씀을 하신 것이라고 단정적으로 말한다. 또한, 주님
께서 여기에서 "남이 네게 띠 띠우고 원하지 아니하는 곳으로 데려가리라"고 말씀
하신 것이 베드로가 순교하였음을 부정하는 근거가 되지도 않는다. 왜냐하면, 베드

로도 주님과 마찬가지로, "마음은 원이로되 육신이 약하였을"(마 26:41) 것이기 때문이다. 주님께서 이 말씀을 하시고 "나를 따르라"고 명하신 것이 주님을 본받으라고 하신 것인지, 아니면 주님과 동일한 십자가형으로 죽어서 주님의 뒤를 따라오라고 하신 것인지는 확실하지 않지만, 만약 주님께서 전에 "내가 가는 곳에 네가 지금은 따라올 수 없으나 후에는 따라오리라"(요 13:36)고 말씀하신 것과 베드로가 나중에 "이는 우리 주 예수 그리스도께서 내게 지시하신 것 같이 나도 나의 장막을 벗어날 것이 임박한 줄을 앎이라"(벧후 1:14)고 말한 것이 이 본문과 연관되어 있다면, 후자일 가능성도 있을 것이다.

20. 베드로가 돌이켜 예수께서 사랑하시는 그 제자가 따르는 것을 보니 그는 만찬석에서 예수의 품에 의지하여 주님 주님을 파는 자가 누구오니이까 묻던 자더라.

여기에서 "예수께서 사랑하시는 그 제자"가 요한을 가리키는 것임은 우리가 앞에서 이미 여러 차례 들어 왔다. 베드로는 바로 그 제자가 뒤따라오는 것을 보았다.

21. 이에 베드로가 그를 보고 예수께 여짜오되 주님 이 사람은 어떻게 되겠사옵나이까.

"이 사람은 어떻게 되겠사옵나이까"로 번역된 구절은 흠정역에는 "이 사람은 무엇을 하게 되겠사옵나이까"로 되어 있는데, 전자의 번역이 합당하다. 따라서 이 구절의 의미는 이런 것이다: 이 사람의 운명은 어떻게 되겠습니까? 이 사람은 무슨 일을 겪게 되겠습니까?

22. 예수께서 이르시되 내가 올 때까지 그를 머물게 하고자 할지라도 네게 무슨 상관이냐 너는 나를 따르라 하시더라.

우리 주님께서 이 말씀을 하신 것은 단지 베드로의 호기심을 억제하시고, 자신의 일에만 집중하도록 일깨워 주시기 위한 것이다. 주님은 자기가 다시 올 때 이전에 요한을 죽게 하든, 아니면 그 때까지도 살아 있게 하든, 그리고 요한이 이후에 어떻게 되든, 그런 것은 베드로가 관심을 가질 일이 아니고, 다른 사람들이 무엇을 하거나 어떻게 되느냐에 대해서는 신경 쓰지 말고, 오직 주님이 그에게 명령하신 것을 행하고 주님의 모범을 따르는 것만이 베드로가 신경을 쓸 일이라고 말씀하신다.

23. 이 말씀이 형제들에게 나가서 그 제자는 죽지 아니하겠다 하였으나 예수의 말씀은 그가 죽지 않겠다 하신 것이 아니라 내가 올 때까지 그를 머물게 하고자 할지라도 네게 무슨 상관이냐 하신 것이러라.

그러나 제자들은 주님이 평소에도 요한을 각별히 아끼신다는 것을 잘 알고 있던 터라, 주님께서 이렇게 말씀하신 것을 곰곰이 제대로 생각해 보지도 않고, 주님이 다시 오실 때까지 요한은 이 땅에서 살게 될 것이라고 말씀하신 것으로 해석하였다.

24. 이 일들을 증언하고 이 일들을 기록한 제자가 이 사람이라 우리는 그의 증언이 참된 줄 아노라.

이 복음서를 쓴 요한은 예수께서 사랑하신 그 제자였고, 최후의 만찬 때에 주님의 품에 기대어 있다가, 주님을 팔 자가 누구냐고 물었던 제자였으며, 베드로가 주님께 장래에 "이 사람은 어떻게 되겠사옵나이까"(21절)라고 물었던 그 제자였고, 부활하신 주님이 베드로와 요한, 그리고 교회에 대하여 하신 이러한 말씀들을 증언한 제자였다. 고대 교회는 요한의 증언이 참되다는 것을 알고 있었다.

25. 예수께서 행하신 일이 이 외에도 많으니 만일 낱낱이 기록된다면 이 세상이라도 이 기록된 책을 두기에 부족할 줄 아노라.

그러나 주님의 모든 설교들이나 이적들이 이 복음서나 다른 복음서들에 기록되어 있다고 생각하는 사람이 아무도 없어야 한다. 복음서 기자는 만일 주님이 말씀하시고 행하신 모든 것들을 자기가 다 기록하였다면, 이 세상에 그 책들을 다 둘 수도 없었을 것이기 때문에, 하나님께서 이러한 계시들을 우리에게 주신 참된 목적, 즉 우리 안에서 믿음이 생겨나게 하고 더 커지게 하며 우리의 거룩한 삶을 지도하고 진보가 있게 하는 데, 우리가 꼭 알아야 할 것들만을 기록해 놓았다고 말한다.

● 독자 여러분들께 알립니다!

'CH북스'는 기존 '크리스천다이제스트'의 영문명 앞 2글자와
도서를 의미하는 '북스'를 결합한 출판사의 새로운 이름입니다.

매튜 풀 청교도 성경주석 16

요한복음

1판 1쇄 발행 2015년 5월 26일
1판 3쇄 발행 2025년 4월 1일

지은이 매튜 풀 청교도 성경주석
옮긴이 박문재
발행인 박명곤 **CEO** 박지성 **CFO** 김영은
기획편집1팀 채대광, 이정미, 백환희, 이상지
기획편집2팀 박일귀, 이은빈, 강민형, 박고은
기획편집3팀 이승미, 김윤아, 이지은
디자인팀 구경표, 유채민, 윤신혜, 임지선
마케팅팀 임우열, 김은지, 전상미, 이호, 최고은

펴낸곳 CH북스
출판등록 제406-1999-000038호
전화 070-4917-2074 **팩스** 0303-3444-2136
주소 서울시 강서구 마곡중앙6로 40, 장흥빌딩 10층
홈페이지 www.hdjisung.com **이메일** support@hdjisung.com
제작처 영신사

ⓒ CH북스 2015

"크리스천의 영적 성장을 돕는 고전"
세계기독교고전 목록